L'Histoire des sciences POUR LES NULS

L'Histoire des sciences POUR LES NULS

Vincent Jullien

FIRST Editions

L'Histoire des sciences pour les Nuls

ISBN : 978-2-7540-0977-5
Dépôt légal : 4e trimestre 2009

Ouvrage dirigé par Benjamin Arranger
Correction : Hélène Jovignot
Illustrations : De Visu
Dessins humoristiques : Marc Chalvin
Mise en page : ReskatoЯ
Fabrication : Antoine Paolucci
Production : Emmanuelle Clément

Imprimé en France par CPI Hérissey à Évreux

Éditions First
60, rue Mazarine
75006 Paris – France
Tél. : 01 45 49 60 00
Fax : 01 45 49 60 01
E-mail : firstinfo@efirst.com
Inernet : www.editionsfirst.fr

À propos de l'auteur

Vincent Jullien, professeur d'histoire et de philosophie des sciences à l'université de Nantes, a étudié les mathématiques et la philosophie. Considéré comme l'un des tout meilleurs spécialistes de l'histoire des sciences, il est l'auteur de livres universitaires sur Descartes, Roberval et sur les sciences à l'âge classique ; il a aussi publié un essai, *Sciences agents doubles* (2002), et un roman historique, *Les Ombres de la place Royale* (2006), chez Stock, et divers livres et fascicules de vulgarisation (Larousse, Hachette).

Remerciements

Parmi les nombreux amis ou collègues avec lesquels j'ai eu de profitables discussions sur la manière de présenter une histoire générale des sciences pour un public non spécialiste, quatre m'ont aidé de façon précise et efficace : Manuel Combes, Jean Dhombres, Bernard Fichaut et Efthymios Nicolaïdis. Ce livre ne les engage pas mais, quoi qu'ils en pensent, il leur doit quelque chose. Pierre Josse a encore su faire preuve d'optimisme quant à la réussite de ce projet. Qu'ils en soient remerciés.

Sommaire

Introduction 1

À propos de ce livre 2
Les conventions utilisées dans ce livre 3
Comment ce livre est organisé 3
Première partie : Les sciences dans l'Antiquité 3
Deuxième partie : Les sciences au Moyen Âge 4
Troisième partie : Les sciences à la Renaissance 4
Quatrième partie : Les débuts de la science classique 4
Cinquième partie : Les sciences à l'âge des Lumières 5
Sixième partie : Les sciences modernes 5
Septième partie : La partie des Dix 5
Huitième partie : Annexes 6
Les icônes utilisées dans ce livre 6
Et maintenant, par où commencer? 7

Première partie : Les sciences de l'Antiquité 9

Chapitre 1 Un monde ordonné 11

Un petit village du nom de Babylone 12
La source grecque 13
Une brève domination athénienne 14
Des jugements sévères et contradictoires envers les anciens Grecs 14
Le monde est compréhensible 15
Observer la nature, et la comprendre 15
La nature n'est plus seulement un spectacle 16
Deux périodes « grecques » 17
Athènes et Alexandrie 17
Des auteurs légendaires et des textes perdus 18
Le « cas Aristote » 18

Chapitre 2 : Mathématiques : un règne controversé 19

Thalès et Pythagore, les figures, les nombres et la démonstration 19
Que nous apprend l'ombre de la pyramide? 20
Pour les pythagoriciens, « tout est nombre » 20
L'harmonie musicale : science des rapports 21
Connaître, c'est comparer 21
Les marteaux des forgerons, les cordes consonantes 22
L'invention des proportions 22
La découverte interdite : les irrationnels 23

« Que nul n'entre ici s'il n'est géomètre » 24
Les géomètres ne se contentent pas d'exemples 25
Une présence intense dans les dialogues 25
Selon Platon, le cercle idéal surpasse le cercle concret 26
Pour Aristote, la matière est trop riche pour la géométrie et les nombres 27
Les « Éléments » d'Euclide : la bible des géomètres 27
Treize livres étudiés pendant deux mille ans 28
Pourquoi la règle et le compas ? 29
Le postulat des parallèles 29
Le musée d'Alexandrie 30
La maison des Muses 30
Les coniques, courbes reines 31
Archimède peut-il peser des surfaces ? 32
Hypatie, la philosophe assassinée 33

Chapitre 3 Astronomie : le monde des sphères 35

L'harmonie du cosmos 35
La sphère est la forme parfaite du monde 36
L'anti-Terre de Philolaos 37
Dans le « Timée », Dieu forge le monde 37
Le Même et l'Autre : le cercle des étoiles, les cercles des planètes 38
Les planètes ou la danse des astres errants 38
Les sphères d'Eudoxe 39
Le calendrier de Callippe 39
Le « Traité du ciel » d'Aristote 40
Et s'il y avait plusieurs explications en astronomie ? 41
Le manège se complique 41
Hipparque et son étonnant théorème 42
Ératosthène mesure le diamètre de la Terre 43
Aristarque de Samos, le Copernic de l'Antiquité 46
Un système héliocentriste dans l'Antiquité 46
Aristarque a-t-il eu raison trop tôt ? 46
Ptolémée, géographe, musicien, mais surtout astronome 47
Les cercles de Ptolémée et le point solution 47
N'oublions pas les sphères matérielles 49

Chapitre 4 : Physique et cosmologie : les quatre éléments et le cinquième 51

Un principe unique : l'eau, l'air, le feu ou l'infini ? 51
Doctrines opposées : le changement contre la stabilité 52
Tout change sans cesse 52
L'être unique, immobile, absolu, voilà ce qui est 53
Empédocle et les quatre éléments 54
Démocrite et Épicure : les atomes forment les mondes 55
Aristote invente la physique, science de ce qui change 56
Être en puissance, être en acte 56
Les automobiles d'Aristote 56

Deux mouvements simples : le circulaire et le rectiligne 57
La matière du ciel, le cinquième élément 57
Sous la Lune, les éléments se transforment 58
Archimède : eurêka! 59
Mécanique et géométrie font bon ménage 59
« Donnez-moi un levier, je soulèverai le monde » 59
Le principe des corps immergés 60
Les miroirs pour brûler les navires de guerre? 61

Chapitre 5 : Les sciences du vivant, la naissance, la vie et la mort 63

Qu'est-ce qui fait un être vivant? 63
La vie et l'âme 64
Le pneuma, souffle vital, formidable joker 64
Classification des espèces : l'enquête d'Aristote 65
Les animaux : sang chaud ou sang froid 65
Préformation, épigenèse et parties des animaux 66
Le naturaliste Pline l'Ancien meurt de curiosité 66
L'échelle des êtres 68
Les Asclépiades descendent des dieux 68
Hippocrate et le pronostic 69
La guerre des écoles 70
Galien, médecin des gladiateurs et des empereurs 71

Deuxième partie : Les sciences au Moyen Âge 73

Chapitre 6 : Les Moyen Âge arabe et latin 75

Fixer des bornes 75
Trois Moyen Âge 76
Les caricatures médiévales 77
Le monde « arabe » 77
Le mécénat à grande échelle 78
La « transition des études » : transmission, traduction ou appropriation? 78
Le nécessaire classement des sciences 79
L'éveil des pays latins 79
L'effondrement de la science et de la philosophie en Occident 80
Boèce, le père de la logique en Europe 80
Que sont les arts libéraux? 81
La « libido sciendi » déferle en Occident 81
Répression policière à l'université 82
Les grandes traductions 83
L'Empire byzantin fut-il aussi négligeant qu'on le dit? 83
Des hauts et des bas 83
Antioche contre Alexandrie, Paul contre Clément 84
Iconoclastes et iconodoules 85
Les croisés détruisent les bibliothèques 85
Riches échanges avant la catastrophe finale 86

Chapitre 7 : Les mathématiques, plus et mieux que les fondateurs grecs 87
Sept siècles de mathématiques arabes 87
Réformer Euclide 88
Al-Kharezmi et le « Kitab al-jabr » 88
Omar Khayyam 89
La trigonométrie 91
Les chiffres « arabes » 91
Des formules pour calculer le mouvement 92
Le mouvement du « docteur profond » 93
« Des rapports de rapports » 93
Qualité et quantité à Oxford et Paris 94
La forme uniformément difforme de Nicole Oresme 94
Un nouveau concept de vitesse 96

Chapitre 8 : Astronomie : observer et décrire les cieux, découvrir leur architecture 97
Les grands observatoires des califes 98
Al-Ma'mun le mécène 99
Les zij, catalogues d'étoiles et tables astronomiques 99
L'astrolabe de Muhammad al-Fazari 100
Maragha, l'observatoire du grand khan 101
Le guerrier et l'astronome 101
Une institution scientifique moderne 102
Une longue série de grands observatoires 102
Aristote ou Ptolémée ? 103
Sphères d'Aristote, cercles de Ptolémée 103
Contre Ptolémée 103
La décision d'Averroès et de al-Bitruji 104
Quel est le vrai mouvement des planètes ? 104
L'astronomie des Franciscains et des Dominicains 105
Les grands traités d'astronomie arrivent en Occident 106
« Averroès a gravement erré » 106
La vérité par accident 107
Des astronomes de terrain 108
« La Sphère » de Sacrobosco, le traité lu par tous 109

Chapitre 9 : Les sciences du monde sublunaire 111
La vision et la lumière 111
Ibn al-Haytham : les nouvelles lois de l'optique 112
L'anatomie de l'œil d'Ali ibn Isa 114
L'optique de Dietrich de Freiberg 114
Au VIIIe siècle, les mu'tazilites font revivre l'atomisme 115
Des faiblesses dans l'édifice : Buridan et la théorie de l'impetus 116
Les plantes et les animaux 117

L'agronomie de Al-Andalus ... 117
Le bestiaire ... 118
Frédéric II, l'empereur naturaliste autorise l'autopsie ... 119
L'anatomie comparée d'Albert le Grand, le « De animalibus » ... 119
La médecine ... 120
Le « Livre de la guérison » ... 120
La variole ne frappe pas deux fois le même individu ... 121
L'alchimie ... 122
« Le Livre du secret de la Création et technique de la nature » ... 122
Al-iksir, l'élixir de longue vie ... 122
Al-anbiq, une chimère? ... 123

Chapitre 10 : Sciences et religions au Moyen Âge ... 125

La force des religions ... 125
Le Dieu de la Bible fait-il bon ménage avec les sciences? ... 126
Du côté de l'islam ... 126
Les hanbalites contre les sciences ... 127
Un chrétien doit-il chercher à connaître la nature? ... 127
Naturales contre théologiens, ou Aristote au purgatoire ... 128
Avalanches d'interdictions contre Aristote ... 128
Siger de Brabant défend la philosophie naturelle ... 129
Les interdictions de 1277 ... 130
Quand le pape menace saint Thomas d'Aquin ... 131

Troisième partie : Les sciences à la Renaissance ... 133

Chapitre 11 : L'exercice de la curiosité et de la liberté ... 135

Contre le Moyen Âge? ... 135
Le Nouveau Monde et l'imprimerie ... 136
Des savants vagabonds ... 136
Remonter aux sources ... 137
Rompre avec les systèmes contraignants ... 138

Chapitre 12 : Les mathématiques : pourquoi en faire? ... 139

La perspective des peintres géomètres ... 139
Brunelleschi et le baptistère San Giovanni ... 140
Alberti, le théoricien à sa fenêtre ... 140
Luca et Léonard ... 141
La trigonométrie : les triangles sphériques ... 142
Le drame de l'équation du troisième degré ... 143
Des racines impossibles ... 144
La bataille des algébristes ... 144
L'apparition du signe « = » ... 145
La règle des signes et la Saint-Barthélemy ... 145
Les nombres à virgule ... 146

Les Jésuites et la science 147
De la certitude des mathématiques 147
L'astronomie et les mathématiques pour convaincre les mandarins 148
La réforme grégorienne du calendrier, pour fixer la date de Pâques 148
L'art de la navigation 149
Premiers essais pour calculer les longitudes 149
L'art de naviguer de Pedro Nunez 150

Chapitre 13 : Le système du monde de Nicolas Copernic 151

Les mondes infinis et la docte ignorance de Nicolas de Cusa 152
La probité du cardinal de Cusa 153
La cour de Dieu doit être infinie 153
Giordano Bruno, le supplicié du Campo dei Fiori 154
Les cieux sont décidément peu obéissants 154
Un tour fantastique chaque vingt-quatre heures 155
Les sphères célestes se télescopent 156
L'hypothèse révolutionnaire de Copernic 156
Le schéma essentiel 156
La sphère, encore et toujours 158
Faire d'un « monstre » un tout harmonieux 158
La voûte céleste n'a plus besoin de tourner à une folle vitesse 159
Difficultés et objections 159
La parallaxe 159
Dispersés dans l'espace par la force centrifuge 160
Les trois lectures du « De revolutionibus » 160
Un triple parrainage 161
Le texte-surprise 161
Y eut-il des coperniciens ? 161
Beaucoup d'admirateurs, peu d'adeptes 162
Les Églises gardent plus ou moins leur calme 163
Tycho Brahe, l'astronome au nez en or 164
Le château observatoire du seigneur d'Uraniborg 164
Le monde immense de Copernic est « absurde » 164

Chapitre 14 : Comprendre les éléments matériels et leurs mouvements 167

Qu'est-ce qui fait se mouvoir les projectiles ? 167
Léonard de Vinci en savait-il trop ? 168
Les projectiles de Tartaglia : comment lancer des bombes ? 169
Aristote n'a-t-il rien compris ? 170
À propos du globe terrestre 172
William Gilbert : la Terre est un grand aimant 172
La géologie d'Agricola 173
La Terre : éternelle ou très récente ? 173
Chimie et alchimie 174
La transmutation et la quintessence 175
Les trois principes : sel, soufre et mercure 175

La magie infâme contre la bonne et naturelle magie 176
La « Magia naturalis » de Della Porta 177
Des effets non expliqués 177

Chapitre 15 : Les sciences du vivant et la médecine 179

Nouvelles classifications des espèces végétales et animales 179
Un monstre d'érudition 180
Les fossiles de Bernard Palissy 180
Que faire des manchots et des castors ? 181
L'imprimerie stimule la botanique 183
Les naturalistes conquistadores : Oviedo, Acosta 184
Tabac, maïs, pommes de terre, ananas : les nouveautés d'Amérique 184
L'histoire naturelle et morale des Indes 184
La révolution anatomique 184
Le bonheur du retour à Galien 185
Les dissections de Léonard 185
De Venise à Bologne, on ouvre les cadavres 186
De la fabrique du corps humain selon Vésale 186
Médecins des rois et des empereurs 188
Le physicien de l'empereur Charles Quint 188
Ambroise Paré, chirurgien des champs de bataille 188

Quatrième partie : Les débuts de la science classique 191

Chapitre 16 : Un siècle d'or pour les sciences 193

Des changements révolutionnaires 193
Premier survol 194
Un indiscutable bouleversement 196
Le grand rôle des systèmes philosophiques 197
La science devient profane 198
Des conditions nouvelles 200

Chapitre 17 : Sur la Terre comme au ciel, une seule physique 201

Galilée et Kepler, deux étoiles jumelles 202
Le télescope de Galilée dévoile un nouveau ciel 202
La Voie lactée, les taches solaires et les satellites de Jupiter 203
Les Jésuites confirment les découvertes 204
Copernic avait raison ! 205
Des arguments très convaincants pour le nouveau système 205
Les marées sont-elles une preuve du mouvement de la Terre ? 205
L'humiliante rétractation du vieux savant 206
La ruine de la physique d'Aristote 207
Le boulet tombe au pied du mât du navire 207
Les papillons volent de la même manière 208
Rien n'empêche la Terre de tourner 208

« Le monde est écrit en langue mathématique » ... 209
La géométrie convient à la nature ... 209
Première loi mathématique dans l'histoire de la physique ... 209
Kepler découvre « Le Secret du monde » ... 210
Les cinq solides de Platon ... 210
La chasse à la planète Mars, jusqu'à devenir fou ... 211
Les vitesses des planètes livrent la troisième loi ... 212
Le cosmos mis en équations ... 212
Les « Principes mathématiques de la philosophie naturelle » ... 213
Comment en est-on arrivé là ? Une première version ... 214
La conjecture de Hooke ... 214
Newton connaît la solution ... 215
Deux lecteurs impressionnés : Huygens et Leibniz ... 215

Chapitre 18 : La physique mécaniste et les théories de la lumière ... 217

Mouvements, chocs et figures ... 217
Descartes, promoteur de la physique mécaniste ... 217
Le retour des atomistes ... 220
Pour Pascal, la physique est cachée ... 221
La science mise en scène ... 221
La balance de Roberval ... 223
Les théories de la lumière, à partir du bâton brisé ... 224
La loi de Descartes-Snellius ... 224
La réfraction de la lumière : de multiples explications pour un même résultat ... 226
La nature obéit-elle à un principe de simplicité ? ... 227
Römer découvre que la lumière a une vitesse finie ... 227
Les couleurs de l'arc-en-ciel ... 228
Entre alchimie et chimie, le moment du basculement ... 229
La puissance de l'alchimie ... 229
Le phlogistique, apparition et triomphe d'un fluide mystérieux ... 230

Chapitre 19 : L'âge d'or des mathématiques ... 231

Les coordonnées cartésiennes ... 231
Un programme génial : associer la géométrie et l'algèbre ... 232
Les coordonnées et la mise en équations ... 233
L'infini n'a pas sa place en géométrie ... 234
Thomas Harriot, l'aventurier mathématicien ... 235
L'infini envahit les mathématiques ... 236
Indivisibles… en lignes ou en tranches ? ... 236
Les Anglais champions des séries convergentes ... 238
Une histoire de géants ... 240
Leibniz l'omniscient ... 240
Newton et les fonctions du temps ... 241
Dan d'autres directions ... 242
John Napier et « La Merveilleuse Règle des logarithmes » ... 242
Roberval et Leibniz réexaminent les axiomes ... 243
Le triangle arithmétique : l'induction complète ... 244

Chapitre 20 : Les sciences du vivant et la médecine 245

Botanique et zoologie : comment classer? 245
Les hésitations d'Aldrovandi sur la chauve-souris 246
Edme Mariotte, un abbé bien matérialiste 246
Les plantes ont un sexe 247
Joseph Pitton de Tournefort, star de la botanique 248
Small is beautiful 249
L'anatomie microscopique 249
Les débuts d'une fameuse association : le bistouri et le microscope 249
Margareth Cavendish contre la «Micrographia» de Robert Hooke 250
Comment est créé un être vivant? 251
Swammerdam défend la préformation 251
L'ovisme, ou le «système des œufs» 251
Francesco Redi et la génération spontanée 252
La médecine mécanique 252
Les anciens et les modernes 253
Descartes, victime de la saignée? 253
Quand le médecin compte, pèse et mesure 254
William Harvey calcule le volume du sang 254
Réductionnisme, micromoteurs ou esprit vital? 255

Cinquième partie : Les sciences à l'âge des Lumières 257

Chapitre 21 : Un optimisme mesuré 259

Newton franchira-t-il le Channel? 260
Apprivoiser l'attraction 260
Et Dieu dans tout ça? 261
L'esprit de l'«Encyclopédie» 261
L'idée de progrès 261
Les sciences n'ont pas de frontières 262
Sciences et littérature 263
Deux auteurs, deux modèles 263
Les lettres d'Euler à une princesse d'Allemagne 264
«Désenchanter le monde?» 264
La mathématisation semble irrésistible 264
Les mathématiques contre la nature 265

Chapitre 22 : Un feu d'artifice en mathématiques 267

Les disciples de Newton contre ceux de Leibniz 267
Querelle de priorité 268
Quel est le «meilleur» calcul infinitésimal? 268
Premiers succès : de géniales futilités? 269
Des méthodes controversées 271
Bataille à l'Académie des sciences de Paris 271
Un évêque irlandais s'attaque au calcul 271

Extension du domaine de l'analyse 272
Les équations différentielles 272
L'école française : succès et interrogations 272
Les nombres complexes 273
Des démonstrations successives 273
Des carrés négatifs ! 274
Le calcul des probabilités 275
Une question qui n'est pas seulement mathématique 275
Condorcet : paradoxes dans les décisions « démocratiques » 275
Le démon de Laplace, déterminisme et probabilités 276
La géométrie dans tous ses états 276
Nouvelle approche contre le cinquième postulat d'Euclide 277
Courbes dans le plan et dans l'espace 277

Chapitre 23 : Le règne de la mécanique classique et les calculs astronomiques 279

L'attraction est-elle universelle ? 279
L'attraction à distance : une mystérieuse efficacité 280
Les lois de la dynamique expliquent-elles tous les phénomènes ? 280
La nature est économe 280
L'action, produit de trois grandeurs 281
La règle du parallélogramme, une loi de la nature ? 281
La Terre : pomme ou citron ? 282
La Terre n'est pas tout à fait sphérique 282
Bouguer au Pérou, Maupertuis en Laponie 283
Le mouvement des fluides 284
La mécanique analytique de Lagrange 284
Le système solaire en équations 285
Le problème des n corps 285
Le système solaire est-il stable ? 286
La comète de Halley est au rendez-vous 286
Des expéditions terrestres pour mesurer les distances au ciel 286
La distance Terre-Lune 287
L'éclipse qui révèle les distances planétaires 287
Instruments nouveaux d'observation et de mesure 288
William Herschel, le musicien devenu maître astronome 288
Les bonnes vibrations des étoiles et de l'axe des pôles 289
L'aberration des étoiles 290
La nutation de l'axe des pôles 290
L'intérieur de la Terre vu par les astronomes 290
Le calcul des longitudes : une rude compétition 291
En mer, comment savoir où l'on se trouve ? 291
Horlogers contre astronomes 292

Chapitre 24 : Les nouveaux territoires de la physique et de la chimie ... 295

Les succès de l'optique newtonienne ... 295
L'aberration chromatique ... 296
La théorie ondulatoire au purgatoire ... 296
Les théories de la chaleur, les thermomètres et le calorique ... 297
Le règne controversé du calorique ... 298
Malgré leur désaccord, Laplace et Lavoisier travaillent ensemble ... 299
Électricité et magnétisme ... 300
La bonne conduite de l'électricité ... 300
Résineuse ou ambrée, c'est toujours de l'électricité ... 301
Mettre l'électricité en bouteille! ... 301
Un Américain à Paris ... 302
Mesurer les forces en présence ... 303
La chimie moderne ... 304
La découverte des gaz ... 304
Le phlogistique de Georg Stahl, une théorie au nom étrange ... 305
La « révolution chimique » de Lavoisier ... 305
Les tables d'affinités, ou quand les éléments désirent s'unir ... 306

Chapitre 25 : Biologie, physiologie et sciences de la Terre ... 309

Linné contre Buffon ... 309
Le genre et l'espèce : Félix le chat! ... 310
Buffon quitte les mathématiques pour l'histoire naturelle ... 310
Les premiers pas du transformisme ... 311
Un transformisme masqué? ... 312
L'échelle des êtres ... 313
« Il faut deux parents pour évoluer! » ... 313
Les chèvre-pieds de Denis Diderot, d'excellents domestiques! ... 314
Les Darwin persistent et signent ... 314
Cuvier contre Lamarck et Geoffroy ... 314
Lamarck et le long cou des girafes ... 315
Les découvertes d'un conservateur ... 315
Étienne Geoffroy Saint-Hilaire en appelle aux crocodiles ... 316
Le mystère de la génération plane toujours ... 317
L'œuf de poulet contre l'ovisme ... 318
De petits caleçons pour les grenouilles ... 319
Voltaire fait de l'esprit avec des œufs ... 319
Respiration, vaccination et chirurgie ... 319
Priestley apprend à respirer ... 320
Lady Montagu donne l'exemple ... 320
La chirurgie sort de son anesthésie ... 321
Les sciences de la Terre ... 322
Diderot fait entrer la géologie dans l'« Encyclopédie » ... 322
Le jardin du Roi, à nouveau ... 322
Le Neptunisme d'Abraham Gottlob Werner ... 323
Pluton contre-attaque avec James Hutton ... 323

Sixième partie : Les sciences modernes 325

Chapitre26 : Des théories par milliers 327

Tableau général 328
Les mathématiques 328
La physique 328
La chimie 329
Les sciences de la vie 329
Les sciences de la Terre 329
L'astronomie et l'astrophysique 330
L'anatomie humaine et la médecine 330
Que penser de ces développements scientifiques? 331

Chapitre 27 : Les mathématiques, le triomphe des objets étranges 333

Un nouveau sens du mot algèbre 334
Les racines des équations 334
Les complexes envahissent l'algèbre et la géométrie 334
Le testament d'Évariste Galois 335
L'essor de la théorie des groupes 336
La notion de vérité change en mathématiques 338
Les géométries projectives 338
Euclide, reviens, ils sont devenus fous! 339
Une profusion de nouveaux domaines 341
Différentielle, infinitésimale, algébrique… la géométrie à toutes les sauces 341
Chaleureuse trigonométrie 342
La théorie des fonctions 342
Poincaré et la topologie 343
Cantor : la théorie des ensembles jusqu'à la dépression 345
Différents types d'infini 345
L'ensemble, une idée claire qui se contredit 346
Nicolas Bourbaki, le mathématicien qui n'existait pas 347
Les beaux monstres de Benoît Mandelbrot 348
L'invention de l'ordinateur 349
Qui a tué Alan Turing? 349
Celui qui récolta la gloire et les honneurs 350
Gödel fait déprimer ses collègues 351

Chapitre 28 : La physique s'émancipe 353

L'apparent triomphe de la mécanique 354
Foucault « prouve enfin » le mouvement de la Terre 354
Galilée l'avait manquée, Le Verrier l'a devinée! 355
Vertiges de l'astrophysique moderne 356
La matière noire 357
L'électricité et l'électromagnétisme 358
La pile électrique 358

L'aiguille de la boussole est déviée! 358
Le Newton de l'électricité 359
Les grandeurs essentielles de l'électricité 360
Les courants induits 361
La quantité d'électricité se propage comme la chaleur 362
L'électromagnétisme et la lumière 362
Le monde baigne dans l'éther 362
Des étincelles au fond du jardin 363
L'irrésistible développement des phénomènes ondulatoires 364
Newton avait tort : la lumière est une onde 364
Rien n'échappe à Hermann von Helmholtz 365
Énergie et thermodynamique 366
La conservation de l'énergie mécanique 366
L'énergie calorifique est équivalente au travail mécanique 367
Le second principe de la thermodynamique 367
Spéculations autour de l'entropie 368
Conception énergétique et vision statistique du monde 369
La matière et les atomes en déroute 369
La contre-offensive des atomistes 370
Le mouvement brownien 371

Chapitre 29 : Relativité et physique quantique 373

La crise des deux édifices : la mécanique et les ondes 374
Les ondes électromagnétiques infirment le principe de Galilée 374
La lumière menace la relativité 375
Arrivée des électrons 375
Continuisme ou discontinuité? 375
Les débuts de la théorie des électrons 376
Pour sauver la relativité 377
Einstein et les autres, le train de la simultanéité 377
L'espace-temps de Minkowski, un nouvel absolu 379
Plus ultra, la «générale» 379
Les conférences de Solvay et la bande de Copenhague 381
Le discontinu triomphe 381
La catastrophe ultraviolette d'Ehrenfest ou le rayonnement du corps noir 382
Bohr, le père fondateur 383
Hasard absolu ou causes cachées? 385
Ni onde ni particules : les deux à la fois! 386
Le principe d'incertitude 387
Encore plus abstrait 388

Chapitre 30 : La chimie, science quantitative 391

Atomes et proportions 391
Les atomes de Dalton au secours des proportions de Proust 391
Les proportions en volume de Gay-Lussac 392
Électricité + chimie = électrochimie! 393

La classification périodique 393
Le manuel de cours du professeur Mendeleïev 394
À qui confier le premier rôle? 394
La biologie relève-t-elle de la chimie? 395
Friedrich Wöhler, pionner de la chimie organique 395
Le serpent de Kékulé 396
Et le temps dans tout ça? 397
La radioactivité 398
Les molécules et les atomes 399
Svante Arrhenius invente les ions 399
Acides et bases 400
Perrin au secours d'Avogadro 400

Chapitre 31 : Les florissantes sciences du vivant 403

La cellule au cœur des organismes vivants 403
L'unité de tous les organismes vivants 404
Ni tout à fait la même ni tout à fait une autre 404
L'impressionnante multiplication des laboratoires 405
Qu'y a-t-il à l'intérieur d'une cellule? 405
Un œnologue passe à côté des enzymes 406
Une très fameuse double hélice 407
Pasteur et les microbes 408
Les fermentations 408
Contre Archimède Pouchet 409
Sauvez les vers à soie! 409
Pasteur à l'hôpital et à la ferme 410
Darwin a vu l'essentiel de l'évolution 411
À bord du «Beagle» 412
Vingt ans de réflexion 413
Quel impact! 413
Comment ça marche? 414
La génétique, Mendel et les premières lois de l'hérédité 415
Des travaux ignorés pendant cinquante ans 416
La génétique, science de l'hérédité 417
Les mutants 418
La classification des êtres vivants 419
Les crocodiles, proches cousins des oiseaux 420
La super-classe des poissons gommée des classifications 420

Chapitre 32 : Chaleur du noyau terrestre et bouleversements de surface 423

La «Terre en fusion» gagne les esprits 423
Les équations décrivent la chaleur du globe 424
Les contestataires du «feu central» 425
Des grandes incertitudes 427
Le recours aux moyens indirects 427

L'attraction des montagnes 428
Terre fluide contre Terre solide 428
Vers les modèles actuels 429
Qu'y a-t-il à l'intérieur ? 429
Il n'est plus possible de cacher l'âge de la Terre 430
Le plus compliqué se passe à la surface des choses 432
Tremblements de terre instructifs 432
Wegener isolé 433
Le triomphe des années 1960 434

Septième partie : La partie des Dix 437

Chapitre 33 : Dix savants qui ont marqué la science 439

Ibn Sina 439
Une vie digne des « Mille et Une Nuits » 439
Le « Canon » d'Avicenne 440
Paracelse 441
Un humaniste itinérant et provocateur 441
Un alchimiste plutôt pratique et concret 442
René Descartes 443
Voyager… mais préserver sa tranquillité 443
Une œuvre totale 444
Isaac Newton 445
Pas de femme et peu d'amis 446
Un théologien extrémiste 447
Émilie du Châtelet 448
Claude Bernard 449
Marie Curie 450
Albert Einstein 451
Une science d'une immense liberté 452
Le quasi-inconnu qui bouleverse la physique 452
Un militant antimilitariste 453
Bertrand Russell 454
Une jeunesse mélancolique 454
Une vie agitée 454
Le tribunal Russell-Sartre 455
Richard Feynman 456
Un spécialiste mondialement reconnu 456
Superfluidité et supraconductivité 457
Un professeur sensationnel 457

Chapitre 34 : Dix épisodes de l'histoire des sciences 459

La méthode d'Archimède : perdue pendant dix-huit siècles 459
La dramatique affaire Michel Servet 461
Une forte objection contre Galilée : la Terre ne tourne pas 462

L'ingéniosité de Johannes Locher ... 462
Des trajectoires absurdes ... 464
Où se cache la vérité? ... 464
Le grand théorème de Fermat : trois cent cinquante ans de résistance ... 465
Le vitalisme veut « sauver l'essentiel » ... 466
La variation de masse des électrons ... 468
Quatre théories, deux prévisions ... 468
Plier ou ne pas plier devant l'expérience? ... 469
Épilogue : tout est en ordre ... 470
L'entretien de Copenhague : que faisaient les physiciens du Reich? ... 471
L'affaire Lyssenko : quand l'idéologie dicte sa loi en biologie ... 472
Le big bang, la singularité initiale ... 473
Quel est l'âge de l'Univers? ... 474
L'Univers garde ses secrets ... 475
Les théories scientifiques contre les « faits »? ... 476

Huitième partie : Annexes ... *479*

Annexe A : Chronologie des théories et des découvertes scientifiques **481**

Annexe B : Conseils de lecture ... **493**

Index des noms ... *495*

Index des thèmes ... *505*

Introduction

Pythagore, Aristote, Archimède, Ptolémée, Ibn al-Haytham, Copernic, Kepler, Galilée, Descartes, Pascal, Newton, Lavoisier, Carnot, Émilie du Châtelet, Euler, Franklin, Darwin, Linné, Mendeleïev, Pasteur, Fleming, Kelvin, Curie, Planck, Einstein, Bohr, Watson… Qu'ont-ils imaginé, découvert, inventé ?

Depuis quand sait-on que la Terre est ronde ? Le courant électrique est-il connu depuis longtemps ? À quoi ont servi les mathématiques ? Quand furent réalisées les premières transfusions sanguines ? Combien connaît-on d'éléments chimiques ? Comment Darwin a-t-il découvert l'évolution des espèces ? Qui étaient les atomistes de l'Antiquité ? Quand et comment les théories scientifiques ont-elles été rejetées ou modifiées, transformées ?

Nos connaissances et nos souvenirs sont souvent vagues, incertains, voire nuls sur ces sujets. Nous savons bien cependant qu'ils font partie de notre culture, et ils attisent d'autant plus notre curiosité que les sciences occupent une place toujours croissante dans notre civilisation.

L'histoire des sciences fut agitée. Les querelles et les confrontations furent souvent vives entre savants et entre diverses écoles de pensée. De grandes « certitudes » furent réfutées comme *la nature a horreur du vide* ou *la fonction crée l'organe.* Certaines théories, qui semblaient disparues, finirent par s'imposer : trois siècles avant J.-C., Aristarque de Samos avait vainement défendu la mobilité de la Terre autour du Soleil ; Copernic fit triompher cette idée dix-huit siècles plus tard. D'autres principes, qui paraissaient indiscutables, s'effondrent comme un château de cartes ; ainsi l'idée de *fixité* et *stabilité des espèces* ou celle d'un *temps absolu,* c'est-à-dire identique en toutes circonstances, n'ont-elles plus de défenseurs crédibles.

Pourtant, en dépit de ces aléas, le progrès existe dans les sciences ; on y accumule des connaissances, et les théories nouvelles sont presque toujours plus performantes que celles qu'elles détrônent.

Les chemins de la découverte scientifique sont extraordinairement variés : parfois, un homme isolé aura le génie – et aussi la chance – de voir mieux et plus loin que ses contemporains ; ou alors c'est un groupe organisé, une institution, dont le programme de recherche – patiemment poursuivi – sera couronné de succès. Les découvertes ont pu être très pratiques, réalisées à partir d'observations concrètes et systématiques, mais elles furent parfois le résultat de méditations ou de réflexions très abstraites semblables à des rêveries.

Il est arrivé que les idéologies jouent un rôle important dans le développement ou la régression des idées scientifiques : les religions ont été des freins puissants dans certaines périodes ou lors de divers épisodes ; ce fut le cas avec la condamnation de Galilée ou la résistance à la théorie de l'évolution des espèces. Le contraire advint aussi quand des savants croyants estimèrent que mieux connaître le monde est un moyen de mieux admirer son créateur.

Enfin, les sciences ont été cultivées à des fins elles aussi formidablement diverses : pour améliorer les conditions de vie sur Terre, se déplacer, se loger, se chauffer, se soigner, se distraire, communiquer ; ou pour mieux se défendre ou se nuire, comme le montrent les découvertes liées aux activités guerrières des hommes. Bien d'autres motifs inspirèrent des savants, au premier rang desquelles la simple et pure curiosité, le plaisir de savoir.

À propos de ce livre

Je voudrais, dans ce livre, dresser un tableau général de l'histoire des sciences, ses avancées, ses échecs. On y rencontrera des hommes et des femmes – moins souvent puisque la place qui leur était accordée fut longtemps marginale – mais aussi des idées, des théories. On verra bien entendu dans quel contexte eurent lieu ces découvertes et ces controverses.

Pour comprendre l'histoire des sciences en profondeur, il faudrait être biologiste, mathématicien, physicien, chimiste… ce que ni les lecteurs ni l'auteur ne sont tout à fait. Peut-être sont-ils même nuls en ces domaines ? Je suis cependant persuadé qu'il est possible d'en comprendre les idées essentielles sans être savant, et c'est l'objectif que je propose au lecteur de ce livre : sans être mathématicien, voir ce qui se passe lorsque l'infini devient un des objets préférés du géomètre ; sans être physicien, réaliser comment l'attraction universelle devient la clé du mouvement compliqué des planètes ; sans être biologiste, saisir pourquoi les êtres vivants, aussi variés soient-ils, sont dotés d'ancêtres communs.

L'Histoire des sciences pour les Nuls raconte les principaux épisodes et mouvements du développement des sciences depuis l'Antiquité jusqu'au XXe siècle ; elle présente aussi les acteurs de cette immense épopée ; certains terriblement attachants comme Copernic, Kepler, Émilie du Châtelet, Darwin, Marie Curie ou Einstein, d'autres plus froids et rébarbatifs comme Pascal, Newton et, plus près de nous, Watson. Comme toute grande fresque, celle-ci retracera aussi les épisodes personnels, les bonheurs, les tragédies, les accidents, les rencontres qui ont fait la vie de ces acteurs.

Il faudra aussi définir et comprendre des termes techniques et des notions essentielles ; le jeu en vaut la chandelle et le pari de l'auteur de ces pages est de rendre tout cela aisé au prix seulement d'un solide bon sens et d'un peu d'attention.

Les conventions utilisées dans ce livre

Beaucoup de termes sont particuliers aux sciences ou peu connus ; par exemple *attraction universelle* ou *ontogénèse*. La première fois que nous les rencontrerons, ils seront mis en *italique* et expliqués dans le cours du texte, immédiatement ou peu après.

Comment ce livre est organisé

Une présentation seulement chronologique aurait eu le grave inconvénient de nous faire perdre le fil de chaque science particulière : pour chaque intervalle de temps, il aurait fallu par exemple abandonner l'astronome pour s'intéresser au naturaliste ou au mathématicien contemporain, puis revenir à lui au chapitre suivant. La solution purement thématique posait d'aussi difficiles problèmes : comment comprendre ce qui se passe en physique au XVIIIe siècle sans être informé des méthodes mathématiques qu'elle utilise ?

Le choix d'une présentation mixte s'est donc imposé, et le livre est organisé en six grandes parties, qui correspondent à six périodes assez bien délimitées : Antiquité, Moyen Âge, Renaissance, début de la science classique, âge des Lumières puis science moderne des XIXe et XXe siècles. Ces parties sont alors organisées thématiquement, selon les diverses sciences dont nous faisons l'histoire : les mathématiques, l'astronomie, la physique, la chimie, la géologie et les sciences du vivant.

À cela s'ajoute une septième partie, dite « partie des Dix », où nous rencontrerons d'abord dix savants, puis découvrirons dix épisodes de l'histoire des sciences.

Première partie : Les sciences dans l'Antiquité

Après un rapide préambule, on traitera dans cette partie de l'Antiquité grecque, qui est la source principale des sciences telles qu'elles se sont développées dans le monde arabe puis dans l'Occident latin et donc dans notre civilisation. Il y sera question d'astronomie, de mathématiques, de théorie musicale, de physique au sens ancien que ce terme avait alors, de botanique et de zoologie. Le système géocentrique du monde, la théorie des quatre éléments, la géométrie d'Euclide notamment sont inventés à cette époque et s'imposent pour les vingt siècles suivants.

Deuxième partie : Les sciences au Moyen Âge

Le Moyen Âge, du point de vue de l'histoire des sciences, est une notion assez complexe : on en considère « trois ». Le Moyen Âge *arabe,* du Ve au XIVe siècle, extrêmement actif et brillant, au cours duquel toutes les sciences connaissent des développements considérables : les mathématiques, l'astronomie, la médecine, l'alchimie, la physique. La redoutable question des rapports entre les sciences de la nature et la religion révélée est souvent au centre des controverses et des réflexions. Le Moyen Âge *byzantin* est marqué par une sorte de contraste entre, d'une part la force et la puissance des institutions économiques, militaires, religieuses, byzantines et d'autre part la modestie de leurs activités et découvertes scientifiques. Enfin, le Moyen Âge *latin* (ou occidental) est plus court dans la mesure où les sciences sont peu – ou très peu – cultivées jusqu'à la fin du Ier millénaire. En revanche, les XIIe, XIIIe et XIVe siècles sont marqués par une activation impressionnante en *philosophie naturelle* (physique), en optique, en astronomie, en anatomie, et la version chrétienne du problème « sciences et religion » se pose avec intensité.

Troisième partie : Les sciences à la Renaissance

Cette courte période d'un ou deux siècles est caractérisée par une extension des activités scientifiques : extension dans l'espace due aux voyages initiés par Christophe Colomb vers les Amériques et par d'autres explorateurs vers l'Asie et les régions nordiques ; extension des thèmes et des sujets abordés par les sciences dans la mesure où une grande liberté et une grande audace de pensée s'imposent en Occident. On y prend connaissance des textes anciens, grecs ou arabes, on ose explorer le corps humain, Copernic suggère un système du monde révolutionnaire, on découvre de très nombreuses espèces nouvelles, animales et végétales.

Quatrième partie : Les débuts de la science classique

Le XVIIe siècle est au cœur de ce qu'on a appelé la révolution scientifique. Kepler, Galilée, Descartes, Harvey, Leibniz, Newton… transforment complètement la plupart des théories scientifiques. C'est vrai en astronomie, mathématiques, physique, physiologie et médecine, chimie ou théorie des éléments. L'optique et les théories de la lumière prennent une grande importance, de même que les questions relatives à la génération des êtres vivants. Les savants communiquent intensément entre eux, les collaborations sont puissantes et les controverses sont virulentes. Les mathématiques s'invitent dans les sciences physiques et en astronomie, voire en médecine.

Cinquième partie : Les sciences à l'âge des Lumières

Au Siècle des lumières, les sciences commencent à faire voir leur puissance, et plus seulement pour interpréter la nature ou comprendre son fonctionnement, mais aussi pour contribuer à l'utiliser, à la soumettre. Des appareillages comme les télescopes, les microscopes, les thermomètres, les balances de précision, les baromètres, les pendules, les horloges et les aimants envahissent les laboratoires. Les mathématiques sont en mesure de fournir des modèles puissants et efficaces pour prévoir les trajectoires des corps en mouvement (les planètes aussi bien que les projectiles), pour décrire les phénomènes électriques, etc. Par ailleurs, les sciences du vivant (botanique, zoologie, physiologie, etc.) proposent des théories et des expérimentations inédites. L'*Encyclopédie* de Diderot et d'Alembert exprime la confiance (controversée parfois) des savants dans leurs inventions et leurs théories. On s'aperçoit cependant que les nouveautés, les découvertes posent autant de problèmes qu'elles ne résolvent de questions.

Sixième partie : Les sciences modernes

Depuis le XIXe siècle, ce n'est plus à un développement des sciences que l'on assiste, mais à un feu d'artifice ininterrompu. Les phénomènes ondulatoires, les éléments chimiques, les atomes, les gènes et les lois de l'hérédité, l'électromagnétisme, les galaxies, les cellules vivantes, les fonctions vitales, l'évolution des espèces et leur classement, les théories sur la structure du globe terrestre et les phénomènes géologiques, le concept d'énergie et la thermodynamique, autant de chapitres immenses qui se ramifient en mille directions. Les conceptions classiques sont remises en cause, même les plus communément acceptées, comme le temps, l'espace ou la matière. Les mathématiciens produisent des théories, les unes complètement abstraites et coupées du réel, les autres d'une extraordinaire faculté d'application.

Septième partie : La partie des Dix

Dans cette dernière partie, bien connue des habitués de la collection « pour les Nuls », nous ferons mieux connaissance avec dix savants, puis explorerons dix épisodes de l'histoire des sciences.

Huitième partie : Annexes

Vous trouverez enfin en annexes une chronologie des théories et des découvertes scientifiques, sous une forme de tableau qui vous permettra d'embrasser d'un seul coup d'œil vingt-six siècles d'inventions, et des conseils de lecture pour aller plus loin.

Les icônes utilisées dans ce livre

Des icônes placées dans la marge tout au long de ce livre vous permettront de repérer en un clin d'œil le type d'informations proposées selon les passages du texte. Elles orientent votre lecture au gré de vos envies ou vous aident à revenir sur tel ou tel point précis. En voici la liste :

Comme en toute histoire, celle des sciences est riche de péripéties, parfois cocasses (Santorio qui pèse tout), parfois dramatiques (Michel Servet brûlé vif), parfois étonnantes, mais toujours significatives. Cette icône ne signale pas une information marginale ou peu importante, mais un événement original.

Les activités scientifiques sont presque toujours controversées ; certaines sont bizarres ou inattendues, ce qui ne veut pas dire qu'elles ne sont pas importantes (la chaleur est un transport de fluide ; la présence de l'eau explique tous les accidents géologiques). En outre, certaines idées largement reçues sont fausses (on a cru que la Terre était plate jusqu'au voyage de Christophe Colomb) et il est important de les réfuter. Cette icône signale une information de ce genre.

Certaines expériences ou théories ont eu une importance particulière et un grand succès en histoire des sciences : la géométrie d'Euclide, l'optique d'Alhazen, l'hypothèse de Copernic, la circulation sanguine, la gravitation universelle, le tableau périodique des éléments chimiques par exemple. Cette icône signale une information importante.

Les sciences sont l'œuvre de savants et on en rencontre beaucoup dans ce livre. Cette icône signale des informations sur la vie ou le caractère de l'un d'eux.

Toutes les sciences font appel à des raisonnements, des observations, des suggestions souvent précises et rigoureuses. Pour comprendre certains arguments, une attention assez soutenue est nécessaire. Cela se pose notamment lorsque des mathématiques sont utilisées. Nous avons essayé d'alléger au maximum la présentation de ces informations. Le niveau de mathématiques ne dépasse jamais les premières années du lycée.

Et maintenant, par où commencer ?

Le lecteur peut bien sûr lire *L'Histoire des sciences pour les Nuls* du début à la fin, suivre le texte au fil des pages, comme s'il s'agissait un roman. Mais il ne s'agit pas d'un roman, et bien d'autres utilisations et d'autres parcours sont possibles.

Pour cela, deux outils sont mis à la disposition du lecteur, une table des matières détaillée et un index complet permettent un usage « à la carte » de ce livre : si l'on s'intéresse à une notion, un savant, un épisode, on peut y accéder directement, comme avec un dictionnaire ou une encyclopédie.

On peut aussi choisir son propre parcours, par exemple s'intéresser à l'astronomie et lire les chapitres qui y sont consacrés séparément des autres. Si c'est telle période qui attise la curiosité du lecteur, il lui est loisible de lire les chapitres de la partie correspondante. Évidemment, il arrivera souvent qu'une théorie ou une découverte se comprenne mieux à la lumière de connaissances ou d'expériences antérieures. Quelques allers et retours pourront alors s'avérer utiles, qui sont repérables grâce à l'index. La *génération spontanée,* par exemple, est intensément discutée au XIXe siècle mais on rencontre des prémices à ce débat aux XVe, XVIe et XVIIe siècles. Ou encore, le lecteur pourra souhaiter s'informer sur tel ou tel savant qui intervient dans des sciences diverses, Aristote par exemple, ou Buffon ; là encore, l'index lui indiquera les pages correspondantes. Bref, vous choisirez l'ordre qui vous plaît et vous en changerez en fonction de la curiosité et de l'humeur du moment.

Première partie

Les sciences de l'Antiquité

Dans cette partie…

Où commence l'histoire des sciences et quand ? Sans doute en même temps et dans les mêmes lieux que l'écriture ou que les premières figures. Autant dire que l'origine est aussi diffuse et cachée que la naissance d'une rivière. Nous entamerons ce récit bien plus en aval et le point de départ de notre *Histoire des sciences* sera la Grèce antique, à partir du VIe siècle av. J.-C., avec un bref prologue chez les Assyriens et Babyloniens. On en donnera la raison un peu plus loin.

Chapitre 1

Un monde ordonné

Dans ce chapitre :

- La domination d'une certaine conception de la science
- La suprématie de Babylone
- L'influence des Grecs

Les sciences dont nous allons parcourir l'histoire ne recouvrent pas toutes les conceptions du savoir, toutes les manières de raisonner et de connaître la nature telles qu'elles ont pu exister (ou continuent d'exister) chez les peuples du monde au cours de leur histoire. Dans les temps modernes, une certaine manière de concevoir et de pratiquer les sciences domine largement ; elle s'est imposée dans l'Occident, qui l'a exportée ou imposée dans les Amériques, en Asie, en Afrique. Les calendriers, la médecine, les formes mathématiques, les appareils de mesure, les grandeurs physiques, les classifications botaniques et zoologiques, etc. nées en Occident sont adoptées aux quatre coins du monde. D'autres activités et pensées scientifiques coexistent parfois (si elles ne disparaissent pas), mais la conception générale des sciences dont nous allons faire ici l'histoire est aujourd'hui celle de l'humanité.

Est-ce à dire qu'il n'y a – ou qu'il n'y eut – que cette forme-là à avoir été examinée par les peuples de la Terre ? Certainement pas, et nous disposons de pas mal d'archives ou de pratiques vivantes qui prouvent l'inverse. Ainsi y eut-il des mathématiques chinoises assez anciennes (au début de notre ère), nettement distinctes de celles que nous allons voir se développer ; et qui peut ignorer qu'il existe une médecine chinoise (ou plusieurs) et qu'elle a bien entendu une histoire ? On ne peut non plus méconnaître les savoirs astronomiques des peuples de l'Amérique précolombienne, ni leurs modes de comptabilité ; d'impressionnants domaines de connaissances en médecine, botanique, zoologie font partie de l'histoire africaine, etc. Pourtant, il n'en sera pas ici question, et cela pour une raison assez simple : ces secteurs de l'histoire des sciences n'ont eu que peu d'influence (voire pas du tout) sur le développement des sciences telles qu'elles se présentent aujourd'hui à l'immense majorité de la population du globe ; et cette domination d'une certaine conception de la science – à la fois universelle et rationnelle, mais aussi expérimentale et observationnelle ; déductive ou inductive, mais toujours logique ; théorique et abstraite, mais aussi appliquée et performante – ne date pas d'hier.

Cette domination prend racine autour du bassin méditerranéen cinq ou six siècles avant notre ère ; elle ne cessera de se renforcer. Les Grecs de cette époque l'on inventée ou au moins enregistrée et en ont dessiné les grandes lignes.

L'histoire de ces sciences ne commence pas avec eux, ils ne partirent pas de rien.

Les Égyptiens n'ont pas pu bâtir les temples et les pyramides, gérer les énormes comptabilités qu'impliquait leur organisation sociale sans connaissances géométriques ou calculatoires avancées ; l'orientation des pyramides nécessitait ainsi par exemple la connaissance du « nord vrai ». Les rares documents dont nous disposons ne permettent cependant pas d'y reconnaître la présence de théories générales en mathématiques ni de modèles généraux en astronomie. On se trouve en présence de pratiques empiriques précises, nombreuses, variées et répétées mais qui n'annoncent pas ou ne préfigurent pas ce qui donnera naissance aux sciences gréco-arabo-occidentales. On a suggéré qu'il devait exister une « science des temples », secrète, réservée aux initiés. Ce n'est sans doute pas absolument impossible ; reste à en découvrir des archives consistantes, ce qui n'a, jusqu'à présent, pas été fait.

Un petit village du nom de Babylone

Les problèmes posés par ce qu'on appelle la civilisation assyrienne ou babylonienne sont complexes. Entre le IVe millénaire avant J.-C. et le début du Ier millénaire, de nombreux peuples – souvent en conflit violent – contribuèrent à l'invention de l'écriture, à la mise au point de vastes connaissances médicales, astronomiques et mathématiques. Vers 1800 avant J.-C., un petit village du nom de Babylone assoit sa suprématie sur les autres cités. Autour de Babylone se constitue un immense État centralisé, s'étendant depuis l'Anatolie au nord jusqu'au golfe Persique au sud et de la Syrie à l'ouest jusqu'à l'Élam à l'est. Nous disposons d'un grand nombre d'archives assyriennes et babyloniennes, surtout depuis la découverte au milieu du XIXe siècle à Ninive, des restes de la splendide bibliothèque d'Assourbanipal, roi d'Assyrie qui conquit Babylone vers 650 avant J.-C.

Des centaines de textes sont constitués de tables de calcul et de longues listes de problèmes qui sont bien autre chose que des successions d'exemples variés ; il est difficile de ne pas y reconnaître un « état d'esprit algébrique hautement développé », et il est permis d'y voir ce que, plus tard, les mathématiciens nommeront des *équations du premier et de second degré* (voire, ici et là, du troisième) ; la sommation de séries géométriques est elle aussi attestée et d'autres documents font un grand usage de ce qui s'appellera la *relation de Pythagore*. Dans la bibliothèque d'Assourbanipal, on a trouvé une table extrêmement précise des phases de la Lune et on sait que la qualité des observations astrales et stellaires des Babyloniens fut remarquable, les instruments d'observation astrologiques et astronomiques qu'ils mirent au point furent décisifs et se retrouvent chez les astronomes grecs ; il s'agit du *gnomon* (à la base, dans sa version la plus élémentaire, c'est un bâton dressé de façon à mesurer les ombres), de la *clepsydre* (appareil à écoulement destiné à mesurer celui du temps) et du *polos* (vaste demi-sphère dont la concavité est orientée vers le ciel pour recevoir avec exactitude l'image des positions des étoiles). Les catalogues d'étoiles et de situations planétaires réalisés à Babylone ou dans l'empire furent nombreux, bien connus, diffusés, et leur précision est légendaire.

La médecine elle aussi est un domaine où les connaissances étaient grandes à Babylone : on dispose de descriptions de procédures médicales qui ne consistent pas seulement en des invocations magiques, mais aussi en des diagnostics et en des prescriptions thérapeutiques (à base de médicaments botaniques en général). À côté de la médecine, la pratique des *haruspices* (divination par observation des entrailles d'animaux) est l'occasion de rassembler des connaissances anatomiques techniques comportant parfois des caractéristiques fonctionnelles. Les Grecs ont connu tout ou partie de ces savoirs babyloniens, et l'histoire des sciences d'origine grecque trouve dans cette terre-là certaines de ses racines. Toutefois, comme le note un historien des sciences babyloniennes, « malheureusement pour nous, les Babyloniens n'ont laissé aucune introduction explicite à leur propre conception pour ordonner et classifier le monde ; la pensée réflexive, consciente d'elle-même, ne faisait pas partie de leur culture écrite ». En astronomie notamment, la quantité de leurs mesures ne laisse pas apparaître de système général d'explication de la machine du monde ; cela ne prouve pas qu'un tel système n'existait pas ; il se trouve simplement que nous n'en avons pas de trace.

La source grecque

N'OUBLIEZ PAS !

Les Grecs doivent aux Phéniciens le principe de leur alphabet ; ils empruntent aux Égyptiens, aux Babyloniens, aux Indiens des connaissances mathématiques, astronomiques et géographiques. Aux uns et aux autres, bien des pratiques médicales et botaniques. Les contacts et enseignements venus d'Égypte, d'Assyrie (Babylone) ou d'Inde sont bien attestés, même s'ils ont souvent un caractère légendaire et enjolivé.

Une brève domination athénienne

C'est pourtant chez les Grecs que nous allons chercher la source des sciences telles que notre civilisation les conçoit et les pratique. Il y a, à cela, deux bonnes raisons. La première est que notre documentation historique sur la culture grecque est immense, bien qu'une grande proportion des textes et archives soit perdue. La seconde est que les principales caractéristiques de la réflexion et de l'activité scientifiques qui sont les nôtres (l'administration de la preuve par des moyens déductifs, la recherche des causes matérielles des phénomènes) ont été élaborées au cours de l'Antiquité grecque. Ce sont elles qui pour l'essentiel ont nourri le Moyen Âge arabe, byzantin, latin et donc – directement ou indirectement – les époques modernes en Europe, puis en Amérique.

On se souviendra d'abord que l'Antiquité grecque couvre un espace et un temps extrêmement étendus. Une bonne partie du bassin méditerranéen, des rives orientales de la mer Égée jusqu'au sud de la péninsule italienne, du VIe siècle avant J.-C. avec l'école de Milet jusqu'au IVe siècle après J.-C. avec l'école d'Alexandrie. Ces vastes dimensions spatiales et temporelles ne doivent pas dissimuler l'existence du noyau nettement plus réduit de cette aventure intellectuelle : sur les bords de la mer Égée, il s'étend de Cnide à Athènes en passant par Milet ; quant à la domination athénienne sur la culture grecque, elle est politiquement et militairement aussi brève qu'un passage de comète, rapidement consommée entre le succès de la ligue de Délos en 476 avant J.-C. jusqu'à la victoire de Sparte en 404. C'est sur un fond éphémère de fragilité, d'instabilité et d'affrontement qu'est construit, « de façon foudroyante et inattendue, un empire invisible et unique dont la grandeur perdure jusqu'à nous, un bâtiment sans autre exemple dans l'histoire ». Cette belle évocation des sciences grecques par le philosophe Michel Serres donne la mesure de l'événement fondateur que nous parcourrons dans la première partie de ce livre.

Des jugements sévères et contradictoires envers les anciens Grecs

La postérité cependant s'est souvent montrée sévère envers les Anciens. Dans son *Esquisse d'un tableau historique des progrès de l'esprit humain,* Condorcet, au XVIIIe siècle, critique rudement l'amplitude de leurs travaux : « Leurs sages, leurs savants, qui prirent bientôt après le nom plus modeste de philosophes ou d'amis de la science, de la sagesse, s'égarèrent dans l'immensité du plan trop vaste qu'ils ont embrassé. Ils voulurent pénétrer la nature de l'homme et celle des dieux, l'origine du monde et celle du genre humain. Ils essayèrent de réduire la nature entière à un seul principe, et les phénomènes de l'Univers à une loi unique. » Ils auraient donc été trop ambitieux. Cent cinquante ans plus tôt, un autre procureur condamnait, chez les Anciens, des errements opposés ; Descartes leur reproche en effet, notamment (mais pas seulement) en mathématiques, de n'avoir pas été suffisamment systématiques et d'avoir trouvé des résultats – des vérités – par accident, au hasard, sans véritable méthode. Il tient pour aléatoires les thèses d'un Platon ou d'un Aristote. C'est – dit-il – parce que l'ensemble des connaissances, métaphysiques, physiques, morales etc. ne sont pas suffisamment ordonnées qu'elles sont – chez les Anciens – si peu solides.

Des Éléates aux Alexandrins, les « Grecs » ont-ils voulu trop embrasser et trop comprendre le monde, à l'inverse, ont-ils laissé la bride sur le cou à l'imagination, si prodigue en hypothèses aussi variées que mal assurées ?

Le monde est compréhensible

L'expression « miracle grec » a eu un énorme succès depuis Ernest Renan (1823-1892) ; elle a aussi été vivement critiquée. Même si on préfère ne pas la prendre au pied de la lettre, il est difficilement contestable qu'eut lieu un formidable événement intellectuel quand, vers le VIe siècle avant J.-C., des penseurs ioniens (d'une région de la Grèce sur la côte de la Turquie actuelle) introduisent l'idée selon laquelle le monde est intelligible, autrement dit qu'il est possible à l'esprit humain d'en décrire les régularités, les lois, d'en hiérarchiser les valeurs, d'y faire jouer des relations causales. On assiste à la mise en œuvre d'un vaste programme commun qui vise la connaissance et la compréhension du monde, au moyen de l'observation, de l'hypothèse et de la démonstration. On peut faire mieux que d'observer la nature, on peut la comprendre.

Observer la nature, et la comprendre

N'OUBLIEZ PAS !

La place réservée à la Grèce antique dans la plupart des histoires des sciences, des arts et de la philosophie est immense et c'est justice. Même les auteurs qui cherchent à présenter ce « moment grec » comme héritier et continuateur du passé – égyptien, babylonien etc. – ne peuvent éviter, comme une sorte d'aveu, de laisser transparaître le caractère nouveau et fondateur de cette civilisation. Autant reconnaître, comme le grand historien des sciences Alexandre Koyré, que « notre philosophie se rattache tout entière à la philosophie grecque, suit les lignes tracées par la philosophie grecque, réalise les attitudes prévues par celle-ci » ; ici, par « philosophie » il faut entendre aussi bien les sciences puisque, en ces temps-là et pour des siècles, les deux domaines n'étaient pas séparés. En revanche, il est un sens qu'on ne peut retenir pour l'expression controversée de « miracle grec », celui qui soutiendrait que la démocratie, les arts, la littérature, la logique, la philosophie première et les sciences auraient surgi, *ex nihilo,* que la civilisation aurait soudain remplacé la barbarie.

La nature n'est plus seulement un spectacle

Le changement de perspective, entre une nature spectacle qu'on ne peut qu'admirer ou craindre et une nature que l'on peut interpréter et pourquoi pas transformer, est advenu au sein de la culture grecque elle-même. Pour en arriver là, il a fallu franchir ce que l'historien Jean-Pierre Vernant décrit comme le passage « d'une parole poétique et prophétique, celle d'Homère et d'Hésiode, à un discours logique et démonstratif, celui de Platon et d'Aristote ». Le voyage d'Ulysse que nous raconte *L'Odyssée* est une succession assez hasardeuse d'aventures, rythmée par les caprices et les passions des dieux ; il est comme un symbole des suites accidentelles qui font les destinées humaines. Les Grecs d'avant le VIe siècle, cultivés, curieux et imaginatifs, ont d'abord fait ce que firent d'autres hommes – avant et après eux – dans presque toutes les civilisations. Comme les Babyloniens ou les Égyptiens qui les précédèrent, ils observent le ciel, pour rêver, établir des calendriers, améliorer les possibilités de voyage (en particulier la navigation). Ils mesurent, quantifient des grandeurs et opèrent des partages. En cela, ils ne sont pas originaux ou novateurs (ils font plutôt moins bien que les Babyloniens). Mais une chose remarquable et bouleversante est advenue quand certains d'entre eux estimèrent que le monde, la Terre, les astres et les étoiles pouvaient être étudiés et compris. Il y avait mieux à faire qu'à observer ces objets, à noter leurs positions et leurs formes ; il leur a paru possible de concevoir des règles générales, des principes, auxquels se conformait le monde qui, dès lors, devenait compréhensible par l'esprit humain. C'est dans ces conditions que naît la notion de cosmos, d'un ordre rationnel du ciel et aussi des phénomènes terrestres.

En même temps, une intuition grandiose leur fit concevoir une nouvelle façon d'acquérir des connaissances. Ils jugèrent possible de démontrer absolument certaines propositions. On peut non seulement connaître certaines vérités par l'observation ou l'expérience, mais en établir d'autres à l'aide de preuves purement intellectuelles. Les réflexions sur les formes du langage s'accompagnent de la mise au point d'arguments ordonnés et probants concernant les formes élémentaires de la logique déductive. Aussi n'est-il pas surprenant que leur domaine d'excellence soit la géométrie ; non pas une géométrie empirique, où l'on mesure et on calcule, mais une géométrie où l'on médite sur des propriétés abstraites et certaines des figures ou des nombres. Lorsque Thalès ou Euclide établissent que, si deux côtés d'un triangle sont égaux, alors les deux angles correspondants le sont aussi, ils ne découvrent rien de nouveau… chacun le sait, constate que ça marche pour toutes les figures qu'il dessine ; les géomètres grecs font beaucoup mieux : ils prouvent qu'il en est toujours nécessairement ainsi et ils en donnent les raisons logiques ; ils ne font pas que montrer, ils démontrent.

Les domaines privilégiés où cette mutation intellectuelle a produit ses effets les plus spectaculaires sont les mathématiques et l'astronomie, mais aussi la musique et l'optique, enfin les sciences du vivant et la médecine. En effet, la théorie musicale fut immédiatement (dès l'époque pythagoricienne) associée aux mathématiques ; quant à l'optique, elle s'appuie sur la propriété de la lumière ou du rayon visuel qui semble – chez Platon par exemple – parfaitement adéquat pour définir l'un des outils fondamentaux du géomètre : la ligne droite. La botanique, la zoologie et la médecine offrent un spectacle aussi remarquable puisque avec Aristote notamment, apparaissent des essais de classification des espèces, des tentatives d'ordonner et donc de comprendre la diversité quasi infinie du vivant ; la médecine (à Cnide et à Cos en particulier) cesse d'être un domaine magique et incantatoire ou l'activité du guérisseur, aussi habile observateur soit-il ; elle devient objet de théories générales sur la santé, le vieillissement et l'équilibre des humeurs.

La nature abstraite et conceptuelle de la pensée grecque est clairement reconnaissable dans les *paradoxes de Zénon* (voir Chapitre 4). Zénon sait qu'un rapide athlète peut rattraper une lente tortue et la dépasser ; cela est une connaissance concrète bien établie. Ce que fait Zénon consiste à construire des arguments de raison (faisant appel à l'intelligence et à la capacité logique de déduire) qui ruinent cette connaissance concrète. Cette difficulté oblige à penser plus avant, à construire des notions et des concepts portant sur l'infini, les limites ; quelle stimulation pour la pensée scientifique !

Les fondateurs et les acteurs de la science grecque (ou plutôt des sciences) ne congédient pas les dieux (quoique certains de ces auteurs puissent être qualifiés d'athées), mais ils modifient radicalement leur rôle en ne voulant plus laisser aux caprices, aux passions et aux sautes d'humeur des divinités la responsabilité des phénomènes célestes, des météores ou des troubles de la santé. Un matérialisme athée voit même le jour chez certains atomistes, et le concept d'un Dieu suprême, sinon unique, démiurge agissant selon une finalité propre ou selon des attributs que la raison peut caractériser, est forgé dans l'œuvre platonicienne puis dans le *système d'Aristote.*

Deux périodes « grecques »

Comme nous le verrons dans les chapitres qui suivent, il y a deux périodes grecques, qui correspondent à deux centres géographiques.

Athènes et Alexandrie

La première période, parfois nommée *période hellène,* a pour centre Athènes et dure environ trois siècles. Elle débute au commencement du VIe siècle. À cette époque, les diverses cités grecques, traditionnellement en compétition et en lutte, se fédèrent en une puissante union qui reconnaît Athènes pour centre. Cette première période se poursuit jusqu'à la fin du IVe siècle avant J.-C. Cela nous conduit donc de l'époque de Thalès jusqu'à celle des premiers disciples d'Aristote, comme Théophraste. On y croisera Pythagore, Parménide, Empédocle, Héraclite, les atomistes Leucippe, Démocrite, et encore Platon, Eudoxe, Hippocrate, etc.

La seconde période, dite *hellénistique,* est plus longue puisqu'elle commence à la fin du IVe siècle avant J.-C. et prend fin sous le règne de Romulus Augustus, en 476. Les conditions et dominations politiques changent au cours de ces huit siècles, il y a celle des diadoques égyptiens, puis l'extension de Rome et la soumission de tout le bassin méditerranéen à sa puissance, enfin les deux siècles de conquête progressive de l'Occident latin par les Barbares. Il est très remarquable que ces énormes soubresauts n'aient pas empêché la ville d'Alexandrie de demeurer, du début à la fin, un foyer de science et de philosophie qui allait brillamment éclairer les siècles suivants. Euclide, Straton, Apollonios, Ératosthène, Hipparque, Diophante, Héron, Aristarque et Archimède travaillent à Alexandrie ou en liaison avec elle (c'est le cas d'Archimède le Syracusain) avant le début de notre ère. Héron, Ménélaüs, Ptolémée, Galien, Pappus et Théon sont d'Alexandrie ou associés à elle dans les premiers siècles après J.-C.

Des auteurs légendaires et des textes perdus

Plusieurs auteurs (Thalès, Pythagore, Anaxagore, Euclide même) sont quasi légendaires et nous ne savons presque rien de leur vie ; pour certains, nous n'avons à peu près aucun texte direct, mais des fragments, des témoignages (ce n'est pas le cas pour Euclide) à partir desquels les historiens ont reconstitué les doctrines et les découvertes.

Le « cas Aristote »

PORTRAIT

Un cas mérite quelques mots en particulier ; c'est celui d'Aristote. Dans une histoire générale des sciences, son nom revient sans cesse ; il est cité, admiré, copié, interprété, critiqué sans relâche, tout au long de l'histoire. Encore de nos jours, il inspire certains savants ; on pense ici à René Thom, grand mathématicien français du XXe siècle, qui s'en réclame. L'ampleur de l'œuvre du philosophe grec fournit une première explication : il a tout traité, la métaphysique, la logique, la physique, l'astronomie, la botanique, la zoologie, l'anatomie et la médecine ; en plusieurs de ces domaines, il fait figure de père fondateur. Il se trouve aussi que la grande majorité de ses traités a été sauvegardée, ce qui lui donne un immense avantage sur d'autres dont les enseignements sont perdus. En outre, les civilisations arabes, latines médiévales – leurs théologiens notamment – consacrent des trésors d'intelligence et de subtilité à réaliser ce qui pouvait être l'union de sa philosophie et de leur religion d'origine biblique. Platon, sans doute, marque tout autant l'histoire de la philosophie, mais – à part ses doctrines mathématiques et, dans une moindre mesure, astronomiques – la science platonicienne est moins développée, moins explicite que celle d'Aristote.

Chapitre 2

Mathématiques : un règne controversé

Dans ce chapitre :

- L'idée de démonstration
- Les nombres et la musique
- Être géomètre pour être philosophe
- La bible des mathématiques
- Alexandrie, le rendez-vous des savants

Les Grecs, de Thalès à Archimède, en passant par Platon et Euclide, ont accordé une place de choix aux mathématiques. On y découvre l'idée même de démonstration, elles s'associent à la musique, à l'astronomie ou à l'optique et servent de modèle pour tout ce qui est connaissable avec exactitude. Elles peuvent aussi être utiles dans bien des arts mécaniques.

Thalès et Pythagore, les figures, les nombres et la démonstration

Thalès et Pythagore représentent deux des principales écoles de pensée de la Grèce antique, et les deux plus célèbres théorèmes de mathématiques portent leur nom. Ce n'est évidemment pas un hasard !

Thalès de Milet (v. 625-v. 547 av. J.-C.) est le plus connu des philosophes ioniens, et Pythagore (v. 570-v. 480 av. J.-C.) est le fondateur et le maître de l'école dite pythagoricienne.

Que nous apprend l'ombre de la pyramide ?

Thalès est la figure idéalisée d'un homme qui a réellement existé. Son apport aux mathématiques est en même temps humble et grandiose. On dit qu'il sut calculer la hauteur de la pyramide de Khéops en comparant son ombre à celle de sa canne. Il reconnaît qu'à un moment donné et en un endroit donné, la hauteur des objets est proportionnelle à leur ombre. Il aurait ainsi trouvé 276 coudées (145 mètres) pour le tombeau du pharaon, ce qui est exact à 2 % près. En géométrie, on lui attribue la démonstration de cinq théorèmes dont le premier peut surprendre : « Un cercle est partagé en deux parties égales par tout diamètre. » La surprise vient de l'évidence du résultat. Chacun peut bien voir la vérité de cette affirmation, et Thalès n'aurait donc pas grand mérite. Mais l'essentiel réside précisément là : il est le premier à juger nécessaire de démontrer ce résultat. Il ne s'agit plus, en géométrie, d'observer et de manipuler des figures, mais de comprendre leurs propriétés par un acte de pensée pure. Il en va de même avec cet autre théorème attribué à Thalès : « Dans un triangle isocèle, les angles à la base sont égaux » ; chacun voit bien qu'il en est ainsi et pourtant, il en donne une démonstration. L'esprit des mathématiques grecques (et de toutes nos mathématiques depuis lors) est là. Cette stupéfiante exigence aboutira trois siècles plus tard à l'élaboration de la bible de la géométrie, les *Éléments* d'Euclide.

Pour les pythagoriciens, « tout est nombre »

Pythagore est lui aussi une figure devenue légendaire. Peut-être a-t-il été élève de Thalès et, comme lui, a-t-il passé de longues années en Égypte. Revenant de ses voyages aventureux, il se fixe à Crotone, où il fonde une école, ou plus exactement une communauté, à la fois religieuse, morale et scientifique. Les pythagoriciens – ainsi les nomme-t-on – estiment qu'il y a quelque chose de plus primordial que les figures dans l'exercice de la démonstration : ce sont les nombres.

Pour les Grecs, comme pour tous les mathématiciens durant deux mille ans, un nombre est ce que nous appelons un entier naturel (2, 3, 4, etc. puisque 0, n'étant rien, ne peut être un nombre et que 1 est le *principe des nombres*).

« Tout est nombre dans l'Univers », affirment-ils, et Philolaos, l'un des plus importants d'entre eux, résume leur point de vue en disant que « sans le nombre, nous ne comprenons ni ne connaissons rien ». Les figures ont un rôle essentiel, mais dérivé, elles sont des expressions des nombres : ainsi, 1, 4, 9, 16, etc. sont-ils des « nombres carrés » (voir Figure 2-1).

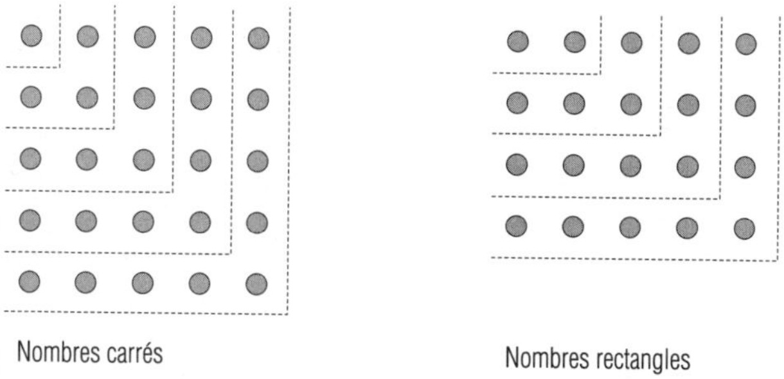

Figure 2-1 : Les nombres figurés.

Comme on va le voir, les propriétés géométriques se découvrent par les nombres, et les grands domaines des mathématiques que sont la musique et l'astronomie en découlent à leur tour.

L'harmonie musicale : science des rapports

La théorie musicale est le premier domaine où se manifeste l'efficacité des nombres et de leurs rapports : l'harmonie et la théorie des proportions se développent ensemble.

Connaître, c'est comparer

UN PEU DE TECHNIQUE

Chacun conviendra que la connaissance de toutes les choses est avant tout la connaissance des relations et des rapports qu'elles entretiennent. Les pythagoriciens soutiennent que les nombres entiers sont l'outil le plus excellent pour exprimer ces rapports, ces *manières d'être* entre les choses comparables. Mais quel rapport peut bien exister entre une ligne et une surface, entre un arbre et une note de musique ? Aucun puisqu'ils ne sont pas homogènes. Les rapports ne sont à considérer qu'entre choses de même genre, entre homogènes, entre une ligne et une autre ligne, entre une note et une autre, etc. Mais alors, leur manière d'être a un modèle numérique : il doit exister deux nombres dont la manière d'être est identique à la leur. Si, lors d'une bataille, un soldat se montre nettement moins courageux qu'un autre, le rapport de leur courage peut ainsi être exprimé par le rapport de deux nombres, 2 et 5 par exemple. On dira alors que « le courage du premier est au courage du second comme 2 est à 5 ». C'est ce rapport qu'on appellera *logos* (c'est un des sens de ce mot grec).

Les marteaux des forgerons, les cordes consonantes

On raconte que Pythagore eut la révélation de l'intime relation entre la musique et l'arithmétique en entendant des marteaux de forgerons frappant des cylindres métalliques ; certains coups, ensemble, sont agréables à l'oreille, harmonieux ou consonants. Le rapport de leur poids est exprimable par des rapports de nombres. En conséquence, l'harmonie musicale l'est aussi. Cette histoire est sans doute légendaire. Une autre est plus sûre, selon laquelle Pythagore aurait tendu une corde sur une règle appelée *canon,* où il avait marqué 12 divisions. Il commence par pincer la corde entière et sa moitié comportant 6 unités ; ce qui lui donne une première consonance selon l'octave (12 à 6). Puis il pince de nouveau la corde entière et les trois quarts de celle-ci et découvre l'accord de quarte (12 à 9). Finalement, il pince la corde tout entière et les deux tiers de celle-ci, et trouve l'accord de quinte (12 à 8). Ainsi, par un va-et-vient entre les expériences musicales et la considération des rapports de nombre, les pythagoriciens inventent la gamme et les premières notions générales concernant les proportions entre nombres.

Les pythagoriciens crurent retrouver le canon musical dans l'harmonie des sphères célestes. Les sept planètes, c'est-à-dire la Lune, Mercure, Vénus, le Soleil, Mars, Jupiter et Saturne, doivent correspondre aux sept sons de l'octave, et leurs distances ou intervalles doivent offrir les mêmes rapports. Pythagore seul pouvait entendre la musique céleste ; privilège du maître tout de même !

L'invention des proportions

À partir des nombres, les pythagoriciens ont inventé les rapports de nombres (*logos*). Ils définissent alors la proportion : il y a une proportion quand deux rapports sont égaux (par exemple 12 est à 8 comme 3 est à 2, ou encore le courage du premier soldat est au second comme 2 est à 5). Trois genres de proportions jouent un rôle essentiel dans cette théorie en voie de constitution : la proportion arithmétique, la proportion géométrique et la proportion harmonique.

Le calcul des proportions est en bonne voie : on découvre des règles pour les combiner, les inverser, les comparer. Il semble que la doctrine selon laquelle tout se connaît par les nombres et leurs rapports a bel et bien valeur universelle.

UN PEU DE TECHNIQUE

La divine proportion

Les Anciens, et particulièrement les pythagoriciens, associent les mathématiques à l'idée d'harmonie. En supposant que l'on ait une grandeur quelconque, comment la partager de la façon la plus harmonieuse ? Partageons-la en deux parties, une grande et une plus petite. Ils nomment la grandeur de départ *le tout*, et les deux « morceaux », *la partie* et *le reste*. Alors, disent-ils, l'harmonie sera établie si « la partie est au tout comme le reste à la partie ». Il faut avoir la même proportion entre le tout et la grande partie qu'entre celle-ci et la petite. Là est l'origine de la *divine proportion*.

Dans les *Éléments* d'Euclide, on trouve la construction rigoureuse de cette proportion, de ce partage, au livre I, proposition 30. Bien plus tard, une interprétation algébrique en sera donnée. Si 1 est *le* tout, si x est *la partie* et si $(1 - x)$ est *le reste*, on doit avoir $\frac{1}{x} = \frac{x}{(1-x)}$, ce qui donne l'équation $x^2 + x - 1 = 0$, dont la racine positive est le nombre d'or, $\phi = \frac{\sqrt{5}-1}{2}$ Les propriétés de ce dernier sont remarquables : par exemple, les décimales de ϕ sont identiques aux décimales de $\frac{1}{\phi}$. Les peintres ou les sculpteurs de toutes les époques l'ont abondamment utilisé.

La découverte interdite : les irrationnels

ANECDOTE

La déconvenue est grande et la crise terrible lorsqu'un des pythagoriciens, Hippase de Métaponte, découvre une paille dans le diamant de la théorie des proportions. Soit une figure particulièrement simple, le carré et, dans cette figure, deux longueurs elles aussi très simples, le côté et la diagonale. Elles doivent bien avoir un rapport puisqu'elles sont de même genre (deux segments de droite). Or, Hippase démontre qu'il n'existe pas de couple de nombres qui exprime ce rapport ! La diagonale d'un carré n'a pas de rapport à son côté. Le choc est rude : les nombres s'avèrent impuissants à comparer deux grandeurs élémentaires ; celles-ci sont incommensurables. Selon la légende, le découvreur en serait mort, périssant dans un naufrage. Euclide lui-même a commenté ce funeste destin : « Les auteurs de la légende ont voulu parler par allégorie, dit-il. Ils ont voulu dire que tout ce qui est irrationnel et privé de forme doit rester caché. Que si quelque âme veut pénétrer dans cette région secrète et la laisser ouverte, alors, elle est entraînée dans la mer du devenir et noyée dans l'incessant mouvement de ses courants. »

Il n'y avait pas beaucoup de solution pour surmonter cette *crise des irrationnels*. Ou bien on abandonne la notion de rapport (de *logos*) et toute l'admirable construction qui l'accompagne, ou alors on doit élaborer une notion plus riche du *logos,* qui ne se limite pas aux rapports de nombres. Cette seconde voie fut magnifiquement parcourue par les géomètres grecs de l'époque de Platon. On rencontre, dans ses *Dialogues* (le *Théétète* notamment), les inventeurs de cette nouvelle *théorie des proportions,* Archytas, Théétète, Ménechme, Dinostrate et surtout Eudoxe. Ces mathématiciens parviennent à maîtriser les rapports quand bien même ils ne sont pas rationnels. On apprend à les construire géométriquement, à les combiner, à les comparer, à les manipuler. Ils deviennent les outils principaux des mathématiciens jusqu'au XVIIe siècle.

Par exemple, on a trois longueurs *a*, *b* et *c* ; en traçant les parallèles Δ et Δ' comme ci-dessous, on peut construire une quatrième longueur d telle que « *a* est à *b* comme *c* est à *d* » (voir Figure 2-2).

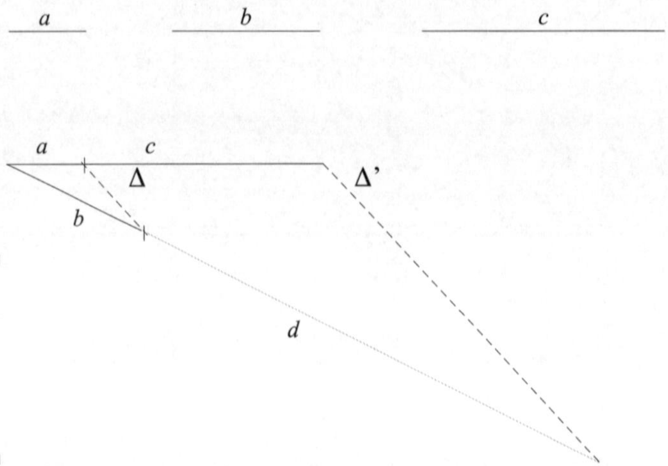

Figure 2-2 : Construction de la quatrième proportionnelle.

« Que nul n'entre ici s'il n'est géomètre »

Cette devise était, dit-on, inscrite à l'entrée de l'académie que dirigeait Platon à Athènes au IIIe siècle av. J.-C. La finalité des études y était la philosophie, alors pourquoi fallait-il être mathématicien pour y accéder ?

Les géomètres ne se contentent pas d'exemples

Platon philosophe cherche l'essence des choses, ce qui est toujours une quête difficile. Dans un dialogue, son porte-parole, Socrate, discute avec ses interlocuteurs pour découvrir ce qu'est la vertu. En réponse, l'un d'entre eux rapporte un ou deux exemples d'attitude vertueuse. Ça ne convient pas au philosophe, qui explique qu'en mathématiques, on ne ferait pas la même erreur. Si on demande à un étudiant ce qu'est une *figure* de géométrie, il ne lui viendra pas à l'esprit de brandir un carré ou un triangle en disant « voici ce qu'est une figure ! ». Ils savent bien qu'il faut donner une définition générale de la figure, pour en capturer l'essence ; Socrate propose celle-ci : « La figure est la limite du solide. » En outre, un habile questionnement sur un problème de géométrie fait apparaître que la connaissance existait déjà dans l'esprit de l'élève et qu'il ne fait que se ressouvenir, que remonter à sa conscience ce qui était enfoui dans son âme. Autre qualité remarquable de cette science : elle apprend à raisonner et à démontrer en faisant des hypothèses.

Une présence intense dans les dialogues

En de nombreux endroits stratégiques de son œuvre, Platon fait appel aux mathématiques, et parfois aux mathématiques les plus avancées de son temps. Dans le dialogue du *Timée,* la fabrication et l'organisation du monde obéissent à des proportions arithmétiques et géométriques : on trouve la suite mystérieuse 1, 2, 3, 4, 9, 8, 27, qui se comprend en alternant les termes des deux suites géométriques suivantes : 2^0, 2^1, 2^2, 2^3 et 3^0, 3^1, 3^2, 3^3.

Un peu plus loin, les éléments qui constituent les corps matériels sont expliqués par les *cinq solides réguliers,* souvent appelés les *cinq solides de Platon.* Ce sont les solides qu'on peut inscrire dans une sphère et qui ont pour côtés des polygones réguliers. Or, il n'en existe que cinq : le tétraèdre, le cube, l'octaèdre, de dodécaèdre et l'icosaèdre (voir Figure 2-3).

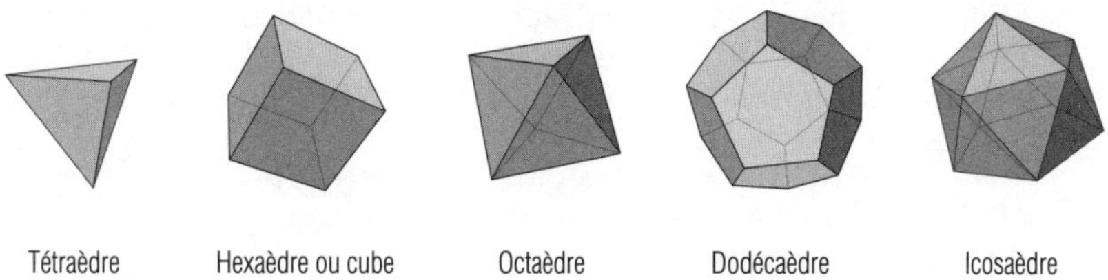

Figure 2-3 : Les cinq solides de Platon.

On ne sait pas précisément par qui et quand ont été découverts ces cinq polyèdres ; il est sûr qu'on s'en est beaucoup occupé dans l'académie de Platon. Leur rôle sera considérable dans l'histoire des sciences. Kepler, au début du XVIIe siècle, en fera l'architecture du monde (voir Chapitre 17).

Un épisode célèbre montre que Platon était consulté sur des problèmes en rapport direct avec les mathématiques. Les habitants de Délos, suivant le conseil de leur oracle, devaient doubler l'autel d'Apollon (de forme cubique – pas Apollon, mais l'autel) ; on raconte qu'ils envoyèrent des délégués à Platon pour résoudre ce problème qui n'a rien d'évident. Il faut en effet insérer deux *moyennes proportionnelles* entre le côté du cube et le double de ce côté : on connaît le côté du cube c, on veut trouver la longueur C d'un cube qui sera double du premier. Il faut pour cela découvrir deux autres longueurs x et y, telles que « c est à x comme x est à y mais aussi comme y est à c ».

En effet : $\frac{c}{x} = \frac{x}{y} = \frac{y}{2c}$ soit $cy = x^2$ et $y^2 = 2cx$ soit $2c^3 = x^3$ $_{cqfd}$.

Dans *La République,* la description des niveaux et des moyens de la connaissance (l'opinion, la croyance, la démonstration, la dialectique) est elle aussi structurée par des proportions mathématiques.

Selon Platon, le cercle idéal surpasse le cercle concret

Il est souvent dit que les mathématiciens – ceux d'aujourd'hui aussi bien – sont *platoniciens.* En quel sens peut-on entendre ceci ? Existe-t-il un cercle dans notre monde ? Des images plus ou moins grossières de cercle, oui ! Je peux en tracer au compas, ou regarder la forme de la pleine Lune dans le ciel. Mais il faut bien admettre que ces cercles sont approximatifs ; le trait a une épaisseur, un télescope me ferait découvrir des irrégularités etc. En somme, je n'ai pas de cercle dans ce monde réel. Faut-il en conclure que le cercle n'existe pas ? Ce n'est pas très raisonnable tant sa définition est limpide (tous les points à une même distance d'un centre) et tant l'idée de cercle est claire en notre esprit. La solution s'impose : le cercle existe dans un monde qui n'est pas notre monde concret et sensible. Il y a un monde des réalités mathématiques (pas seulement le cercle, mais aussi les nombres, les notions d'égalité, de plus ou moins, etc.) où elles existent, idéales, exactes. Les figures, les nombres, les relations mathématiques de notre monde sont des images grossières de ces perfections, et lorsqu'un mathématicien trouve un nouveau théorème ou résout un problème, il ne fait que découvrir un objet de ce monde parfait et idéal. Telle est la philosophie mathématique de Platon qui a séduit des générations de mathématiciens à travers les siècles.

Pour Aristote, la matière est trop riche pour la géométrie et les nombres

Pour lui, les mathématiques sont trop « simples » pour exprimer la réalité infiniment changeante et complexe des véritables choses du monde. La matière, les animaux, les mouvements de toutes sortes, le vieillissement, la croissance, tout cela échappe aux formes strictes, pures et immobiles des mathématiques. Cet argumentaire puissant soutenu par Aristote va provoquer un divorce entre les sciences physiques et naturelles d'une part, et les sciences mathématiques d'autre part. Ce divorce, cette séparation durera deux mille ans – jusqu'au temps de Galilée – avec quelques très remarquables exceptions comme Archimède. Certains domaines échappent à la séparation : l'astronomie, l'optique et la musique, parce que les choses qu'on y étudie se comportent presque comme des objets mathématiques : le mouvement parfait et régulier des astres, le rayon visuel (ou lumineux) qui est comme une droite et la musique, qui est la science des rapports.

Aristote ne disqualifie pas les mathématiques pour autant. Elles ont des caractéristiques particulièrement précieuses : leur exactitude et la rigueur de leurs démonstrations. En tant que logicien (et Aristote fut le fondateur et le législateur de la logique), il considère qu'aucune science n'est mieux à même de montrer comment fonctionnent les règles et les principes de la déduction logique. Il est donc un des principaux partisans de l'organisation axiomatique et déductive de la géométrie telle qu'elle va triompher dans les *Éléments* d'Euclide.

Les « Éléments » d'Euclide : la bible des géomètres

Un auteur assez mal identifié, un groupe peut-être, a rédigé à une date incertaine un livre que vont adorer et vénérer les générations successives durant des siècles ou même des millénaires. Serions-nous en train d'évoquer la Bible ? Non, mais presque ; cette bible des mathématiques est connue sous le nom d'*Éléments*, et son auteur principal est Euclide d'Alexandrie, qui y travailla au IIIe siècle avant J.-C. Euclide a rédigé d'autres ouvrages de grande importance, que ce soit en géométrie, en musique ou en optique. Les *Éléments* constituent cependant son plus grand titre de gloire.

Treize livres étudiés pendant deux mille ans

UN PEU DE TECHNIQUE

Les quatre premiers livres traitent des figures usuelles de géométrie plane – triangles, quadrilatères, cercles, polygones – avec les propriétés que l'on étudie au collège, comme l'intersection des hauteurs ou des médianes des triangles, ou les cas de parallélisme. Les livres V, VI et X exposent et exploitent la théorie des proportions, de façon géniale et techniquement complexe. Les livres VII, VIII et IX s'occupent d'arithmétique avec les grands théorèmes sur les multiples, les diviseurs, les nombres premiers, etc. Les livres XII et XIII étudient surtout les figures solides, comme les cônes, les pyramides, la sphère, les polyèdres réguliers.

Le plus célèbre théorème démontré dans les *Éléments* est connu comme *théorème de Pythagore*. Il permet d'additionner deux carrés.

Soient les carrés *A* et *B*, construire le carré *C* égal à la somme des deux précédents.

Le carré construit sur l'hypoténuse est égal à la somme des carrés construits sur les deux autres côtés du triangle rectangle : $a^2 + b^2 = c^2$ (voir Figure 2-4).

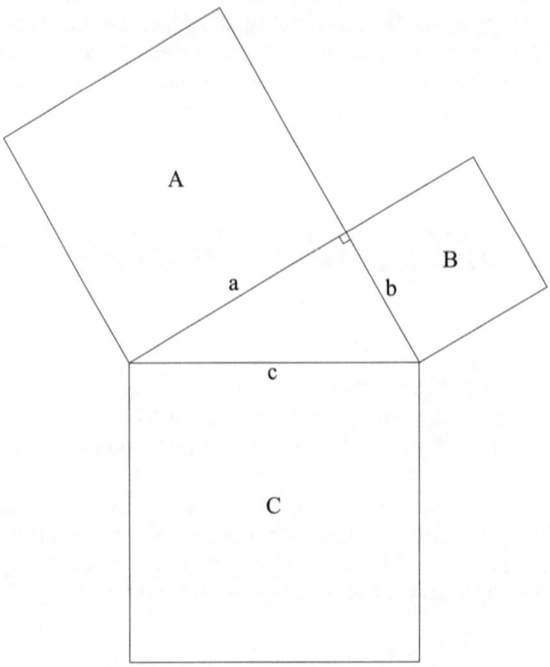

Figure 2-4 : Théorème de Pythagore.

Pourquoi la règle et le compas ?

Les démonstrations et les constructions des *Éléments* obéissent à une exigence qui ne souffre aucune exception : elles doivent être réalisées à l'aide de deux instruments, la règle pour tracer des lignes droites et le compas pour tracer des cercles. Cet impératif est devenu une sorte de loi : la « pure » géométrie est celle de la règle et du compas. Il n'est pas simple de comprendre la raison de cette restriction. On a souvent dit que des impératifs d'ordre philosophique en étaient la cause. Il est vrai que, pour Platon et pour Aristote, il existe deux mouvements simples et parfaits dans le monde : la rotation (qui correspond au cercle et donc au compas) et le mouvement rectiligne (qui correspond à la ligne droite et donc à la règle). Les autres trajectoires et mouvements sont des combinaisons de ces deux-là.

D'autres instruments permettent de réaliser des constructions impossibles à la règle et au compas, comme partager un angle en trois angles égaux, multiplier un cube par deux ou encore réussir la fameuse quadrature du cercle. Les géomètres grecs classiques qualifiaient ces méthodes de *mécaniques* ; elles étaient utiles sans doute, mais moins pures que les réalisations à la règle et compas, dites *géométriques*.

La quadrature du cercle, les trois problèmes des Anciens

Trois problèmes géométriques sont particulièrement fameux depuis l'Antiquité. Le premier est la *quadrature du cercle* ; « quarrer » le cercle, c'est construire exactement un carré de même surface qu'un cercle donné. Le second est la *duplication du cube* ; « dupliquer » un cube, c'est construire le côté d'un cube de volume deux fois plus grand que celui d'un cube donné. Le troisième est la *trisection de l'angle* ; « trisecter » un angle, c'est construire, toujours exactement, un angle trois fois plus petit qu'un angle donné. De multiples méthodes furent proposées, tout au long de l'histoire des mathématiques, pour résoudre ces problèmes, plus ingénieuses les unes que les autres. Il faudra attendre le XIXe siècle pour démontrer que ces problèmes n'ont pas de solution si l'on n'emploie que la règle et le compas (voir Chapitre 27).

Le postulat des parallèles

La boîte à outils du mathématicien contient les outils de départ avec lesquels il doit démontrer une cascade infinie de théorèmes et de problèmes. Ces outils sont d'abord les définitions des objets qu'il manipule (les lignes, les cercles, les surfaces, les volumes, les nombres, les angles, etc.), puis les axiomes et les postulats, qui sont des énoncés si simples et évidents qu'il n'est pas possible (ou pas raisonnable) de les nier et qui ne demandent pas de démonstration. Par exemple, il admet que « si à deux choses égales, on ajoute des choses égales, les tous sont égaux », ou encore « par deux points on peut faire passer une ligne droite ». Un de ces outils de départ, le *cinquième postulat d'Euclide,* a toujours préoccupé les géomètres. Il affirme que « par un point extérieur à une droite, on peut faire passer une droite parallèle unique » (cela est un équivalent de la formulation choisie par Euclide). Ce postulat mal-aimé apparut trop complexe et mobiliser l'idée d'infini (en effet, des parallèles sont des droites qui, *infiniment prolongées,* ne se rencontrent pas). Il a cependant l'air *très véritable* et correspond bien à notre espace ordinaire : essayez de faire passer deux parallèles par un point extérieur à une droite !

Pendant deux mille ans, des centaines de tentatives furent faites pour le démontrer, à partir des autres outils de départ. Elles échouèrent toutes, jusqu'au jour lointain où on sut qu'il était impossible de le démontrer et qu'en outre, on pouvait parfaitement déployer des géométries qui lui tournaient le dos. Bien entendu, ces *géométries non euclidiennes* seront très exotiques et étranges, mais logiquement valides (voir Chapitre 27).

Le musée d'Alexandrie

Avec Euclide, nous avons migré depuis la Grèce athénienne jusqu'à Alexandrie, ville d'Égypte qui va devenir, durant les sept siècles suivants (IIIe siècle av. J.-C.-IVe siècle apr. J.-C.), le principal centre des activités scientifiques de la Grèce antique. En mathématiques, Euclide, Apollonios, Archimède, Geminos, Diophante, Ménélaüs entre autres y ont travaillé. La liste des savants alexandrins est aussi impressionnante en astronomie, en physique ou pour les sciences de la nature.

La maison des Muses

Le roi Ptolémée Ier Sôter, qui règne après la mort d'Alexandre, y édifie une institution absolument remarquable, constituée d'un musée et d'une bibliothèque. Il faut imaginer un vaste domaine, avec jardins, salles de travail, logements, restaurants, salles d'observations, de dissections, et une immense bibliothèque. Les « pensionnaires », triés parmi les plus grands savants du monde hellénistique, y reçoivent une pension, peuvent y travailler ensemble, enseigner et former des disciples. Parfois nommé la *maison des Muses,* cet institut a brillé sur tout le monde grec jusqu'à sa fermeture violente par les autorités romaines.

Les coniques, courbes reines

Une famille de courbes est très fameuse dans l'histoire des mathématiques : ce sont les *coniques*. Le premier grand traité sur les coniques est dû à Apollonios de Perge (fin IIIe siècle-début IIe av. J.-C.). Il les présente ainsi : soit un cône (dit *de révolution* car on l'imagine formé par un triangle rectangle qui tournerait autour d'un de ses côtés droits) et un plan qui coupe le cône. Selon l'orientation du plan, l'intersection de ces deux objets (le cône et le plan) peut donner une ellipse, une parabole, une hyperbole (voir Figure 2-5).

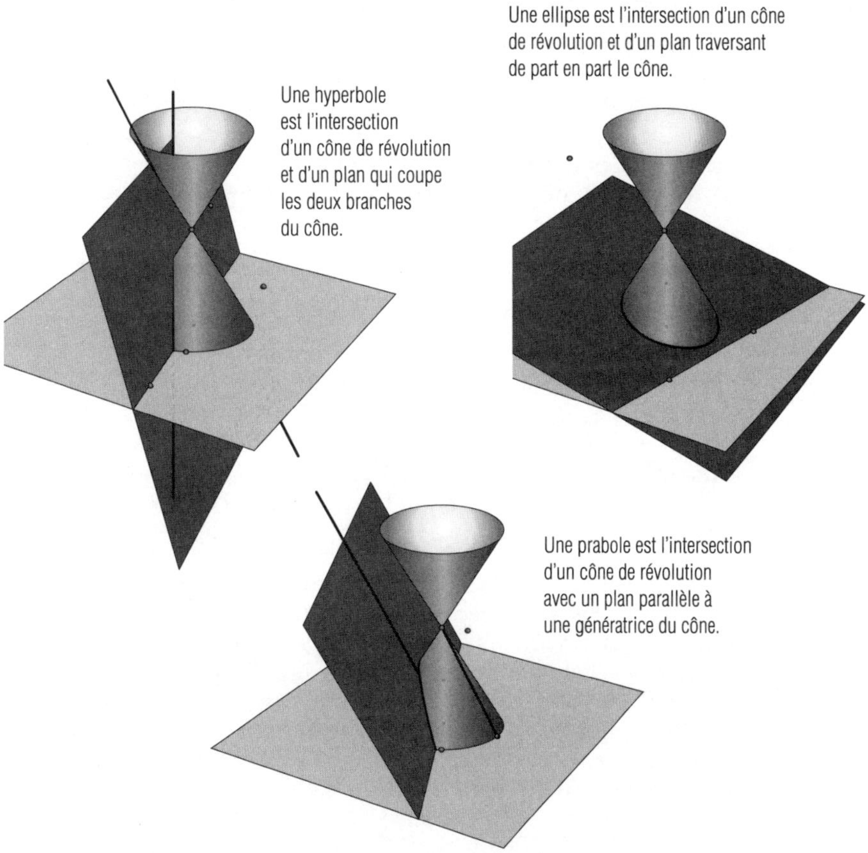

Figure 2-5 : Intersection d'un cône et d'un plan.

Le traité d'Apollonios comportait huit livres dont le dernier semble définitivement perdu. Le *grand géomètre,* comme il fut surnommé, réussit à démontrer les principales propriétés de ces courbes : relations entre ce que nous appelons aujourd'hui les abscisses et les ordonnées, éléments de symétrie, propriétés des tangentes. La manière de les construire a donné lieu à de profondes recherches jusqu'au XVIIIe siècle, et Descartes en a fait un des éléments essentiels de sa *Géométrie*.

Ces courbes ont joué un rôle considérable en raison de leurs caractéristiques remarquables, notamment en optique. Des surfaces réalisées à partir des coniques peuvent par exemple faire converger des rayons de lumière. Elles commanderont la forme des lentilles pour les lunettes.

Archimède peut-il peser des surfaces ?

Il est, aux yeux de bien des historiens des sciences, le plus grand savant de l'Antiquité, une sorte de Newton ou de Einstein de son époque. On connaît surtout ses découvertes en mécanique (la loi du levier), en hydrostatique (la *poussée d'Archimède*). On sait moins qu'il fut aussi grand en géométrie ou en astronomie, et il est bien entendu impossible de présenter ne serait-ce qu'une vue d'ensemble de ses travaux. Un exemple fera cependant saisir la manière archimédienne de penser les mathématiques.

Très intéressé par les coniques – comme ses collègues – il réussit (entre autres) à calculer la surface délimitée par une parabole et un segment de droite.

Dans un premier temps, il s'agit de *découvrir* le résultat. Pour cela, Archimède imagine une balance (elle n'existe que dans sa pensée) et met en « équilibre » tous les segments de lignes droites qui forment la parabole avec tous les segments de ligne droite qui forment un triangle. Puisqu'il connaît l'aire du triangle, grâce à la loi de l'équilibre du levier, il en déduit l'aire de la parabole. La parabole égale les quatre tiers de son triangle.

Toutefois, le pur géomètre intervient en lui pour expliquer que cette manière de faire est *seulement mécanique* et n'a pas valeur démonstrative. Il reprend donc ses raisonnements, mais cette fois, en connaissant le résultat qu'il veut démontrer de façon purement géométrique. Par des arguments d'une parfaite rigueur, il suppose que sa parabole est supérieure aux quatre tiers du triangle et aboutit à une contradiction, puis il suppose qu'elle est inférieure et obtient une seconde contradiction. La parabole ne peut être ni supérieure, ni inférieure à quatre tiers du triangle, elle est donc égale.

Une précaution supplémentaire commande cette manière de faire : celle qui consiste à refuser des conclusions utilisant des raisonnements où intervient l'infini (infiniment petit en grandeur, ou infiniment grand en nombre). Ces raisonnements sont en effet pleins de pièges et de paradoxes.

La procédure d'Archimède, logiquement parfaite, est appelée la *double réduction à l'absurde* et sera maintes fois employée et exploitée par les géomètres des siècles suivants.

La méfiance des mathématiciens envers les méthodes infinitésimales ne sera surmontée que bien plus tard, lorsque les méthodes et des théories extrêmement performantes seront mises au point, puis convenablement fondées logiquement.

Hypatie, la philosophe assassinée

À Rome, on n'a pas ou très peu cultivé les mathématiques, du moins les mathématiques théoriques et abstraites. La fin de l'Empire romain d'Occident coïncide avec une très cruelle attaque contre une représentante des sciences et des mathématiques grecques, Hypatie d'Alexandrie (v. 370-415 av. J.-C.). Elle avait succédé à son père, Théon, à la tête de l'école néoplatonicienne installée dans le musée d'Alexandrie. On est à peu près sûr qu'elle a écrit des commentaires sur les *Arithmétiques* de Diophante, sur les *Coniques* d'Apollonios et sur les *tables* de Ptolémée. Ses œuvres sont perdues, brûlées sans doute au cours de l'ultime incendie de la bibliothèque. Elle eut une très grande notoriété et donnait ses cours, à la mode grecque, en parlant debout et dehors, à ses disciples qui venaient parfois de fort loin pour suivre son enseignement.

Les circonstances de sa mort sont bien connues : un jour de mai 415, alors qu'elle vient de quitter son auditoire, un groupe de chrétiens s'emparent de la philosophe, la frappent, la déshabillent, la transpercent, la lapident puis la brûlent.

Les raisons de ce crime sont confuses ; le patriarche Cyrille, chef de l'Église chrétienne d'Alexandrie, en est généralement tenu pour responsable. Il aurait inspiré cette attaque de fidèles de la nouvelle religion en justifiant leur hostilité et même leur haine à l'égard de la science et de la philosophie païenne. Quel plus remarquable symbole que cette femme belle, savante, écoutée ? L'évêque Jean de Nicée justifie totalement cet acte et loue Cyrille « car il avait détruit les derniers restes d'idolâtrie dans la cité ».

Des conflits politiques plus complexes ont pu jouer, y associant le préfet romain Oreste, qui aurait été trop proche d'Hypatie. De toute façon, ce tragique assassinat a lourdement marqué l'histoire des relations entre la religion chrétienne d'une part et les sciences et la philosophie d'autre part.

Chapitre 3

Astronomie : le monde des sphères

Dans ce chapitre :

- Un monde ordonné
- La fabrication du monde selon Platon
- Aristote décrit l'organisation des cieux
- Deux hypothèses pour une seule vérité
- Un système héliocentrique dans l'Antiquité
- Le chef-d'œuvre de Ptolémée

Environ huit siècles (du VIe av. J.-C. au IIe siècle apr. J.-C.) vont s'écouler au long desquels le système du monde qu'on appelle *géocentrique* (ayant la Terre pour centre) est mis au point. On lui attache généralement les noms d'Aristote et de Ptolémée. L'accord général apparent sur l'architecture de l'ensemble ne peut cacher les profondes différences de conceptions entre les savants.

L'harmonie du cosmos

Le mot grec *cosmos* signifie « ordre ». Nommer ainsi le monde constitue déjà une prise de position forte ; on reconnaît qu'il est ordonné, ce qui ne va pas de soi. Les étoiles tournent toutes ensemble et paraissent parfaitement immobiles les unes par rapport aux autres. Pourtant, il en existe quelques-unes, indisciplinées, qui semblent déranger cette immobilité ; ces *astres errants* ont des trajectoires à la fois régulières et complexes, très complexes même. Ce sont les planètes et les Grecs en connaissent sept : la Lune, le Soleil, Vénus, Mercure, Mars, Jupiter et Saturne. Tel est le matériau de départ de l'astronomie : une voûte étoilée où brillent, la nuit, les *étoiles fixes* et sept *planètes* qui se déplacent dans une même bande, le zodiaque, selon des trajectoires mystérieuses.

La sphère est la forme parfaite du monde

Avant les pythagoriciens, diverses thèses ont été avancées concernant la structure du monde : Thalès imagine une demi-sphère céleste posée sur des *eaux inférieures* où flotterait notre Terre, comme un cylindre aplati. Anaximandre, élève de Thalès, propose une sphère percée de trous laissant passer la lumière du feu extérieur, les trous nous donnant à voir le Soleil, la Lune ou les étoiles. Anaximène, lui, a une idée qui va marquer l'astronomie jusqu'au début des temps modernes : une immense sphère de cristal entoure notre monde et les étoiles sont comme des clous fixés à cette voûte en rotation.

Pythagore et son école adoptent la sphère du monde, dite *sphère des étoiles* ou des *fixes*. Ils exploitent au maximum l'idée de perfection de la forme sphérique qui, selon eux, convient aussi à notre Terre. À partir d'eux, dans tout le monde grec et, au-delà de celui-ci, dans tout le monde cultivé, se répand la thèse d'une Terre ronde. Les planètes – sphériques elles aussi – sont attachées à des sphères célestes en mouvement. On doit signaler quelques contestations au sujet de la forme de la Terre, chez les atomistes de l'Antiquité notamment, mais elles furent très minoritaires.

Parmi les arguments favorables à la forme sphérique de la Terre, certains sont issus de l'observation : ainsi l'ombre portée de la Terre sur la Lune lors des éclipses est de forme courbe, ou encore les récits de certains voyageurs qui signalent que de nouvelles étoiles deviennent visibles quand on se rend dans les régions du Nord ; enfin, on fait remarquer que les coques, puis les mâts des navires s'estompent lorsqu'ils s'éloignent des côtes.

Toutefois, la sphéricité de la Terre est avant tout défendue pour une raison générale et abstraite : en ce monde, les nombres révèlent une harmonie universelle et tout conspire à la symétrie et à la perfection des rapports et des formes. Or, il est une forme parfaitement symétrique, toujours identique à elle-même, sans direction privilégiée, sans désordre. Cette forme, qui est la beauté même, est la sphère (ou le cercle dans le plan) ; elle convient au monde, au cosmos, à la Terre et aux astres. Résumant le rôle des pythagoriciens, Proclus (412-485) juge que leur maître « avait mis en œuvre une méthode purement intellectuelle et avait découvert l'existence d'une structure des formes de l'Univers ».

La musique des sphères

La musique est associée à la science des nombres ; l'astronomie, à la science des figures géométriques, et cette dernière exprime elle aussi la forme des nombres. Conclusion : il doit exister une association harmonieuse entre l'astronomie et la musique. En effet, les planètes, au nombre de sept, comme les notes de la gamme musicale qu'inventèrent les pythagoriciens, ont des périodes qui produisent une ineffable musique céleste ; on dit que Pythagore était le seul à pouvoir l'entendre. Aux arguments raisonnables d'Aristote, qui s'étonne que l'on n'entende pas cette musique, nécessairement très puissante, les adeptes répondent que, de même que nous ne voyons pas l'air qui nous entoure depuis que nous sommes nés, de même nous ne distinguons plus (sauf le maître quand il vivait) une musique qui a toujours sonné à nos oreilles.

L'anti-Terre de Philolaos

Le système pythagoricien le plus complet est dû à l'un des derniers maîtres de l'école, Philolaos de Tarente (Ve siècle av. J.-C.). Selon certains témoignages, ce Pythagoricien fut élève du maître et eut pour élève Platon lui-même, ce qui le pose en une situation de transition entre les origines et l'acmé de la pensée grecque. Dans le schéma de base, la Terre est au centre du cosmos ; autour de ce centre, la Lune, le Soleil et les planètes (Vénus, Mercure, Mars, Jupiter et Saturne) tournent en cercles concentriques, chacun étant fixé à une sphère en mouvement. Philolaos modifie ce schéma en installant au milieu un feu central qu'il nomme *hestia* et qui vaudra à son système le nom de *système pyrocentrique*. Aristote explique que, pour ces pythagoriciens, « c'est le feu qui occupe le centre ; la Terre est seulement un des astres et c'est elle qui, par son mouvement circulaire autour du centre, produit le jour et la nuit. En outre, ils construisent une autre Terre, contraire à la nôtre, qu'ils désignent sous le nom d'anti-Terre. »

Dans le « Timée », Dieu forge le monde

Une étape considérable est franchie avec Platon, au cours de deux dialogues qui font une large place à l'astronomie, le *Timée* et *La République*.

Le Même et l'Autre : le cercle des étoiles, les cercles des planètes

Dans le *Timée,* Platon fait un récit mythique de la construction du monde par le *Démiurge* (le dieu créateur). Une première partie de l'âme du monde, le Même, est parfaite, unie et sans division ; elle correspond à la sphère des étoiles qui tourne immuablement et régulièrement autour de l'axe du monde. La seconde partie, l'Autre intérieure, est plus complexe : elle est divisée en sept cercles inégaux correspondant aux sept planètes. Ils ont chacun leur mouvement, avec des vitesses différentes, des variations, mais obéissent tout de même à un mouvement *réglé* (ce qui signifie qu'il y a bien des lois de ces mouvements, même si elles sont difficiles à découvrir).

La Terre est au centre, puis viennent la Lune, le Soleil, Vénus, Mercure, Mars, Jupiter et Saturne. Cet ordre est celui qu'adoptent Platon, Eudoxe, Aristote, et avant eux, Anaxagore et les pythagoriciens.

Les planètes ou la danse des astres errants

La recherche des trajectoires des astres est reconnue par Platon comme *laborieuse.* C'est peu de le dire. Pour l'observateur terrestre qui étudie une planète, celle-ci paraît capricieuse, freinant à certaines périodes, reculant, puis reprenant son mouvement principal (c'est le phénomène des *stations* et *rétrogradations* des planètes).

Les *astres errants* sont ainsi emportés par un double mouvement : celui du cercle extérieur, qui entraîne le monde dans son entier, et celui du cercle intérieur, qui diffère pour chacun. La combinaison des deux mouvements produit des trajectoires complexes. L'astronomie va dès lors consister à décrire les *danses* de ces corps célestes, leur juxtaposition les unes avec les autres ; il va falloir déterminer les rétrogradations et les progressions de leurs courses circulaires, dire quand elles se trouvent en conjonction, montrer lesquelles se font écran l'une à l'autre et évaluer les périodes au bout desquelles chacune se cache à nos yeux pour de nouveau reparaître (ce sont les phénomènes d'éclipses), provoquant ainsi l'effroi et fournissant des présages sur les événements à venir aux gens qui ne sont point capables de les prévoir grâce au calcul.

Et encore, ces deux mouvements principaux ne livrent qu'une partie de la difficulté ; d'autres mouvements existent qu'il faudra expliquer : la variation de l'axe de rotation du monde est de ceux-là, qui provoque des élévations et des descentes des planètes par rapport à leur plan de rotation.

L'astronomie platonicienne est donc surtout un vaste programme de travail : aux astronomes géomètres, Platon fixe la tâche d'inventer des dispositifs géométriques capables de rendre compte de ces terribles complications. Les outils de base sont fixés : les mouvements essentiels (les seuls admissibles) sont circulaires, les vitesses doivent être régulières, les structures de cette formidable construction doivent être des sphères ou des bandeaux de sphères (on les appelle des *orbes*) et enfin, la Terre est au centre de ce manège cosmique.

Les sphères d'Eudoxe

Eudoxe de Cnide qui, presque certainement, est l'auteur principal de la théorie des proportions qu'on trouve dans les *Éléments* d'Euclide, est aussi celui qui le premier a proposé une solution détaillée et techniquement performante au programme d'astronomie laissé par Platon. Son ciel, son système du monde est compliqué. Comment pourrait-il en aller autrement ? Ce sont les mouvements planétaires qui le sont. Chaque planète a son propre système. Pour chacune, Eudoxe imagine trois ou quatre sphères, emboîtées les unes dans les autres, avec des axes de rotation orientés différemment, des sens et des vitesses de rotation distinctes. La planète est « fixée », « incrustée » sur l'équateur de la sphère la plus intérieure de son système. Les *systèmes* (c'est-à-dire les groupes de trois ou quatre sphères) des planètes sont emboîtés les uns dans les autres, un peu comme des poupées russes. Il faut donc imaginer par exemple le système de Jupiter, qui est entre celui de mars et celui de Saturne : il englobe ou entoure celui de Mars et il est englobé, ou entouré, par celui de Saturne. Au total, Eudoxe invente 27 sphères célestes pour donner une image convenable du mouvement des étoiles et des planètes. L'efficacité de ce système est inégale : elle est très bonne pour Jupiter et Saturne et plutôt médiocre pour Mars.

Le calendrier de Callippe

Un élève d'Eudoxe, Callippe (début du IVe siècle av. J.-C.), tenant compte d'observations (et donc de difficultés) nouvelles, améliore (et donc complique) le système d'Eudoxe pour y installer 34 sphères.

Callippe intervient notamment dans la délicate mise au point du calendrier, qui a toujours constitué un important thème d'astronomie ; il n'est pas exagéré de dire que les planètes servent d'horloges aux terriens. Platon l'avait bien compris qui disait que les planètes avaient été créées pour mesurer le temps.

Les deux principales possibilités traditionnelles pour compter les jours, les semaines, les saisons et les années sont la Lune et le Soleil (selon les civilisations, on a en effet eu des calendriers solaires, des lunaires, ou des combinés *luni-solaires*). L'affaire délicate consiste à les faire fonctionner ensembles. Le sage Méton avait découvert, au Ve siècle avant J.-C. que 235 lunaisons faisaient exactement dix-neuf années, ce qui paraissait apporter la base d'une solution satisfaisante. Hélas, les Grecs, très exigeants sur ces questions de calendriers, repèrent des décalages (quatre jours tous les dix-neuf ans). Callippe, en proposant d'alterner des mois pleins et des mois creux, réussit à caler le calendrier lunaire et le calendrier solaire.

Le « Traité du ciel » d'Aristote

Le traité qu'Aristote a consacré à l'astronomie a inspiré des centaines, peut-être des milliers de commentaires, souvent énormes et fort savants, il s'intitule simplement *Traité du ciel.* Le philosophe y fait le bilan des connaissances, « améliore » encore le système des sphères planétaires au point d'en exiger 56 pour faire tourner la machine avec précision ! Surtout, il veut présenter la véritable réalité du cosmos. Il ne s'agit pas seulement d'imaginer des cercles et des sphères géométriques commodes, comme le font les géomètres, mais de décrire le monde « en vrai ».

Aristote soutient comme première thèse qu'en dehors de la sphère *ultime,* qui est la frontière du monde, il n'y a *rien,* radicalement *rien.* N'allons pas imaginer qu'au-delà s'étende un espace vide ! Il n'y a pas d'espace, ni de lieu, ni de temps, c'est le néant, le non-être. La seconde thèse établit que la sphère ultime, animée par le *premier moteur* (où les théologiens de l'islam et de la chrétienté essaieront de reconnaître Dieu), fait tourner la sphère des étoiles fixes autour de l'axe du monde. La troisième thèse essentielle enseigne que l'intérieur du monde est divisé en deux régions : la région céleste, qui va de la Lune jusqu'aux étoiles (on la nomme *région supralunaire*). Cette région où rien ne naît ni ne meurt est parfaite, immuable ; elle est faite d'une matière inaltérable (l'*éther* ou *corps premier,* par la suite souvent appelée *quintessence*) qui tourne éternellement, toujours égale à elle-même. La seule division qu'on y rencontre est celle des sphères planétaires, qui sont à la fois invisibles, sans poids et impossibles à traverser. Ces sphères matérielles sont parfois qualifiées d'*adamantine* (pour indiquer qu'elles sont comme du diamant). En dessous de la lune s'étend la région *sublunaire,* jusqu'à la Terre, au centre du mode. Là, c'est tout l'inverse, les choses et les êtres naissent, grandissent, meurent, bougent en tous sens. L'astronomie s'occupe de comprendre ce qui se passe dans la région supralunaire.

Ce modèle va dominer l'astronomie jusqu'au XVIIe siècle ; il sera adopté par la grande majorité des astronomes arabes, puis latins jusqu'à sa destruction par Copernic, Tycho Brahe, Kepler, Galilée, etc.

La plus sérieuse difficulté que rencontre cette astronomie des sphères concentriques vient de l'apparence très variable de l'éclat des planètes. Si l'on admet – ce qui semble raisonnable – que les planètes ont d'autant plus d'éclat qu'elles sont proches de nous, il faut en conclure qu'elles ne sont pas toujours à la même distance de la Terre. Comment expliquer ce phénomène si elles sont fixées à des sphères dont le centre est la Terre ? Tel est l'obstacle majeur contre lequel butte l'astronomie des sphères.

Et s'il y avait plusieurs explications en astronomie ?

Au cours des IIe et IIIe siècles, les astronomes géomètres conçoivent deux systèmes remarquables pour expliquer à la fois les stations et les rétrogradations des planètes et aussi leur distance apparemment variable par rapport à la Terre.

Le manège se complique

Premier système : l'*excentrique*. La Terre est au centre et la planète examinée tourne autour d'elle, mais pas simplement, pas directement : elle est placée sur un cercle et c'est ce cercle qui tourne autour de la Terre. Le grand cercle de révolution de la planète (le *déférent*) est excentré par rapport à la Terre. Résultat : l'observateur terrestre voit la planète ralentir, puis reculer avant de reprendre son mouvement principal. De même, il la voit plus ou moins éloignée de son observatoire terrestre (voir Figure 3-1).

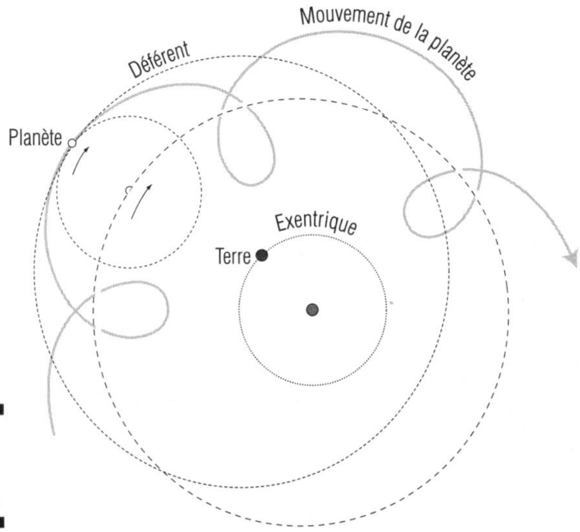

Figure 3-1 : Le système excentrique.

Second système : l'*épicycle*. La planète n'est pas sur son grand cercle, qui a bien la Terre pour centre. Elle est sur un petit cercle qui lui-même a son centre sur le grand cercle (le déférent). C'est un peu comme les nacelles des manèges qui tournent au bout d'un grand bras, lui-même en rotation (voir Figure 3-2).

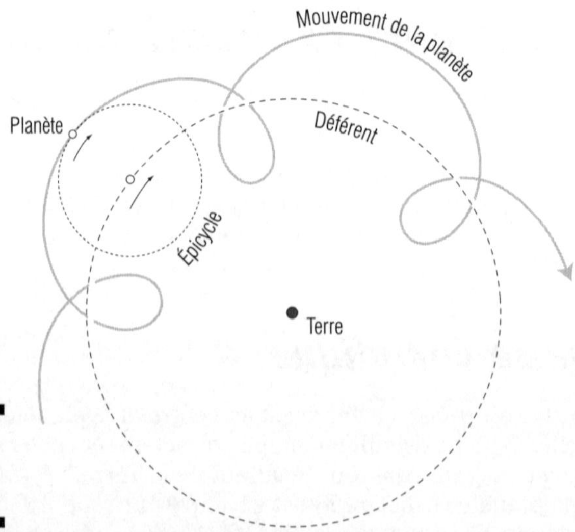

Figure 3-2 : Le système épicycle.

Ces deux dispositifs offrent des possibilités considérables : en réglant les tailles des divers cercles (déférent, excentrique et épicycle) ainsi que leur vitesse de rotation, on dispose de paramètres grâce auxquels on peut se caler avec succès sur les observations dont on dispose. Ce fut la période de l'*astronomie circulaire,* où les géomètres se taillaient la part du lion en développant une géométrie astronomique d'une exceptionnelle sophistication.

Hipparque et son étonnant théorème

Cet astronome de génie travaille à Nicée et à Rhodes vers le milieu du IIe siècle avant J.-C. Il a en main deux atouts maîtres. D'abord c'est un remarquable théoricien (notamment un géomètre de premier plan qui introduit la première table trigonométrique dans les calculs astronomiques) ; ensuite c'est un exceptionnel astronome d'observation. Il sait, en particulier, exploiter les énormes bases de données héritées des astronomes babyloniens, ce qui lui fournit des mesures s'étendant sur six cents ans. Avec Hipparque, l'astronomie théorique est associée à l'astronomie d'observation. Par exemple, pour calculer l'excentricité de la Lune, il développe une méthode qui utilise trois éclipses lunaires, observées par les Babyloniens. Le problème géométrique de l'excentricité lunaire est en lui-même de toute beauté. Hipparque parvient à évaluer la distance Terre-Lune et trouve 60 rayons terrestres, ce qui n'est pas mal du tout.

UN PEU DE TECHNIQUE

La précession des équinoxes

L'observation et la mesure fournissent en général autant, sinon plus de problèmes que de réponses dans les sciences. Hipparque met le doigt sur un fameux casse-tête en voulant repérer avec précision la position des étoiles « fixes ». Elles n'ont pas tout à fait la même longitude, mesurée à partir du plan de l'écliptique. Concrètement, cela signifie que l'étoile visée par l'axe des pôles (l'étoile polaire) n'est pas fixe et qu'à la vérité, il faut changer d'étoile polaire au cours des siècles pour viser le nord. Aujourd'hui, c'est α *Ursae Minoris* qui fait l'affaire, mais vers 3000 avant J.-C., c'était l'étoile α *Draconis* (Thuban).

Ce déplacement extrêmement lent se détecte en comparant des coordonnées distantes de plusieurs siècles. Ce phénomène sera expliqué par un mouvement de « toupie » de l'axe de la Terre : en tournant, il décrit un cône et change donc de direction ; il faut vingt-cinq mille huit cents ans pour faire un tour complet.

Un effet très préoccupant et complexe de ce mouvement est l'existence de deux « années » : l'année sidérale, qui se compte selon la position du Soleil dans le repère des étoiles, et l'année tropique, qui se compte d'après le retour des saisons (on prend par exemple les moments où il y a égalité de la longueur des jours et des nuits). Or, il y a une différence de vingt minutes entre les deux « années ». Cela explique le léger, mais inexorable décalage des saisons au fur et à mesure des siècles et la nécessité de modifier les calendriers pour qu'ils en tiennent compte.

UN PEU DE TECHNIQUE

Hipparque fait une remarque théorique fondamentale : il montre que l'on peut choisir, pour certains mouvements apparents, soit le dispositif excentrique, soit le dispositif épicyclique. Pour l'observateur, c'est équivalent. On peut aussi bien imaginer qu'il existe un cercle (ou une sphère) excentrique ou alors qu'il existe un cercle (ou une sphère) épicyclique pour une planète ; on en tire les mêmes lois et prédictions concernant le mouvement de cette planète. Mais alors, une grave question se pose : laquelle des deux imaginations correspond à la réalité ? Et même, pire, se pourrait-il qu'il y ait un autre schéma, un autre mécanisme équivalent, auquel on n'a pas encore songé et qui soit le vrai ?

Dans ces conditions, l'astronomie pourrait bien ne pas dévoiler la vérité de l'organisation des cieux et cependant être efficace, performante. On aurait des hypothèses fausses mais donnant des prévisions justes.

Ératosthène mesure le diamètre de la Terre

PORTRAIT

Lorsque le roi Ptolémée III Évergète d'Alexandrie s'avise de trouver un précepteur pour son fils, il s'adresse à l'un des principaux savants athéniens, Ératosthène (v. 284-v. 192 av. J.-C.) originaire de Cyrène. Mathématicien, astronome, géographe, philosophe, mais aussi grammairien, poète et historien, il est le plus remarquable représentant de ce que pouvait produire la grande culture grecque. Son départ d'Athènes pour Alexandrie, à la fin du IIIe siècle avant J.-C., symbolise bien le passage de témoin entre ces deux centres de culture et de puissance politique. En plus de sa fonction de précepteur du prince, Ératosthène va diriger le musée et la bibliothèque d'Alexandrie.

L'idée exploitée par Ératosthène pour mesurer la circonférence de la Terre est – dans le principe – d'une simplicité enfantine : soit une portion de cercle *OAB* ; si on connaît la mesure de l'angle α et celle de l'arc *AB*, il est immédiat d'en déduire la mesure du rayon. On a $r = \frac{L}{\alpha}$ (voir Figure 3-3).

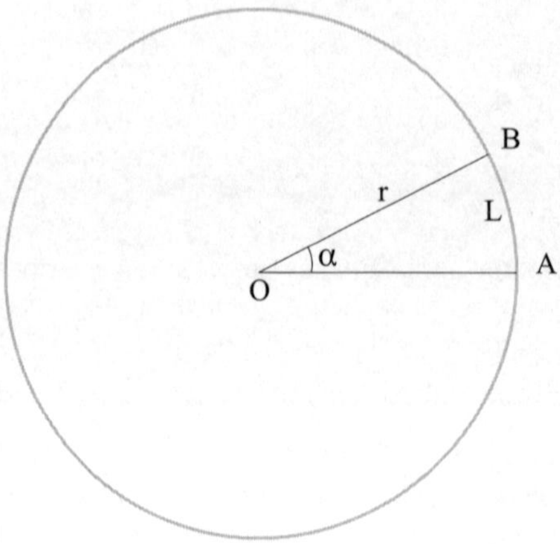

Figure 3-3 : Calcul du rayon.

L'application de cela au globe terrestre (voir Figure 3-4) est une autre affaire. Envisageons quelques-unes des difficultés qui se présentent alors. Les deux points *A* et *B* doivent être situés sur un même méridien, sous peine de n'avoir pas un *grand cercle* de la sphère terrestre. Il faut aussi que ces deux points soient assez distants pour espérer atteindre une bonne précision. Ératosthène choisit les villes d'Alexandrie et de Syène (aujourd'hui Assouan), qu'il juge conformes à ce premier impératif. Il fallait connaître la distance entre les deux villes ; le choix semble judicieux puisque les arpenteurs égyptiens avaient souvent dû évaluer les distances séparant ces deux cités arrosées par le Nil. Reste le plus difficile : la mesure de l'angle α. C'est au Soleil de la révéler : on considère ses rayons comme parallèles (ce qui est parfaitement raisonnable). Assouan s'avère – à un troisième titre – être un bon choix : en effet, cette ville est sur le tropique du Cancer et, au solstice d'été, les rayons du soleil frappent Assouan à la verticale.

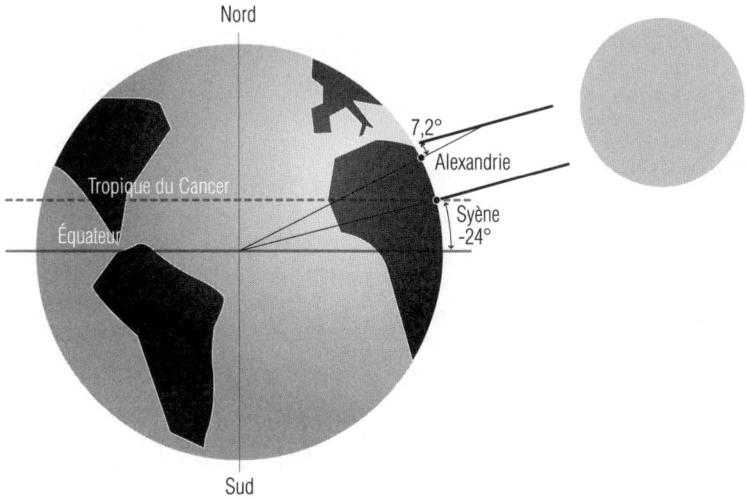

Figure 3-4 : Le rayon terrestre.

Comme l'indique le schéma, il « suffit » donc de mesurer l'angle des rayons solaires, au solstice d'été, à Alexandrie. Pour des raisons géométriques élémentaires, cet angle a aussi pour mesure α. On connaît les mesures qu'obtint notre géographe astronome : α fut estimé à un 50e de grand cercle ; la distance entre Alexandrie et Syène fut trouvée très légèrement supérieure à 5 000 stades ; la conclusion était immédiate : le cercle méridien vaut 50 fois 5 000 stades, soit 250 000 stades. Comme le stade égyptien vaut 157,5 m, la circonférence de la Terre est déduite par Ératosthène avec l'incroyable précision de 39 690 kilomètres (pour 40 074 kilomètres de circonférence équatoriale « réelle »).

ATTENTION !

Deux erreurs qui se compensent

La chance est parfois au rendez-vous du génie : elle servit Ératosthène, dont les mesures étaient doublement erronées : Alexandrie et Syène ne sont pas sur le même méridien (il s'en faut de plus de 200 kilomètres), et 5 346 stades (au lieu de 5 000) les séparent ; il se trouve que ces deux erreurs, au lieu de s'amplifier l'une l'autre, se corrigent et s'annulent. Hipparque avait peut-être raison de critiquer le manque de précision des mesures d'Ératosthène, mais l'idée fondamentale de ce dernier – l'association de la géométrie, de la géographie et de l'astronomie – est si admirable que les reproches s'y échouent sans pouvoir l'altérer.

Aristarque de Samos, le Copernic de l'Antiquité

L'idée selon laquelle la Terre est animée de divers mouvements a été examinée dans l'Antiquité. Elle est globalement rejetée jusqu'au XVIe siècle, époque où Copernic assure son succès définitif. Un des disciples de Platon et d'Aristote, Héraclite du Pont, astronome du IIIe siècle avant J.-C., explique l'alternance du jour et de la nuit par la rotation de la Terre en un jour, d'ouest en est, autour de l'axe des pôles. Dans cette hypothèse, le ciel des fixes reste immobile, la Terre tourne autour de son axe, les planètes décrivent des révolutions circulaires, qui d'ailleurs ne se font pas forcément autour du centre du monde ; il semble qu'Héraclite du Pont admettait que les deux planètes inférieures, Mercure et Vénus, tournaient autour du Soleil. Un autre astronome, Aristarque de Samos (310-230 av. J.-C.), est allé encore plus loin.

Un système héliocentriste dans l'Antiquité

Aristarque de Samos est un astronome dont chacun s'accorde à admirer la valeur. Or, il imagine et défend un système dans lequel la Terre est une planète comme les autres animée de deux mouvements principaux : la rotation diurne autour de son axe, qui économise la révolution quotidienne de la sphère des fixes, et la révolution annuelle autour du Soleil. La Lune, dans le système d'Aristarque, est un satellite de la Terre.

Bref, on avait, chez les Grecs du IIIe siècle avant J.-C., un équivalent du système de Copernic. Si l'ouvrage où était exposé le système, intitulé *Les Hypothèses,* est bel et bien perdu, les sources anciennes sont concordantes. Archimède, contemporain d'Aristarque, expose dans *L'Arénaire* cette cosmologie héliocentriste. On dispose aussi de plusieurs témoignages (en particulier un récit transmis par Plutarque) selon lesquels une accusation officielle fut lancée contre Aristarque par un philosophe nommé Cléanthe et qu'elle tourna à la confusion de son auteur.

Aristarque a-t-il eu raison trop tôt ?

Il est difficile de répondre à la question qui vient immédiatement à l'esprit : pourquoi une idée si remarquable a-t-elle été rejetée ? Les historiens des sciences n'y apportent pas du tout les mêmes réponses. Pour certains, c'est une lamentable régression qui a détourné les esprits d'une audacieuse théorie, vraie de surcroît. Pour d'autres, ce rejet est tout à fait normal : l'hypothèse d'Aristarque venait trop tôt et on ne pouvait pas, à l'époque, résoudre les immenses difficultés qu'elle suscitait : en premier lieu, le système héliocentrique impose un accroissement gigantesque (et peu croyable) des dimensions du cosmos (voir le passage sur la parallaxe, Chapitre 13) ; en second lieu, on ne pouvait pas expliquer pourquoi les objets terrestres n'étaient pas projetés dans l'espace par la force centrifuge si la Terre tournait à cette folle vitesse. En troisième lieu, il est possible qu'aux yeux d'Aristarque lui-même, ce système ait été une simple hypothèse exploratoire, de nature géométrique, et n'ait pas correspondu à la réalité des choses.

Ptolémée, géographe, musicien, mais surtout astronome

Après l'œuvre d'Hipparque, il y a comme un très étrange vide dans l'histoire de l'astronomie. On utilise, on exploite les découvertes et méthodes précédentes sans y apporter d'amélioration notable.

Les cercles de Ptolémée et le point solution

Les tables des positions planétaires et stellaires ont un grand succès du côté de l'astrologie, qui se répand dans tout le monde romain. La prévision des éclipses en particulier, ainsi que des positions des planètes dans le zodiaque, stimule cette croyance selon laquelle les astres influent sur les destins collectifs ou particuliers des humains.

PORTRAIT

Au IIe siècle cependant, un achèvement splendide est accompli dans l'astronomie circulaire géocentrique ; ce couronnement exceptionnel est dû à Claude Ptolémée (v. 90-v. 170). Il travaille à Alexandrie, où il rédige le plus marquant de tous les traités d'astronomie jamais conçus, la *Grande Syntaxe mathématique* (connue ensuite comme l'*Almageste,* voir Chapitre 8). Ce traité est d'abord un chef-d'œuvre géométrique puisque l'auteur invente ou développe la trigonométrie sphérique (l'étude des angles et des triangles construits sur une sphère), ainsi qu'il convient pour étudier la voûte étoilée et les sphères planétaires.

Ptolémée reprend, avec certaines modifications (pour la plupart bienvenues) les modèles d'Hipparque et Apollonios pour le Soleil et la Lune. Les prévisions d'éclipse sont affinées. Il montre que la précession des équinoxes est d'un degré par siècle. Surtout, il élabore un modèle pour chaque planète en faisant deux choses : premièrement, il utilise et améliore les outils précédents (les excentriques et les épicycles), deuxièmement, il les complète car ils ne sont pas suffisants (selon les données et les méthodes traditionnelles, les distances des planètes varient deux fois plus qu'en réalité). Ptolémée invente une nouvelle notion à la fois géométrique et astronomique : le *point équant.*

L'affaire commence avec le mauvais comportement de Vénus dont la vitesse de révolution semble varier à certaines périodes de son « tour de Terre ». Ptolémée invente un point imaginaire installé à mi-chemin entre la Terre et le centre du grand cercle vénusien (on a admis qu'il était excentré par rapport à la Terre). Ce point nouveau est appelé l'*équant.* Le rôle que lui assigne Ptolémée est le suivant : le mouvement de rotation de la planète est uniforme par rapport à l'équant, pas par rapport à la Terre. Sur la Figure 3-5, la planète P se meut sur un cercle excentrique de centre fixe C. T est la Terre. (Le centre du cercle C ne coïncide pas avec la Terre : le cercle est un excentrique.) De plus, la planète se meut uniformément non pas par rapport à C ni par rapport à la Terre, mais par rapport à un point Q (appelé point équant) situé sur TCA de sorte que TC = CQ.

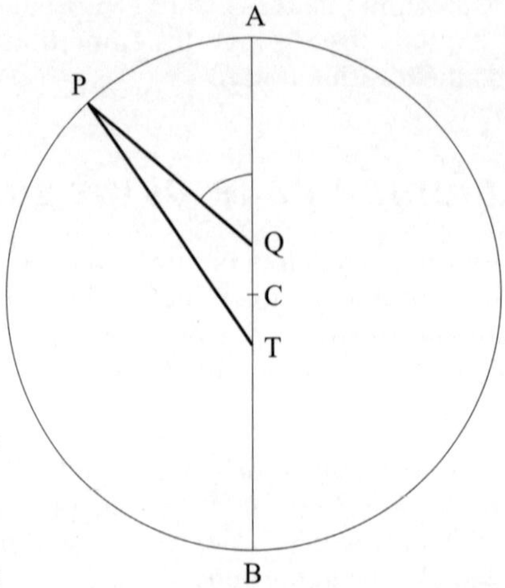

Figure 3-5: Le point équant.

Ptolémée emploie cet artifice pour Vénus avec une exactitude qui sera jugée suffisante pendant de longs siècles. Le modèle de Vénus ayant cédé devant l'équant, l'astronome d'Alexandrie ne s'arrête pas en si bon chemin et, comme il l'explique, « pour les trois autres planètes, celle d'Harès, celle de Zeus et celle de Chronos, nous avons trouvé que l'hypothèse du mouvement était semblable à celle que nous avons conçue pour l'astre d'Aphrodite ».

C'est plus qu'ingénieux, c'est génial ! Mais cette merveille géométrique est une calamité physique : les astres ne sont pas animés de mouvements uniformes. Et les principes de l'astronomie, posés depuis Platon et Aristote, sont bafoués. Les astronomes arabes se montreront très violemment hostiles à l'équant de Ptolémée et dénonceront ceux qui, pour rendre compte des mouvements célestes, « construisent des démonstrations abstraites et des cercles fictifs ».

Malgré les critiques, l'édifice ptoléméen s'impose. Le niveau mathématique atteint est un sommet. Que l'on songe notamment au problème des latitudes des planètes : les cercles des modèles ne sont pas véritablement coplanaires mais ont bien une certaine inclinaison *variable* les uns par rapport aux autres (c'est-à-dire que le cercle épicycle a une légère inclinaison par rapport au déférent) et celui-ci en a une par rapport à l'écliptique. La géométrie et la trigonométrie doivent être en mesure de restituer ces mouvements relatifs tels qu'ils sont dans l'espace et pas seulement dans un plan ! Ptolémée a abordé toutes ces difficultés et leur a apporté des solutions ; il faudra attendre l'œuvre de Copernic pour avoir une rivale à la hauteur de l'*Almageste* en termes de virtuosité géométrique.

N'oublions pas les sphères matérielles

Ptolémée rédige un autre traité d'astronomie, *Les Hypothèses planétaires,* dans lequel il propose une interprétation physique et matérielle de la construction essentiellement géométrique de l'*Almageste.* Il reprend à son compte la doctrine d'Aristote en vertu de laquelle il n'y a pas de vide dans le monde et en déduit que les sphères des planètes se touchent, « sont au contact » les unes des autres. Il calcule les distances des planètes à la Terre en les comparant à la distance Terre-Lune et poursuit jusqu'à la distance Terre-étoiles. Il en résulte un monde aux dimensions fort petites puisque, selon Ptolémée, le rayon de l'Univers est à peu près égal à la distance actuelle de la Terre au Soleil.

N'OUBLIEZ PAS !

L'œuvre de Ptolémée en astronomie a eu une influence comparable à celle des *Éléments* d'Euclide en géométrie, immense donc ! Elle sera critiquée et modifiée mais offrira une image du monde admise presque par tous et partout durant les quinze siècles à venir, aussi bien dans les pays de langue arabe que dans le monde latin.

Chapitre 4

Physique et cosmologie : les quatre éléments et le cinquième

Dans ce chapitre :

- L'*archè* des Ioniens, principe de tout ce qui existe
- Les premières controverses
- La physique, science de « ce qui change »
- Les découvertes d'Archimède

La physique est un terme dont le sens a beaucoup changé depuis sa naissance. Les savants dont il va être question ici, et qui furent nommés *physiciens,* avancèrent des thèses très générales concernant l'existence de l'Univers et de tout ce qu'il contient, aussi bien ce qui est vivant qu'inanimé, terrestre que céleste.

Un principe unique : l'eau, l'air, le feu ou l'infini ?

La première grande orientation de la science grecque de la nature consiste à rechercher un premier principe universel des choses. Si le monde présente une diversité quasi infinie et s'il est néanmoins compréhensible, c'est parce qu'une origine commune sert de soubassement, de substrat à toute cette variété.

L'Ionie est une région située dans l'actuelle Turquie, face à la Grèce. C'est là que se développe une école de pensée qui va marquer durablement toute la pensée grecque. Les trois savants les plus connus de l'Ionie, Thalès de Milet, Anaximandre et Anaximène, cherchent de quoi – à l'origine – est fait le monde. Quel est le principe premier, ou *archè,* qui préside à son existence? S'ils sont d'accord sur l'existence d'un tel principe, ils divergent sur ce qu'il est. Ainsi, l'école *ionienne* ou *milésienne* (du nom de l'île de la côte ionienne où naquit Thalès) est-elle à la fois fortement unifiée et nettement diversifiée.

Pour Thalès de Milet, l'eau est cet élément primordial, comme en écho du mythe ancien de l'océan générateur. L'humide est source de vie, il est fertile et l'eau donne naissance aux autres éléments : aux corps solides par condensation, à l'air par évaporation et l'air, à son tour, engendre le feu. L'eau soutient ainsi notre Univers

Anaximandre (v. 610-v. 547 av. J.-C.), qui fut élève de Thalès, conçoit l'Univers à partir d'un principe éternel, infini, origine de toutes choses; mais il le pense plus abstrait que l'eau, l'air ou le feu; c'est une substance au sein de laquelle notre monde – et tous ceux qui existèrent avant lui ou lui succéderont – prend forme puis disparaît. Il la nomme *apeiron* («sans figure définie»), élément à la fois infini et indéterminé qu'il est bien difficile de cerner : peut-être s'agit-il d'un chaos primitif qui aurait contenu tous les éléments connus avant qu'ils ne se distinguent en se séparant?

L'*archè* d'Anaximène (v. 585-v. 525 av. J.-C.), qui étudie avec Anaximandre, n'est ni l'eau ni l'*apeiron* mystérieuse : c'est l'air. Plus en détail, il élabore une doctrine de la formation des autres éléments (eau, terre, feu) à partir de la condensation, de la raréfaction : «En se dilatant et en se condensant, l'air apparaît sous diverses formes, écrit-il. Quand il se dilate suffisamment, il produit le feu... quand il se condense, l'eau; à un degré de plus la Terre; au plus haut degré de condensation, les pierres.»

Doctrines opposées : le changement contre la stabilité

Ce qui existe vraiment, est-ce ce qui change toujours, comme le cours du fleuve, ou ce qui demeure identique à soi-même, au-delà des apparences?

Tout change sans cesse

Héraclite d'Éphèse (v. 550-v. 480 av. J.-C.) est resté célèbre pour son caractère ombrageux, polémique et mélancolique, mais aussi pour la puissante thèse du changement permanent des choses. Jamais une chose ne demeure identique à elle-même : le Soleil, ce matin, est un autre Soleil que celui qui s'est levé hier, et on ne se baigne jamais deux fois dans le même fleuve, puisque l'eau a coulé. Le seul contenu possible de la connaissance est donc celui du changement ; cette connaissance ne peut qu'être fragile puisque les choses n'ont pas de consistance stable.

On trouve chez Héraclite une forme d'*archè* – le feu en l'occurrence – qui le rapproche de ses prédécesseurs milésiens. À vrai dire, le feu héraclitéen n'est pas vraiment principe des choses mais plutôt de leur changement. Quand on dit changement, chez Héraclite, c'est dans une acception radicale du terme : ce changement est tout aussi bien destruction, car le feu consume et détruit les opposés qui, ensuite, tendent à se reconstituer, etc. On comprend alors que la connaissance des choses ait semblé inaccessible à la science, aux yeux de la plupart des contemporains d'Héraclite.

L'être unique, immobile, absolu, voilà ce qui est

N'OUBLIEZ PAS !

Aux antipodes de la doctrine du changement perpétuel, l'enseignement de Parménide, philosophe d'Élée (v. 515-v. 440 av. J.-C.) cherche à justifier que seul ce qui demeure relève de l'être : si une chose change sans arrêt, à chaque instant, elle n'est déjà plus ; alors, dit Parménide, elle relève du *non-être.*

La sphère jouit d'un incomparable prestige chez Parménide et ses disciples parce qu'elle est limitée, qu'elle est égale et identique à elle-même en toutes ses parties. Cela fait de la sphère le modèle de ce qui ne change pas, de ce qui est. En conséquence de cette doctrine rigoureuse, seul relève de la science certaine ce qui n'est pas soumis au changement ; on a pu dire que cette exigence réduit la science à la logique et aux mathématiques. Dans le grand et unique poème qui nous soit parvenu sous le nom de *La Nature,* Parménide fonde une distinction décisive dans l'histoire des idées entre les choses sensibles qui ne sont que les apparences et les choses intelligibles qui relèvent de la vérité profonde mais cachée du seul objet de méditation qui importe véritablement : l'être. Xénophane, un philosophe éléate proche de Parménide, soutient que les astres, puisqu'ils sont changeants, sont – du point de vue de la connaissance – des illusions.

UN PEU DE TECHNIQUE

Le mouvement est impensable, Achille en fait les frais

De fameux raisonnements, dus à Zénon d'Élée (né v. 490 av. J.-C.), un disciple de Parménide, visent à démontrer que le mouvement n'est pas pensable. Des interprétations naïves prêtent à Zénon l'opinion – insensée – que le mouvement n'existe pas ; sans aucun doute lui-même sait-il marcher mais il soutient qu'on ne peut, sans contradiction, sans paradoxe, penser le mouvement et en faire un objet de science. Si un mobile doit aller de A jusqu'à B, situé à une certaine distance, il faudra d'abord qu'il parcoure la moitié de la distance et atteigne le milieu de [A, B] ; pour atteindre ce milieu, il faudra qu'auparavant, il atteigne le milieu de cette première moitié et encore qu'auparavant, il atteigne la moitié de cette moitié ; bref, il y aura toujours un *auparavant,* sans fin… Autant reconnaître que le départ n'aura *jamais* lieu. *A fortiori,* le présomptueux Achille ne pourra pas rattraper une tortue qui aurait une certaine avance sur lui. On ne peut, sans paradoxe, penser cette situation. La panoplie des arguments de Zénon vise à rendre caduque une science du mouvement.

Empédocle et les quatre éléments

N'OUBLIEZ PAS !

Quel succès ! Qui ne connaît au moins l'expression « les quatre éléments » ? La théorie remonte à Empédocle d'Agrigente (v. 490-v. 435 av. J.-C.), dont on ne sait pas bien d'où il l'a sortie. Pourquoi abandonne-t-il l'élément unique comme ses prédécesseurs ? Pourquoi pas trois, ou deux, ou cinq ? On a dit que, influencé par le pythagorisme, il avait rendu hommage à la *tétrade,* particulièrement aimée de ses adeptes. On a aussi avancé qu'à l'époque d'Empédocle, on connaissait quatre polyèdres réguliers, ceci expliquant cela. Le fait est que ces quatre éléments, terre, feu, eau et air, sont une belle invention, une première théorie des corps simples qui se combinent pour engendrer les choses existantes. Les combinaisons sont régies par deux *superpuissances* opposées, l'amour et la haine, soit l'attraction et la répulsion, qui dominent alternativement en cycles quaternaires : domination de la haine (avec séparation des éléments), puis montée en puissance de l'amour (avec des processus de combinaisons), suivie du règne de l'amour (composants stables et associés) et, évidemment, remontée de la haine et reprise du cycle. Dans ce processus, les quatre éléments apparaissent stables, indestructibles, insécables, et on comprend que cette doctrine ait pu être rapprochée de la théorie atomiste. Il est de toute façon remarquable de constater qu'Empédocle inspire ou touche à la fois les pythagoriciens, les atomistes, les platoniciens et aussi Aristote, qui confortera la thèse des quatre éléments.

Démocrite et Épicure : les atomes forment les mondes

L'atomisme contemporain se plaît à reconnaître en Leucippe, Démocrite, Épicure puis Lucrèce ses lointains mais bien authentiques ancêtres. Lorsqu'il voulut réhabiliter la doctrine atomiste au XVIIe siècle, le philosophe Pierre Gassendi s'appuya aussi sur ces mêmes Anciens. Il n'est donc absolument pas exagéré de soutenir que les théories atomistes de l'Antiquité ont eu une influence primordiale et ont puissamment marqué l'histoire des sciences, de la physique en particulier.

Ayant vécu à la période qui nous occupe – avant Socrate donc (ou tout juste contemporain) – il y eut d'abord l'ancien maître, Leucippe, dont, à dire vrai, on ne sait rien de certain : il n'est pour nous qu'une « silhouette mystérieuse ». Démocrite d'Abdère, le véritable fondateur de l'atomisme, naquit lui en – 460. Il fut heureux, d'un tempérament enjoué et chaleureux, et vécut très vieux (jusqu'en – 370). Il voyagea énormément et semble avoir eu beaucoup d'amis et de nombreux ennemis ; une vie bien remplie donc. Sa théorie est fondée sur une proposition essentielle : l'Univers est formé d'atomes et de vide. Les atomes sont en nombre infini, ils sont indestructibles et impossibles à couper (*insécables*), ils n'ont pas de parties et sont tous de la même substance. On ne les voit pas, ne les sent pas, on *sait* qu'ils existent, voilà tout. Ils sont de dimension et de forme variable.

La cosmologie des atomistes est à la fois grandiose et déficiente : grandiose puisqu'ils n'hésitent pas à soutenir que l'Univers est infini et n'a pas de centre ; au sein de cet Univers vide, des atomes se choquent en tous sens et lorsqu'un grand nombre d'entre eux se rassemblent en un vaste tourbillon, celui-ci s'entoure d'une sorte d'enveloppe qui devient la frontière d'un monde en constitution. Les atomes de ce monde s'organisent ; les plus lourds vers le centre pour donner naissance à une Terre semblable à la nôtre, comme un disque plat ; les plus légers restent plus lointains et forment l'atmosphère et les cieux. Cette organisation n'est cependant pas éternelle et un temps arrive où les atomes se dissocient à nouveau et où le monde se disperse alors que d'autres, en diverses régions de l'Univers, naissent et meurent de la sorte. Pour le reste, on ne saura à peu près rien, et c'est en cela qu'on peut parler de déficience de la physique atomiste antique ; elle est faible par rapport à la puissante machinerie intellectuelle de l'aristotélisme. D'ailleurs, l'atomisme antique est presque immédiatement étouffé et réduit au silence. Les deux géants de la philosophie qui accompagnent ou suivent Démocrite s'y prennent différemment contre lui ; Platon l'ignore absolument et superbement (alors qu'il connaît fort bien ses doctrines), au contraire d'Aristote, qui accumule les critiques antiatomistes à chaque fois que ses raisonnements ou ses interlocuteurs lui en fournissent l'occasion. On rencontrera toutefois d'intéressantes résistances à la disparition de l'atomisme (voir Chapitre 9).

Aristote invente la physique, science de ce qui change

La physique est-elle possible en tant que science ? Telle est bien la question à laquelle les grands courants de la pensée grecque, avant Aristote, semblent imposer une réponse négative. En effet, la physique, nécessairement, s'occupe de choses qui changent, qui bougent, qui grandissent, etc. : des cailloux qui tombent, du feu qui consume, de l'eau qui gèle, de la plante qui croît et se fane… Or, les Éléates ont soutenu que le changement est toujours une illusion, un non-être, alors qu'Héraclite montrait que c'est l'*être là* qui était une illusion, que rien n'est, *ici et maintenant*.

Être en puissance, être en acte

N'OUBLIEZ PAS !

Des deux côtés, la voie semble être sans issue ; Aristote ne contourne pas l'obstacle et admet que la physique doit bel et bien être la science *de ce qui change*. Alors, comment échapper à l'alternative du « tout changement » contre le « pas de changement » ? En modifiant l'idée que l'on doit se faire de « être ». Un exemple fameux est celui-ci : un sculpteur taille un bloc de marbre, qui donc « change » : ce bloc de marbre est – en un certain sens – un simple et grossier bloc de marbre, mais il est – en un autre sens – déjà une statue d'Aphrodite. La statue d'Aphrodite, durant cette opération, est et n'est pas en même temps. Aristote dit qu'elle est « en puissance », elle n'est pas *absolument*. Quand elle sera terminée, elle sera *en acte*. Le changement qui s'opère ne condamne pas la statue au non-être. Une graine est semée : un arbre existe *en puissance* alors qu'elle grandit ; il n'est pas absolument, mais il n'est pas complètement privé d'existence. Bref, de tout cela, Aristote tire la conclusion qu'une science de ce qui change est possible ; cette science est la physique et son champ est immense puisque, affirme-t-il, ignorer le mouvement, c'est ignorer la nature.

Les automobiles d'Aristote

ATTENTION !

Une longue suite de réflexions conduit Aristote à rechercher ce vers quoi, naturellement, vont les choses qui changent : une graine va vers l'arbre qu'elle est destinée à devenir, un caillou va vers la terre en tombant – telle est sa nature de *corps grave* –, une flamme s'élève vers le haut selon sa nature de *corps léger*. Il existe donc des mouvements naturels, vers le bas pour les graves, vers le haut pour les légers. Ce n'est pas tout : je peux bien saisir un caillou et le lancer vers le ciel, mais alors il sera en mouvement contre sa nature. C'est assez contrariant, mais le problème est résolu par l'inépuisable génie d'Aristote : il s'agit là d'un mouvement contre nature, un mouvement qu'il appelle *violent,* et c'est la même chose si, en soufflant, je force une flamme à se courber vers le bas. Une distinction fondamentale est ainsi introduite en physique entre les *mouvements naturels* et les *mouvements violents.* Cette distinction sera réfutée presque vingt siècles plus tard par Galilée, Giordano Bruno, Descartes, etc. La caractéristique du mouvement violent étant d'être contre nature, il va de soi qu'il tend naturellement à s'arrêter. Regardons encore d'un peu plus près : pour qu'un mouvement violent ait lieu, il faut qu'un *moteur* l'impose au caillou (ou à tout autre objet) ; s'il n'y a pas de moteur, c'est très simple : le mouvement s'arrête. N'y aurait-il pas de moteur dans le cas du mouvement naturel ? Si, bien sûr ! Le caillou qui tombe est bien motorisé, mais par sa propre nature ; il a son moteur naturel en lui-même. La physique étudie ainsi en priorité les *automoteurs* ou les *automobiles* (les choses qui bougent ou changent selon leur propre nature).

Deux mouvements simples : le circulaire et le rectiligne

L'enquête se poursuivant, Aristote cherche quels peuvent être les mouvements simples et découvre qu'ils sont nécessairement associés à des trajectoires simples. Or, il en existe deux et deux seules : la ligne droite et la ligne circulaire. Ces deux-là sont bien différentes. La ligne droite a un début et une fin, elle indique des directions contraires, elle n'est pas infinie (le monde étant limité, il n'y a pas de droite infinie) ; pour ces raisons, la ligne droite convient à la région du monde où les choses changent, s'opposent, ont un début et une fin : tel est le monde terrestre et ses environs, jusqu'à la sphère de la Lune. L'astronomie nous montre que rien ne se passe ainsi au-delà, dans les cieux. Dans cette région supralunaire, c'est le mouvement circulaire qui règne. Tout cela est très cohérent : la ligne circulaire est sans commencement ni fin, elle n'exige pas que l'on fasse demi-tour pour revenir à un point déjà rencontré. Cette trajectoire convient aux objets de l'astronomie, à la sphère des étoiles et à celles des planètes qui jamais ne meurent.

La matière du ciel, le cinquième élément

Pas question de s'arrêter en si bon chemin, et le programme de constitution d'une physique se déploie, toujours plus assuré. Une des thèses les plus fermement défendues par Aristote est celle de l'impossibilité du vide, qu'il étaye de plusieurs arguments dont celui selon lequel s'il y avait un espace vide, le mouvement y serait infiniment rapide, instantané. En effet, soutient Aristote, le mouvement est ralenti en proportion de la résistance du milieu ; dans l'eau, qui résiste davantage, un corps va moins vite que dans l'air. Dans le vide, il n'y aurait nulle résistance, et donc une vitesse infinie. Conclusion :

pas de vide en ce monde. Qu'y a-t-il donc dans les cieux ? Une substance parfaite, adaptée au mouvement circulaire simple et parfait ; une matière inaltérable qui ne s'use pas et ne se transforme pas ; une substance qui bouge sans changer : il la nomme *corps premier* et parfois *éther.* Les auteurs par la suite la désigneront souvent par le mot *quintessence,* la « cinquième essence », ou encore le *cinquième élément.* C'est que, précisément les quatre premiers éléments constituent le monde sublunaire, la Terre et sa banlieue. Une des explications aristotéliciennes des éléments est fondée sur les trajectoires simples possibles : ce qui descend, par nature, est lourd ou grave ; on le nommera *terre* ; ce qui monte par nature est léger, c'est le *feu.* Mais on doit encore considérer un possible mouvement horizontal qui va permettre une jolie combinaison : l'élément *horizontal* à tendance lourde, ce sera l'*eau,* et l'élément horizontal à tendance légère sera l'*air.* Voilà donc constituée la théorie aristotélicienne des éléments ; elle aussi résistera jusqu'à l'âge classique, quoiqu'elle dût faire face aux doctrines nettement divergentes des alchimistes au cours du Moyen Âge et de la Renaissance. Bien entendu, tout ici bas n'est pas constitué de terre pure, ou de feu pur, ou d'eau, ou encore d'air ; tout n'est que mélange de ces corps simples, en proportion variable et changeante.

Sous la Lune, les éléments se transforment

Les réponses apportées par Aristote à la diversité infinie de la matière réelle du monde sont beaucoup plus élaborées que chez aucun de ses prédécesseurs. Les quatre éléments sont associés à des *qualités premières* que sont le *sec,* l'*humide,* le *froid* et le *chaud.* Des transformations sont possibles d'un élément en un autre par modification des qualités (ainsi, par chauffage, le froid devient chaud et l'élément s'en trouve changé). Les corps composés (c'est le cas de presque tous) s'associent soit par simple mélange, soit par des opérations qui désignent nos transformations chimiques. La région sublunaire est donc bien celle de la vie et de la mort, du changement et du mouvement, de la physique en somme. L'entreprise aristotélicienne est si audacieuse, si ample, si riche qu'elle agira comme une sorte de rouleau compresseur quand elle sera connue et diffusée, écrasant les concurrentes et occupant presque tout le terrain praticable par une science de la nature.

Une thèse aristotélicienne forte finira par se révéler aussi vulnérable que le talon d'Achille. Selon le philosophe de Stagire, la nature est si diversifiée et changeante que les sciences de la parfaite exactitude et de l'éternelle stabilité ne lui conviennent pas : les mathématiques ne peuvent pas faire bon ménage avec la physique ; autrement dit, il n'y a pas de place, selon Aristote, pour une physique mathématisée. On sait que, bien plus tard, aux XVIIe et XVIIIe siècles, l'essor de la physique classique se fera grâce au succès de la thèse inverse.

Archimède : eurêka !

Beaucoup d'historiens voient en Archimède (v. 287-212) le plus grand savant de l'Antiquité ; il ne fait pas de doute qu'il serait sur une des marches du podium si un classement de ce type existait. Il intervient en mathématiques, en astronomie, en optique, en mécanique, et une bonne partie de ses œuvres nous est parvenue, circonstance qui contribue évidemment à une grande renommée.

Mécanique et géométrie font bon ménage

L'optique et l'astronomie, chacun le sait dans la Grèce classique, s'arrangent fort bien avec la géométrie et la théorie des proportions ; leurs objets (rayon de lumière ou astres) ont quelque chose d'idéal et parfait qui explique cette proximité. Il n'en va pas de même avec les objets ordinaires « autour de nous ». C'est une des thèses fortes d'Aristote. L'œuvre d'Archimède est une manière de démenti opposé à cette idée de l'inadéquation des mathématiques à la physique. Il va montrer que la mécanique permet des applications rigoureuses et performantes des mathématiques au monde matériel.

« Donnez-moi un levier, je soulèverai le monde »

Le principe du *donnez-moi un levier, je soulèverai le monde,* qui est celui de l'équilibre de la balance, énonce que deux poids M et m équilibrent une balance autour d'un point fixe A, lorsque les distances L et l qui les séparent de l'axe sont inversement proportionnelles au poids (voir Figure 4-1).

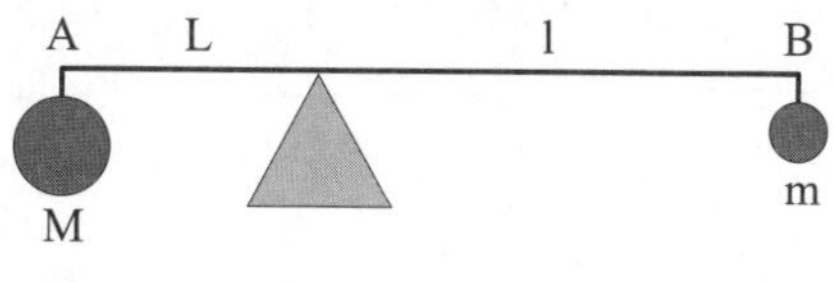

Figure 4-1 : L'équilibre de la balance.

Si M est triple de m, la distance L doit être trois fois moindre que l pour qu'il y ait équilibre. Une formule mathématico-physique généralise ce résultat : $\frac{M}{m} = \frac{l}{L}$. Dans ces conditions, avec un levier très long, on peut – théoriquement – soulever un poids très grand (le monde pourquoi pas) si l'on a un point fixe.

Il faut cependant reconnaître que, dans ce domaine strict que l'on nomme la statique, Archimède ne produit pas de résultats bien nouveaux par rapport à ceux qu'avaient énoncés Aristote dans un traité trop peu pris en compte, *Les Mécaniques.* Il est vrai que l'auteur n'en est peut-être pas Aristote lui-même mais un de ses disciples, Straton de Lampsaque probablement.

Le principe des corps immergés

N'OUBLIEZ PAS !

Eurêka ! Nous avons tous en tête l'anecdote plaisante du savant se précipitant hors de son bain en criant victoire. Elle doit être fausse, mais l'invention du principe ne l'est pas. Le traité *Sur les corps flottants* constitue l'acte de naissance de l'hydrostatique et – dès le début – conduit loin cette discipline. Archimède pose deux principes qu'il donne pour *expérimentaux,* ce qui peut laisser perplexe. Selon le premier, la pression dans un fluide est déterminée par le poids de la colonne verticale au-dessus de la surface pressée. Le second dit que la force de pression s'exerce perpendiculairement vers le centre de gravité. Telle est l'origine de la célèbre proposition « tout corps plongé dans l'eau est poussé vers le haut avec une force égale au poids du fluide déplacé ».

ANECDOTE

Archimède et l'orfèvre tricheur

Le roi Hiéron de Syracuse commanda une couronne d'or à un orfèvre local et – l'histoire ne dit pas comment ni pourquoi – l'orfèvre fut soupçonné de fraude ; Archimède fut mandé comme expert. Selon une première version, simple mais irréaliste, Archimède aurait immergé une masse d'or égale à la masse de la couronne. L'eau déborda… il ôta l'or et immergea la couronne. Si elle avait été de même densité que l'or, elle eût occupé le même volume et de l'eau supplémentaire n'eût pas débordé… Hélas pour l'orfèvre, tel ne fut pas le cas : le volume était supérieur et donc, la densité moindre : il y avait de l'argent ou un autre vil métal. Double ennui de cette version : elle est pratiquement irréalisable tant la variation d'eau devait être faible et troublée par ces deux ou trois immersions (avec des gouttelettes accrochées par exemple) ; surtout, elle n'emploie en rien le principe d'Archimède.

La bonne version est peut-être la suivante : Archimède prend une balance précise et équilibre la couronne et une quantité d'or. Il immerge alors le tout (la balance en équilibre, la couronne et l'or) : s'il n'y a pas de fraude, l'équilibre est maintenu ; dans le cas contraire, la poussée est supérieure du côté plus léger et l'équilibre est rompu… ce qui se voit.

On ne sait ce qu'il advint de l'orfèvre.

Les miroirs pour brûler les navires de guerre ?

Aristote a-t-il ou non incendié des vaisseaux de guerre romains lors du siège de la ville ? Presque certainement non ! Des étudiants du très sérieux Massachusetts Institute of Technology américain ont reproduit l'expérience en 2005 ; avec des miroirs de bronze et un navire situé à plus de 20 mètres, point d'incendie… et encore le navire ne bougeait-il pas. Cependant, avec des miroirs plus modernes, ils parvinrent à mettre le feu à un navire très sec et immobile. L'intérêt scientifique principal de cela est dans la maîtrise de la loi d'optique géométrique qu'exploite et que connaît Archimède : si l'on envoie des rayons lumineux parallèles sur un miroir parabolique, la surface en question les détourne de telle sorte qu'ils convergent tous en un point appelé foyer… où il doit effectivement faire chaud ! (Voir Figure 4-2.)

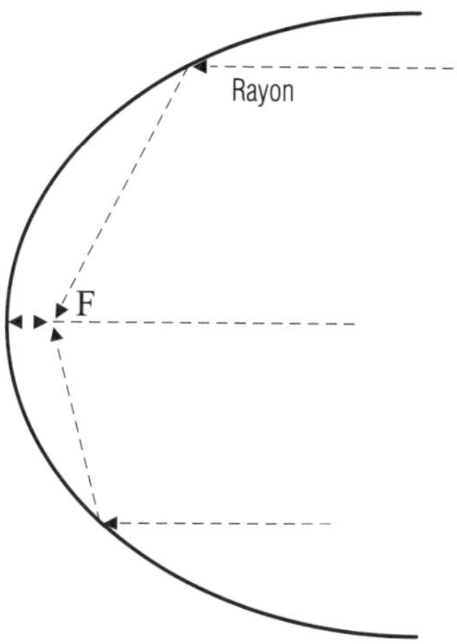

Figure 4-2 : Les rayons convergent vers le foyer.

Chapitre 5

Les sciences du vivant, la naissance, la vie et la mort

Dans ce chapitre :

- En quoi consiste la vie ?
- Aristote et les débuts de la biologie
- En médecine, les écoles se font concurrence

L'hommage que Charles Darwin, l'inventeur de la théorie de l'évolution, rend à Aristote est impressionnant : « Linné et Cuvier ont été mes divinités, écrit-il, mais ce ne sont que de simples écoliers en comparaison du vieil Aristote. » Celui-ci peut en effet être reconnu comme le fondateur des *sciences naturelles* dans notre culture gréco-arabo-latine. Ce qui a souvent séduit dans cette partie de l'œuvre aristotélicienne est la constitution d'une science à partir de l'observation du monde sensible, à partir d'une véritable enquête de terrain.

Qu'est-ce qui fait un être vivant ?

Qu'est-ce que la *vie* ? Qu'est-ce qui fait qu'un être vivant est vivant ? S'il existait une réponse claire à cette interrogation, ça se saurait ! Les Anciens ont étudié la chose : la doctrine de Platon était celle des âmes séparées, qui existent avant d'habiter notre corps et lui survivent, rendant possible le processus de réincarnation, mais elle n'a pas convaincu Aristote, qui conteste vigoureusement la théorie de son maître.

La vie et l'âme

Pour expliquer la vie des « êtres animés » (plantes et animaux), Aristote se tient à l'écart de deux positions « simples » : la doctrine platonicienne des âmes séparées et une autre selon laquelle la vie résulterait de l'arrangement des organes matériels : elle serait une combinaison mécanique d'éléments.

Pour lui, la matière, en elle-même, est incapable de s'animer, de devenir vivante. Il y faut quelque chose de plus, un principe vital qu'il baptise *eidos*. Cette sorte d'*âme* est pour le corps tout entier comme la vue pour l'œil ; elle est une fonction vitale qui disparaît quand l'être vivant meurt. L'âme animale est l'ensemble des facultés qui font qu'un corps matériel convenablement disposé peut marcher, respirer, se reproduire, agir sur son milieu.

Un des principaux biologistes du XXe siècle, Ernst Mayr – emporté par son admiration enthousiaste – reconnaît dans l'*eidos* d'Aristote un équivalent au programme génétique de la science moderne.

Selon Aristote, il existe encore une autre sorte d'âme, l'intellect, qui n'appartient qu'aux humains, mais cela est une autre histoire, plus théologique que biologique. Toujours d'après le philosophe de Stagire, on doit admettre un « étage inférieur » de l'âme, l'*âme végétative,* commune aux animaux et aux plantes.

Le pneuma, souffle vital, formidable joker

Une théorie de la vie, ou plutôt un terme pour la désigner, a eu un énorme succès, c'est la théorie *pneumatique* ou du *pneuma,* souvent traduit par *souffle vital.* Sous une forme ou une autre, le pneuma est enrôlé sous leur propre bannière tant par les atomistes comme le médecin Érasistrate que par les stoïciens, les aristotéliciens ou les platoniciens comme Galien. On constate que le pneuma sert de « joker » à tous et à chacun : il est à la fois substance matérielle très subtile et principe spirituel. Il est diffus dans l'air et anime les vivants. Des théories raffinées du souffle pneumatique sont proposées. Il y aurait deux types de pneumas (et même trois chez Galien) : le pneuma vital, passant par les poumons, agit dans le ventricule du cœur, qui le propulse vers le cerveau en le transformant en *pneuma psychique* capable de circuler par le système nerveux jusqu'aux confins du corps et d'assurer la perception et le mouvement. Il serait puéril de se moquer de ce genre de constructions théoriques (qui sait ce qui pourra se dire de nos chromosomes, gènes et big bang dans mille ans ?) ; d'autant que leur développement permit et stimula l'étude des mouvements du sang, du fonctionnement des nerfs, etc.

Classification des espèces : l'enquête d'Aristote

On connaît une Histoire des animaux d'Aristote et on sait qu'il y eut aussi une Histoire des plantes, perdue. Si on y ajoute les traités probables intitulés *Les Parties des animaux, La Génération des animaux, Le Mouvement des animaux, La Marche des animaux,* on conviendra que l'œuvre zoologique et botanique est considérable. Aristote traite d'anatomie comparée, des fonctions de reproduction, de locomotion, de sensation à partir de sources variées : témoignages des éleveurs, littérature médicale, récits de voyageurs, etc. S'appuyant le plus possible sur des observations personnelles, il s'intéresse aux mœurs des animaux, à l'influence des climats, de leurs habitats, de leurs maladies.

Les animaux : sang chaud ou sang froid

Aristote commence par repérer les *parties communes* à tous les animaux, à savoir une partie pour prendre la nourriture, l'autre pour l'excrétion. Il choisit ensuite des critères hiérarchisés pour rendre compte du monde animal ; la classification zoologique réalisée est remarquable. Il décrit 495 espèces dont 60 de mammifères et 160 d'oiseaux. Sa classification des vertébrés soutient la comparaison avec celle que Linné mettra au point deux mille ans plus tard, et Cuvier – toujours prêt à rabaisser l'œuvre de Linné – dira même qu'« Aristote établit une classification zoologique qui n'a laissé que bien peu de chose à faire aux siècles qui sont venus après lui. Ses grandes divisions et subdivisions du règne animal sont étonnantes de précision et ont presque toutes résisté aux acquisitions postérieures de la science. »

Le principe adopté pour son arbre zoologique est le principe de *dichotomie* (un partage en deux que l'on répète, d'étape en étape) : ainsi commence-t-il en partageant la faune entre « animaux à sang chaud » et « animaux n'ayant pas de sang chaud » ; chacune de ces deux catégories est alors partagée dans une seconde étape : « animaux vivipares » ou « animaux ovipares » ; à l'étape suivante, « animaux à poil » et « animaux sans poils », une concordance apparaît que remarque Aristote : les animaux à poil sont vivipares. La dichotomie se poursuit avec les animaux pourvus de pieds et les animaux sans pieds… viennent ensuite les critères de locomotion.

Cette méthode présente de gros inconvénients car elle éloigne des espèces qui auraient dû être proches et elle ne montre pas bien les communications entre espèces. Sa classification est donc formelle et donne une forte impression d'arbitraire. Aristote sait pourtant donner une grande place aux résultats d'observation et distinguer les groupes grâce à la ressemblance des formes des organes et les analogies morphologiques d'ensemble : il est le premier à reconnaître l'analogie entre les poumons et les branchies. Dans *La Génération des animaux,* il étudie aussi les sexes, les types d'accouplement, la fécondation, l'hérédité, les soins donnés aux jeunes.

Aristote défend l'idée d'une nature organisatrice qui cherche à réaliser la perfection ; ainsi, la nature attribue toujours aux animaux des organes dont ils sont capables de se servir, car elle ne fait rien en vain ni de façon superflue.

Préformation, épigenèse et parties des animaux

Une controverse de deux mille ans fut entretenue, sinon inaugurée, par Aristote : les uns, à la suite d'Hippocrate, pensaient que les animaux sont complètement préformés dans la semence parentale. Contre eux, il défend l'idée d'une formation progressive des organes au cours du développement embryonnaire et donc de l'édification graduelle du fœtus ; c'est la théorie de l'*épigenèse.* Aristote pense la nature à la fois comme parfaite et comme « bricoleuse », ce qui est sans doute difficile à concilier mais offre un cadre de pensée très riche et très souple. La nature en général, c'est-à-dire le monde, est éternelle et parfaite ; disons plutôt qu'elle tend à la perfection. Cela est surtout vrai dans notre monde terrestre, où les choses naissent, se développent, vieillissent et meurent ; la nature arrange la matière pour qu'elle adopte des formes de mieux en mieux : les parties des animaux se font ainsi, elles ne sont pas préformées une fois pour toutes. Ainsi les grands animaux ont beaucoup de matière *terreuse* (c'est-à-dire différente du feu, de l'air et de l'eau) ; la nature en profite pour les doter de cornes afin qu'ils se défendent. La matière n'étant pas illimitée, il peut en manquer pour faire suffisamment de dents ; mais alors, il faut arranger le système digestif de façon à pouvoir ingérer des aliments insuffisamment mastiqués ; voici pourquoi de grands animaux ruminants ont plusieurs estomacs.

Le naturaliste Pline l'Ancien meurt de curiosité

La curiosité scientifique peut être mortelle. Pline commande la flotte romaine de Misène en l'an 79 lorsque – aperçu de sa villa – le spectacle du Vésuve en pleine éruption lui fait perdre toute prudence. Il commande de mettre une galère à la mer et se dirige vers le volcan déchaîné. Il veut alors secourir un ami dont la maison est proche de la catastrophe, dans le village de Stabia. Pline s'attarde, fait prendre des notes sur l'extraordinaire phénomène qui est en train de calciner Pompéi et Herculanum et ne se décide pas à prendre la fuite à temps, comme font ses amis. Il meurt étouffé par les vapeurs et les cendres. On trouvera son cadavre le lendemain ; « Son apparence était plutôt celle d'une personne qui se repose que d'un mort », écrit son neveu Pline le Jeune dans la lettre à Tacite où il lui fait le récit de la mort de l'oncle illustre.

Le cas de Pline est d'autant plus remarquable qu'il est rare dans l'histoire romaine, où l'on rencontre peu de grands savants. Pline l'Ancien est aussi général, politicien, écrivain, philosophe, historien. On ne saurait porter à son actif une découverte ou théorie originale et pourtant, il compte en histoire des sciences. Il est de ceux qui, grands témoins des idées de leur temps, savent en dresser un tableau général, une sorte d'état des lieux nécessaire pour aller de l'avant et utile à la compréhension des développements de la science. Son immense *Histoire naturelle* en 37 tomes est une référence pour les quinze siècles suivants, tant chez les savants de langue arabe que latine. On en a surtout retenu les exposés concernant la botanique et la zoologie, mais on y trouve bien davantage, une véritable encyclopédie du savoir gréco-romain au début de notre ère. Pline commence par un exposé d'astronomie, avec les thèses sur le système du monde ; il continue avec la physique à partir de la théorie des éléments. L'étude de la Terre, de la géographie, de la formation des océans et des montagnes vient ensuite.

L'histoire naturelle occupe la majeure partie du traité, avec une reprise de la classification d'Aristote (même nombre d'espèces animales décrites, 494, mais réparties très différemment, 160 oiseaux chez Aristote, seulement 120 chez Pline). Pourtant, il est difficile de nier une certaine régression d'Aristote à Pline : l'enquête et les sources sont moins personnelles et moins critiques chez le Romain ; il prend plaisir à transcrire aussi bien les témoignages fantaisistes sur les êtres fabuleux aperçus aux quatre coins de l'empire, ce que refusait Aristote. Dans la partie botanique, Pline inaugure ou poursuit une tradition qui sera déterminante dans les siècles à venir : les plantes sont étudiées en fonction de leur usage agricole, culinaire et curatif. Il s'agit d'une sorte de classification *anthropocentriste* ou *domestique* des végétaux. L'encyclopédie de Pline trôna dans toutes les bibliothèques du monde arabo-latin pendant mille cinq cents ans.

ANECDOTE

Le grand herbier de Dioscoride

Les médecins militaires ont fourni de solides régiments de savants. Souvent voyageurs, observateurs, parfois confrontés à des situations nouvelles, ils furent de bons pourvoyeurs de faits nouveaux (et parfois même de théories nouvelles) en sciences. Dioscoride d'Anazarbe a ainsi réuni un splendide herbier qui fut très en vogue jusqu'à la fin de la Renaissance : plus de 600 plantes sont dessinées, décrites et classées. C'est davantage que ne fit Théophraste, le successeur d'Aristote. Le classement est sans grande surprise ni grande fertilité, organisé selon des critères pharmacologiques et utilitaires, mais la précision de l'enquête fait de son herbier un outil qui fut en général jugé supérieur à celui de Pline l'Ancien.

L'échelle des êtres

Une autre controverse, celle de la *continuité des êtres dans la nature,* fournit à Aristote l'occasion d'une nette prise de position au terme d'une argumentation efficace, de telle façon qu'il s'impose comme un des principaux (voire le principal) inventeur de la *théorie de la chaîne continue des êtres.* Y a-t-il, dans la nature, une succession nettement différenciée entre les êtres ou à l'inverse une continuité qui rend très indécises les frontières entre les règnes, les genres, les espèces ? Telle est l'alternative.

Aristote souligne dans *Histoire des animaux* l'imprécision des possibles distinctions entre espèces. Ou encore, comment savoir si le corail est un minéral, un végétal ou un animal ? Vieille question renouvelée périodiquement par la découverte d'êtres problématiques, comme l'anémone de mer ou le polype d'eau douce. De l'huître à la baleine s'intercalent une infinité d'êtres variés en forme, en organisation et en taille. Pour Aristote, « la nature passe petit à petit des êtres inanimés aux êtres doués de vie, si bien que cette continuité empêche d'apercevoir la frontière qui les sépare, et qu'on ne sait auquel des deux groupes appartient la forme intermédiaire ».

La séparation entre l'homme et les animaux supérieurs est délicate. « L'homme est un animal théorique », enseigne Aristote ; ce qui veut d'abord dire qu'il est un animal doté, comme lui, de sens qui lui permettent de faire de multiples expériences et d'en tirer des leçons pour vivre dans la nature. L'homme se distingue des animaux notamment en ceci qu'il dispose d'une mémoire supérieure qui lui permet de rassembler des souvenirs variés d'expériences faites à des moments éloignés pour en faire une notion unique, grâce notamment au langage.

Les Asclépiades descendent des dieux

En Grèce ancienne, on est médecin de père en fils, ou en fille, même si c'était plus rare. Hippocrate, le plus fameux des médecins dans toute l'histoire de cette discipline, ne fait pas exception à la règle. Sa célébrité universelle est due au « serment » qui porte son nom et que doivent prêter les jeunes médecins embrassant la carrière. Ce Grec du Ve siècle avant J.-C. est fils de médecin et petit-fils de médecin. Ses deux fils sont médecins et enseignent à leur tour la médecine à leurs enfants. On s'est d'ailleurs souvent demandé pourquoi Aristote ne fut pas médecin, lui dont le père et la mère l'étaient. On disait de ces médecins ou de ces dynasties médicales qu'ils étaient des *Asclépiades,* des descendants du dieu de la Médecine Asclépios. Cette filiation étant, comme toujours, compliquée par la cohabitation de deux fils qu'aurait eus Asclépios et qui entrèrent en compétition, créant de la sorte des écoles médicales concurrentes.

Hippocrate et le pronostic

S'il faut juger la valeur de la médecine hippocratique d'après la résistance de son auteur, elle dut être excellente puisque Hippocrate, né dans l'île de Cos, vécut, selon les témoignages, entre 85 et 109 ans, au temps de Périclès ! Hippocrate, c'est en fait toute une école, celle dite « de Cos ». Un premier caractère de cette école est son ouverture d'esprit. Traditionnellement, les médecins étaient d'une même famille, or, Hippocrate accepte d'enseigner l'art de guérir – moyennant finances – à des disciples extérieurs. L'autre explication de la notoriété extraordinaire d'Hippocrate est que nous disposons d'un important ensemble de textes, de fiches, de traités du maître ou de ses émules. Ayant d'abord étudié et exercé dans sa ville, Hippocrate parcourt la Grèce avec famille et disciples ; c'est nécessaire si l'on veut acquérir une grande renommée. La sienne fut considérable de son vivant : Platon parle de lui, Aristote le mentionne ; le roi des Perses, Artaxerxès Ier lui fait un pont d'or pour qu'il vienne soigner les épidémies dans son royaume, ce que refuse Hippocrate pour ne pas se mettre au service des ennemis des Grecs.

La folie de Démocrite

On raconte que les habitants d'Abdère, où vivait le philosophe Démocrite, firent appel à Hippocrate car ils s'inquiétaient de la santé mentale de celui-là : il riait trop et trop souvent pour ne pas être fou. Hippocrate, ayant examiné son illustre patient, en aurait conclu que son rire, loin d'être un symptôme de folie, portait plutôt témoignage de la sagesse du philosophe.

Hippocrate développe une médecine qui délaisse la nature supposée divine de la maladie et de son traitement : non seulement les praticiens ne doivent pas forcément être des descendants du dieu Asclépios, mais l'origine surnaturelle de la maladie est contestée : le cas le plus connu concerne la *maladie sacrée,* comme on appelait alors l'épilepsie ; Hippocrate la considère comme une maladie aussi naturelle que les autres. De manière générale, les médecines magiques ou religieuses sont combattues dans son école.

On dispose de témoignages précis d'interventions chirurgicales, de trépanations et de réductions de fractures en particulier. Trois traits caractéristiques du *médecin hippocratique* ressortent nettement. D'abord l'observation du malade et de la maladie. Certains aspects de cette étape témoignent d'une grande ignorance de l'anatomie : la distinction des artères et des veines n'est pas faite, pas davantage que celle des tendons et des nerfs ; le rôle du cœur n'est pas du tout assuré. Il est de fait que l'anatomie intérieure du corps humain est extrêmement déficiente. À côté de cela, des observations d'une grande finesse et précisions sont à mettre à l'actif d'Hippocrate : l'auscultation directe des bruits de respiration, l'examen du teint, de l'éclat des yeux et des traits du malade. La description du *faciès hippocratique* est restée célèbre, dans laquelle le médecin repérait l'approche du décès du patient. L'observation était suivie du *pronostic,* moment crucial où le praticien engageait sa réputation. Un autre trait caractéristique de la médecine hippocratique concerne les traitements. Le médecin peut prescrire des *évacuants* (médicaments comme la décoction d'orge permettant d'évacuer la maladie, ses causes ou ses effets), des incisions comme la saignée, des cautérisations pour stopper les hémorragies ou les infections (en général, elles étaient faites par le feu) et aussi des régimes alimentaires ou d'hygiène de vie en général. Le troisième trait caractéristique tient au fait que le médecin hippocratique est non seulement un praticien, mais aussi un théoricien. Contre les charlatans qui se mêlent de médecine, il doit s'appuyer sur la connaissance des lois générales de la nature pour comprendre la santé et la maladie. Les théories physiques concernant les éléments primordiaux, comme le feu, l'air, l'eau et l'air ou les qualités premières comme le sec, l'humide, le froid et le chaud sont au programme de la formation médicale. Une thèse forte soutient que l'homme, constitué de ces éléments primordiaux, est une image, un microcosme, de l'Univers tout entier, le macrocosme. La *théorie des quatre humeurs* appartient à ce genre de spéculation mais il semble qu'elle ne soit apparue que dans un texte du gendre d'Hippocrate.

La pensée d'Hippocrate exerça une immense influence sur la médecine pendant vingt siècles, admirée ou critiquée, mais toujours source d'inspiration.

La guerre des écoles

L'histoire de la médecine est nettement marquée par des rivalités d'école dont les raisons semblent variées. Il peut s'agir d'oppositions théoriques ou doctrinales, comme celle qui dresse (à partir du IIe siècle apr. J.-C.) les médecins atomistes partisans de Démocrite, contre les galénistes, convaincus de la continuité de la matière ; un fort antagonisme sépare l'école de Cnide et l'école de Cos (Ve siècle av. J.-C.) ; les premiers sont plus empiriques et expérimentateurs, les seconds, plus théoriciens et philosophes. Mais dans bien des cas, les oppositions sont plus difficiles à comprendre. L'explication peut être la continuation d'une rivalité née en d'autres temps et d'autres lieux ; tel est le cas avec la très rude compétition qui oppose les deux écoles d'Alexandrie au IIIe siècle avant J.-C. Hérophile avait été formé à Cos, Érasistrate, à Cnide ; lorsque l'un et l'autre s'installent à Alexandrie, paradis des sciences en général et de la médecine en particulier, ils y transposent l'ancienne opposition. Cela devait bien recouvrir aussi une prosaïque concurrence d'influence et de clientèle. L'un comme l'autre pratiquent la dissection (la vivisection, a-t-on même soutenu).

La diversité des doctrines et des pratiques médicales de l'Antiquité hellénistique et romaine se retrouve dans le catalogue de noms d'écoles qui nous sont connues : on a gardé le souvenir des écoles empirique, méthodique, dogmatique, pneumatique, éclectique, atomistique, etc.

Galien, médecin des gladiateurs et des empereurs

Avec Hippocrate, Galien (v. 131-v. 201) est l'autre géant de la médecine de l'Antiquité. Grec lui aussi, il vécut cependant surtout à Rome, à une époque où celle-ci dominait le monde et donc la Grèce. Il est médecin des gladiateurs de Pergame, sa ville natale, située dans la Turquie actuelle, puis de l'élite romaine, y compris l'empereur Marc Aurèle et son sinistre fils Commode le mal nommé. Son œuvre est énorme, plusieurs centaines d'ouvrages où il traite de médecine bien sûr, mais aussi de philosophie, d'histoire et de littérature. Jeune, il se rend à Alexandrie, où l'on peut étudier des squelettes humains. On dit qu'il emploie jusqu'à 20 scribes pour transcrire ses paroles.

Sa fidélité intellectuelle à Hippocrate est sans faille et le pousse même à défendre mordicus que l'anatomie hippocratique est une source infaillible de vérité.

Galien considère qu'il ne peut y avoir de science sans théorie et, en ce sens, il n'est pas un empiriste. Des questions générales doivent être résolues pour fonder la médecine, et d'abord celle-ci : de quoi sont faits les êtres vivants et qu'est-ce qui leur donne vie ? Comme tout ce qui existe dans le monde sublunaire, répond Galien, les corps sont constitués des quatre éléments : feu, air, eau et terre. Ceux-ci y sont à l'état de mélange selon les organes et leurs fonctions ; outre cela, quatre humeurs règlent le fonctionnement des organismes : ces mélanges de qualités primordiales sont appelés la bile noire, la bile jaune, le phlegme et le sang. Tout cela est animé, c'est-à-dire rendu vivant, puis maintenu dans cet état par un souffle, ou *chaleur innée,* qu'il nomme pneuma.

À partir de cet arsenal théorique, Galien définit la bonne santé comme un équilibre des humeurs et la maladie comme un déséquilibre, un trop-plein ou un manque de l'une ou l'autre. Le médecin doit donc systématiquement chercher à rétablir cet équilibre, cette harmonie des humeurs lorsqu'il est rompu. Il existe une seule autre origine possible des pathologies : la rupture de la continuité des organes, comme dans le cas des fractures, blessures ou brûlures.

Il y a donc le Galien théoricien, mais aussi le Galien praticien… et quel praticien ! Il pousse aussi loin que possible l'étude anatomique, se référant à Hippocrate, mais observant et expérimentant lui-même : il multiplie les dissections mais, ne pouvant le faire sur des corps humains, il met les animaux à contribution, parfois morts, d'autres fois vifs. Les porcs, les singes, et même les éléphants, dit-on. Sur eux, il fait de nombreuses expérimentations, compressant un organe, ligaturant une artère, sectionnant des nerfs, etc. Ses apports sont considérables, sur l'utérus féminin par exemple, sur la responsabilité du cerveau dans le mouvement et dans les sensations. Il distingue le sang veineux et artériel, mais pense que le premier vient du foie et le second, du cœur. Il situe dans les poumons le lieu d'activation du pneuma, le souffle vital. Face à un dysfonctionnement, Galien cherche la cause quand bien même elle semble lointaine ; ainsi connaît-il un beau succès lorsqu'il guérit un patient paralysé des doigts en intervenant sur sa colonne vertébrale. Il s'aventure à pratiquer la chirurgie du cerveau et de l'œil (opération de la cataracte, avec une simple aiguille). Il se prend parfois lui-même pour cobaye, par exemple en se brûlant la peau à divers endroits pour comparer l'efficacité des médicaments qu'il veut tester.

L'autorité de Galien fut immense, au point que certaines « erreurs » ou « fausses pistes » devinrent des vérités que les successeurs eurent le plus grand mal à réfuter : la communication directe qu'il avait cru repérer entre les ventricules droit et gauche du cœur en est le meilleur exemple.

Galien accorde une place considérable à la pharmacopée, à base de plantes, mais aussi de produits variés comme des excréments. Le critère principal qu'il adopte pour sélectionner les médicaments est la pratique, l'examen des effets concrets ; il s'appuie sur ses propres expériences mais aussi sur les traditions, les récits, les usages populaires. Sans doute est-ce d'ailleurs cet aspect de son activité médicale qui a le plus fait pour la diffusion du *galénisme.* Cette œuvre immense a irrigué le monde arabe, où elle fut traduite, commentée, exploitée, puis le monde latin, dans lequel le galénisme resta la doctrine médicale dominante jusqu'au XVIe ou XVIIe siècle.

La souveraine thériaque

Ce médicament souverain contre les empoisonnements, essentiellement venimeux, a traversé les siècles. On dit qu'il fut utilisé par Mithridate. La formule de Galien contient 70 ingrédients, dont la chair de vipère. La thériaque était encore usitée au XIXe siècle, époque au cours de laquelle on retira de la recette les rondelles de vipère.

Deuxième partie

Les sciences au Moyen Âge

Dans cette partie…

Cette partie a un objectif central : réfuter l'idée reçue selon laquelle le Moyen Âge est une époque de ténèbres et d'ignorance. Bien entendu, les sciences ne ressemblent pas à ce qu'elles sont aujourd'hui ; bien sûr, cette longue période est troublée, pleine de ruptures et d'affrontements souvent défavorables au développement des activités savantes. Enfin, il est vrai que les préoccupations religieuses et théologiques presque omniprésentes entravent en bien des occasions la liberté de pensée et l'audace intellectuelle. Cependant, que ce soit dans les pays de langue arabe ou perse, puis dans les pays où les lettrés utilisent le latin, ou – à un moindre degré – dans l'Empire byzantin, les découvertes en mathématiques, en astronomie, en botanique, en médecine sont considérables. Les héritages des sciences du Moyen Âge se reconnaissent dans tous les secteurs de l'activité scientifique ultérieure, à la Renaissance comme à l'âge classique.

Chapitre 6

Les Moyen Âge arabe et latin

Dans ce chapitre :

- Quand commence et finit le Moyen Âge ?
- La période faste du monde arabo-musulman
- L'Occident latin se lance dans l'aventure scientifique
- À Byzance, les sciences cherchent leur place

Le rythme de l'histoire, et donc celui de l'histoire des sciences, n'est pas régulier. Ainsi, la seconde partie de ce livre s'étend sur mille ans quand d'autres couvrent un ou deux siècles (les Lumières, l'époque contemporaine). Cette extension du Moyen Âge dans le temps se double d'une très vaste extension géographique. Les sciences du Moyen Âge ne peuvent pas être circonscrites à une petite zone géographique : elles se déploient tout autour de la Méditerranée, dans tout le Moyen-Orient, la Perse, une partie de l'Asie Mineure et tout l'Occident latin.

Fixer des bornes

Selon les domaines, les bornes historiques du Moyen Âge sont variables. Les historiens « généralistes » donnent souvent pour début la chute de Rome en 476 et pour fin, la prise de Constantinople par les Turcs en 1453. La tradition littéraire romane donne volontiers la fin du IXe siècle pour point de départ et l'étend jusqu'à l'extrême fin du XVe siècle. En histoire des sciences, le choix le plus raisonnable semble être le suivant : au Ve siècle, les grandes invasions venues de l'est détruisent l'organisation et les institutions de la science hellène. Au VIe siècle, l'empereur Justinien et certaines autorités chrétiennes décident d'éradiquer la philosophie païenne et ferment l'école d'Athènes. Avant de voir qu'une période nouvelle et fertile s'ouvre, on constate qu'à l'évidence, une période se clôt. Prenons donc ceci comme point de départ. Pour repérer la fin du Moyen Âge scientifique, les difficultés sont plus grandes. En effet, il n'y a pas d'événement scientifique évident ou indiscutable qui permettrait de reconnaître la fin d'une période, d'une phase de civilisation ou le début d'une autre. Cependant, on choisira ici de clore le Moyen Âge vers le milieu du XVe siècle pour trois raisons : la ruine de l'Empire byzantin en 1453, qui marque nettement la fin d'une grande période gréco-chrétienne; ensuite, le déclin spectaculaire de la production scientifique et philosophique des pays d'islam, qui est confirmé au XVe siècle; enfin, il y a, à la fin du XVe siècle, un moment d'inflexion, d'accélération et d'amélioration des conditions de l'exercice de la science et un accroissement de la production des idées et théories dans le monde latin occidental. Inutile de nier que cette frontière, assez arbitraire, ne satisfait pas certains historiens et qu'il reste difficile, dans bien des cas, de déterminer si tel ou tel savant est ou n'est pas un médiéval.

Trois Moyen Âge

Comme on va le voir, il y a trois ensembles géographiques dans ce Moyen Âge scientifique, avec trois langues hégémoniques et trois périodes nettement repérables. Il y a un Moyen Âge « arabe » du Ve ou VIe siècle jusqu'au XIIIe ou XIVe siècle, où son déclin est consommé; il y a un Moyen Âge latin qui, du point de vue scientifique, est en essor à partir du XIe ou XIIe siècle jusqu'à la date que l'on a choisie pour clore le Moyen Âge, et il y a un Moyen Âge byzantin ou grec qui va du IVe au XVe siècle, recouvrant ou accompagnant ainsi les deux premiers.

C'est par abus de langage et commodité que l'on parle de Moyen Âge arabe : en effet, les Perses, les Turcs, les Berbères, les Égyptiens, les Andalous sont inclus dans cet ensemble alors qu'ils ne sont pas arabes; de même pour les juifs ou les chrétiens qui travaillèrent sous les califes. Mais la langue arabe unifie ces peuples divers; la science et la philosophie sont presque entièrement produites en arabe, de Tabriz à Cordoue. L'islam est évidemment, à partir du VIIe siècle, une référence commune dans cet ensemble, soit comme facteur de discorde, de guerre et de ségrégation, soit comme force unificatrice capable d'organiser la cohabitation intellectuelle avec les juifs et les chrétiens de ces régions. Le Moyen Âge latin concerne géographiquement les États chrétiens « romains », de l'Irlande au sud de l'Italie et au sud de l'Espagne au fur et à mesure de la Reconquista; vers l'est, on ira jusqu'en Pologne et aux frontières de l'Empire byzantin. Là encore, les oppositions internes sont vives et souvent guerrières. Cependant, une langue commune aux lettrés, le latin, unifie largement les développements scientifiques et permet aux idées de circuler, d'être commentées, critiquées, améliorées. Le « Moyen Âge » byzantin est une notion un peu impropre puisqu'elle recouvre en fait l'entièreté de l'existence de cet empire.

Les caricatures médiévales

Reste à justifier que mille ans ne soient traités qu'en une seule partie dans cette histoire. La première raison est de bon sens : le rythme, l'intensité, le flux des découvertes scientifiques et des suggestions théoriques ne sont pas aussi soutenus qu'aux siècles qui suivent, où ils prennent une allure impétueuse. Mais il y a une autre explication : le Moyen Âge a été tenu longtemps par les Occidentaux pour une période de ténèbres pour la raison, d'obscurité et de barbarie. Telle est l'image que nous en a donnée le Siècle des lumières et qu'a renforcée le XIXe siècle. Les citations sont légion où l'on apprend que les médiévaux sont coupables d'« une pratique barbare de la science », que les érudits d'alors « s'appliquent à des études pires que l'ignorance ». On s'apitoie sur le sort « d'un esprit raisonnable obligé de lire les 21 *in-folio* incompréhensibles d'Albert Le Grand ». Deux arguments principaux alimentent ce jugement : le premier est que le Moyen Âge serait arabisé et que cette influence arabe aurait corrompu, stérilisé, enlaidi la pensée et paralysé la science. Le second est que le Moyen Âge, tant arabe que latin ou byzantin, fut immergé dans la théologie, dans l'un ou l'autre des grands monothéismes. Cette immersion aurait mis les sciences sous la dépendance de la révélation divine et des dogmes des Églises, les condamnant à l'impuissance et à la stagnation.

Ces jugements ont été très largement réfutés, et les études médiévales du XXe siècle ont apporté une moisson extraordinaire de découvertes de théories et d'inventions scientifiques médiévales. La partie de cette histoire des sciences consacrée au Moyen Âge devrait contribuer à en porter témoignage.

Le monde « arabe »

Alors que l'Occident chrétien connaît une longue période de stérilité philosophique et scientifique, les pays de langue arabe sont le théâtre d'une « transition des études » complexe mais très puissante. L'immense réservoir de connaissances mathématiques, astronomiques, physiques, médicales du monde hellénique va nourrir l'activité intellectuelle des savants « arabes », activité d'une magnifique fertilité durant environ sept siècles. Il y a trois voies principales de cette « transition » ou « appropriation » : une première qui conduit d'Athènes vers la Perse et de la Perse vers Harran, une deuxième d'Alexandrie vers les monastères chrétiens du Moyen-Orient et une troisième d'Alexandrie vers la Syrie et Bagdad. Ensuite, ces savoirs se répandent et se transforment à travers l'ensemble des empires du monde musulman, de Bagdad à Cordoue.

Le mécénat à grande échelle

Les grandes dynasties qui se succèdent, dirigeant tout ou partie du monde arabo-musulman, sont principalement les Omeyyades, les Abbassides, les Seljukides, les Almohades, les Ayyubides et les Mongols. D'une façon ou d'une autre, elles favorisent ou permettent le développement des activités scientifiques. De grandes bibliothèques voient le jour dès le VIIe siècle, les importantes traductions des textes grecs, persans, syriaques commencent sous les Omeyyades. La forme habituelle d'organisation des sciences arabes fut celle du mécénat, souvent du fait de princes ou même des califes. Avec les quatre califes al-Mansur, al-Mahdi (775-785), Harun ar-Rachid (786-809) et al-Ma'mun (813-833), cet encouragement se fait à grande échelle. Le mécénat s'est répandu largement ; on en trouve encore un bon exemple avec le calife de Cordoue al-Hakam II (961-976). Nous verrons l'effort considérable (plus tardif cependant) pour construire et entretenir de remarquables observatoires astronomiques.

Les grands savants de l'islam sont généralement distincts des théologiens et des religieux. À côté de quelques hommes au savoir encyclopédique comme Ibn Sina (plus connu sous le nom d'Avicenne, 980-1037), al-Farabi (870-950), al-Kindi (mort v. 873) et Ibn Ruchd (ou Averroès, 1126-1198) qui sont géomètres, astronomes, médecins, philosophes, la plupart des savants se spécialisent dans telle ou telle branche du savoir.

La « transition des études » : transmission, traduction ou appropriation ?

Les traductions des textes scientifiques grecs vers l'arabe furent très nombreuses, mais réalisées sur la longue durée, parfois avec des intermédiaires (le syriaque notamment) et moins systématiques que l'on ne l'a souvent décrit.

Quoi qu'il en soit, assez vite, les savants arabes disposent de plusieurs œuvres de Platon (*La République,* le *Timée*…), et bien sûr d'Aristote. Celui-ci est si hautement considéré qu'il est désigné sous le nom du *Philosophe* ou du *Premier Maître.* À quelques exceptions près, les physiciens, les mathématiciens et les astronomes antérieurs au XIIIe siècle ont travaillé dans un cadre conceptuel aristotélicien. Les grandes œuvres scientifiques n'échappent pas à leur curiosité, parmi lesquelles l'*Almageste,* le principal traité d'astronomie de Ptolémée, les *Éléments* d'Euclide, plusieurs traités d'Archimède, d'Héron d'Alexandrie, des médecins comme Galien, etc. L'art de la traduction peut d'ailleurs être considéré comme une science, et les savants de l'islam sont à l'origine de véritables écoles et théories de la traduction. Le cas de la famille de Hunayn ibn Ishaq, de son fils Ishaq ibn Hunayn et de son neveu Hubaych est remarquable.

Les frères Banu Musa et les *Coniques* d'Apollonios

Les trois jeunes frères mathématiciens Banu Musa (IXe siècle) racontent les circonstances dans lesquelles ils traduisirent traité de géométrie grecque des *Coniques* d'Apollonios, l'un des plus importants qui soient. Ils trouvèrent d'abord quatre des huit livres du traité complet et les firent traduire. Quelques années plus tard, ils découvrirent trois des livres manquants que le grand mathématicien Thabit ibn Qurra traduisit à son tour. Le huitième livre restait mystérieux. L'un des frères, devenu gouverneur d'une province, mit de grands moyens dans cette recherche... en vain. La solution fut apportée trois siècles plus tard par Ibn al-Haytham, qui décida de reconstituer lui-même le contenu du livre manquant. Cet exemple montre comment, des Grecs aux Arabes, il s'est agi aussi bien d'une appropriation et d'une extension que d'une transmission des savoirs grecs.

Le nécessaire classement des sciences

Jusqu'au XIVe siècle, les savants arabes ou travaillant dans les pays d'islam vont explorer et développer les grands domaines scientifiques. Mais il s'agit de savoir de quoi on parle, et les sciences elles-mêmes doivent être définies, classées, regroupées. La boussole est, une fois encore, Aristote, même si sa classification des sciences doit être fortement modifiée en raison de la place qu'il faut réserver aux sciences concernant la connaissance de Dieu. Le même problème se posera dans l'Occident latin. Quoi qu'il en soit, à côté des (ou après les) sciences ayant rapport à la religion et les sciences de la langue, viennent les sciences de l'esprit dites rationnelles : d'abord les sciences physiques, où l'on s'occupe d'étudier les êtres vivants (plantes, animaux), les éléments matériels (eau, air, feu, terre) et la lumière. Un autre ensemble regroupe la logique, les principes du raisonnement et la métaphysique. De manière très classique, les mathématiques sont en quatre sous-ensembles. Revoici le *quadrivium* des pythagoriciens, que l'on retrouvera intact chez les Latins médiévaux et qui comprend la science du nombre, la géométrie, l'astronomie et la musique.

L'éveil des pays latins

La fin de l'Antiquité gréco-romaine ouvre deux perspectives très différentes dans les parties du monde où la nouvelle religion chrétienne est devenue ou est en train de devenir dominante. Du côté de l'Orient, l'Empire byzantin prospère ; il sera millénaire, puissant militairement et politiquement. Il se veut à la fois chrétien, romain et héritier des Grecs. Ses élites en cultivent la langue. Il est d'autant plus surprenant de constater que les Byzantins ne vont pas beaucoup s'intéresser aux sciences. La science et une bonne part de la philosophie grecque auraient bien pu périr si Byzance avait été leur seule héritière ; pas beaucoup plus qu'à Rome, on n'y cultivera les mathématiques, l'astronomie, la chimie, les sciences de la nature. Nous allons voir cependant que des activités significatives s'y développent qui sont généralement sous-estimées.

L'effondrement de la science et de la philosophie en Occident

La partie occidentale de l'Empire romain sombre en un siècle. Les Barbares déposent Romulus Augustus, le dernier empereur romain, en 476. Du point de vue religieux, le bouleversement est moindre qu'on pourrait le croire puisque les divers peuples barbares sont largement christianisés. Leur christianisme connaît, comme en Orient, son lot d'hérésies multiples et d'habituelles controverses théologiques dont les conséquences peuvent être extrêmement graves. D'une manière générale, et pour des siècles, l'Occident se détourne des études scientifiques et philosophiques, après qu'il a donné naissance à un homme de génie isolé, Anicius Manlius Severinus Boetius, connu sous le nom de Boèce. Au cours de la longue décomposition du royaume de Clovis, l'activité scientifique est au point mort, sinon dans les îlots de culture que sont certains monastères, en Irlande notamment. Puisqu'ils sont rares et précieux, on doit mentionner quelques cas de production scientifique et philosophique : Bède le Vénérable, qui compose un *Traité de la nature* au début du VIIIe siècle, et surtout l'Irlandais Jean Scot Érigène, qui reprend, au IXe siècle, les travaux de Boèce ; il sera, bien plus tard, une source essentielle pour les grands scolastiques Albert le Grand et Thomas d'Aquin. On rapporte aussi que Charlemagne se faisait enseigner l'astronomie et le calcul par son secrétaire, le moine breton Alcuin.

Boèce, le père de la logique en Europe

Anicius Manlius (v. 480-524) baigne dans la culture grecque ; il étudie à Athènes et Alexandrie puis devient ministre de l'empereur Théodoric en 510. Accusé de conspiration en faveur de Byzance, il est condamné à mort. C'est en prison, avant d'être exécuté, qu'il écrit *Consolation de la philosophie.* Il y conçoit une double conciliation : entre les philosophies de Platon et d'Aristote d'une part, entre cette philosophie et la théologie chrétienne d'autre part. Ce programme aura une énorme influence en Occident jusqu'au XVIIe siècle. Boèce traite en profondeur de la science de la logique, au point qu'on l'a reconnu comme le maître de la logique en Occident. Il adapte en latin les traités mathématiques grecs de Nicomaque et écrit des textes de géométrie où l'on reconnaît la probable présence des éléments d'Euclide. Il meurt sans successeur, laissant un vide que rien ni personne ne viendra combler.

Que sont les arts libéraux ?

N'OUBLIEZ PAS !

L'expression très ancienne (peut-être née chez les pythagoriciens) des *arts libéraux* désigne sept *arts* ou *sciences* qui se répartissent en deux groupes correspondant aux programmes des études médiévales. Le *trivium* comprend la grammaire, la logique et la rhétorique, ou l'art de parler. Le quadrivium mathématique comprend l'arithmétique, la géométrie, la musique et l'astronomie. Ces savoirs sont appelés *libéraux* parce qu'ils sont censés libérer l'homme qui les pratique des servitudes de la matière et des soucis de la vie quotidienne. Indiscutablement, ils ont un caractère noble et respectable, ce qui témoigne d'une valorisation importante de la réflexion abstraite par rapport aux activités pratiques et techniques.

La « libido sciendi » déferle en Occident

N'OUBLIEZ PAS !

Assez brusquement, l'ambiance et les conditions intellectuelles changent aux XIIe et XIIIe siècles. On assiste à un déferlement d'informations scientifiques et philosophiques dû à la découverte, absolument massive, en quelques décennies, de plusieurs siècles de travaux arabes. La prise de Tolède en 1085 constitue, à cet égard, un événement majeur. Les Espagnols conquièrent une partie de Al-Andalous, c'est-à-dire le califat de Cordoue. Une multitude de textes, de traités d'astronomie, de médecine, de mathématiques, de physique sont soudain disponibles. La science arabe et, à travers elle, la science grecque, envahit les milieux érudits latinophones, d'autant plus avides qu'ils étaient démunis. D'une certaine manière, le vaincu (les Arabes) s'empare culturellement du vainqueur (les Latins). Aristote, en entier, mais dans ses versions commentées, interprétées, modifiées par les grands savants de l'islam (Ibn Ruchd, dit Averroès, Ibn Sina, dit Avicenne…) devient de ce fait un auteur moderne. On dit souvent que la pensée d'Aristote domine et même étouffe tout le Moyen Âge. C'est assez vrai de la logique et de la rhétorique aristotéliciennes, mais pas vraiment pour le reste de ses enseignements, notamment les sciences physiques. Que l'on y songe : les thèses physiques d'Aristote arrivent en Occident vers le XIIe siècle, où elles suscitent l'enthousiasme, mais aussi des attaques sévères des gardiens de la tradition théologique. Au XIVe, cette physique est contestée par des savants modernes, indépendants et audacieux (Buridan, Heytesbury…, voir Chapitres 9 et 14). Il faudra deux siècles supplémentaires pour détruire l'influence d'Aristote. Une domination somme toute assez éphémère !

Le mouvement de traduction est lui aussi formidable et, en quelques générations, tout le corpus gréco-arabe devient latin, donc lisible dans tout l'Occident. La création des deux principaux ordres mendiants chrétiens, les Dominicains (1217) et les Franciscains (1226) est un vigoureux catalyseur. Ces religieux mettent leurs plus remarquables intellectuels au service des études scientifiques, logiques, philosophiques (en plus bien entendu des études théologiques). Enfin, et ce n'est pas le moindre facteur de bouleversement, des institutions d'un type nouveau (jamais il n'y en eut auparavant) voient le jour : les universités ! D'abord à Paris et très vite à Oxford puis Salamanque, Montpellier, Toulouse, Naples, Padoue. Elles rassemblent des foules d'enseignants, d'étudiants, de visiteurs ; elles associent les Franciscains et les Dominicains, elles ont leurs propres lois et franchises. Ces universités deviennent des lieux de production de savoir, de recherche, de confrontation. Pour toutes ces raisons, il n'est pas erroné de juger que la *libido sciendi,* le « désir de savoir », est désormais – et pour toujours – intensément réveillée dans le monde latin.

Où était le centre de tout ceci ? À Paris, dit-on souvent ; succédant à Bagdad, la capitale française devient capitale de l'empire invisible du savoir. Les Anglais suggèrent plutôt Oxford, et il est vrai que cette université tient la dragée haute à la Sorbonne ; la compétition est extrêmement vive entre ces deux institutions sensiblement aussi actives et puissantes l'une que l'autre.

Répression policière à l'université

Près de huit siècles avant mai 1968, la répression policière avait déjà frappé les étudiants du Quartier latin à Paris. Dans les années 1220-1230, des luttes violentes opposent les étudiants aux bourgeois de Paris ; certaines chroniques parlent de plusieurs centaines de morts chez les *écoliers.* En 1224, une rixe entre des étudiants allemands et un cabaretier de la montagne Sainte-Geneviève dégénère. Les sbires du roi Philippe Auguste ne font pas dans la demi-mesure ; ils laissent cinq étudiants allemands morts sur le pavé. S'ensuivent grèves et manifestations. Philippe cède et accorde aux étudiants de n'être plus soumis qu'à la justice ecclésiastique (les prêtres avaient malgré tout la main moins lourde que les soldats du prévôt). L'indépendance et la puissance de l'université vont aller grandissantes, et la masse étudiante et enseignante acquiert, en 1231, la « grande charte » de l'université : ils échappent aux deux autorités, celle du roi et celle de l'évêque. Ils ont désormais leurs propres statuts et juridictions : exemption de service armé, des taxes, des impôts et des péages, souveraineté juridique. De quoi donner des idées aux porteurs de revendications actuels !

Les grandes traductions

S'il fallait en citer un parmi les *traducteurs de Tolède,* on choisirait Gérard de Crémone. Il est né en 1114 et travaille à Tolède à partir de 1167 avec des chrétiens arabes et des juifs érudits. Le bilan est impressionnant ; Gérard et son équipe donnent 71 traductions majeures : géométrie avec les *Éléments* d'Euclide revisités par Ishaq, astronomie, médecine, la *Physique* d'Aristote commentée par Averroès. Cette activité traductrice se reproduit un peu partout. On traduit dans les monastères, on traduit dans les universités, les bibliothèques, les musées. On commente, on reproduit, on ajoute des scholies, on arrange, on déforme. Deux voies principales de traduction vers le latin sont ouvertes, la première à partir des manuscrits arabes et l'autre à partir du grec quand on a accès à des versions originales.

L'Empire byzantin fut-il aussi négligeant qu'on le dit ?

L'empire de Byzance, qui dura du IVe au XVe siècle, n'a pas produit de grandes théories ou expérimentations scientifiques, mais on ne peut oublier qu'il fut un carrefour des savoirs et des civilisations.

Des hauts et des bas

Le règne de Justinien, au VIe siècle, rompt explicitement et brutalement avec la grande tradition scientifique et philosophique grecque et hellénistique. Les sciences païennes sont prohibées et les savoirs profanes, considérés avec méfiance. Trois ou quatre siècles plutôt obscurs du point de vue des sciences s'écoulent alors, marqués par le débat sur les icônes au VIIIe siècle (voir ci-après) et l'absence d'enseignement des sciences. Aux IXe et Xe siècles, un « premier humanisme byzantin » modifie profondément le contexte culturel à Byzance, où l'on se penche de nouveau sur le savoir scientifique grec. Tous les textes importants de cette tradition sont édités. L'époque où se manifeste cet intérêt est décisive ; en effet, les Byzantins se trouvent, dès ses débuts, au contact de la science arabe, dont les auteurs sont appelés « les nouveaux » par opposition avec les Grecs anciens d'une part, mais aussi avec ceux qu'ils nomment « les Persans », comme al-Tusi. Ces « nouveaux », n'étant ni chrétiens ni directement héritiers des Grecs, sont considérés au début avec méfiance et hostilité ; ensuite, plusieurs d'entre eux, des astronomes surtout, sont accueillis à la cour byzantine.

Après la conquête de Constantinople par les croisés en 1204, commence une nouvelle renaissance des sciences, le « deuxième humanisme byzantin », qui constitue la période la plus riche dans l'histoire des sciences à Byzance. Plusieurs cultures scientifiques sont présentes, grecque ancienne, arabe et persane, karaïte (juive), « latine » (Europe de l'Ouest). On a trop souvent l'image exclusive des dignitaires byzantins comme celle d'experts politiques, administratifs, voire militaires ; il faut savoir aussi qu'il n'est pas possible, aux XIIIe ou XVIe siècles, d'atteindre un poste élevé de l'empire sans être savant ; les ministres s'adonnent aux calculs d'éclipses et à des discussions sur Aristote en même temps qu'ils mènent de fines intrigues politiques.

Antioche contre Alexandrie, Paul contre Clément

La référence de tout Byzantin qui se respecte est nécessairement la Bible, et en particulier le livre de la Genèse. Les pères grecs de l'Église, commentant la Genèse, instaurent la « science chrétienne », qui se déploie à partir du IVe siècle. Or, presque immédiatement, deux options s'avèrent possibles qui donnent naissance à deux traditions bientôt dressées l'une contre l'autre. D'un côté, l'école théologique d'Antioche (fondée au IIIe siècle par Paul de Samosate). Elle penche pour une interprétation littérale de la Bible, ce qui ne laisse évidemment pas beaucoup de place pour des investigations philosophiques. Face à elle, l'école théologique d'Alexandrie prend ses racines aux IIe et IIIe siècle. Ses fondateurs, Clément d'Alexandrie et Origène, penchent pour une interprétation allégorique de la Bible qui laisse une grande liberté de pensée par rapport au texte. Ce sont les Alexandrins qui l'emportent chez la plupart des théologues orthodoxes, notamment saint Basile qui, dans son *Héxaéméron* (écrit en 358) fournit le cadre de la « science chrétienne ». Basile est un élève des écoles grecques, nourri d'Aristote et de Posidonius ; il a donc appris que l'Univers est sphérique, la Terre de même, immobile et centrale, aussi bien pour des raisons de symétrie et de perfection que pour des raisons physiques (les corps pesants se déplacent vers le centre). Il adopte aussi la thèse du mouvement circulaire uniforme du monde supralunaire et la doctrine des quatre éléments (terre, eau, air, feu). La différence fondamentale avec la cosmologie grecque est que le monde de Basile a un début (création) et une fin. La tâche de Basile n'est pas mince puisqu'elle consiste à adapter la révélation divine, telle que nous la livrent les paroles de Moïse, avec tout cela. Deux siècles plus tard, Jean Philopon « résoudra » la question de la concordance entre la Bible et la philosophie naturelle en prétendant que Platon et Aristote avaient raison car ils connaissaient l'enseignement de Moïse !

L'école d'Antioche, dénonçant ces adaptations des écritures saintes, défend une cosmologie dite orientale selon laquelle la Terre est plate et l'Univers a une forme de cloche ou de tabernacle. Ces idées survivent pendant le Moyen Âge, mais elles constituent la cosmologie des classes populaires, n'ayant pas accès à l'enseignement.

Iconoclastes et iconodoules

Le code de Justinien, qui stipule entre autres que seuls les chrétiens pouvaient enseigner dans les écoles de Byzance, donne un coup d'arrêt aux discussions sur les sciences de la nature. Stéphane d'Alexandrie (VIIe siècle) continue pourtant à étudier les textes scientifiques grecs mais fait figure d'exception. Peu après, probablement influencés par les musulmans, les théologiens orthodoxes se livrent à une importante et interminable polémique sur les icônes : que représentent-elles ? Peuvent-elles être considérées comme objets sacrés donc thaumaturgiques ? etc. Ce débat est un véritable étouffoir car ce qui n'en relève pas directement, les sciences notamment, est complètement négligé ; elles sont même vues d'un œil hostile par les *iconoclastes.*

La victoire des *iconodoules*, opposés à ces iconoclastes, au IXe siècle sera le signal du renouveau (le premier humanisme byzantin) ; les sciences sont réintégrées dans le *curriculum* des études, l'université de Constantinople est créée sous la direction de Léon le Mathématicien. Léon et ses élèves réalisent les plus anciennes copies de textes scientifiques grecs qui nous soient parvenues. Sa renommée est telle qu'al-Ma'mun, calife de Bagdad offre une fortune à Léon et à l'empereur de Byzance pour attirer le savant à sa cour. Léon refuse ; d'autres savants byzantins acceptent de semblables offres de services, comme Théophile d'Édesse, qui devient astrologue en chef du calife al-Mahdi au VIIIe siècle.

Les croisés détruisent les bibliothèques

Au début du IIe millénaire, l'enseignement byzantin connaît deux siècles de rétablissement net des sciences, accompagné d'échanges réguliers avec les Arabes. C'est l'époque de Michel Psellos (XIe siècle), le plus connu des savants byzantins ; écrivain prolifique, il sera traduit en latin et très apprécié à la Renaissance. En attendant, l'histoire marque un brutal coup d'arrêt lorsque les croisés envahissent Constantinople en 1204. L'université est fermée, les bibliothèques sont pillées et les savants grecs fuient la capitale.

Heureusement, une tendance opposée à ce délabrement se profile : la reconquête de Constantinople est l'objectif que se fixe l'Empire grec de Nicée, établi sur les ruines de Byzance. Une place importante y est réservée aux lettres et aux sciences, ce qui marque la continuité avec la culture grecque ancienne. Nicéphore Blemmidès est chargé au milieu du XIIIe siècle de reconstituer le corpus scientifique grec pillé par les croisés. De fait, le traité de physique qu'il rédige constitue un important commentaire sur Aristote et sur les stoïciens.

L'empire de Nicée parvient à ses fins puisque Constantinople est reprise aux croisés en 1261, victoire qui ouvre un intermède favorable aux sciences et à la philosophie. L'université est rétablie, des bibliothèques sont rouvertes et une effervescence scientifique se fait sentir dans tous les domaines. C'est l'époque des *Paléologues,* pendant laquelle de savants fonctionnaires de l'État obtiennent d'importants postes politiques au terme de controverses astronomiques ou de philosophie naturelle. Le débat de Choumnos et de Métochite au XIVe siècle est resté célèbre qui vit ces deux prétendants au poste de Premier ministre jouter pour que soit reconnue leur supériorité au sujet de la physique d'Aristote et de la prévision des éclipses. Métochite l'emporta et obtint le poste.

Riches échanges avant la catastrophe finale

N'OUBLIEZ PAS !

Les Byzantins marquent très fortement la distinction entre les pays et régions arabes et les Perses, dont ils se sentent plus proches ; ils entretiennent de solides contacts avec les scientifiques de Tabriz et de Maragha. Chioniadès est à l'origine d'une importante littérature astronomique qui adapte l'astronomie de Maragha en grec. En même temps, le réseau des juifs karaïtes introduit à Byzance la science de cette communauté fortement présente dans la Provence du XIIIe siècle. La conquête de Chypre par la famille des Lusignan aura comme conséquence l'introduction de l'astronomie latine contemporaine à Byzance. Au dernier siècle de L'Empire, les pourparlers entre l'Église catholique et orthodoxe en vue d'une éventuelle union stimulent les contacts et les échanges des textes entre l'Europe latine et Byzance. Gémiste Pléton, philosophe et astronome, sera la dernière grande figure scientifique de Byzance. Il essayera d'établir un nouveau calendrier plus exact que le calendrier julien, alors en usage.

Chapitre 7

Les mathématiques, plus et mieux que les fondateurs grecs

Dans ce chapitre :

- Les grands apports des mathématiciens arabes
- La mise au point des « chiffres »
- Des formules pour calculer le mouvement
- Les Oxfordiens et les Parisiens

Deux conceptions extrêmes doivent être rejetées. Selon la première, qui a longtemps dominé l'histoire des sciences, les savants de langue arabe auraient joué un rôle mineur dans l'invention des mathématiques, se contentant de copier ce qu'avaient découvert les Grecs. On verra à quel point cette vision est erronée. La seconde consiste à soutenir qu'ils ont inventé et découvert l'essentiel dans ces sciences et que les mathématiciens classiques leur doivent presque tout. Cette thèse est tout aussi indéfendable que la première.

Sept siècles de mathématiques arabes

N'OUBLIEZ PAS !

Les mathématiques arabes connaissent une période brillante entre les VIIe et XIVe siècles. Si l'assimilation des connaissances grecques et orientales fournit un socle fondamental à leurs travaux, les mathématiciens arabes (en fait souvent persans) explorent des domaines absolument nouveaux, en mathématiques appliquées (architecture, commerce, optique, etc.) comme en mathématique théorique.

Réformer Euclide

Les *Éléments* d'Euclide sont admirés par les géomètres de langue arabe mais soumis au feu d'une critique rigoureuse. La théorie des parallèles et le problématique cinquième postulat sont l'objet d'âpres discussions. Al-Gauhari au IXe siècle, puis Thabit ibn Qurra, Ibn al-Haytham, Nasir al-Din al-Tusi et al-Khayyam (XIe siècle) cherchent à démontrer ce postulat en modifiant la définition de deux droites parallèles. Ils inventent des pistes qui, plus tard seront poursuivies par les premiers découvreurs des géométries non euclidiennes. Le célèbre *quadrilatère de Saccheri* est déjà clairement présent chez Omar Khayyam ; il s'agit d'un quadrilatère ayant deux angles droits et deux côtés égaux : il faut alors prouver que, dans ces conditions, les deux autres angles sont droits.

Sur la théorie des nombres et des rapports, telle qu'elle est exposée chez Euclide, la critique constructive est aussi forte et fertile. On rencontre chez Khayyam l'idée selon laquelle un rapport (au sens de la théorie des proportions d'Euclide) devrait pouvoir s'exprimer par un nombre, alors que la tradition grecque ne reconnaissait que les entiers comme *nombre.* Ceci participe d'un élargissement considérable du domaine du calcul, qui fut un des caractères essentiels de la création de l'algèbre.

Al-Kharezmi et le « Kitab al-jabr »

Le *Kitab al-jabr,* ou *Livre du rajout et de l'équilibre* du mathématicien al-Kharezmi (v. 783-v. 850) peut être considéré comme la première pierre de la science algébrique (qui en tire son nom, puisque *al-jabr,* devenant « algèbre », désignera cette forme de calcul général fait sur des termes éventuellement inconnus). Il eut une grande influence sur les mathématiques des Latins du Moyen Âge.

À partir de situations concrètes (partages, mesures, héritages), al-Kharezmi élabore des égalités (en fait des équations) qui permettent de découvrir les valeurs de l'inconnue pour lesquelles telle ou telle égalité est vraie. Il donne les résolutions des équations du second degré et leurs justifications géométriques ; à la fin du Xe siècle, Thabit ibn Qurra poursuit ces travaux. La première opération générale est dénommée *al-jabr* (« le rajout ») ; elle permet de supprimer des termes dans un membre de l'équation en « le faisant passer » dans l'autre membre.

Avec des notations modernes, on a par *al-jabr* $2x^2 + 100 - 20x = 58$ qui devient $2x^2 + 100 = 58 + 20x$, puis $2x^2 + 42 = 20x$.

La seconde opération, *al-muqabala,* permet de simplifier tous les termes ; ainsi, la précédente égalité devient $x^2 + 21 = 10x$.

Abu Kamil, Égyptien d'origine (v. 850-v. 930) sait tirer de l'équation $x^2 + 10x = 100$ la solution positive $x = \sqrt{125} - 5$.

La première théorie des équations est donc née chez al-Karezmi et ses successeurs. À ce stade, elle ne concerne que les équations quadratiques (celles qui ne vont pas au-delà du degré 2), mais donne un essor décisif pour toute l'histoire à venir.

Une remarquable tradition arabe se déploie à partir des découvertes de al-Kharezmi, tradition dans laquelle s'illustra entre autres al-Karagi (fin Xᵉ-début XIᵉ) ; dans son *Livre suffisant,* il décompose des fractions et démontre des formules sur des séries finies, comme par exemple $\Sigma k^3 = (\Sigma k)^2$.

Al-Samawal, juif installé à Bagdad au XIIᵉ siècle, écrit, à 19 ans, son *Al-Bahir fi'l-jabr* (« le brillant dans l'algèbre »), où il emploie des quantités négatives et manipule des inverses du genre $\frac{1}{x}$ ou $\frac{1}{x^2}$ (sans ces notations modernes) ; il parvient à diviser des polynômes.

ANECDOTE

De rudes polémistes

Les débats scientifiques ne sont pas toujours d'aimables échanges de vue ; cette remarque générale se trouve confirmée par le témoignage de l'astronome al-Biruni (973-apr. 1050) à propos des mathématiciens des pays d'islam. « Une âpre rivalité oppose ceux qui sont en compétition, écrit-il. Ils se jalousent mutuellement. Querelles et disputes l'emportent. Tel pille les découvertes d'autrui, se les attribue et en tire profit. Ainsi l'a-t-on vu au sein d'une élite de nos contemporains à propos de la construction de l'heptagone régulier, de la trisection de l'angle et de la duplication du cube. » Cette vision un peu noire est heureusement contrebalancée par les récits nombreux dans lesquels on apprend quelles étaient les habitudes de collaboration et d'hommage mutuels au sein des mathématiques arabes.

Omar Khayyam

PORTRAIT

Un homme absolument hors du commun, Omar Khayyam (v. 1047-v. 1122), va donner à l'étude des équations un formidable développement. Il est l'un des principaux philosophes, astronome et mathématiciens des pays d'islam qui, pourtant, en connurent beaucoup. Né dans le Khorassan (à l'est de l'Iran actuel, la Perse d'alors), il travaille longtemps à Ispahan, où il dirige l'observatoire du sultan Malik Chah. Son œuvre d'algèbre géométrique sera poursuivie par Sharaf al-Din al-Tusi, son successeur ; son influence s'étend bien au-delà puisque Omar Khayyam a inspiré ou au moins intéressé des mathématiciens latins du XVIIe siècle, comme Saccheri ou Wallis. En mathématiques sa formation, classique, trouve ses sources dans les enseignements d'Ibn al-Haytham (Alhazen) ; en philosophie, son maître est Ibn Sina (connu aussi sous le nom d'Avicenne). Sur un point important, les sources dont nous disposons divergent et on ne sait pas de manière indiscutable si Omar Khayyam fut croyant ou sceptique.

Khayyam a donc inventé une méthode pour résoudre les équations de degré inférieur ou égal à 3 et pour en construire les solutions, c'est-à-dire pour leur donner une représentation géométrique. Il reconnaît lui-même ne pas être parvenu au bout du programme – « peut-être qu'un de ceux qui viendront après nous la réalisera ? » note-t-il.

Une clé décisive pour atteindre ce but tient à la notion d'unité de mesure, notion nécessaire pour appliquer avec succès la géométrie à l'algèbre. Six siècles plus tard, ce sera un point fondamental de la *Géométrie* de Descartes. En attendant, Khayyam n'hésite pas à concevoir des grandeurs de dimension supérieure à 3, qu'il désigne (comme plus tard les Latins) par des expressions comme *carré-carré* (notre puissance 4). Il classe ainsi 25 équations types dans lesquelles il distingue quatre termes : le nombre, l'inconnue, son carré et son cube ; il montre lesquelles se construisent avec des droites et des cercles, lesquelles ont besoin d'une parabole, d'une hyperbole et de leurs intersections.

Pour résoudre $x^3 + ax = b$, Khayyam construit le point D. Il est à l'intersection du cercle correspondant à $x^2 + y^2 = qx$ et de la parabole correspondant à $x^2 = py$, avec $p^2 = a$ et $q = b/a$ (voir Figure 7-1).

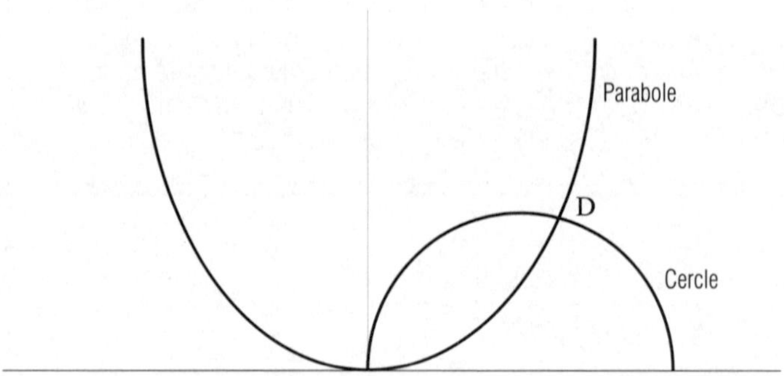

Figure 7-1 : Résolution de $x^3 + ax = b$.

Les travaux récents d'histoire des mathématiques ont bien montré à quel point ces spectaculaires résultats et théories anticipaient les découvertes cartésiennes du XVIIe siècle, au point que certains historiens considèrent celles-ci comme une manière d'achèvement des travaux de Khayyam et de al-Tusi.

La trigonométrie

UN PEU DE TECHNIQUE

Les mesures des angles, des cordes du cercle ont toujours eu une grande importance en astronomie, et les savants arabes y apportent des contributions essentielles. Un théorème bien connu des lycéens en témoigne, le *théorème de al-Kashi* (v. 1380-1429 à Samarkand) : $c^2 = a^2 + b^2 - 2ab.\cos \gamma$. (voir Figure 7-2).

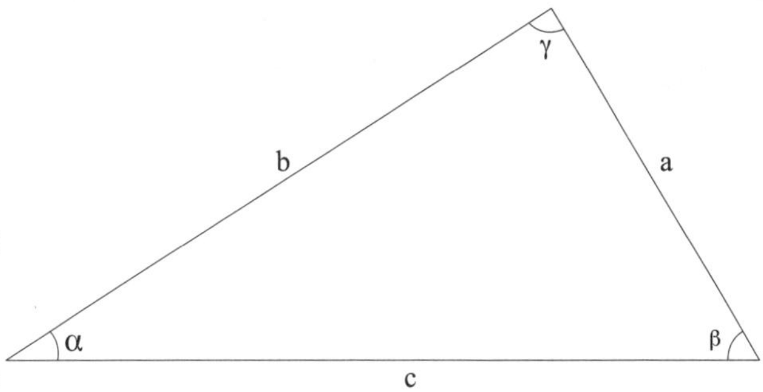

Figure 7-2 : Théorème de al-Kashi.

Dans son *Traité de la circonférence,* celui-ci donne une valeur de π avec 16 décimales exactes. Sa méthode, simple et élégante, dépasse tout ce qui s'est fait auparavant. À partir de l'équation $\sin 3a = 3.\sin a - 4\sin^3 a$, Al-Kashi peut exprimer sin 1° en fonction du sin 3°. L'apogée des mathématiques arabes d'Orient est suivie d'un déclin rapide et étrange après la mort du roi de Samarkand Ulug Beg, assassiné en 1449.

Les chiffres « arabes »

ATTENTION !

L'origine des chiffres *arabes* est toujours très controversée. Ils sont vraisemblablement d'origine indienne et ont d'abord été adoptés et modifiés par les Arabes (al-Kharezmi en particulier) avant de diffuser assez lentement en Occident.

La clé de cette notation, même avant l'adoption du zéro, tient à la position du chiffre dans les colonnes de calcul : selon la colonne où il est inscrit, la valeur du chiffre (de 1 à 9) change.

Il est souvent admis que c'est Gerbert d'Aurillac (futur pape Sylvestre II) qui fut le premier, vers 970, à décrire pour les Occidentaux le système arabo-indien de numération. Vers 1130, le moine anglais Adélard de Bath introduit le terme *algorithme*, qu'il dérive du nom *al-Khwarizmi.*

PORTRAIT

Leonardo Fibonacci invente une suite de nombres qui deviendra célèbre

Le jeune Léonard de Pise (v. 1175-apr. 1240) accompagna son père en Algérie, où le menaient ses affaires. Il y apprend l'arabe, l'arithmétique et l'art du commerce. De retour à Pise, il contribue à diffuser la numération de position décimale, les chiffres dits arabes et les opérations sur les fractions. Son *Liber abbaci* de 1202 connaît une immense diffusion après avoir surmonté des incompréhensions et des obstacles liés aux habitudes d'écriture et de calcul de l'Occident. Leonardo est aujourd'hui célèbre à cause de la *suite de Fibonacci,* indiscutablement un bel objet mathématique. Pour la construire, il faut deux nombres de départ (0 et 1, si on veut la suite la plus simple). Dès lors, la règle est aisée : un terme de la suite est la somme des deux précédents. Dans le cas où on commence avec 0 et 1, le troisième terme est 1 (qui est la somme 0 + 1), le quatrième est 2 (1 + 1), le cinquième, 3 (1 + 2), puis 5, 8, 13, 21... En notations modernes, on a : $u_n = u_{n-1} + u_{n-2}$ et on montre que

$$u_n = \frac{1}{\sqrt{5}}\left[\left(\frac{1+\sqrt{5}}{2}\right)^n - \left(\frac{1-\sqrt{5}}{2}\right)^n\right]$$

où l'on retrouve le nombre d'or et son inverse.

Cette suite a de nombreuses et remarquables propriétés mathématiques (par exemple : $F_{p+q} = F_{p-1}.F_q + F_p.F_{q+1}$). Elle a beaucoup stimulé les imaginations à cause de ses multiples et bizarres applications : elle décrit la progéniture des lapins, donne des outils aux astrologues, rend compte de la disposition des écailles d'une pomme de pin grâce à la fameuse spirale que l'on peut en extraire, etc.

Des formules pour calculer le mouvement

UN PEU DE TECHNIQUE

On sait que, selon la philosophie d'Aristote, la mathématisation de la physique est – en général – considérée comme non pertinente. Il existe toutefois quelques passages qui suggèrent deux « principes du mouvement » que l'on peut facilement exprimer sous forme de formules mathématiques. Pour qu'il y ait mouvement, il faut que la *force motrice F* soit supérieure à la *résistance R* (on a donc F > R). Par ailleurs, plus le milieu résiste, plus le mouvement est difficile et finalement, les vitesses sont inversement proportionnelles aux résistances ; comme, en outre, elles sont proportionnelles aux forces motrices, on a finalement (en notation moderne) $v = k \cdot \frac{F}{R}$. En théorie des proportions, cela donne $\frac{v_2}{v_1} = \frac{F_2 \cdot R_1}{F_1 \cdot R_2}$, formule qui donne la mesure du mouvement. Ces passages ont été abondamment commentés par les Arabes aussi bien que par les Latins. Ils prêtent un large flanc à la critique et des paradoxes peuvent être construits sur de tels principes : un homme seul pourrait en effet tirer un navire, aussi gros soit-il.

Le mouvement du « docteur profond »

Le « docteur profond », alias Thomas Bradwardine (1290-1349), archevêque anglais très savant, est une des animateurs du mouvement intellectuel du Merton College de Cambridge. Il suggère une modification de la théorie de la mesure du mouvement en proposant que pour doubler la vitesse, il ne faille pas doubler la force motrice, mais prendre son carré, pour la tripler, il faille prendre son cube etc. Aujourd'hui, nous dirions que, selon la loi du mouvement de Bradwardine, les vitesses augmentent comme les logarithmes des rapports « force sur résistance ». En d'autres termes, on se trouve face à une croissance exponentielle.

L'idée qu'un effet croisse non pas proportionnellement à une cause mais comme les logarithmes ou (à *l'inverse*) comme les exponentielles de cette cause est très répandue et souvent juste.

« Des rapports de rapports »

Ce qui est tout à fait intéressant dans la suggestion de Thomas, outre le succès qu'elle rencontre, c'est l'exploitation purement mathématique qui en sera faite. Nicole Oresme (v. 1325-1382) rédige un traité intitulé *Des rapports de rapports* (vers 1355), où il invente un champ mathématique original appelé à un avenir brillant. Selon le point de vue traditionnel euclidien, un rapport de deux grandeurs (le rapport de 5 à 11, par exemple, ou encore de la diagonale du carré à son côté) n'est pas lui-même une grandeur. Puisqu'ils ne sont pas des grandeurs, des rapports ne peuvent pas avoir de « rapport » entre eux. Pourtant, lorsqu'on dit qu'une vitesse est triple d'une autre, c'est bien qu'on désigne un rapport entre elles. Bref, il faut créer une théorie nouvelle des grandeurs, définir des opérations convenables pour ces nouveaux venus dans les mathématiques théoriques.

La théorie de Bradwardine se répand bien entendu en Angleterre mais aussi en France et en Italie. Albert de Saxe la reprend et la diffuse, Blaise de Parme en fait autant, quoique avec d'intéressantes critiques… Il mobilise même un bœuf et une mouche pour en pointer des faiblesses. Nos deux animaux étant chargés l'un et l'autre d'un certain fardeau de telle sorte que le rapport entre la puissance motrice et la résistance due au poids soit la même. Alors, dit Blaise, selon la théorie de Thomas, les vitesses devraient être les mêmes… or, une mouche va beaucoup vite qu'un bœuf. Voici un genre d'argument qu'on n'oserait plus employer.

On voit, tout au long des XIVe et XVe siècles, des auteurs jouer avec les définitions de la puissance motrice, de la résistance au mouvement, de la définition de la vitesse, afin d'explorer des variations mathématiques et les possibilités nouvelles de la théorie des rapports.

Est-il bien étonnant que, deux siècles plus tard, ce soit à partir d'une réflexion sur la comparaison de deux mouvements qu'un autre Anglais, le baron Neper, invente les logarithmes ?

Qualité et quantité à Oxford et Paris

Qu'est-ce qui est plus lourd qu'un lion ? Deux lions. Et qu'est-ce qui est plus rapide qu'un lion ? Deux lions ? Vraie dans le premier cas, la réponse ne l'est pas dans le second. Cette plaisanterie souligne une différence de très grande conséquence entre des grandeurs : les unes, comme le poids, sont des grandeurs *quantitatives*, les autres sont des grandeurs *qualitatives*. Aristote avait soigneusement examiné ces distinctions dans son traité des *Catégories*. Il relevait en particulier ceci : une qualité, comme par exemple la blancheur, la bonté, la chaleur, « est susceptible de l'égalité et aussi du plus et du moins » ; en effet, on peut juger que tel point de métal est plus chaud qu'un autre ou qu'un individu a des « jours de bonté » plus ou moins intense. En ceci, les qualités sont semblables aux quantités, mais elles s'en séparent sur un point capital, elles ne s'additionnent pas ! Prenons deux casseroles d'eau d'un litre chacune et chauffée à 80 degrés toutes deux. Réunissons-les. Nous obtenons deux litres (addition de la quantité *volume*) à 80 degrés (pas d'addition de la qualité *chaleur*).

Il semble donc, pour cette raison, que les qualités (appelées aussi formes) ne soient pas susceptibles de comptage, de mesure, d'évaluation quantitative élaborée. Telle était l'impossibilité, soutenue par Aristote, que deux grandes écoles du XIVe siècle vont s'efforcer de contourner : les Oxfordiens du Merton College, autour de Robert Grosseteste et William Heytesbury, et les Parisiens de la Sorbonne autour de Nicole Oresme (1325-1382).

La forme uniformément difforme de Nicole Oresme

Représentons la durée de la vie de saint Anselme par une ligne droite. À chaque instant de cette vie, on associe un segment qui « mesure » sa bonté à cet instant. Nous obtenons ce que ces auteurs nommèrent un *degré de qualité* ou une *intensité de qualité.* Bien entendu, ces degrés de qualité sont variables ; ils peuvent croître, décroître, être tous égaux, etc. Considérons la figure Figure 7-3 représentant toutes ces variations et la ligne limite générée par ces variations. La surface de la figure ainsi définie va être tenue pour la mesure de « toutes les intensités de qualité, prises ensemble » ou encore de la « perfection de la qualité ». Dans l'exemple pris ici, ce serait quelque chose comme la « quantité de bonté totale » de saint Anselme durant sa vie.

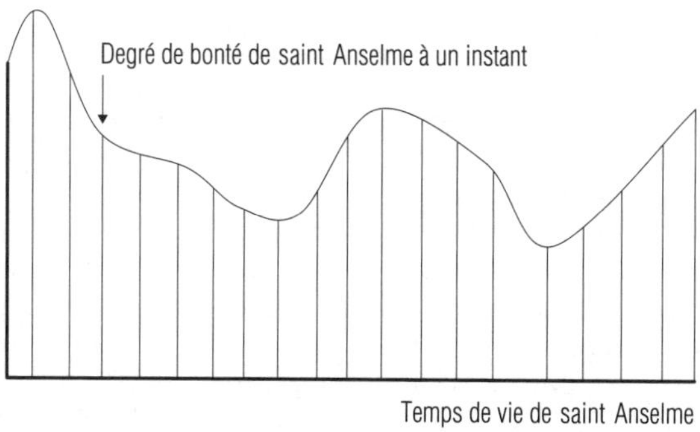

Figure 7-3 : La bonté de saint Anselme.

Certains historiens aiment reconnaître dans des travaux anciens l'anticipation de découvertes plus récentes. En assimilant les instants aux valeurs d'une variable, les degrés de qualité à des ordonnées de la variable, ils font de la ligne supérieure le graphe d'une fonction et de « toutes les intensités » l'intégrale définie de la fonction. Nicole Oresme et ses disciples auraient ainsi découvert la notion de fonction réelle et celle d'intégrale. C'est à la fois vrai et faux ! Vrai car il est difficile de ne pas être frappé par les analogies bel et bien présentes, faux car accepter cette assimilation, c'est céder à l'anachronisme : la notion de variable n'est pas même évoquée par les auteurs du XIVe siècle, ni celle de coordonnée, ni celle de repère.

Un théorème est cependant devenu célèbre depuis ces travaux, le *théorème du degré moyen* (voir Figure 7-4) : comparons une qualité *uniformément difforme* et une qualité uniforme, en prenant pour degré de celle-ci la moitié du plus haut degré de la première. La première génère un triangle, la seconde un rectangle de même surface : on a la même *quantité de qualité* dans les deux cas. Il fut sans doute énoncé par l'anglais Swineshead et longuement exposé par William Heytesbury.

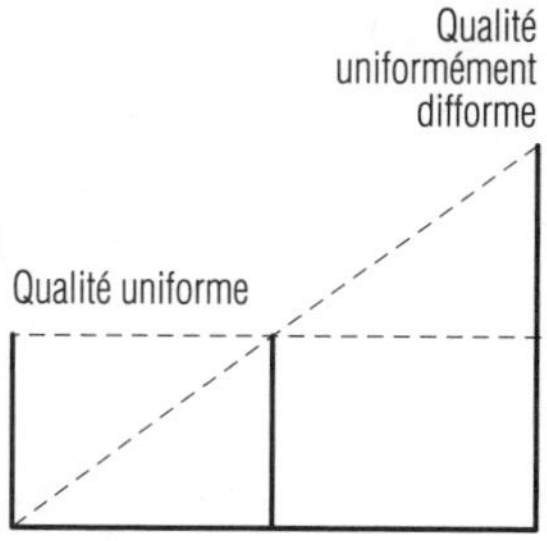

Figure 7-4 : Théorème du degré moyen.

Un nouveau concept de vitesse

La plus riche application de cette théorie est celle où la qualité étudiée est la rapidité d'un mouvement local. Soit le mouvement d'un mobile réalisé en un certain temps ; à chaque instant, on associe un *degré de vitesse* (premier sens du mot vitesse). Que deviennent, dans ce cas, toutes les vitesses prises ensemble (c'est-à-dire la grandeur représentée par la surface de la figure) ? Dans le vocabulaire de nos auteurs, c'est la *vitesse totale* (second sens du mot *vitesse*). Plus tard (à partir de Galilée), on comprendra que cette surface mesure l'espace parcouru par le mobile. Les grandes découvertes de Galilée s'appuieront sur des schémas très conformes à ceux-ci. À cette occasion, des historiens soutiendront encore que ces découvertes reviennent donc aux Oxfordiens-Parisiens plutôt qu'au célèbre Italien.

Il faut ici faire une remarque ; ces auteurs médiévaux ne se préoccupent en général pas de l'interprétation physique ou naturelle des notions qu'ils élaborent. Il s'agit de spéculations abstraites et ils n'exploitent pas *physiquement* leur trésor. Ainsi, Oresme évoque la *quantité de blancheur* que produit la qualité *être blanc* répartie sur un support quelconque. Cette quantité de blancheur n'a que peu d'intérêt comme grandeur physique. En revanche, si on s'intéresse à la *quantité de chaleur* produite par la qualité *être chaud* sur une barre ou sur une plaque chauffée, on obtient une très importante et très riche *grandeur physique,* une forme de l'énergie.

Chapitre 8

Astronomie : observer et décrire les cieux, découvrir leur architecture

Dans ce chapitre :

- Les califes encouragent les astronomes
- Maragha, un observatoire fameux
- L'astronomie des sphères ou des cercles ?
- Les ordres religieux chrétiens et l'astronomie

L'astronomie est présente dans toutes les cultures humaines un tant soit peu développées. Il n'est pas absurde de se demander pourquoi. Que peut bien nous faire que Saturne aille plus ou moins vite, que Mars fasse machine arrière de temps à autre ? Platon a depuis longtemps proposé une réponse à plusieurs niveaux : l'astronomie a d'abord des usages pratiques, elle peut nous renseigner sur la durée prévisible du jour et de la nuit ou sur le rythme des saisons. La position des étoiles peut être utile au marin en fournissant des repères, d'où le succès des catalogues d'étoiles. La réalisation des calendriers semble obligatoirement passer par l'astronomie et, en ce sens, les planètes constituent une horloge universelle. Platon – encore lui – a imaginé qu'elles existaient pour « donner le temps ».

Outre cette astronomie utilitaire, il existe d'autres genres d'astronomie. On a longtemps imaginé que les astres, avec leurs caractéristiques et leurs mouvements, étaient des divinités, des puissances supérieures dont il était évidemment profitable de connaître et de prévoir le comportement. Qu'elles soient des divinités ou des forces naturelles, les planètes pouvaient – selon certains – avoir des effets sur ce qui se passait sur Terre. Cette hypothèse n'est pas en soi et a priori absurde, et l'astrologie a été systématiquement explorée pendant deux millénaires ; est-il nécessaire de souligner que son hypothèse de base n'a été validée par rien de solide (sinon par de multiples imaginations et chimères) : ses règles et principes n'ont cessé de changer en fonction des découvertes astronomiques sans que jamais les succès ne viennent la justifier. Quoi qu'il en soit, l'astrologie a été une puissante justification de l'activité astronomique.

Enfin, l'histoire nous enseigne que beaucoup d'études astronomiques ont été menées pour mieux connaître Dieu. Plus exactement, les astres et les étoiles étant le cadre du monde créé par Dieu, pénétrer plus avant dans la connaissance de cette œuvre, c'est aussi pénétrer plus avant dans la connaissance des plans et des qualités du créateur. Il y a donc une sorte d'astronomie théologique qui a joué un rôle puissant dans l'histoire des sciences et des idées en général. C'est celle-ci qui intéresse le plus Platon ; on la rencontre chez al-Farabi, chez Copernic, chez Kepler, chez Newton. Cette astronomie n'a aucune utilité pratique mais point n'est besoin de croire en un dieu pour désirer avec passion cultiver cette astronomie « inutile ». La curiosité et le désir de savoir sont des motifs suffisamment puissants pour stimuler les intelligences, élaborer des programmes et même réunir des fonds dans le seul but de mieux connaître les cieux sur lesquels nous n'avons, ni n'aurons jamais le moindre pouvoir.

Le Moyen Âge, arabe puis latin, est une période où se remarque bien la diversité de ces justifications à cultiver l'astronomie.

Les grands observatoires des califes

Il a 27 ans et vient de conclure victorieusement la guerre de succession qui l'opposait à son frère depuis la mort de leur père, Harun al-Rachid. En 813, le jeune Abu al-Abbas Abd Allah al-Ma'mun devient le troisième calife de la dynastie des Abbassides et entame un règne qui va durer vingt ans. Son énorme empire est soumis à des tensions internes et externes terribles, de sorte que al-Ma'mun ne peut s'installer effectivement dans la capitale, Bagdad, qu'en 819 ; il va affronter des révoltes et contestations quasi permanentes tout au long de son règne. Pourtant, ces préoccupations n'entament pas l'énergie dont fait preuve le calife pour développer les institutions scientifiques du royaume. La grande bibliothèque créée par al-Mansur, premier calife de la dynastie, lors de l'érection de la cité, atteint son apogée avec al-Ma'mun ; elle est bientôt connue sous le nom de Dar al-Hikma, ou « Maison de la sagesse ». Son organisation fait d'ailleurs penser à celle de la bibliothèque d'Alexandrie. Comme elle attire des savants et philosophes d'origines (et de religions) diverses, les travaux de traduction y tiennent naturellement une place importante. Les manuscrits y sont rassemblés et livrés à des équipes de chercheurs et d'érudits qui comparent, analysent, recopient, traduisent en arabe et surtout commentent les textes issus pour la plupart des traditions philosophiques et scientifiques grecques. Ce travail se poursuivit pendant environ deux siècles.

Al-Ma'mun le mécène

Parmi les textes qui, dès cette époque, marquent la culture arabe, les traités d'astronomie sont fort considérés, avec une mention spéciale pour la *Composition mathématique*, de Claude Ptolémée. C'est cette dernière œuvre – traduite pour la première fois en 827 – que les Arabes nomment tout simplement l'*Almageste* (« la Grande ») ; l'admiration contenue dans ce qualificatif ne peut faire oublier le caractère extrêmement critique du commentaire arabe entre les VIIIe et XIIIe siècles autour du chef-d'œuvre de Ptolémée.

La pratique de l'islam constituait – pour ses adeptes – l'une des motivations pour cultiver l'astronomie puisqu'elle donne les moyens de déterminer les dates du ramadan, calculer l'heure des cinq prières quotidiennes, fixer la direction de La Mecque dans un empire aux dimensions considérables.

Al-Ma'mun entreprend la construction de deux observatoires, l'un, en 829, dans le quartier de Shamsiya, à Bagdad, et l'autre, au sommet du Qasiyun, près de Damas. Le premier possède un immense quart de cercle de six mètres et un sextant en pierre de dix-sept mètres. Il apparut d'ailleurs que plusieurs des données d'observation recueillies dans ces observatoires s'écartaient notablement des résultats ptoléméens, ce qui fut une des sources de la critique persévérante à l'encontre de l'*Almageste*. Les meilleurs astronomes d'alors travaillent en ces lieux, au nombre desquels, al-Marwazi, Sanad ibn Ali, Ibn abi Mansur. Leurs mesures portent notamment sur des phénomènes variables comme *la précession des équinoxes*, l'*obliquité variable de* l'*écliptique*, l'*excentricité de l'orbite solaire*, paramètres qui n'ont sans doute pas la fixité que l'on avait cru pouvoir leur attribuer.

Les zij, catalogues d'étoiles et tables astronomiques

Les vastes discussions sur l'organisation générale du système du monde sont autant d'occasions de controverses sur la réalité des modèles astronomiques (des sortes de maquettes géométriques du cosmos). L'alternative est globalement celle-ci : les modèles du monde sont-ils des représentations commodes et efficaces des mouvements des cieux, éventuellement très différentes de la réalité, ou expriment-ils les vrais mouvements astronomiques ?

Dans le même temps, les astronomes d'al-Ma'mun développent une astronomie plus pratique et établissent des tables du ciel qui seront connues plus tard en Occident sous le nom des *tables astronomiques vérifiées*. Ces documents, appelés zij, contiennent non seulement des listes et tableaux des positions stellaires et planétaires, mais aussi un accompagnement mathématique (en particulier trigonométrique) de première importance qui en permet l'emploi et l'exploitation. Les *zij al-muntahan,* mises au point en 829, succèdent aux tables établies peu avant par le mathématicien al-Kharezmi.

Les successeurs d'al-Ma'mun poursuivent cette politique, et les observations dues aux astronomes arabes vont en s'améliorant et en s'enrichissant dans les siècles suivants. Le catalogue d'étoiles fixes dû à al-Battani, aux environs de 880, comme son évaluation de l'inclinaison de l'axe terrestre (23° 35') témoignent de ces progrès. Les observatoires d'al-Ma'mun sont surclassés en 988 par le nouvel observatoire construit dans les jardins du palais royal de Bagdad, sous le règne du calife Chams al-Dawla.

L'astrolabe de Muhammad al-Fazari

Au Moyen Âge, lorsque l'on évoque le roi des instruments mathématiques, il s'agit à coup sûr de l'astrolabe. C'est une représentation du cosmos de type géocentrique. Le principe en est connu chez les Grecs, puisque Apollonios de Perge, Hipparque et Ptolémée en fournissent des descriptions. Des améliorations décisives lui sont apportées par les astronomes arabes, notamment par al-Fazari, au VIIIe siècle, et par le mathématicien al-Kharezmi au IXe siècle. L'instrument permet de « prendre les astres » afin de connaître les phénomènes astronomiques. L'idée de base est de réaliser une projection de la sphère céleste puis d'associer des disques que l'on peut faire tourner pour représenter les mouvements des planètes. Il est doté d'une tige de visée mobile ; d'autres parties réglables de l'instrument fixent les caractéristiques du lieu d'observation. On peut alors effectuer pas mal de mesures : l'angle de hauteur du Soleil ou d'une étoile donne l'heure, le moment de lever du Soleil, la durée du jour, l'orientation par rapport aux points cardinaux, l'évaluation de distances. On peut aussi connaître le signe du zodiaque sur l'horizon, etc. Il existe une version en trois dimensions de cet instrument, la *sphère armillaire,* plus riche d'enseignement mais aussi moins pratique que l'astrolabe plane, facile à manipuler et à transporter.

L'énorme succès de l'astrolabe ne se démentira pas jusqu'au XVIIe, voire XVIIIe siècle. C'est Gerbert d'Aurillac (le pape de l'an 1000) qui introduisit cet instrument dans le monde latin, à partir des traités qu'il étudia en Catalogne.

ANECDOTE

La longueur du méridien

Des buts pratiques commandent les efforts des astronomes de Bagdad et de Damas. La navigation par exemple exigea des connaissances toujours plus précises des positions stellaires, alors que la cartographie terrestre devient elle aussi exigeante. Le calife al-Ma'mun fait mesurer à plusieurs reprises la longueur d'un arc de méridien de un degré. L'astronome mathématicien cairote du XIe siècle ibn Yunus raconte avec précision comment ses prédécesseurs arrivèrent à l'excellente valeur de 113 kilomètres. Une telle précision sert aussi pour calculer avec exactitude les emplacements des mosquées et des postes d'observation.

Maragha, l'observatoire du grand khan

Pour l'empereur Frédéric II, pour les rois Louis IX ou Henri III d'Angleterre, la grande terreur du XIIIe siècle a un nom, sinon un visage : le grand khan mongol. Vers 1250, les armées de Hulagu, petit-fils de Gengis Khan, poursuivaient leurs conquêtes en Europe orientale et envahissaient la Syrie ; elles semblaient devoir venir au contact direct avec le monde chrétien. Dans l'imaginaire de ce monde, le Mongol était la barbarie incarnée, l'antéchrist, le mangeur d'homme, le fléau de Dieu. C'est pourtant cet homme, Hulagu, qui fait construire, au milieu du siècle, le plus bel observatoire astronomique encore jamais conçu.

Le guerrier et l'astronome

PORTRAIT

Nasir al-Din al-Tusi est l'un des plus grands savants de l'Islam ; né dans la ville de Tus, en Perse, il reçoit une excellente éducation dans une famille chiite cultivée, tout imprégnée de culture hellénistique, où on ne méprise aucunement les sciences. Sa renommée de savant grandit suffisamment pour que le grand khan l'appelle auprès de lui lors de l'invasion de la Syrie. Il est présent lors de la prise de Bagdad en 1258 et, un an plus tard, il persuade Hulagu de l'utilité de construire un grand observatoire, effectivement érigé à Maragha, près de la ville actuelle de Tabriz. Le frère du khan, Möngke, qui contrôle les vastes territoires chinois pour les Mongols, envisage, lui aussi, la construction d'un observatoire à Beijing, projet évanoui puisqu'il meurt trop tôt pour le mener à bien.

Une institution scientifique moderne

Maragha nous contraint à revoir nos préjugés ; l'observatoire du roi mongol est, à bien des égards, un modèle et une nouveauté formidable. Al-Tusi réunit une importante équipe de savants chargée de réaliser des programmes d'étude conçus sur le long terme. Ceux qui s'y trouvent réunis sont parmi les meilleurs astronomes de l'islam : al-Urdi de Damas, Umar al-Katibi, Qutb al-Din al-Chirazi entre autres. Des savants étrangers, parfois venus de très loin, y travaillent ensemble et on est certain qu'au moins un chercheur chinois, Fao Mun-Ji, fait partie du groupe de al-Tusi. Les instruments d'observation sont – à Maragha – les meilleurs de l'époque : un grand cadran mural, des règles de parallaxe, des sphères armillaires, etc. C'est donc assez paradoxalement l'invasion mongole qui entraîne un renouveau, un nouvel essor de l'astronomie en pays d'islam. De nouvelles tables sont établies à Maragha ; présentées en 1272 par al-Tusi, les célèbres *al-zij al-ilkhani* connurent un succès durable. Sans doute furent-elles écrites en persan puis traduites en arabe et en turc : elles comportent des chronologies chinoise, grecque, arabe et persane, des descriptions du mouvement des planètes, des éphémérides et des traités d'astrologie. L'observatoire survit à Hulagu et aussi à Nasir al-Din al-Tusi ; sous Abaqa, successeur d'Hulagu, les fils de al-Tusi, Sadr al-Din et Asi al-Din, en assurent la direction. À la mort du dernier, l'observatoire est abandonné et les activités astronomiques des pays d'islam se déplacent vers l'ouest.

Une longue série de grands observatoires

Si l'observatoire de Maragha est le plus connu de ceux qui furent construits dans les pays d'islam, il s'inscrit dans une véritable tradition. Avant Maragha, au IXe siècle, il y eut les observatoires de Shamsiya et de Qasiyun, au Xe siècle, celui des jardins du palais royal de Bagdad et, au Caire, celui que dirigeait ibn Yunus (mort en 1009). Les grands centres d'observation du XIe siècle furent surtout Tolède et Cordoue, mais en Orient, le sultan seldjoukide Malik Chah fit édifier à Ray un autre grand observatoire où travailla l'exceptionnel savant Omar Khayyam. Après Maragha, on doit encore signaler une nouvelle édification à Tabriz, sur ordre de Rashid al-Din, vizir de Ghazan Khan. Mais le déclin est bien là, inexorable, et cette grande tradition d'observation brille alors de ses derniers feux, remarquables, à Samarkand où, en 1420, le futur roi de Perse Ulug Beg fait construire un impressionnant observatoire où s'assemblent des savants eux aussi de grande valeur comme al-Kashi et Djalâl al-Din Rumi. L'assassinat d'Ulug Beg par l'un de ses fils, en 1449, sonne dramatiquement le glas de cette admirable expérience. L'observatoire de Samarkand, le dernier, est aussi le plus grand et le mieux équipé de tous ceux qui furent érigés dans le monde musulman depuis l'époque de al-Ma'mun.

Aristote ou Ptolémée ?

L'astronomie des sphères a les pères les plus éminents qui se puissent imaginer : Platon, Aristote, Eudoxe, Calippe. Selon ce modèle, la sphère des étoiles fixes, solide, enferme le monde, qui est comme une succession de sphères cristallines et transparentes emboîtées les unes dans les autres comme des poupées russes (chaque planète étant associée à l'une de ces sphères) ; toutes ces sphères tournent autour du même centre : la Terre.

Sphères d'Aristote, cercles de Ptolémée

D'admirables dispositions géométriques concernant l'axe des pôles de ces sphères et leur vitesse de rotation permettent de compliquer suffisamment le mécanisme pour l'adapter à l'irrégularité apparente des mouvements des astres. La force de cette théorie provient surtout de son mariage harmonieux avec les grands principes de l'aristotélisme. Aristote a développé une doctrine générale qui explique comment l'être suprême et parfait est la cause première du mouvement du monde, comment les éléments se combinent pour former notre monde, qui explique aussi le rôle des sphères solides et leur cohérence. Avec Aristote, on a ainsi une astronomie philosophiquement, théologiquement et physiquement vraie et bien établie. Cette doctrine expose la vérité du système réel du monde. Telle est l'astronomie des physiciens et des philosophes.

L'astronomie alternative était savamment exposée dans le chef-d'œuvre de Claude Ptolémée, l'*Almageste,* rédigé au IIe siècle après J.-C. La sphère des étoiles fixes demeure et tourne aussi en vingt-quatre heures autour de la Terre, mais les sphères emboîtées ne forment pas le cœur de la théorie. Le système planétaire des astronomes géomètres disciples de Ptolémée est comparable à une très complexe succession de cercles qui permettent de représenter les trajectoires des planètes. Pour chaque planète, un modèle comprenant plusieurs cercles est précisément mis au point. Cette astronomie savante, complexe, formidablement précise, permet de décrire avec beaucoup de succès les mouvements des cieux. Elle s'éloigne en revanche de bien des principes physiques et philosophiques posés par Aristote. Telle est l'astronomie des mathématiciens ou des géométries. Il semble difficile de concilier ces deux options.

Contre Ptolémée

Nasir al-Din al-Tusi (de Maragha) n'est pas seulement un astronome, il est l'un des plus remarquables mathématiciens du Moyen Âge ; outre cela, il est logicien, théologien et philosophe. Grâce à lui, les doctrines d'Ibn Sina (Avicenne), le fameux philosophe du Xe siècle, connaissent un regain d'influence. Pour ce qui est de l'astronomie proprement dite, les grandes lignes de ses travaux sont assez simples à dégager : il insiste, avec ses collègues, sur l'immobilité de la Terre et sur les interprétations proprement physiques des modèles astronomiques ; en ce sens, il se range naturellement du côté des critiques antiptoléméens : dans un ouvrage rédigé de manière sobre et délibérément sans grande technicité mathématique (pour toucher un plus large public), le *Trésor de l'astronomie* (*Tadhkira*), il s'efforce notamment d'éviter les points équants qui décentrent les mouvements des planètes. On lui doit (ainsi qu'à l'un de ses principaux successeurs, Ibn al-Shatir), de très belles constructions géométriques pour les modèles des longitudes planétaires. Copernic s'en souviendra en rédigeant le *De revolutionibus,* comme il se souviendra aussi du modèle lunaire de al-Shatir.

La décision d'Averroès et de al-Bitruji

N'OUBLIEZ PAS !

Les philosophes et les savants arabes pèsent longuement le pour et le contre et, dans leur majorité, tranchent finalement en faveur du *Philosophe* (c'est ainsi qu'ils désignent Aristote). Averroès (Ibn Ruchd), au début du XIIe siècle, et Alpetragius (al-Bitruji) forment un duo exceptionnel : le premier est l'un des plus grands philosophes arabes ; il est si fidèle à Aristote qu'on le nomme souvent *le commentateur* (sous entendu, d'Aristote) ; le second est un astronome de très grande valeur qui porte les critiques les plus rudes à la théorie de Ptolémée et aux excentriques. Ainsi, les Arabes, du moins certains des plus influents d'entre eux, décident-ils de prendre résolument partie pour l'astronomie des physiciens et des philosophes contre celle des géomètres et des épicycles : pour Aristote et contre Ptolémée.

Quel est le vrai mouvement des planètes ?

Alors que les savants de l'islam scrutent le ciel, mesurent, discutent les systèmes cosmologiques imaginés par les Grecs, l'Occident chrétien – au travers la majorité de ses grands clercs – se détourne du savoir scientifique, de la philosophie de la nature. Jusqu'au début du XIIe siècle, la cosmologie chrétienne est essentiellement un commentaire de la Genèse, avec de notables exceptions que nous avons rencontrées.

Une tapisserie de l'an 1000

Sur une des plus célèbres tapisseries de Bayeux que l'on attribue – à tort semble-t-il – à la reine Mathilde d'Angleterre, qui épousa Guillaume de Normandie en 1054, on voit six personnages en admiration devant une étrange étoile. « *Isti mirandi stella* » (« ceux-ci admirant l'étoile ») est brodé dans le haut de la tapisserie. On sait aujourd'hui que l'astre mystérieux et spectaculaire qui les fascine est en réalité une comète, la comète de Halley plus précisément, qui fut visible en 1066. On ne peut en tirer de conclusions quant aux connaissances de Mathilde ou de ses proches sur un tel phénomène, mais simplement constater l'importance qu'ils accordaient à pareil événement.

L'astronomie des Franciscains et des Dominicains

On croit bien souvent qu'il n'y eut pas de « savants chrétiens médiévaux » ; on va voir combien cette opinion est peu fondée. Les savants dominicains et franciscains dont il va être question sont certes moins actifs que leurs prédécesseurs et collègues arabo-islamiques pour ce qui est de mettre l'œil à un dioptre ou vérifier les mesures héritées des Anciens. Ils font moins d'observation nouvelle et de catalogue d'étoiles ou de tables astronomiques. En quel sens, dès lors, peut-on soutenir qu'ils sont savants ? En un sens particulièrement éminent : ils discutent, autant ou même davantage que leurs devanciers, de la validité et des critères de recevabilité des systèmes astronomiques concurrents ; ils abordent de front la question de la vérité en science. Leurs arguments sont de très grande qualité et, pour soutenir leur point de vue, ils doivent quitter l'astronomie fantaisiste et ignorante qui se nourrissait seulement des indications poétiques, légendaires et métaphoriques de la Bible et des saintes écritures. Ils apprennent les mathématiques, la trigonométrie, les règles et les principes de l'astronomie. Sait-on assez qu'Albert le Grand, que Thomas d'Aquin, que Roger Bacon, que saint Bonaventure ou Bernard de Verdun, Jean Scot Érigène, Thierry de Freiberg, Jean de Murs, Nicole Oresme ou Jean Buridan, les grands scolastiques de l'Occident chrétien médiéval, connaissent tout cela et le connaissait admirablement ?

Pour toutes sortes de raisons, les intellectuels de l'Occident chrétien, au XIIe et surtout au XIIIe siècle, s'engagent dans l'aventure intellectuelle qui consiste à comprendre le monde en acceptant de n'avoir pas – comme unique boussole – les rares et délicates indications de la révélation. L'époque est plus faste pour l'Occident, Saint Louis règne à Paris, où l'université fait ses grands et brillants débuts, concurrencée par celle d'Oxford. C'est aussi le moment où se développent les deux grands ordres mendiants de l'église catholique, les Dominicains et les Franciscains, qui consacrent d'admirables ressources intellectuelles à la science, à la raison et à la connaissance de la Création, de l'œuvre divine.

Les grands traités d'astronomie arrivent en Occident

En 1175, le fameux érudit arabisant Gérard de Crémone traduit en latin l'Almageste de Ptolémée, sommet de l'astronomie grecque. Ce qu'un autre intellectuel chrétien, Michel Scot, ne va tarder à faire connaître aux savants scolastiques, c'est l'ampleur et la teneur des critiques que les Arabes ont émis contre Ptolémée et son système d'épicycles. Il traduit Averroès et al-Bitruji. Les savants occidentaux, à partir du XIIIe siècle, entrent donc en possession, à la fois des grands travaux – plus ou moins connus d'eux par la voie gréco-latine – des astronomes grecs, et des formidables discussions et réfutations que de grands scolastiques arabes, comme Averroès et al-Bitruji, y avaient opposées.

« Averroès a gravement erré »

Le dominicain Albert le Grand, dans son *Livre des causes,* étudie soigneusement la théorie des sphères de al-Bitruji (que les Latins nomment Alpetragius). Il lui trouve, comme vertu principale, de s'accorder avec les principes de la physique d'Aristote. Mais, dit-il, ce système ne peut fournir de tables (astronomiques), il n'est pas quantifié et se trouve pris en défaut par de nombreuses et très sérieuses observations : comment comprendre la taille apparente si variable des planètes, dès lors qu'elles sont sur une sphère qui a la Terre comme centre ? Comment bien comprendre la rétrogradation des planètes, si irrégulière ? Bref, si les meilleures explications sont pour les sphères, les observations s'y opposent. « Averroès a gravement erré [en soutenant vigoureusement les sphères], et il a induit ceux qui le suivent en une erreur grave touchant la nature des mouvements célestes », affirme Albert. Peut-on alors embrasser l'hypothèse ptoléméenne des épicycles, l'astronomie géométrique ? Oui et non : oui parce qu'elle est en mesure de donner les équations, c'est-à-dire de rendre compte avec rigueur des mouvements apparents des astres et de réaliser des tables. Non car elle contrevient gravement à certains principes de la bonne physique. Les épicycles sont des cercles dont le centre n'est pas un vrai corps physique, c'est une idée géométrique ; ces épicycles sont des imaginations de géomètres au lieu des vrais corps célestes créés par Dieu qui doivent constituer la machine cosmique. La Terre n'est pas le vrai et seul centre du monde. La doctrine de Ptolémée n'interdit pas le vide et ne respecte pas la théorie du « premier moteur » qui commande tous les mouvements du monde. Albert va tenter une conciliation, prenant parti pour l'astronomie de Ptolémée tout en soutenant la matérialité des cieux. Il suggère notamment l'existence d'une sphère supplémentaire, la *neuvième sphère,* qui complique encore un peu la donne.

Saint Thomas, qui fut élève d'Albert le Grand, reprend lui aussi l'étude comparative des doctrines. Les mêmes problèmes se posent à lui et finalement, Thomas, comme Albert, s'incline devant la supériorité effective du système des orbites circulaires.

La vérité par accident

Les Franciscains de l'université de Paris au XIIIe siècle, saint Bonaventure, Roger Bacon et surtout Bernard de Verdun, vont achever la besogne. Leur hésitation est grande cependant, surtout chez le premier. Après des comparaisons minutieuses et érudites des deux systèmes, Bernard de Verdun tranche : « Les sphères d'Alpetragius sont, au nom de l'observation, condamnées sans appel et les critiques de ces auteurs contre Ptolémée sont – de ce point de vue – sans force. » Ce jugement ne tarde pas à s'imposer chez les Franciscains, et rapidement dans l'université de Paris, où l'on ne trouve bientôt plus guère de défenseur des sphères homocentriques (les « poupées russes »).

Si les scolastiques occidentaux acceptent les épicycles de Ptolémée, leur agrément demeure réservé. Tâchons de comprendre cette réserve : les sphères d'Aristote ou de al-Bitruji ne rendent pas compte des mouvements des cieux; elles sont donc fausses (car, en bonne logique, le vrai ne peut impliquer le faux). En revanche, le système de Ptolémée rend compte des phénomènes (il permet de connaître les mouvements des astres), en ce sens, il est valide. Toutefois, ce système contrevient gravement à certains principes de la philosophie et de la physique; il est donc soupçonné de fausseté. Voici donc une hypothèse sans doute fausse qui permet de prévoir, de déduire du vrai ! Il n'y a là rien d'impossible, soutiennent saint Thomas et saint Bonaventure : deux hypothèses, deux systèmes différents peuvent donner les mêmes effets; pour parler simplement, il est en général possible de trouver plusieurs explications valables à une même situation (en bonne logique toujours, le faux peut impliquer le vrai). L'astronomie géométrique rend compte de la vérité, mais elle est sans doute fausse, dans ses fondements; c'est un cas de *vérité par accident.*

Pour le moment, jugent-ils, il n'y a pas d'autre système qui soit valable, mais l'espoir de ces savants chrétiens est qu'un jour vienne où l'on découvre un autre modèle, par exemple un agencement meilleur des sphères, qui respecte à la fois la physique d'Aristote et les phénomènes astronomiques ; l'espoir réside dans une réconciliation de l'astronomie des physiciens et celle des géomètres. C'était déjà le rêve d'Averroès et de al-Bitruji, un espoir qui ferait découvrir la *vérité selon la nature des choses.*

Des astronomes de terrain

Il y a des savants latins au Moyen Âge pour « mettre la main à la pâte ». Jean de Murs (1300, apr. 1345) qui est maître ès arts à la Sorbonne, fait de multiples observations. Il décrit soigneusement comment il a construit un quadrant de grande taille et comment il s'y est pris, en 1318, pour mesurer avec exactitude la hauteur du Soleil. Il entend améliorer la détermination de l'équinoxe de printemps. Le même Jean de Murs compare de façon détaillée les différentes tables astronomiques disponibles (il donne des arguments précis en faveur de celles d'Alphonse X de Castille). De subtiles méthodes géométriques et numériques (usage des nombres sexagésimaux) sont exploitées par cet astronome pour améliorer les modèles géométriques et les calculs astronomiques. Il fait même des propositions de réforme du calendrier (qui sera réalisée en 1582 !) et s'adonne à l'astrologie en établissant un pronostic sur l'année 1365 pour le pape Clément VI.

Les fameuses *tables alphonsines* dont il vient d'être question nous renseignent sur cette activité astronomique des savants latins du XIVe siècle. Elles sont établies vers 1320 sous le patronage du roi de Castille et visent à réformer les tables astronomiques antérieures. Une polémique existe entre spécialistes pour savoir qui, vraiment, les a établies. Le fait que les candidats soient trop nombreux est une indication précieuse pour nous convaincre qu'existe bien un milieu savant, relativement étoffé, capable d'accomplir le travail. On cite ainsi au moins deux savants juifs tolédans, Isaac ben Sid et Judah ben Moses ha-Cohen, et dix Parisiens, Guillaume de Saint-Cloud, Jean de Sicile, Pierre de Saint-Omer, Pierre de Dacie et une série de six « Jean » : de Vimond, de Murs, de Lignères, de Saxe, de Gênes et de Monfort.

Multiplication des horloges astronomiques

La réalisation de grandes horloges astronomiques réclame des connaissances et des mesures précises du mouvement des astres. Il est très significatif que l'on n'en connaisse aucune en Occident avant les années 1200 ; elles font leur apparition, timide, au cours du XIIIe siècle, puis le mouvement s'accélère entre 1300 et 1400 puisque plus d'une centaine sont construites entre ces deux dates, à Cambrai en 1318, puis à Norwitch, Orvieto, Milan, Padoue, Salisbury, etc.

« La Sphère » de Sacrobosco, le traité lu par tous

PORTRAIT

L'homme qui, en 1220, rédige un bref traité d'astronomie, nommé *De la sphère,* n'est pas très connu. Sans doute, Jean de Hallifax, ou encore Jean de Holywood, fut-il maître à Oxford ; il fut certainement professeur à Paris sous le nom de Johannes de Sacrobosco.

Au début, c'est-à-dire lors de sa première rédaction, l'ouvrage est mince, quelques dizaines de pages, largement illustrées, avec de nombreuses citations de poètes classiques. Puis il grossit et grandit au fur et à mesure des éditions ultérieures pour finir en un fort volume de plusieurs centaines de pages, dues au mathématicien jésuite Christophorus Clavius, qui en fit le commentaire en 1611.

Le destin de cet ouvrage est ahurissant. Très souvent reproduit et recopié aux XIIIe, XIVe et XVe siècles, il est le premier traité d'astronomie imprimé, à Ferrare, en 1472. Il connaît vingt-trois éditions au XVe siècle et plus de quarante dans la première moitié du XVIe, et d'autres encore jusqu'au début du XVIIe, où son intérêt finit par s'épuiser.

Qui ne l'utilise pas durant ces quatre siècles ? Les grands scolastiques le commentent, Giordano Bruno l'enseigne à Toulouse, vers 1579, les grands précurseurs de Copernic le méditent, l'augmentent, l'étirent, le poussent jusqu'à ses dernières limites. Les magiciens s'en servent, comme Cecco d'Ascoli, qui périt sur le bûcher en 1327 après avoir publié un *Commentaire de la Sphère de Sacrobosco.*

Chapitre 9

Les sciences du monde sublunaire

Dans ce chapitre :

- L'œil et le rayon lumineux
- Aristote n'a pas tout résolu
- Les herbiers et les bestiaires
- Les méthodes de guérison
- L'élixir et l'*al-anbiq*

Les Anciens s'étaient intéressés à l'optique comme à la science de la vision. La question à laquelle ils cherchaient à répondre était finalement « qu'est-ce que la vue » ? Dans quelles conditions – se demandaient-ils – voit-on les choses grandes, petites, brillantes, déformées, etc. ?

La vision et la lumière

N'OUBLIEZ PAS !

Au cours du Moyen Âge, l'optique change d'objet, ce qui conduit à une modification en profondeur de cette science : au lieu de la science de la vision, elle devient celle de la lumière. S'il n'y avait personne pour voir, il y aurait cependant de la lumière… et l'optique « nouvelle » cherche à connaître la nature ou les propriétés de cet objet indépendant de tout observateur. Sans doute la science de la lumière continue-t-elle d'enseigner des choses sur la vision, cependant celle-ci ne constitue plus le point de départ de la science optique, mais seulement l'un de ses aspects.

Ibn al-Haytham : les nouvelles lois de l'optique

Nombreux sont les savants arabes à s'occuper d'optique. Deux d'entre eux occupent une place essentielle dans la réalisation de ce grand tournant qui fait de l'optique la science de la lumière. Il s'agit d'Ibn Sahl (seconde moitié du Xe siècle) et d'Ibn al-Haytham (dit Alhazen, 965-1039).

La prise de conscience de ce changement de programme est nette chez Alhazen, qui est le principal opticien du Moyen Âge arabe. Il veut développer une science rationnelle et expérimentale qui permette de *faire parler vrai les images des choses vues.* Ce qui compte, ce n'est pas le soi-disant *rayon visuel* qui part de l'œil vers la chose qu'on regarde, mais le *rayon lumineux* qui part de la chose et pénètre dans l'œil. Il s'oppose donc clairement à la théorie du rayon visuel en faisant remarquer qu'un objet éclairé est vu par un œil qui se trouve dans l'obscurité alors qu'un objet dans l'obscurité n'est pas vu par un œil, même si celui-ci est « éclairé ».

Ses profondes connaissances de géométrie lui permettent de découvrir plusieurs propriétés du rayon lumineux, qui se comporte exactement comme une ligne droite. Il connaît et utilise la loi de la réflexion selon laquelle le rayon réfléchi dans un miroir fait un angle de *réflexion* égal à l'angle d'*incidence* (voir Figure 9-1).

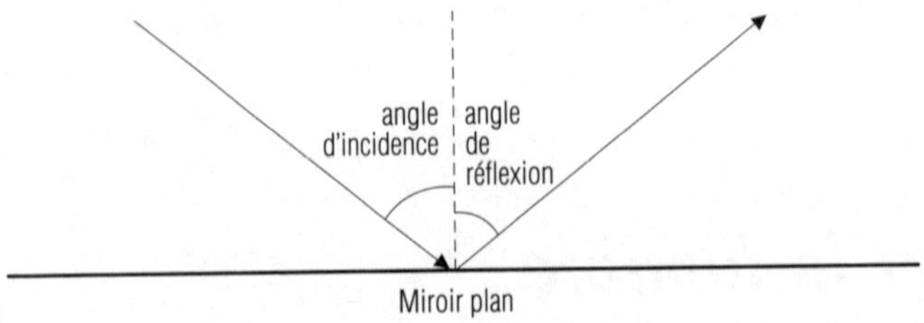

Figure 9-1 : Réflexion lumineuse.

L'exploitation de cette loi d'apparence très simple impose des démonstrations géométriques sophistiquées quand on l'applique à des miroirs sphériques et paraboliques, ce que fait Alhazen.

Il s'appuie en outre sur de très nombreuses expériences et on lui doit bon nombre de dispositifs optiques, comme les lentilles qui sont à l'origine des lunettes grossissantes, ou les sphères transparentes, qui le mettent sur la voie de la théorie de l'arc-en-ciel. Son instrument le plus remarquable reste la *camera obscura,* qui devait plus tard être redécouverte par les savants latins : il fait passer la lumière par un minuscule trou fait dans un mur, et l'image est alors projetée, inversée, sur le mur opposé.

Comme tous les spécialistes de l'optique, depuis l'Antiquité, Alhazen s'intéresse au phénomène de *réfraction,* qui a pour effet de détourner un rayon de lumière quand il passe d'un milieu dans un autre, comme de l'air dans l'eau par exemple, ce qui nous fait voir un bâton brisé quand on le plonge partiellement dans un seau d'eau. Il confirme qu'il existe un rapport constant en relation avec les angles d'incidence et de réfraction, mais ne parvient pas à donner la « bonne » loi. À cette occasion et contrairement à l'idée générale, Ibn al-Haytham affirme que « les lumières se propagent dans un mouvement très rapide, inappréciable à cause de sa rapidité », devinant ainsi que la propagation de la lumière n'est pas instantanée, ce qui allait être expérimentalement établi au XVIIe siècle par Ole Römer.

L'œil n'est évidemment pas absent des études d'Alhazen, bien au contraire, mais il l'étudie en tant qu'instrument optique, comme s'il s'agissait d'une *camera obscura* extrêmement raffinée. Il fait progresser considérablement nos connaissances sur l'anatomie de l'œil. Il définit avec précision le rôle de la cornée, du cristallin et de la rétine.

Un prédécesseur d'Alhazen, Ibn Sahl, a peut-être découvert la « bonne » loi de la réfraction. Dans son *Livre sur les instruments ardents,* il considère un rayon entrant dans un cristal (la surface de séparation étant plane) et montre que la déviation respecte toujours un rapport constant ; en fait, tout dépend de la grandeur censée mesurer la déviation. Or, la description du rapport telle que la donne Ibn Sahl autorise à y reconnaître le rapport des sinus des angles (à condition de l'interpréter favorablement)… C'est bel et bien ce qu'établira, au XVIIe siècle, la fameuse *loi de Descartes-Snellius* (voir Chapitre 18). Mais Alhazen n'a pas suivi Ibn Sahl, dont la possible découverte est restée méconnue.

Le problème d'Alhazen

Posé dans un contexte optique, le « problème d'Alhazen » est un fameux casse-tête géométrique. Supposons un miroir de forme circulaire. Un rayon de lumière est envoyé d'un point quelconque, il va se réfléchir sur le miroir. Comment doit-il être orienté pour que, après deux réflexions, il revienne au point de départ ? Ce problème est aussi connu comme celui du « billard circulaire ». Il est juste de dire qu'Alhazen n'a lui-même pas résolu son problème par les méthodes « classiques » de géométrie ; sa propre *solution* est passablement embrouillée. Ce n'est d'ailleurs que dans les années 2000 que l'on a clairement élucidé, à l'aide d'équations algébriques de degré 4, le redoutable problème.

L'anatomie de l'œil d'Ali ibn Isa

Ali ibn Isa (mort au Xe siècle) est considéré par beaucoup comme le meilleur oculiste de son temps ; en tous les cas, il en est le plus fameux. Il exerce ses talents de médecin dans la première moitié du Xe siècle ; il est fort possible qu'il ait été chrétien. Les trois volumes de son traité d'ophtalmologie, le *Kitab tazkirat al-kahhalin,* constituent le plus ancien ouvrage arabe qui nous soit parvenu sur le sujet. Il y traite de l'anatomie de l'œil, non seulement à partir des connaissances antérieures, mais aussi de ses propres travaux (examens pratiques et conceptions optiques générales). Ibn Isa décrit les maladies de l'œil, externes et internes, puis recense 130 affections différentes pouvant altérer la vue ou l'état physique de cet organe avant de présenter 143 médications possibles. Les historiens ont beaucoup discuté pour savoir si Ali n'avait pas employé l'anesthésie générale pour pratiquer des opérations (comme celle de la cataracte). Il semble que l'on soit face à un problème de traduction et que l'on ait abusivement traduit une expression signifiant qu'on « faisait s'allonger ou se coucher le patient » par « on faisait s'endormir le patient ». Bref, l'anesthésie générale est peu crédible au Xe siècle.

L'optique de Dietrich de Freiberg

Les savants du Moyen Âge latin réservent une très large place à l'étude de la lumière et l'on commence à savoir comment leur sont parvenus les textes et les commentaires arabes qui constituèrent la base et le point de départ de leurs travaux. Six siècles avant Newton, deux évêques anglais se passionnent pour l'étude de la lumière, le franciscain Robert Grosseteste en 1235, évêque de Lincoln, et John Peckham, évêque de Cantorbery en 1279 qui, en outre, diffuse l'œuvre d'Ibn al-Haytham dans le monde latin. Un autre franciscain anglais, Roger Bacon (1220-1292), surnommé « docteur admirable », s'illustre en optique. Il n'y a pas que les Anglais engagés dans ces recherches, et le choix est vaste lorsqu'on souhaite évoquer des scolastiques latins entre les XIIe et XIVe siècles qui font des découvertes d'optique ; le dominicain Dietrich de Freiberg (1193-1280) est sans doute un des meilleurs candidats possibles. La lumière (lumière de Dieu, lumière naturelle) l'intéresse comme théologien, mais aussi comme physicien et comme géomètre ; il s'en souvient pour étudier, plus à fond que quiconque avant lui, le phénomène de l'arc-en-ciel. Suivant une idée qu'avait déjà envisagée Alhazen, mais surtout Bacon, il cherche comment se forment ses diverses couleurs. Le très sérieux dominicain multiplie les expériences en soignant ses mesures, par exemple en illuminant de nombreux verres d'eau de tailles différentes et disposés à des hauteurs variables. Il parvient à trois conclusions précises.

D'abord, l'arc principal (celui que l'on voit bien) résulte d'une réflexion du rayon dans le fond de chaque gouttelette d'eau, associée à deux réfractions, une quand la lumière entre dans l'eau, l'autre quand elle sort. Deuxièmement, la formation des couleurs de l'arc-en-ciel dépend de la taille des gouttes : l'intervalle entre les plus petites et les plus grosses correspond au spectre des couleurs. Enfin, l'arc secondaire (celui qu'on voit mal) provient de deux réflexions en plus des deux réfractions (ceci expliquant l'inversion des couleurs).

Au VIIIe siècle, les mu'tazilites font revivre l'atomisme

Le plus connu des systèmes atomistes médiévaux du monde arabo-islamique est celui que développent les théologiens philosophes *mu'tazilites* (VIIIe-Xe siècle de l'ère chrétienne). Ils considèrent que les corps sont constitués d'atomes sans dimension en nombre soit fini, soit infini ; les atomes peuvent être représentés par des points géométriques. Encore plus intéressante sans doute est leur conception du temps, composé, selon eux, par des points-instants indivisibles ; le mouvement, qui se passe nécessairement dans le temps, est alors une succession de sauts d'un espace ou d'un lieu indivisible, ou atome, à un autre. Entre deux sauts, il peut y avoir un ou plusieurs instants de repos, ce qui détermine la vitesse. Ces conceptions sont incompatibles avec la notion de grandeur continue qui fonde la géométrie euclidienne, et c'est pourquoi les adversaires des mu'tazilites (en particulier al-Ghazzâlî, mort en 1111) ont fréquemment puisé dans les mathématiques pour trouver des arguments à leur opposer.

Les arguments *atomistes,* favorables à l'existence des *indivisibles,* séduisent plusieurs grands intellectuels latins aux XIIIe et XIVe siècles ; un groupe remarquable de ces atomistes est influent à Oxford dans les années 1300-1330 avec Henry de Harclay (qui sera chancelier de l'université) et Gauthier Chatton. Ils ont – à la même époque – des collègues parisiens comme Nicolas d'Autrécourt et Gérard d'Odon. Des arguments très subtils sont échangés pour savoir si, dans une grandeur continue, les *atomes* ou indivisibles sont en nombre fini ou infini, et aussi pour savoir si la géométrie constitue ou non un bon modèle pour comprendre la matière physique et réelle du monde. Plusieurs de ces savants occidentaux – Gauthier Chatton par exemple – mentionnent explicitement les mu'tazilites.

Des faiblesses dans l'édifice : Buridan et la théorie de l'impetus

La physique d'Aristote enseigne qu'il ne peut y avoir de mouvement sans un *moteur,* c'est-à-dire une cause qui produit le mouvement et l'entretient : si le moteur cesse, le mouvement cesse! Comment alors expliquer qu'un caillou lancé à la main continue de monter une fois qu'il est lâché? Il n'y a en effet plus de moteur. Un dispositif, l'*antipéristase,* était censé, quoique de manière peu satisfaisante, fournir l'explication de ce mystère. Une autre théorie est développée au XIVe siècle, qui prend bien des libertés avec certains principes aristotéliciens.

Homme brillant et plein de charme, Jean Buridan (v. 1300-apr. 1358) dirige l'université de Paris à deux reprises, en 1328 et 1340. En butte à de violentes attaques en raison de ses thèses philosophiques, il se réfugie en Allemagne. Ses ennemis *occamistes* (partisans de Guillaume d'Occam) réussissent à faire inscrire ses livres à l'*Index* (liste d'ouvrages censurés et interdits par l'Église).

Avant tout philosophe et spécialiste de logique, il est aussi l'un des principaux inventeurs de la théorie dite de l'*impetus,* censée résoudre les difficultés de la physique traditionnelle en ce qui concerne les causes du mouvement des projectiles. Selon Jean Buridan et les adeptes de l'*impetus,* il faut imaginer qu'une certaine puissance, une *force de mouvement,* existe dans la main de celui qui jette une pierre, ou dans la corde de l'arc bandé, et que cette puissance – que Buridan et les autres inventeurs de la théorie nomment *impetus* – est transmise pour partie à la pierre ou à la flèche. L'*impetus* (que l'on traduit parfois par « élan ») fait mouvoir le projectile, mais la réserve s'affaiblit au fur et à mesure que le mouvement en consomme et elle finit par s'épuiser ; alors la flèche, revenant à son mouvement naturel, tombe vers le sol.

Accepter cette idée, c'est admettre qu'une certaine chose passe de la main qui lance, ou de l'arc qui se détend, dans le projectile, avant de se dissiper dans l'air ambiant. Très belle idée sans doute, mais plutôt vague et qualitative ; en effet, il est difficile de mesurer l'*impetus* et de décrire son épuisement. On sait seulement que « plus le moteur [la main, l'arc] va vite, plus l'*impetus* est grand et aussi que, plus le mobile est gros, plus il transporte ou utilise d'*impetus* ». Il faut en outre diversifier la notion d'*impetus* ; on doit imaginer un *impetus naturel* qui affecte la pierre lorsqu'elle se détache d'une falaise, bien que celle-ci ne donne aucun élan à la pierre, ou encore un *impetus circulaire* qui ne s'épuise jamais, pour rendre compte du mouvement des planètes, du tourniquet ou de la toupie.

Buridan touche encore au Moyen Âge tardif, mais il fait partie de ces savants dont les idées sont bien connues et très influentes au cours de la Renaissance et même jusqu'à Galilée et Descartes.

ANECDOTE

L'amant de la reine de France

Les savants que nous rencontrons dans cette histoire sont souvent particulièrement chastes et peu portés sur la bagatelle. Certains sont religieux, d'autres se satisfont des plaisirs de la connaissance... Dieu merci, ils ne sont pas tous faits du même bois ! On raconte que Buridan, le très respecté maître en Sorbonne, est du nombre des amants de Jeanne de Bourgogne, future reine de France ; la légende ajoute que les amants d'une nuit de cette dernière étaient tués au lever du jour – une sorte de *Mille et Une Nuits* sur Seine. Buridan, aussi bon nageur que savant, aurait réussi à sortir du sac dans lequel il avait été jeté à la Seine et que ses étudiants l'y auraient repêché, ce qui est un bel exemple de reconnaissance envers un professeur. Bien des détails, hélas, jettent un discrédit sérieux sur la véracité de cette histoire : la configuration des lieux de même que les dates ne coïncident pas aisément avec la réalité.

Les plantes et les animaux

Les connaissances des Arabes de l'époque médiévale concernant les plantes et les animaux répondent à plusieurs critères assez nets : la curiosité scientifique, l'usage nourricier ou d'agrément et l'utilité médicale.

L'agronomie de Al-Andalus

Les travaux et découvertes en botanique dans le monde arabe se rencontrent d'un bout à l'autre des royaumes et califats, toutefois les principaux auteurs viennent surtout d'Al-Andalus. Les splendides jardins de Cordoue et de Grenade servent notamment pour la pratique de greffes, de transplantations, d'acclimatation des plantes lointaines.

La classification la plus connue est due à un savant né au IXe siècle à l'autre extrémité de l'empire. Al-Dinawari (828-896) est un Kurde, né en Perse, mais qui passe une bonne partie de sa vie dans le califat de Cordoue. Son plus célèbre traité, *Le Livre des plantes,* obéit à une logique claire : le critère retenu pour classer les plantes correspond à l'utilité ou l'agrément des espèces pour les hommes. Il regroupe ainsi les fleurs odoriférantes, puis les arbustes et les arbres d'ornementation, suivis des arbres fruitiers et des arbres non fruitiers ; les légumes ferment la marche. D'autres possibilités de classification sont suggérées par les botanistes qui mettent en avant des critères d'apparence ou de forme des plantes : leur couleur, leur morphologie, leur feuillage.

Bon représentant des savants aux compétences multiples, al-Biruni (973-apr. 1050) connaît l'astronomie, la physique, la philosophie, les mathématiques et la médecine. Il est l'un des premiers à soumettre les plantes à un examen rigoureusement géométrique. Parmi les propriétés des fleurs, il remarque la disposition circulaire du sommet des pétales et observe que leur répartition se conforme aux lois de la simple géométrie. Le nombre des pétales est généralement de 3, 4, 5, 6, 8 ou 10 ; ainsi, la structure de la fleur peut être décomposée en triangles isocèles. C'est pour cette raison, estime al-Biruni, qu'il n'y a pas de fleur avec 7 ou 9 pétales (ce qui est exact au moment où il écrit). On peut reconnaître ici la naissance d'un genre d'études qui devait avoir un immense succès, celui des *diagrammes des fleurs*.

Le bestiaire

Le traitement des animaux est moins clair que celui des plantes. Il est cependant connu qu'al-Farabi annonça, au Xe siècle, l'existence d'une science qui étudierait ce qu'ont en commun les différentes espèces d'animaux et ce qui est particulier à chacune d'elles ; il est exact encore que les *frères de la pureté* (un groupe d'érudits d'esprit ouvert qui, au Xe siècle, ont rédigé une encyclopédie en 52 volumes de toutes les connaissances scientifiques et philosophiques) voulurent décrire la manière dont les animaux ont été engendrés. Quoi qu'il en soit, la réalisation de ces programmes semble bien faible en zoologie. Le grand *Livre des animaux* de al-Jahiz (au IXe siècle) présente de belles descriptions, mêlées de légendes et de détails fantastiques. La classification y est fluctuante : il y a les animaux qui marchent, ceux qui volent, ceux qui nagent, ceux qui rampent. L'auteur voit bien les difficultés de ses critères puisque, parmi ceux qui volent, il en a qui ne sont pas des oiseaux, comme les insectes. À cet endroit du traité, et avec un certain humour, al-Jahiz mentionne les anges, qui volent eux aussi.

PORTRAIT

Les poissons et les poisons de Moïse Maimonide

Médecin et philosophe juif exerçant à la cour de Saladin, à Cordoue, Moïse Maimonide (1135-1204) fut un bon anatomiste dont les connaissances zoologiques étaient très en pointe. Il mit ces compétences au service des préceptes alimentaires religieux. On en a un bon exemple pour l'interdiction de manger « ce qui n'a pas de nageoires et d'écailles ». Selon Maimonide, justement, « l'examen de l'anatomie externe des poissons vénéneux et venimeux révèle que, dans la majorité des cas, il manque soit des écailles soit des nageoires, et dans les espèces extrêmement vénéneuses, il manque les deux. »

Frédéric II, l'empereur naturaliste autorise l'autopsie

Frédéric II (1194-1250) fut deux fois excommunié ! C'est un record pour un empereur du Saint Empire romain germanique. Une première fois pour n'avoir pas participé à la sixième croisade, une seconde pour n'avoir pas cédé au pape des villes de Lombardie. Frédéric est savant, parle neuf langues et s'intéresse particulièrement aux sciences naturelles et aux mathématiques. Il écrit un *Traité de fauconnerie* qui dépasse de beaucoup le strict domaine de l'art de la chasse. Dans une longue partie sur l'anatomie des oiseaux, il décrit admirablement les différentes positions des ailes pendant le vol avec des illustrations qui feront date. L'Église mit le manuel à l'Index, d'où il ne sortit qu'au XVIe siècle.

Bravant à nouveau les interdits de l'Église de Rome, Frédéric II promulgue en 1241 un édit autorisant la dissection de cadavres humains. Il fallait jusqu'alors se contenter de disséquer des porcs et chercher des ressemblances avec les organes humains… ou relire Galien, dont les travaux avaient mille ans. L'Italien Mondino dei Liucci de Bologne peut perfectionner, vers 1315, plusieurs notions importantes d'anatomie humaine, restant cependant un fidèle disciple de Galien, dont il voulait confirmer les enseignements.

L'empereur ne craint pas plus l'autorité des anciens que celle des papes et déclare s'opposer à Aristote, le *prince des philosophes,* qui – dit-il – parlait par ouï-dire, alors que la certitude ne saurait naître des racontars. On lui prête des expériences et initiatives moins innocentes comme celles consistant à élever des nouveau-nés dans le silence absolu pour voir quelle langue ils parleraient spontanément, ou encore à éventrer deux hommes pour étudier *in vivo* les effets de la digestion.

L'anatomie comparée d'Albert le Grand, le « De animalibus »

Albert Le Grand (de son vrai nom Albrecht von Bollstädt, 1200-1280) est un de ces esprits fantastiques de la scolastique latine. Ce dominicain surnommé « docteur universel » dispose d'un savoir immense et subtil qu'il applique à des spéculations dont certaines découragèrent les philosophes et les savants de la Renaissance ou de l'âge classique : il s'agit de commentaires des écritures, de liturgie, de logique. Sa théorie de l'*intellect acquis,* qui concerne les fonctions de l'âme dans ses rapports avec l'intellect et avec Dieu, réclame – pour être comprise et appréciée – bien des efforts et de l'abnégation. Albert est souvent considéré comme le plus important « passeur » de la science et de la philosophie arabe vers le monde latin. Comme l'écrit joliment un historien de la philosophie, il « s'est jeté avec un appétit de colosse sur la science gréco-arabe ».

Son œuvre énorme réserve une place de choix aux sciences, y compris l'alchimie. Son traité *De animalibus* (26 gros volumes !) fait d'Albert le plus grand naturaliste du Moyen Âge. On y trouve des résultats d'expérimentations précises comme la dissection d'œil de taupe, le repérage du système nerveux des écrevisses, la description du comportement de fourmis privées d'antennes, la comparaison des œufs de poissons et d'oiseaux. Il en tire des conclusions remarquables sur le classement des espèces (des plantes aussi) et sur leurs variations en fonction du milieu. Il cherche une définition de l'espèce et du genre pour les animaux.

Albert voyage beaucoup, mais il a profondément marqué l'université de Paris, où il enseigne avec enthousiasme dans les années 1240 ; parmi ses étudiants, Thomas d'Aquin, Roger Bacon, Robert de Sorbon, etc.

La médecine

Dans ce domaine aussi le rôle des Anciens est important pour les auteurs des pays d'islam. Galien reste la référence obligée avec son anatomie et la théorie des quatre humeurs, qui remontait à Hippocrate. Hunayn Ibn Ishaq (ou son neveu Hubaych) traduit 94 de ses traités. En plus de la réflexion sur la *philosophie médicale* inspirée des Anciens, la connaissance des herbes, une politique d'hygiène publique importante et une vaste activité chirurgicale caractérisent la médecine des pays arabes au Moyen Âge. On observe que la plupart des médecins jusqu'au Xᵉ siècle ne sont pas musulmans mais souvent des Arabes chrétiens (nestoriens) ; quelques familles comme les Bakhtishu, Masawaiyh, Sarabiyun dominent la médecine du VIIIᵉ au Xᵉ siècle.

Le « Livre de la guérison »

Avicenne, ou Ibn Sina (980-1037) propose, dans son *Livre de la guérison,* une définition claire et simple de la médecine comme la science dans laquelle on apprend à connaître les états du corps humain relativement à ce qui est sain et ce qui ne l'est pas, en vue du maintien de la santé lorsqu'elle existe et de sa restauration lorsqu'elle est perdue.

N'OUBLIEZ PAS !

La médecine du Prophète

Dans le Coran, on trouve de nombreuses recommandations qui ont un rapport direct avec la santé. Il s'agit de principes ou de conseils d'hygiène, d'alimentation, de mode de vie. Il y est fait mention, parfois avec précision, de maladies et aussi des descriptions de talismans contre le mauvais œil et de pratiques magiques. Il est aussi dit « quand vous allez visiter un malade, insufflez-lui toujours de l'espoir ; cela ne changera peut-être pas grand-chose au cours de sa maladie mais réconfortera l'âme du patient en lui donnant plus de vigueur ». Cet ensemble de prescriptions très générales ouvre la voie à des controverses sur la manière de les interpréter. Il ne constitue pas une médecine selon certains auteurs, et Ibn Khaldun avertit que « le Prophète a eu pour mission de nous faire connaître les prescriptions de la loi divine et non pas de nous apprendre la médecine. On n'est pas tenu de croire que les prescriptions médicales rapportées dans les traditions authentiques sont des règles que nous sommes tenus d'observer. »

La variole ne frappe pas deux fois le même individu

La variole était l'un des pires fléaux que connaissaient les hommes ! Elle tuait des centaines de milliers de personnes et le taux de mortalité, lorsqu'une épidémie sévissait dans une région, atteignait couramment les 30 %. Averroès tire des conclusions assurées d'une observation somme toute assez banale : lorsqu'on a échappé une fois à la variole, on ne peut plus en être victime une seconde fois. Il officialise ainsi ce qui pouvait jusqu'alors passer pour des croyances populaires infondées. Ibn Ruchd (dit Averroès, 1126-1198) est aussi médecin, en plus d'avoir été philosophe, théologien, juriste, astronome. Il est même l'un des plus grands médecins du monde arabo-musulman médiéval. Son livre principal *Kitab Al-Kulliyate* (« Traité de médecine universelle ») fut traduit et enseigné dans les écoles de médecine occidentales jusqu'au XVIIe siècle. En anatomie, il repère les nerfs crâniens et les méninges et comprend l'importance de la rétine, soutenant, l'un des premiers, qu'elle reçoit la lumière. Il décrit un grand nombre de maladies ainsi que des manifestations ou désordres psychiques. Défenseur d'une médecine aussi faiblement interventionniste que possible, il soutient qu'« en médecine, d'abord il y a la parole, ensuite il y a l'herbe, ensuite il y a le bistouri ».

L'alchimie

Il est difficile de savoir s'il faut ou non séparer nettement l'alchimie et la chimie. Le mot arabe *kimmiyya* (avec l'article, *al-kimmiyya*) recouvre les pratiques et connaissances du Moyen Âge que nous classons du côté de la chimie et celles que nous renvoyons à l'alchimie, mais le mot lui-même est d'origine incertaine ; il est possible qu'il vienne de *kemi,* qui veut dire « noir » en égyptien, ou bien de *khymia,* « la fusion » en grec.

D'une certaine façon, l'alchimie est bien proche de la chimie ; d'une autre, ces deux domaines se séparent très nettement, situation qui rappelle le couple astrologie et astronomie.

« Le Livre du secret de la Création et technique de la nature »

ATTENTION !

Le plus fameux texte de la littérature alchimique, *La Table d'émeraude,* ou *Tabula smaragdina* – aussi obscur que bref –, fut longtemps attribué à Hermès Trismégiste. Ce personnage légendaire aurait été un prêtre égyptien du dieu Thot qui aurait eu trois vies dont la plus lointaine avant le déluge et la plus récente à l'époque ptolémaïque ; sa « doctrine » est connue sous le nom d'hermétisme.

La Table d'émeraude aurait été trouvée, gravée sur une table d'émeraude, dans le tombeau d'Hermès *le trois fois grand.* On sait qu'elle fut insérée comme conclusion d'un plus vaste traité, *Le Livre du secret,* rédigé sous le règne d'al-Ma'mun en 833. Il existe des versions encore plus anciennes de ce texte, la première remontant au VIe siècle. Il s'agit d'un résumé de théories concernant la lumière des astres, l'astrologie, la pierre philosophale, la transmutation. C'est dans *La Table* que l'on trouve la formule qui lie le *macrocosme* et le *microcosme* : « Ce qui est en bas est comme ce qui est en haut, et ce qui est en haut est comme ce qui est en bas. »

Al-iksir, l'élixir de longue vie

N'OUBLIEZ PAS !

En grande partie, l'alchimie consistait en pratiques et théories ésotériques, transmises oralement ou en langage codé, en figures symboliques que ne peuvent lire que les initiés. Ces pratiques visent un idéal de pureté, une perfection dans les choses et dans les esprits. La recherche du métal idéal, l'or, à partir de minerais ou de métaux impurs, répond à cet objectif. C'est ce que désigne l'opération de transmutation des métaux, dite le *grand œuvre.* La substance secrète capable d'opérer cette transmutation est appelée *al-iksir, pierre philosophale* ou *élixir des philosophes.* Al-iksir peut aussi désigner le médicament souverain contre toute affection et vieillissement. On doit mentionner, de ce côté-là, Jabir ibn Hayyan (v. 721-v. 815), le plus connu des alchimistes de son époque. Il est aussi chimiste au sens que devait recevoir ce terme plus tard ; par exemple, il décrit longuement les acides minéraux (alun, sel ammoniac, salpêtre…).

Les auteurs et alchimistes arabes se réfèrent fréquemment aux traditions égyptiennes, par exemple à Zosime de Panapolis, écrivain du Ve siècle qui fut le grand alchimiste de tradition gréco-égyptienne.

ANECDOTE

Cléopâtre et Marie, deux femmes chimistes

Si l'on en croit al-Jildaki, chimiste arabe du XIVe siècle, Cléopâtre VII, reine d'Égypte de 51 à 30 avant J.-C., aurait été une chimiste et une alchimiste. On connaît un traité *Fi as-San'a* (« épître sur l'art ») qui lui est attribué. Avant elle, la tradition arabe repère une autre chimiste-alchimiste, Marie la Sage, ou la Copte, ou la Juive, dont on dit même qu'elle était la sœur de Moïse. Ce qui est valablement attesté est qu'un alchimiste du Ve siècle avant J.-C., un certain Ostanes, avait comme compagne une Marie. Jabir ibn Hayyan apporte un certain crédit à son existence en mentionnant explicitement Marie et ses écrits, l'*Épître sur la pierre philosophale* notamment. N'a-t-elle pas inventé, dit-on, des fours de distillation à l'aide de métaux ou de verre et, pourquoi pas, le bain-marie ?

Al-anbiq, une chimère ?

Le mot vient du grec *ambix,* qui est un vase à distillation. Selon les vertus qu'on prêtait à cette opération, elle relève plutôt de l'alchimie à tendance magique et toute-puissante, ou alors aux débuts de ce que l'on reconnaîtra comme la chimie. La possibilité de l'opération appelée *al-anbiq* oppose vivement les alchimistes et chimistes arabes entre eux : Jabir ou al-Razi l'admirent et la recherchent, alors qu'al-Kindi (mort v. 873), Ibn Sina (980-1037) et Ibn Khaldun (1332-1406) s'opposent radicalement à ce qui, à leurs yeux, était une chimère.

Distinctes de la pratique et de la sagesse ésotérique, de nombreuses manipulations et recherches existent qui relèvent de la chimie. On trouve les opérations sur les colorants, les travaux de métallurgie, la pâte à papier, la fabrication du verre, les cosmétiques et la distillation de l'alcool.

Les Arabes n'ont pas inventé la distillation, mais ils la pratiquent et la développent. Al-Kindi donne des descriptions précises du matériel et des méthodes : la cornue, l'alambic, l'alcool, l'alcali sont des appareils et des produits issus des ateliers et laboratoires des pays d'islam. Le papier, obtenu à la suite d'une série d'opérations à la fois mécaniques et chimiques, serait arrivé chez les Arabes par des prisonniers chinois au VIIIe siècle ; il prend une importance considérable et, durant longtemps, le papier d'Occident sera importé des pays arabes. Parmi les chimistes arabes les plus marquants, outre Jabir, on peut mentionner Abou Bakr ar-Razi (mort en 864) qui, le premier, aurait identifié l'alcool.

Comme plus tard en Occident et plus tôt en Égypte ou en Grèce, la chimie et l'alchimie sont très empiriques ; elles consistent en pratiques concrètes, artisanales, transmises et améliorées de génération en génération. Cependant, deux types de théories y sont associés. La théorie des quatre éléments d'Aristote, avec les quatre qualités premières (chaud, froid, sec et humide). Et des données a priori éloignées associées chez Jabir : par exemple entre les sept planètes identifiées (Soleil, Lune, Mars, Mercure, Jupiter, Vénus et Saturne), les sept métaux principaux (or, argent, plomb, étain, cuivre, mercure et fer) et aussi les sept *esprits* que sont le vif-argent, le sel ammoniac, le soufre, l'arsenic, la marcassite, le manganèse et la tutie.

PORTRAIT

Nicolas Flamel et l'éternelle jeunesse

On ne prête qu'aux riches, dit-on. Quoi de plus normal alors que les légendes sans nombre prêtées à Nicolas Flamel (1330-1418) ; car maître Nicolas était fort riche ! Il affirma que sa fortune procédait de la pierre philosophale, dont un vieux médecin juif converti lui aurait enseigné le secret à Saint-Jacques-de-Compostelle. Il est plus vraisemblable que son commerce prospère d'écrivain, les héritages de sa femme et de judicieuses affaires immobilières aient suffi. *Le Livre des figures hiéroglyphiques* lui a assuré sa renommée ; il est cependant très probable qu'il ait été écrit en 1590, et il existe de multiples récits concernant sa véritable origine, assurément alchimique. Il sut mettre en scène aussi bien sa mort que sa vie puisque sa tombe fut retrouvée vide bien des années après sa mort ; ce qui explique qu'on le retrouve, bien vif, dans les années 2000… il faut dire que c'est dans les aventures d'un jeune et fameux sorcier du temps présent, Harry Potter.

Chapitre 10

Sciences et religions au Moyen Âge

Dans ce chapitre :

- Des religions hégémoniques
- Les interdictions religieuses

La longue période médiévale est paradoxale quant aux rapports du couple sciences-religions. Au-delà des affrontements qui opposent leurs nations, les savants des pays d'islam puis ceux de l'Occident chrétien doivent résoudre un problème assez semblable : défendre la vérité révélée par leur dieu et, en même temps, apprendre à découvrir la nature en s'appuyant sur leur raison et leurs observations. Ce sera parfois sur le mode de la collaboration, parfois de l'hostilité.

La force des religions

La coexistence de la chrétienté occidentale et du monde islamique offre le spectacle de confrontations extrêmement violentes qui culminent avec les croisades ; elle est en outre l'occasion de rencontres et de similitudes culturelles, scientifiques et philosophiques d'une intensité remarquable. Puisque nous nous intéressons à l'histoire des sciences, et non à l'histoire politique ou militaire, il ne sera pas étonnant que les ressemblances l'emportent sur les antagonismes, en particulier pour ce qui concerne les relations qu'entretinrent les deux religions en question – et même les trois si l'on considère les importantes influences du judaïsme dans l'un et l'autre « camp » – avec les sciences.

N'OUBLIEZ PAS !

Les savants et les théologiens de l'islam ont longuement recherché des solutions qui permettent de faire cohabiter les savoirs des anciens Grecs avec leur théologie monothéiste. Ils se sont efforcés d'associer les principales philosophies de l'Antiquité (Platon et Aristote surtout) et les grands acquis scientifiques (Euclide, Hippocrate, Ptolémée, etc.) avec le Coran. Ils l'ont fait en transformant ce savoir grec au fur et à mesure des découvertes et inventions qui leur étaient propres. Or, les savants et théologiens chrétiens ont à résoudre un problème très semblable. Leur religion est, comme l'islam, un monothéisme qui prend sa source dans la Bible (et qui, sur bien des points, est fortement marqué de philosophie grecque). Il n'est dès lors pas très étonnant de constater que les grandes questions posées par la cohabitation des sciences de la nature et de l'islam, sont reprises – comme en accéléré – par ces chrétiens de l'Occident latin.

Le Dieu de la Bible fait-il bon ménage avec les sciences ?

S'il existait une réponse simple à cette question, cela se saurait ! Quelques indications fournies par l'histoire permettent de se faire une idée raisonnable sur le sujet. Au Moyen Âge, pour les musulmans comme, plus tard, pour les chrétiens, la question se pose en ces termes : comment doit-on considérer les sciences cultivées et développées par les païens ? Les païens visés étant essentiellement les Grecs et les sciences considérées étant les mathématiques, l'astronomie, l'astrologie, la physiologie animale et végétale, la médecine et la physique

Du côté de l'islam

N'OUBLIEZ PAS !

Chercher la vérité coranique sur l'attitude que doit avoir un croyant face aux sciences naturelles et aux mathématiques revient à interpréter le texte. On lit par exemple des versets affirmant que « Dieu placera sur des degrés élevés ceux d'entre vous qui croient et ceux qui auront reçu la science », ou encore : « La quête de la science est un devoir pour tout musulman. » La cause semble entendue, sauf si l'on fait remarquer que la *science* dont il est question ne doit être que la science concernant Dieu, la théologie. Autrement dit, la réponse demeure floue et les interprétations, inévitablement, n'ont cessé de varier. Les textes fondateurs furent parfois interprétés de façon très favorable aux sciences, parfois tout au contraire. Une chose semble établie : les grandes découvertes, en optique, mathématiques, médecine, astronomie, sont réalisées indépendamment d'une inspiration religieuse. En conséquence, au sujet de l'attitude que le croyant doit adopter face aux *sciences païennes,* on trouve dans l'histoire un large spectre d'opinions, depuis l'enthousiasme admiratif et critique jusqu'au rejet le plus radical.

Les hanbalites contre les sciences

La détermination d'un calife comme al-Ma'mun à développer et encourager la science et la philosophie ne va pas sans une forte opposition de courants religieux hostiles au libre exercice de la raison. Face au courant assez modéré représenté par les mu'tazilites, qui fait la part belle à la raison et à la science et auquel al-Ma'mun est fort lié, se développe, au VIIe et IXe siècles, une école théologico-religieuse très rigoureuse. Elle est animée par Ahmad ibn Hanbal (780-855) et ne conçoit comme seule et unique source de savoir assuré que le Coran et la Sunna et, comme seule science, celle de ces textes sacrés. Contre la doctrine selon laquelle « la science est l'une des institutions de la cité musulmane », les *hanbalites* (tel était leur nom) dénoncent ceux qui « en sont arrivés à dédaigner le Livre de Dieu et à prendre pour maîtres des êtres ignorants et égarés, alors que le seigneur leur a donné la science [...] ils prétendent connaître le mystère du monde ». Les mêmes extrémistes religieux conseillent ainsi le fidèle : « N'étudie pas trop les astres, si ce n'est pour t'aider à déterminer les heures de prières, mais pas au-delà. »

Un chrétien doit-il chercher à connaître la nature ?

Du côté des chrétiens, la situation est assez ressemblante. Dès ses origines, la chrétienté inspire des théologiens violemment hostiles aux sciences des païens. Tertullien (v. 155-v. 222) vitupère contre les connaissances des Grecs, peu utiles, voire néfastes et sources de confusion : « Qu'est-ce qu'Athènes a de commun avec Jérusalem ? Quelle concorde est possible entre l'académie et l'Église ? Qu'y a-t-il de commun entre les hérétiques et les chrétiens ? Avec notre foi, nous ne désirons pas d'autres croyances ! » Saint Basile estime inutiles et condamnables les recherches des astronomes.

Pourtant, une autre leçon résonne dans les écrits de saint Jean Damascène (v. 650-v. 749), de Grégoire de Nysse (335-394) ou, avant eux, de Clément d'Alexandrie (v. 150-v. 123). Pour ceux-là, la philosophie et les sciences sont des outils de la théologie. Clément conseille ainsi : « Ne nous trompons pas, la philosophie des Grecs est une marche vers la philosophie qui s'accorde avec le Christ. »

Le philosophe grec qui aura la plus grande sympathie des théologiens chrétiens jusqu'au XIIe ou XIIIe siècle est indiscutablement le *divin* Platon. Il sera *christianisé* par le plus important des pères de l'église, saint Augustin, qui était berbère et fut élevé à Carthage. Augustin se montre parfois hostile à la recherche scientifique : « Au sujet du mouvement du ciel, certains de nos frères posent ces questions [suivent les questions astronomiques]. Je leur réponds que je n'ai pas le temps d'entreprendre et de traiter ces raisonnements ; et ils ne doivent pas l'avoir non plus, car ce que nous désirons, c'est qu'ils soient informés en vue de leur salut et de ce qui est nécessaire ou utile à l'Église... »

PORTRAIT

Sylvestre, le pape savant

Le puissant courant qui fera transiter les travaux des pays d'islam vers l'Occident chrétien, n'est encore, en l'an 1000, qu'un bien faible ruisseau. Dans le couvent de Vich, en Catalogne, vers 970, un jeune moine d'origine modeste, venu d'Aurillac, va jouer, dans ce mouvement, un rôle de pionnier et connaître un destin exceptionnel. Gerbert s'initie aux mathématiques dans les manuscrits venus de l'Espagne musulmane. Les doctrines et les techniques astronomiques y tiennent évidemment une place de choix. Remarqué par le pape et par l'empereur Otton Ier, il devient directeur de l'école épiscopale de Reims, où il enseigne le *quadrivium,* c'est-à-dire l'arithmétique, l'astronomie, la géométrie et la musique. En 999, Gilbert est élu pape sous le nom de Sylvestre II. Ainsi, c'est un érudit parfaitement au fait de l'astronomie géométrique et physique comme des théories musicales qui occupe, en l'an 1000, le trône de Pierre à Rome. Nous sommes loin de l'image d'une tradition chrétienne n'offrant pour toute référence scientifique que des variations tirées du récit de la Genèse.

Parmi les élèves de Gerbert d'Aurillac, Fulbert, futur évêque de Chartres et fondateur de l'école du même nom, est l'un des plus notables. Cultivé lui aussi, imprégné des doctrines venues des Grecs et des Arabes, il contribuera au réveil scientifique de l'Occident. Il se rendra par ailleurs célèbre en faisant châtrer Abélard, devenu clandestinement l'époux de sa nièce, Héloïse. La chronique rapporte qu'un enfant, né de leurs amours, fut prénommé Astrolabe.

Naturales contre théologiens, ou Aristote au purgatoire

Les choses se compliquent lorsque les intellectuels d'Occident, cédant à une vague philosophique et scientifique, doivent traiter du cas Aristote et de ses versions arabes.

Avalanches d'interdictions contre Aristote

N'OUBLIEZ PAS !

Aristote est plus ou moins reconnu par l'Église chrétienne comme un sage et une source digne d'étude, bien que païen (mais on ne peut lui en faire grief, pas plus qu'à Platon, puisqu'ils vécurent avant J.-C.). Il faut dire qu'une partie seulement de ses œuvres sont jusqu'alors en circulation, essentiellement des traités de rhétorique, de logique et de métaphysique : les premières de ces disciplines apprennent à bien raisonner et argumenter ; de la troisième, on a pu adapter la thèse du *premier moteur* et l'interpréter comme une aspiration vers le dieu unique. Les choses changent quand les ouvrages *Physique, Traité du ciel* et *Génération des animaux* parviennent en Occident

Quatre thèses principales sont dures à digérer pour les théologiens : le monde est éternel et n'a donc pas été créé; rien ne peut exister à partir de rien et Dieu ne crée pas ex nihilo; seule l'âme rationnelle peut survivre à la mort et la résurrection des corps est donc impossible; enfin, on ne peut séparer la forme de la substance et l'eucharistie est donc impossible elle aussi. Pour faire bonne mesure, on souligne que l'œuvre d'Aristote fait – quoi qu'en disent certains – bien peu de place à l'idée de Dieu; elle semble vouloir expliquer et comprendre le monde sans l'aide d'une véritable divinité (ce qui est moins vrai chez Platon). Il faut donc interdire Aristote, ce qui est fait à Paris en 1210, 1215, 1231. Cinq autres philosophes sont visés aux côtés de leur « chef » : Averroès, Avicenne, al-Gazel, al-Kindi, Maimonide. Aucune attaque n'est à signaler contre Platon, alors considéré comme un allié du christianisme. Cette première vague n'a pas grand succès, et le franciscain Roger Bacon (1220-1292) enseigne « tranquillement » la *Physique* d'Aristote dans les années 1240.

Saint Bonaventure (1221-1274), autre franciscain éminent, prend la tête de la croisade contre ses collègues (Bacon, Thomas d'Aquin, qui était pourtant l'ami de Bonaventure, etc.) et leur *philosophe.*

Siger de Brabant défend la philosophie naturelle

Aux environ des années 1250, la faculté des arts de l'université de Paris traverse une crise grave : le corps enseignant est scindé en deux factions hostiles et les étudiants amplifient encore l'opposition de leurs maîtres. En forçant quelque peu le trait, on pourrait reconnaître d'un côté le clan des « philosophes » et de l'autre, celui des « théologiens catholiques ».

Le clan des philosophes, emmené par Siger de Brabant (v. 1235-v. 1284) et allié à Thomas d'Aquin (qui n'est pas encore saint Thomas), défend avec enthousiasme la philosophie d'Aristote et enseigne avec précision l'enseignement de son principal commentateur, le philosophe arabe Averroès. La connaissance du monde, de la marche des cieux est leur principal souci en tant que philosophes. Par ailleurs, ils tâchent d'éviter de soumettre la raison (notamment la connaissance des choses physiques) à la vérité théologique. Les naturales (c'est ainsi qu'on les appelle) considèrent en effet que les sciences ont leurs propres principes qui ne viennent pas des écritures saintes. Un signe tangible de cette situation est la séparation des facultés : la faculté de théologie et celle des arts ne sont pas situées sur le même campus. Les maîtres ès arts doivent même jurer qu'ils n'enseigneront pas la théologie.

L'idée générale est donc la suivante : nous faisons ici des études scientifiques, sur la nature ou les mathématiques et nous nous gardons d'en tirer des conséquences de nature théologique. En contrepartie, les *naturales* réclament de la part des théologiens le respect de cette séparation des compétences. La position de Siger et de ses collègues revient à dire qu'introduire des principes théologiques dans la *philosophie naturelle* transformerait cette discipline en une *philosophie surnaturelle.* Leur position est cependant délicate : les sciences sont autonomes mais pas vraiment indépendantes de la théologie et, au final, elles doivent s'y soumettre lorsque apparaissent des contradictions entre les deux. Comment s'en sortir ? En gros, de la manière suivante : selon la nature, ses lois et ses régularités, telles et telles choses sont justes : par exemple, l'être ne naît pas du non-être ; un enfant est le produit naturel de ses parents et de leur semence ; ou encore la Terre ne peut apparaître de rien ; ou bien le vide absolu ne peut exister ; autre exemple, aucune chose ne peut traverser les sphères célestes, etc. Voilà ce qu'enseignent les sciences *naturelles.* Il est vrai, d'un autre côté, que la puissance absolue de Dieu peut produire des événements qui ne relèvent pas de la nature, et cela relève de la théologie : par exemple, il peut créer un autre monde (ou celui-ci) à partir de rien, il peut transférer les corps, ou faire voyager les anges de la terre vers le paradis à travers les sphères célestes, etc. Mais ces vérités relevant de la puissance absolue de Dieu ne relèvent pas des sciences de la nature. Les sciences, soutiennent Siger, Albert le Grand ou Thomas d'Aquin, s'intéressent à la nature telle qu'elle existe et non à la nature telle que Dieu aurait pu faire qu'elle soit.

Les interdictions de 1277

Au mois de mars 1277, l'évêque de Paris, Étienne Tempier, rend publique la condamnation de 219 thèses qui sont contraires à la foi chrétienne ; elles sont interdites d'enseignement sous peine d'excommunication. Que s'était-il passé ? Louis IX, peu avant sa mort, a nommé Étienne Tempier évêque de Paris ; or, en janvier 1277, celui-ci a reçu une lettre particulièrement pressante du pape Jean XXI, qui se plaint en ces termes : « Un rapport extrêmement inquiétant est venu récemment à nos oreilles ; il nous a troublés et a mis l'amertume en notre âme. Au grand préjudice de la foi catholique, certaines erreurs se sont mises à pulluler à Paris. Aussi nous voulons et nous t'ordonnons de faire rechercher en quels lieux et par quelles personnes ces erreurs sont enseignées. » Réagissant avec zèle à la requête papale, Étienne Tempier rédige en toute hâte un impressionnant catalogue de thèses interdites ; le tout est plutôt désordonné, parfois même contradictoire, mais l'orientation générale paraît assez nette. La prohibition de l'évêque frappe d'excommunication tous ceux qui enseigneraient les sujets traités ou suivraient cet enseignement.

Un grand nombre de condamnations concernent des thèses grossièrement impies ou licencieuses, ou encore des hérésies proprement théologiques ;

elles ne concernent pas les sciences. D'autres s'en rapprochent, notamment celles qui visent l'astrologie, discipline qui a toujours irrité l'Église (officiellement) parce qu'elle semble limiter ou nier le libre arbitre ou la libre action de la grâce divine. Le souci principal des censeurs est intéressant ; ils condamnent toutes les propositions impliquant une limite au pouvoir divin. La doctrine physique et cosmologique aristotélicienne est ainsi rejetée puisqu'elle dénie au créateur d'avoir pu admettre le vide ou d'avoir pu créer une multiplicité de mondes. Bref, il est faux et condamnable de soutenir « qu'il est impossible à Dieu de faire ce qui est naturellement impossible ». Dieu peut tout faire, même l'impossible, pourrait-on dire.

Une même série d'interdits est promulguée simultanément par Robert Kilwardby, archevêque de Cantorbéry. Les effets pratiques de ces condamnations sont pourtant minimes, et l'essor de l'aristotélisme ne s'en trouve pas véritablement freiné.

Quand le pape menace saint Thomas d'Aquin

PORTRAIT

Les condamnations ne visent pas les seuls physiciens (ou naturales), mais aussi les théologiens trop conciliants envers Aristote. Le premier d'entre eux est Thomas d'Aquin (1225-1274), le dominicain peut-être le plus influent de l'histoire du christianisme.

La menace n'empêchera pas Thomas d'Aquin de devenir « saint » Thomas en 1323, et la condamnation concernant des articles le concernant fut annulée. Il cherche une voie moyenne entre ces deux vérités, celle de l'étude de la nature et celle de la révélation. Il détermine systématiquement les points de convergence entre l'enseignement d'Aristote et la doctrine chrétienne. Face à la thèse de l'éternité du monde, les philosophes sont en difficulté ; elle est clairement inconciliable avec la doctrine de la genèse et de la Création. La stratégie de Thomas d'Aquin consiste à en minimiser l'importance chez Aristote. Il suit en cela les arguments de Moïse Maimonide dans *Le Guide des égarés* ; selon celui-ci, Aristote n'était pas très assuré de cette thèse de l'éternité increéée du monde. Thomas, mais aussi Albert le Grand ou Roger Bacon réitèrent ces « excuses en faveur d'Aristote ».

Finalement, c'est plutôt le thomisme qui sort vainqueur de cette bataille et le mouvement dominant au Moyen Âge est (même et surtout après les interdictions de 1277) l'association de la doctrine catholique avec la philosophie péripatéticienne (ainsi nommait-on la philosophie d'Aristote). Le bilan de cet important épisode est net : les condamnations ne freinèrent pas le développement des études scientifiques dans les universités.

Troisième partie

Les sciences à la Renaissance

Dans cette partie...

Alors que l'activité scientifique connaît un déclin stupéfiant dans les pays d'islam, on observe un essor remarquable dans l'Occident chrétien. La curiosité s'empare de nombreux esprits, les voyages et les découvertes se multiplient. Dans tous les domaines, les théories et les expérimentations font vaciller les conceptions traditionnelles. Les découvertes se font vers l'amont, c'est-à-dire en recherchant les textes et les pensées des savants et des philosophes d'autrefois (les Anciens !) et vers l'aval, en osant des questions nouvelles, en exigeant la liberté de penser, de voyager, d'agir.

Chapitre 11

L'exercice de la curiosité et de la liberté

Dans ce chapitre :

- Sortir des ténèbres ?
- Christophe Colomb et Gutenberg
- Les érudits n'ont pas de frontière
- La redécouverte des textes anciens
- Une liberté de pensée nouvelle

La période dite « Renaissance » est source de fierté pour beaucoup d'auteurs de cette époque. Deux domaines principaux, où se multiplièrent les découvertes, peuvent justifier cet orgueil : l'exploration du monde intellectuel des Anciens par les chercheurs et l'exploration du monde terrestre par les grands voyageurs. En 1545, le physicien français Jean Fernel résume avec enthousiasme la situation en écrivant : « Le monde tourne, les dimensions des continents terrestres sont découvertes, le compas est inventé, la presse d'imprimerie sème les connaissances, la poudre à canon révolutionne l'art de la guerre, autant de témoignages du triomphe de notre âge nouveau. »

Contre le Moyen Âge ?

Une première idée fausse et largement répandue jusqu'à une époque récente est celle-ci : la Renaissance se construit seulement en opposition avec le Moyen Âge ; la lumière commence enfin à briller après les temps obscurs. Les choses sont évidemment plus complexes et plus riches ; si la Renaissance est *contre* le Moyen Âge, c'est aussi parce qu'elle est *tout contre* lui.

Aux XVe et XVIe siècles, les critiques et les rejets de thèses médiévales sont fortes, comme on le verra dans les chapitres qui suivent, mais le contraire est presque aussi vrai, à savoir l'accueil positif d'idées, d'expériences et de théories médiévales. En ce qui concerne les sources, la situation est comparable : sans doute les savants de la Renaissance cherchent-ils à renouer des liens directs avec les savoirs des Anciens (les Grecs et les Latins) et sûrement examinent-ils d'un œil critique et méfiant les dogmes et les compilations répétitives des siècles précédents, mais il faut immédiatement ajouter que les grandes traductions des Anciens, la redécouverte des traités de médecine, d'astronomie, de mathématique, de zoologie et de botanique ou d'histoire naturelle, tout cela a été initié et développé au Moyen Âge (arabe ou latin).

Ce siècle et demi (de 1450 à 1600), qui se perçoit lui-même comme un moment de renouveau, est largement tissé par les fils du passé et du passé proche. Ainsi les fortes inspirations aristotéliciennes importées dans les sciences au cours du Moyen Âge sont-elles durablement présentes à la Renaissance, y compris chez les plus grands rénovateurs, et l'on pense ici à Copernic.

Le Nouveau Monde et l'imprimerie

Les découvertes techniques sont pour beaucoup dans ce changement de période. En 1454, Gutenberg met au point la presse d'imprimerie, qui va permettre une très large diffusion des textes. En 1492, Christophe Colomb aborde en Amérique du Sud et rapidement, les dimensions et surtout la diversité du monde s'accroissent considérablement ; ce qui signifie aussi la multiplication des domaines scientifiques à explorer, notamment la navigation, l'astronomie, la botanique et la zoologie. Ces découvertes et ces possibilités nouvelles ne signifient pas automatiquement progrès moral ou intellectuel : la rencontre avec des peuples américains occasionnera et favorisera tout autant le développement de thèses racistes et de fanatisme religieux accompagnant une exploitation lamentable de ces populations. Quant à l'imprimerie, elle sert autant, voire plus, à imprimer et diffuser les idées conservatrices que les nouveautés. Les grands succès des éditions incunables sont *La Sphère de Sacrobosco,* l'*Anatomie* de Mondino, le *Canon* d'Avicenne et les opuscules de Razès, autrement dit, les piliers de l'astronomie, de la médecine et de l'alchimie traditionnelles médiévales.

Des savants vagabonds

Une tradition typiquement médiévale est précieusement cultivée à la Renaissance : celle qui consiste, pour les étudiants, à se rendre d'université en université afin d'y entendre les maîtres fameux, Gesner, Paracelse, Vésale, Regiomontanus, Copernic, celle aussi qui permet aux maîtres eux-mêmes d'occuper des chaires en divers pays, assurant de la sorte une intense circulation des idées.

Le grand savant de la Renaissance est souvent un homme seul : Cornelius Agrippa, Giordano Bruno, Vésale, Paracelse, Cardan et même Léonard de Vinci ou Tycho Brahe sont indépendants, aventureux et rebelles aux institutions, parfois jusqu'au tragique. Il y a là un trait d'esprit caractéristique de l'époque : on ne veut plus suivre, interpréter, améliorer telle ou telle doctrine; le grand savant de la Renaissance entend – dans une solitude orgueilleuse – écouter directement la nature et l'interpréter. Pour ces rénovateurs, le retour aux anciens, à Ptolémée, à Galien, à Pline ne témoigne pas d'un désir de revivifier leurs théories, mais plutôt d'une volonté de retrouver les faits, les observations, les données réunies autrefois, pour les interpréter à nouveaux frais. Comme le note un historien de la Renaissance, on utilise un auteur ancien en négligeant sa pensée.

N'OUBLIEZ PAS !

Un trait caractéristique de la science de la Renaissance est aussi son caractère encyclopédique; on apprécie les traités énormes, les *bibliothèques universelles,* les synthèses immenses où l'on rassemble Aristote, Platon, Pythagore, Hermès Trismégiste, la Cabale.

Autre évolution notable : les sciences doivent être utiles et on en recherche toutes les applications imaginables, des plus raisonnables aux plus fantaisistes (du moins pour l'époque). Les machines conçues – au moins en esprit – par Léonard de Vinci en portent témoignage, les mille recettes des alchimistes aussi. Les mathématiques sont cultivées pour servir aux marchands et artisans, et on publie de nombreux traités de calcul pratique. L'astronomie est appliquée à la navigation et à la cartographie, la mécanique, à la mise au point de machines, de grues, de vis, etc.

L'universalisme de la pensée de la Renaissance explique encore pourquoi tous les domaines sont bons à explorer. Le moment n'est pas venu où l'on chassera l'astrologie au profit de l'astronomie et l'alchimie au profit de la chimie. Rien n'est a priori impossible et, si l'on cherche à se libérer d'Aristote, ce n'est pas pour enfermer la connaissance dans de nouvelles limites. La Renaissance est donc aussi l'âge d'or de la magie, des prophéties à la Nostradamus, de la divination.

Les savants sont souvent un peu schizophrènes : leur dialogue solitaire et hautain avec la nature les pousse au secret – comme Léonard, qui code ses cahiers à l'aide d'écritures inversées et chiffrées – mais, d'un autre côté, leur souci de réussites pratiques et concrètes leur suggère de réaliser des textes, des remèdes, des calendriers, des appareils destinés au public. À côté de traités ésotériques rares prolifèrent donc les publications grand public.

Remonter aux sources

Les historiens ont eu raison d'insister sur l'activité fébrile de recherche des sources anciennes. On assiste à une quête infatigable et internationale de manuscrits oubliés.

Pour être précis, il faut remarquer que cette activité est légèrement antérieure à la période qui nous intéresse ici, puisqu'elle subit un coup d'arrêt violent avec la chute de Constantinople en 1453, au grand dam des humanistes latins. Dans les années qui suivent, c'est surtout l'exploitation de ces sources qui occupe les érudits. Il est inconcevable, pour un jeune humaniste, de n'avoir pas, à son actif, la traduction latine d'un original grec. Sans doute, bon nombre de ces textes – pas tous, loin de là – sont connus par les traductions et les commentaires arabes réalisés entre les VIIIe et XIIIe siècles ; ils ont souvent été modifiés, plus ou moins rigoureusement établis, et l'activité philologique de la Renaissance est considérable, apportant son lot de mises au point grammaticales et linguistiques.

Rompre avec les systèmes contraignants

On ne peut passer sous silence, malgré tout cela, une réelle hostilité manifestée par les humanistes envers leurs prédécesseurs des XIIIe et XIVe siècles. Des auteurs comme Érasme contribuent en effet à forger cette opposition entre le Moyen Âge et la Renaissance. Duns Scot ou Thomas d'Aquin sont vivement critiqués. Il faut pourtant y regarder de plus près ; on découvre alors que c'est une certaine science ou une certaine philosophie antérieure qui est prise pour cible, et d'abord celle des universités. Celles-ci sont vues – souvent à juste titre – comme des lieux où dominent l'immobilisme et le dogmatisme. Comme le fait observer une historienne, « lorsque les humanistes attaquent la science médiévale, ils s'en prennent à une attitude intellectuelle qui leur apparaît ultrasubtile et stérile ; ils n'attaquent pas la science en elle-même ». Ils s'en prennent à l'aristotélisme comme système clos mais admirent Aristote le zoologiste, entre autres.

Dans les chapitres qui suivent, on rencontrera une belle cohorte de savants de premier ordre, Copernic, bien sûr, Léonard de Vinci, Ambroise Paré ou Paracelse, les plus connus, Giordano Bruno et Michel Servet les martyrs, mais encore Regiomontanus, Brunelleschi, Cardan, Tartaglia, Tycho Brahe, Stevin, Gilbert, Commandino, Gesner et Agricola pour n'en citer que quelques-uns. Avec eux, toutes les disciplines scientifiques connaissent d'importants développements, les mathématiques avec l'essor de l'algèbre, de la perspective et de la trigonométrie, l'astronomie grâce à la puissante hypothèse de Copernic et les idées d'un monde sans limite, la mécanique, la théorie des équilibres et du mouvement des projectiles avec Stevin et Tartaglia, l'alchimie ou la chimie, que renouvelle – entre autres – Paracelse. Les sciences du vivant ne sont pas en reste, cultivées par les botanistes et zoologistes comme Conrad Gesner ou Olivier de Serres ; en médecine s'illustrent Vésale et Ambroise Paré.

Chapitre 12

Les mathématiques : pourquoi en faire ?

Dans ce chapitre :

- La peinture et la géométrie
- Les usages de la trigonométrie
- La bataille des algébristes
- Pourquoi faire des mathématiques ?
- Naviguer devient une science

Au cours de la Renaissance, les mathématiques se développent dans deux directions qui ne se rencontrent pas toujours : une direction pratique, celle que cultivent les commerçants, les peintres, les artisans, les bâtisseurs, les architectes, etc., et une direction théorique dans laquelle on étudie les solutions des équations, on traduit et on commente les Anciens, on invente les logarithmes, on enrichit la théorie des nombres et des rapports, etc.

La perspective des peintres géomètres

N'OUBLIEZ PAS !

Ils sont tout un groupe d'artistes quasiment légendaires ; ils sont peintres, architectes, sculpteurs et géomètres. Ils inventent la peinture italienne du quattro et quintecento ; leur génie et leur sensibilité s'accompagnent d'une recherche de représentation fidèle de la réalité, voici pourquoi ils donnent une place si considérable aux méthodes de perspectives. Parmi eux, Brunelleschi, Alberti, Vasari, Léonard, Raphaël, Bramante, Lucas Pacioli, Piero Della Francesca.

Brunelleschi et le baptistère San Giovanni

Filippo Brunelleschi (1377-1446) est surtout connu comme architecte ; il est le bâtisseur du dôme de la cathédrale de Florence (entre 1420 et 1436), qu'il parvient à équilibrer sans avoir recours aux cintres habituels. C'est aussi à Florence, devant le baptistère San Giovanni, qu'il découvre une clé essentielle de la perspective : comment représenter sur un tableau (une surface) un paysage ou un bâtiment (un volume) ? En s'aidant d'un appareil ingénieux, la *tavoletta,* composé d'un miroir et d'un petit trou d'observation, il détermine la place exacte où l'on doit se situer pour représenter correctement le baptistère. Le lien entre le point de fuite et le point d'observation est découvert. Les peintres italiens d'abord, puis européens dans leur ensemble, vont s'emparer de cette méthode et en élaborer la théorie géométrique.

Alberti, le théoricien à sa fenêtre

Avec cet autre Florentin, Leon Battista Alberti (1404-1472), nous voici à nouveau en présence d'un homme exceptionnellement doué et universel. Ce premier théoricien de la perspective est aussi philosophe, mathématicien, peintre, architecte et… grand sportif ! Son *Traité de la peinture* fixe les règles de base sur lesquelles se développera cette partie de la géométrie. « Quand je veux peindre une superficie, écrit-il, mon premier acte est de tracer un rectangle en guise de fenêtre ouverte par où je puisse voir le sujet. » Il procède au quadrillage de son plan et démontre comment repérer le point de fuite ; ensuite, il donne le moyen de tracer la ligne d'horizon et ce qu'on nomme le *point de distance.* Les peintres de la Renaissance sont bientôt en mesure de représenter avec exactitude les proportions et les impressions de distance de la réalité en trois dimensions. Des améliorations pratiques sont apportées aux dispositifs d'Alberti, ainsi que des démonstrations rigoureuses de ses règles et de nouvelles lois qui enrichissent le domaine.

Dans la formidable génération des artistes italiens de la Renaissance, Piero Della Francesca (1416-1492) est un excellent cas d'association de création picturale et d'invention géométrique. On le constate à la seule lecture des titres de ses trois traités de mathématiques : *De la perspective en peinture,* le livre des *Cinq Corps réguliers* (où l'on retrouve les cinq solides de Platon) et un *Traité d'abaque,* terme qui désigne les tablettes ou les bouliers, ou encore les figures quadrillées et les courbes prédessinées permettant des calculs pratiques.

Luca et Léonard

Les œuvres marquantes sont parfois sans grande nouveauté ; ainsi de la *Summa* de Luca Pacioli (1445-v. 1510). Ce père franciscain enseigne les mathématiques dans diverses villes d'Italie et publie un gros volume de plus de 600 pages où il présente de façon complète et absolument moderne l'ensemble des connaissances mathématiques de son temps : arithmétique commerciale, arithmétique théorique et théorie des proportions, géométrie et – ce qui est assez nouveau en Occident – algèbre. Les notations et les calculs sont encore bien lourds : par exemple, huit procédés différents enseignent la multiplication. Les fractions exposées dans la *Summa* sont assez semblables aux nôtres. Les symboles proposés pour les écritures algébriques constituent une occasion de mesurer la difficulté d'invention des « bonnes notations ». Avec Luca et les algébristes du XVe siècle, on est bien loin du but : $\sqrt[8]{\ }$ était notée *℞ ℞* cuba de *℞* cuba ; pour l'égalité, on utilise le mot *eguale.* On trouve surtout dans la *Summa* une étude des équations, sujet qui va connaître un formidable élan en Italie tout au long du XVIe siècle. Pour Pacioli, tout problème qui se ramène à une équation du second degré est « résolu » ou pouvait l'être.

Luca a pour ami un certain Leonardo da Vinci ! En mathématiques, comme en langues anciennes ou en philosophie, Leonardo n'a pas de formation classique, universitaire, systématique. Il a appris « sur le tas » et on a souvent dit qu'il était *un uomo senza lettere.* C'est effectivement en lisant la *Summa* de Luca Pacioli et non pas Archimède ou Apollonios que Leonardo étudie les mathématiques. Au fond, c'est sa désinvolture philosophique qui lui permet d'aborder des méthodes infinitésimales sans se poser de questions *métaphysiques* à propos de l'infini (que l'esprit humain ne saurait considérer ou maîtriser). Léonard y cherche des moyens pratiques et concrets de résolution de problèmes. Sa plus jolie découverte est celle du centre de gravité d'une pyramide, qui est sur l'axe de la pyramide, au quart de celui-ci, à partir de la base. Il trouve aussi une solution mécanique très ingénieuse du *problème d'Alhazen* (voir Chapitre 9 et ci-dessous).

Comme bien d'autres peintres à son époque, Lucas fait un grand usage de la divine proportion (voir Chapitre 2) pour décider de la forme du cadre des tableaux mais aussi de leur organisation, de leur structure et de leurs équilibres internes : des triangles, des rectangles respectant cette proportion sont repérables dans ses œuvres.

ANECDOTE

La *Melancolia* et ses symboles mathématiques

Melancolia, un des tableaux les plus célèbres de la Renaissance, est dû à Albrecht Dürer (1471-1528), graveur de génie, géomètre spécialiste de la perspective. Le tableau réalisé en 1514 contient de nombreux symboles alchimiques, astrologiques, médicaux, etc. et bien des thèmes mathématiques : compas, polyèdre et surtout le plus célèbre carré magique du monde, dit *carré de Jupiter,* dans lequel la date 1514 joue un rôle. Les nombres additionnés de chaque colonne, chaque ligne, chaque diagonale donnent la même somme, ici 34.

1	15	14	4
12	6	7	9
8	10	11	5
13	3	2	16

La trigonométrie : les triangles sphériques

UN PEU DE TECHNIQUE

La géométrie des triangles avait fait d'énormes progrès chez les auteurs de langue arabe. Levi ben Gerson avait notamment trouvé le théorème fondamental qui prouve que les sinus sont proportionnels aux côtés opposés et, en astronomie, l'usage des sinus était devenu courant. Les géomètres latins devinrent familiers de ses méthodes trigonométriques.

Dans la Figure 12-1, AB est la corde associée à l'angle. Elle est employée chez les Anciens. IB est le sinus (si le rayon est pris comme unité). IO est le cosinus.

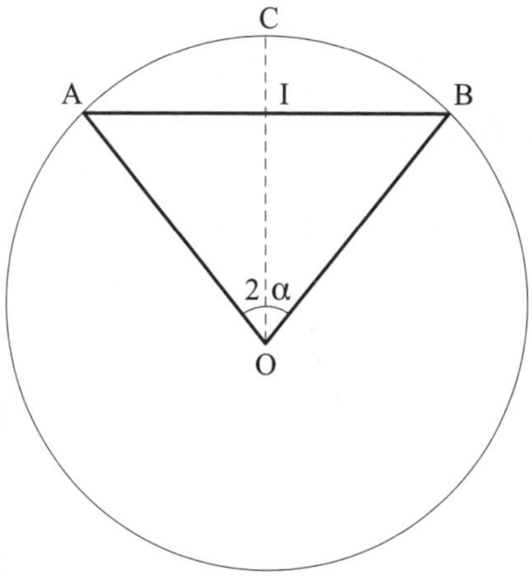

Figure 12-1 : Sinus et cosinus.

On nomme *géométrie sphérique* l'étude des triangles tracés sur une sphère. Georg von Purbach (1423-1461), puis son élève Regiomontanus (1436-1476) réactivent ce grand sujet de géométrie qui est évidemment décisif en astronomie (où tout n'est que sphères !) ; ainsi Copernic éprouve-t-il la nécessité d'ajouter de *nouvelles tables de trigonométrie sphérique* au premier livre du *De revolutionibus* en 1642.

Peurbach et Regiomontanus trouvent – ou retrouvent – des résultats dont certains avaient déjà été examinés par les Arabes : la proportionnalité des sinus est encore valable pour ces triangles sphériques ; il est possible de déduire les côtés d'un triangle sphérique à partir de ses angles et réciproquement. Ils établissent une table des sinus d'une formidable précision, et Regiomontanus met en valeur la notion de tangente, dont le nom n'apparaîtra cependant qu'en 1583 chez Thomas Fincke. Le premier à faire, en 1551, une place précise au cosinus est Rheticus, élève de Copernic ; là encore, ce n'est pas lui qui le baptisera ainsi, mais l'Allemand Gunter en 1620.

Le drame de l'équation du troisième degré

L'histoire de la résolution de l'équation du troisième degré (qu'aujourd'hui on note $x^3 + ax^2 + bx^2 + cx + d = 0$) est une sorte de drame qui a opposé les principaux algébristes italiens des XVe et XVIe siècles. On savait depuis longtemps résoudre l'équation du second degré, qui saurait vaincre celle du troisième degré ?

Un étonnant quatuor

On retiendra quatre protagonistes de cette bataille : Scipione Del Ferro (1465-1526), Niccolo Tartaglia (1499-1557), Jérôme Cardan (1501-1576), Ludovico Ferrari (1522-1565).

Le premier est plutôt sage et sa vie de professeur à Bologne, calme ; le deuxième, d'origine très pauvre, gravement blessé enfant, grandit, étudie, enseigne et écrit hors des universités et des ordres religieux, en indépendant ; le troisième est un personnage flamboyant, médecin, philosophe, magicien, astrologue, occupant des postes prestigieux qu'il doit souvent fuir à la suite d'épisodes scandaleux ou dangereux ; il finit protégé du pape. Le dernier est le plus haut en couleur, joueur, dissolu, impie, il obtient cependant la chaire de Bologne, où il meurt jeune, sans doute empoisonné par sa sœur.

Des racines impossibles

Les objets mathématiques décisifs dans toute cette affaire sont ce qu'on appelle alors les *solutions impossibles,* c'est-à-dire des racines carrées de nombres négatifs. Les étapes de la controverse qui accompagne leur introduction dans le monde mathématique peuvent se décrire ainsi : d'abord on leur refusa toute existence et tout rôle dans les calculs ; ensuite, on leur refusa le droit à l'existence mais on admit qu'elles interviennent à certains moments des calculs ; enfin, on accepta que ces étranges racines existent, même si on ne savait ni les représenter ni leur associer de grandeur réelle.

La bataille des algébristes

Vers 1520, Del Ferro résout l'équation de la forme $x^3 + ax = b$ (les notations sont alors bien plus obscures que celles-ci), mais ne publie rien et transmet le secret à son élève Antonio Maria Fior. En 1535, Fior provoque Tartaglia en « duel mathématique » et lui soumet 30 équations à résoudre. Tartaglia parvient, au dernier moment, à résoudre les équations et, en outre, établit la solution de $x^3 + ax^2 = b$. Lui aussi garde le secret sur sa méthode. En 1538, Cardan tente d'obtenir la solution de Tartaglia, qui refuse de la lui révéler. Il publie en 1539 un superbe traité où il déclare cependant impossibles les racines de grandeurs négatives. Tartaglia lui donne alors, sous forme codée et en vers, la solution générale qu'il a trouvée. On la connaît sous le nom de *formule de Cardan,* car c'est celui-ci qui la publie en 1545, en attribuant la découverte à Del Ferro et à Tartaglia. Dans ce traité, il emploie les racines impossibles au cours des calculs. Un an plus tard, Tartaglia accuse Cardan d'avoir divulgué son secret et celui-ci réplique violemment en soutenant que Tartaglia a lui-même volé la solution de Del Ferro. Entre-temps, Ferrari a réussi à résoudre des équations du quatrième degré (en parvenant à éliminer les termes en x^3). Un gros traité de Tartaglia est publié à titre posthume en 1560 avec ses méthodes et résultats.

Un cinquième homme conclut la controverse. Raffaele Bombelli rédige son *Algebra* en 1560, elle sera publiée en 1572. Le pas décisif qu'il accomplit est l'acceptation complète des *racines impossibles* ; il montre qu'on peut leur appliquer les méthodes de calcul habituelles. Après Bombelli, on ne sait toujours pas « ce que sont » ces grandeurs fictives, mais on sait comment leur faire jouer pleinement leur rôle dans la résolution de la terrible équation du troisième degré.

L'apparition du signe « = »

Les progrès réalisés en mathématiques sont fortement dépendants de l'invention de notations simples, efficaces, puissantes. Les élèves et les étudiants ont souvent l'impression que ces symboles nouveaux apportent des complications superflues. Ils seraient édifiés et vite convaincus du contraire s'ils avaient l'occasion de lire des textes anciens (algébriques notamment), dans lesquels ces symboles n'existaient pas : la lourdeur et l'obscurité y étaient terribles.

À la Renaissance, l'école anglaise d'algèbre se développe avec un certain retard par rapport à l'italienne et à l'allemande, mais le plus marquant de ses représentants, Robert Recorde (1510-1558), est le premier à utiliser dans un traité d'algèbre le signe « = », il emploie aussi « + » et « – » pour l'addition et la soustraction. Le signe = se rencontrait parfois dans des écritures commerciales, et Recorde justifie son adoption en remarquant que « rien ne peut être plus égal que deux lignes parallèles ».

La règle des signes et la Saint-Barthélemy

Les amis de mes amis sont mes amis ! Pierre de La Ramée, dit Ramus (1515-1572) a cruellement éprouvé la distance existante entre une règle formelle et logique et la « vraie vie ». Il fut assassiné, avec des centaines de ses coreligionnaires, lors du massacre de la Saint-Barthélemy, par les catholiques fanatisés dont certains se prétendaient amis de ses amis. Dans ses *Livres d'étude mathématiques*, il justifie pleinement l'usage des nombres négatifs en associant le « – » à la négation et le « + » à une affirmation. Ainsi la *règle des signes* permet-elle de lier la proposition « l'affirmation d'une affirmation est une affirmation à la règle algébrique "+" par "+" donne "+" ; de même la négation d'une négation est une affirmation à "–" par "–" donne "+" » et enfin « la négation d'une affirmation est une négation à "–" par "+"

donne "–" ». L'analogie avec *les amis et les ennemis* a souvent été invoquée pour faire comprendre cette règle qui autorise l'usage des grandeurs négatives dans la multiplication. Ramus, humaniste et philosophe, est un antiaristotélicien farouche, extrême même ; ce qui explique peut-être qu'il entame une sorte de croisade antieuclidienne, jugé trop conforme à la logique et à la démonstration enseignée par Aristote. Il soutient que l'arithmétique pratique des marchands de Saint-Denis est plus utile que les subtilités des traités de théorie des proportions.

ANECDOTE

Le prince des amateurs répond à Adriaan Van Roomen

Adriaan Van Roomen (1561-1615) est un mathématicien important et renommé. En 1593, il lance un défi à ses confrères, défi qui semble redoutable : il s'agit de résoudre une équation du 45e degré ! En termes modernes, cela donne :

$$x^{45} - 45x^{43} + 945x^{41} - \ldots + 45 = a$$

François Viète, appelé « le prince des amateurs », trouve immédiatement la réponse avec une impeccable démonstration. Il montre que cela revient, dans un cercle de rayon 1, à trouver la 45e partie d'un arc donné. Une réponse aussi foudroyante augmenta d'autant la réputation du mathématicien d'Henri III et d'Henri IV.

Les nombres à virgule

Cette formidable découverte que connaissent tous les élèves du monde a une vieille histoire. L'idée de diviser des nombres et des grandeurs par 10, ou par 100 ou 1000 etc. est déjà repérable chez un Immanuel Bonfils de Tarascon vers 1350, ou chez Regiomontanus, Rudolff et Élie Misrachi au début du XVe siècle. Le mathématicien arabe al-Kashi en a eu l'idée à la même époque mais ses travaux ne sont pas connus en Occident.

PORTRAIT

Dans cette partie du monde, c'est Simon Stevin (1548-1620), un génial Hollandais, qui introduit les nombres décimaux. Stevin sait tout faire : c'est un très grand ingénieur, inventeur de machines, physicien, administrateur et un remarquable géomètre théoricien. Ami du prince Maurice de Nassau, qui gouverne les Pays-Bas, Simon Stevin occupe d'importants postes à responsabilité (militaires, inspections, intendance, enseignement). Dans son traité intitulé *La Dîme,* il propose deux choses capitales : la première est l'usage systématique des fractions décimales (1/10, 1/100 etc.). Ainsi, « notre » 13,745 est pensé de la façon suivante : 13 unités plus 7 dixièmes, plus 4 centièmes plus 5 millièmes. La seconde est la modification de la notion de nombre. On se souvient que, depuis les Grecs, les seuls nombres étaient les entiers naturels à partir de 2. Stevin assume la transformation nécessaire : l'unité est un nombre, les « nombres rompus » (les fractions) aussi, les racines quelconques (√5 par exemple) sont des nombres.

Les Jésuites et la science

La Compagnie de Jésus est fondée en 1540 par Ignace de Loyola et ses premiers compagnons. Les Jésuites vont rapidement occuper une place considérable dans les activités scientifiques en Europe, en Amérique, en Chine, etc. On aurait tort de limiter cette influence à une lutte contre les découvertes et les nouveautés, en astronomie et en physique notamment. Certes, leur rôle dans l'affaire Galilée penche dans ce sens, mais ne saurait faire oublier que les Jésuites constituent (ou forment), à la fin du XVIe siècle et au cours du XVIIe, une grande partie de l'élite scientifique mondiale.

De la certitude des mathématiques

N'OUBLIEZ PAS !

Un important débat est lancé au sein de la compagnie, dans la seconde moitié du XVIe siècle, afin de décider de la place qu'il convient de faire aux mathématiques dans les programmes d'enseignement de leurs collèges. Alessandro Piccolomini (1508-1578) ouvre une vaste controverse au sujet de la *certitudo mathematicarum.* Christophorus Clavius, professeur au collège romain des Jésuites, s'oppose aux thèses de Piccolomini et intervient avec détermination en faveur de la *certitude des mathématiques.* Elles servent d'abord, dit-il, à former l'esprit à bien raisonner, avec rigueur et exactitude ; en ce sens, les mathématiques sont un exemple et constituent le meilleur entraînement possible pour aborder toutes les sciences. En outre, explique Clavius, elles servent directement en bien d'autres domaines : en géographie, en astronomie, en architecture et en mécanique, ainsi bien sûr qu'en optique… « Enfin, soutient le jésuite, la géométrie soumet au regard de notre esprit cet immense ouvrage de Dieu et de la nature. »

À la fin du Moyen Âge, une bonne partie des chaires de mathématiques des universités européennes sont occupées par des professeurs jésuites ; en outre, ils ouvrent de grands collèges (dont certains pouvaient accueillir plus de 1 000 élèves) dans lesquels les mathématiques sont très présentes : le jeune Descartes fera ses premières armes au collège des Jésuites de La Flèche vers 1610.

L'astronomie et les mathématiques pour convaincre les mandarins

En 1583, un père jésuite, Matteo Ricci, s'installe à Zhaoqing, près de Canton. Il est particulièrement versé en astronomie et en mathématiques et s'imprègne de culture chinoise. On lui doit un grand dictionnaire des sinogrammes. Il entre en contact avec les mandarins, travaille à une traduction d'Euclide en chinois en collaboration avec l'un d'entre eux, le remarquable Xu Guangqi ; il remporte de grands succès en exploitant les théories astronomiques occidentales. Matteo est introduit auprès de l'empereur Wanli, et bientôt les Jésuites de Chine animent le bureau d'astronomie de la cour impériale. L'imprégnation culturelle est forte dans les deux sens, et les jésuites de Rome estiment que leurs compagnons de Chine font la part trop belle aux croyances et rites chinois dans leur activité de missionnaires catholiques. Dès le milieu du XVIIe siècle, le christianisme est grosso modo interdit par les autorités chinoises ; sa reprise sera bloquée au XVIIIe siècle par cette « querelle des rites ».

La réforme grégorienne du calendrier, pour fixer la date de Pâques

Pour des raisons religieuses, Pâques doit tomber le dimanche suivant la première Lune de l'équinoxe de printemps. Il convient donc de connaître exactement la date de cet équinoxe ; hélas, selon le calendrier julien (en vigueur depuis Jules César), cet équinoxe se décalait vers l'été. La dérive entre la date et la *saison réelle* (signalée par l'égalité du jour et de la nuit) est due à un phénomène astronomique reconnu depuis longtemps par les astronomes, quoique sa précision soit alors très récente : le temps que met la Terre à faire un tour complet du Soleil est de 365,24219 jours ; or, le temps que met le Soleil pour se retrouver au même endroit parmi les étoiles quand on l'observe de la Terre est de 365,25636 jours. La différence est de vingt minutes et vingt-quatre secondes. Un système d'années bissextiles instauré depuis le calendrier julien corrigeait assez bien cette dérive ; le décalage n'était que de huit jours par millénaire ! Conséquence, Pâques, autrefois fixé le 21 mars, se retrouvait vers le 10 mars au XVIe siècle.

Une équipe d'astronomes et de mathématiciens est mise sur pied à Rome, dirigée par Christophorus Clavius. Il faut mobiliser les plus fines connaissances astronomiques du temps pour établir une réforme aussi exacte que possible. Le résultat est officialisé le 15 octobre 1582 sous le pontificat de Grégoire XIII. L'année moyenne était fixée à 365,2425 jours. Les années du calendrier grégorien sont organisées ainsi : l'année ordinaire a 365 jours, les années multiples de 4 sont bissextiles et comptent 366 jours, sauf les années multiples de 100, qui ne sont pas bissextiles, sauf (exception dans l'exception) les multiples de 400, qui le sont. Ainsi, 1600 et 2000 sont bissextiles, et 1700, 1800, 1900 ne le sont pas. La perfection n'étant pas de ce monde, il demeure un décalage de trois jours en dix mille ans, ce qui, pour diverses raisons (comme le raccourcissement de l'année tropique de 0,5 seconde par siècle), est négligeable. On décida donc de passer directement du 4 octobre 1582 au 15 octobre, supprimant ainsi dix jours du calendrier. Les pays ou régions *papistes* (Italie, France, Espagne, Pologne…) l'acceptèrent tout de suite, d'autres suivirent en traînant des pieds (Écosse, Alsace…), le Royaume-Uni résista jusqu'en 1752 ; enfin, les pays orthodoxes ne réformèrent leur calendrier qu'au XXe siècle (Russie, Ukraine, Grèce…).

L'art de la navigation

Il est inutile de souligner l'immense importance de la navigation à la Renaissance, puisque c'est à cette époque que deviennent possibles les grandes expéditions et explorations du globe terrestre par les voies maritimes. Encore faut-il savoir tracer sa route et faire le point. Les mathématiques trouvent en ce domaine un considérable champ d'application.

Premiers essais pour calculer les longitudes

Il n'est pas trop difficile de calculer la latitude, même en mer. Si l'on parvient à évaluer correctement les angles du Soleil ou des étoiles sur l'horizon, le résultat est fiable. Les longitudes posent des problèmes bien plus redoutables, et il faudra attendre la fin du XVIIe siècle pour résoudre la question. Les mathématiciens astronomes de la Renaissance bénéficient cependant des progrès réalisés dans leurs disciplines et proposent des méthodes géométrico-astronomiques pour calculer les longitudes en mer. Oronce Fine (1494-1555), originaire de Briançon, est un très bon spécialiste des cadrans solaires. Il propose aux marins une méthode de calcul des longitudes basée sur la mesure des distances lunaires. Si elle est intéressante du point de vue théorique, elle est impraticable puisque les mesures lunaires n'atteignent pas la précision suffisante pour répondre aux exigences des navigateurs.

Les marins préféreront longtemps les méthodes pratiques et empiriques pour tracer leurs routes. L'idée générale consiste à suivre le mieux possible une certaine latitude (plus aisée à évaluer) et à améliorer les calculs de vitesse, le long du parallèle choisi. À cet égard, l'invention du loch, présenté par l'Anglais William Bourne en 1573 assure la suprématie de la *méthode pratique* sur les *méthodes mathématiques.*

ANECDOTE

Le fauteuil marin à ressorts

Un Français, Jacques Besson (1540-1576), professeur de mathématiques à Orléans et ingénieux inventeur de machines, imagina en 1567 un instrument universel. Le titre qu'il donna à son manuel de présentation est savoureux : *Le Cosmolabe, ou Instrument universel concernant toutes observations qui se peuvent faire par les sciences mathématiques, tant au ciel, en la terre, comme en la mer.* Il y a plus ; pour s'en servir à bord d'un navire, il fallait installer un large fauteuil, monté sur des ressorts de manière à éviter le roulis et le tangage. Ce n'était pas pratique !

L'art de naviguer de Pedro Nunez

À la prestigieuse université de Coimbra, une chaire de mathématiques est créée en 1544 justement pour former les pilotes à la navigation. Pedro Nunez (1492-1577) en est le premier titulaire, jusqu'en 1562. Il est fameux pour avoir découvert la courbe *loxodrome,* qui concerne la navigation : supposons qu'un navire prenne un cap constant ; ceci veut dire que le compas de l'homme de barre doit toujours indiquer le même angle par rapport à la direction *locale* du pôle. Nunez montre que ce chemin n'est pas le plus court entre deux points, autrement dit que le navire ne suit pas un *grand cercle* de la sphère terrestre, mais une spirale qui, si on la poursuivait indéfiniment, s'enroulerait autour du pôle. Si l'on veut suivre le plus court chemin, il faut faire des corrections. Elles ne seront vraiment bien élucidées qu'au moyen du calcul infinitésimal de Leibniz, à la fin du XVIIe siècle. Toujours dans le cadre de l'application des mathématiques à la navigation, le problème des cartes planes constitue un beau casse-tête. Il s'agit de projeter une sphère, la Terre, sur une surface plane, la carte. Divers procédés sont concevables, et l'un d'entre eux est dû à Gerard Mercator, qui la met au point vers 1570. L'idée de base est d'imaginer un cylindre autour de la sphère terrestre et de projeter les points de la sphère sur le cylindre en respectant leur hauteur sur l'équateur. Il en résulte des avantages et des inconvénients. Au passif, les environs des pôles sont terriblement agrandis et déformés et de façon générale, les distances ne sont pas respectées ; à son actif, la carte de Mercator est précise aux abords de l'équateur et, pour les marins, la courbe loxodrome est représentée par une droite, ce qui est bien commode pour tracer ses routes.

Chapitre 13

Le système du monde de Nicolas Copernic

Dans ce chapitre :

- Et si le monde n'avait pas de bornes ?
- Les mouvements des astres sont décidément complexes
- La Terre est une planète !
- Les faiblesses du nouveau système
- Quel mode d'emploi pour le *De revolutionibus* ?
- La prudente réception de l'héliocentrisme
- Un système du monde intermédiaire

Nous allons voir dans ce chapitre comment est née la plus célèbre des révolutions scientifiques ; elle est due à un astronome polonais, Nicolas Copernic (1473-1543), qui suggéra que la Terre n'était pas au centre du monde où se trouvait le Soleil, alors que le globe terrestre devait être considéré comme une planète tournant sur elle-même chaque jour et autour du Soleil en une année. Comment cette idée grandiose prit-elle naissance ? Quel fut son destin auprès des savants de l'époque ? Quelles difficultés eut-elle à surmonter ?

La vie de Nicolas Copernic est celle d'un jeune homme de bonne famille, de commerçants plutôt riches de Pologne. Son père meurt alors qu'il n'a que 10 ans ; sa mère et un oncle, évêque de Warmie, veillent sur son éducation, qui sera excellente. Diplômé de l'une des meilleures universités d'Europe, celle de Cracovie, il file « voir le monde » et compléter sa formation dans une autre remarquable université de la Renaissance, celle de Bologne. À l'âge de 25 ans, il a étudié les lettres classiques, la médecine, le droit, la philosophie et surtout l'astronomie et les mathématiques. Encore quelques années d'allées et venues entre la Pologne et l'Italie, et Nicolas se fixe définitivement dans sa ville, Frombork, dont il est par ailleurs un citoyen actif et important : chanoine de la cathédrale, gestionnaire du budget public, il assure la défense de la ville lors d'une attaque des chevaliers teutoniques.

Tel est l'homme qui a donné son nom à la plus fameuse révolution scientifique de l'histoire.

On ne sait pas précisément à quel moment surgit la grande idée selon laquelle la Terre tourne autour du Soleil, mais, vers 1510, il est en possession des grandes lignes de son système du monde : il a en effet rédigé un court texte, le *Commentariolus,* schématique et fort clair, qui dévoile l'architecture du chef-d'œuvre à venir. Il lui faudra encore trente ans de patience et de calculs pour accumuler et organiser les données et les arguments exposés dans les six livres qui composent le *De revolutionibus orbium coelestum* (« Des révolutions des orbes célestes »). C'est, dit-on, sur son lit de mort, en 1543 que Nicolas Copernic reçoit l'exemplaire de son traité, qui sort de l'imprimerie au moment où lui-même s'apprête à quitter un monde dont il venait de transformer l'idée que s'en faisaient les hommes.

Un disciple unique

Copernic eut un disciple remarquable et unique, le jeune Rheticus, formé à Wittenberg chez Martin Luther et son savant bras droit, Melanchthon. Rheticus est donc de religion protestante, ce qui ne l'empêche en rien de travailler avec Copernic, chanoine catholique. C'est lui qui force un peu la main de son maître alors qu'il hésite à rendre publique ses théories révolutionnaires. Il rédige à cet effet un bref document, la *Narratio prima,* où il expose les thèses essentielles de l'héliocentrisme. Le succès est immense et d'autres amis, au nombre desquels le cardinal Schönberg, insistent pour la publication du grand traité.

Les mondes infinis et la docte ignorance de Nicolas de Cusa

D'autres questions que celle qu'allait résoudre Copernic, et qui concernent l'organisation de l'Univers, sont dans l'air à son époque. Lui-même s'est occupé du centre du monde ; d'autres – avant lui – s'interrogèrent sur les dimensions du monde et même sur l'existence de frontières à notre Univers. L'idée selon laquelle le monde est infini, c'est-à-dire n'a pas de bornes, est ancienne. Les atomistes de l'Antiquité, Épicure, Démocrite, Lucrèce, l'ont défendue, mais l'immense majorité des philosophes, des astronomes, des physiciens, que ce soit en Grèce, à Rome, en pays d'islam ou dans le monde latin, ont pensé que le monde était clos et l'Univers, inséré dans une sorte d'écrin immense contenant tout ce qui existe. Copernic restera globalement fidèle à cette conception.

La probité du cardinal de Cusa

La thèse de l'Univers infini soutenue par le cardinal Nicolas de Cusa (1401-1464) est d'autant plus intéressante qu'elle est émise par un haut dignitaire de l'église chrétienne et, plus encore, parce qu'elle ouvre de nouvelles possibilités à l'astronomie, au nom de la « docte ignorance ».

Le Cusain, comme on l'appelle souvent, débute dans la vie en s'enfuyant de la maison familiale, où son père le maltraite ; les études, les voyages et les rencontres lui permettent de s'élever très haut dans la hiérarchie ecclésiastique et sociale : ami du pape Pie II, il se fait bien des ennemis en luttant contre les mœurs dissolues du clergé et les superstitions. Par ailleurs, la cosmologie intéresse au plus haut point notre cardinal. La grandeur du monde est indéterminée, les mondes peuvent être multiples ! Tel est l'enseignement de Nicolas de Cusa. Pour évoquer cette infinité, il utilise la fameuse et ancienne image de « la sphère infinie dont le centre est partout et la circonférence nulle part ». Si nous pouvons (devons) envisager un monde « ouvert » et multiple, c'est au fond surtout et avant tout en vertu de notre ignorance ! C'est parce qu'il est présomptueux de prétendre que nous connaissons la vérité de la thèse opposée.

La cour de Dieu doit être infinie

Thomas Digges (1546-1595), astronome anglais, fils d'astronome, est un des premiers supporters du système héliocentrique de Copernic. Il se démarque de celui-ci sur une question de grande importance : les étoiles sont trop nombreuses et de luminosité trop différente pour être toutes incrustées dans la sphère des fixes, comme on appelait la voûte étoilée. Cette frontière de l'Univers n'est qu'une illusion ! Les étoiles se répartissent dans un monde immense et peut-être infini. On ne voit, avançait l'audacieux astronome, que la partie inférieure de l'orbe des étoiles et celles, innombrables, qui s'étendent très au-delà dans les profondeurs du ciel, échappent à notre vision. Les raisons avancées par Digges sont plutôt théologiques que proprement astronomiques : la cour glorieuse du grand Dieu doit être un lieu infini, ce qui convient mieux à sa puissance. La conception *infinitiste* de l'Univers qu'il défend est donc assez délicate : il y a un lieu fini du monde, celui que nous pouvons voir et que nous pouvons étudier ; et il y a un lieu infini qui nous échappe et relève du séjour de Dieu et des bienheureux.

Giordano Bruno, le supplicié du Campo dei Fiori

Dans le centre de Rome, sur le Campo dei Fiori, le visiteur peut voir de nos jours une très belle et émouvante silhouette encapuchonnée ; c'est la statue de Giordano Bruno (1548-1600), que l'Inquisition fit torturer et brûler vif en janvier. Les enseignements astronomiques de ce moine irrespectueux des autorités pesèrent dans la condamnation, même s'il est juste de dire qu'il paya au prix fort bien d'autres insolences et blasphèmes contre l'Église catholique.

Dans son ouvrage *De Immenso et innumerabilis seu de universo et mundis*, il nie expressément trois choses : « Le premier ciel, principe et fin de toutes choses naturelles, la cinquième essence et son mouvement naturel circulaire, enfin les moteurs célestes nés d'une imagination perturbée et entretenus par l'ignorance. » On le voit, le ton est sarcastique, et Aristote doit se retourner dans sa tombe (voir Chapitre 3). Copernicien, grand admirateur du chanoine, Bruno critique pourtant la sphère des fixes, cette *prison qui nous enferme* que Copernic n'a pas rejetée. La limite que constitue la sphère des étoiles n'est pas plus réelle que l'horizon, affirme-t-il.

C'est avec audace et courage qu'il synthétise ses positions devant ses juges lors de sa déposition du 2 juin 1592 :

« Je tiens qu'il y a un Univers infini comme effet de la puissance divine infinie, parce que je considérerais comme une chose indigne de la puissance de Dieu que, pouvant produire en plus de ce monde un autre monde et d'autres mondes infinis, il eut produit un monde fini… »

Les cieux sont décidément peu obéissants

Les astronomes savent que le système traditionnel de Ptolémée présente de sérieuses faiblesses (voire Chapitre 3). Les trois principales difficultés qu'il faut surmonter sont la rotation des étoiles, la variation de distance des planètes, les stations et rétrogradations des planètes, à quoi s'en ajoutent d'autres comme la précession des équinoxes et le télescopage des sphères célestes portant les planètes.

Un tour fantastique chaque vingt-quatre heures

Si la Terre est au centre et immobile, il faut que toutes les étoiles, ensemble, accomplissent chaque jour un tour complet autour de l'axe du monde, nord-sud. Cette voûte immense est donc animée, on ne sait comment, d'un mouvement de rotation régulier et d'une vitesse fabuleuse. Ensuite, si les planètes parcourent des cercles (ou sont accrochées à des sphères) dont la Terre est le centre, elles doivent toujours être à même distance de la Terre (ou à peu près) ; or, leur taille apparente change énormément d'un moment de l'année à l'autre ; expliquer cette variation autrement que par un éloignement variable relève de la mission impossible !

Enfin, les planètes sont emportées dans la zone du zodiaque d'un mouvement général de l'ouest vers l'est ; or, avec une certaine régularité, elles semblent s'arrêter, rebrousser chemin puis reprendre leur cours principal vers l'est. Expliquer ces *stations* et *rétrogradations* représente un casse-tête qui impose de redoutables complications géométriques et physiques.

Le système du monde de Ptolémée ou d'Aristote est en grande difficulté pour rendre compte de ces phénomènes, et plus les observations se font précises, plus grandes sont les complications. Les théories scientifiques ont parfois une grande capacité de résistance, et il ne suffit pas qu'elles aient des défauts pour disparaître ; encore faut-il qu'une nouvelle théorie soit proposée pour la remplacer. Les astronomes firent preuve de beaucoup d'imagination et d'habileté géométrique pour « sauver » le modèle géocentrique, pour concevoir de nouveaux cercles et de nouvelles sphères chargées d'en corriger les défauts.

ATTENTION !

Photographier les étoiles

Nous savons tous que la position de la Grande Ourse (le groupement d'étoiles connu par tout un chacun) change au cours de la nuit (le jour aussi, mais on ne voit pas les étoiles). Si l'on désire être plus de précis, on peut orienter un appareil photo vers l'étoile Polaire et laisser le diaphragme ouvert une partie de la nuit. La photographie obtenue est une série d'arcs de cercle brillants presque parfaits : c'est l'image de la rotation quotidienne des étoiles.

Les sphères célestes se télescopent

Le système géocentrique présente une autre difficulté sérieuse dès lors qu'il est considéré comme matériellement, physiquement existant. Chaque planète est associée, fixée, à une zone sphérique qui constitue son propre ciel, et chaque zone sphérique touche la zone de la planète supérieure, comme celle de la planète inférieure. Or, les données de Ptolémée provoquent un phénomène difficile à accepter : dans les régions de l'*apogée* et du *périgée* (les distances extrêmes de son centre de rotation), la planète « sort de son ciel » pour venir pénétrer les sphères des planètes voisines. Il y a là un *ridicule accident* astronomique des corps célestes qui « choqueraient et entre-briseraient les cercles l'un de l'autre », comme le disait joliment Pontus de Thyard, un astronome et poète bourguignon du XVIe siècle.

L'hypothèse révolutionnaire de Copernic

Il s'agit d'un coup d'audace… d'un coup de maître évidemment. Sans doute y eut-il quelques signes avant-coureurs. On pourra mentionner les réflexions de Martianus Capella au Ve siècle, de Buridan au XIVe, ou de Nicolas Oresme au XVe à propos de la mobilité de la Terre ; tout cela ne change pas le fait, net et assez peu discutable : Copernic avance son système nouveau, presque d'un coup, brusquement et sans qu'il soit l'aboutissement d'un mûrissement progressif.

Le schéma essentiel

N'OUBLIEZ PAS !

Il est possible que ce soit par curiosité géométrique que Copernic ait fait premier pas décisif ; il commence en supposant que Mercure et Vénus tournent autour du Soleil : les résultats sont excellents : il obtient un modèle beaucoup plus simple pour décrire leur trajectoire.

Il franchit alors le pas suivant : ce qui marche si bien pour ces deux planètes, il le généralise à toutes, ainsi qu'il l'explique dans le *De revolutionibus.* « Si saisissant cette occasion, quelqu'un rattachait également Saturne, Jupiter et Mars à ce même centre [le Soleil], pourvu qu'il conçoive la grandeur de leurs orbes telle qu'avec Vénus et Mercure, la Terre également soit contenue à l'intérieur et encerclée, il ne se trompera pas. » Les stations et rétrogradations sont expliquées, de même que les grandes variations de distances entre la Terre et les planètes.

Dans la Figure 13-1, A représente la Terre, B une planète en mouvement direct, et C le mouvement apparent rétrograde. La période de rétrogradation dépend en fait des vitesses relatives entre la Terre et la planète extérieure.

Ainsi, la rétrogradation de Mars s'étend sur 60 à 90 jours, celle de Pluton peut aller jusqu'à 136 jours. Seul Jupiter subit une rétrogradation « parfaite » de 120 jours.

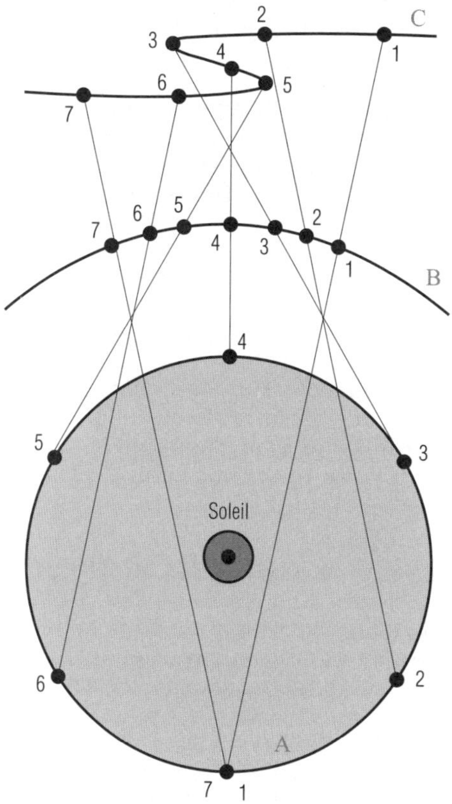

Figure 13-1 : Explication des rétrogradations.

Le principe général étant acquis, une tâche considérable reste à accomplir : régler le nouvel ensemble avec précision : calculer la taille des grands cercles déférents pour chaque planète, leur vitesse, préciser les mécanismes qui les font s'élever ou s'abaisser sur le plan de l'écliptique. Copernic doit se rendre à l'évidence : les trajectoires n'ont pas toutes exactement le même centre, elles sont légèrement décentrées par rapport au Soleil.

Au terme de longues années d'effort, et au fil des six livres qui constituent le *De revolutionibus,* il parvient à fournir un système complet et performant qui va mettre trois quarts de siècle pour s'imposer aux meilleurs astronomes de l'époque.

La sphère, encore et toujours

Copernic n'a pas abandonné toutes les conceptions de l'astronomie traditionnelle ; il pense, comme les Anciens, que le monde est tout entier à l'intérieur de la sphère des étoiles et qu'au-delà, il n'y a rien que nous puissions connaître.

Les Anciens – dans leur grande majorité – imaginaient un cosmos rempli par des sphères matérielles portant les planètes ; Copernic se montre hésitant quant à la réalité de ces orbes ou sphères matérielles ; plusieurs passages de son livre semblent épouser cette thèse que ses successeurs vont complètement réfuter.

Ces convictions prennent leur source dans l'idée aussi ancienne que l'école pythagoricienne, selon laquelle la forme la plus parfaite est la sphère ; cette thèse est réaffirmée dès le premier chapitre du *De revolutionibus.*

Il y a plus ! Quelle est la propriété la plus naturelle d'un corps sphérique sinon d'être en rotation ? C'est là une thèse d'Aristote lui-même : une sphère s'accomplit, révèle sa vraie nature en tournant, une sphère qui ne tournerait pas serait en quelque sorte *inachevée,* il est donc naturel que la Terre tourne.

Faire d'un « monstre » un tout harmonieux

L'harmonie et la cohérence du nouvel ensemble constituent un des principaux arguments avancés par Copernic pour défendre son système du monde. Dans la lettre-dédicace qu'il adressa au pape, il écrit ceci :

« Enfin en ce qui concerne la chose principale, c'est-à-dire la forme du monde et la symétrie exacte de ses parties, ils [les astronomes traditionnels] ne purent ni la trouver, ni la reconstituer. Et l'on peut comparer leur œuvre à celle d'un homme qui, ayant rapporté de divers lieux des mains, des pieds, une tête et d'autres membres – très beaux en eux-mêmes mais non point formés en fonction d'un seul corps et ne se correspondant aucunement – les réunirait pour en former un monstre plutôt qu'un homme. » Pris séparément, les modèles des planètes adoptés jusqu'alors peuvent être considérés comme satisfaisants mais ils ne vont pas ensemble ; lorsqu'on tente de les associer, ils se contredisent et se font obstacle les uns aux autres. Son système, au contraire, est homogène et unificateur : le mouvement d'une planète jamais ne dérange ou ne télescope celui de la planète voisine.

La voûte céleste n'a plus besoin de tourner à une folle vitesse

Une nouvelle et formidable simplification est obtenue en supposant que la Terre tourne aussi sur elle-même : en effet, l'immense sphère des étoiles n'a plus besoin de tourner à une vitesse affolante chaque jour. Les étoiles semblent tourner, mais ce n'est que nous qui bougeons. « Il est plus facile, selon moi, d'admettre cela que de tirailler l'esprit en tous sens avec cette multitude presque infinie d'orbes, comme ont été obligés de le faire ceux qui maintenaient la Terre au milieu du monde », écrit-il à la fin du livre I. Sans aucun doute, c'est là un des arguments les plus convaincants des coperniciens : le *point* que constitue la Terre est bien peu de chose, et sa rotation nécessite une vitesse très raisonnable (moindre que celle du son, disent-ils).

Difficultés et objections

Si le nouveau système ne s'impose pas rapidement dans la communauté savante, ce n'est pas seulement – ni même surtout – parce qu'il semble contredire certains passages de la Bible, mais c'est en raison des réelles difficultés physiques qu'il soulève. Deux principales alimentent de sérieuses objections.

La parallaxe

Une conséquence nécessaire de l'hypothèse de Copernic est stupéfiante : les dimensions du cosmos, dès lors que l'on imagine la Terre tournant autour du Soleil, s'en trouvent multipliées par environ 2000, ce qui signifie qu'en volume, le cosmos *héliocentrique* est environ huit milliards de fois plus grand que le monde géocentrique ! La *bulle* cosmique enfle donc démesurément avant d'éclater. Voici pourquoi : si on admet la révolution annuelle autour du Soleil, alors, la Terre parcourt d'énormes distances dans les cieux. Un observateur terrestre qui mesure les angles formés par deux étoiles et la Terre devrait constater une variation de ses mesures angulaires selon qu'il est à un extrême ou à l'autre de la trajectoire terrestre. Cette variation est appelée *parallaxe,* or, on n'observait nulle variation dans les mesures : la seule solution, pour un *héliocentriste* est d'admettre que ces étoiles sont si éloignées que la variation est inobservable.

Une conséquence supplémentaire de cette expansion formidable est l'existence probable d'immenses espaces vides entre les planètes supérieures et la sphère des étoiles : dans l'ancien système, la sphère de

Saturne *touchait* la sphère supérieure ; avec les dimensions et les arguments déduits de la parallaxe, il ne peut plus en être ainsi, et l'idée d'un vide cosmique se trouve puissamment renforcée. Or, une thèse centrale de la physique aristotélicienne (et il fut, sur ce point, presque unanimement suivi) était l'impossibilité du vide. On perçoit donc à cette occasion une nouvelle dimension du caractère *révolutionnaire* du système nouveau inventé par Copernic.

Dispersés dans l'espace par la force centrifuge

Parmi les objections qui sont avancées contre son système nouveau, il y a bien entendu celle-ci : si la Terre tourne si vivement sur elle-même et autour du Soleil, comment se fait-il que nous ne sentions rien et que les mers, les nuages, nous-mêmes ne soyons pas jetés dans l'espace, emportés par la force centrifuge ? Copernic s'en tient à l'explication suivante : ces choses (nuages, océans, êtres vivants, etc.) sont des *parties* de la Terre et les parties sont de même nature que le tout ; elles se comportent comme le tout, elles lui sont associées, voilà pourquoi elles accompagnent naturellement et sans contradiction le mouvement de ce tout qu'est le globe terrestre. À ceux qui objectent la force centrifuge, qui aurait dû éparpiller les choses terrestres, il répond que cette force devrait être encore bien plus considérable si on l'applique à la gigantesque sphère des étoiles : ce qu'ils craignent pour la Terre, pourquoi ne le redoutent-ils pas pour la sphère des fixes ?

Les trois lectures du « De revolutionibus »

ANECDOTE

Quel est le mode d'emploi du traité copernicien ? La question se pose sérieusement. Il existe deux possibilités extrêmes : selon la première de ces possibilités, le traité révèle et explique le monde et les cieux tels qu'ils sont en vérité, « selon la nature des choses ». C'est une lecture dite réaliste car alors le *De revolutionibus* dit la réalité des mouvements célestes. Une autre position radicale s'oppose à la précédente : nous ne savons pas ce qu'il en est réellement de l'organisation du monde, mais les astronomes mathématiciens sont en mesure d'imaginer des figures et des mouvements qui restitueraient bien les effets, les apparences, des mouvements réels des astres. Le *De revolutionibus* serait alors une brillante hypothèse, une belle représentation des phénomènes ; elle coïnciderait « par accident » avec la réalité inconnue et cachée du monde. Entre les deux, il y a place à des positions intermédiaires, plus nuancées.

Un triple parrainage

Or, le chef-d'œuvre de Copernic est rendu public sous un triple parrainage : le réalisme strict, le relativisme appuyé et le réalisme prudent. La version strictement réaliste est celle de Rheticus – le collaborateur enthousiaste –, qui a rédigé et diffusé un résumé de l'œuvre en insistant sur la vérité physique du nouveau système : c'est le monde tel qu'il est que va dévoiler Nicolas Copernic.

Une position réaliste modérée est exprimée par Copernic lui-même dans sa lettre dédicace au pape Paul III. S'il ne dit pas explicitement qu'il découvre ici le secret du monde, il insiste bien sur la supériorité écrasante de son hypothèse : en particulier sur le fait qu'à la différence des modèles précédents, le sien constitue un système cohérent.

Le texte-surprise

La surprise vient d'un texte supplémentaire de présentation, une préface ajoutée mystérieusement à l'édition originale qui exprime, on ne peut plus clairement et avec grand talent, qu'il s'agit d'une œuvre parfaitement hypothétique, d'une imagination de géomètre. Elle a pour objet – selon cette préface – non pas d'affirmer que la Terre tourne réellement sur elle-même et autour du Soleil, mais de proposer simplement et précisément une image des apparences astronomiques. La lettre est anonyme ; elle a échappé à Rheticus. On crut ainsi longtemps qu'elle reflétait l'opinion de Copernic, et la curie romaine s'en trouva évidemment fort aise. C'est Johannes Kepler qui démasqua l'auteur anonyme : Andreas Osiander, ami de Rheticus, théologien luthérien qui craignait les foudres des Églises et des aristotéliciens. Sans doute son initiative partait-elle d'un sentiment sincère, mais il n'empêche qu'il fit œuvre de faussaire et abusa Copernic, ses amis comme ses ennemis.

Y eut-il des coperniciens ?

La question peut paraître étrange puisque environ un siècle après la publication du *De revolutionibus,* tous les astronomes – ou peu s'en faut – étaient partisans de l'héliocentrisme. Cette adoption ne fut pourtant pas simple, et le monde des coperniciens est longtemps resté un bien petit cercle.

Beaucoup d'admirateurs, peu d'adeptes

Le *second Ptolémée,* comme il est souvent appelé, fut unanimement loué pour la haute valeur mathématique, technique, observationnelle de ses travaux; mais, de l'admiration à l'adhésion, il y a un pas que peu d'auteurs franchissent dans les premières décennies. Les principaux opposants sont de valeur : ceux de l'école de Wittenberg (les cercles luthériens proches du fondateur) avec Kaspar Peucer ou Melanchthon; les Jésuites et le très influent Christophorus Clavius, mais aussi, ô surprise, le chancelier d'Angleterre Francis Bacon de Verulam (1561-1626), un des pères de la science moderne. En face, chez les partisans de la première heure, on trouve Christoph Rothmann, l'astronome du landgrave Guillaume IV de Hesse-Cassel, Michael Maestlin, l'un des meilleurs astronomes de son temps qui aura pour disciple Johannes Kepler et le formidable Hollandais Simon Stevin. Diego de Zúñiga, théologien catholique espagnol, crée la surprise en défendant la nouvelle astronomie. En Italie, Benedetti l'un des plus fervents antiaristotéliciens de la péninsule, admire Copernic sans bien connaître son œuvre.

Ils sont assez nombreux à adopter une attitude nuancée. Erasmus Reinhold, auteur des tables astronomiques calculées à partir du nouveau traité, désigne Copernic comme « un nouvel atlas », mais ne croit pas à la vérité du système. Erasmus Schreckenfuchs, éditeur de Ptolémée, couvre Copernic de louanges mais insiste sur l'équivalence cinématique des diverses hypothèses en compétition, comme les Anglais John Dee, plutôt hésitant, et Robert Recorde, qui voit en l'œuvre de Copernic la résurrection des idées pythagoriciennes et d'Aristarque de Samos mais n'y adhère pas clairement.

En France, on se montre particulièrement tiède; les moins hostiles, comme Pontus de Thyard, Jean Péna et Jacques Pelletier du Mans restent prudents malgré leurs compliments. L'attitude de Ramus est assez surprenante. Ce mathématicien du Collège royal, violemment antiaristotélicien, esprit ouvert, pourrait s'avérer un partisan de poids; il n'en est rien car, dit-il, il y a trop d'hypothèses physiques et métaphysiques dans la nouvelle doctrine. Ce scepticisme devant les vastes constructions théoriques – nouvelles et anciennes – est brillamment exprimé par Michel de Montaigne.

Un bon demi-siècle après la mort de Copernic, les grands coperniciens Kepler, Galilée, Gassendi, Descartes transformeront profondément le système : la forme des trajectoires planétaires, la réalité des sphères célestes, la physique du cosmos, la place des étoiles, sur toutes ces questions fondamentales, ils s'écarteront du modèle copernicien (voir Chapitre 17). Mais n'est-ce pas le plus grand succès pour une théorie que d'être un point de départ plutôt qu'une clôture?

PORTRAIT

Regiomontanus, le savant assassiné

Johann Müller, dit Regiomontanus (1436-1476) fut un savant dont on redécouvre actuellement l'importance. Mathématicien et astronome allemand, il mourut mystérieusement à Rome. On pense qu'il fut assassiné par le fils de George de Trébizonde (un humaniste aventureux, célèbre pour ses traductions et commentaires litigieux de Platon et d'Aristote), dont il avait critiqué les traductions ; il venait d'avoir 40 ans.

Il établit en 1471 un observatoire à Nuremberg, doté d'une imprimerie, d'un atelier de fabrication d'instruments. On lui doit un commentaire de Ptolémée qui fit référence pour tous ses collègues et dans lequel il analysait les points faibles de ce système géocentrique, avançait une théorie sur les comètes véritablement révolutionnaire puisqu'il était le premier à les considérer comme des astres dotés d'une trajectoire propre. Sa contribution essentielle fut sans doute d'avoir installé les mathématiques les plus modernes (et lui-même fit des découvertes de premier plan dans cette science, notamment en trigonométrie sphérique) au cœur de l'astronomie.

Les Églises gardent plus ou moins leur calme

ATTENTION !

Du côté des Églises catholique et réformées, on réagit sans excès. Rome ne s'émeut guère, et il faut attendre le commentaire du mathématicien jésuite Christophorus Clavius en 1570 pour voir exprimées les oppositions de plusieurs passages bibliques au mouvement de la Terre. Cela ne l'empêche pas – professionnalisme oblige ! – de louer l'habileté de Copernic. Avec délicatesse, Luther condamne dès avant la publication du *De revolutionibus* « le fou qui veut renverser tout l'art de l'astronomie ». Son proche compagnon Philipp Melanchthon, théologien mais aussi savant et érudit, critique Copernic, non pas en théologien, mais en soulevant certaines objections physiques. Le plus violent est sans doute Calvin, qui vitupère « contre les frénétiques, de nature monstrueuse, habités par le diable qui diront que la Terre se remue ». Mais ni à Rome ni à Wittenberg ou Genève ou Londres, l'heure n'est encore à la répression et on assiste, à la fin du siècle, à une diffusion assez discrète, technique, savante ; on ne publie que très peu de traités coperniciens dans la seconde moitié du XVIe siècle… L'idée se propage pourtant, en se modifiant.

Tycho Brahe, l'astronome au nez en or

Tycho Brahe (1546-1601), le plus influent des astronomes du XVIe siècle, tourne le dos à l'hypothèse copernicienne. Ses propres découvertes et ses observations inégalées lui imposent de rejeter aussi les anciens modèles. Comment s'en sortir ?

Le château observatoire du seigneur d'Uraniborg

Sur l'île de Hveen, dans la mer du Nord, près du Danemark, se dressait au XVIe siècle, un étonnant château, dont l'architecture pourrait faire penser à un mélange du Kremlin et de Disneyland.

Là règne l'astronome au nez d'or, Tycho Brahe, grand seigneur odieux et méprisant envers ses serfs, mais animateur inégalé d'une équipe d'astronomes, sélectionnés parmi les meilleurs du monde. Il a perdu le bout du nez à vingt ans, sans doute lors d'un duel avec un de ses cousins ; depuis, il porte une prothèse faite d'or et d'argent surmontant une immense paire de moustaches.

Il a construit des appareils d'astronomie d'une précision extraordinaire pour l'époque (nous sommes avant le télescope) et rassemble des données d'observation systématiques sur les planètes, les étoiles et les comètes, dont il est le premier grand théoricien. Il montre en effet que la comète apparue dans le ciel en 1577 traverse les cieux, transperçant les sphères soi-disant solides conformément aux modèles astronomiques traditionnels. Le résultat de cette démonstration que peu d'astronomes contestent fut la disparition rapide des *cieux solides* en faveur des *cieux fluides.* L'astronomie d'Aristote subit un rude coup, quoique Tycho restât fidèle au partage du monde en deux régions, l'une céleste et l'autre *autour de la Terre.*

Le monde immense de Copernic est « absurde »

Lorsqu'il découvre, dans le *De revolutionibus,* la taille immense du nouveau cosmos copernicien, Tycho s'en détourne. Ses propres calculs lui révèlent que, si Copernic a raison, il doit y avoir entre la sphère de Saturne et les étoiles un « vide » de quelque 8 millions de rayons terrestres, « conséquence absurde », estime Tycho. Il est dans une impasse puisqu'il ne peut défendre l'ancien système, dont il connaît les irrémédiables faiblesses, ni ne veut adhérer au nouveau. La solution s'impose : Tycho Brahe invente un troisième système, ni géocentrique, ni héliocentrique.

Dans ce système *mixte* ou *semi-héliocentrique,* la Terre, immobile, est au centre de la sphère étoilée, le Soleil tourne autour de la Terre mais les autres planètes tournent autour du Soleil. « Dieu a voulu maintenir absolument fixe au milieu du monde le corps de la Terre, paresseux, épais et impropre à toute espèce de mouvement circulaire perpétuel », écrit-il.

Les avantages sont grands : la Terre reste immobile, les stations et rétrogradations s'expliquent admirablement, les phases de Vénus aussi, la parallaxe n'est pas un problème et la physique n'a pas besoin d'être bouleversée. Tout cela explique le relatif succès du modèle tychonien, qui trouve comme ardents et efficaces promoteurs les experts en conciliation que sont les pères de la Compagnie de Jésus. Cette parade provisoire ne fait cependant que freiner quelque temps l'adoption générale de l'héliocentrisme. Comme le dira Kepler, ce système était comme un essai de rapiéçage d'une vieille tunique complètement usée.

Géocentrisme ou syphilis, il faut choisir !

Tycho est terrible, glorieux, puissant et autoritaire… en outre, il est très doué, comme astronome ce qui est bien connu, mais encore comme alchimiste et médecin, ce qui l'est moins. Aussi lorsque, en 1596, l'astronome du landgrave Wilhelm IV, le très compétent et estimé Christoph Rothmann, se déclare en faveur du système de Copernic et exprime son scepticisme devant la solution de Tycho, celui-ci le prend-il fort mal. Trois ans plus tard, en août 1590, Rothmann rend visite à Tycho en son château de l'île de Hveen et, de ce moment, ne fait plus la moindre déclaration copernicienne, laissant entendre qu'il s'est converti au système du maître d'Uraniborg. Que s'était-il passé ? Si l'on en croit un autre excellent astronome, Ursus (1551-1600), l'affaire est sordide ; Tycho est réputé comme disciple de Paracelse et médecin, or Rothmann, souffre cruellement de la syphilis. Un marché aurait donc été conclu : « Je te guéris de cette maladie et tu abandonnes l'héliocentrisme. » Une conversion scientifique comme prix d'une bonne cure !

Nicolas Raimarus, dit Ursus, dont on vient d'évoquer le témoignage, fut mathématicien de l'empereur Rodolphe II ; ses débuts dans la vie ne l'y préparent pas puisqu'il eut comme école et université une porcherie où il travaillait. À 18 ans, il ne savait pas lire ; à 25, il connaissait l'allemand, le français, le latin, le grec, les mathématiques, l'astronomie, la philosophie… On naît doué ou pas !

Chapitre 14

Comprendre les éléments matériels et leurs mouvements

Dans ce chapitre :

- Les projectiles ont-ils un moteur ?
- Les débuts des sciences du globe terrestre
- Du nouveau dans l'étude des matériaux
- La présentation des phénomènes incompréhensibles

Une planète qui parcourt le ciel, une pierre tombant d'une falaise, une flèche tirée par un archer, voici trois corps matériels en mouvement, ou trois projectiles. Quelles forces agissent sur eux pour les mettre ou les maintenir en mouvement ? L'ancien programme d'Aristote garde toute sa force : « Ignorer le mouvement, c'est ignorer la nature. » Il est nécessaire de comprendre le mouvement des projectiles.

Qu'est-ce qui fait se mouvoir les projectiles ?

N'OUBLIEZ PAS !

Selon Aristote et ses adeptes, il y a une explication différente pour chacune de ces situations. Le mouvement circulaire éternel et parfait, à l'imitation de celui du premier moteur, explique la rotation des planètes. Si une pierre tombe, c'est en raison de sa nature ; la pierre est un élément « grave », ce qui la pousse à rejoindre en ligne droite le centre de la Terre, car là est son lieu naturel. Enfin, la flèche monte à l'oblique sous l'action d'un « moteur » externe constitué par la corde tendue de l'arc.

On voit tout de suite surgir des difficultés. En voici deux : pourquoi la flèche continue-t-elle à monter quand elle ne touche plus la corde ? Pourquoi un morceau de bois, dans l'eau, cesse-t-il de vouloir rejoindre le bas ?

Ces questions sont anciennes et nous avons vu (Chapitre 9) qu'elles ont causé bien du souci aux savants du Moyen Âge. Des suggestions théoriques originales vont être défendues à la Renaissance par Léonard de Vinci, Niccolo Tartaglia, Jérôme Cardan, Jules Scaliger ou Domingo de Soto.

Léonard de Vinci en savait-il trop ?

Les talents de Léonard de Vinci (1452-1519) sont si nombreux qu'une question ne peut manquer de surgir : comment un homme, si vive soit son intelligence et grande son énergie, pourrait-il être tout à la fois, peintre, artiste, scientifique, ingénieur, inventeur, anatomiste, sculpteur, architecte, urbaniste, botaniste, musicien, poète, philosophe ?

Si les titres de gloire de Léonard sont avérés dans plusieurs de ces domaines, comme la peinture, la sculpture ou l'anatomie par exemple, il n'est pas accueilli sans contestation parmi les grands scientifiques.

Sans doute a-t-il imaginé bien des machines, souvent d'autant plus célèbres qu'elles sont chimériques (comme l'hélicoptère ou l'automobile…), mais son rôle dans le développement des théories scientifiques est plus controversé. Autrement dit, ce n'est pas tant comme scientifique que comme ingénieur ou technicien qu'est connu Léonard.

Toutefois, il intervient dans deux directions de façon originale et fertile, en optique et en cinématique. Il contribue fortement à transformer l'objet de l'optique, qui ne doit pas seulement être l'étude de la vision (et donc une théorie de la perception), mais aussi une analyse de la lumière, considérée comme une substance ou un phénomène objectif (existant indépendamment de celui qui *voit*). Léonard réfute la conception des « rayons visuels », émis par l'œil au profit de la réception, par celui-ci, de rayons issus – à une certaine vitesse – des objets sources comme le Soleil. Il suggère une théorie ondulatoire de la lumière, un siècle avant Christiaan Huygens.

Un exemple typique du style scientifique de Léonard est son traitement du problème d'Alhazen (voir Chapitre 9). Trois choses étant données, une bougie, un miroir sphérique et un œil, il faut trouver le chemin d'un rayon allant de la première au second en se réfléchissant sur le troisième. Ce difficile problème géométrique devait être résolu par Huygens. Vinci ne fournit pas de solution rationnelle et générale, mais construit un appareil, une sorte de pantographe qui apporte une solution mécanique au problème. Intéressé par la réfraction de la lumière, il cherche la loi qui rendrait compte du phénomène par des approximations et des mesures expérimentales.

Les projectiles de Tartaglia : comment lancer des bombes ?

PORTRAIT

La vie du jeune Niccolo Tartaglia (1499-1557) débute cruellement. En 1512, les armées de Louis XII attaquent Brescia et l'enfant se réfugie, avec son père, dans la cathédrale. Les sbires l'investissent, son père est massacré, et lui-même reçoit un coup de sabre en plein visage; sa mère le retrouve quasi mort et le sauve. Hélas, la blessure au palais et la peur – dira-t-il – lui laisseront un bégaiement pour le reste de son existence (d'où son nom de *Tartaglia,* « le bègue » en italien).

Outre son œuvre importante en mathématiques, on lui doit des travaux concernant les trajectoires des projectiles, fortement marqués par la doctrine de l'*impetus.* L'intérêt des milieux savants italiens de la Renaissance, auxquels Tartaglia appartient pleinement pour les théories du mouvement, peut se mesurer au nombre considérable de traités *de motu* (« du mouvement ») qui sont publiés à cette époque ; on peut y trouver toutes sortes de critiques contre Aristote et diverses suggestions d'amélioration de la théorie de l'*impetus* qu'avaient inventée les médiévaux « tardifs » comme Buridan.

Dans ses études et ses croquis de balistique, Tartaglia partage le mouvement du boulet en trois parties : une première au cours de laquelle il se meut en ligne droite, il monte obliquement sous l'effet de l'*impetus* transmis par l'explosion de départ. La deuxième partie, brève et recourbée se déroule quand l'*impetus,* épuisé, cesse d'agir. Lors de la troisième partie de sa trajectoire, le boulet, privé d'*impetus,* retombe à la verticale suivant son mouvement naturel (voir Figure 14-1). Tartaglia évoluera sur ces questions allant jusqu'à admettre et défendre que les trajectoires sont complètement incurvées, du début à la fin.

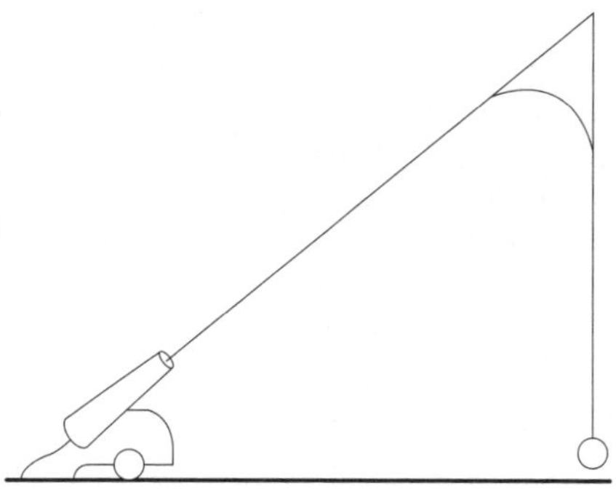

Figure 14-1 : Trajectoire d'un boulet, imaginée au XVIe siècle.

La balistique de Tartaglia – aussi problématique soit-elle – alimentera les traités d'artillerie jusqu'au XVIIe siècle. Ce succès n'est pas dû aux performances de la théorie elle-même, mais plutôt au fait que Tartaglia s'est appuyé, dans ses deux traités, sur de multiples mesures concrètes et de très nombreux essais expérimentaux. Il faut cependant rester prudent avant d'accorder ses suffrages à l'expérience plutôt qu'à la théorie abstraite : les mêmes artilleurs croient dur comme fer – et pour longtemps encore – que le boulet accélère pendant un court laps de temps à sa sortie du canon.

Aristote n'a-t-il rien compris ?

Le plus intéressant des physiciens italiens du XVIe siècle, Giovanni Battista Benedetti (1530-1590) est un élève de Tartaglia et aura, sur Galilée, une influence déterminante. Il donne un élan décisif au programme de mathématisation de la science, en proclamant son admiration pour la démarche d'Archimède. Sans rompre avec la théorie de l'*impetus,* il réussit à montrer que les corps de même densité tombent à la même vitesse, même s'ils sont de masse différente. Pour cela, il compare la chute d'une boule de quatre livres et celle de quatre boules d'une livre mises ensemble. Il est clair, dit-il, que le centre de gravité de la boule de quatre livres tombera à la même vitesse que celui des quatre boules d'une livre ; il est clair aussi que chacune de celles-ci tombera avec la même vitesse que la boule isolée. Comme le dit Benedetti, « ceci n'est pas conforme à la doctrine d'Aristote ». Rejetant l'idée médiévale de l'*impetus* circulaire, il approche – sans l'atteindre – un aspect essentiel du principe d'inertie (voir Chapitres 17 et 18) : c'est une tendance au mouvement en ligne droite que la fronde transmet au projectile, et non pas circulaire. C'est par violence (à cause de la corde de la fronde) que la pierre se meut circulairement. Cette idée, appliquée plus tard aux planètes, conduira à un bouleversement complet des conceptions du mouvement des astres.

Benedetti ne craint pas d'affirmer qu'« Aristote n'a rien compris au mouvement », notamment lorsqu'il a affirmé que le mouvement serait impossible dans le vide. Rompant explicitement et systématiquement avec l'aristotélisme, il prépare la science de Galilée et de Descartes ; il en est cependant loin dans la mesure où, pour lui comme pour la tradition aristotélicienne et celle de l'*impetus,* il faut un « moteur » pour avoir un mouvement ; il reste fidèle à l'idée selon laquelle le mouvement sur terre est un changement (qui nécessite une cause) et non un état.

UN PEU DE TECHNIQUE

Un collier autour du plan incliné : l'idée géniale de Simon Stevin

Mathématicien et ingénieur de premier plan, Simon Stevin (1548-1620), de Bruges, est intervenu dans bien des domaines des sciences physiques. Une de ses idées les plus profondes est celle de l'équilibre sur le plan incliné. Voyons d'abord quel est le problème (on néglige ici les diverses forces de frottement) : si un poids est posé sur un plan horizontal, il est évidemment en équilibre ; si on le lâche le long d'un plan vertical, il chute sans aucune contrariété. Si le plan est incliné, la situation est intermédiaire : ni équilibre ni chute libre ; il y a comme une force de résistance à la chute libre. Cette force équilibrerait le poids sur le plan incliné : quelle est la loi de statique qui permet d'évaluer cette force, de décrire l'équilibre sur un plan incliné ?

Stevin imagine un double plan incliné ayant la forme d'un triangle ; si l'on pose un rang de perles sur le grand côté, il glisse et tombe, si on pose un rang plus court sur le petit côté, même chose. Si enfin, on place un collier de perles tout autour du triangle rectangle, il est nécessairement en équilibre ; en effet, s'il n'était pas en équilibre il bougerait mais la situation après ce mouvement serait identique ; il bougerait donc à nouveau, etc. le collier tournerait selon un mouvement perpétuel ! Ce qui, pour Stevin, est absurde. Or, la partie basse du collier est parfaitement symétrique et donc ne joue aucun rôle dans la mise en mouvement (elle ne tire ni d'un côté ni de l'autre) ; on peut donc la retirer sans rompre l'équilibre : il faut donc en conclure que les deux parties du collier – la grande et la petite – s'équilibrent. La loi peut s'énoncer ainsi : sur des plans inclinés de même hauteur (comme AB et BC), des poids agissent en raison inverse des longueurs des plans. Si un plan est deux fois plus long qu'un autre, il faut deux fois plus de poids sur le grand côté que sur le petit pour obtenir l'équilibre.

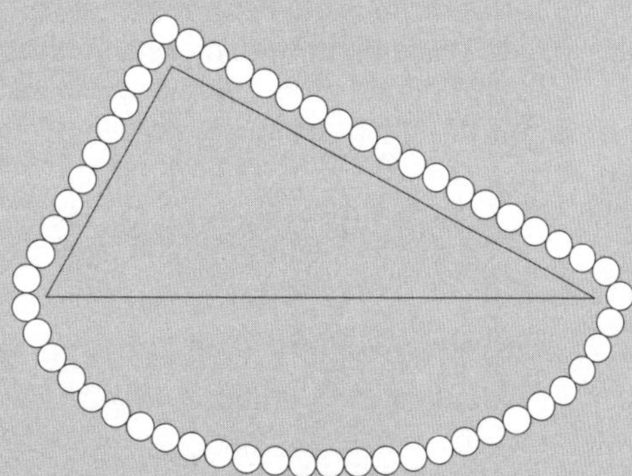

À partir de cela, Stevin – et ceux qui ont exploité ses travaux – purent comprendre comment se composent et s'additionnent les forces en jeu dans l'équilibre des corps pesants.

À propos du globe terrestre

Prendre le globe terrestre lui-même pour objet de science (en dehors de l'astronomie) est une idée nouvelle à la Renaissance ; trois directions au moins sont ébauchées dans ce domaine : la nature magnétique de la Terre, l'étude des roches et des minéraux et les causes des transformations géologiques.

William Gilbert : la Terre est un grand aimant

Qu'une boussole indique le nord, chacun, en 1600, le sait, mais pourquoi ? Tous l'ignorent. William Gilbert, médecin de la reine Élisabeth d'Angleterre, a consacré sa vie à l'expliquer. Ayant étudié systématiquement les déviations magnétiques de matériaux divers et de formes variées, il construit la *terrella,* une sphère de magnétite autour de laquelle il fait circuler une toute petite aiguille aimantée, dite *versorium.* Le modèle fonctionne admirablement et Gilbert en déduit la propriété magnétique du globe terrestre : non seulement l'aiguille pointe bien vers le pôle de la terrella, mais encore elle reproduit l'inclinaison magnétique que l'on avait observée sur Terre, variable selon les latitudes. L'explication est donc celle-ci : la Terre est un immense aimant qui génère un champ magnétique et les pôles géographiques sont aussi les pôles de ce champ.

Gilbert publie en 1600 son chef-d'œuvre, le *De magnete* en six livres, qui devient rapidement une des principales références des sciences nouvelles.

Bien entendu, de nombreuses questions restent – alors – sans réponse valable, comme celle-ci : pourquoi le magnétisme est-il modifié par la chaleur ?

Il étend la puissance explicative de sa découverte au-delà de ses réelles possibilités : le nord magnétique étant fort proche du nord astronomique, il en conclut que la rotation terrestre autour de l'axe des pôles s'explique aussi par la vertu du champ magnétique, ce que nous savons être faux. Il suggère que la différence entre les pôles magnétiques et géographiques est due à la forme non parfaitement sphérique de la Terre : les océans sont comme des « creux », les continents et les montagnes, comme des « renflements » et cela explique les variations.

Gilbert pense que les orientations du champ magnétique doivent être aussi stables que la forme de la Terre elle-même, et il note qu'« à moins qu'il y ait une dissolution d'un continent et effondrement des terres comme dans l'*Atlantis* de Platon, la variation continuera, immuable… »

Trente ans après la publication du *De magnete,* Gellibrand découvre qu'à l'inverse, le champ magnétique change sans arrêt. Aujourd'hui, il faut recalculer ce champ tous les cinq ans !

La géologie d'Agricola

Georg Bauer, dit Agricola (1490-1555) est un homme d'action en même temps qu'un érudit et un théoricien. Avoir été trois fois bourgmestre de sa ville de Chemnitz, près de Fribourg, il n'a pas ralenti ses travaux et il est souvent reconnu comme le père de la minéralogie. Son grand œuvre, *De re metallica,* rassemble les connaissances de son époque sur les roches et les minéraux.

Dans les sciences naturelles, la classification des choses que l'on étudie est une constante générale, et les roches ne font pas exception à la règle. Parmi les innombrables tentatives de ce genre, celle d'Agricola est l'une des plus fondamentales. Il la présente dans son traité *De natura fossilium* de 1546. Il distingue entre les *fossiles simples* comme les terres, les pierres, les marbres, les métaux, et les *fossiles composés,* mélanges en proportions diverses des simples. Jusqu'au XVIIIe siècle, on utilisera sa définition de ce qu'est un *fossile,* à savoir « tout ce que la Terre contient dans ses entrailles ou qui se trouve dans les fouilles et excavations qu'on y fait ». Un grand mérite de sa classification est de ne pas s'arrêter aux propriétés visibles ou apparentes, mais de prendre en compte le poids, la dureté, la friabilité, la combustibilité de ces minéraux. Pour chacun, Bauer avance des hypothèses concernant leur formation, leur âge, leurs possibles usages. Dans un second traité de 1546, Agricola s'intéresse aussi aux volcans, aux tremblements de terre et aux montagnes ; il contribue à poser les bonnes questions qui donneront naissance à la géologie moderne en cherchant les processus généraux à l'œuvre en surface et en profondeur. Selon lui, c'est l'action des eaux et des vents qui est responsable de la formation des montagnes.

La Terre : éternelle ou très récente ?

N'OUBLIEZ PAS !

Les réflexions ou théories sur la structure de la Terre se trouvent écartelées à la Renaissance en deux directions : selon la physique d'Aristote, qui conservait alors une immense influence, la Terre a toujours existé ; mais la Bible affirme, dans la Genèse, que Dieu a créé le monde en six jours, cosmos et espèces vivantes compris. Dans les deux cas, et il ne peut pas y avoir de théorie sur la formation de la Terre puisqu'elle est soit inexistante soit surnaturelle.

La chronologie biblique est précise et permet de dater la Création : environ 4000 ans avant J.-C.

Certains auteurs cherchent cependant à justifier que d'importants changements affectent le globe terrestre : Bernard Palissy défend que « Dieu créa toutes choses en six jours et qu'il se reposa le septième : mais pourtant, Dieu ne créa pas ces choses pour les laisser oisives et chacune fait son devoir et agit ».

Par ailleurs, des suggestions sont avancées concernant les profondeurs de la Terre et son noyau central : ainsi Jacopo Mariano de Sienne défend au XVe siècle l'idée d'un feu central, expliquant les volcans et les tremblements de terre. Jules Scaliger, Léonard de Vinci et Agricola penchent pour une masse solide recouverte partiellement par une mince couche superficielle océanique ou maritime. Ces auteurs suggèrent que d'immenses gouffres souterrains sont remplis de feu, d'eau ou de vents dont les mouvements provoquent les phénomènes de surface.

Scaliger explique ainsi, par explosion d'une caverne venteuse, l'apparition de l'île de Mikra Kaimeni dans le golfe de Santorin en 1573. Des tentatives audacieuses visent à étendre ce genre de raisonnements à la formation des montagnes : c'est le cas d'Agricola, qui anticipe les conceptions futures concernant la grande durée des temps géologiques : « Ces changements, dit-il, ont commencé dans une très haute Antiquité et sont bien antérieurs à la mémoire des hommes. »

Chimie et alchimie

Comme bien des jeunes gens doués de son époque, Bombastus von Hohenheim, dit Paracelse (1493-1541), d'origine suisse, voyage beaucoup (Allemagne, France, Hongrie, Pays-Bas, Russie) et prend ses grades universitaires de médecine en Italie (à Ferrare).

Il est influencé par le néoplatonisme de Marsile Ficin et Pic de La Mirandole et se démarque des théories magiques que professe l'alchimiste Nicolas Flamel. Pour autant, comme la plupart de ses collègues médecins, il mobilise les connaissances astrologiques dans sa pratique médicale : usage de talismans associés à tel ou tel signe du zodiaque.

Un axe de ses réflexions est l'harmonie qui doit exister et être maintenue entre le *microcosme humain* et le *macrocosme naturel.* Les minéraux et remèdes chimiques peuvent contribuer à l'obtention de cette harmonie ; le zinc, dont il invente le nom, est l'un des éléments régulateurs qu'il recommande dans ses traitements.

Fondamentalement, Paracelse modifie la conception de l'alchimie en l'orientant vers une chimie médicale : « Beaucoup on dit que l'objectif de l'alchimie était la fabrication de l'or et de l'argent. Pour moi, le but est tout autre, il consiste à rechercher la vertu et le pouvoir qui peut résider dans les médicaments. » Cette orientation autorise de nombreux auteurs à voir en Paracelse le père de la toxicologie, dont le principe pourrait être cette maxime qu'on lui attribue : « Tout est poison, rien n'est poison, ce qui fait le poison, c'est la dose », autrement dit, ce n'est pas la substance en soi qui est utile ou nuisible, mais plutôt la quantité et la manière dont on l'absorbe et la prescrit.

Paracelse et les ondines

Selon Paracelse, les êtres humains ne descendent pas tous d'Adam et Ève. Ainsi, les elfes, les ondines, les sylphides sont-ils des *humains non adamiques.* S'ils n'ont pas d'âme, ils peuvent cependant s'unir aux humains que nous sommes et de la sorte, ils acquièrent une âme. Ce sera donc un grand service à rendre à une belle ondine que de s'unir à elle.

La transmutation et la quintessence

Pourquoi l'or ? Les alchimistes sont frappés par le caractère inaltérable (ou peu s'en faut) de l'or et à un moindre degré, de l'argent, alors que les métaux vulgaires s'abîment, rouillent, se corrompent avec le temps. D'où l'idée de la *perfectibilité naturelle des métaux.* Comme l'écrit Glauber, un commentateur de Paracelse, « le dessein de la nature n'a pas été que le fer demeurât fer ; mais qu'il passât jusqu'à la perfection de l'or ».

ATTENTION !

La fonction du *grand œuvre,* ou *transmutation,* est au fond d'accélérer ce processus naturel et d'atteindre, par des manipulations artificielles, cet état parfait. Ce but chimérique avait été atteint, aux dires de certains grands alchimistes tels que Nicolas Flamel. Paracelse enseigne que cet espoir est trompeur et qu'il est seulement possible de purifier partiellement des minerais et des métaux de manière à les rendre utiles aux besoins ordinaires des hommes (voir Chapitre 33).

Les trois principes : sel, soufre et mercure

Les alchimistes de la Renaissance contribuent puissamment à affaiblir la théorie ancienne des quatre éléments, la terre, le feu, l'eau et l'air. Aristote lui avait donné une forte cohérence en l'associant à l'architecture du monde ; les alchimistes vont, dans une certaine mesure, découpler l'étude des éléments fondamentaux de la matière d'avec la cosmologie.

En ce sens, les alchimistes ne doivent pas être opposés aux futurs chimistes ; si tout un vocabulaire et un contexte mystique ou magique sont indiscutablement présents dans les doctrines alchimistes, il ne faut pas négliger un autre aspect, aussi caractéristique de leur discipline, à savoir l'expérience et la manipulation répétée d'opérations de transformations appliquées aux éléments naturels : distillation, dilution, mélanges, oxydation, fermentation, etc.

Les alchimistes, et Paracelse au premier rang, reconnaissent des principes fondamentaux (nommés parfois principes prochains) : le mercure, le soufre et le sel. La caractérisation précise de ces trois principes n'est pas facile ; le premier correspond aux associations où domine l'humidité, le soufre exprime la chaleur comme quantité dominante et le sel va avec la sécheresse. Il existe d'ailleurs des variantes – des familles – de mercure, de soufre et de sel puisque les proportions de la qualité dominante peuvent changer.

Les alchimistes considèrent que tous les corps sont, à leur tour, des mélanges de ces principes fondamentaux, qu'ils qualifient de principes actifs. La recherche des principes purs, dissociés des autres, joue un grand rôle ; il faut les séparer en vue d'obtenir soit l'élixir parfait, soit la pierre parfaite elle aussi. Ces pratiques empreintes de magie et d'ésotérisme sont aussi l'occasion de découvrir des teintures, des alcools, des carbones et d'avancer dans la connaissance de propriétés de la matière qui seront constitutives de la chimie.

Le rejet des doctrines traditionnelles conduit Paracelse et ses disciples du côté de l'expérimentation directe. Ces alchimistes sont donc aussi d'efficaces observateurs de la nature et leurs recherches se poursuivront dans une réelle continuité jusqu'à Lavoisier.

La magie infâme contre la bonne et naturelle magie

ATTENTION !

Derrière l'expression « magie naturelle », de nombreux auteurs entendent, à la Renaissance, l'examen des sciences de la nature, y compris celles dont les causes sont inconnues, c'est-à-dire mystérieuses et, en ce sens, magiques. Contrairement à la magie ordinaire, occulte et d'origine parfois démoniaque, la magie naturelle s'intéresse à de multiples phénomènes, observations et expériences réelles qu'on ne sait pas expliquer. Il s'agit donc d'une activité empirique, bien plus fertile que l'astrologie par exemple.

Comme l'écrit Giambattista Della Porta, « il y a deux sortes de magies, l'une est infâme et malheureuse, elle est en rapport avec des esprits néfastes, telle est la sorcellerie. L'autre magie est naturelle et les plus excellents esprits s'y adonnent ; ils la pratiquent avec un grand succès. »

La « Magia naturalis » de Della Porta

Le plus renommé des traités de magie naturelle de l'époque fut écrit par un jeune Italien, Giambattista Della Porta (1535-1615). Publié en 1558, complété en 1589, il connaît de très nombreuses éditions et traductions. Sa *Magia naturalis* est un modèle du genre « livres de jeux et merveilles ».

Esprit remarquable, Della Porta présente sous forme surprenante et frappante certains effets de phénomènes physiques ou biologiques qu'il a étudiés de près sans que ni lui ni personne ne sache en faire la théorie. On y trouve un long chapitre sur les propriétés magnétiques avec animation d'objets par des aimants cachés. La meilleure part est réservée à l'optique : Della Porta utilise des lentilles grossissantes, des miroirs déformants, des sphères de verre, etc. pour faire apparaître éloignés des objets en réalité proches. Certains pensent qu'il a construit une lunette d'approche avant Galilée. Son livre contribue à l'immense intérêt que le public et les peintres portent aux anamorphoses.

Des effets non expliqués

Della Porta emploie aussi des appareils à soufflet qui transmettent des forces et agissent comme des ressorts pour animer de petites machines ; il faudra comprendre l'élasticité de l'air pour expliquer leur fonctionnement. Les phénomènes électriques (avec de l'ambre frotté) ne sont pas oubliés par ce très imaginatif Italien. On comprendra mieux la place de ce genre de « science » lorsqu'on saura que lorsque le prince Frederico Cesi crée la fameuse académie des Lincei à Rome, il y fait siéger, aux côtés de Galilée, Della Porta, le champion de la magie naturelle.

La « camera obscura »

On dit parfois que Léonard de Vinci l'avait déjà inventée. Il s'agit d'une boîte peinte en noir dans laquelle on laisse pénétrer la lumière par un trou étroit. L'image de l'objet vers lequel elle est dirigée apparaît, renversée, au fond de la boîte. En adaptant une lentille à l'entrée, on améliore grandement la netteté et la taille de l'image : est-ce Cardan ou Della Porta qui ajoute cet élément ? Quoi qu'il en soit, elle est popularisée par la *Magia naturalis* publiée par celui-ci.

N'OUBLIEZ PAS !

Le point commun de tous ces dispositifs est l'ignorance des causes et des lois physiques dont ils dépendent. Toutefois, Della Porta demeure un esprit rationnel et ne se laisse pas abuser par n'importe quelle croyance. Ainsi était-il prohibé sur les navires de transporter et même de manger des oignons et de l'ail : les marins pensaient en effet que ces deux plantes détruisaient les propriétés magnétiques et donc déréglaient les boussoles : « Quand j'ai testé toutes ces choses, je les ai trouvées fausses, écrit Della Porta, et même si l'aimant est copieusement arrosé de jus d'ail et d'oignon, il continue de faire aussi bien son office. »

Chapitre 15

Les sciences du vivant et la médecine

Dans ce chapitre :

- Des plantes et des animaux beaucoup plus nombreux
- Les espèces venues du Nouveau Monde
- Le corps humain redécouvert
- André Vésale et Ambroise Paré sur les champs de bataille

À la Renaissance, deux figures exceptionnelles, Conrad Gesner et André Vésale, dominent les sciences naturelles, la botanique et la zoologie d'une part, la médecine et l'anatomie d'autre part. L'Allemand Conrad Gesner (1516-1565) est l'exemple même du savant universel de la Renaissance. Ses travaux en botanique notamment définissent une ligne de partage : il y a la botanique avant Gesner, et la botanique après lui. Dans le domaine de l'anatomie, André Vésale (1514-1564) joue lui aussi un rôle immense : avant lui, on est forcément partisan de Galien, que l'on reproduit ou commente; après lui, l'anatomie est un domaine ouvert où les découvertes se multiplient.

Nouvelles classifications des espèces végétales et animales

On doit souligner une nette différence dans le développement de la zoologie et de la botanique à la Renaissance, au détriment de la première. L'étude des plantes est beaucoup plus populaire que celle des animaux, de même que les théories concernant leur formation et leur classement. On ne s'étonnera donc pas de rencontrer davantage d'auteurs botanistes que zoologistes.

Un monstre d'érudition

Si Conrad Gesner (1516-1565) est bien connu pour sa grande *Histoire des animaux*, plus encore qu'en zoologie, c'est en botanique qu'éclate son génie. Son œuvre publiée s'y résume à un modeste *Catalogus plantarum*. L'ampleur de son travail sera toutefois connue et reconnue rapidement par ses successeurs.

Il prospecte dans les Alpes, en Italie, en France, reçoit des spécimens de Pologne, d'Angleterre, etc. À son actif, des centaines de plantes nouvelles, comme le rhododendron, qu'il dessine ou fait dessiner. Il s'engage dans un projet de classification – décidément la clé des sciences naturelles –, dont il donne les grandes lignes. Selon Gesner, il faut mettre au cœur de l'organisation du règne végétal les caractères des fleurs et des fruits. Sans les nommer explicitement, il conçoit les notions des ordres *supérieurs* aux espèces. L'idée de genre et de groupe est lancée ; ce seront les graminées, les ombellifères, les labiées que l'on voit apparaître dans l'ouvrage de Jérôme Bock (1498-1554) préfacé Gesner en 1552. Le célèbre André de Césalpin (1519-1603) diffuse largement les nouveaux principes de la botanique systématique, en vertu desquels on classe les plantes à partir de leurs fleurs et surtout de leurs graines. Tournefort, Linné et Jussieu s'inspireront de ces découvertes au siècle suivant.

Dans son *Histoire des animaux,* qui vise à supplanter le traité d'Aristote, Gesner avance une idée qui fera la gloire de Linné au XVIIIe siècle : les animaux doivent être désignés par deux noms latins, un nom de genre suivi d'un qualificatif.

Les divers animaux fabuleux sont, en général, des animaux fictifs comme les hydres ou les licornes. Il arrive que certains d'entre eux, aux allures bizarres, existent réellement, ainsi le « cheval marin », encore nommé l'hippocampe. Il intéresse beaucoup Conrad Gesner, qui lui consacre de belles illustrations et une précise description de mœurs dans le volume IV de son *Histoire.* La loutre et sa vie amphibie lui inspirent aussi une étude originale.

Les fossiles de Bernard Palissy

Un ancien casse-tête reçoit, au XVIe siècle des débuts de réponse. La question est celle des fossiles qui ont des formes d'animaux marins mais que l'on trouve parfois loin dans les terres. Bernard Palissy (1510-1590) commence à lever le voile et à envisager des réponses sensées. Deux théories anciennes se disputaient les suffrages : selon la première, la nature, œuvrant de façon homogène, imite sur terre ce qu'elle accomplit dans la mer ; ainsi les fossiles sont des ébauches ou des images des poissons et des coquillages. Pline l'Ancien fut l'instigateur de cette thèse. La seconde soutient que les fossiles sont des restes de vrais animaux marins, ce qui implique que la mer autrefois, a recouvert des régions d'où elle s'est retirée. Les anciens partisans de cette solution furent notamment Hérodote et Aristote. Il fallait alors expliquer ce retrait de la mer, et le mythe biblique du déluge fut souvent convoqué à cet effet. La solution était plutôt insatisfaisante, et Léonard de Vinci objectait que, dans ce cas, les fossiles se trouveraient dispersés sur les flancs des montagnes et non réunis, couche par couche, à des niveaux d'une grande régularité.

Bernard Palissy soutient deux thèses remarquables : d'abord que les fossiles sont bien des restes d'espèces vivantes ayant réellement existé dans les mers ou les rivières ; si on ne les retrouve pas toutes dans les mers ou rivières actuelles, c'est parce qu'elles témoignent d'espèces disparues, « des poissons dont la semence est perdue et dont nous ne savons à présent comment il faut les nommer ». Au problème inévitable de la modification du relief terrestre, responsable du retrait des mers, il apporte une superbe explication : ce sont les eaux du ciel qui, en ruisselant, opèrent ces changements. Or, voici l'origine de ces eaux du ciel : l'eau de mer s'évapore et se rassemble en nuages qui circulent au-dessus des terres et se transforment en pluies qui modifient la surface terrestre. Point n'est besoin de déluge catastrophique. Il comprend au passage la formation des nappes phréatiques.

PORTRAIT

Le botaniste du roi assassiné

Pierre Belon (1517-1564), a su se trouver de riches et puissants mécènes afin de vivre de ses passions, la botanique et la zoologie : d'abord le cardinal de Tournon, puis les rois François Ier, Henri II et Charles IX. Celui-ci l'envoie en diverses missions au Moyen-Orient, d'où il lui rapporte des plantes exotiques (le *Platanus orientalis* par exemple) et des animaux rares pour ses palais, ses jardins et ses ménageries. Il rédige une *Histoire naturelle des étranges poissons marins* en 1551 et une *Histoire des oiseaux* en 1555. Il confirme avec précision la génération vivipare des requins et insiste sur l'analogie entre les squelettes d'oiseaux et humains. Les travaux de Belon sont brusquement interrompus par son mystérieux assassinat dans le bois de Boulogne, alors qu'il se rendait de nuit, à une audience royale.

Que faire des manchots et des castors ?

Les explorations géographiques du XVIe siècle provoquent une formidable extension de l'inventaire du vivant. Plantes et animaux nouveaux surgissent aussi bien de Sibérie, d'Afrique que des Amériques. À côté des girafes, hippopotames, gibbons, manchots, etc. on a des descriptions de « monstres » parfois terrifiants ou fantaisistes, comme le *kraken,* ce calmar géant si énorme qu'il peut se saisir de la coque entière d'un grand navire pour le faire chavirer.

Le problème est cependant bien réel de savoir comment nommer et comment classer tous ces nouveaux venus. Les noms qui leur sont donnés ont les origines les plus variées, souvent exotiques, presque toujours déformés, issus de langues à peine connues. Cela donne, en dehors des problèmes posés par les critères de classification, une nomenclature hétéroclite et instable. Quant au choix de ces critères, il annonce les controverses à venir. Que choisir comme principe pour organiser toutes ces espèces vivantes de façon efficace ? Une solution formelle, simple, mais peu créative est l'ordre alphabétique ; ainsi faisait-on au Moyen Âge, dans les *Sommes* d'Albert le Grand ou de Barthélemy ; Gesner et Aldrovandi y font appel. D'autres options ont quelque succès, fondées sur l'utilité de la plante ou de l'animal : Paolo Giovio, médecin et historien italien, néanmoins évêque, range plantes et animaux selon la préférence culinaire (plus ou moins employée dans la nourriture) ou selon la proximité *domestique* : ainsi on sépare les *feri* et *sylvestres* (c'est-à-dire les sauvages) d'un côté et les apprivoisés ou domestiqués de l'autre. Plus intéressante sans doute est la classification qui exprime un *ordre de la nature,* elle parcourt ainsi la chaîne des êtres, depuis le monde brut inanimé jusqu'aux organismes raisonnables complexes, en passant par les plantes et les êtres ambigus comme le corail ou les zoophytes, dont on ne sait s'ils sont végétaux ou animaux. La fonction reproductive et le développement embryonnaire fournissent un autre principe de classification possible, parfois élaboré à partir de considérations erronées (l'explorateur José de Acosta pense ainsi que les rats, les grenouilles et les abeilles s'engendrent de la terre). La distinction ovipare-vivipare tient un grand rôle et sépare nettement les animaux. Les critères écologiques ou fonctionnels sont employés pour réunir les animaux ; ce qui donne, du point de vue *écologique,* les aquatiques, les terrestres, les aériens et, selon le point de vue *fonctionnel,* les nageurs, les volants, les reptiles… Ces regroupements provoquent bon nombre de télescopages : que faire du castor ? Est-il poisson puisqu'il est nageur ? Comment éviter de classer la limace auprès de la vipère et l'abeille près du coq et de la chauve-souris ? Telle est la solution adoptée par le mathématicien naturaliste allemand Adam Lonicer (1528-1586), qui place tout ce monde-là dans les volatiles. Comment classer les innombrables manchots observés en 1519 sur les rivages de Patagonie par Pigafetta, un compagnon de Magellan ?

De perspicaces observations anatomiques ouvrent des pistes qui seront riches d'avenir ; Pierre Belon souligne les analogies de squelette entre l'homme et l'oiseau ; Léonard ajoute de pertinentes ressemblances avec celui du cheval et du singe.

L'imprimerie stimule la botanique

N'OUBLIEZ PAS !

C'est une constante de cette discipline : les images jouent un rôle très important en botanique. La qualité de la représentation des détails est aussi importante, voire davantage, que le texte. C'est pourquoi l'invention et la diffusion de l'imprimerie à caractère mobile, à la fin du XVe siècle, accompagne ou provoque le développement de la botanique moderne. Un genre d'ouvrage imprimé fait son apparition, ce sont les *herbiers,* qui connaissent un immense succès. L'évolution est nette ; au départ il s'agit de compilations pratiques dont l'impact sur l'évolution des théories botaniques ou zoologiques est forcément très faible. Les dessins servent d'ornementation souvent pleine de fantaisie. Assez vite cependant, les traités changent de nature. D'une part, l'iconographie, la beauté et la précision des représentations sont sans commune mesure avec ce qui se faisait auparavant. On en a de bons exemples avec les créations de Valerius Cordus (1515-1544) et ses 500 espèces dessinées, ou de Charles de Lécluse (1526-1609), qui est un des premiers à cultiver des pommes de terre ; leurs dessins sont tout simplement admirables. D'autre part, des préoccupations caractéristiques des sciences naturelles deviennent la règle : glossaires, classement explicite des espèces, élaboration d'un langage technique comme chez Leonhard Fuchs (1501-1566) et Rembert Dodoens de Louvain (1517-1585), qui invente les cucurbitacées ou les ombellifères.

ANECDOTE

Le jardin botanique d'Olivier de Serres victime des guerres de Religion

Olivier de Serres (1539-1619) est protestant ; il a 19 ans quand il achète le domaine du Pradel, environ 200 hectares dont il va faire la plus belle ferme expérimentale de son époque en ce qui concerne la botanique. Il y introduit des plantes jusque-là inconnues ou peu s'en faut : la garance, le houblon et le maïs. Il tente de mettre au point des procédés d'extraction du sucre à partir de la betterave. Grâce à Olivier, la production de vers à soie est introduite en France. Henri IV se faisait lire quotidiennement un passage de son *Théâtre d'agriculture.* Plus tard, le 7 mai 1628 exactement, Richelieu, au plus fort des guerres de Religion, fera raser le jardin d'Olivier de Serres… jardin hérétique sans doute ! Le fils d'Olivier Daniel restaurera cette entreprise, qui est encore aujourd'hui une ferme-école.

Les naturalistes conquistadores : Oviedo, Acosta

Dès les premières décennies qui suivent les voyages de Christophe Colomb, des descriptions d'animaux et de plantes inconnues arrivent en Europe.

Tabac, maïs, pommes de terre, ananas : les nouveautés d'Amérique

Dans son *Histoire des Indes* (vers 1550), Oviedo y Valdés (1478-1557) fait un vaste bilan des découvertes. Il faut dire qu'il a passé quarante-cinq ans comme administrateur au Pérou. Il y décrit le tabac, le maïs, la pomme de terre, l'ananas, etc., en insistant sur leurs vertus médicales. La pomme de terre est observée par des Européens dès 1537 dans le nord des Andes et traverse l'Atlantique avant 1570. Gaspard Bauhin, de Bâle, la décrit minutieusement sous son nom officiel de *Solanum tuberosum,* parmi les 2 700 espèces de son grand traité de 1597.

Le tatou est un des animaux étranges rencontrés dans le Nouveau Monde, qui frappa le plus les esprits avec sa carapace et ses griffes.

L'histoire naturelle et morale des Indes

Le père José de Acosta, provincial de la Compagnie de Jésus, rapporte, lui aussi, des descriptions et des spécimens du Pérou, de Bolivie et du Mexique entre 1572 et 1586. Dans son *Histoire naturelle et morale des Indes,* il s'intéresse aux plantes et aux animaux, mais tout autant aux êtres humains du Nouveau Monde. Leurs mœurs et leurs croyances l'inspirent bien sûr, mais surtout leur origine. Ces populations seraient-elles préadamites ? Voilà qui s'oppose à la thèse biblique et ne peut donc être vraiment soutenu par notre jésuite. Mais alors, ils devaient, eux aussi, être des descendants des survivants du déluge. Après avoir examiné et rejeté l'hypothèse selon laquelle ils pourraient venir des tribus perdues d'Israël, Acosta imagine que ces Indiens auraient pu atteindre le Nouveau Monde par l'est, en ayant traversé l'Asie et voyagé à travers des contrées encore inconnues.

La révolution anatomique

Coïncidence pleine de sens : l'année où paraît le livre de Copernic sur la structure du monde, un autre livre révolutionnaire paraît à Bâle sur la structure du corps humain. C'est en effet en 1543 qu'André Vésale publie le

De humani corporis fabrica. Un pan de la médecine, à savoir l'anatomie, allait s'en trouver profondément rénové.

Le renouveau anatomique est très représentatif de la Renaissance en général : deux mouvements se combinent pour former l'*esprit du temps.* D'abord, un retour aux Anciens, on cherche le savoir à la source, on est exigeant sur la qualité des textes et des manuscrits, en l'occurrence principalement ceux de Galien. En même temps, on interroge directement la nature, on s'autorise à suivre ses leçons immédiates. Dans le cas de la médecine, ce sera notamment en pratiquant la dissection. Mais un conflit surgit car on assiste fréquemment à des oppositions entre ces deux enseignements, les livres de Galien d'une part, le livre de la nature de l'autre. En général, les anatomistes essaient de ménager la chèvre et le chou. Ainsi, le médecin Berengario réalise qu'un réseau de vaisseaux sanguins (le *rete mirabile*), observé chez certains animaux, est absent chez l'homme ; hélas, Galien a soutenu l'opposé. La solution consiste à écrire : « Ce réseau, je ne l'ai jamais vu ! » tout en fournissant une description aussi soignée que traditionnellement galénique de l'improbable *rete mirabile.*

Le bonheur du retour à Galien

Il se peut bien que ce soit en médecine, et plus précisément en anatomie, qu'une des caractéristiques le plus souvent mentionnées de la Renaissance ait été la plus intense : l'idée que l'on peut secouer le joug des théories et des pratiques traditionnelles grâce à un retour aux Anciens, à la « vraie sagesse ». Cette manière n'est pas si vraie dans tous les domaines, mais, en médecine, le grand mouvement est une redécouverte de Galien. Les médecins issus des universités les plus fameuses, Bologne, Montpellier, Padoue, sont nourris de galénisme, souvent accompagné du commentaire arabe, le *Canon* d'Avicenne en particulier. L'adhésion au « vrai » Galien autorise, à cette époque, des critiques sur plusieurs points précis mais parfois importants comme le *rete mirabile* que l'on vient de mentionner. Un historien contemporain a pu décrire « le bonheur immense » de cette liberté de travailler qui s'abreuve aux sources de l'art médical et anatomique.

Les dissections de Léonard

Léonard de Vinci revendique des dizaines de dissections de cadavres humains entre 1490 et 1511, une trentaine pour être précis, du nourrisson au vieillard, de Milan à Florence. Il n'a jamais rédigé le grand traité sur l'homme qu'il avait annoncé, mais les centaines de croquis et de notes qu'il a produits l'excusent largement puisqu'ils constituent un véritable trésor anatomique. Pour atteindre la précision voulue, il réalise des moulages en cire de cavités du corps, remplace les muscles par des fils pour mieux comprendre le fonctionnement des articulations et du squelette… Pourtant, comme en d'autres domaines, le génial Léonard reste un médecin et un anatomiste marginal, peu soucieux de répandre ou de diffuser ses recherches ; si bien que ses découvertes resteront ignorées de ses contemporains et de ses successeurs jusqu'au XVIIe siècle.

La difficulté que peut réserver la découverte de tel ou tel phénomène qui nous semble évident (une fois entré dans notre univers mental) est patente quand on songe qu'un observateur aussi entraîné et talentueux que Léonard n'a jamais repéré le circuit de la circulation sanguine. Il a en revanche donné les premiers dessins de fœtus dans l'utérus et décrit la rigidité artérielle consécutive à une crise cardiaque.

De Venise à Bologne, on ouvre les cadavres

ATTENTION !

La dissection des cadavres est autorisée par le pape Clément VII en 1523 ; d'assez nombreux praticiens ne l'ont pas attendue, et les autorités religieuses et laïques la tolèrent depuis la fin du XVe siècle dans plusieurs villes, Venise et Bologne par exemple. En général cependant, la technique de dissection est lamentable et les anatomistes ne savent pas découvrir dans ces organes et ces chairs ouvertes autre chose que ce que l'illustre et indépassable Galien avait avancé et qui était tenu comme l'incontestable vérité.

Tout de même, l'oreille moyenne livre ses secrets à Achillini, professeur à Bologne, qui décrit le *marteau* et l'*enclume* ; le même découvre que le canal biliaire débouche dans le duodénum. Son collègue Berengario démasque le thymus, le sinus, le tympan, les cartilages aryténoïdes et quelques autres perles de notre machine anatomique. Tout cela au cours du premier tiers du XVIe siècle. Avec le formidable renouvellement donné à ces travaux par Vésale, c'est Padoue qui s'impose comme le plus important centre européen d'activité et de recherches en anatomie ; après Vésale, Gabriele Falloppio y excelle (il étudie le tympan, puis découvre la trompe utérine qui porte son nom), au point que certains historiens le mettent « plus haut » que Vésale. Lui succède un autre des plus grands anatomistes de la Renaissance, Fabrizio d'Acquapendente, qui fonde l'amphithéâtre anatomique de l'université. Un amphithéâtre comparable est organisé à Montpellier par Rondelet en 1556.

De la fabrique du corps humain selon Vésale

N'OUBLIEZ PAS !

Né à Bruxelles, étudiant à Louvain, Paris et Padoue, André Vésale va porter presque à la perfection la représentation des formes anatomiques. Il est professeur à Padoue, médecin des empereurs Charles Quint et Philippe II, et apprend la chirurgie lors des campagnes militaires. Il est exact qu'il vole – pour les étudier – des cadavres et des morceaux de corps humains dans les cimetières et au pied des gibets. Il est vrai encore qu'il profite de la véritable passion de plusieurs peintres italiens du XVIe siècle pour la représentation du corps humain (Léonard bien entendu, mais aussi Verrocchio, Michel-Ange, Mantegna, etc.).

Il croit longtemps que le système galénique, fondamentalement correct, réclame seulement quelques retouches ici et là, sur des points de détail. À Padoue, il prend des libertés : le foie n'est pas, comme l'a décrit Galien, partagé en cinq lobes ! La mâchoire n'est pas fendue de la manière qu'il le prétend ! Et Galien n'a sans doute jamais disséqué de corps humain. Il a transposé l'anatomie animale, par exemple celle du singe. Résultat de ces critiques : toute l'anatomie est à recommencer. L'énormité du projet ne lui fait pas peur. Il a 25 ans et une formidable confiance en lui. Trois ans seulement, et Vésale réalise une encyclopédie de 700 pages, avec 300 illustrations précises et superbes réalisées par des élèves du Titien. Il réforme ainsi notre sternum, notre carpe, il décrit les intestins et la vésicule. Il est beaucoup moins heureux avec le foie, les reins et les organes génitaux. Sur le sujet le plus « brûlant », le cœur, il est bien près de découvrir sa nature musculaire et sa fonction motrice puisqu'il décrit l'isochronie de la systole et du pouls ainsi que l'absence de communication directe entre les ventricules, mais reste encore trop freiné par les thèses traditionnelles pour tirer les conclusions qui mèneront à la révolution de la circulation sanguine réalisée au siècle suivant. Il s'aligne sur l'explication de Galien, « non que je la croie parfaitement exacte, mais parce que j'hésite à tenter une description complètement nouvelle des fonctions du cœur », écrit-il. Le meilleur de la réforme vésalienne concerne le cerveau et le système nerveux central avec la distinction entre la matière grise et la blanche, la représentation de la glande pinéale, etc.

ANECDOTE

Sylvius de Paris, victime de son disciple

Vésale eut pour professeur à Paris Jacques Dubois, dit Sylvius (1478-1555). Le disciple et le maître devinrent d'irréconciliables ennemis après que Sylvius eut refusé d'adopter la réforme vésalienne. Sans doute était-il traditionaliste au sens où il se voulait farouche partisan du galénisme, sans doute est-il dogmatique au point de préférer une mention livresque du savant grec à un fait expérimental nouveau qui la contredisait. Vésale eut pourtant tort de chercher à le ridiculiser en moquant son enseignement de l'anatomie. En effet, Sylvius fit d'importantes découvertes, comme celle des ventricules cérébraux, de l'injection anatomique et surtout du rôle des valves cardiaques.

Médecins des rois et des empereurs

Les deux médecins les plus fameux du XVIe siècle, André Vésale et Ambroise Paré, viennent de milieux très différents et n'ont pas la même formation. Leur pratique professionnelle, leur talent et leur renommée les rendront pourtant proches.

Le physicien de l'empereur Charles Quint

André Vésale vient d'une famille de savants des environs de Bruxelles : son arrière-arrière-grand-père fut médecin de Frédéric II (1413-1470), son grand-père, médecin et astrologue de Maximilien d'Autriche et son père, apothicaire de Marguerite d'Autriche. Rien d'étonnant alors à ce qu'on retrouve André médecin personnel de Charles Quint, qu'il rejoint en 1544 à Bruxelles. Il l'accompagne lors de ses campagnes et, lors de l'abdication de l'empereur Charles, il passe au service de l'héritier Philippe II d'Espagne. Ce n'est pas sans risques ; un jour de 1561 meurt une noble dame de la cour et Vésale veut l'autopsier. Le frère de la défunte assiste à l'ouverture du thorax et croit voir battre le cœur de sa sœur. Voici Vésale accusé d'avoir disséqué un humain vivant. Le tribunal de l'Inquisition le condamne au bûcher, et Philippe II le sauve in extremis. Il est néanmoins frappé d'exil et doit tout abandonner, famille et biens matériels. Pour se changer les idées peut-être, il entreprend alors un pèlerinage en Terre sainte avant, pense-t-il, de revenir occuper la prestigieuse chaire de l'université de Padoue. Tombé malade sur le chemin du retour, il est abandonné sur le rivage d'une petite île de la mer Ionienne, où il meurt d'épuisement. On dit qu'il y est enterré près de Cicéron.

Ambroise Paré, chirurgien des champs de bataille

Un homme d'origine modeste, un praticien qui n'est ni docteur ni universitaire, un barbier à l'instruction rudimentaire est à l'origine du renouveau de la chirurgie en France et dans le monde occidental : tel est Ambroise Paré (1509-1590), qui apprend le métier sur les champs de bataille, confronté aux terribles blessures de guerre. Il repère les projectiles cachés, d'après la position du patient lors de l'atteinte, de façon à pouvoir les extraire. En lieu et place du fer rouge et de l'huile pour cautériser les plaies, il expérimente et adopte la ligature des vaisseaux sanguins ; il prône l'amputation pour arrêter la gangrène. Alors que l'université de Paris reste un bastion de l'anatomie de Galien, il diffuse les idées de Vésale parmi les praticiens, s'attirant l'hostilité des autorités académiques.

ANECDOTE

Les deux médecins réclament quelques têtes

En 1559, au cours d'un tournoi, la lance du comte de Montmorency atteint le crâne d'Henri II, roi de France. Ambroise Paré, bien sûr, est au chevet du blessé ; on appelle Vésale en renfort. Les deux illustres confrères ne sauveront pas le roi. Ils ont pourtant tout tenté, par exemple en faisant décapiter quelques prisonniers pour anatomiser leurs têtes, auxquelles on avait fait subir des blessures analogues à celles d'Henri II. « On cognait avec force le tronçon de lance contre lesdites têtes pour essayer de reconstituer la royale blessure », rapporte ainsi un chroniqueur du temps.

Quatrième partie

Les débuts de la science classique

Dans cette partie…

Le XVIIe siècle est celui de Galilée, de Kepler, de Descartes, de Harvey et de Newton. Voila qui suffit pour qu'on y voie battre le cœur de ce qu'on a appelé « la révolution scientifique ». Mais de quoi parle-t-on quand on use de cette expression, et dans quelle mesure est-il justifié de l'utiliser ? La tension entre les religions et les sciences est forte, et leurs relations plus contradictoires que jamais

Nous allons parcourir les domaines où les sciences modernes ont pris un immense essor et ont commencé à ressembler aux sciences d'aujourd'hui.

Chapitre 16

Un siècle d'or pour les sciences

Dans ce chapitre :

- Rupture ou continuité ?
- La science et la philosophie font bon ménage
- Et Dieu dans tout ça ?
- Les instruments et les institutions changent d'échelle

N'OUBLIEZ PAS !

Une révolution scientifique, parfois encore nommée « révolution copernicienne », se serait déroulée à l'âge classique ; on en fixe généralement les bornes ainsi : 1542 comme coup d'envoi avec la publication du *De revolutionibus* de Copernic (voir Chapitre 13) et 1687 comme accomplissement avec la publication des *Principia* de Newton (voir Chapitre 17). Un intervalle d'un siècle et demi ! C'est long, on en conviendra, pour une « révolution ». L'historien peut choisir entre deux options : soit il insistera et valorisera ce qui révolutionne les sciences, c'est-à-dire les éléments de rupture qu'on y rencontre, soit il privilégiera les idées et les pratiques qui prolongent les théories et méthodes antérieures, c'est-à-dire ce qui marque plutôt des évolutions à partir d'un héritage revendiqué explicitement ou non.

Des changements révolutionnaires

Pour se faire une juste idée de la nature, révolutionnaire ou non, des changements advenus au cours du siècle, il nous faut en évaluer l'ampleur aussi exactement que possible. Un premier tour d'horizon fait apparaître cinq domaines principaux dans lesquels on assiste à un formidable développement des connaissances : en premier lieu, le système du monde et la cosmologie ; les conceptions de la matière, des éléments et du vide viennent ensuite ; en troisième place viennent la mécanique et la dynamique, qui concernent les principes gouvernant le mouvement des corps, celui de la chute des graves en particulier ; les mathématiques, elles aussi, changent radicalement : elles ont toujours eu une place éminente comme prototype du savoir certain et discursif et affichent leur prétention à pouvoir exprimer de vastes catégories de phénomènes ; enfin – mais ce n'est pas le moins important, loin de là –, la physiologie ou l'étude des êtres vivants est bouleversée par de nouvelles théories et découvertes, même si l'on y rencontre toujours l'opposition ou la cohabitation du vitalisme et du réductionnisme.

Premier survol

Les chapitres suivants reviennent plus complètement sur ces cinq sujets ; nous pouvons d'ores et déjà opérer un rapide survol de la situation.

- **Au milieu du siècle précédent (en 1542), Copernic publie son *De revolutionibus*.** Il s'agit d'un modèle du cosmos concurrent à l'*Almageste* de Ptolémée. Dès le début du XVIIe siècle, la discussion est complètement renouvelée et déterminée par les arguments et les résultats de deux auteurs majeurs, Johannes Kepler (notamment ses trois lois : celle des trajectoires elliptiques, celle des aires et celle des distances de planètes-Soleil) et Galilée (découvertes des irrégularités de la Lune, des taches solaires, des étoiles de la Voie lactée, des satellites de Jupiter, etc.). les principaux savants (Descartes, Gassendi, Roberval, Mersenne, Pascal, Huygens, Leibniz…) sont rapidement gagnés à l'héliocentrisme. À la fin du siècle survient la grande synthèse newtonienne ; à l'aide d'une théorie générale de la gravité par attraction à distance, Newton donne une expression mathématique extrêmement performante de la mécanique céleste. La dynamique, c'est-à-dire la description des forces et de leur action sur les trajectoires planétaires, est établie en un extraordinaire tableau d'ensemble, (*Les Principes mathématiques de philosophie naturelle*), dont l'élaboration a lieu vers 1660-1670. Le prix à payer est cependant considérable puisque le « moteur » de cette synthèse, l'attraction à distance, reste (même dans l'esprit de Newton) un profond mystère.
- **Au sujet de la nature de la matière, deux grandes doctrines se déploient au cours du XVIIe siècle :** la théorie cartésienne, dite *de la matière subtile,* selon laquelle il n'y a pas de vide puisque l'étendue et la matière sont indissociables ; l'espace ne peut donc pas exister sans matière (voir Chapitre 18). Selon cette théorie, les éléments se diversifient par chocs et mouvements. La matière la plus fine, qui remplit tous les pores de l'espace, est l'éther. Telle est la doctrine du *mécanisme* au sein de laquelle la gravité s'explique par les tourbillons de cette matière subtile. Contre cette conception de la matière du monde – ou à côté d'elle –, la théorie atomiste connaît une renaissance spectaculaire ; elle est explicitement défendue par le Provençal Pierre Gassendi (1592-1655). Sans doute a-t-elle aussi les suffrages de Galilée, voire de Newton, comme semblent l'indiquer les *Queries* (une série de questions) que celui-ci ajoute à la fin de son traité *Opticks* dans les éditions successives.

Le débat au sujet du vide a pris un tour décisif vers 1630, avec l'expérience de Torricelli. Entre 1640 et 1650, on assiste à une intense discussion dans toute l'Europe. Les épisodes se succèdent rapidement : Blaise Pascal – ou les pascaliens – réalise de grandes expériences à Rouen, à Paris et sur les versants du puy de Dôme ; Gilles de Roberval ou Adrien Auzout imaginent des dispositifs raffinés pour faire le *vide dans le vide*. S'il apparaît que l'« espace de Torricelli » ne peut être occupé par les « éléments d'Aristote », la résistance (celle des Jésuites notamment) n'est pas négligeable et, surtout, la thèse cartésienne de la *matière subtile* ouvre une alternative moderne au *vacuisme* (théorie qui affirme la possibilité du vide). Quoi qu'il en soit, la thèse selon laquelle « la nature a horreur du vide » est pratiquement vaincue. Dans le même ordre d'idée, de nouvelles théories de la lumière émergent, chez Descartes, Huygens ou Newton. Les lois de l'optique, de la réfraction, des couleurs sont en voie d'élucidation ou reçoivent des explications ou des représentations performantes.

- **De nouvelles théories sont imaginées pour comprendre le mouvement des corps.** « Si le moteur cesse d'agir, le mouvement cesse », affirme la physique dominante depuis Aristote, avec comme conséquence qu'« une pierre lâchée du haut du mât d'un navire ne doit pas tomber au pied de celui-ci mais vers la poupe, puisque le navire avance pendant que la pierre choit », et une conclusion inévitable : « Si la Terre tournait, une pierre lâchée du haut d'une tour ne tomberait pas au pied de celle-ci. » Deux auteurs, René Descartes et Galilée, vont élaborer une thèse opposée selon laquelle « le mouvement ou le repos demeurent inchangés tant qu'une force ne vient le modifier ». Ce sont eux qui – à d'importantes variantes près – établissent le *principe d'inertie,* selon lequel « un corps poursuit son mouvement en ligne droite, à vitesse constante si aucune force n'agit sur lui ». Toute la cinématique s'en trouvera changée, et deux conséquences majeures peuvent en être aussitôt déduites : l'*objection balistique* contre le mouvement de la Terre est réduite à néant, et la chute des corps est soumise à la *loi des nombres.* La balistique moderne peut naître. Il s'agit là de l'un des piliers qui permettra la synthèse newtonienne.

- **Dans le quatrième domaine envisagé, celui des mathématiques, les choses ne sont pas plus stables et on assiste à un vrai feu d'artifice.** L'algèbre, cette « arithmétique générale », s'épanouit à partir des travaux italiens et allemands du XVIe siècle (et très certainement à partir de travaux arabes plus anciens), puis de ceux (entre autres) de François Viète, Thomas Harriot, Pierre de Fermat et René Descartes. On fait, « avec des lettres, les calculs que l'on faisait avec les nombres ». La géométrie algébrique s'impose, et l'essai publié par Descartes en 1637 consacre l'association de la géométrie et de l'algèbre ainsi que l'expression des courbes par des équations. Un peu plus tard, la notion de variable et de fonction étend cet acquis, tout en le bouleversant. Les inventions, par Girard Desargues et Blaise Pascal de la géométrie projective ouvrent une voie nouvelle et extrêmement fertile à l'idée même de géométrie. Nouveaux venus étranges, les nombres imaginaires contribuent à déstabiliser la philosophie mathématique en même temps qu'ils accroissent les performances de cette science. Il en va de même avec les procédures infinitésimales. On voit fleurir des notions extrêmement variées, comme celle d'*indivisible* (appelée à un énorme mais éphémère succès), ou celle de *série convergente* (qui va devenir un des outils fondamentaux de tout mathématicien). En 1684, un bref texte intitulé *Nova methodus pro maximis et minimis,* de Gottfried Wilhelm Leibniz, impose le concept de dérivée, bientôt suivi par l'invention du calcul intégral (méthodes, on le sait, découvertes en même temps, quoique différemment par Newton). Les conséquences sont immenses, notamment du fait de l'application que reçoivent ces inventions dans des domaines de la physique, où des concepts nouveaux deviennent possibles, comme ceux de vitesse instantanée, d'accélération, de force. Les mathématiques font aussi leurs effets en optique, dans la statique, pour le calcul des pressions, etc.

- **L'étude des fonctions des organismes vivants connaît un développement sans précédent :** les contractions musculaires (Marcello Malpighi, Nicolas Stenon…), la circulation sanguine (William Harvey, René Descartes…) et la respiration. La description quantitative de ces fonctions et le développement de l'*iatrophysique* (système médical dans lequel les faits biologiques obéissent aux lois physiques) intègrent l'étude du vivant dans le grand mouvement de pensée *mécaniste.*

Un indiscutable bouleversement

Ce bref tableau est-il celui d'une révolution ? Certainement pas au sens d'un retour sur soi, mais peut-être au sens d'une rupture. Il est indiscutable qu'un ensemble de conceptions séculaires et dominantes sont brisées qui constituaient ce qu'on recouvre du terme assez vague de *scolastique péripatéticienne* (voir Chapitres 6 à 10). Le géocentrisme, la physique des qualités, la force du mobile, l'impossibilité du vide ou de penser l'infini sont désormais des thèses inefficaces, inappropriées pour dialoguer avec la nature. On est bien en présence d'une accumulation nouvelle de lois physiques, astronomiques, mécaniques, optiques, statiques, balistiques, physiologiques et surtout d'un mode d'expression et de rationalisation de ces phénomènes particulièrement bien adapté, les mathématiques.

Toutefois, il convient d'être attentif au fait que toutes ces nouveautés ne naissent pas de rien ; elles ont des précédents, même s'il s'agit seulement dans certains cas d'ébauches abandonnées ou des suggestions oubliées : l'héliocentrisme a été discuté dans le passé (Aristarque, Nicolas de Cusa…), l'algèbre géométrique a mûri chez les Arabes du XIIe siècle, la variation instantanée d'une grandeur a été méditée et même théorisée chez les scolastiques de Paris et d'Oxford au XIVe siècle, et les noms de Khayyam, Nicole Oresme, de Bradwardine, de Buridan (parmi bien d'autres) doivent revenir à la lumière (voir Chapitre 7) ; l'optique géométrique avait été très poussée par Alhazen, pour ne rien dire de l'atomisme. Des arguments puissants en faveur du *continuisme* historique existent donc bel et bien.

ATTENTION !

Une idée fausse : le traumatisme copernicien

On a dit et écrit mille fois que le système héliocentrique, en faisant de la Terre une simple planète et non plus le centre du monde, aurait provoqué un traumatisme sévère à l'humanité. Divers arguments permettent de réfuter cette idée. Il était tout aussi respectable d'être sur un globe en mouvement plutôt que sur un astre paresseux incapable de se mouvoir ; mais surtout, les témoignages des savants et des gens cultivés vivant à cette époque montrent que cette situation nouvelle ne les affectait pas, ou si peu ! Du moins pas pour cette raison. Même parmi les adversaires du nouveau système, cet argument n'a que peu de place, et ce sont des raisons techniques, proprement astronomiques qui sont avancées contre lui, pas des états d'âme qui leur auraient fait craindre de perdre leur dignité. Lorsque Pascal – souvent cité à l'appui de cette croyance – écrit que « le silence éternel de ces espaces infinis m'effraie », ce n'est pas pour dire qu'il serait plus rassuré par une Terre immobile ; c'est pour dire que, autant en considération de l'infini de grandeur que de l'infiniment petit, l'homme est bien peu de chose, et ceci, que la Terre soit centrale ou ne le soit pas !

Le grand rôle des systèmes philosophiques

N'OUBLIEZ PAS !

Le XVIIe siècle est encore un temps où l'association de la métaphysique et de la science est forte. Par métaphysique, il faut comprendre à cette époque un ensemble de principes généraux qui concernent l'âme, Dieu, la création du monde, les grands principes de fonctionnement de l'Univers, comme celui selon lequel « la nature est économe », ou « la nature fait pour le mieux », etc.

Certes les principes généraux sur lesquels l'ancienne physique est établie (par exemple que quatre qualités primordiales, le sec, l'humide, le chaud et le froid, permettent d'expliquer la formation et la diversité des éléments, ou encore qu'il existe des *mouvements par nature* et des *mouvements violents* ou *contre nature*) sont-ils définitivement rejetés au cours du siècle, mais ils sont remplacés par d'autres principes tout aussi généraux, chez certains des plus grands savants de l'époque. Le plus remarquable représentant de cette nouvelle alliance de la métaphysique et des sciences de la nature est René Descartes. Il soutient que tout le système de connaissance doit se tenir, depuis la preuve de l'existence de Dieu et de « mon » existence comme être pensant jusqu'à l'explication des phénomènes naturels et la certitude des idées mathématiques. Au cours de certains grands débats scientifiques du XVIIe siècle, il est très clair que la *philosophie première* (ainsi nomme-t-on aussi la métaphysique) n'est pas loin : sur le problème de l'existence du vide par exemple, les expériences menées par les uns et les autres sont presque toujours mêlées de considérations pour ou contre la thèse scolastique de l'*horreur du vide,* pour ou contre la doctrine cartésienne de la matière étendue ou la vision atomiste, récemment remise au goût du jour.

En mathématiques même, les arguments de philosophie générale viennent « mettre leur grain de sel » : les uns (Descartes en premier lieu) pensent que l'esprit humain ne peut pas raisonner rigoureusement sur l'infini ; il faut donc rejeter les objets et les méthodes infinies hors de la géométrie. D'autres (Leibniz en tête) estiment que nous pouvons avoir des idées claires sur l'infini et qu'il est donc le bienvenu en mathématique.

Au cœur des expériences et des interprétations, il y a une interrogation omniprésente : jusqu'à quel degré peut-on découvrir les « secrets de la nature » ? Ceux qui défendent les *grands systèmes philosophiques* estiment qu'ils nous sont accessibles – du moins en partie – Johannes Kepler le pense lorsqu'il rédige le *Mysterium cosmographicum,* il a trouvé la véritable architecture du monde et la véritable cause des mouvements célestes (voir Chapitre 17). Tous les savants ne partagent pas cette conviction et, en France par exemple, des esprits aussi divers que le père Mersenne, l'athée Roberval et le mystique Blaise Pascal défendent en commun l'idée selon laquelle il faut faire avancer les sciences sans prétendre découvrir les vérités ultimes de la nature parce qu'elles nous sont trop cachées, aujourd'hui et probablement pour toujours.

La science devient profane

Dans les chapitres qui constituent cette partie, il sera assez peu question de théologie proprement dite, mais il sera souvent question de Dieu, pour la bonne et simple raison que le « poids de Dieu » dans la pensée scientifique du XVIIe siècle est important. Ce pourrait n'être qu'un constat ; à l'âge classique, pour penser le monde, il faut en passer par une pensée de Dieu. Presque tous les savants et les philosophes – sans parler des artistes – de cette époque consacrent une bonne part de leur réflexion à la *question de Dieu.* On rencontrera quelques rares fugitifs, quelques cas d'athéisme presque explicite, mais dans l'ensemble, les scientifiques de l'âge classique sont aussi des esprits religieux.

Les stratégies d'adaptation de la science à la religion sont diversifiées, mais une thèse semble mettre tout le monde d'accord, celle du « chacun chez soi » : les théologiens sont qualifiés pour énoncer les vérités relatives à Dieu mais ne le sont pas pour celles qui concernent la nature et la raison. Réciproquement, les savants doivent respecter la révélation et ne pas la remettre en cause au nom de leur science. Kepler est un bon porte-parole de cette conception ; dans sa préface à l'*Astronomia nova,* il met les choses au point de manière on ne peut plus nette : « Voilà pour l'autorité des écritures saintes ; quant aux opinions des saints en ce qui touche aux matières naturelles, je répondrais d'un mot, que le poids de l'autorité compte en théologie mais qu'en philosophie, seul compte le poids de la raison. Donc saint fut Lactance, qui niait la rotondité de la Terre, saint fut Augustin qui admettait la rotondité mais niait les antipodes. Saint est le Saint-Office aujourd'hui qui admet la petitesse de la Terre mais nie son mouvement. Mais pour moi, plus sainte que tout est la vérité lorsque, avec tout le respect que je dois aux docteurs de l'Église, je démontre d'après la philosophie que la Terre est ronde, habitée tout autour par des antipodes, d'une petitesse fort insignifiante, et qu'elle voyage, rapide, parmi les astres. »

La position de Blaise Pascal est d'autant plus intéressante qu'il est l'un des plus fervents croyants parmi les savants du siècle. Les sciences de la nature et le raisonnement mathématique sont indépendants de la foi : cette opinion inspire au Pascal des *Provinciales* de superbes morceaux d'insolence contre la prétention des autorités religieuses à interférer dans les discussions de physique en cours sur le vide, la lumière, l'atomisme et le système du monde. La contrepartie de cette indépendance est la dévaluation radicale que subit la connaissance scientifique.

À côté ou en comparaison de la question du salut, la science est une vétille ; on peut bien s'y engager en toute liberté, mais en ne perdant pas de vue qu'elle ne vaut pas un instant d'attention. En outre, la sphère de la vérité absolue est encore celle du salut et de Dieu, la sphère des *lois du monde* est moins certaine : une théorie vraie aujourd'hui peut être réfutée demain, la découverte d'un phénomène et son explication (l'expérience barométrique par exemple) restent à la surface des choses, leur vérité ultime étant par nature destinée à demeurer inaccessible à notre entendement. Cette position, qu'on a très judicieusement nommée *phénoméniste,* présente un caractère remarquable : elle convient fort bien au mysticisme d'un Pascal et tout aussi bien à un athée comme son ami Roberval. Pour ce dernier, qui ne prête aucune attention à Dieu, il n'y a pas d'instance qui soit garante de la vérité des choses et des explications que nous avons du monde ; il estime, comme Pascal, que la science peut et doit progresser, accumuler des savoirs nouveaux, sans s'illusionner sur la profondeur des dévoilements qu'elle opère : la nature reste cachée.

Des conditions nouvelles

Les conditions matérielles, économiques et institutionnelles des activités scientifiques connaissent elles aussi de grands changements. On assiste d'abord à l'émergence d'un nouveau lieu, le laboratoire, où sont reproduits et imaginés des phénomènes plus riches, plus complexes que ceux que nous présente directement la nature. L'invention du télescope et du microscope en est peut-être le plus remarquable exemple, mais il y a aussi les appareils barométriques, les balances, les plans inclinés, les pendules composés, les outils d'anatomie, etc.

Aujourd'hui, les sciences doivent, pour l'essentiel, leur immense puissance à leurs innombrables applications « concrètes ». Avant la *révolution scientifique,* ces applications sont bien maigres et en certains domaines, quasi inexistantes. Le XVIIe siècle marque une inflexion considérable de ce point de vue ; on commence à avoir des retombées technologiques importantes des théories scientifiques : la mesure du temps, la navigation, la cartographie, les machines à poulies, les éclairages et effets optiques, etc.

Les lieux et les institutions scientifiques aussi se transforment et commencent à ressembler à ce qu'elles seront dans les temps modernes. Remarquons que, dans certains pays comme la France, les universités, trop attachées aux anciennes théories, prennent du retard. On assiste, en revanche, un peu partout, à la création d'institutions savantes : à Rome, le prince Federico Cesi réunit la première académie du genre, l'accademia dei Lincei (« académie des Lynx »), dont fait partie Galilée ; en Toscane, le grand-duc Ferdinand II crée l'accademia del Cimento (« académie de l'Expérience »), avec Viviani, Borelli, Stenon, etc. Les universités anglaises de Cambridge et d'Oxford sont ouvertes aux *modernes* comme Robert Boyle, et c'est à Londres que sont créés la fameuse Royal Society et son journal, les *Philosophical Transactions.* Sans oublier le cercle Mersenne, place Royale à Paris, l'Académie royale des sciences puis celle de Berlin, fondée par Leibniz, etc. Des revues comme le *Journal des savants* en France, les *Acta Eruditorum* en Allemagne voient le jour.

Tout ceci ne peut nous faire oublier à quel point ce monde scientifique du XVIIe siècle est encore loin du nôtre. Les notions de masse, de quantité de chaleur, de cellule vivante, de courant électrique, la géologie… sont encore dans les limbes ou balbutiantes. Les temps modernes de la science ne font que commencer.

Chapitre 17

Sur la Terre comme au ciel, une seule physique

Dans ce chapitre :

- Galilée et Kepler ne se sont pas rencontrés
- Le ciel n'est pas celui que l'on croyait
- Galilée, toujours convaincu, doit abjurer
- Le principe d'inertie mine l'ancienne physique
- Les mathématiques pour comprendre la nature
- L'architecture du monde selon Kepler
- Newton réalise la grande synthèse mathématique du système solaire

Kepler et Galilée auraient bien des raisons pour être proches l'un de l'autre. Ils vivent à la même époque (dans la première moitié du XVIIe siècle), tous les deux astronomes, mathématiciens, musiciens et philosophes, également enthousiasmés par les idées scientifiques nouvelles, en particulier par la thèse de Nicolas Copernic ; pourtant, ils ne se rencontrèrent jamais. Certes, Kepler est allemand et protestant, Galilée, italien et catholique, mais l'époque est aux voyages et l'un comme l'autre tiennent à respecter l'autonomie des questions de religion et des questions scientifiques. En fait, leur *style,* leur manière d'être scientifiques, leur genre d'argumentation sont trop différents pour qu'ils veuillent ou puissent travailler ensemble. Newton les réunira, après leur mort, en proposant à la fin du siècle une synthèse générale du mouvement des planètes qui s'appuiera autant sur les résultats de Kepler que sur ceux de Galilée, et qui les dépassera.

Galilée et Kepler, deux étoiles jumelles

Johannes Kepler naît en 1571, sept ans après Galilée, et meurt en 1630, douze ans avant ce dernier. Étudiant à Tübingen, Kepler devient copernicien en 1589, à l'âge de 28 ans. On ne sait pas exactement quand Galilée a embrassé l'astronomie nouvelle ; dans une lettre amicale et élogieuse adressée à Kepler en 1597, il se revendique partisan de l'héliocentrisme. Il vient de recevoir le premier livre de son jeune confrère, *Le Secret du monde,* et Galilée rend hommage à cet auteur qui a pris place parmi les membres de la petite communauté des savants et philosophes héliocentristes. La réponse de Kepler est de la même eau, il se félicite de la prise de position du mathématicien de Padoue.

Treize ans plus tard, en 1610, c'est au tour de Kepler de louer la formidable « percée » que vient de réaliser Galilée, grâce à la lunette astronomique qu'il a mise au point, et qui lui a permis d'exposer un monde nouveau dans son *Messager des étoiles.* Il rédige le beau texte *Conversation avec le Messager des étoiles.* Pourtant, leurs rapports directs en restent là. On peut même dire qu'ils ne se comprennent pas vraiment.

On le sait, deux obstacles d'importance se dressent contre le modèle copernicien. Le premier concerne la description exacte des trajectoires planétaires, qui n'est toujours pas satisfaisante ; le second résulte de l'impossibilité de concilier le mouvement de la Terre avec la physique et la mécanique traditionnelles. On pourrait dire, en simplifiant un peu, que Kepler va surmonter le premier et Galilée, le second.

Le télescope de Galilée dévoile un nouveau ciel

Avant de tourner sa lunette grossissante vers le ciel, Galilée l'a éprouvée sur des mires terrestres. Fort habile dans la confection des lentilles, il a nettement amélioré les modèles assez frustres reçus de Hollande. En août 1609, il vante les avantages (militaires par exemple) de l'instrument auprès des maîtres de la sérénissime république de Venise. Son premier modèle multiplie par neuf l'image visée.

La Voie lactée, les taches solaires et les satellites de Jupiter

N'OUBLIEZ PAS !

En novembre de la même année, la nouvelle lunette qu'il a confectionnée donne des images 20 fois plus grandes. Galilée a conscience que c'est en la tournant vers le ciel qu'il en fera un instrument vraiment révolutionnaire. L'exploration de la nuit céleste débute peu avant Noël. Geste magnifique grâce auquel il découvre des « choses que personne n'a encore jamais vues ». Ce qu'il voit est en effet si remarquable qu'il rédige, presque aussitôt (février 1610) un court traité adressé « à tous les astronomes et philosophes » et dont le titre, *Le Messager des étoiles,* laisse bien augurer du contenu.

Il y est d'abord question de la Lune, de ses irrégularités, des taches, des ombres, des montagnes qu'on y voit alors qu'on la croyait parfaitement lisse. La Voie lactée, scrutée à son tour, dévoile d'innombrables étoiles là où Ovide voyait le chemin uni et blanc qui conduisait à l'empire et au palais de Jupiter.

Muni d'une lunette encore plus puissante (celle-ci grossit 30 fois), Galilée, dans la nuit du 7 janvier 1610, regarde Jupiter : trois étoiles se trouvent dans ses environs angulaires immédiats : deux situées à l'est de Jupiter, une à l'ouest. Sans doute s'agit-il de trois étoiles jusqu'alors invisibles et détectées par son nouveau télescope.

Il sait – d'après les tables dont il dispose – que Jupiter est dans une phase de rétrogradation vers l'ouest. Poursuivant ses observations, il s'attend donc à voir l'étoile située à l'ouest de Jupiter « passer à l'est ». La nuit suivante, surprise ! C'est au contraire les deux étoiles de l'est qui sont passées à l'ouest ! La nuit du 9, le ciel est trop nuageux pour en savoir davantage, mais le 10, il n'y a plus que deux étoiles près de Jupiter, toutes deux situées à l'est.

Deux jours suffisent à Galilée pour « comprendre » ou plutôt pour imaginer une hypothèse peu orthodoxe : il ne s'agit pas d'étoiles, mais de planètes, de satellites associés à Jupiter. Comme la Terre a sa Lune, Jupiter a ses astres courtisans. D'ailleurs, il en découvre presque immédiatement un quatrième. On mesure son enthousiasme en lisant ce passage du *Messager des étoiles* : « Mais en vérité, ce qui de loin dépasse tout sujet d'émerveillement, et qui, en premier lieu, nous a poussé à informer tous les astronomes et les philosophes, est le fait, évidemment, d'avoir découvert quatre étoiles errantes qui n'étaient connues ni observées d'aucun de nos prédécesseurs ; c'est autour d'une étoile remarquable parmi celles qui sont connues qu'elles accomplissent leur révolution et tantôt elles la précèdent, tantôt elles la suivent, sans jamais s'éloigner d'elle au-delà de certaines limites. Tous ces phénomènes, une lunette que j'ai conçue sous l'illumination de la grâce divine m'a permis il y a peu de jours, de les découvrir et de les observer. »

Les Jésuites confirment les découvertes

Sachant aussi veiller à ses intérêts, Galilée baptise ces quatre objets les planètes médicéennes, qui disent dans les cieux la gloire du grand-duc Cosme de Médicis et de ses trois frères. Le chemin vers la dignité et le salaire de mathématicien et philosophe du duc de Florence passe par la banlieue de Jupiter. Cette position lui est en effet acquise en septembre de la même année, et son message est si bien entendu qu'il vaut à son auteur une grande renommée dans l'Europe entière. Le 14 avril 1611, le prince Federico Cesi organise un banquet en l'honneur de Galilée, dans la villa de monseigneur Malvasia : la démonstration est édifiante, la discussion tourne à l'avantage de Galilée. Le 19 avril, le tout-puissant cardinal Bellarmin, supérieur des Jésuites, pose cinq questions précises aux plus savants d'entre eux sur les observations du *Messager des étoiles.* La réponse tombe, prudente, mais cependant claire : Clavius, au nom de ses collègues de la Compagnie, déclare fondamentalement valides les découvertes concernant la multitude des étoiles de la voie lactée, la forme particulière de Saturne, les phases de Vénus, les satellites de Jupiter. Enfin, les Jésuites organisent une réception très officielle en présence du héros et déclarent que le *Messager des étoiles* annonce une nouvelle astronomie. Les heures sombres viendront mais, pour le moment, en cette année 1611, Galilée est un savant « aimé et fêté » par l'Église.

Que voyait-on dans la lunette de Galilée : vérité ou illusions ?

On présente souvent les adversaires de Galilée comme des esprits dogmatiques et de mauvaise foi. Alors qu'il a montré, grâce à sa « lunette télescopique » les satellites de Jupiter, les étoiles de la Voie lactée, les taches lunaires, puis solaires, les opposants refusent de reconnaître les faits, établis et indiscutables. Ce n'est pas si simple, et la lunette, à elle seule, n'apporte pas la vérité sur un plateau. Il est difficile de regarder dans ce télescope élémentaire, et Galilée lui-même reconnaît qu'il a dû en construire beaucoup avant d'en obtenir un « bon »; en outre, il a dû apprendre, longuement et patiemment, à l'utiliser sans être victime des illusions et déformations qu'il pouvait produire. On sait par exemple qu'en 1609, il est invité à Bologne, pour faire l'« expérience de la lunette » devant une vingtaine de personnes importantes qu'il eût été bien utile de convaincre. Or, cette séance est un échec cuisant car, ainsi que le rapporte un témoin, « la lunette est si défectueuse qu'elle dédouble les étoiles fixes ». Comme le fait remarquer Kepler, chaud partisan du nouveau système, il faut, en plus de la lunette elle-même, élaborer une théorie optique qui expliquerait comment et surtout pourquoi elle grossit effectivement, réellement, les objets que l'on vise. Si bien qu'il y a des esprits ouverts et coperniciens, comme Michael Maestlin, le professeur de Kepler, pour juger que les images télescopiques sont des illusions d'optique. Ceci n'empêche pas l'appareil nouveau d'être rapidement adopté et considéré comme un auxiliaire magnifique et crédible de notre faible vue.

Copernic avait raison !

Les observations galiléennes mettent à mal l'idée d'une *région céleste* immuable et parfaite ; elles accréditent aussi le fait que des astres ne tournent pas tous autour de la Terre (c'est la leçon des satellites de Jupiter). Ceci conforte Galilée dans son opposition à la physique aristotélicienne et dans son adhésion au système de Copernic.

Des arguments très convaincants pour le nouveau système

Dans les années qui suivent, l'ambiance entre l'Église catholique et Galilée est extrêmement variable : menaces et critiques vers 1616, détente et protection papale vers 1630. Il est vraisemblable que c'est le pape Urbain VIII lui-même qui suggère à Galilée l'idée du livre qui allait mettre le feu aux poudres. Le *Dialogue concernant les deux principaux systèmes du monde* paraît en 1632. Galilée y met en scène trois personnages, Salviati, son porte-parole, Sagredo, un ami bien proche des idées nouvelles, et Simplicio, qui défend les couleurs de l'aristotélisme. Au cours de leurs discussions, qui se prolongent pendant quatre journées, l'ensemble des arguments pour ou contre le mouvement de la Terre est soigneusement examiné. Il en résulte une écrasante supériorité de la thèse héliocentriste : plus logique, plus précis, plus cohérent, le système de Copernic explique beaucoup mieux les mouvements des planètes que son concurrent. Le pape, qui a réclamé un exposé équilibré des deux théories, se range du côté des adversaires de Galilée.

Les marées sont-elles une preuve du mouvement de la Terre ?

Les choses vont mal tourner et creuser l'un des plus profonds abîmes de l'histoire entre science et religion. Sans doute le pape s'estime-t-il bafoué et les Jésuites se mobilisent contre Galilée. D'autres facteurs jouent un rôle. Galilée ne facilite pas la recherche de compromis et il refuse que sa thèse soit considérée une simple hypothèse. Pour lui, l'héliocentrisme n'est pas seulement plus commode ou plus performant, il est le système vrai et réel du monde tel qu'il existe. Il convoque pour le démontrer un argument qu'il estime imparable : celui des marées océaniques. Elles sont causées, explique-t-il, par le double mouvement de la Terre, à savoir la rotation quotidienne et la révolution annuelle. L'élément de l'eau, dit Galilée, est le seul dans lequel nous pourrions déceler une trace et un indice pour savoir ce qu'il en est quant au repos ou au mouvement de la Terre. Cet argument ne convainc ni le pape et les Jésuites, ni, plus tard, les partisans de Galilée. La « bonne explication » des marées relève de la théorie de l'attraction universelle de Newton et pas du mouvement de la Terre. En réalité, le problème est plus complexe et Galilée n'avait pas tout à fait tort car le double mouvement terrestre a bien un *effet de marée* même s'il est très faible par rapport à la cause principale. Au total, le *Dialogue* reçoit un accueil enthousiaste et émerveillé dans la plupart des cercles savants d'Europe et parfaitement glacial à Rome.

L'humiliante rétractation du vieux savant

Galilée est convoqué par le Saint-Office le 1er octobre 1632. Les interrogatoires incluant des menaces de torture se poursuivent jusqu'à l'été. Galilée cède et doit concéder à ses juges une pénible rétractation ; la scène se passe le 22 juin 1633 au couvent dominicain de Santa-Maria.

ANECDOTE

L'abjuration de Galilée

« Moi, Galileo, âgé de 70 ans, ici traduit pour y être jugé, agenouillé devant les très éminents et révérés cardinaux inquisiteurs généraux, ayant devant les yeux et touchant de ma main les saints évangiles, jure que j'ai toujours tenu pour vrai, et tiens encore pour vrai, et avec l'aide de Dieu tiendrai pour vrai dans le futur, tout ce que la sainte Église catholique et apostolique affirme, présente et enseigne. Cependant, alors que j'avais été condamné par injonction du Saint-Office d'abandonner complètement la croyance fausse que le Soleil est au centre du monde et ne se déplace pas, et que la Terre n'est pas au centre du monde et se déplace, et de ne pas défendre ni enseigner cette doctrine erronée de quelque manière que ce soit, par oral ou par écrit ; et après avoir été averti que cette doctrine n'est pas conforme à ce que disent les Saintes Écritures, j'ai écrit et publié un livre dans lequel je traite de cette doctrine condamnée et la présente par des arguments très pressants, sans la réfuter en aucune manière ; ce pour quoi j'ai été tenu pour hautement suspect d'hérésie, pour avoir professé et cru que le Soleil est le centre du monde, et est sans mouvement, et que la Terre n'est pas le centre, et se meut. […] »

L'orgueilleux Galilée a vieilli ; il est brisé, profondément humilié, et la condamnation est lourde : interdiction absolue d'écrire, d'enseigner, de discuter de ce à quoi il croit le plus en philosophie naturelle : le mouvement de la Terre. Sans oublier la peine d'emprisonnement à vie dans les prisons du Saint-Office. Heureusement, Galilée a encore des amis ; le grand-duc de Toscane demande et obtient que la peine soit aménagée en une assignation à résidence – au demeurant très stricte – dans une villa d'Arcetri, près de Sienne, sous la garde de son ami Ascanio Piccolomini, archevêque de la ville.

La ruine de la physique d'Aristote

Chassé du ciel par la condamnation du Saint-Office romain, interdit de ne jamais reparler du mouvement de la Terre, Galilée va consacrer ses forces et son génie à la science qui étudie le mouvement des objets terrestres : la mécanique. C'est paradoxalement ainsi qu'il va produire les plus forts arguments… en faveur du mouvement de la Terre !

Immédiatement, il entreprend la rédaction d'un ouvrage qui allait être son chef-d'œuvre : les *Discorsi e dimostrazioni matematiche intorno a due nuove scienze.* Cinq ans de travail et le livre paraît à La Haye, en 1638. Il n'y est pas question du mouvement de la Terre et pourtant, c'est sans doute dans ce traité que sont rassemblées les plus puissantes raisons pour adopter le copernicianisme. Le Saint-Office va en faire l'épreuve : il est difficile d'enfermer une idée.

Le boulet tombe au pied du mât du navire

N'OUBLIEZ PAS !

Pourquoi ne nous apercevons-nous pas de la rotation de la Terre ? Comment les corps pesants tombent-ils à la verticale du point où ils sont lâchés si la Terre se meut aussi rapidement ? Employant de nombreux exemples, Galilée réfute ces célèbres objections balistiques contre le mouvement de la Terre. Si l'on suppose un plan parfaitement horizontal et qu'on y lance une bille parfaitement ronde, elle continue de se mouvoir, à la même vitesse et selon la même ligne, sur ce plan, tant qu'un obstacle ne vient pas contrarier son mouvement. L'action d'une force est nécessaire pour la freiner ou pour l'accélérer, pas pour maintenir son état de mouvement. Ce raisonnement constitue un pas énorme vers l'énoncé du « principe d'inertie » qui est à la base de la physique classique (voir Chapitre 18). En outre, ajoute Galilée, ce mouvement « horizontal uniforme » reste *dans* la bille, même si d'autres mouvements s'ajoutent au premier.

Ainsi, explique-t-il, si on laisse tomber une bille (ou un boulet) du haut du mât d'un navire en marche, il tombe exactement au pied du mât (et non à l'arrière, comme le disent les aristotéliciens) parce qu'en lui, il y a deux influences : l'une qui le fait tomber et l'autre due au mouvement du bateau auquel il participait avant d'être lâché et qui continue de faire son effet durant la chute. Ainsi, le boulet accompagne-t-il le bateau et se retrouve-t-il au pied du mât.

Galilée met en pièces la doctrine aristotélicienne, qui distinguait et opposait les mouvements naturels et les mouvements violents et qui réfutait absolument que le mouvement puisse se poursuivre sans qu'une force ne continue de l'alimenter.

Les papillons volent de la même manière

Mouvement ou repos ? Tout dépend du point de vue où on se place, précise Galilée à ses interlocuteurs ; le mouvement peut très bien exister sans qu'on s'en rende compte.

« Quand un navire est immobile observez soigneusement comme les petites bêtes qui volent vont à la même vitesse dans toutes les directions de la cabine, [...] les gouttes qui tombent entrent toutes dans un vase placé en dessous ; si vous lancez quelque chose à votre ami, vous n'aurez pas besoin de jeter plus fort dans une direction que dans l'autre... Quand vous aurez soigneusement observé cela [...] faites aller le navire à la vitesse que vous voulez ; pourvu que le mouvement soit uniforme, sans balancement dans un sens ou l'autre, vous ne remarquerez pas le moindre changement dans tous les effets qu'on vient d'indiquer ; aucun ne vous permettra de vous rendre compte si le navire est en marche ou immobile [...]. Si tous ces effets se correspondent, cela vient de ce que le mouvement du navire est commun à tout ce qu'il contient aussi bien qu'à l'air. »

Ceci est précisément le *principe de relativité* que Einstein sauvera du naufrage qui le menacera au début du XXe siècle.

Rien n'empêche la Terre de tourner

On imagine ce que devient cet argument, transposé au mouvement de la Terre : il est absolument normal que nous ne sentions aucun effet de ce déplacement puisque les pierres, les nuages, les oiseaux, les boulets de canon, tous les projectiles imaginables sont associés à ce mouvement qui peut, localement, être considéré comme en ligne droite. Lorsqu'une pierre est lâchée d'une tour, le mouvement de la Terre auquel elle participait alors que nous la tenions encore continue de déterminer sa trajectoire et la terre, la tour, la pierre continuent d'accompagner la Terre. On ne s'aperçoit donc de rien. Nous sommes, sur Terre, comme les papillons du bateau.

Si la physique d'Aristote est correcte, le mouvement de la Terre n'est pas possible. Ce que réussit Galilée, à qui l'on avait interdit de parler des déplacements célestes, c'est à ruiner l'ancienne physique. Avec ses *Discorsi*, le vieux prisonnier d'Arcetri a joué ses juges : la science séculaire sur laquelle ils fondent leur conception de la nature et de ses lois est réfutée ; cette science qui interdisait que se meuve la Terre est en passe d'être supplantée par la mécanique de Galilée, une mécanique qui autorise à penser et à comprendre comment notre planète tourne et traverse les cieux. Il gagne, sur la Terre, la bataille de l'astronomie.

« Le monde est écrit en langue mathématique »

On se souvient que, contre Platon, Aristote avançait des arguments efficaces pour disqualifier l'application des mathématiques aux sciences de la nature. Galilée (mais aussi Kepler ou Descartes) mène une offensive en règle contre cette philosophie et, se recommandant de Platon et surtout d'Archimède, proclame l'union de la géométrie et de la physique.

La géométrie convient à la nature

Il n'y avait pas tellement de contestation sur le fait que l'astronomie devait être une science très géométrique ; le désaccord profond concernait les mouvements et les phénomènes « terrestres », ou, comme on disait alors, sublunaires. C'est sur ce point que Galilée enfonce le clou. Le langage mathématique convient, au ciel et sur la Terre. Les formes, même complexes, et les mouvements variés sont fondamentalement mathématiques et le programme du savant italien inclut de mettre ces mouvements en équation. Il proclame ainsi dans son livre *L'Essayeur* : « La philosophie est écrite dans cet immense livre qui se tient toujours ouvert devant nos yeux, je veux dire l'Univers, mais on ne peut le comprendre si d'abord on ne s'applique à connaître la langue en laquelle il est écrit. Il est écrit en langue mathématique et les caractères sont des triangles, des cercles et autres figures géométriques sans le moyen desquels il est impossible humainement d'y rien comprendre. »

Première loi mathématique dans l'histoire de la physique

Les lois mathématiques auxquelles obéit la nature sont parfois cachées derrière les apparences. À première vue, on peut penser qu'une boule de bois tombe moins vite qu'une boule de fer, ou qu'une grosse boule de fer tombe plus vite qu'une petite. À l'aide de raisonnements de grande finesse et de multiples mesures et observations sur des plans inclinés et sur des pendules simples, Galilée découvre la première loi physique mathématique : « Si un corps quelconque tombe en chute libre dans le vide (sans résistance de l'air), la distance parcourue lors de la chute est proportionnelle au carré des temps de chute. » Si le temps de chute est multiplié par 5, la distance est multipliée par 25 (car $25 = 5^2$). Cela correspond à la formulation « moderne » de cette loi, qu'on appelle la loi de la chute des corps : $x = k.t^2$ (où x est la distance de chute, t est le temps de chute et k est une constante, aujourd'hui connue comme constante de Newton, qui vaut environ 9,8 m/s^2). À partir de ce résultat il est facile, en employant des mathématiques élémentaires, de montrer qu'un projectile (une flèche, un caillou lancé, un sauteur, etc.) parcourrait une trajectoire parabolique s'il se déplaçait dans le vide. Nous avons là le résultat qui est à la base de la balistique.

Dans le monde réel, où le vide est difficile à réaliser, cette loi est peu respectée ; la résistance du milieu (et les frottements d'une manière générale) perturbe considérablement la simplicité de l'idéal galiléen. Il faudra inventer des mathématiques puissantes et complexes pour rendre compte de ces conditions réelles.

Kepler découvre « Le Secret du monde »

Johannes Kepler aura connu dix années de tranquillité matérielle et personnelle ; le reste de sa vie est difficile, semé d'embûches, de peines et de soucis en tous genres. Issu d'une famille ancienne, protestante et pauvre, il étudie la théologie, les mathématiques et l'astronomie dans le Wurtemberg, en Allemagne. Une grande chance, pour lui et pour l'histoire de l'astronomie, est d'être engagé en 1600 par l'étonnant et flamboyant astronome et mathématicien impérial Tycho Brahe (voir Chapitre 13), auquel il succède, après la mort de ce dernier, en 1601. Les dix bonnes années de sa vie prennent fin en 1611 avec la mort de sa femme et la perte de conditions de travail satisfaisantes.

Les cinq solides de Platon

Le titre de son premier livre, qu'il publie à 23 ans, fait penser à celui d'un roman mythologique, *Le Secret du monde,* pas moins ! Kepler dévoile les plans du Dieu créateur qu'il estime avoir découverts. Lecteur d'Euclide, il connaît l'existence des cinq polyèdres réguliers ; comme chacun à cette époque, il connaît six planètes et donc cinq intervalles entre leurs orbes. Astronome copernicien, il décrit un emboîtement stupéfiant et quasi parfait des cinq solides platoniciens, entre les six orbes planétaires successifs : l'octaèdre entre Mercure et Vénus, l'icosaèdre entre Vénus et la Terre, le dodécaèdre entre la Terre et Mars, le tétraèdre entre Mars et Jupiter et le cube entre Jupiter et Saturne (voir Figure 17-1).

On comprend qu'il y ait de quoi enthousiasmer le jeune savant, qui voit là une confirmation du modèle de Copernic. Plus tard, il reconnaîtra qu'il y avait des erreurs et imprécisions dans ce schéma mais ne remettra en cause sa validité globale.

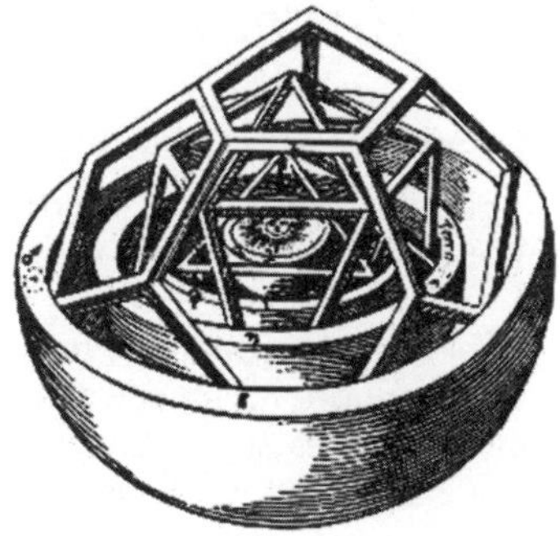

Figure 17-1 : L'architecture de l'Univers selon Kepler.

La chasse à la planète Mars, jusqu'à devenir fou

L'étonnante construction de jeunesse est mise entre parenthèses dans les années suivantes. Une tâche beaucoup plus fastidieuse et délicate l'attend. À partir des relevés formidables rassemblés par Tycho et son équipe, Kepler entreprend une véritable quête : l'étude exacte de la trajectoire martienne. Une victoire préalable de grande importance est bientôt remportée : l'examen des positions de la Terre par rapport au Soleil le convainc que le temps nécessaire au parcours d'un arc de trajectoire (qu'il croit circulaire) est proportionnel à l'aire balayée par le rayon vecteur, qui est variable puisque le Soleil n'est pas exactement au centre du cercle. Cette loi, connue comme seconde loi de Kepler, est découverte la première.

Les progrès, les difficultés, les doutes rencontrés au cours du combat contre Mars sont racontés par lui-même dans son second grand ouvrage, l'*Astronomia nova,* tout entière consacrée à la planète récalcitrante. Après beaucoup d'essais infructueux au cours desquels il « examina tout, jusqu'à en devenir fou », il accepte la vérité : l'orbite de Mars est une ellipse dont le Soleil occupe l'un des foyers.

« C'est clair, l'orbite de la planète n'est pas un cercle. Si seulement cette orbite ovale était une ellipse parfaite, je pourrais la décrire par la méthode d'Archimède », écrit Kepler peu avant de remporter une victoire totale. En 1606, la partie est gagnée et la « première loi de Kepler » affirme que le cas de Mars est la loi générale : les planètes sont emportées par le Soleil, autour de lui, selon des trajectoires elliptiques dont il occupe un des foyers.

C'est une chance que Tycho Brahe ait confié à Kepler l'étude de Mars puisque avec Mercure, elle est la seule planète dont l'excentricité soit suffisante pour qu'il ait eu la possibilité de repérer la nature elliptique et non pas circulaire de la trajectoire.

Les vitesses des planètes livrent la troisième loi

Le 8 mars 1618, selon son propre témoignage, Kepler parachève son œuvre en proposant une troisième loi qu'il publie dans son troisième grand traité *L'Harmonie du monde.* « Elle est absolument certaine et exacte », dit Kepler. Si T est le temps de révolution d'une planète et d sa distance moyenne au soleil, alors T^2 est proportionnel à d^3. Il y a encore un mystère là-dessous, car Kepler n'a rien révélé des voies qui l'ont mené à ce splendide résultat. Une séduisante hypothèse a été suggérée : on sait que Kepler associe – comme dans l'antique tradition pythagoricienne – les mouvements planétaires et les harmonies musicales. « Il faut que les planètes chantent et qu'elles chantent en chœur. » Or, la troisième loi permet justement d'obtenir l'harmonie musicale céleste et produit un modèle tel que « le ballet céleste soit parfait » ; on peut donc imaginer que Kepler a choisi cette loi particulière pour atteindre ce but.

On se doute que pareilles spéculations, aux relents de pythagorisme, ne plaisent pas à Galilée et beaucoup ont vu là une des principales raisons de la tiédeur dont ce dernier fait preuve à l'égard de Kepler. Il n'empêche, les trois lois de Kepler, reprises par Newton, devaient jouer un rôle décisif dans la mise au point du système du monde classique. Les voies des découvertes scientifiques sont tortueuses, en même temps que lumineuses. L'exemple de Kepler est parmi les plus beaux de ce cheminement clair-obscur.

Le cosmos mis en équations

Si, parmi les génies de la science, il fallait désigner celui qui a le plus grand prestige, il y a fort à parier qu'Isaac Newton (1642-1727) l'emporterait. Bien sûr, l'œuvre est impressionnante, géniale, et sa gloire est justifiée. Peut-être cependant y a-t-il une part de malentendu dans l'admiration qui lui est universellement portée. Les sciences apportent des réponses à des questions ou des explications à des phénomènes incompris. D'un autre côté, que vaudrait l'activité scientifique si elle ne posait pas de nouvelles questions et ne produisait pas de nouveaux phénomènes en attente d'explication ? Sans doute admire-t-on plus facilement celui qui donne des réponses que celui qui suscite des interrogations, or, Newton a été perçu comme celui qui avait su apporter des réponses, et réaliser la synthèse des diverses théories plus ou moins complètes existant avant lui. Newton est vu comme celui grâce à qui, enfin, on comprend comment fonctionne l'Univers et qui pour faire bonne mesure invente les équations mathématiques décrivant ce fonctionnement. Avec Newton, on saurait pourquoi la matière se comporte comme elle le fait et on en aurait une exacte mesure et description. Cette vision est déformée.

En mathématique, en optique, en astronomie, Isaac a légué suffisamment de points d'interrogation pour prémunir les générations suivantes de tout risque de chômage.

Les « Principes mathématiques de la philosophie naturelle »

N'OUBLIEZ PAS !

Principes mathématiques de la philosophie naturelle, tel est le titre, assez surprenant pour un esprit contemporain, du livre qui a fait la gloire de Newton. Ce fut la bible de la physique classique, or son titre évoque la philosophie et les mathématiques. Fondamentalement, la physique newtonienne est une philosophie mathématique. Le traité, publié pour la première fois en 1687, est en trois livres : dans le premier, il n'est question que de résultats mathématiques ; ils résolvent des questions du genre suivant : supposons une force agissant sur un point en mouvement et qui serait dirigée vers un point fixe, quelle trajectoire en résulterait pour le point mobile ? Newton discute alors selon le genre de force considérée : est-elle inversement proportionnelle au carré de la distance des deux points ? alors, la trajectoire sera une ellipse. Il discute aussi de la réciproque : si une trajectoire est elliptique, la force centrale est-elle forcément du genre précédent ? Etc. Les mathématiques employées sont magnifiques et exposent, dans un style classique, des idées et des résultats très nouveaux (voir Chapitre 19). Dans le second livre du traité, Newton étudie le mouvement des corps qui sont en mouvement dans un milieu qui leur résiste, comme l'air. La situation est très complexe et l'auteur fait souvent fausse route dans cette partie de l'ouvrage où le plus important semble être de combattre les thèses de Descartes sur la matière du monde et les tourbillons qui sont supposés emporter les planètes. Enfin, le troisième livre applique les théorèmes du premier au système solaire. Le résultat est sidérant : la mécanique céleste est née, les trajectoires des planètes sont mises en équations, les forces à l'œuvre dans l'espace sont explicitées : c'est essentiellement l'attraction universelle qui se combine au mouvement inertiel des corps. Le principe de l'action et de la réaction complète le dispositif fondamental…

À l'aide de ces lois et de ces mathématiques, Newton répond à la plupart des grandes questions de l'astronomie. En outre, il donne une base à la mécanique des corps, célestes ou terrestres. Son système s'appuie sur les trois lois de Kepler, qu'en retour, il justifie. On l'aura compris, les *Principia* constituent un de ces ouvrages scientifiques dont l'importance ne se mesure pas à l'échelle de leur siècle, mais de leur millénaire. Ils vont devenir *le* traité fondamental de la physique au cours de la période historique la plus faste qu'elle ait jamais connue jusqu'alors (de 1700 à 1900 environ).

Comment en est-on arrivé là ? Une première version

Une version de l'histoire des découvertes newtoniennes au sujet de la gravitation universelle pourrait s'appeler « l'extraordinaire jardin de Woolsthorpe ». Étudiant à Cambridge, Newton est contraint – en 1665 et 1666 – à des vacances forcées à Woolsthorpe, dans son Lincolnshire natal, car une épidémie de peste sévit à Londres et alentour.

Il fait, au cours de ces dix-huit mois, de formidables progrès et inventions mathématiques qui lui fournissent les outils pour maîtriser les vitesses instantanées, les accélérations. Il a l'idée clé de l'attraction exercée par la Terre sur la Lune ; elle est en raison inverse du carré de la distance ; il comprend aussi qu'elle est de même nature que la force qui cause la chute d'une pomme. Plusieurs récits corroborent, à quelques variantes près, l'épisode de la pomme tombant d'un arbre de son jardin de Woolsthorpe ; elle lui aurait fait entrevoir cette vérité, en un éclair. Pour faire bonne mesure, on ajoutera (Newton lui-même, dans ses récits tardifs conforte cette présentation) qu'il découvre la cohérence entre l'action de cette force centrale et la nature elliptique de l'orbite lunaire. L'essentiel aurait donc été acquis dès 1666. Pourtant, plus de vingt ans séparent ces années miraculeuses de la rédaction et de la publication des *Principia mathematica*. Il est vrai que Newton s'occupe entre-temps d'autres sujets (d'optique en particulier). Comme s'il avait attendu quelque chose qui puisse réveiller son intérêt pour la mécanique céleste et lui permette de généraliser et préciser ses résultats. Ce « quelque chose » aurait été l'amélioration des mesures de la masse de la Terre par l'astronome français Cassini, plus une meilleure précision dans la description de l'orbite lunaire et enfin une demande insistante de son ami Edmund Halley pour qu'il rédige ses résultats.

La conjecture de Hooke

Newton le dit lui-même : « Je suis monté sur les épaules de géants. » En mathématiques, il a étudié de près Apollonios, Descartes, Huygens, Roberval entre autres. En physique, les mêmes l'ont marqué mais pas autant que Galilée. Pour ce qui concerne les causes des mouvements des astres, une idée est dans l'air : celle qui consiste à associer une certaine force issue du Soleil aux trajectoires des planètes. Une force qui les attire et sans laquelle ces planètes seraient éjectées par la force centrifuge. Newton n'est ni le premier ni le seul à chercher de ce côté-là. Déjà, Huygens explorait cette piste. Kepler et ses trois lois décrivaient – sans l'expliciter mathématiquement, et donc sans la démontrer – une situation de ce genre ; il soutenait que les trajectoires sont des ellipses ; Roberval était un chaud partisan de cette attraction.

Un collègue de Newton, Robert Hooke, s'approche bien près du résultat : en 1679, il attire l'attention de Newton sur la question en lui suggérant que la force d'attraction doit être inverse au carré des distances et que la trajectoire doit être une « sorte d'ellipse ». Isaac se plonge dans les calculs qui deviennent complexes dès qu'on s'écarte du cas trop particulier de la trajectoire circulaire et de la force constante (forcément puisque, avec un cercle, la distance au centre est invariable). On sait, par ses notes de travail, qu'il obtient l'essentiel des résultats cherchés pour démontrer la *conjecture de Hooke,* mais, comme l'écrit l'historien des sciences Marco Panza, « satisfait de cette preuve, Newton abandonne à nouveau ses réflexions, enferme ses papiers dans un tiroir, et retourne à ses recherches théologiques et alchimiques ».

Si Newton se détourne de l'étude du mouvement des planètes, d'autres s'y intéressent. La Royal Society met le sujet à son programme en 1684 : « Peut-on démontrer les lois de Kepler à partir de la conjecture de Hooke ? » Hooke justement prétend l'avoir fait mais ne produit pas de démonstration, Halley (1656-1742) reconnaît son échec et personne ne remporte le prix promis à qui résoudrait la question.

Newton connaît la solution

Le jeune Edmund Halley va faire sortir Newton du bois. En visite chez lui, cette même année, il lui soumet donc la question tant débattue : « Quelle serait la trajectoire d'une planète attirée par le Soleil avec une force inversement proportionnelle au carré de sa distance au Soleil ? » « Ce serait une ellipse et j'ai démontré ce résultat », répond Newton à son visiteur, dont on imagine la surprise. Newton prétend alors ne pas pouvoir mettre la main sur les papiers en question, mais promet d'en faire une nouvelle version, bien mise au net. La machine est lancée : Isaac oublie tout le reste, manger, dormir, ses autres sujets d'étude ; durant deux ans, il semble ne faire que ça : rédiger ce qui allait devenir les *Principia.* Ils sont présentés à la Royal Society en *preprint,* et, le 5 juillet 1687, l'édition est terminée.

Deux lecteurs impressionnés : Huygens et Leibniz

Ils sont tous deux âgés, mais reconnus comme les plus grands dans le monde des mathématiques et de la « philosophie de la nature », comme on appelait alors la physique ; Newton leur envoie son livre. L'un comme l'autre sont très impressionnés par l'ampleur de l'œuvre et la force des démonstrations mathématiques et physiques. Toutefois, l'un et l'autre contestent l'œuvre newtonienne « à la base ». Huygens juge que la notion d'attraction à distance est absurde : comment, par quel mystère, par quelle magie deux corps entièrement séparés par un espace vide pourraient-ils agir l'un sur l'autre ? C'est toute la conviction de la physique mécaniste qui se hérisse devant ce retour des forces occultes. Leibniz reproche à Newton de ne pas expliquer ce qu'est l'attraction universelle. Il montre sans doute comment elle agit, mais n'en donne pas la cause. Selon Leibniz, c'est faire fi de la tâche première de la science : dévoiler les causes.

Leurs critiques n'empêchent pas les *Principia* de faire date ; le traité newtonien achève la révolution copernicienne.

Chapitre 18

La physique mécaniste et les théories de la lumière

Dans ce chapitre :

- Le mécanisme
- Le chemin de la lumière
- La nouvelle théorie des éléments

« PNEM. » Ces quatre lettres apparaissent sous la plume de nombreux savants, physiciens ou mathématiciens du XVIIe siècle. On a même dit qu'il s'agissait d'une devise, d'un signe de reconnaissance des modernes. Le lecteur cultivé de cette époque pouvait y reconnaître une allusion directe à la sentence *Pondere, numero et mensura Deus omnia fecit,* tirée du livre de la Sagesse dans la Bible. On y apprend donc que « Dieu fit tout par le poids, le nombre et la mesure ».

Mouvements, chocs et figures

Les savants du XVIIe siècle vont étudier les phénomènes physiques de façon quantitative et mécanique : c'est parce que les corps ou corpuscules ont telle forme, telle taille, telle masse et tel mouvement qu'ils interagissent de telle ou telle manière les uns avec les autres.

Descartes, promoteur de la physique mécaniste

N'OUBLIEZ PAS !

S'il n'est pas le seul à promouvoir la physique mécaniste, René Descartes (1596-1650) est le plus important des savants et philosophes de son temps engagé dans cette voie. La physique s'occupe des propriétés des corps matériels, dont on sait qu'ils ont un grand nombre de propriétés diverses (dureté, sécheresse, chaleur, densité, transparence, couleur, etc.). Descartes conçoit une physique dans laquelle toutes ces propriétés s'expliquent à partir de l'étendue, disons de la forme des parties de la matière et de leurs mouvements. Si un corps est plus dense qu'un autre, c'est que les parties qui composent le premier sont disposées de façon plus serrée que celles qui composent le second. Ce n'est pas à cause d'une qualité spéciale de la matière du premier. Si un corps est plus chaud qu'un autre, c'est en raison d'une agitation plus grande de ses parties, etc. On a ainsi une radicale simplification des principes de la physique que Descartes réduit à deux ou trois, ce qui tranche avec la collection des qualités que la physique traditionnelle croyait trouver dans la diversité des phénomènes.

- **La physique est garantie par un Dieu qui ne nous trompe pas.** Un immense reproche a été adressé à Descartes par ses successeurs (et aussi par certains de ses contemporains). Sa physique dépend de sa métaphysique ; autrement dit, selon lui, les principes de physique sont certains parce qu'ils proviennent et même se déduisent de l'activité créatrice de Dieu. Une réflexion, une méditation sur Dieu et sur la nature de l'esprit humain l'a convaincu que Dieu existe et qu'il ne cherche pas à nous induire en erreur. Ce qu'il nous permet de comprendre du monde qu'il a créé est donc vrai.

- **En fait, le projet du philosophe est immense.** Il veut expliquer tous les phénomènes de la nature, les mouvements, les forces, l'optique, les marées, le système du monde, la neige, les fonctions vitales, etc. Ce programme, qui conduit des principes les plus généraux jusqu'aux détails les plus précis des phénomènes, laisse une grande place aux observations et expérimentations. Il faut multiplier les mesures, les expériences, les observations pour comprendre comment les phénomènes les plus divers se rattachent aux principes. Ceux-ci ne peuvent pas être découverts à partir des expériences, mais ces dernières sont nécessaires pour comprendre comment les principes s'appliquent dans notre monde.

N'OUBLIEZ PAS !

- **L'arbre de la philosophie et de la science.** Descartes propose une conception unifiée des sciences, de la science. Toutes les sciences – dans leur extrême diversité – ont une origine commune : « La philosophie est comme un arbre dont les racines sont la métaphysique, le tronc est la physique et les branches sont toutes les autres sciences. »

- **Il y a trois principales lois de la nature.** On doit à Descartes d'avoir énoncé le principe d'inertie, qui est un pilier essentiel de la physique classique. Un corps en mouvement reste dans son état de mouvement si aucune force nouvelle ne vient le modifier et un corps au repos reste dans son état de repos dans les mêmes conditions (première loi de la nature). Il ajoute que l'état de mouvement se maintient spontanément en ligne droite (deuxième loi). Cela renverse complètement l'ancienne physique aristotélicienne selon laquelle il fallait qu'une force agisse pour maintenir le mouvement. Enfin, Descartes énonce la loi de conservation de la quantité de mouvement : si la rencontre de deux corps modifie leur état de mouvement, il y a un transfert : le premier cède à l'autre une partie de sa quantité de mouvement (mesurée par le produit de la masse par la vitesse) ; ainsi, la somme des quantités de mouvement avant et après la rencontre est conservée, ce qu'a *perdu* le premier corps est *gagné* par le second (troisième loi). La manière très abstraite et métaphysique qu'a Descartes de concevoir et de présenter ces lois révolutionnaires est une cause de la sous-estimation de son rôle dans l'histoire de la physique.

- **La matière subtile, les espaces indéfinis.** La théorie des éléments constitutifs de la matière proposée par Descartes constitue une autre rupture avec l'ancienne doctrine des quatre éléments. La matière a une nature unique, directement donnée par son étendue : là où il y a de l'étendue, il y a de la matière. Toutefois, cette matière générale se manifeste sous trois formes, la plus fine ou lumineuse (produite essentiellement par le Soleil), la matière qu'il appelle *subtile,* qui remplit notamment les cieux et laisse passer la lumière, enfin la matière faite d'éléments plus grossiers constitue la Terre, les planètes et nos corps matériels ordinaires. Les objets autour de nous sont un mélange de ces trois formes fondamentales. La matière est emportée autour des étoiles et des planètes en vastes tourbillons qui s'équilibrent les uns les autres. Autour de la Terre, le tourbillon de matière subtile qui forme les *cieux de la Terre* est maintenu en place par les tourbillons des autres planètes ; ainsi à l'infini. Les divers tourbillons empêchent que l'ensemble du système se disperse et se défasse. Descartes prend très fermement position pour un monde sans limite – *indéfini* disait-il – comprenant d'innombrables étoiles qui sont comme autant de Soleils dotés de leurs propres systèmes planétaires susceptibles d'être habités.

ATTENTION !

- **Le vide est impossible.** Une conséquence des principes cartésiens est l'impossibilité du vide. Puisque la propriété caractéristique de la matière est l'étendue *en longueur, largeur* et *profondeur,* nécessairement, là où existe l'espace étendu, là existe la matière. Au fond, il n'y a pas de distinction réelle entre l'espace et la matière. Descartes soutient que l'expression *espace vide* est en elle-même une absurdité. Cette théorie a aussi été mise au passif de la science cartésienne dans la mesure où de grandes conquêtes de la physique du XVIIe siècle sont liées aux expériences sur le vide. Il est pourtant faux de rattacher Descartes aux tenants des anciennes théories de l'*horreur du vide* : il est d'accord sur le fait qu'il peut y avoir, dans la nature, un vide *de la matière ordinaire* (composée des éléments grossiers comme l'air, la terre, l'eau), mais estime que la matière la plus subtile est bien présente partout, même dans ces espaces *vidés* de matière ordinaire.

Le retour des atomistes

On se souvient qu'une controverse intense avait opposé, dans l'Antiquité, les aristotéliciens aux atomistes comme Démocrite, Épicure ou Lucrèce (voir Chapitre 4). Ces derniers avaient été presque complètement marginalisés, et l'atomisme était tombé dans l'oubli, à quelques remarquables exceptions près, comme celle des mu'tazilites (VIIIe-Xe siècle, voir Chapitre 9) ou de divers Oxfordiens et Parisiens du XIVe siècle. Au XVIIe siècle, on assiste à un renouveau formidable de l'atomisme.

Le chef de file est un chanoine provençal, Pierre Gassendi (1592-1655) ; grand érudit, philosophe et astronome, Gassendi fait une belle carrière à Paris, où il occupe la chaire de mathématiques du collège royal. Il est l'un des principaux animateurs du cercle de Marin Mersenne, place Royale, où il a des échanges réguliers et approfondis avec Roberval, Étienne Pascal (le père de Blaise), Hobbes, Peiresc, Descartes (lors de ses rares passages en France), etc. Il défend donc un monde constitué d'atomes et de vide.

Les atomes des *gassendiens* sont bien différents de nos atomes modernes, complexes et organisés ; ils constituent la plus petite portion possible de matière à laquelle on prête les propriétés réclamées par les phénomènes : ainsi, pour expliquer la gravité, imagine-t-il des *atomes gravifiques* qui, comme une sorte de chaîne, tirent les corps lourds vers la Terre ; pour la lumière, on a des atomes lumineux adéquats, etc.

Dans la France des années 1630-1640, Pierre Gassendi est aussi fameux et influent que René Descartes, et leur opposition scientifique est rude : ils sont tous deux chefs de file des *modernes,* responsables de la destruction de la science traditionnelle, ils sont tous deux des *mécanistes,* mais leurs conceptions de l'espace, de la matière, de la méthode scientifique sont très éloignées, Gassendi reprochant à Descartes son dogmatisme, son esprit de système et la thèse selon laquelle la science était garantie et assurée par les vérités de la métaphysique. Pour lui, les théories scientifiques sont seulement probables et ne doivent pas dépendre de principes absolus. Beaucoup de savants seront atomistes à cette époque, même s'ils ne le revendiquent pas explicitement : chez Galilée et Newton, par exemple, on trouve nombre de thèses qui penchent de ce côté.

ATTENTION !

Les atomes sont incompatibles avec la transsubstantiation

Les dangers de l'atome ne datent pas d'hier. Au XVIIe siècle, ce n'est ni la bombe ni les radiations qui rendent l'atomisme dangereux, mais la doctrine catholique ! Le mystère de la communion est tel que le corps et le sang du Christ sont reconnus comme réellement présents dans l'hostie et le vin de la messe (c'est la *transsubstantiation*). Les docteurs de l'Église réussissaient à rendre compatible cette présence réelle avec les conceptions aristotéliciennes de la matière à l'aide de raisonnements infiniment subtils au sujet de la substance, de l'essence, de la forme des choses. Avec les atomes, l'affaire ne marche plus ; conséquence, si vous êtes atomiste, vous niez la transsubstantiation et vous êtes, *ipso facto,* hérétique. Pierre Gassendi a dû faire preuve d'une extraordinaire diplomatie pour faire cohabiter son atomisme et son statut de chanoine catholique.

Pour Pascal, la physique est cachée

N'OUBLIEZ PAS !

Blaise Pascal (1623-1662) défend une science modeste. « La nature est cachée », répète-t-il… du moins aux yeux et à l'esprit de l'homme. Il ne croit pas, comme Descartes, qu'un vaste système de connaissances certaines soit réalisable. En revanche, sur tel ou tel point, comme la réalisation d'un espace vide ou l'étude du poids de la colonne atmosphérique, il est possible d'avancer et de découvrir comment fonctionne la nature, même si nous ne sommes pas dans ses secrets. Blaise, encore enfant, accompagnait son père, Étienne, aux réunions savantes chez le père Mersenne. Il fait sienne la devise des modernes « *Pondere, mensura et numero Deus omnia fecit* » et, en ce sens, il est aussi un mécaniste. Cependant, il serait vain selon lui de prétendre partir de principes généraux et métaphysiques qui nous échapperont toujours ; il convient de s'appuyer sur des expériences, limitées certes, mais bien pensées, soigneusement réalisées et répétées.

La science mise en scène

Une double question de physique préoccupe l'esprit de bien des savants du siècle : pourquoi, lorsqu'on aspire l'air, les pompes parviennent-elles à faire monter l'eau jusqu'à une hauteur de 31 pieds (10,33 m) et pas davantage ? L'espace dans le haut de la pompe semble vide à partir de cette hauteur limite. Dans ces conditions, pourquoi toujours 31 pieds, et qu'y a-t-il dans cet espace alors que la physique traditionnelle nie la possibilité du vide ?

Multiplier des expériences précises avec des tubes de 10 mètres de haut est très malcommode. En 1644 à Florence, Torricelli a l'idée de reprendre l'expérience du *vide apparent* avec du vif-argent (du mercure, métal liquide très lourd) et trouve que la colonne de mercure s'équilibre à 76 centimètres.

Blaise reprend ces expériences avec deux idées en tête : le poids qui équilibre la colonne de liquide (eau ou mercure) est aussi le *poids* de l'atmosphère (de la colonne d'air) et l'espace laissé libre en haut du tube est bel et bien vide. En 1647 à Rouen, avec son père et un ami, Pierre Petit, il imagine une série d'expériences et organise une mise en scène impeccable à laquelle il invite toute l'élite intellectuelle régionale (voire parisienne). Il a fait réaliser des tubes de verre très longs par les cristalleries rouennaises et installer des mâts et des grues qui permettent de dresser et orienter ces tubes. Il annonce, à l'avance, les résultats escomptés et commente avec brio leur réalisation conforme aux prévisions : comme le mercure est 13,5 fois plus dense que l'eau, la hauteur de la colonne est 13,5 fois plus petite. Pascal utilise d'autres liquides et, à chaque fois, la hauteur est inversement proportionnelle à la densité.

Le jeune philosophe triomphe : ce poids constant, que pouvait-il être d'autre que le poids constant de l'atmosphère ? Il organise – sans y participer – une autre expérience sur le puy de Dôme, en Auvergne, qui établit que la hauteur du mercure, au pied de la montagne, est supérieure de 7,5 cm à celle mesurée au sommet. L'explication pascalienne est limpide : la colonne d'air est moindre en haut qu'en bas. Malgré quelques tentatives de réfutation, la communauté savante est majoritairement convaincue : l'air est pesant et équilibre le baromètre.

La lettre au père Noël

Une rude polémique oppose alors Blaise, son père et un autre ami, Jacques Le Pailleur, à un savant jésuite, le père Étienne Noël. Elle porte sur la seconde idée de Pascal : le haut du tube est-il vide ? Oui, explique Pascal ; même si on ignore la cause de certains effets (par exemple, que la lumière puisse se propager dans le vide), les faits sont là et un bon physicien se doit de les accepter. L'argument de Noël sur la lumière reçoit une belle réponse de Pascal : « Puisque la nature de la lumière est inconnue, à vous et à moi… et qu'elle nous demeurera peut-être éternellement inconnue, je crois que cet argument demeurera longtemps sans recevoir la force qui lui est nécessaire pour devenir convaincant. » Autrement dit, il n'est pas nécessaire de savoir la nature ultime des choses pour produire des connaissances physiques. Il faut se rendre à la conclusion : la nature n'a pas horreur du vide, au contraire, elle s'en accommode parfaitement.

Dans son *Traité de l'équilibre des liqueurs et de la masse de l'air,* écrit dans les années 1650, Pascal reprend toutes les leçons obtenues à partir de la masse de l'air atmosphérique. Il les étend aux conditions d'équilibre et de pression dans les milieux fluides (comme l'eau). Il peut ainsi donner les lois de l'équilibre hydrostatique et justifier le principe de la presse hydraulique : avec de l'eau versée dans un tube étroit, on peut équilibrer un plan d'eau aussi grand qu'on le désire. Une petite force F appliquée sur la petite surface S, crée une grande force F' appliquée sur la grande surface S' (voir Figure 18-1).

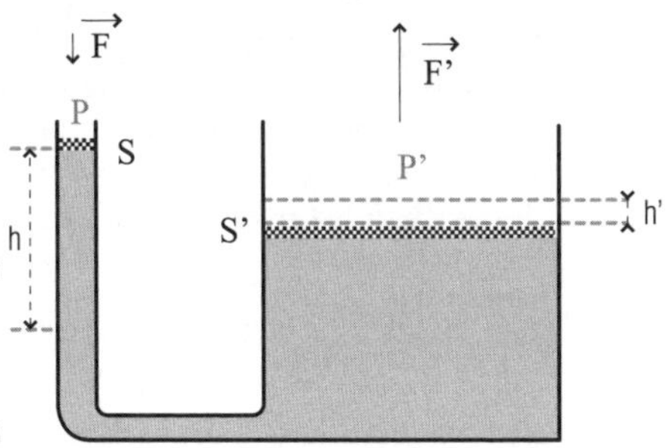

Figure 18-1 : La presse hydraulique.

La balance de Roberval

Le nom de Gilles Personne de Roberval (1602-1675), mathématicien de première importance, est célèbre pour une de ses inventions pratique, la balance, alors qu'il est plutôt un grand théoricien de la mécanique des forces. À y regarder de plus près, cette balance Roberval est réalisée à partie d'un théorème fondamental, celui des moments : « Un solide mobile autour d'un axe est en équilibre quand la somme des moments des forces est nulle. » Le moment d'une force est le produit de la force par la distance à l'axe de rotation. L'ingénieux système de Roberval est constitué par un parallélogramme qui maintient les forces (les poids) à la même distance de l'axe, lorsque le fléau tourne.

ANECDOTE

Denis Papin aux origines de l'autocuiseur

La vapeur pour lutter contre la faim. Il fallait y penser, Denis Papin (1647-1712) l'a fait... en inventant un appareil qu'il baptise le *digesteur*. L'idée consiste à chauffer l'eau et d'autres substances dans un cylindre de fonte très solide, à faire monter la pression en la contrôlant grâce à une soupape de sûreté. Comment ne pas reconnaître la Cocotte-minute ? Ce dispositif, qui sera à l'origine de la chaudière et de la machine à vapeur, est d'abord conçu pour rendre plus tendres les bas morceaux de viande, y compris les os. L'épisode, à connotation « concours Lépine », ne doit pas faire oublier que son inventeur est un savant de grande valeur du XVIIe siècle. Il est d'abord médecin, travaille ensuite avec les plus grands du temps comme Huygens ou Leibniz, qui restera son ami et correspondant. Très influencé par le cartésianisme, il est cependant membre de la Royal Society de Londres, où il vécut longtemps. Spécialiste des machines à faire le vide, il met au point des dispositifs de transmission de la vapeur, le premier piston à vapeur, un appareil sous-marin, la roue à aubes, un four à air pulsé et encore bien d'autres appareils. Fortement soutenu par les uns, mais aussi intensément combattu par les autres, Papin disparaît et termine sa vie inconnu, vraisemblablement dans un bas quartier de Londres. Il faut dire que le nouveau président de la Royal Society, Isaac Newton, lui est ouvertement hostile et lui a retiré toute aide de l'institution qu'il préside.

Les théories de la lumière, à partir du bâton brisé

L'optique est un vieux sujet ; elle constitue, avec l'astronomie, le plus ancien chapitre des sciences physiques. Loin de réduire la place de ce thème traditionnel, la révolution scientifique l'accroît encore si c'est possible. Aucun grand nom du siècle qui ne s'en occupât.

La loi de Descartes-Snellius

N'OUBLIEZ PAS !

Le *bâton brisé* est l'objet de l'attention des spécialistes d'optique depuis l'Antiquité. Ils ont compris depuis des siècles que cette apparence vient d'une modification du chemin de la lumière quand elle passe de l'air dans l'eau. Le bâton semble brisé car le rayon est vraiment brisé. On appelle ce phénomène la réfraction lumineuse. Y a-t-il une loi de ce chemin lumineux et, si oui, quelle est-elle ? Les élèves et les étudiants actuels, selon leur pays, connaissent la réponse : c'est la loi de Descartes, ou de Snellius, ou de Snellius-Descartes. Elle dit que, lorsqu'un rayon de lumière passe de l'air dans l'eau, en traversant une surface de séparation plane, le sinus de l'angle d'incidence est proportionnel au sinus d'angle de réfraction (voir Figure 18-2).

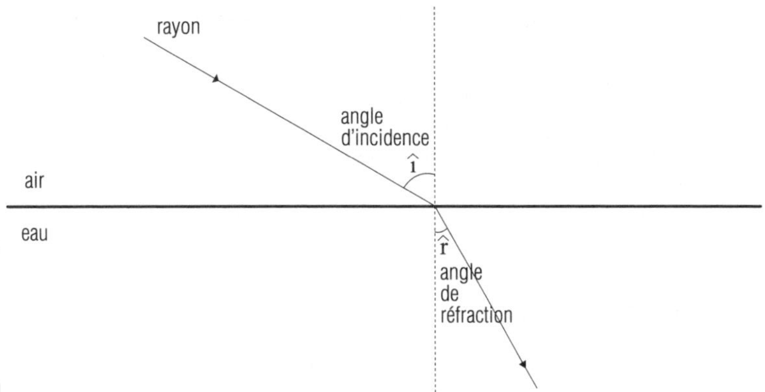

Figure 18-2 : La réfraction de la lumière.

ANECDOTE

Querelle de priorité

Qui a découvert la loi de la réfraction ? Snellius (1580-1626) est un prétendant, et Huygens est à l'origine de cette candidature puisqu'il dit que Snellius donna le résultat en 1621. Descartes, qui met cette loi au centre de ses travaux d'optique à partir de 1637, en donne une démonstration et dit l'avoir découverte lui-même. On dit aussi que l'opticien arabe Alhazen l'aurait aperçue, à moins que ce ne soit son prédécesseur Ibn Sahl, vers l'an 1000 ? (voir Chapitre 9). Quoi qu'il en soit, Snellius ne l'a pas publiée et il semble assez bien établi que Descartes ne l'a pas empruntée à celui-ci. En outre, le philosophe français inaugure, avec sa démonstration, une impressionnante série de preuves complètement diverses selon les auteurs, d'un résultat unique sur lequel chacun s'accorde.

La démonstration cartésienne est très remarquable par son caractère géométrique et sa simplicité, mais elle est très troublante en raison des analogies sur lesquelles elle s'appuie. Pour ces raisons, elle a été admirée et contestée. Descartes pense que la lumière se propage instantanément, elle n'a pas à proprement parler de vitesse. Pour que ses lecteurs saisissent le raisonnement, il compare le rayon lumineux à une balle qui rebondit contre un mur (c'est le phénomène de *réflexion*) et dont la vitesse et la direction sont modifiées lorsqu'on lui impose de passer un obstacle (traverser une mince toile par exemple) ou de pénétrer dans un autre milieu (l'analogie la plus simple est celle-ci : si on tire un coup de fusil dans l'eau, la balle est déviée). Les explications de Descartes sont très convaincantes à deux « détails » près : l'analogie avec la balle fonctionne bien puisque la vitesse de la balle est effectivement modifiée, or, la lumière n'a pas – selon lui – de véritable vitesse ; ensuite, une balle tirée dans l'air et entrant dans l'eau s'écarte de la perpendiculaire et s'approche de la surface ; or, la lumière fait le contraire.

Quoi qu'il en soit, Descartes établit la bonne loi de la réfraction et en tire d'admirables conséquences géométriques (et pratiques) : il démontre la forme géométrique précise que doivent avoir les lentilles pour faire converger les rayons, pour avoir tel effet de loupe que l'on désire, etc. Avec sa *Dioptrique* et sa *Géométrie,* l'optique géométrique entre dans la science moderne et reçoit de très nombreuses applications.

La réfraction de la lumière : de multiples explications pour un même résultat

Un des avantages de la loi de la réfraction est qu'elle peut assez facilement être testée et vérifiée : en faisant passer un rayon de l'air dans le verre, de l'air dans l'eau ou du verre dans l'eau, etc. Toutes les expériences confirment le théorème de Descartes. Chaque milieu (air, eau, verre, cristal, etc.) a un indice caractéristique du déplacement de la lumière en son sein (aujourd'hui, on le nomme *indice de réfraction*). Au XVIIe siècle, nul n'a la moindre idée de ce qu'est vraiment cet indice : est-ce la densité ? L'opacité ? Quelle que soit la réponse, il est bien vérifié que les sinus sont dans le rapport inverse des indices. Comment démontrer ce résultat que chacun connaît, accepte et utilise ?

Il existe plus d'une douzaine de démonstrations (on évoque seulement les démonstrations importantes) extrêmement différentes et souvent contradictoires entre elles, sous certains aspects. Toutes, cependant aboutissent à la même fameuse *loi de Descartes-Snellius.*

La démonstration de Christian Huygens s'appuie sur sa théorie ondulatoire de la lumière, qui prévoit que la lumière va plus vite dans l'eau que dans l'air. La théorie ondulatoire séduit Roberval, Fermat, Malebranche, Leibniz… Fermat donne sa propre démonstration en partant du principe selon lequel la lumière va d'un point *A* (dans l'air) à un point *B* (dans l'eau ou le verre) en un temps minimal ; la démonstration de Leibniz, encore toute différente, exploite son nouveau calcul différentiel ; celle de Newton prend appui sur la théorie de l'attraction universelle, étendue aux particules lumineuses, etc. Comme on voit, il existe bien des moyens – parfois incompatibles entre eux – d'établir la vérité scientifique.

La nature obéit-elle à un principe de simplicité ?

Les discussions concernant le chemin de la lumière donnent un bel exemple des façons diverses qui permettent les découvertes de théories scientifiques. La première voie peut être décrite ainsi : il faut connaître (ou faire des hypothèses sur) la nature de la lumière, savoir si elle est une onde ou une particule, quelles sont les caractéristiques de cet objet (longueur d'onde ou dynamique de la particule, etc.), il faut encore savoir comment est organisée la matière ou du moins quelles sont ses propriétés essentielles (est-elle faite d'atomes ? comment agit-elle sur la lumière ? etc.). Alors, on pourra déduire de tout cela le trajet de la lumière. Cette voie s'appuie sur ce que les philosophes appellent les causes *efficientes* ; c'est celle-ci qu'emploient Descartes ou Huygens. Une autre voie peut être présentée de la façon suivante : on ne connaît pas tout cela (on ne fait pas d'hypothèses de ce genre), mais on fait appel à un principe très général comme celui qu'utilise Fermat : la nature emploie le temps le plus bref possible dans les actions lumineuses ; Leibniz fonde sa démonstration sur le principe général selon lequel la nature minimise la difficulté lors du parcours lumineux (on verra qu'au siècle suivant, de tels principes joueront un grand rôle). Fermat, puis Leibniz en déduisent une fonction mathématique qu'il s'agit de rendre minimale, le calcul leur donne alors la solution. Des principes de ce genre sont appelés *finalistes* (pour atteindre un but, une fin) : c'est « pour aller le plus vite, ou pour utiliser une action minimale, que la lumière se comporte de telle ou telle façon ». La controverse qui opposa les tenants des causes finales aux tenants des causes efficientes fut rude.

Römer découvre que la lumière a une vitesse finie

La discussion sur la vitesse de la lumière reçoit une réponse quasiment irréfutable en 1676 lorsque l'astronome danois Ole Römer (1644-1710) met au point une expérience décisive.

Galilée avait découvert les satellites de Jupiter (voir Chapitre 17), dont la rotation est d'une telle précision que l'on dispose d'une horloge astronomique presque parfaite. Il calcule le temps que met le satellite Io pour entrer derrière Jupiter et réapparaître. Römer constate que ce temps – environ 42,5 heures – varie en fonction de la position de la Terre. Une excellente explication de cette irrégularité est l'inégalité du temps que met la lumière pour parvenir de Io jusqu'à la Terre. Le temps apparent de passage est augmenté lorsque la Terre est plus éloignée. Les calculs de Römer, compte tenu des connaissances de l'époque sur les distances planétaires, lui fournissent la valeur 212000 kilomètres-seconde, ce qui n'est pas mal du tout, mais surtout valide – malgré quelques objections peu solides – l'idée d'une vitesse finie de la lumière.

ANECDOTE

« Mes astronomes ont réduit la taille du royaume ! »

Quand on observe des cartes géographiques anciennes, on constate une soudaine et spectaculaire amélioration au cours de la seconde moitié du XVIIe siècle. La raison se trouve dans les cieux : les satellites de Jupiter (encore eux) donnaient une très grande précision horaire aux observations astronomiques. Cette mesure du temps permet une précieuse mesure des longitudes (voir Chapitre 23). Les géographes et astronomes, dont Römer, purent préciser les coordonnées des villes et des côtes et refaire des cartes des royaumes. On sait que, lorsque les académiciens français présentèrent à Louis XIV la nouvelle carte de France, qui réduisait pas mal de distances (plusieurs dizaines de kilomètres entre Brest et Paris par exemple), le roi eut ce trait d'esprit : « Mes astronomes ont diminué le royaume, plus encore qu'une guerre perdue contre une coalition militaire européenne. »

Les couleurs de l'arc-en-ciel

Le phénomène de l'arc-en-ciel est un des grands casse-tête que la nature offre à la sagacité des hommes. Il passe, au début du XVIIe siècle, pour un mystère impossible à comprendre. On comprend alors la fierté d'un Descartes lorsque, en 1637, dans la *Dioptrique,* il en explique le fonctionnement, du moins le principe. Les rayons de lumière atteignent les gouttelettes de pluie ; dans un premier temps ils sont réfractés en entrant dans l'eau, puis réfléchis au fond de la goutte, parfois à deux reprises, ce qui explique qu'il y ait toujours un arc secondaire au-dessous du principal. Enfin, ils ressortent en étant à nouveau réfractés dans l'air. Restait à expliquer pourquoi la lumière naturelle du soleil (dite *lumière blanche*) se diffracte en donnant la palette des couleurs. La théorie cartésienne est plus discutable sur cet aspect du phénomène.

Quand Isaac Newton aborde la question des couleurs lumineuses en 1665-1666, la théorie dominante est celle de la *lumière homogène* ; par nature, la lumière est blanche et les couleurs naissent d'une modification accidentelle de cette lumière naturelle. Il défend le contraire : par nature, la lumière est colorée, il y a des lumières primaires, une lumière bleue, une rouge, etc., qui ont chacune leurs propres caractéristiques, et c'est de leur mélange que naît la lumière blanche. Newton met au point l'*expérience du prisme* dans laquelle il montre que les couleurs se réfractent différemment les unes des autres et restent stables après réfraction dans un second prisme. En conséquence, chaque rayon coloré étant inaltérable, il s'ensuit que la lumière blanche n'est pas simple ou homogène mais hétérogène : elle est un agrégat. L'expérience, le raisonnement paraissent extrêmement concluants, non seulement à Newton mais à la plupart des contemporains et successeurs proches. Diverses théories des couleurs de la lumière s'affrontèrent pourtant, la cartésienne avec ses petites boules de matière lumineuse, tournant à des vitesses différentes, celle de Huygens, fondée sur des longueurs d'ondes distinctes, celle de Newton avec ses particules subissant des attractions diverses.

Entre alchimie et chimie, le moment du basculement

La chimie n'est pas aussi puissamment bouleversée au XVIIe siècle que l'astronomie, la mécanique, l'optique, la physiologie ou les mathématiques ; on peut même dire qu'elle est encore en gestation, entre l'alchimie traditionnelle et la science immense qu'elle va devenir ensuite. Des pistes sont cependant ouvertes qui fissurent la doctrine traditionnelle des quatre éléments.

La puissance de l'alchimie

On aurait tort de croire que l'alchimie disparaît avec la Renaissance ; elle se porte même très bien à l'époque de Galilée, Descartes ou Newton. Pour beaucoup de savants, la transmutation des métaux est certes excessivement difficile à réaliser, mais n'est pas en soi impossible, de même que la *palingénésie* (la résurrection d'un être) est jugée véritable, du moins pour les plantes. D'autres indications montrent la vigueur de cette science au XVIIe siècle : les théories de Paracelse sont introduites à l'académie dei Lincei de Rome, dans la Royal Society de Londres ou à l'Académie royale des sciences de Paris. L'ami de Descartes Villebressieu pratique l'alchimie, même si son mentor s'en moque comme d'une mystification ; Pierre Gassendi et Blaise Pascal partagent, sur ce point, l'avis de Descartes. Newton lui-même est alchimiste. Il en va ainsi de certaines théories scientifiques ou pseudo-scientifiques : c'est lorsqu'elles sont proches de leur disparition qu'elles brillent de leurs feux les plus vifs, comme un bouquet final lors d'un feu d'artifice.

Le phlogistique, apparition et triomphe d'un fluide mystérieux

Une puissante théorie chimique, la première peut-être, appelée *théorie du phlogistique,* voit le jour à la fin du siècle. Johann Joachim Becher (1635-1682) et son disciple Georg Ernst Stahl (1660-1734) imaginent une substance fondamentale, impliquée dans toutes les réactions chimiques ; ils la baptisent *phlogiston.* Comment définir cette substance, présentée comme *terre inflammable* ou comme *feu principe* ? Il s'agit d'un élément qui ne pèse rien et reste insaisissable. Il doit être présent dans tous les corps combustibles et s'en séparer lors de la combustion, entraînant la transformation chimique : ainsi le soufre privé de son phlogistique donne l'acide vitriolique, les huiles donnent de l'eau. Les transferts de phlogistique, à l'air libre ou en confinement, fournissent la clé d'interprétation de la plupart des phénomènes chimiques. Stahl propose une explication des acides, des couleurs, des odeurs à l'aide de sa substance fondamentale.

Le succès de cette théorie est immense, et il est intéressant de le comprendre tant elle peut sembler farfelue à un lecteur moderne, non habitué aux méandres de l'histoire des sciences. On tiendra compte d'abord de ceci : depuis des siècles, à travers l'alchimie, la chimie naissante, « on » attendait une substance universelle, principe des changements entre les substances. Le phlogistique, avec ses propriétés assez précises et cohérentes, est un excellent prétendant, le meilleur qui se soit présenté. Ses propriétés ou absence de propriété (impondérable, insaisissable) n'ont rien d'extravagant à cette époque : d'autres *substances immatérielles* sont logées à la même enseigne : l'électricité, le fluide magnétique, la lumière. En outre, la théorie de Stahl peut s'accorder avec les philosophies naturelles modernes, celles de Descartes, celle des atomistes ou celles des newtoniens. Cette théorie, qui tiendra solidement la route tant que l'on ignorera l'existence des gaz divers et de leurs propriétés (jusque-là, les divers dégagements gazeux sont interprétés comme de l'air plus ou moins déchargé de phlogistique), enthousiasme la majorité des savants, ceux-là mêmes qui conduisent le mouvement de la révolution scientifique.

Chapitre 19

L'âge d'or des mathématiques

Dans ce chapitre :

- Les courbes ont une équation
- Les premières méthodes infinitésimales
- Les calculs différentiel et intégral
- Les logarithmes, les axiomes et l'induction

Au spectacle du déferlement de mathématiques qui recouvre le Grand Siècle, on croirait que des vannes ont été lâchées ou qu'une brèche a été ouverte. À part en Espagne pour des raisons mal connues ou inconnues et à partir des années 1640, en Italie, où la création scientifique s'est figée dans le traumatisme de l'affaire Galilée, tous les pays voient s'éveiller des génies mathématiques ; les styles et les écoles sont aussi variés que possible, et la compétition n'empêche pas la collaboration.

Les coordonnées cartésiennes

N'OUBLIEZ PAS !

Il existe des inventions, des idées, des œuvres qui font date et marquent une étape cruciale en leur domaine. Il en est ainsi de la *Géométrie* de Descartes : il y a les mathématiques *avant* ce texte et les mathématiques *après,* comme il y a une physique avant Newton et une autre après lui. Pour autant, plusieurs mathématiciens ont débroussaillé le terrain, ont compris et préparé les inventions que l'on attribue à Descartes. François Viète (1540-1603) a nettement vu les structures communes existant d'une part dans la géométrie d'Euclide, d'Archimède et d'Apollonios, et d'autre part dans les mises en problèmes algébriques des modernes, comme Cardan, Tartaglia, Bombelli, Stifel et même l'ancien Diophante d'Alexandrie. Viète a créé une branche spéciale des mathématiques qu'il nomme la *logistique spécieuse* : c'est l'art de calculer sur des symboles (ou *espèces*) ; ces symboles peuvent représenter soit des nombres, soit des grandeurs géométriques.

Un programme génial : associer la géométrie et l'algèbre

René Descartes, élève des Jésuites au collège de La Flèche, non loin du Mans, n'est pas très satisfait de ce qu'on lui enseigne en mathématiques : certes, il y voit de belles démonstrations et des vérités assurées, mais tout cela lui semble dans un beau désordre ! La géométrie avec ses figures devrait constituer le meilleur fondement possible de la science, mais on n'y reconnaît pas de méthode générale. Des théorèmes – parfois – magnifiques y sont découverts presque par hasard. D'un autre côté, l'algèbre pourrait être un excellent outil pour conduire des calculs très généraux, mais l'outil en question est à cette heure grossier et peu maniable : les notations y sont confuses, les résultats, plutôt maigres. Descartes entrevoit tôt la solution : « J'emprunterai, dit-il, tout le meilleur de l'analyse géométrique et de l'algèbre et corrigerai les fautes de l'une par l'autre. »

Dans le livre premier de sa *Géométrie,* Descartes montre comment les quatre opérations et l'extraction de la racine carrée ne sont en fait que des constructions géométriques. Par exemple, la multiplication de deux grandeurs *a* et *b* est obtenue par l'emploi du théorème de Thalès.

Dans la Figure 19-1, AB = 1. Pour multiplier BD par BC, on trace DE parallèle à CA. « BE est le produit de cette multiplication. » On a, en effet, $\frac{BE}{BC} = \frac{BD}{BA}$, soit BE = BC x BD. Pour diviser BE par BD, on trace AC parallèle à DE. « BC est le produit de cette division. » On a, en effet, $\frac{BC}{BA} = \frac{BE}{BD}$, soit BC = $\frac{BE}{BD}$.

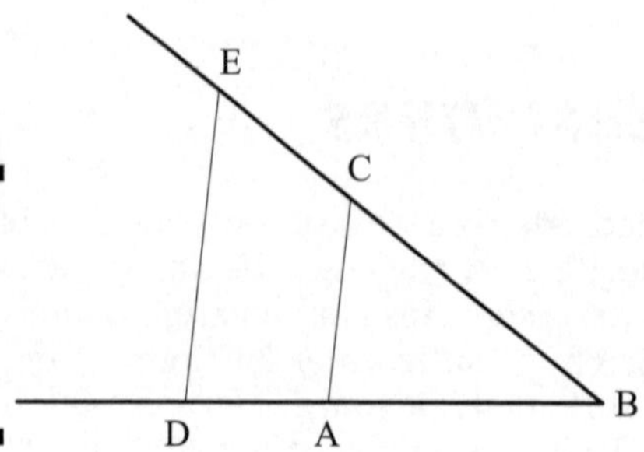

Figure 19-1 : Le produit de deux lignes est une ligne.

On assiste dans ces pages à la naissance de la *géométrie algébrique* : il s'agit effectivement de géométrie, mais les propriétés des figures sont systématiquement exprimées par des notations algébriques. Il en tire un avantage considérable, car un coup d'œil à l'expression algébrique d'un problème ou d'une construction lui en révèle aussitôt le niveau de difficulté : si on peut l'exprimer par une expression où l'inconnue *x* est de degré 1 ou 2, il est plus simple que si l'expression est de degré 3 ou 4, etc. L'algèbre permet donc de mettre de l'ordre dans l'étude de la géométrie.

Un exemple : les fameuses courbes coniques se trouvent toutes exprimables par des expressions algébriques où le degré ne monte pas au-delà de 2, ce qui leur donne une cohérence, une communauté que leur seule construction ou la seule inspection de leurs propriétés ne révélait pas.

Les coordonnées et la mise en équations

UN PEU DE TECHNIQUE

Tous les élèves ont rencontré des *repères cartésiens* et ont travaillé avec les *coordonnées cartésiennes*. Ces notions sont un peu cachées dans La Géométrie de Descartes, mais elles s'y trouvent bel et bien : pour caractériser un point dans une figure, Descartes utilise deux droites (deux axes) et note x et y les deux longueurs qui résultent de la projection du point sur ces axes (voir Figure 19-2).

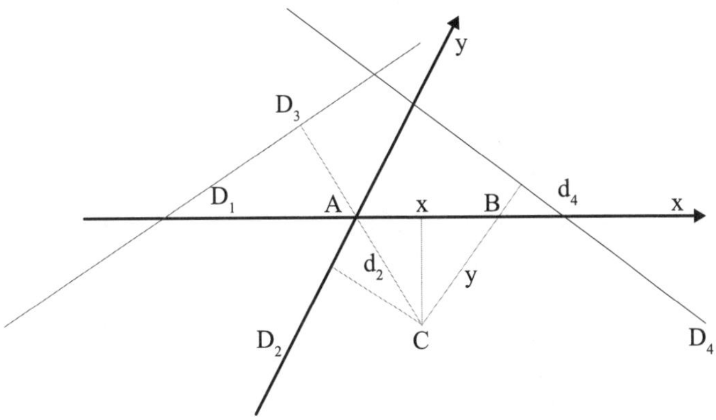

Figure 19-2 : Première apparition des coordonnées cartésiennes.

Cette méthode est d'une formidable efficacité car les lignes les plus intéressantes (pour Descartes) peuvent être exprimées par une relation entre les coordonnées des points qu'elles contiennent : par exemple, $ax + by + c = 0$ désigne une droite, $x^2 + y^2 - s = 0$ représente un cercle, etc. Les lignes ont leur équation et, en retour, les lignes connues servent à résoudre des équations : ainsi les équations du troisième et quatrième degrés sont-elles résolubles par intersection d'un cercle et d'une parabole.

À partir de ce moment, faire de la géométrie consistera, pour une bonne part, à résoudre des équations algébriques. De sorte qu'étudier comment se coupent (ou ne se coupent pas) une parabole et un cercle devient un problème du genre résoudre le système d'équations : $x^2 + y^2 - s = 0$ (équation du cercle) et $y + ax^2 - u = 0$ (équation de la parabole).

On trouve (selon les valeurs de a, u et s) soit aucun, soit un, soit deux couples de valeurs (x, y) qui donnent les points d'intersection.

La création de la géométrie algébrique (certains auteurs préfèrent parler de géométrie analytique) a un autre père fondateur en la personne de Pierre de Fermat (1601-1665), un juriste toulousain amateur de mathématiques. Si tous les amateurs avaient ce génie, il n'y aurait plus, depuis longtemps, de professionnels. Fermat est en relation avec les milieux savants de la capitale française, mais aussi avec les Italiens et les Anglais. Comme Descartes, et indépendamment de lui, il développe la méthode consistant à mettre des lieux géométriques en équation. Il se montre plus proche du style de Viète que Descartes.

Encore fallait-il, pour que la géométrie algébrique soit vraiment puissante, accomplir de sérieux progrès dans le domaine du calcul algébrique. Descartes est l'un des principaux auteurs des améliorations qui vont être apportées à l'algèbre. Il en perfectionne les notations, découvre certaines propriétés des polynômes, trouve des relations entre leurs coefficients, etc. Il convient de garder la mesure et, de même qu'il utilise beaucoup les travaux de ses prédécesseurs, Descartes laisse aussi beaucoup à faire à ses successeurs, même dans les domaines qu'il estime avoir bien explorés, comme celui des polynômes.

ATTENTION !

Tout faire avec deux théorèmes

Descartes, qui choisit, pour sa tranquillité, de vivre loin de Paris et de son agitation (il faut dire que les frondes qui ensanglantent le royaume lui donnent quelques raisons), a échangé une correspondance importante, dont l'une des principales est celle qu'il eut avec la princesse Élisabeth. Dans une lettre de 1643, il lui confie, après une subtile démonstration de géométrie qu'il n'a, au fond, utilisé, dans toute son œuvre mathématique, que deux théorèmes : celui du triangle rectangle (Pythagore) et celui des triangles semblables (Thalès) et, à y regarder de près, c'est juste. Comme quoi, un léger bagage technique peut suffire… quand on a du génie !

L'infini n'a pas sa place en géométrie

N'OUBLIEZ PAS !

Les adversaires de Descartes – et ils furent nombreux – n'ont cessé de critiquer une décision à laquelle il s'est généralement tenu : ne pas faire de place à des raisonnements concernant l'infini en mathématiques. L'infini peut se concevoir, dit-il, mais on ne saurait le comprendre. Les méthodes qui font appel à des quantités ou des méthodes *infinitésimales* introduisent de l'approximation et de l'incertitude dans la science, dont la qualité essentielle est justement d'être exacte et absolument rigoureuse : il est faux de considérer un polygone régulier ayant une infinité de côtés comme un cercle, il est tout aussi faux de dire que 1/2 + 1/4 + 1/8 + 1/16 + 1/32… = 1. Cette décision philosophique est cause que Descartes, peut-être le plus doué des mathématiciens de son siècle, n'a pas emprunté le train du calcul infinitésimal. Indiscutablement, il a ainsi limité l'ampleur de son œuvre mathématique, ce qui est d'autant plus manifeste que l'invention de ce type de méthodes est l'une des plus grandes innovations des mathématiques du XVIIe siècle.

Thomas Harriot, l'aventurier mathématicien

« Il l'a lu ! Il l'a lu ! » s'écrie Roberval en prenant connaissance d'un travail de Thomas Harriot (1560-1621) ; il vient d'y lire un procédé algébrique beaucoup employé par Descartes. Roberval, qui n'aime pas Descartes, lance ainsi une accusation de plagiat. Vrai ou faux ? Sans doute faux. Ce qui n'ôte rien au talent formidable de Thomas Harriot qui, effectivement fait faire de grands progrès à l'algèbre, en rendant les notations plus performantes et en découvrant des relations entre les racines (les solutions) d'une équation et les coefficients. Comme algébriste, il est très proche de Descartes.

Harriot est un jeune homme aventureux. Explorateur chez les Indiens Algonquins vers 1580, il écrit une grammaire de l'algonquin et dresse une carte de la Virginie. Il est aussi un des premiers grands naturalistes anglais des temps modernes. Il fait connaître en Europe de nombreux animaux et plantes (ses descriptions de cervidés feront référence durant deux siècles). Du Nouveau Monde, il rapporte aussi du tabac et des pommes de terre ; on ne sait quel usage il fit des pommes de terre, mais il est attesté qu'il fut l'un des premiers fumeurs européens (sur ce point Descartes, le copiera pour de bon).

Harriot est inquiété lors du *gunpowder plot* (« complot des poudres »), en 1605, et accusé (à juste raison) d'athéisme. Chimiste et astronome, il correspond avec Kepler et utilise – le premier sans doute en Angleterre – la lunette astronomique. Il est de ces géants de la science qui n'ont qu'une faiblesse, à cause de laquelle la gloire et la renommée leur échappent, une certaine négligence dans la publication de leurs travaux.

ANECDOTE

Les anges et la Vierge, sujets de problèmes

Les Jésuites du collège de Pont-à-Mousson donnent une grande place aux mathématiques dans leur enseignement et ne manquent pas d'humour. Dans un des recueils de problèmes mathématiques qu'ils publient en 1622, si l'on ne trouve pas de problème de robinets, on en découvre de savoureux : l'un d'eux consiste à calculer la *quantité de bonnes actions* que fait la Vierge Marie, sachant qu'elle en fait une à son lever et en accomplit une nouvelle chaque demi-heure et qu'elles sont en progression géométriques. Dans un autre exercice, on doit découvrir la mesure des anges, sachant qu'ils ont les pieds sur terre pour nous y accompagner et avoir la tête dans les cieux pour chanter la gloire de Dieu.

L'infini envahit les mathématiques

On se souvient d'Archimède imposant une méthode non souillée par la notion infinitésimale de limite pour démontrer l'aire de la parabole (Chapitre 2), de Galilée soulignant les absurdités auxquelles conduisent les ensembles infinis et de Descartes rappelant que la compréhension de l'infini est une chimère pour nos intelligences finies. Toutes ces mises en garde vont être balayées, renversées, piétinées par une cohorte d'objets et de méthodes d'abord hétéroclites et mal ordonnés, voire fautifs, puis peu à peu unifiés, adoptés par les plus grands esprits scientifiques et philosophiques, enhardis par d'éclatants succès. Ils triomphent finalement de toutes les objections. Tels sont les indivisibles, les infiniment petits, les limites, les grandeurs « aussi petites que l'on voudra », les différentielles, les dérivées, les intégrales, les adégalisations, les petites différences, les infinis, les quadratrices…

Indivisibles… en lignes ou en tranches ?

Pour évoquer l'effort réalisé par le groupe de mathématiciens du XVIIe siècle qui cherchent à calculer des surfaces ou des volumes au moyen de grandeurs infiniment petites ou encore plus petites que toute grandeur fixée, on parle de la *méthode des indivisibles*. Il serait plus juste de mentionner *les* méthodes, car il y en a de diverses factures. Le plus connu des inventeurs, celui à qui l'histoire des mathématiques a nommé « père des indivisibles », s'appelle Buonaventura Cavalieri, un disciple de Galilée qui publie en 1635 *Une nouvelle géométrie des continus par les indivisibles*.

ANECDOTE

Supposons que l'on veuille comparer deux aires de figures planes, une connue et l'autre non : on demande qu'elles aient même hauteur puis on les dispose côte à côte : on imagine une règle qui irait du haut en bas des figures et qui, à chaque instant, couperait l'une et l'autre suivant un segment de droite : ces lignes (ou segments) infiniment nombreuses sont les *indivisibles des figures*. Cavalieri propose la règle suivante : si les indivisibles sont toujours dans un même rapport (par exemple 3/4), alors les aires des figures sont elles aussi dans ce rapport. Si $\frac{l}{l'} = k$, alors « toutes les l » ÷ « toutes les l' » = k, alors $\frac{F}{F'} = k$ (voir Figure 19-3).

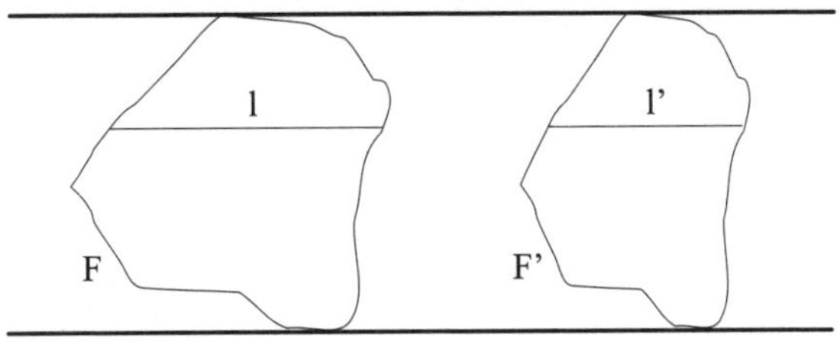

Figure 19-3 : Comparaison d'aires par leurs indivisibles.

Cette méthode, qui semble raisonnable, n'est pas sans danger : en effet, en raisonnant ainsi, on admet que la figure plane est comme la somme de « toutes les lignes », de tous les indivisibles. Mais, en bonne géométrie, si on fait la somme (même infinie) de lignes, on obtient… une ligne (éventuellement infinie mais ligne tout de même). Dès qu'on s'engage dans des calculs avec l'infini, la raison prend des risques ; si l'on n'y prend garde, on pourrait par exemple montrer qu'un petit carré a la même aire qu'un grand rectangle.

Dans la Figure 19-4 ci-dessous, le carré et le rectangle ont la même quantité d'indivisibles ; seraient-ils égaux ?

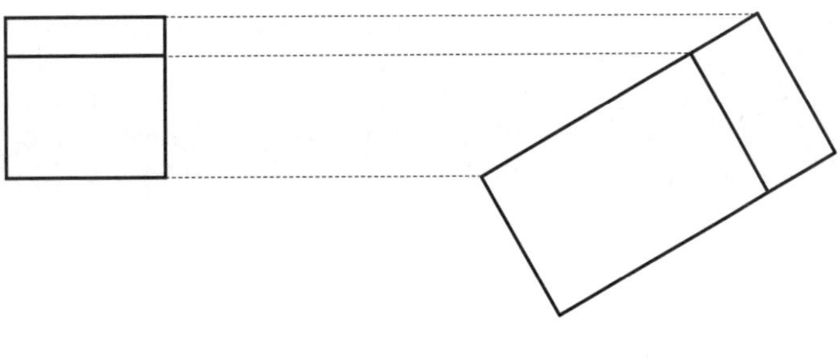

Figure 19-4 : Danger des indivisibles.

Une vaste discussion se développe au sujet des indivisibles à laquelle se mêlent bientôt les plus grands mathématiciens du temps : Roberval, Pascal, Descartes même, Grégoire de Saint-Vincent, Wallis, Torricelli, Leibniz.

Roberval est un ami très proche d'Étienne Pascal, le père de Blaise, qu'il connut alors qu'il était tout jeune ; il est plus que probable qu'il a une grande influence sur sa formation mathématique. Leur collaboration scientifique – et leur amitié –, qui durera jusqu'à la mort de Blaise Pascal, ne peut combler l'abîme qui les sépare sur les questions de métaphysique et de religion ; l'un est athée et l'autre, passionnément croyant. Roberval puis Pascal apportent des modifications et des améliorations décisives à l'usage des indivisibles. Afin d'éviter la difficulté signalée ci-dessus, ils imaginent que les indivisibles peuvent – et doivent – être des tranches, aussi fines que l'on veut, mais tranches tout de même. Ainsi, c'est en sommant des surfaces (infiniment fines, mais infiniment nombreuses) qu'on obtient une surface.

Ces méthodes permettent rapidement d'obtenir un équivalent des intégrales de la forme $\int_0^a x^m.dx = \frac{1}{m+1} \cdot a^{m+1}$ et, presque aussitôt de *quarrer* (ce qui signifie calculer l'aire) des *paraboles générales* du genre $a.x^n = b.y^m$

Tous deux manient avec une incroyable virtuosité et une grande imagination ces outils qui les mènent infiniment près du calcul intégral. Ils calculent des volumes, des centres de gravité, des longueurs de courbes, etc. Et tout cela sans jamais utiliser le calcul algébrique dont faisaient grand usage la presque totalité de leurs collègues.

Les Anglais champions des séries convergentes

On sait depuis les années 1630 calculer l'aire des courbes données par des puissances de x. Mais les autres ? Les simples hyperboles d'équation $y = 1/(x + 1)$, sans parler des sinusoïdes, résistent. John Wallis (1616-1703) et James Gregory (1638-1675), deux mathématiciens anglais de première grandeur, lancent sur le marché un outil irrésistible : les séries convergentes, qui permettent d'approcher une courbe d'aussi près qu'on le veut par des sommes de puissances de x. Il « suffit » alors de calculer chaque aire et de faire l'addition. La méthode enthousiasme la république mathématicienne, et deux champions se distinguent dans cet exercice : Newton et Leibniz.

Quand Blaise Pascal défie « tous les géomètres d'Europe »

Que de fois n'a-t-on pas raconté l'anecdote selon laquelle Blaise Pascal, enfant auquel son père n'avait pas encore voulu enseigner la géométrie, en aurait redécouvert une bonne partie tout seul. C'est tout à fait exagéré, mais ce qui ne l'est pas, c'est l'extraordinaire intelligence de cet homme tourmenté par son inquiétude mystique.

En 1658, Blaise Pascal organise un concours aux règles très précises, sous la surveillance d'un arbitre incontesté et compétent, le mathématicien Carcavy. Il faut découvrir plusieurs propriétés de *la roulette*. Sous ce nom curieux se cache celle qu'on a appelée la *courbe reine* du XVIIe siècle. Imaginez la valve d'un pneu de vélo. Au départ, elle est tout en bas, au niveau du sol ; quand le vélo roule, la valve tourne et avance en même temps, elle décrit une arche, redescend jusqu'au sol, puis remonte en décrivant une nouvelle arche, etc.

Cette courbe fameuse est aujourd'hui connue sous le nom de cycloïde. Pascal demande aux candidats de calculer sa surface, son centre de gravité, sa longueur, le volume qu'elle décrirait en tournant autour de son axe, etc. Certains résultats sont déjà connus, notamment grâce aux travaux de son ami Roberval, mais d'autres non. Lui, Blaise, annonce qu'il les connaît tous. Les réponses, assez nombreuses, arrivent, mais le jury n'en sélectionne finalement que deux (celles de Wallis et du jésuite Lalouvère). Pascal estime qu'elles ne sont pas assez satisfaisantes pour mériter le prix, qui n'est finalement pas attribué.

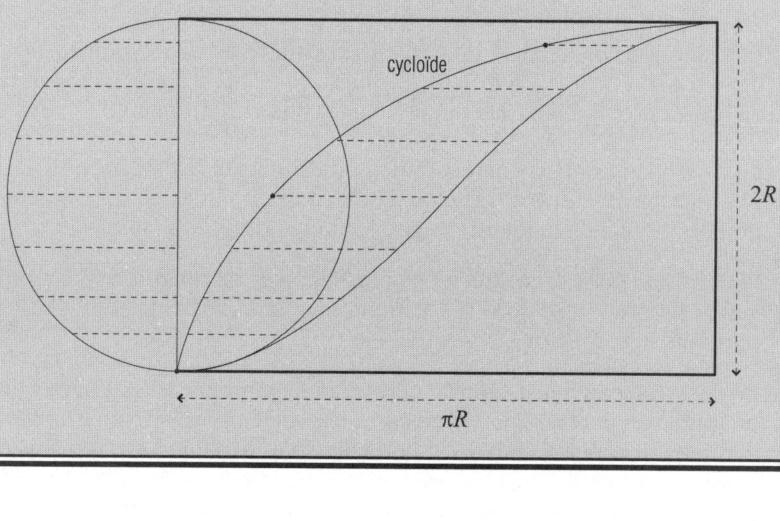

Une histoire de géants

Aussi décisifs soient-ils, les travaux mathématiques de Descartes sont, d'une certaine manière, déjà dépassés vers les années 1670. Les découvertes sensationnelles que font Huygens et surtout Newton et Leibniz n'auraient peut-être pas été possibles sans la géométrie cartésienne, mais en même temps, elles vont si loin que le traité cartésien est presque remisé dans une histoire passée, du moins dépassée.

Leibniz l'omniscient

N'OUBLIEZ PAS !

Leibniz (1646-1716) fut un philosophe de premier plan, un diplomate du même calibre, historien, juriste, logicien, géographe, physicien et bien sûr mathématicien. Dans tous ces domaines avec un égal génie. Sa production écrite est phénoménale (on n'a toujours pas fini d'explorer ses papiers). Formé à Paris dans les années 1670, il apprend tout Descartes, Roberval, Fermat, Pascal, etc. En outre, il a le meilleur maître possible, Christiaan Huygens. Ses textes mathématiques publiés sont en général brefs, à l'exception du long traité où il exploite et prolonge les méthodes d'indivisibles. On ne pourra que donner un très bref aperçu de ce qu'il invente. Son texte mathématique le plus célèbre est la *Nouvelle Méthode pour chercher les maxima et les minima, ainsi que les tangentes,* publié en 1684 dans la revue qu'il a créée, les *Acta Eruditorum* de Leipzig. Le lecteur peut y découvrir un formulaire que tous les élèves en mathématiques connaissent ; il s'agit des formules de dérivation des fonctions usuelles et des opérations afférentes (polynômes, fonctions rationnelles, produit, quotient, racines, etc.). C'est l'aboutissement d'une réflexion profonde sur le comportement des variations infinitésimales des fonctions. L'idée générale est la suivante : une variation des antécédents étant notée Δx, la variation correspondante des images étant notée Δy, alors, la limite de $\Delta y/\Delta x = dy/dx$, qui est le coefficient directeur de la tangente, soit le nombre dérivé de la fonction en x. Le calcul différentiel est né.

Pour administrer la preuve de la puissance de sa découverte, Leibniz fait suivre le formulaire de la résolution quasi immédiate et en quelques lignes de problèmes jusqu'alors très difficiles.

Ce coup de maître est bientôt suivi d'un second par lequel Leibniz montre que l'*opération inverse des tangentes* est la clé du calcul intégral : étant donnée une fonction f, la variation entre a et b, d'une fonction F qui admet f comme dérivée donne l'aire de la surface limitée par le graphe de la fonction f, l'axe des abscisses et les droites ($x = a$, $x = b$) (voir Figure 19-5). La notation de cette procédure est magnifique : $A = \int_a^b f(x).dx$. Le calcul intégral est né.

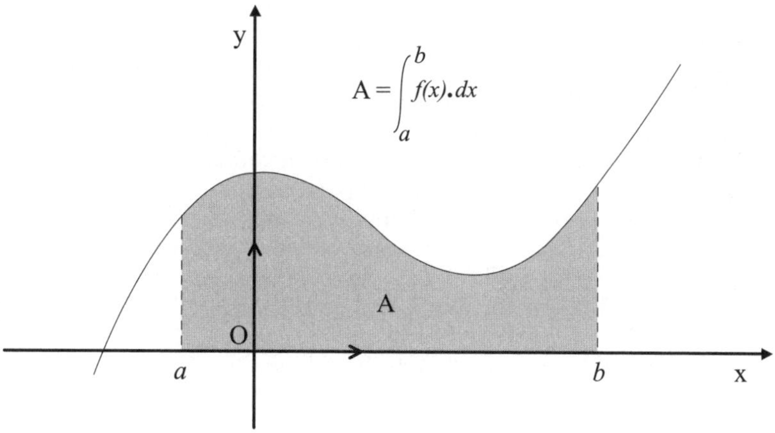

Figure 19-5 : L'intégrale définie.

Les lecteurs capables de comprendre ce qui vient de se passer sont peu nombreux, mais il en est de remarquables, notamment les Suisses Jacques et Jean Bernoulli ainsi que leur élève, le marquis de L'Hospital, qui s'en font les propagandistes, savent développer la méthode et l'appliquer avec succès à de multiples situations.

Newton et les fonctions du temps

Une configuration remarquable en histoire des sciences est celle où une découverte majeure est réalisée au même moment et de façon indépendante par deux ou plusieurs savants (ou équipes). C'est ce qui advient avec le calcul différentiel et le calcul intégral. Newton, sans connaître les travaux de Leibniz qui viennent d'être évoqués, parvient à des résultats absolument équivalents. L'un et l'autre se sont abreuvés aux mêmes sources, outre les Grecs, les modernes, Descartes, Fermat, Roberval, Huygens, Wallis, Barrow. Leurs styles et leurs visées pourtant sont bien différents. C'est en physicien que le génial Anglais attaque les variations infinitésimales des fonctions. Il a à l'esprit l'étude des trajectoires des corps en fonction du temps ; il fait de celui-ci la variable essentielle de son calcul. Ses idées principales lui viennent tôt, vers 1665-1670, mais il ne les publie complètement qu'en 1711. Entre-temps, son chef-d'œuvre, les *Principes mathématiques de la philosophie naturelle,* a vu le jour. Il y expose la théorie de l'attraction universelle, d'abord d'un point de vue mathématique, ensuite en l'appliquant aux mouvements des planètes. Dans cet ouvrage, certains de ses trésors mathématiques sont présents, mais seulement certains.

Les lignes, les surfaces, les volumes sont considérés comme engendrés par des mouvements continus dans un temps qui s'écoule lui aussi continûment. Newton analyse donc, non seulement les trajectoires, mais aussi les vitesses et les accélérations. Il trouve alors que la vitesse, qu'il nomme fluxion correspond à ce que Leibniz nomme *différentielle* et que la *fluxion de fluxion,* soit l'accélération, correspond à la *différentielle seconde.* Il montre – comme Leibniz – que la clé du nouveau calcul est la limite (la *dernière raison,* dit-il) du rapport entre la variation de mouvement et la variation du temps (qui lui sert de variable) : cette limite donne la fluxion (la dérivée). Lui aussi découvre la relation réciproque entre les aires générées par une fonction et les fluxions. Tout autant que Leibniz, Newton invente le calcul intégral.

On imagine les querelles qui s'ensuivront, surtout alimentées par les partisans respectifs des deux maîtres ; les notations de Leibniz l'emporteront, mais une certaine rigueur, peut-être supérieure chez Newton, sera reconnue par les générations suivantes.

Dan d'autres directions

Si la géométrie algébrique et les calculs différentiel et intégral furent les principales innovations mathématiques du siècle, elles ne sont pas les seules. D'autres chapitres furent écrits que les mathématiciens ne tardèrent pas à associer aux précédents.

John Napier et « La Merveilleuse Règle des logarithmes »

N'OUBLIEZ PAS !

Il est difficile de bien situer la découverte des logarithmes dans l'histoire des mathématiques. Au vrai, elle date du XVIe siècle, mais elle est si « moderne », si audacieuse qu'elle ne prend sa véritable dimension qu'à la lumière des inventions les plus sophistiquées du siècle suivant. L'idée essentielle peut paraître simple : il est bien plus facile de faire des additions et des soustractions que des multiplications et des divisions. Les astronomes, en particulier, avec leurs très nombreux calculs sur les sinus, les cordes, etc., auraient donné cher pour en simplifier la pratique. Le baron écossais John Napier (ou Neper, 1550-1617) va exaucer leurs désirs en reprenant une vieille idée que – à la différence de plusieurs précurseurs – il saura mener au bout de sa logique. On donne ici des illustrations très simples (trop simples ?) du principe général. Le lecteur essaiera de projeter ce procédé en considérant qu'il fonctionne aussi bien pour des séries de nombres aussi compliquées qu'on le désire.

Soit une progression arithmétique 0, 1, 2, 3, 4, 5, 6… Posons « en face » une progression géométrique correspondante 1, 2, 4, 8, 16, 32, 64…

Au sens le plus fondamental, on pourra dire que 0 est le logarithme de 1, que 1 est celui de 2, que 6 est celui de 64, etc. On observe ici (et on peut démontrer facilement) que logarithme de 32 = logarithme de 4 + logarithme de 8, or, 32 = 4 x 8. De façon générale, les logarithmes vérifient les précieuses relations suivantes :

- Log $a.b = \log a + \log b$;
- Log $a/b = \log a - \log b$;
- Log $a^n = n.\log a$.

Ainsi, avec les logarithmes, on fait, par l'addition et la soustraction, les opérations que l'on serait obligé, sans eux, de faire avec la multiplication, la division, l'extraction de la racine carrée. Supposons que l'on veuille avoir la racine cubique de 64 (dans ce cas, c'est facile directement, mais imaginez que vous ayez un nombre vraiment compliqué). Le logarithme de 64 est 6, vous prenez le tiers de 6, soit 2, et vous regardez de quel nombre 2 est le logarithme : réponse 4, qui est bien la racine cubique de 64.

Tout cela est bien beau, mais « notre » table de logarithmes ne compte que sept nombres. « On ferait avec une extrême facilité les opérations les plus laborieuses du calcul si on avait les logarithmes d'une grande quantité de nombres », notera plus tard d'Alembert. Il faut donc à John Napier et à des successeurs (Henri Briggs, Adrien Vlacq, qui améliorent et complètent ses tables) accomplir un travail de bénédictin pour réaliser les tables. D'autre part, on remarquera qu'en principe, on a un libre choix des progressions arithmétiques et géométriques de départ. Il n'est dès lors pas étonnant qu'il y ait eu de nombreuses bases de logarithmes différentes. Une des premières tables de Neper va de 0,5 à 1 avec un pas de 0,0001. Soit 0,5 ; 0,5001 ; 0,5002…, dont il calcule les logarithmes. On dit que les calculs longs et fastidieux auraient été confiés à des maîtres d'école.

Le succès des logarithmes de John Neper est énorme. Kepler s'enthousiasme et produit lui-même des tables. Au cours du siècle, les logarithmes cessent d'évoquer seulement des tables numériques ; les grands mathématiciens voient rapidement qu'un type nouveau de courbes aux merveilleuses propriétés peut naître des logarithmes : grâce à ces courbes, Torricelli, Cavalieri, Descartes, Grégoire de Saint-Vincent, Huygens, Wallis, Newton, Leibniz, Bernoulli ouvrent la géométrie aux fonctions exponentielles et logarithmes.

Roberval et Leibniz réexaminent les axiomes

Les études de géométrie s'épanouissent en aval, conquérant de nouveaux domaines, mais elles remontent aussi explorer les sources de cette science. On se retourne vers Euclide avec un œil critique : le maître n'avait-il pas admis des propriétés qu'il aurait pu – et dû – démontrer ? N'avait-il pas négligé des cas importants ? N'aurait-il pas été possible d'unifier les théories des proportions pour les nombres et pour les grandeurs géométriques ? Les deux principaux acteurs de cette recherche au XVIIe sont Roberval et Leibniz, qui cherchent à réduire le nombre des axiomes nécessaires à la géométrie. Leibniz va jusqu'à soutenir qu'il devrait être possible de tout déduire à partir des seuls principes d'identité (A est A) et du tiers exclu (A est vrai si et seulement si « non-A » est faux, et réciproquement). Roberval relance les discussions sur le cinquième postulat, celui des parallèles, et propose une théorie des parallèles permettant de le démontrer.

Le triangle arithmétique : l'induction complète

Un autre chapitre ouvert par Pascal en mathématiques est né à partir de l'exploitation brillante du *triangle arithmétique.* Dans ce triangle, chaque cellule est obtenue en faisant la somme des deux voisines : celle du dessus et celle d'à côté. Les découvertes que fait Pascal grâce à son triangle sont stupéfiantes, par exemple dans le calcul des probabilités, ou encore pour les coefficients du binôme [il s'agit de trouver les coefficients des termes successifs quand on développe l'expression $(a + b)^n$].

Une perle absolue est discrètement déposée dans le texte de Pascal. Il s'agit de démontrer une propriété générale, valable pour tous les nombres entiers (pour toutes les cellules de son triangle). Évidemment, comme il a une infinité de cas, il ne peut les démontrer tous. Or, voici ce qu'énonce Pascal : je montre (1) que la propriété est vraie pour la première cellule. Puis je montre (2) que, lorsqu'elle est vraie pour une cellule, on peut en déduire qu'elle l'est aussi pour la cellule suivante. Dans ces conditions, affirme Pascal, la propriété est vraie pour toutes les cellules. En effet, d'après (1), elle est vraie à la première cellule ; donc d'après (2), elle est vraie pour la seconde, et encore d'après (2), elle est vraie pour la troisième etc. sans fin.

Ce principe absolument fondamental est connu par les mathématiciens et les logiciens comme *principe de récurrence* ou d'*induction complète.* Sans doute est-il le plus décisif des principes de raisonnement de toute l'arithmétique.

Chapitre 20

Les sciences du vivant et la médecine

Dans ce chapitre :

- Les nouvelles classifications des espèces
- Le microscope et le bistouri
- Tout commence par un œuf !
- La prise de mesure des fonctions de l'organisme

Les organismes vivants vont être étudiés à partie de leurs fonctions essentielles ; cela modifie les principes de classification des plantes et des animaux, mais aussi les axes de la recherche médicale, qui culmine avec la découverte de la circulation. Les étapes du développement des êtres vivants livrent quelques-uns de leurs secrets grâce au microscope. On apprend aussi à mesurer, peser, compter pour comprendre les fonctions vitales.

Botanique et zoologie : comment classer ?

Dans toute science de la nature, il faut classer et nommer les choses dont on entend faire l'étude. Les plantes et les animaux, extrêmement nombreux et divers, posent, de ce point de vue, de redoutables problèmes. L'observation et l'accumulation de données ne suffisent pas, à elles seules, pour obtenir un classement efficace. Il faut des critères de rangement, des principes de classification qui, dans une certaine mesure, préexistent à la collation des données. Pour ranger un chantier, il est utile, voire indispensable, d'avoir des armoires et des tiroirs dès le début des opérations.

En botanique, comme en zoologie, la théorie (les principes) et la pratique (la récolte des données) marchent ensemble. Le XVIIe siècle présente à cet égard une rupture tout à fait remarquable. Les principes antérieurs de classification des plantes et des animaux avaient un point de départ simple :

l'homme. On classait les organismes vivants selon leur plus ou moins grande utilité ou ressemblance avec l'être central de la Création, l'être humain (ainsi le chien et le cheval sont-ils plus proches que le chat et le tigre). Au XVIIe, le point de vue des savants naturalistes, comme Joachim Jung (1587-1657) ou Edme Mariotte (1620-1684) change. Ils s'appuient sur une conception extérieure, ou objective, de l'existence de ces êtres vivants : ce sont les fonctions, les formes, la beauté qui leur sont propres qui devront fournir les nouveaux principes de classification. On retiendra des caractères des plantes et des animaux qui seraient encore valables même s'il n'existait pas d'humain pour les examiner.

Les hésitations d'Aldrovandi sur la chauve-souris

ATTENTION !

Nous disposons d'un impressionnant document qui présente l'état de la zoologie au début du siècle : ce sont les dix volumes *in-folio* de l'encyclopédie d'Ulisse Aldrovandi (1522-1605), professeur à Bologne. Reprenant la première dichotomie d'Aristote (manière de procéder par partage en deux de ce que l'on étudie), il classe les animaux en deux parties : ceux qui ont du sang rouge et ceux qui n'en ont pas. Certains, comme Georges Cuvier, ont jugé que l'encyclopédie d'Aldrovandi est « une immense compilation sans goût ni génie ». C'est ne pas rendre justice du caractère original et systématique de cette œuvre qui a effectivement joué un grand rôle dans le développement de la zoologie. Sans doute Aldrovandi fait-il de trop longs développements à caractère purement historique, voire anecdotique, sur des animaux (on a un bon exemple avec les 294 pages consacrées au cheval, ou rien de ce qui est équin n'est épargné au lecteur : le rôle du cheval dans les guerres, les mentions des chevaux fabuleux, etc.). Il n'empêche, plusieurs critères morphologiques et anatomiques des animaux sont mis en lumière et nommés, comme le squelette cartilagineux de certains poissons. Les pages concernant la chauve-souris trahissent l'ambiguïté de l'œuvre, à la fois innovante et superficielle : Aldrovandi décrit soigneusement les caractères qui désignent l'animal comme un mammifère mais finit pourtant, parce que tout de même elle vole, par classer la chauve-souris parmi les oiseaux. Il hésite à séparer les cétacés des poissons après avoir, là encore, exposé tout ce qui les en sépare. En plusieurs occasions, cette encyclopédie fait faire à la zoologie « un pas en avant, un pas en arrière » ; c'est souvent ainsi que vont les sciences, par des chemins indirects et des voies détournées.

Edme Mariotte, un abbé bien matérialiste

Edme Mariotte est surtout connu comme physicien, mais il est probablement celui à qui on doit les plus belles découvertes dans la physiologie végétale du XVIIe siècle. Mariotte est lié au groupe Mersenne, qui se réunit tous les mercredis place Royale dans les années 1640. Proche de Roberval, il est un des membres fondateurs de l'Académie royale des sciences en 1669. Il est convaincu que les bases de la vie sont mécaniques (ceci ne concerne pas la vie spirituelle) et que chaque végétal peut être étudié comme une machine particulière. Rejetant l'idée d'âme végétative des plantes, il étudie en physicien l'ascension de la sève et la nutrition végétale. Celle-ci est fondée sur trois choses, le sol, l'eau et l'air, dont il s'efforce de mesurer les rôles. Il suggère que les plantes, chacune à leur manière, élaborent les substances qui leur sont utiles par transformation chimique. Mariotte met ses idées à l'épreuve au moyen de greffes et de boutures.

Il invente donc des critères objectifs qui fournissent les bases théoriques d'une classification. Peut-être influencé par le chanoine Gassendi (lui aussi membre de la bande Mersenne et réinventeur de l'atomisme au XVIIe siècle), Mariotte défend une théorie atomiste de la génération et du développement végétal. Les principes nutritifs des plantes auraient pour origine des « atomes » de l'air subtil : après avoir été dissous dans l'eau, ils passeraient dans le sol, où les poils absorbants des racines les capteraient pour que la sève les fasse circuler dans l'organisme.

Autres représentants de cette jeune science, Joachim Jung (1587-1657) de Hambourg et Jan Baptist Van Helmont (1579-1644) déterminent, eux aussi des critères mesurables, quantifiables, expliquant la nutrition et le développement des plantes. Jung mobilise une autre branche des mathématiques en botanique, à savoir la géométrie, pour repérer des régularités de dispositions des feuilles, mais aussi des symétries dans la structure générale de la plante ou dans la forme des feuilles.

On doit à cette génération le rejet de la grande division traditionnelle entre arbres et herbes. Cette division, qui semblait raisonnable et intuitivement séduisante, ne leur est d'aucune utilité.

Les plantes ont un sexe

N'OUBLIEZ PAS !

À la différence des anges, les plantes ont un sexe ! L'idée se rencontre déjà dans l'Antiquité, mais à titre d'hypothèse et sans élément ou argument probant. Le mérite de la démonstration de cette propriété revient à un Allemand, Rudolf Jakob Camerarius (1665-1721). John Ray et Jacob Bobart, un peu avant lui, avaient déjà monté des expériences sur des plantes à sexe séparés dans le jardin botanique d'Oxford. Philippo Buonanni, un jésuite italien représentait en 1691 des grains de pollen posés sur des stigmates de valériane. La sexualité des plantes était donc une idée dans l'air du temps. Le texte décisif reste néanmoins l'*Epistola de sexu plantarum* que publie Camerarius en 1694. Il montre que la fleur – dont le rôle sera désormais essentiel – est porteuse d'organes sexuels, parfois séparés (comme pour le mûrier) ou réunis (le maïs par exemple). Dans tous les cas, l'action commune des sexes est nécessaire à la reproduction. Désormais, les affinités et donc les principes de classification vont faire une place centrale à la fleur, au fruit et aux graines. La découverte du sexe des plantes donne naissance à un mouvement général : en Angleterre, comme en France, en Italie ou en Allemagne, les traités de botanique enregistrent la chose. La découverte de Camerarius constitue sans aucun doute une étape essentielle de l'histoire de la botanique. À l'œil nu, ces pièces fondamentales de la sexualité des plantes ne sont pas visibles mais ces mécanismes peuvent désormais être observés grâce à l'usage du microscope.

Une conséquence inévitable de cette nouveauté est le rapprochement qu'elle entraîne entre le règne animal et le règne végétal : une distinction radicale est effacée entre les plantes, désormais sexuées, et les animaux.

Joseph Pitton de Tournefort, star de la botanique

Au Muséum de Paris, on peut toujours voir l'herbier que Joseph Pitton de Tournefort (1656-1708) rassembla tout au long de sa carrière. Jeune, il rapporte de nombreux spécimens des Pyrénées et de Catalogne ; plus tard, il moissonne en Espagne, Portugal, Angleterre, Hollande et attire les foules lors de ses conférences du jardin du Roi, à Paris. Son *Abrégé des éléments de botanique* n'est pas seulement magnifique (grâce notamment aux 451 planches dues au peintre Aubriet), il présente aussi la plus solide classification de l'époque. Tournefort la veut naturelle, c'est-à-dire ne dépendant pas des choix arbitraires ou formels du classificateur : « Les genres portent un caractère commun à chacune de leurs espèces, qui doit nous servir de guide pour les ranger à leur place naturelle », écrit-il. Il s'appuie sur la forme et la disposition des corolles et des fleurs et sait distinguer les apétales, les monopétales et les polypétales ; Tournefort établit ainsi une liste de 22 familles. Ses genres et ses familles sont presque tous conservés par Linné, ce qui constitue l'argument le plus convaincant en faveur des choix que Tournefort avait su faire.

Il serait injuste de ne pas rendre hommage aux travaux de classification de John Ray (1627-1705), naturaliste complet qui décrit et classe 18 699 plantes en proposant une théorie très ambitieuse, une définition de l'espèce fondée sur la reproduction. S'il croit – comme tous à cette époque – à la fixité des espèces, il signale que les graines peuvent dégénérer et produire des rejetons différents des parents, phénomène qu'il baptise *transmutatio specierum*.

Small is beautiful

Il est parfois stupéfiant d'observer l'ingéniosité suscitée par la curiosité scientifique. Les premières lunettes furent construites (ou très améliorées) par Galilée en 1609. Elles étaient élémentaires et réclamaient beaucoup d'attention pour être convenablement utilisées. Pourtant, Battista Hodierna publie dès 1644 un discours illustré sur l'œil de la mouche !

L'anatomie microscopique

En une trentaine d'années, on passe d'appareils montrant avec peine les taches lunaires à des outils capables de dévoiler les infimes miroirs d'un œil de mouche. Avant la fin du siècle, avec des dispositifs encore rudimentaires – qu'il faut bien appeler microscopes –, on étudie *de visu* les détails des ailes de mouches, la mue des vers à soie, les vésicules aériennes de papillons, les appareils génitaux des chenilles, les globules rouges du sang, la circulation sanguine dans les vaisseaux capillaires et des spermatozoïdes. Les plus célèbres observateurs d'animaux microscopiques du siècle sont Marcello Malpighi (1628-1694), Antony Van Leeuwenhoek (1632-1723) et Jan Swammerdam (1637-1680). Au deuxième, on doit un pittoresque compte rendu d'observation des infusoires : « La créature, aplatie, portait des pieds incroyablement fins qui se mouvaient très rapidement. » On sait aujourd'hui qu'il s'agissait de leurs cils vibratiles. Les mêmes exploits furent réalisés pour les plantes.

Certaines découvertes les plus fécondes en zoologie sont dues à une spécialisation et à l'étude systématique d'un animal précis. Ainsi Malpighi publie en 1669 une étude extrêmement poussée du bombyx : il dissèque des vers à soie, étudie leur mue, il comprend le rôle de poumons joué par la trachée, reconnaît aussi les reins, le cœur, etc. Malphigi réalise ainsi la première anatomie complète d'un invertébré.

Les débuts d'une fameuse association : le bistouri et le microscope

Les examens microscopiques, associés à une vaste pratique de la dissection, parfois de la vivisection, permettent d'obtenir, sinon de profondes théories classificatoires, du moins une riche « accumulation primitive » de phénomènes et de fonctions à l'œuvre dans les organismes vivants. On peut estimer que l'emploi combiné de l'observation microscopique et de la dissection jette les bases de l'anatomie comparée.

La leçon essentielle de ces premières étapes est sans doute celle-ci : les caractères les plus apparents se révèlent souvent superficiels et moins significatifs que des mécanismes ou des fonctions cachées que l'on commence à savoir exhiber. Marc Aurèle Séverino (1580-1656), professeur au collège de Naples, insiste sur les ressemblances entre animaux d'aspect très différents, comme par exemple l'homologie de structure entre la structure du squelette de l'homme et d'un oiseau. Il faut signaler que l'affaire est beaucoup moins claire avec les invertébrés et leurs multiples plans d'organisation si différents.

Margareth Cavendish contre la « Micrographia » de Robert Hooke

Robert Hooke est une des grandes figures de la science anglaise du XVIIe siècle. Professeur à Oxford, il devient membre de la Royal Society. Mathématicien de grand talent, il connaît le succès grâce à ses travaux d'optique, dont il est l'un des meilleurs spécialistes. Son ouvrage, *Micrographia,* publié en 1664, s'intéresse aux performances des nouveaux appareils de vision dans les deux directions où nos yeux sont pris en défaut : le très grand et le très petit. On découvre, dans la *Micrographia,* d'un côté les planètes lointaines et de l'autre les minuscules organes des pucerons. Le livre est un énorme succès de librairie.

Une femme lance une violente attaque contre la *Micrographia,* et plus largement contre Hooke et toute la Royal Society : il s'agit de Margareth Cavendish (1623-1673), duchesse de Newcastle. Elle publie, en 1666 un rude pamphlet contre ces « hommes-poux », allusion aux animaux étudiés par Hooke. Elle ne conteste pas l'intérêt de la philosophie naturelle ni de la science, mais estime que Hooke a surtout utilisé des moyens spectaculaires pour impressionner son public : il fait passer le trivial et vulgaire pour du splendide. Il a écrit un « livre des merveilles » et cette façon d'étudier la nature doit être combattue. La description que fait lady Cavendish des « hommes-poux », qui figurent les membres de la Royal Society, ne manque pas de style !

« Alors s'avancèrent les hommes-poux, qui entreprirent de mesurer toutes choses à l'épaisseur d'un cheveu près et de les peser à l'atome près. Mais leurs résultats concordaient rarement, surtout lorsqu'ils pesaient l'air, tâche qu'ils estimaient impossible à mener à bien. C'est à ce moment que l'impératrice, perdant patience, leur déclara qu'il n'y avait ni vérité ni justice dans leur profession et supprima leur société. »

Comment est créé un être vivant ?

La conception dominante concernant la reproduction des êtres sexués est, à cette époque, celle dite « de la double semence ». L'individu serait « en puissance » dans les semences mâles et femelles qui se mêlent lors de la copulation et produisent l'embryon. Descartes propose une version mécaniste ou corpusculaire de cette théorie : le mélange des liqueurs séminales provoque un échauffement puis une dilatation et un mouvement tourbillonnaire des particules qui assure les différentiations des organes du fœtus. La génération par création embryonnaire va être rudement combattue par diverses théories concurrentes.

Swammerdam défend la préformation

Quand la science est le théâtre de grandes controverses dont les thèses – quoique opposées – sont clairement identifiables, c'est un signe de bonne santé et de vigueur. Les sciences de la vie au XVIIe présentent de telles caractéristiques. L'opposition entre la théorie de la préformation et celle de l'épigenèse en est un bel exemple. Les partisans du préformationnisme soutiennent que l'ensemble des caractères de l'individu est déjà présent – en tout petit – soit dans l'œuf (pour les *ovistes préformationnistes*), soit dans le sperme (pour les *animalculistes préformationnistes*). Contre eux, les tenants de l'épigenèse affirment que les organes apparaissent progressivement au cours du développement de l'embryon. La préformation a des supporters traditionalistes, au sein de l'Église en particulier, selon qui les enfants à naître existent, totalement formés, dans les organes de leurs géniteurs, en un emboîtement vertigineux des générations. Elle bénéficie aussi des progrès de l'appareillage scientifique : c'est en s'appuyant sur des observations soignées au microscope que le triste et formidable Jan Swammerdam (1637-1680) argumente en sa faveur ; il croit distinguer les êtres préformés dans les œufs en début de fécondation.

Il n'est pas sûr que Swammerdam ait eu beaucoup d'humour, en tous les cas, pas sur des sujets de religion ; c'est donc au premier degré qu'il faut lire cet aphorisme qu'on lui doit, lui qui a étudié avec une précision infinie la morphologie des insectes : « Je vous apporte ici, dans l'anatomie d'un pou, la preuve de la providence divine. »

L'ovisme, ou le « système des œufs »

Une distinction très générale semblait bien établie : celle qui sépare les animaux en ovipares et vivipares. Elle va être mise à mal par l'étude embryologique des vivipares. William Harvey, au terme de vingt années (son traité est écrit en 1638 et publié en 1651) de dissection de femelles tant ovipares que vivipares et après avoir multiplié les examens d'œufs de poule, montre qu'il existe un schéma commun aux deux. Tous les animaux ont des œufs, et la différence se fait entre les femelles qui pondent avant la fécondation et celles qui pondent après la fécondation. Bref, les uns comme les autres se reproduisent par des œufs. La formule *ex ovo omnia* va connaître un énorme succès, donnant naissance à l'ovisme. L'ovisme trouve des renforts de poids avec Stenon et surtout avec la description précise de l'œuf féminin par Swammerdam (en 1667).

Tous n'y adhèrent pas cependant. L'observateur microscopique Van Leeuwenhoek décrit dans une lettre de 1677 à la Royal Society les animalcules spermatiques, de petits êtres complètement préformés et déjà présents dans le sperme! Tout ne serait pas dans l'œuf, et une longue controverse démarre qui va opposer les ovistes aux animalculistes.

Francesco Redi et la génération spontanée

Aristote et Galien avaient donné ses lettres de noblesse à la théorie de la génération spontanée. L'apparition d'êtres vivants à partir de matériaux inertes était bien attestée, comme dans le cas des vers et autres moucherons sur des déchets variés et inorganiques. Si la chose ne paraissait pas convenir pour la reproduction des grands animaux ou des hommes (sauf miracle!), les végétaux et les insectes notamment semblaient s'en accommoder.

Les expériences de Francesco Redi (1626-1697), savant et poète italien, contribuent à réfuter cette idée. En 1668, il compare des flacons dans lesquels il a disposé des morceaux de viande. Certains sont ouverts à l'air libre, les autres, isolés : il observe que la spontanéité est toute relative puisque des vers apparaissent seulement dans ceux qui sont ouverts et que rien ne se développe dans les autres. Il fallait donc une intervention extérieure pour voir émerger la vie.

La génération spontanée reçoit pourtant, et pendant longtemps (jusqu'au XIXe siècle), les suffrages de savants d'envergure. Au XVIIe siècle, Jan Baptist Van Helmont dit obtenir des souris à partir de grains de blé et de chiffons.

La médecine mécanique

Molière a tant ridiculisé les médecins du XVIIe siècle qu'il semble impossible de les réhabiliter; chaque praticien ou chaque spécialiste de physiologie humaine de l'époque appelle immédiatement à nos yeux la bouffonnerie et l'incompétence d'Argan et de Thomas Diafoirus. Le clystère et le lavement, la lancette et la saignée, tels sont les composants du credo de la médecine que nous a légués le théâtre classique. S'il n'a pas tout à fait tort, l'auteur du *Bourgeois Gentilhomme* ne donne pas non plus une image juste de l'art de guérir tel qu'il est pratiqué au Grand Siècle.

Les anciens et les modernes

La période est d'abord celle de vastes combats où les lignes entre « anciens » et « modernes » sont très emmêlées : à côté des galénistes dogmatiques et bornés, il y a ceux qui, de l'illustre Galien, retiennent surtout l'excellence de la méthode et non les résultats dépassés. Du côté des paracelsiens (partisans de Paracelse), soutenus en France par Richelieu, on rencontre bien des esprits rationnels qui apprécient les sévères critiques du célèbre alchimiste contre la correspondance magique et mystérieuse de l'homme et du cosmos. Si l'on se tourne vers les plus érudits, on rencontre un mélange de puissantes réflexions théoriques mais aussi d'arguments polémiques plutôt aveugles. C'est le cas du professeur royal Gui Patin (1602-1672), qui s'emporte du haut de sa chaire de doyen de la faculté de médecine de Paris : « Nous formerons de bons écoliers, éloignés de la forfanterie des Arabes et des impostures de chimistes, qui sont les venins ordinaires dont les jeunes médecins d'aujourd'hui sont empoisonnés. »

Descartes, victime de la saignée ?

La reine Christine de Suède insiste tant et si bien que René Descartes accepte, en 1650, de se rendre à Stockholm, où il lui donnera des entretiens particuliers de science et de philosophie. La reine a un emploi du temps chargé, très chargé ; si bien que les entrevues cartésiennes sont fixées à 5 heures du matin dans la bibliothèque royale. Pour ce faire, Descartes doit traverser le petit pont qui donne entrée au palais, et c'est là qu'il prend froid, le 1er février. Rien de bien inquiétant, mais tout de même ! Il ressent des frissons et la fièvre lui échauffe le cerveau ; malchance : le médecin français de Ryer, avec lequel René s'entend bien, est absent et il doit affronter un fervent adepte de la saignée ! « Monsieur, vous êtes un incapable, la saignée abrège nos jours ; retirez-vous ! »

À son ami et serviteur Schlüter, il demande ses propres remèdes, du vin dans lequel on fait infuser du tabac. Hélas, les traditions ont la vie dure ; trois jours après, alors qu'il n'a pas toute sa conscience, on pratique d'abondantes saignées. Est-ce la raison de l'aggravation fatale ? Toujours est-il qu'il en est affaibli. Ses proches croient le contraire alors qu'il connaît un léger mieux ; il s'entretient avec son ami l'ambassadeur Chanut et reçoit un prêtre. Quelques heures plus tard, il s'estime plus vaillant qu'il ne l'est réellement et tente de s'asseoir dans un fauteuil ; il s'évanouit et n'a que la ressource de chuchoter : « Ah ! mon cher Schlüter, c'est pour le coup qu'il faut partir. » Le 11 février, 1650, le monde perd un de ses plus grands savants.

Quand le médecin compte, pèse et mesure

Le mot oublié aujourd'hui d'*iatromécanique* est en grande vogue au XVIIe siècle, il est même synonyme, en médecine et en physiologie, de modernité, de science « pointue ». Le mot indique bien de quoi il s'agit, c'est-à-dire d'une « médecine mécanique ». Il faut entendre mécanique au sens où on cherchera à s'appuyer sur les figures, les mouvements et les mesures des organes et des fonctions corporelles. Les physiciens, avec Galilée, Descartes, Torricelli ou Pascal, ont mesuré la pression de l'air ou la pression des fluides ; il convient d'appliquer ces notions à l'air absorbé par les poumons, aux liquides et fluides mobilisés par les fonctions digestives, circulatoires. Ces mêmes physiciens ont renouvelé la physique des forces et des mouvements ; de même, on voudra appliquer leurs découvertes aux forces musculaires, aux rotations et élongations rendues possibles par les mouvements du squelette par exemple. Autrement dit, le courant iatromécanique propose d'expliquer les événements pathologiques par les lois de la mécanique et par les mesures de type mathématique. Les grandes institutions universitaires ne sont pas trop accueillantes pour ces idées et se crispent sur un galénisme peu ouvert, mais la Royal Society à Londres, l'Académie royale des sciences de Paris ou l'accademia del Cimento, qui se revendiquent respectivement de Bacon, Descartes et Galilée, ouvrent leurs portes à ces nouveaux programmes médicaux.

Les Italiens vont très loin, Borelli, Bellini, Malpighi voient des machines en tous nos organes ; Giorgio Baglivi (1668-1706) explique ainsi le fonctionnement du cerveau par un mouvement analogue à celui du cœur.

Sœur jumelle, mais souvent concurrente de l'iatromécanique, l'iatrochimie fournit elle aussi des arguments au réductionnisme (voir le paragraphe final du chapitre). Thomas Willis (1621-1675) analyse les mouvements organiques à partir de réactions (d'explosions !) chimiques situées dans les muscles. Des principes plutôt fondés sur le concept d'énergie que sur ceux de force mécanique prennent de l'importance dans l'étude des fonctions nerveuses.

William Harvey calcule le volume du sang

Avec l'œuvre révolutionnaire de William Harvey (1578-1657), exposée dans le bref mais décisif *De motu cordis* en 1649, on a un superbe cas où la nouveauté se nourrit des traditions et des idées qu'elle va supplanter. Harvey, en effet, est un fervent lecteur de Galien ; son édition latine est copieusement annotée, souvent pour approuver et louer les appels galéniques à l'expérimentation, la raison, la logique, l'hypothèse. Il le critique quand il le trouve dogmatique. C'est une sorte de galénisme méthodologique qu'il va mobiliser pour détruire la physiologie galénique. Médecin du roi Charles Ier jusqu'à la décapitation de ce dernier en 1649, il a été formé dans les universités italiennes, influencé autant par les nouveautés que par la tradition aristotélicienne. Harvey dissèque beaucoup, y compris de grands animaux (comme une fameuse biche du jardin royal) et des corps humains. Toutefois, en physiologie pas plus qu'en d'autres sciences, il n'y a de grande découverte par la seule observation.

On nomme parfois William Harvey le Copernic de la médecine. Un point commun aux deux savants est la coexistence, dans leur œuvre, de tendances scientifiques diverses, voire opposées. Certaines idées sont très aristotéliciennes, d'autres, résolument modernes. Par exemple, la mesure et la quantification de la circulation sanguine sont nettement dans l'esprit du temps, mais la proclamation du caractère cyclique des phénomènes ou encore la thèse du lieu naturel sentent clairement l'Aristote : « Ce mouvement [du sang], on peut l'appeler circulaire comme Aristote, a imité le mouvement supérieur de l'air et de la pluie », écrivit ainsi Harvey.

L'obstacle essentiel au schéma de la circulation est l'absence de communication entre les ventricules droit et gauche du cœur et le caractère « ouvert » des déplacements sanguins dans l'organisme. On ne comprenait pas où passait tout ce sang brassé par le cœur. Des approches différentes se multiplient, et il est net que le schéma galénique ne résistera pas longtemps. Les deux découvertes capitales d'Harvey sont la circulation en circuit fermé, qui implique la réunion des systèmes veineux et artériels et la compréhension du rôle de l'impulsion cardiaque pour répandre le sang (le modèle de pompe ne semble cependant pas bien intégré chez Harvey, contrairement à ce qu'on lit souvent). On connaît le fameux résultat obtenu par William Harvey : si chaque pulsation cardiaque chasse 6 grammes de sang dans l'aorte, alors 25 litres de sang sont brassés chaque heure, soit quatre à cinq fois le volume total d'un corps adulte. Comment est-ce possible sinon par circulation fermée ?

Des problèmes demeurent sans réponse : comment le sang passe-t-il du système artériel au système veineux ? En outre, le rôle des poumons reste obscur. La réponse viendra d'Italie de Marcello Malpighi qui, dix ans plus tard, en 1660, découvre les alvéoles pulmonaires et les minuscules vaisseaux capillaires, ce qui apporte des éléments décisifs de solution à ces deux problèmes.

Réductionnisme, micromoteurs ou esprit vital ?

Y a-t-il davantage dans le tout que dans les parties ? En ajustant ensemble certains ressorts, engrenages, poids et aiguilles, je peux obtenir une horloge et je peux donc considérer qu'elle est la somme de ces parties. En va-t-il de même pour les être vivants ? Sous l'influence du cartésianisme, plusieurs savants pensent en effet que l'animal est « une machine » et que « l'on nourrit un chien comme on remonte une horloge ». Ce courant de pensée est appelé *réductionniste* car il tend à « réduire » l'organisme vivant à un ensemble de phénomènes ou de moteurs physiques et chimiques. On conçoit bien les difficultés de cette théorie, de cette conception de la vie, mais la position opposée n'est pas plus aisée à soutenir. Si un animal, une plante sont « plus » que la réunion de leurs organes, de quoi est fait ce « plus » ? Quelle est la nature de ce supplément qui caractérise la vie ? Certains l'appelleront l'âme, ou principe vital, ou *pneuma.* Les tenants de cette position sont souvent appelés vitalistes. Ce débat ne débute pas au XVIIe siècle, il est presque aussi ancien que la médecine et la physiologie, mais la conception mécaniste du monde est alors si influente et si efficace dans bien des domaines (la mécanique mais aussi l'étude des fonctions vitales) que le réductionnisme marque des points au cours du siècle. Les magnifiques succès dans la théorie de la circulation sanguine obtenus par Harvey et complétés par Malpighi ou Borelli sont intégrés par les cartésiens.

La question de l'« âme des animaux » est particulièrement disputée dans la seconde moitié du siècle. Elle mobilise les médecins, les philosophes, les théologiens, les gens de lettres. Elle provoque plus de querelles que celle du centre du monde. Les cartésiens et leur théorie de l'animal-machine sont mis sur la défensive, quoique les constructions de robots ou d'appareils aux mécanismes très sophistiqués (comme la machine de Salomon Reiselius, qui reproduisait la circulation du sang) aient apporté de l'eau à leur moulin.

ANECDOTE

Pourquoi Santorio Santorio a-t-il vécu sur une balance ?

Étrange obstination, celle dont fait preuve le médecin italien Santorio Santorio (1561-1636). Son comportement un peu « fou » lui vaut pourtant une place honorable et significative dans l'histoire des sciences du vivant. Galiléen convaincu de la pertinence d'une méthode quantitative et expérimentale en toute science, il décide de l'appliquer aux vivants, aux animaux, aux humains même, et il se prend pour cobaye. Il construit une chaise-balance de grande précision sur laquelle il passe le plus clair de son temps. Il pèse tout ce qu'il absorbe et tout ce qu'il élimine, notant les variations quotidiennes de son propre poids. Il en fait un traité, la *De Medicina statica,* publié en 1614, où il met en évidence les échanges substantiels par la peau. Il profite de ses longues heures méditatives de pesée pour mettre au point les versions « médicales » d'appareils physiques, thermomètre, hygromètre, anémomètre.

Cinquième partie

Les sciences à l'âge des Lumières

Dans cette partie...

Lorsque s'ouvre la période dite « des Lumières », ou le « siècle des philosophes », les fondations de la science occidentale sont solidement établies. Les universités, les académies, les revues existent et collaborent étroitement, ou encore elles polémiquent entre elles, ce qui revient au même puisque l'important est que circulent les idées, les hommes et les méthodes. D'autre part, les sciences, que ce soit du côté de la physiologie, de la médecine, de la mécanique, de la chimie ou de l'électricité, se montrent susceptibles d'applications à peine imaginées jusqu'alors.

Chapitre 21

Un optimisme mesuré

Dans ce chapitre :

- Newton débarque sur le continent
- Une grande aventure éditoriale : l'*Encyclopédie*
- Les savants ont des lettres
- Le triomphe contesté des mathématiques

Les mathématiques sont partout cultivées et offrent leurs services à toutes les sciences qui le souhaitent. Les résultats sont parfois merveilleux, comme en physique, d'autres fois plus discutables, comme en physiologie. La liberté de penser se fraye un chemin, risqué parfois, tortueux et prudent, mais somme toute inéluctable. Ce sont souvent des religieux ou les aristocrates proches des pouvoirs qui participent à l'aventure scientifique, quand ce ne sont pas les souverains en personne. Les explorations, les grands voyages alimentent les plus étonnantes spéculations sur les espèces vivantes, sur la géographie et la géologie. Les appareillages de laboratoire changent carrément d'échelle : microscopes, télescopes, balances, piles, pompes, engrenages, ressorts, sextants, etc. La salle des questions où est interrogée dame nature laisserait béat d'admiration un inquisiteur de la Renaissance.

Le latin continue d'être la langue internationale des sciences et de la philosophie, avec, toutefois une place grandissante des langues vernaculaires, le français d'abord, l'allemand, l'anglais, le hollandais, l'italien...

Ce siècle est si ouvert, si savant, si productif qu'il en devient aveugle, ou myope dans ses jugements concernant le passé. « Aujourd'hui les lumières, hier les ténèbres ! » pensent bon nombre de savants, d'historiens et de philosophes. L'idée d'un Moyen Âge stérile et barbare est beaucoup répétée. Enfin, ce que l'on nomme « XVIIIe siècle » commence à des dates variables selon les pays ou les sciences envisagées. 1715, dit-on pour la France en prenant la mort de Louis XIV comme repère. 1688 est souvent retenu pour l'Angleterre puisque c'est cette année qu'eut lieu la glorieuse révolution, et on peut aller jusqu'à 1740 pour la Prusse de Frédéric II. 1684 serait une date possible pour les mathématiques : c'est cette année-là que Leibniz donne son calcul différentiel.

Newton franchira-t-il le Channel ?

L'Académie royale des sciences de Paris, au début du siècle, n'est vraiment pas un repaire de newtoniens. C'est pourtant l'un de ses plus brillants sujets, le Malouin Pierre Moreau de Maupertuis qui y introduit cette philosophie dans les années 1730.

Apprivoiser l'attraction

Maupertuis rappelle à quel point le newtonianisme est – à ses débuts – mal considéré sur le continent : « Il a fallu plus d'un demi-siècle pour apprivoiser les académies du continent avec l'attraction. Elle demeurait renfermée dans son île ; ou si elle passait la mer, elle ne paraissait que la reproduction d'un monstre qui venait d'être proscrit ; on s'applaudissait tant d'avoir banni de la philosophie les qualités occultes, on avait tant peur qu'elles revinssent, que tout ce que l'on croyait avoir quelque ressemblance avec elles effrayait ; on est si charmé d'avoir introduit dans l'explication de la nature une apparence de mécanisme qu'on rejetait, sans l'écouter, le véritable mécanisme qui venait s'offrir. »

Voltaire, le newtonien amoureux

En France, on est devenu newtonien par l'intermédiaire de Voltaire. Or, Voltaire devint propagandiste de Newton pour l'amour d'Émilie de Breteuil, marquise du Châtelet. À la vérité, le génial poète n'a pas attendu de rencontrer Émilie pour devenir newtonien. En 1726, lors d'un séjour à Londres, il fut conquis par la méthode et les résultats du savant anglais. Il entendit l'anecdote de la pomme de la bouche d'une nièce de Newton et l'utilisa intelligemment : observant la chute d'une pomme, celui-ci aurait eu le génie de faire le rapprochement entre la pesanteur terrestre (qui fait tomber la pomme) et les mouvements des planètes (qui sont de même attirées par la Terre). Voltaire était cependant avant tout un homme de lettres ; alors, pourquoi consacrer tant d'efforts, à partir des années 1735, à suivre (à peu près) les calculs newtoniens et à rédiger une très bonne présentation de ses théories ? La réponse est pour bonne part qu'il vivait à Cirey-en-Champagne avec Émilie, une des meilleures savantes de son temps, qui venait de traduire en français les *Principia* de Newton ; il voulut lui plaire, être digne du savoir et de la passion. D'ailleurs, quand la marquise mourut, en 1749, Voltaire se désintéressa de la physique.

Et Dieu dans tout ça ?

Au cours des chapitres précédents, nous avons souvent rencontré Dieu au cœur des controverses scientifiques ; le XVIIIe siècle confirme cette présence et l'opposition entre les newtoniens, les cartésiens et les leibniziens ne se développe pas seulement à coup d'arguments scientifiques, mais aussi théologiques. Les newtoniens accusent les cartésiens de la plus misérable des impiétés puisque, selon le système de leur inspirateur, Dieu n'a nul besoin d'intervenir dans le cours ordinaire de la nature. Il lui a suffi d'une pichenette créatrice… la suite de l'histoire de la nature et du monde se fait sans lui. Les cartésiens répliquent que le Dieu des newtoniens est lui-même scandaleusement incompétent puisque le monde qu'il a créé est si déficient qu'il doit intervenir de temps à autre pour en rectifier l'arrangement. Les leibniziens attaquent les cartésiens, dont le Dieu ne serait pas – à leurs yeux – assez rationnel, mais ils ne font pas grâce non plus aux newtoniens et à leur Dieu bricoleur. Ces querelles théologiques contribuent à freiner l'arrivée des thèses de Newton sur le continent.

L'esprit de l'« Encyclopédie »

N'OUBLIEZ PAS !

Une des plus belles aventures du Siècle des lumières est la réalisation de l'*Encyclopédie* dirigée par Denis Diderot et Jean Le Rond d'Alembert entre 1751 à 1772. Le titre complet, *Dictionnaire raisonné des sciences, des arts et des métiers, par une société de gens de lettres,* annonce fièrement l'ambition formidable du programme des deux amis. On y trouvera toutes les connaissances, théoriques et techniques. Comme les auteurs présentent, pour chaque sujet important, l'histoire de la chose, on dispose en même temps d'un des plus remarquables traités d'histoire des idées qui se puisse imaginer.

L'idée de progrès

ATTENTION !

L'esprit des Lumières correspond à un dessein « politique ». Les très nombreux auteurs de l'*Encyclopédie* sont des spécialistes dans leur partie, « liés par l'intérêt général du genre humain et par un sentiment de bienveillance réciproque ». Faut-il en déduire que les promoteurs pensent que les progrès des sciences assureront un progrès comparable dans les mœurs, dans l'organisation sociale ? Ce n'est pas si sûr, ou du moins, les convictions des uns et des autres sont diverses. Condorcet mise sur un développement des facultés morales de l'homme, aussi nécessaire que le développement des lois naturelles et, dans le *Discours préliminaire de l'Encyclopédie* (rédigé par d'Alembert et Diderot), brille aussi l'espoir que le savoir rendra les hommes meilleurs, plus maîtres d'eux-mêmes et du monde qui les entoure, qu'il leur apportera la lumière. D'un autre côté, d'Alembert ne se berce pas trop d'illusions et estime que, dans l'histoire « la barbarie dure des siècles, la raison et le bon goût ne font que passer ». Diderot lui fait écho en jugeant que « le monde a beau vieillir, il ne change pas ; il se peut que l'individu se perfectionne, mais la masse de l'espèce ne devient ni meilleure ni pire ». Le pessimisme est même dominant chez leur « ami » Rousseau, qui compare l'histoire des sociétés humaines à une décrépitude à laquelle on ne peut offrir que des béquilles.

Quoi qu'il en soit, si de fortes traces des utopies baconiennes, de puissantes annonciations du scientisme à venir animent le Siècle des lumières, il est clair aux yeux de ces hommes que les progrès formidables des sciences n'ont pas de corrélation forte avec ceux des arts et de la morale.

Les sciences n'ont pas de frontières

Un observateur, au début du siècle, décrit la République des lettres, disant qu'elle est composée de gens de toute nation, de toute condition, de tout âge et de tout sexe. On y parle toutes sortes de langues vivantes et mortes. Les arts sont joints aux lettres et les mécaniques y tiennent leur rang.

Les milieux scientifiques prennent l'habitude de communiquer intensément entre eux. Cette tendance, qu'on pouvait déjà observer dans les siècles précédents, va s'accentuer au Siècle des lumières. Chacune avec leur style propre, la Royal Society de Londres et l'Académie royale des sciences de Paris représentent des modèles du genre ; on y accueille des étrangers, parfois particulièrement bien traités (on n'hésite pas à débaucher les plus prestigieux savants d'autres nations). Buffon par exemple est très lié aux académiciens anglais, alors que Réaumur, français lui aussi, est plus écouté en Allemagne et en Angleterre qu'en France. À Berlin, Leibniz fonde une académie en 1700 dont Frédéric II de Prusse fait le centre de l'Aufklärung (courant de pensée dont le nom signifie « éclairement » en allemand et ressemble au terme anglais *enlightment*). À Saint-Pétersbourg, à Turin, à Vérone, à Stockholm, de nouvelles académies voient le jour. « Quelle révolution, messieurs ! s'exclame le secrétaire de l'Académie de Berlin, Samuel Formey. Partout, jusqu'aux glaces du pôle, les académies sont les capitales des sciences. » Le foisonnement des activités scientifiques prend d'autres formes, les médecins fondent des collèges où l'on présente et discute les découvertes et les théories ; des sociétés de géologie, de botanique et de zoologie complètent le dispositif. Des concours internationaux sont organisés chaque année ou tous les deux ans, mobilisant les savants sans préjudice de leur nationalité. Pour faire bonne mesure, on n'oubliera pas la multiplication des journaux, souvent liés à des institutions et des académies. Plus de 400 journaux voient le jour entre 1700 et 1770. Si le latin est souvent utilisé, le français s'impose dans bien des lieux scientifiques européens comme la langue officielle.

Sciences et littérature

Le Siècle des lumières marque sans doute le début de la fin d'une certaine harmonie, celle qui associait les esprits scientifiques et littéraires, ou poétiques. Le savant de la Renaissance, et souvent aussi du XVIIe siècle, est également écrivain, artiste (musicien, peintre…). La formation d'un intellectuel comprenait les lettres, le droit, la logique, les mathématiques, l'astronomie, la médecine. Cette union réalisée chez l'honnête homme devient difficile à réaliser à l'époque des Lumières.

Deux auteurs, deux modèles

Denis Diderot et Jean Le Rond d'Alembert pourraient bien symboliser l'idéal d'harmonie entre la pensée littéraire et la pensée scientifique mais aussi les débuts de leur divorce. Diderot est l'un des plus grands écrivains français du XVIIIe, quand d'Alembert est l'un de ses plus importants mathématiciens et physiciens. Or, Diderot est aussi homme de sciences et d'Alembert, homme de lettres ; en tout cas, ils se voulurent tels. Le premier a écrit cinq mémoires sur différents sujets de mathématiques. Ces travaux sont de bon niveau, mais sans plus. Diderot s'est montré véritable homme de science en d'autres disciplines, notamment dans les sciences du vivant. Qu'il s'agisse de l'origine de la vie, de l'interaction entre les molécules, de la génération spontanée, des hypothèses transformistes, il connaît les argumentations, avance des suggestions. Il connaît bien Buffon, Lamarck le connaît bien.

De son côté, d'Alembert, entré à l'Académie des sciences à 24 ans, est aussi reçu à l'Académie française. Le voici donc pareillement « homme de lettres ». On lui doit des *Éléments de musique théorique et pratique,* les *Réflexions sur la musique en général et sur la musique française en particulier,* une traduction de Tacite, des *Réflexions sur la poésie* et de plusieurs autres ouvrages de littérature.

On pourrait croire que les porte-drapeaux de l'*Encyclopédie* apportent la démonstration, tant par leur collaboration que par leurs propres œuvres, que la science et la littérature, la raison et les beaux-arts marchent du même pas. On se tromperait. Ils ont été, symétriquement, grands et remarquables sur l'un des versants et seulement convenables sur l'autre. L'excellence ne semble pas être au rendez-vous, à la fois dans les sciences et dans les lettres.

Les lettres d'Euler à une princesse d'Allemagne

Le grand mathématicien bâlois Leonhard Euler (1707-1783) donne un bel exemple de vulgarisation scientifique en rédigeant, entre 1760 et 1762, une série de lettres à une jeune princesse d'environ 15 ans dont le père, un proche de Frédéric le Grand, est un de ses amis. Il les écrit en français et les traduit lui-même en allemand. Elles auront un succès immense et seront traduites en russe, en anglais, en espagnol et en italien. Si Euler évite les sujets trop techniques de mathématiques, il aborde à peu près tout ce que la science de son temps explore : les théories du son, du baromètre, de la lumière et des couleurs, l'astronomie, les phénomènes des marées et de l'attraction, les nouveautés en électricité, etc. Le savant expose ses conceptions de philosophie, de logique et de musique avec un talent merveilleux ; au point que cet ouvrage offre, aujourd'hui encore, un rare bonheur de lecture.

« Désenchanter le monde ? »

Les sciences paraissent hésiter au XVIIIe siècle au sujet des relations qu'elles doivent entretenir avec les mathématiques. Faut-il se laisser envahir par ce langage de plus en plus puissant ou, à l'inverse, doit-on considérer que l'âge d'or des mathématiques est passé et que les sciences les plus riches d'avenir peuvent s'en passer ?

La mathématisation semble irrésistible

Les théories mathématiques sont en pleine expansion depuis la découverte par Leibniz et Newton du calcul infinitésimal. Les fonctions, le calcul des probabilités, la géométrie projective, etc. ouvrent de grandes perspectives à ces sciences. La rencontre amorcée au XVIIe siècle entre la physique et les mathématiques tient ses promesses dans certains domaines. En astronomie, les succès de la théorie newtonienne de l'attraction universelle sont tels que les mouvements célestes sont tous – ou presque – expliqués grâce à une formule unique (celle qui exprime la force d'attraction entre deux corps). En mécanique, les choses prennent la même direction, en optique, les mathématiques font merveille, la résistance des milieux se laisse aussi apprivoiser par les équations. Les phénomènes sonores, avec l'étude des cordes vibrantes, n'échappent pas à ce mouvement d'ensemble. On voit des domaines comme la médecine ou la chimie amorcer des flirts poussés avec les mathématiques. De bonnes raisons confirment la thèse d'Emmanuel

Kant, selon qui une théorie de la nature ne serait vraiment science que dans la mesure où la mathématique pourrait s'y appliquer. Le mouvement de mathématisation paraît en mesure de tout emporter.

Les mathématiques contre la nature

Une forte résistance se dessine cependant face à l'hégémonie mathématique qui, aux yeux de certains savants et philosophes, représente un fatal danger : le gel des sciences de la nature que les mathématiques risquent de désenchanter. Renouant avec l'ancienne doctrine d'Aristote, ils estiment que la nature est beaucoup trop riche et diversifiée pour se laisser mettre en équation. Un porte-parole de cette opinion est Denis Diderot, qui mène une vive contre-attaque ; premièrement, dit-il, les mathématiques sont à bout de souffle et elles ont atteint leur développement maximal ; deuxièmement, les sciences les plus intéressantes et les plus prometteuses sont les sciences naturelles, la botanique, la zoologie, la physiologie ; or, en ces domaines, les mathématiques sont en fait inopérantes et impuissantes. L'exemple de Buffon apporte de l'eau à son moulin ; celui-ci a brillamment commencé sa carrière par les mathématiques mais s'en est détourné pour consacrer ses talents à l'étude des plantes et des animaux, où il n'a plus eu besoin de cette science formelle et abstraite. Troisièmement, les mathématiques sont justes et exactes tant qu'elles restent « dans les cieux », tant qu'elles étudient des situations abstraites ou idéales ; dès qu'elles « mettent les pieds sur terre », elles sont approximatives, fausses et même stériles. La formule magique de Newton n'est pas capable de résoudre le problème posé par trois corps en interaction ! (voir le problème des trois corps au Chapitre 23).

Qui a raison, qui a tort ? La première critique va s'effondrer puisque les mathématiques, au lieu de s'épuiser, ne cessent de prospérer. Des branches mathématiques nouvelles surgissent presque sans discontinuer. La seconde critique est elle aussi mise à mal par les progrès que l'application des mathématiques à la chimie produit au cours du siècle (et du suivant). En ce qui concerne les sciences du vivant, l'hésitation dure plus longtemps, et il est vrai que les grandes découvertes de l'époque des Lumières y sont souvent indépendantes des mathématiques.

ANECDOTE

Goethe, un scientifique contesté

Le grand écrivain romantique allemand Goethe (1749-1832) s'occupait beaucoup des sciences. Il n'aimait pas les calculs ni les expériences sophistiquées, mais, en observateur passionné du vivant, il voulait montrer l'harmonie générale à l'œuvre dans la nature. Cette harmonie, pensait-il, dérive d'une source unique : les différences anatomiques des animaux ou des plantes doivent être considérées comme des modifications d'un type primitif commun à tous. Goethe chercha des preuves en examinant les ressemblances dans les squelettes d'animaux et les analogies de structures de plantes. Il soutint une théorie basée sur l'idée d'un plan originel et idéal du vivant. De là à le considérer comme un précurseur du darwinisme, il n'y a qu'un pas que franchissent imprudemment certains admirateurs inconditionnels. Son *type idéal* ne s'appuie sur aucune donnée solide, mais sur une puissante intuition, aussi poétique que scientifique. Goethe n'avait aucune idée précise des lois de structure des animaux. Le même constat s'applique à ses travaux concernant la lumière et l'optique : il ne voyait, dans les travaux de Young ou Fresnel, que de « la bouillie pour les chats ».

Chapitre 22

Un feu d'artifice en mathématiques

Dans ce chapitre :

- Qui est le meilleur, Newton ou Leibniz ?
- La bataille perdue contre l'infini
- La géométrie analytique
- Les imaginaires font l'unanimité
- Le calcul du probable
- Les diverses sortes de géométrie

La bombe est en place, celle que les mathématiciens du XVIIe siècle ont conçue ; elle n'a plus qu'à exploser. Les fondamentaux des mathématiques modernes sont prêts à servir, calcul algébrique, algorithmes infinitésimaux, géométrie des courbes, probabilités, géométrie projective. Dans tous les domaines, ces nouveaux outils vont faire des merveilles.

Les disciples de Newton contre ceux de Leibniz

Les choses commencent mal, par une double querelle entre les newtoniens et les leibniziens, c'est-à-dire entre les tenants du style et des notations inventées par Newton et les supporters du philosophe de Leipzig.

Querelle de priorité

La controverse se situe d'abord au ras des pâquerettes : qui a, le premier, inventé le calcul différentiel et le calcul intégral ? Les écoles britanniques et continentales se livrent une rude bataille qui ne sera close qu'au bout de cent cinquante ans. Les Anglais tirent les premiers, Wallis et Craig accusent Leibniz de piratage dès 1685 ; celui-ci nie catégoriquement et réclame l'arbitrage de Newton et de la Royal Society. Les Britanniques ne se montrent pas beaux joueurs ; pour établir la cause de leur champion, ils montent une commission qui juge, en 1712, que Leibniz a disposé de pièces newtoniennes décisives avant la publication de son premier article. Alors qu'il est de bonne foi, celui-ci en est rudement affecté. Ce n'est qu'au XIXe siècle que des recherches historiques plus poussées établiront de façon certaine que Leibniz n'avait pas ces documents à ce moment-là. Il faut donc conclure au match nul : les deux mathématiciens doivent leurs découvertes à eux-mêmes, pas à un plagiat. Cet épisode contribua cependant à creuser un fossé mathématique le long du Channel.

Quel est le « meilleur » calcul infinitésimal ?

Derrière les polémiques assez vaines sur l'antériorité, des questions plus sérieuses se profilent : quel est, des deux, le meilleur calcul ? Sur ce point, l'histoire a aussi rendu un arbitrage équilibré ; il y a, chez l'un et chez l'autre des aspects meilleurs et plus performants, mais, fondamentalement, il y a équivalence des théories. À la mort des deux inventeurs, cette réalité n'apaise pas l'opposition et la compétition.

En Grande-Bretagne, de remarquables disciples de Newton occupent tout le terrain ; on y trouve notamment David Gregory, Abraham de Moivre, Roger Cotes, Brook Taylor. Ils établissent des procédés d'intégration des fractions rationnelles, les développements en série des fonctions bien dérivables, approfondissent les techniques de changement de variables. Ces brillants débuts ne sauvent pourtant pas l'école mathématique britannique d'un net déclin, sans doute dû à une orthodoxie trop stricte envers le style du maître… Dans la seconde partie du siècle, les Anglais jouent *mezzo voce.*

Sur le continent, une école leibnizienne d'abord peu nombreuse réunit les frères Jacques et Jean Bernoulli, de Bâle, et le Français Guillaume de L'Hospital. Une rude bataille s'engage alors au sein de l'Académie royale des sciences de Paris (voir paragraphe ci-dessous). Les cercles philosophiques parisiens (autour de Malebranche) et provinciaux se lancent dans l'aventure infinitésimale. Le premier traité ou manuel du genre, *L'Analyse des infiniment petits,* est rédigé par L'Hospital sous l'influence de Jean Bernoulli.

Premiers succès : de géniales futilités ?

Les nouveaux calculs inspirent des défis et concours entre mathématiciens qui prennent l'allure de devinettes, certes élégantes, mais futiles au premier abord. Leibniz lui-même lance les premiers problèmes en 1689.

Quelle est la courbe isochrone, celle qui conserve le temps ? Imaginons deux points *A* et *B*, à des hauteurs distinctes et qui ne soient pas l'un au-dessus de l'autre. On cherche une courbe qui joigne ces deux points et qui possède la propriété suivante : une bille descend sans frottement le long de la courbe ; elle doit mettre le même temps pour descendre jusqu'en bas, quel que soit son point de départ. La solution est d'abord trouvée par Christiaan Huygens, puis par Leibniz et Jean Bernoulli ; la courbe isochrone est une cycloïde (voir Figure 22-1).

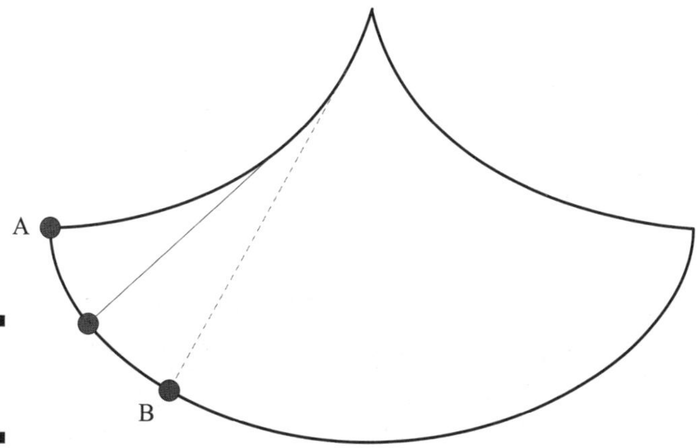

Figure 22-1 : Cycloïde isochrone.

Cette « devinette » reçoit une belle application concrète : si l'on parvient à donner cette allure cycloïdale au pendule des horloges, on aura la certitude de la régularité des battements, même quand ceux-ci perdent de leur amplitude après que l'on eut remonté l'horloge. Huygens invente un tel dispositif.

Second problème, la chaînette. Deux clous étant fixés à même hauteur, on attache les deux extrémités d'un fil pesant (ou d'une chaînette) à ces points fixes. Quelle est la courbe décrite par la chaînette ? Galilée, en son temps, crut que c'était une parabole ; la bonne réponse est une combinaison d'exponentielles. Ce résultat fournit lui aussi une application concrète en permettant de décrire la forme d'une voile flexible gonflée par le vent (voir Figure 22-2).

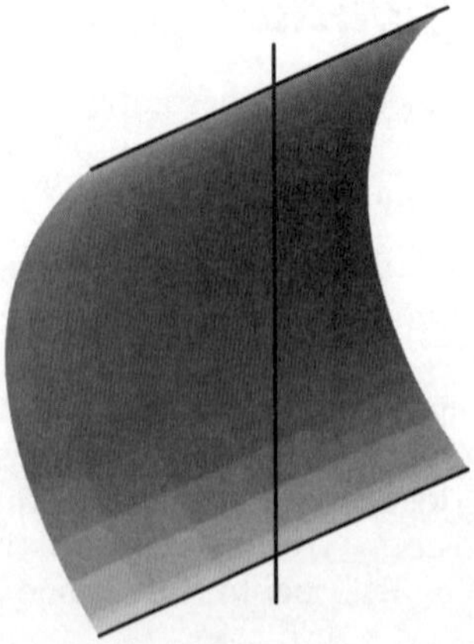

Figure 22-2 : Gonflement exponentiel.

Les études et découvertes se font plus systématiques : tangentes des spirales, des logarithmes, de la loxodrome, avec quadrature des aires délimitées par ces courbes. Les frères Bernoulli font des étincelles et la « collection » des courbes et surfaces maîtrisées par les géomètres s'accroît considérablement. Un très intéressant problème d'isopérimètre provoque d'ailleurs la brouille des frères Bernoulli.

PORTRAIT

Les Bernoulli, une dynastie de mathématiciens

À la fin du XVIe, les aïeux des frères Bernoulli quittèrent Anvers, fuyant la terreur qu'y faisait régner le duc d'Albe ; ils s'établissent à Bâle, où leur famille prospère. Parmi leurs dispositions héréditaires, ils n'ont pas seulement le sens du commerce, mais aussi d'impressionnantes compétences pour les sciences et pour les mathématiques en particulier. Les trois rejetons les plus marquants de la famille sont les frères Jacques (1654-1705) et Jean (1667-1748) et l'un des fils de Jean, Daniel (1700-1782). Mais d'autres frères, cousins et neveux méritent aussi de la république des sciences : on connaît un autre Jacques (1759-1789), deux Jean (1710-1790 et 1744-1807), sans oublier trois Nicolas !

L'harmonie ne règne pas toujours entre eux ; au contraire, de vifs affrontements surgissent sur des sujets de mathématique ou de physique, et de sévères brouilles s'ensuivent entre les frères Jacques et Jean par exemple.

Des méthodes controversées

Entre 1700 et 1706, une vive opposition au calcul se développe au sein de l'Académie royale des sciences visant à combattre son manque de rigueur et certains de ses résultats.

Bataille à l'Académie des sciences de Paris

Le « patron » du groupe français partisan du nouveau calcul est alors le philosophe Malebranche, avec comme alliés, les mathématiciens Pierre Varignon, Louis Carré, Joseph Saurin, Guisnée et Pierre Rémond de Montmort. Face à eux se dressent des hommes de fort calibre, comme Michel Rolle, Philippe de La Hire et Jean Galloys. Ainsi, affirmait Rolle, « Il semble que ce caractère d'exactitude ne règne plus dans la géométrie depuis que l'on y a mêlé le nouveau système des infiniment petits. Pour moi, je ne vois pas qu'il ait rien produit pour la vérité, et il me paraît qu'il couvre souvent l'erreur. » Au fond, le débat recouvre deux aspects : d'une part, le nouveau calcul produit de remarquables résultats et permet de résoudre un vaste champ de problèmes jusqu'alors insolubles, mais, d'autre part, ses fondements logiques et la rigueur des définitions restent faibles; les opposants s'interrogent, doutant que « les infiniment petits existent réellement ». Les performances du calcul vont assurer la victoire des modernes et Rolle, chef de file des résistants, finit par rendre les armes. Pourtant, les travaux qui devaient garantir toute la rigueur nécessaire au calcul infinitésimal ne seront menés à bien qu'un bon siècle plus tard, par Cauchy notamment (voir Chapitre 27).

Un évêque irlandais s'attaque au calcul

En 1734, le grand philosophe George Berkeley (1685-1753) publie un très redoutable pamphlet contre le calcul des fluxions de Newton et de ses suivants. Dans *L'Analyste,* tout en reconnaissant l'efficacité des nouvelles méthodes, il met à mal ses fondements logiques et la validité des preuves. Si les fluxions existent, dit-il, elles relèvent soit de l'algèbre, soit de la géométrie : elles ne peuvent appartenir à l'algèbre où les grandeurs sont clairement soit nulles, soit différentes de zéro; elles ne sont pas davantage géométriques puisque, dans cette science, il n'existe pas de quantités qui s'évanouissent. L'attaque de Berkeley ne stoppe pas le développement de l'analyse mais oblige les mathématiciens à porter une plus grande attention aux bases et aux fondements de leurs nouveautés.

Extension du domaine de l'analyse

La première génération des analystes infinitésimalistes s'éteint vers 1748 à la mort de Maclaurin en Grande-Bretagne et de Jean Bernoulli en Suisse. Le flambeau est repris par de formidables créateurs, Daniel Bernoulli, Leonhard Euler, Alexis Clairaut, Jean Le Rond d'Alembert et un peu après Louis Lagrange, Gaspard Monge, Pierre Simon Laplace et Adrien Marie Legendre.

Les équations différentielles

N'OUBLIEZ PAS !

Certaines propriétés mathématiques ou physiques sont décrites par les fonctions dérivées ou les différentielles de ce que l'on veut connaître ; par exemple, la vitesse d'un corps en mouvement est la dérivée ou différentielle première de la fonction mouvement de ce corps ; l'accélération est la dérivée de la dérivée ou différentielle seconde du mouvement. On peut dans bien des cas établir des équations où ces différentielles sont présentes. Il est très important de mettre au point des méthodes pour résoudre de telles équations, c'est-à-dire pour trouver quelles familles de fonctions vérifient les équations différentielles de départ. C'est là non seulement un riche domaine d'analyse mathématique, mais encore un riche domaine physique. Les savants du XVIIIe rivalisent d'ingéniosité et d'imagination pour établir les méthodes de résolution. Les étudiants en mathématiques connaissent les noms attachés à certaines de ces équations et à leur mode de résolution ; l'équation de Riccati par exemple, est de la forme $y' = f(x) + y.g(x) + y^2\,h(x)$.

La notion de fonction s'enrichit encore en devenant fonction de plusieurs variables ; il devient alors possible de considérer des dérivées partielles, soit la limite de variation relativement à l'une ou l'autre de ces variables ; le domaine des équations aux dérivées partielles permet de nouvelles découvertes et inventions. Euler et d'Alembert résolvent le problème des cordes vibrantes par de tels procédés. Les discussions astronomiques et géologiques sur la forme de la Terre sont alimentées par les études d'analyse concernant les conditions d'équilibre d'une masse fluide en rotation.

L'école française : succès et interrogations

La figure immense de Leonhard Euler (1707-1783), aussi imposante soit-elle dans les mathématiques du XVIIIe siècle, ne peut occulter l'impressionnant dynamisme de l'école française de mathématiques du siècle, au point que le français devient la langue privilégiée des mathématiques de l'époque. C'est l'Académie de Paris qui organise les expéditions qui devaient trancher le débat sur la forme de la Terre (voir Chapitre 23). Elle stimule aussi les applications des mathématiques à la marine et couronne Pierre Bouguer en 1726, pour son mémoire sur « la mâture des vaisseaux » en attribuant son accessit à un jeune bâlois de 19 ans, Leonhard Euler. La jeunesse, en mathématiques, n'est pas un handicap aux découvertes – un peu semble-t-il comme en poésie –, et la même Académie ouvre ses portes à Alexis Clairaut alors qu'il n'a que 18 ans.

Dans cette ambiance de triomphe général des mathématiques, certains savants manifestent leurs doutes ; la méfiance que l'on a rencontrée chez Diderot se retrouve encore chez un autre encyclopédiste, Venel, qui note, dans l'article « Chimie » :

« Les vérités géométriques sont assurément très respectables ; mais les physiciens-géomètres les exposeront maladroitement à l'irrévérence des physiciens non-géomètres, toutes les fois qu'ils mettront une démonstration à la place d'un fait physique et une supposition gratuite ou fausse, soit tacite, soit énoncée, à la place d'un principe physique que l'observation peut découvrir. »

La suite de l'histoire a invalidé le pronostic de déclin des mathématiques. On doit pourtant accorder à Diderot, à Venel ou à Buffon une grande clairvoyance lorsqu'ils devinent l'immense place que les sciences du vivant vont occuper et la faible collaboration qui existera (à leurs débuts) entre ces sciences et les mathématiques.

Les nombres complexes

Il existe un nombre immense de théorèmes mathématiques, or l'un de ceux-ci porte le nom très remarquable de « théorème fondamental de l'algèbre ». Force est de reconnaître qu'il est de grande importance et possède une histoire riche. Que dit ce « théorème fondamental » ? Que toute équation algébrique de degré n possède n racines. Par exemple, l'équation $x^2 - 25 = 0$ admet deux racines, 5 et – 5. Un exemple ne vaut évidemment pas démonstration et si l'on songe à l'équation $x^2 + 25 = 0$, on est bien en peine de découvrir les deux racines que lui promet le « théorème fondamental », ou encore, si l'on considère une équation de degré supérieur à 4, on ne dispose pas de méthode générale pour calculer ses racines éventuelles. Bref, ce théorème à l'air si sympathique est rempli de chausse-trapes. Au XVIIIe, les recherches et démonstrations du théorème fondamental contribuent à la gloire de d'Alembert, d'Euler et de Gauss.

Des démonstrations successives

À nouveau, c'est l'enfant trouvé de l'église Saint-Jean-le-Rond à Paris, c'est-à-dire d'Alembert, qui se lance explicitement dans l'aventure de la démonstration générale du fameux théorème. Il montre, en 1746, dans son traité *Réflexion sur la cause générale des vents* que ces n racines existent et sont de la forme $a + ib$ (avec $i^2 = -1$. Pour être juste, il convient de signaler que le symbole i pour $\sqrt{-1}$ sera introduit par Euler en 1777.) Sa démonstration ne satisfait pas certains de ses collègues car, à leurs yeux, elle n'est pas assez algébrique. 1749, 1759, 1771 : trois démonstrations se succèdent, respectivement dues à Euler, à Foncenex et à Lagrange. Mais, en 1799, Gauss les critique vigoureusement en les qualifiant de cercle vicieux et donne quatre nouvelles démonstrations magistrales (et distinctes) de ce théorème.

Des carrés négatifs !

On vient de voir que le théorème fondamental a recours à des bizarreries apparues au XVIe siècle. Au passage, il aura fallu en effet faire toute leur place à des nombres qui admettent des carrés négatifs (sinon, notre équation $x^2 + 25 = 0$ n'a aucune chance d'avoir la moindre racine) ; ce sont les nombres complexes, encore appelés *nombres imaginaires.* Utilisés pour les besoins du calcul depuis le XVIe siècle, les nombres imaginaires avec carré négatif constituaient pour la logique un « scandale permanent », comme l'écrit un historien des mathématiques. Imaginez en effet une absurdité très efficace, qui ne devrait pas exister et qui pourtant s'avère utile, voire nécessaire à la réalisation de vos travaux : tels sont les imaginaires. Leur légitimité va s'accroître pour plusieurs raisons. Après Wallis vers 1685 et Stirling au début du XVIIIe siècle, le Danois Caspar Wessel (1745-1818) propose une représentation géométrique des nombres complexes en 1797. Sa théorie, développée ensuite par Jean Robert Argand (1768-1822), ne sera vraiment connue qu'assez tard, mais elle est essentielle : ces objets bizarres et logiquement choquants, dès lors qu'ils peuvent être représentés, deviennent bien plus acceptables. L'idée générale d'Argand est celle-ci : chaque « nombre complexe » correspond à un « point du plan » dans un repère cartésien.

Encore faut-il doter ces nombres d'opérations convenables (addition et multiplication) sans qu'elles contredisent les règles habituelles de l'algèbre, mais bien plutôt qu'elles les prolongent. Une autre raison de leur acceptation générale est la magnifique adaptation dont les complexes font preuve en trigonométrie : un nombre complexe définit notamment un angle (son argument) et les opérations algébriques sur les complexes livrent de très efficaces relations trigonométriques. De l'écriture trigonométrique d'un complexe « $a + ib = r(\cos\theta + i\sin\theta)$ », on tire la formule de Moivre : $(\cos\theta + i\sin\theta)^n = \cos n\theta + i\sin n\theta$.

UN PEU DE TECHNIQUE

Décidément très malléables, les complexes, selon la superbe suggestion d'Euler, peuvent aussi s'écrire sous forme exponentielle $a + ib = r.e^{i\theta}$. Lorsque $r = 1$ et $\theta = \pi$, cette formule donne la belle égalité $e^{i\pi} + 1 = 0$, qui relie les plus fameux nombres des mathématiques, e, i, π, 0 et 1 !

Le calcul des probabilités

Né au XVIIe siècle grâce à Pascal et Fermat, le calcul des probabilités ne connaît pas de grands développements avant le XVIIIe, où il prend son envol. Jacques Bernoulli a laissé un traité publié à titre posthume en 1713. C'est dans ce texte qu'est établie la loi des grands nombres, ou théorème de Bernoulli, qui règle la répétition d'un grand nombre d'épreuves semblables. Cette loi reçoit d'importantes confirmations expérimentales, dues notamment à Buffon. Abraham de Moivre généralise ces résultats, qu'il précise et applique à diverses situations dans son ouvrage *Doctrine of chances* (1718).

Une question qui n'est pas seulement mathématique

D'intéressantes discussions philosophiques naissent à partir de considérations sur le hasard, les statistiques et les probabilités. Des arguments psychologiques, démographiques, relatifs aux divers modes d'élections et de votes accompagnent les développements du calcul des probabilités : on doit notamment mentionner les doctrines de l'Anglais Thomas Bayes (1702-1761), sur la détermination des probabilités des causes d'après leurs effets. Entre 1760 et 1769, une question médicale, le problème de l'inoculation des vaccins, est débattue par d'Alembert et Daniel Bernoulli. L'œuvre de Laplace la *Théorie analytique des probabilités* (rédigée à la fin du siècle) constitue le couronnement de cette brillante étape de l'étude des probabilités : à la lumière de claires prises de positions psychologiques, il construit une théorie qui servira de base aux études ultérieures et l'applique aux irrégularités des mouvements des astres, à la distribution des étoiles dans les cieux, aux problèmes démographiques, à des questions juridiques et à bien d'autres situations.

Condorcet : paradoxes dans les décisions « démocratiques »

ANECDOTE

La transitivité est une propriété logique très utile en mathématique et dans beaucoup de situations courantes. Par exemple, la relation « être plus grand » est transitive parce que, si « A est plus grand que B » et que « B est plus grand que C », alors, on peut en conclure certainement que « A est plus grand que C ». Nicolas de Condorcet (1743-1794), qui est un excellent mathématicien et philosophe lié à *L'Encyclopédie,* montre que la relation de préférence n'est pas transitive, ce qui peut créer des difficultés lors de choix ou de votes. Prenons un exemple : on doit choisir entre trois solutions, A, B et C, chacune d'entre elles dépendant de trois critères (par exemple, être plus ou moins originale, être plus ou moins efficace, être plus ou moins facile à réaliser). La situation A obtient la note 3 (la meilleure) pour le premier critère, la note 2 pour le deuxième et la note 1 pour le troisième. On note la situation A (3, 2, 1). Supposons que l'on a B (2, 1, 3) et C (1, 3, 2). Alors A est préférable à B car elle l'emporte selon deux critères. B est préférable à C car elle l'emporte selon deux critères. Or, C est préférable à A car elle l'emporte selon deux critères. La transitivité ne fonctionne pas, ce qui peut rendre incohérents des choix réalisés.

Le démon de Laplace, déterminisme et probabilités

Le démon n'est pas un personnage tout à fait inconnu dans l'histoire des sciences et de la philosophie ; il y en avait déjà un pour Socrate ! Descartes inventa bien un dieu trompeur et un malin génie pour analyser la nature de nos connaissances, et il y aura celui de Maxwell. Quel est le rôle du démon tout-puissant imaginé par Pierre Simon Laplace (1749-1827), ou plutôt par ses commentateurs ? Il s'agit de justifier la doctrine du déterminisme. Les mathématiques nous permettent de prévoir le comportement d'un corps mobile quand on connaît sa vitesse, sa situation et les forces agissantes autour de lui (une planète ou une bille tombant dans le vide). On dit que son comportement futur est déterminé par les conditions initiales. En revanche, la manière dont un brin d'herbe oscille, se courbe et se redresse obéit à tant de paramètres qu'il est présomptueux de soutenir qu'elle aussi est déterminée. Laplace imagine une intelligence fictive (son démon) pour défendre cette totale détermination : sans doute, nous autres, pauvres humains aux intelligences et mémoires limitées, ne pouvons pas mettre tout en équation, mais son démon omniscient le pourrait. Conclusion, indépendamment de nos propres performances, le monde est bel est bien déterminé. Et Laplace de conclure : « Une intelligence qui, à un instant donné, connaîtrait toutes les forces dont la nature est animée et la situation respective des êtres qui la compose embrasserait dans la même formule les mouvements des plus grands corps de l'Univers et ceux du plus léger atome ; rien ne serait incertain pour elle, et l'avenir, comme le passé, serait présent à ses yeux. »

La géométrie dans tous ses états

On sait que le postulat des parallèles d'Euclide était, depuis l'Antiquité, un des principaux casse-tête des géomètres qui, génération après génération, tentèrent de le démontrer.

Nouvelle approche contre le cinquième postulat d'Euclide

En 1733, l'Italien Girolamo Saccheri reprend l'affaire sous un autre angle : supposons que ce postulat soit faux, on en tirera des conséquences qui devraient être contradictoires ; une telle contradiction prouvera alors, par l'absurde, qu'il ne fallait pas nier le postulat. Il sera donc démontré véritable. Tel est l'objet de son livre *Euclide, lavé de toute tache.* Saccheri est si convaincu de la vérité du postulat qu'il force la logique et croit établir des contradictions dans les conséquences qu'il tire de la négation du postulat. De précises études de ses travaux montrent que ces contradictions n'en sont pas vraiment et que les théorèmes qu'il a déduits ne sont pas faux : ils constituent les débuts des futures géométries non euclidiennes (voir Chapitre 27).

La règle et le compas

Bonaparte aimait passionnément la géométrie ; il s'intéresse particulièrement à la question des constructions réalisables à la règle et au compas. Le problème de Napoléon consiste à construire, au compas, le centre d'un cercle donné. L'Italien Mascheroni montre en 1797 que les constructions réalisables à la règle et au compas sont réalisables au compas seul.

Courbes dans le plan et dans l'espace

René Descartes avait lancé l'étude des courbes du plan grâce à leurs équations c'est-à-dire grâce à la relation caractéristique entre les abscisses et les ordonnées de leurs points. Les mathématiciens du XVIIIe siècle généralisent cette démarche dans l'espace à trois dimensions. Dès lors, on a affaire à des courbes qui ne sont plus nécessairement planes (dans un plan), mais spatiales ; elles ont, en chaque point plusieurs courbures. Cette méthode s'applique encore à des surfaces situées dans l'espace : prenons le cas le plus simple, celui d'une sphère de centre l'origine du repère, alors, son équation relie les trois coordonnées de ses points (x, y et z) par une relation du genre $x^2 + y^2 + z^2 = a^2$. L'imagination des géomètres trouve là de quoi s'employer ; Clairaut, Hermann, Euler, Monge surtout étudient ces objets et leurs propriétés à l'aide des outils de l'analyse infinitésimale.

Le *Traité du navire* de Pierre Bouguer

Pierre Bouguer (1698-1758) naît au Croisic, en Bretagne ; sans doute est-ce une des raisons pour lesquelles il consacre bien des études à la navigation et à la construction navale. Son chef-d'œuvre en ce domaine est le *Traité du navire,* qu'il publie en 1746. Dans ce travail d'avant-garde, il soumet l'architecture navale aux mathématiques ; autrement dit, il fait de cet art une science. Bouguer parvient à calculer les conditions de stabilité des vaisseaux en déterminant où doit se trouver le centre de la carène, le centre de gravité, compte tenu des déplacements de poids et l'armement. Il y développe la théorie du « métacentre ». Le métacentre est un point d'intersection entre l'axe de la carène et la verticale du centre de flottaison. Il dépend en particulier de l'inclinaison du navire. Bouguer montre que l'équilibre impose que ce métacentre soit au-dessus du centre de gravité. Cet ouvrage, sans doute trop ardu, trop difficile pour l'époque, n'eut pas une grande influence immédiate, mais ses travaux furent reconnus et repris dans la seconde moitié du siècle.

Chapitre 23

Le règne de la mécanique classique et les calculs astronomiques

Dans ce chapitre :

- L'attraction universelle reste inexpliquée
- La nature est-elle économe ?
- Des voyages pour trouver la forme de la Terre
- Lagrange met le monde en équation
- Les angles des phénomènes célestes doivent être précis
- Les grands télescopes
- Les nouveaux mouvements des étoiles et de l'axe des pôles
- Comment se repérer en mer ?

Au XVIIIe siècle, les sciences physiques deviennent un véritable champ de bataille. Les moyens mathématiques nouveaux et la richesse des théories générales imaginées au siècle précédent (mécanisme cartésien, attraction newtonienne, atomisme de Gassendi, monades de Leibniz, etc.) fournissent aux savants des idées et des arguments souvent opposés.

L'attraction est-elle universelle ?

Ils sont, au début du siècle, fort peu nombreux, celles et ceux qui sont capables de comprendre les démonstrations du grand traité newtonien, *Les Principes mathématiques de la philosophie naturelle.* Au début du siècle, le système se diffuse lentement. Mais il n'y a pas que la difficulté mathématique qui freine l'adhésion à la théorie de Newton.

L'attraction à distance : une mystérieuse efficacité

Le principe même de la théorie newtonienne choque! Et elle ne choque pas à cause de sa modernité : c'est plutôt le contraire. Pour beaucoup de scientifiques (surtout sur le continent et spécialement en France), cette idée d'attraction à distance est tout simplement absurde. Voici des corps (des planètes ou des pommes) qui, sans aucun lien entre eux, dans le vide, sont attirés les uns par les autres. Par quoi? Pour quelle raison? Newton n'en dit rien... Et il est vrai que Newton lui-même a souvent reconnu le caractère frustrant de cette force universelle dont il ne peut décrire la nature, ni donner l'origine. Les mécanistes ou cartésiens comme Fontenelle, Bernoulli, Bouguer, Cassini ne rendent pas facilement les armes.

Les lois de la dynamique expliquent-elles tous les phénomènes?

Les partisans de Newton (et lui le premier), forts des succès de la théorie de l'attraction des corps matériels, ont tôt fait de chercher à la prendre pour modèle dans d'autres contextes. Les phénomènes optiques, les attirances magnétiques et électriques ainsi que les réactions chimiques et même physiologiques devraient obéir à un modèle du même genre, à savoir à une force réciproque qui serait inversement proportionnelle au carré des distances de séparation des «objets» considérés et proportionnelle à une grandeur caractéristique. Le fait est que Louis Marie Ampère trouvera une telle loi pour l'électricité (voir Chapitre 28) : ce qui y jouera le rôle de la masse sera la charge électrique, mais, pour le reste, cette extension du modèle gravitationnel à toute sorte de phénomène est abusive.
Le comportement de la lumière en particulier suscite des résistances au «tout attractif». Leonhard Euler notamment rejette à la fois les thèses de Descartes (la lumière instantanée) et celles de Newton. Les physiciens procéderont à un rééquilibrage vers la fin du siècle en faveur de l'optique ondulatoire.

La nature est économe

On a déjà rencontré Maupertuis (1698-1759), cheval de Troie du newtonianisme dans l'Académie royale des sciences; le même Louis Moreau est au cœur d'une belle controverse, connue sous le nom de la *querelle du principe de moindre action.* L'origine en est très lointaine; Aristote – encore lui! – soutenait que la nature ne faisait rien inutilement. Cette thèse connut bien des versions et adaptations; l'idée d'une économie générale des lois de la nature a toujours été présente dans l'histoire des sciences.

L'action, produit de trois grandeurs

Pierre de Fermat (voir Chapitre 18) avait fondé sa démonstration de la loi de la réfraction sur le principe du temps le plus court. Autrement dit, d'après Fermat, ce que la nature économise en ses actions serait le temps. Selon Leibniz, c'est plutôt la force vive. Maupertuis réalise un coup de maître en défendant le principe de moindre action. Que ce soit en optique ou en mécanique, proclame-t-il, la nature économise l'action. Là où notre académicien marque vraiment des points, c'est que ce principe fonctionne aussi pour les corps matériels, pour le mouvement des projectiles. Ainsi, la mécanique et l'optique semblent unifiées sous ce principe unique. Reste à définir ce qu'est l'action ; c'est, dit Maupertuis, le produit de trois grandeurs : la masse, la vitesse et le déplacement (le chemin parcouru). Soumettant les lois du choc à son principe (en 1747), il réussit à en donner une description absolument valable. L'époque est aux polémiques, et trois adversaires passent à l'attaque : Samuel König, qui l'accuse en 1751 d'avoir pillé une idée qui était déjà celle de Leibniz, Voltaire, qui fait en 1752 de ses thèses une présentation malveillante et même venimeuse (alors qu'il avait été son ami et aussi son rival dans le cœur d'Émilie du Châtelet), et enfin d'Alembert, qui condamne en 1753 le recours à ce genre de principes, qu'il estime métaphysiques. Heureusement pour Maupertuis, un poids lourd de la science du XVIIIe siècle, Leonhard Euler, élabore un modèle mathématique très efficace du principe de moindre action ; le modèle construit par Euler permet de vérifier que ce principe fonctionne dans l'étude de la chute des corps et dans le cas très important d'un corps attiré par plusieurs centres de forces.

La règle du parallélogramme, une loi de la nature ?

La recherche de principes de base de la mécanique est un des thèmes majeurs de cette période. On le constate dans les travaux concomitants d'Euler et de d'Alembert : pour le premier, c'est le concept de force qui est fondamental et celui de masse en dérive alors que, pour le second, c'est l'inverse : la force est une grandeur déduite de la masse. Quoi qu'il en soit, l'un et l'autre contribuent à faire de la mécanique une science rationnelle rigoureusement décrite par des équations mathématiques de plus en plus sophistiquées. L'outil mathématique qu'ils installent au centre de leurs calculs est constitué des équations différentielles (voir Chapitre 22) : à partir des caractéristiques des diverses forces et mouvements élémentaires de rotation des parties d'un système solide, on peut construire des équations dont la résolution livre le comportement de ce système. Une des règles essentielles de cette nouvelle mécanique rationnelle est la règle du parallélogramme (voir Figure 23-1). Nombreux sont les candidats à la paternité de cette découverte (Simon Stevin, Gilles de Roberval, Pierre Varignon…) ; les physiciens du XVIIIe siècle l'appliquent aux vitesses, aux forces, aux accélérations et en font une des plus importantes des lois de la nature.

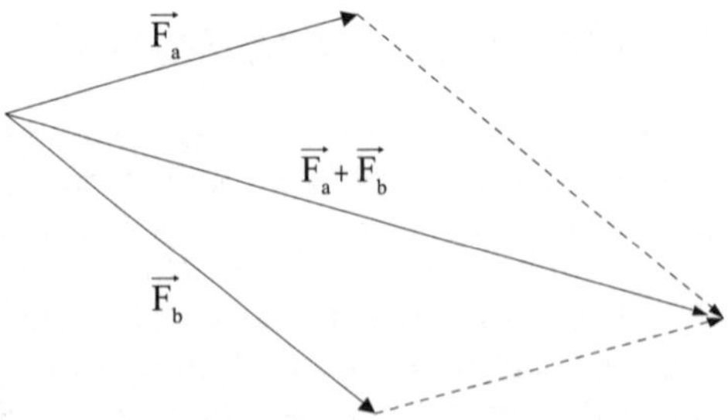

Figure 23-1 : Règle du parallélogramme.

La Terre : pomme ou citron ?

La Terre a-t-elle la forme d'une pomme ou d'un citron ? Voltaire présente ainsi les réponses : « À Paris, vous vous figurez la Terre faite comme un melon. À Londres, elle est aplatie des deux côtés. »

Cette étonnante question reçoit dans la première moitié du siècle une série de réponses théoriques et un ensemble de réponses expérimentales.

La Terre n'est pas tout à fait sphérique

Notre planète n'est pas parfaitement sphérique ; tout le monde est d'accord sur ce point. En théorie, on se trouve en présence d'un problème d'équilibre des fluides. Considérons une masse homogène et déformable en rotation régulière autour de son axe et cherchons la forme que lui imposera ce mouvement de rotation. Les calculs de Newton, fondés sur sa théorie de la gravitation, militent pour une forme sphéroïde plus ou moins aplatie en haut et en bas. Les cartésiens comme Jacques Cassini (fils et père d'astronomes), comme le jeune et brillant académicien Pierre Bouguer ou encore Jacques Bernoulli (un des membres d'une fameuse dynastie de savants suisses) contestent cette prévision. Ils refusent l'idée de base, l'attraction, et certains tentent de justifier, à partir de la théorie cartésienne des tourbillons (voir Chapitre 18) que la Terre doit, à l'inverse, être allongée vers les pôles. Il faut signaler que Descartes n'a jamais défendu, lui-même, cette thèse.

En résumé, si l'on est newtonien, on soutient que la Terre ressemble à une pomme – ou un melon – car elle est aplatie vers les pôles. Si l'on est cartésien, on penche pour une Terre en forme de citron car elle est allongée aux pôles.

Les recherches théoriques (mathématiques) sur l'équilibre d'une masse fluide font partie des plus intéressants résultats de la seconde moitié du siècle ; d'Alembert, les Bernoulli (Daniel et son père, Jean, s'affronteront durement sur le sujet) et surtout Euler s'illustreront dans ce domaine. En attendant, il faut trouver un moyen de trancher cette controverse.

Les Cassini, astronomes de père en fils

Il y eut d'abord Jean Dominique (1625-1712), suivi de Jacques (1677-1756), qui précéda César François (1714-1784), lui-même laissant la place à Dominique (1748-1845). Le fondateur de la dynastie, souvent appelé Cassini Ier, astronome italien renommé, arrive à Paris vers 1668, quittant l'Italie sur l'invitation de Colbert pour intégrer l'Académie des sciences, qui allait être créée l'année suivante. Louis XIV lui confie la direction de l'observatoire de Paris, construit en 1672 ; il y fait de grandes découvertes comme celle de satellites de Saturne. Son fils, dit Cassini II, lui-même membre de l'Académie des sciences et astronome, s'occupe beaucoup de la *figure de la Terre*. Le fils de Jacques, dit Cassini de Thury, ou Cassini III, ne déroge pas à la règle familiale ; il devient lui aussi astronome, directeur de l'observatoire, membre de l'Académie des sciences, il mesure – comme son père – la longueur du méridien. Enfin, le fils de César François, inévitablement surnommé Cassini IV, termine la grande carte de France entamée par son père. Il serait dommage d'oublier de signaler qu'il est directeur de l'observatoire et membre de l'Académie des sciences.

Bouguer au Pérou, Maupertuis en Laponie

L'Académie des sciences de Paris mobilise les grands moyens et organise deux expéditions, une vers la Laponie, l'autre vers le Pérou. En effet, on allait y mesurer avec la plus grande précision possible la longueur d'un degré d'arc de méridien. En simplifiant les considérations géométriques délicates constitutives du problème, on dira ceci : la longueur du degré est d'autant plus grande que la courbure est plus faible, donc que la zone est plus aplatie. Autrement dit, si au pôle, l'arc est plus long qu'aux abords de l'équateur, alors la sphère y est aplatie ; sinon, c'est le contraire. Des mesures ont déjà été menées par Cassini en diverses latitudes de France ; elles semblent infirmer les prévisions des newtoniens.

Bouguer et La Condamine dirigent l'expédition équatoriale du Pérou (partie en 1735), Maupertuis et Clairaut, celle du pôle (ils quittent Dunkerque le 2 mai 1736 à bord du *Prudent*). Les aventures et mésaventures que connaissent les deux équipes sont terriblement inégales. Les difficultés sont énormes au Pérou (climat, dissensions, finances, hostilité des populations, etc.). L'entreprise dure huit ans, au terme desquels Bouguer rapporte d'excellentes mesures. En Laponie, tout va pour le mieux (à quelques détails près puisque le *Prudent* fait naufrage au retour !). Au bout d'un an, Maupertuis et ses compagnons rapportent leurs résultats à Paris.

Forts des résultats lapons, les newtoniens n'attendent pas le retour de l'expédition du Pérou pour crier victoire : leur arc de méridien est plus long que celui de Paris ; les mesures du Pérou ne peuvent qu'amplifier ce résultat. De fait, malgré diverses erreurs et au prix d'interprétations parfois abusives, c'est bien ce que confirme le rapport des savants rentrés de l'équateur sept ans plus tard : la Terre est aplatie, la théorie de la gravitation newtonienne marque un point décisif.

Le mouvement des fluides

Les fluides n'avaient pas livré tous leurs secrets. Outre l'étude des conditions d'équilibre de corps fluides, il fallait comprendre et décrire la résistance qu'un tel milieu (comme l'air, ou l'eau) oppose à un projectile. Newton s'y était essayé dans le livre II des *Principia,* sans grand succès. D'Alembert rédige le livre pionnier dans ce domaine capital, l'*Essai d'une nouvelle théorie de la résistance des fluides,* en 1752. Ce chapitre de la mécanique est poursuivi par Euler, Borda, Carnot, etc.

La mécanique analytique de Lagrange

On a souvent dit qu'une des caractéristiques d'une vraie science tient au fait qu'elle peut être falsifiée, qu'elle est susceptible de critiques et de remises en cause. Il semble qu'une seconde marque des vraies sciences est qu'à certains moments de leur développement, elles donnent lieu à de vastes synthèses. Comme si, à certaines étapes, une sorte d'accord des esprits, de tendance centripète et unificatrice, l'emportait et qu'une expression théorique générale, puissante s'imposait… quitte à ce qu'à l'étape suivante, de nouvelles crises ressurgissent et viennent fissurer la « vaste synthèse ». C'est ce qu'illustre la *Mécanique analytique* de Lagrange (1736-1813), dont la première édition date de 1788.

Avec Leonhard Euler, Joseph Louis de Lagrange domine les mathématiques du XVIIIe siècle, qui comptent un grand nombre de savants de première force. Lagrange est très représentatif de l'Europe savante puisqu'il travaille longuement à Turin, à Berlin et à Paris. Il passe ses trente premières années dans la capitale de l'Italie du Nord, où il invente des méthodes mathématiques d'une grande puissance dans le domaine du calcul des variations. Le principe de moindre action (voir *supra*) y joue un grand rôle. En outre, Lagrange met au point des symboles et des automatismes si efficaces que ce qu'on nomme le *δ-calcul lagrangien* devient l'outil essentiel de la mécanique rationnelle. Il est alors appelé à Berlin, où il reste jusqu'à la mort de Frédéric II, l'ami de Voltaire. Après avoir dirigé vingt ans durant la section de mathématiques de l'académie berlinoise, il s'installe à Paris, où il s'intéresse à diverses sciences, la chimie de son ami Lavoisier notamment. La *Mécanique analytique* est son œuvre la plus connue, et Lagrange a conscience de l'espèce de couronnement que constitue son ouvrage. Dans sa célèbre préface, il annonce qu'il « s'est proposé de réduire la théorie mécanique à des formules générales »… Il donne toutes les équations nécessaires pour la solution de chaque problème. Les constructions géométriques et figures sont superflues, le calcul suffit. L'analyse mathématique triomphe comme expression des phénomènes physiques : on y trouve un traitement complètement unifié de l'étude des solides et des fluides. Il fait, au passage, le bilan précis des travaux de ses prédécesseurs.

Le système solaire en équations

La synthèse newtonienne avait fourni une très bonne description du système solaire. Ceci ne doit pas cacher que bien des difficultés et des perturbations avaient été négligées dans cette première mise en équation – somme toute assez grossière – des mouvements planétaires. En effet, si Jupiter, par exemple est seulement attiré par le Soleil, il suit une trajectoire elliptique impeccable ; mais si l'on tient compte du fait qu'il est aussi attiré par Saturne, la parfaite régularité envisagée est troublée. De nombreuses causes de perturbation du système existent ; elles offrent un immense programme de travail aux astronomes mathématiciens à partir du XVIIIe siècle, et il apparaît que la mise en équation de notre système planétaire est loin d'être terminée.

Le problème des n corps

UN PEU DE TECHNIQUE

Il s'agit d'un des plus fameux problèmes de mécanique céleste. Sa version la plus simple est à deux corps ; dans ce cas, le problème consiste à déterminer les trajectoires de deux corps soumis mutuellement à leur attraction gravitationnelle. Newton l'a résolu dans les *Principia* et sa solution décrit les trajectoires respectives des couples du genre Soleil-Terre ou Terre-Lune. L'affaire se corse si on considère trois corps s'attirant mutuellement ; par exemple le triplet Soleil-Terre-Lune. Ce défi ne pouvait manquer de stimuler l'énergie de d'Alembert, Euler, Clairaut, Condorcet, Laplace, Lagrange… Ce dernier ramène le problème à la résolution d'un système de 12 équations ; ce sera la base de toutes les études suivantes. La difficulté mathématique est telle que nulle solution analytique (par résolution rigoureuse des équations) n'a été trouvée. Cependant, des solutions précises, mais obtenues par approximations, sont établies. À la fin du XIXe siècle, Poincaré renouvellera la question, qui deviendra le point de départ des théories du chaos. Il montrera qu'il n'existe pas de solution à long terme, mais seulement des solutions… très précises, mais tout de même approximatives.

Le système solaire est-il stable ?

Au terme de la révolution copernicienne, il était largement admis que le système solaire était stable ; les trajectoires des astres se répétaient exactement. Le restait-il si on tenait compte des perturbations réelles et supplémentaires dues aux influences multiples des astres entre eux ? Bref, le système solaire n'est-il pas condamné à se dérégler et, pourquoi pas, à se détruire ? Newton suggérait une solution miraculeuse selon laquelle de temps à autre, Dieu intervenait pour remettre les choses en place. Edmund Halley fait observer que les mesures comparées sur des temps très longs (depuis les Babyloniens) révèlent que Saturne s'écarte du Soleil alors que Jupiter s'en approche. Laplace et Lagrange montrent que, si on se restreint aux termes du premier ordre des équations donnant les trajectoires, les variations s'estompent et la stabilité est sauvée. Poisson et Haretu réussissent à valider ce résultat rassurant, même avec les termes du second ordre. Au siècle suivant, les astronomes (Le Verrier notamment) sèmeront à nouveau le doute en établissant qu'il fallait aussi tenir compte des termes du troisième ordre… La stabilité sera à nouveau mise en question et le destin futur du système solaire redeviendra un problème ouvert, magistralement repris et résolu par Henri Poincaré. Aux dernières nouvelles, il semble que l'instabilité du système soit réelle, mais que les perturbations soient négligeables sur des durées comparables à l'âge de l'Univers.

La comète de Halley est au rendez-vous

Un des exercices appliqués des lois de Newton avait été le calcul des trajectoires des comètes. On se souvient peut-être qu'Edmund Halley (1656-1742) avait observé la comète qui porte son nom en 1681-1682 (voir Chapitre 17). Il prédit son retour pour 1758. Elle est ponctuelle et son apparition, à la date prévue, impressionne beaucoup, non seulement parce qu'elle offre une superbe confirmation théorique à l'astronomie newtonienne, mais aussi parce que le caractère surnaturel, souvent menaçant et en tous les cas mystérieux de ces signes du ciel disparaît ; ils rentrent dans l'ordinaire de la nature.

Des expéditions terrestres pour mesurer les distances au ciel

On a souvent dit que les anciens modèles du système du monde étaient mesurés à une homothétie près. Ce qui signifie que les mesures des astres et de leurs distances étaient angulaires (on mesurait l'angle formé par deux astres ou par deux points sur un astre) et qu'on ne connaissait pas vraiment leurs distances en longueur. Des méthodes avaient bien été proposées, mais assez hasardeuses : Aristarque donnait 486 000 kilomètres pour la distance Terre-Lune.

La distance Terre-Lune

Les choses changent au XVIIIe, et la détermination des distances planétaires devient possible. L'idée de Nicolas Louis La Caille (1713-1762) pour la déterminer est simple : il faut considérer un triangle dont la Lune est un sommet. Si on connaît un côté du triangle et la valeur des angles, on en déduira les autres côtés. La seule possibilité consiste à prendre le côté que l'on va mesurer sur la Terre (le plus grand possible pour diminuer l'imprécision). Un observateur (Lalande) mesurerait l'angle à Berlin et l'autre (La Caille) irait au cap de Bonne-Espérance. Il part en novembre 1750, ayant fixé un rendez-vous précis à Lalande pour le programme de mesure. Le succès est total : ils trouvent 384 000 kilomètres (aujourd'hui, à deux kilomètres près, la distance moyenne est 384 403 !). La Caille en profite pour multiplier les observations, repérant plus de 10 000 étoiles, mesurant l'arc de méridien, ce qui explique qu'il ne rentre de son expédition qu'au bout de trois ans.

L'éclipse qui révèle les distances planétaires

Un « morceau de roi » reste au programme : la distance au Soleil, beaucoup trop grande pour espérer pouvoir répéter le scénario lunaire. Un moyen existe bien qui avait été compris un siècle plus tôt par Jeremiah Horrocks (1617-1641) : un passage de Vénus devant le Soleil rend la chose possible. Cassini et Flamsteed préparent le protocole expérimental, qui s'appuie sur ces rares rendez-vous Vénus-Soleil. Ils se succèdent ainsi : cent treize ans, puis sept ans (environ), et on recommence. Justement, le prochain doublé est prévu pour 1761 et 1769. Le principe est que le temps apparent des passages varie selon le lieu d'observation. Il faut donc faire des mesures en des endroits divers du globe. Il y eut un monde fou, en Sibérie, au Cap, à Tahiti, en Californie, pour saisir le fameux passage. L'astronomie est une science complexe, et on ne doit pas croire que les mesures effectuées livrent directement les résultats cherchés : il fallut des années de corrections, d'interprétations géométriques délicates, de prises en compte de divers facteurs secondaires pour s'accorder sur une distance Terre-Soleil convenable (environ 150 millions de kilomètres).

Le drame de Guillaume Le Gentil

Plein d'enthousiasme, le jeune Guillaume Le Gentil (1725-1792) a 35 ans lorsqu'il est envoyé à Pondichéry pour observer Vénus devant le Soleil. Il arrive à destination en 1760, mais les Anglais, en guerre contre la France, occupent la ville et lui interdisent de débarquer : il loupe alors le passage de 1761 ! Optimisme de la jeunesse aidant, il décide d'attendre le prochain en voyageant dans l'océan Indien. Le voici à pied d'œuvre en 1769. Hélas, un malencontreux nuage isolé masque le phénomène. Épuisé et désespéré, il rentre en France en 1771. Tous le croyaient mort : sa femme est remariée et ses héritiers se sont partagé ses biens.

Instruments nouveaux d'observation et de mesure

On l'aura compris, les astronomes accumulent quantité de renseignements nouveaux sur les étoiles et les planètes. Deux conditions sont nécessaires à ces progrès : l'invention d'instruments nouveaux ou l'amélioration des anciens d'une part, mais aussi des réflexions théoriques (mathématiques, physiques, mécaniques) qui seules permettent d'interpréter les mesures fournies par les instruments. Autrement dit, les progrès instrumentaux sont une condition nécessaire, mais pas suffisante au développement de l'astronomie.

William Herschel, le musicien devenu maître astronome

Né à Hanovre, en Allemagne, William Herschel (1738-1822) est un musicien de grande valeur, installé comme organiste à Bath en Angleterre et directeur des concerts d'Édimbourg. Sa vraie passion est cependant l'astronomie, et d'abord celle qui réclame des instruments, des télescopes surtout. William est un constructeur discret, assez isolé, et génial : ses miroirs sont de plus en plus grands, 5 pieds de foyer, puis 39 pieds pour 1,47 m de diamètre, et ils sont excellents. Il travaille avec sa sœur Caroline, et tous deux sont d'infatigables scrutateurs de la nuit. Le 13 mars 1781, un astre est capturé dans la constellation des Gémeaux… c'est une nouvelle planète. Herschel a découvert Uranus, et toutes les portes s'ouvrent à lui : pension royale, observatoire et atelier, plus tard la présidence de la Royal Society et l'élection à l'Institut de France. Il n'est qu'au début de ses découvertes : en 1783, il montre que le Soleil se déplace parmi les étoiles et entame la description de la galaxie. Les amas d'étoiles lointaines qu'il signale anticipent la notion de nébuleuse extragalactique. En 1800, il constate qu'une partie du rayonnement solaire n'est pas visible ; l'infrarouge fait son entrée en physique.

Henry Cavendish, un savant neurasthénique

Un effet couplé de la théorie de la gravitation et de la déformation de la sphère terrestre est une modification de la force d'attraction selon les latitudes. Une piste décisive dans l'examen de ce phénomène avait été fournie par Huygens lorsqu'il montra que le temps d'oscillation du pendule dépendait de la pesanteur. Si donc la pesanteur changeait, la longueur d'un pendule *battant la seconde* devait elle aussi être modifiée. La chose avait été observée à Cayenne, où le pendule de Richer mesurait 990 millimètres, contre 994 à Paris. Plus généralement, il était devenu concevable de mesurer l'attraction gravitationnelle entre deux masses ; encore fallait-il inventer l'instrument adéquat.

Le très riche lord Henry Cavendish (1731-1810) a alors l'idée d'utiliser l'ultraprécise *balance de torsion* inventée par Coulomb (pour les charges électriques) et de l'appliquer à cette force. Il n'a pas besoin d'aller en Guyane ou au pied d'une montagne et réussit à mesurer la torsion du fil de la balance provoquée par une boule de plomb de 158 kilos. Il peut ainsi évaluer la valeur de g, la fameuse constante de gravitation de la loi de Newton, et en déduire la densité, puis la masse de la Terre. Son résultat est remarquable puisqu'il est de 5,48 kg/dm^3 (aujourd'hui 5,52).

Homme très étrange que ce Cavendish qui refuse toute communication avec des femmes ; ses domestiques doivent le servir en demeurant cachées ; ses moindres actes sont organisés au millimètre. Ne dit-on pas que, lorsqu'il prend un livre de sa propre bibliothèque, il se délivre à lui-même un reçu ? Ce misanthrope mélancolique mourut seul.

Les bonnes vibrations des étoiles et de l'axe des pôles

Une fois de plus, l'amélioration des moyens d'observation pose des problèmes. On découvre dans les cieux des mouvements, oscillations ou vibrations que l'on ne connaissait pas et qu'il va falloir expliquer.

L'aberration des étoiles

Les étoiles ne sont pas là où on les voit, et un indice de ce décalage est fourni par des oscillations régulières autour de leur position moyenne. James Bradley (1693-1762) propose en 1728 une explication du phénomène, connu sous le nom d'*aberration des étoiles.* Bradley, c'est du sérieux! Professeur à Oxford à 28 ans, directeur de l'observatoire de Greenwich, homme d'Église, il présente les meilleures références. Schématiquement, son explication est la suivante : supposons qu'il pleuve et que la pluie tombe bien verticalement; vous avez un parapluie et vous ne bougez pas… vous ne recevez pas de pluie; maintenant, vous courez dans un sens, vous recevez de la pluie qui semble arriver sur vous obliquement. Vous observez donc que la pluie vient d'une direction oblique! Vous faites demi-tour et vous courez encore, mais dans l'autre sens, alors la pluie vous arrive à nouveau dans l'œil, mais – vous semble-t-il – de l'autre côté.

Résumons : au cours de votre aller-retour, l'origine de la pluie a oscillé d'un côté à l'autre. C'est ce qui arrive avec la Terre qui, tournant autour du Soleil va dans un sens, puis dans un autre; la lumière de l'étoile joue le rôle de la pluie. On observe la direction de cette lumière de façon légèrement trompeuse. Il faut pas mal de calcul pour rectifier cette apparence et connaître la vraie position de l'étoile.

La nutation de l'axe des pôles

La Terre est en mouvement : autour du Soleil et sur elle-même bien sûr… on sait aussi que l'axe des pôles bascule en faisant un cône de 23 degrés (comme celui d'une toupie)en 25800 ans. James Bradley découvre un mouvement supplémentaire en 1747 : l'axe des pôles, non content de tourner comme un axe de toupie, vibre ou oscille légèrement et régulièrement suivant une forme elliptique, tous les 18,6 ans. Ce n'est pas très considérable (environ 9'' d'angle). On appelle cette vibration la *nutation de l'axe.* La cause de ces deux mouvements de l'axe polaire, la *précession* et la *nutation,* est le renflement équatorial (la Terre n'est pas exactement une sphère); l'attraction lunaire (et ses effets de marée) provoque ces variations, qui n'auraient pas lieu sur une sphère parfaite.

L'intérieur de la Terre vu par les astronomes

La théorie de la nutation d'un corps rigide est d'abord présentée par d'Alembert (en 1749), mais c'est surtout Euler qui lui donnera une forme complète et élégante. Le plus intéressant est peut-être ceci : il montre que la rotation (complexe) d'un corps rigide ne dépend pas seulement de la masse totale du corps ou même de sa forme, mais de la répartition interne de la densité. Autrement dit, si l'on connaît avec précision la manière de tourner de la Terre, on pourra en déduire de précieuses informations sur sa structure interne. En tenant compte des marées (et du rôle respectif de la Lune et du Soleil), il suggère que la Terre doit recéler un noyau beaucoup plus dense que le reste de la planète. Une piste formidable est ainsi ouverte pour l'étude de la structure du globe ; elle sera extrêmement fertile, mais elle est si complexe que de nombreuses hypothèses sont compatibles avec les calculs : en particulier, il est concevable d'imaginer un déplacement de l'axe des pôles. Si tout cela reste confus au XVIIIe siècle, une idée fondamentale a cependant été découverte : des transferts ou modification des matières en surface et en profondeur peuvent influer sur la rotation. Recherchant des explications à ces phénomènes, certains savants avancent la thèse d'une modification de la structure, de la température et de la densité des couches terrestres au cours du temps ; là encore, la voie est pleine de promesses que tiendront les découvertes ultérieures (voir Chapitre 32). C'est à Buffon que reviennent les études les plus significatives en la matière. Il défend la thèse d'une Terre initialement en fusion et peu à peu refroidie (ce qu'avait déjà proposé Leibniz). Il interprète la chaleur propre du globe comme un témoignage de sa chaleur originelle, ce qui constitue une étape décisive de l'histoire des sciences du globe terrestre.

Le calcul des longitudes : une rude compétition

On a vu (Chapitre 12) l'importance du calcul des longitudes. Les choses vont se dénouer au XVIIIe siècle à l'issue d'une rude compétition entre astronomes et horlogers.

En mer, comment savoir où l'on se trouve ?

N'OUBLIEZ PAS !

Le problème est relativement simple. Jérôme Lalande le présente on ne peut plus clairement : « Pour trouver les longitudes géographiques, sur mer ou sur terre, il s'agit de trouver quelle heure il est dans un pays lorsqu'il est midi dans un autre. » On connaît la vitesse de déplacement du Soleil : 15 degrés par heure. Si je sais qu'il est midi à Paris et qu'il est 13 heures là où je suis, alors je suis bien à 15 degrés de longitude de Paris. Et tout le reste en proportion, s'il est 14 heures, je suis à 30 degrés, s'il est 18 h 20, je suis à 95 degrés. Bref, savoir l'heure exacte, c'est connaître ma situation. Cependant, il faut être extrêmement précis, une erreur de cinq minutes de temps, et c'est plusieurs kilomètres de différence dans la position. En mer, les hauts fonds et les brisants ne pardonnent pas cette marge d'incertitude. La question exige donc une horloge astronomique ou un garde-temps précis, solide, fiable.

ANECDOTE

Tintin fait de l'histoire des sciences

Commandant du *Sirius* dans *Le Trésor de Rackham le Rouge,* le capitaine Haddock, navigateur confirmé, a fait le point au sextant et établi la position ; les héros atteignent les 70° 52′ 15″ de longitude ouest indiqués par les parchemins. L'île au trésor devrait apparaître, or la mer demeure vide et le découragement s'empare de Tintin et de ses compagnons. Refaisant le point, le capitaine doit en convenir ; ils sont maintenant à 71° 2′ 29″ et ont dépassé le lieu prévu sans rien trouver. Tout cela n'aurait donc été qu'une fausse piste ? « Capitaine, s'exclame soudain Tintin, nous sommes des ânes ! Nous avons compté les degrés de longitude par rapport au méridien de Greenwich. » « Évidemment, répond Haddock, ce n'est pas celui de Tombouctou ! » Comme l'explique alors Tintin, le chevalier de Hadoque, lorsqu'il rédigea les parchemins au XVIIe siècle, prit pour origine le méridien de Paris, qui est situé plus de deux degrés à l'est de celui de Greenwich ; bref, il faut faire demi-tour.

Il est parfaitement exact qu'il y eut une compétition intense pour décider du méridien qui serait pris, universellement, comme origine des longitudes. De nombreuses suggestions avaient été faites dans le passé (l'île Ferro, dans les Canaries, notamment) mais deux candidatures sérieuses subsistaient à partir du XVIIe siècle : Greenwich chez les Anglais et Paris en France. Le premier méridien passait par l'observatoire royal britannique et, malgré une longue résistance des Français, il est adopté lors de la conférence internationale de Washington, en 1884.

Horlogers contre astronomes

La fabrication des horloges et des montres fait de grands progrès au cours du siècle. On dispose, vers 1750 de modèles suffisamment précis, mais intransportables sur un navire : trop grands avec leurs poids et leur balancier que le mouvement du navire rendrait d'ailleurs erratiques. Les tables astronomiques sont, elles aussi, suffisamment détaillées pour donner l'heure exacte. Les deux horloges célestes utilisables sont les satellites de Jupiter et la position de la Lune dans les étoiles. Hélas, la visée et le relevé des angles par rapport à l'horizon réclament aussi une grande stabilité de l'observateur, ce qui n'était pas du tout commode sur le pont des vaisseaux. En 1714, le parlement britannique ouvre un concours, l'« Act of longitude », avec une récompense de 20 000 livres (prix énorme) à celui qui, d'une façon ou d'une autre, calculera la longitude avec une précision d'un degré, au terme d'une navigation transatlantique. C'est finalement l'horloger John Harrison qui remporte la mise en 1749, assurant la victoire des techniciens et artisans sur les astronomes mathématiciens. Quoi qu'ils aient perdu le prix, les astronomes n'ont pas perdu leur temps au cours de cette compétition : les instruments de la navigation astronomiques que sont le quadrant à réflexion et le sextant sont développés à cette occasion et ne tardent pas à se répandre sur les navires à la fin du siècle. Ils équipent plus facilement les bateaux que les garde-temps de type Harrison, qui restent extrêmement chers. L'autre aspect de la solution astronomique concerne la précision de la théorie de la Lune. On se souvient qu'avec la Terre et le Soleil, nous sommes en présence du plus fameux cas du problème des trois corps. La solution de la trajectoire lunaire conforme à l'Act of longitude est donnée par l'Allemand Tobias Mayer en 1760. Peut-être est-il moins pur mathématicien qu'un Clairault ou un Euler, mais assurément astronome remarquable et pragmatique. Toujours est-il que ses tables de 1760 donnent la position lunaire avec suffisamment d'exactitude pour qu'un marin équipé d'un bon quadrant puisse, en mer, calculer sa longitude avec moins d'un degré d'erreur.

Chapitre 24

Les nouveaux territoires de la physique et de la chimie

Dans ce chapitre :

- L'optique newtonienne pose des problèmes
- Comment vibrent les cordes ?
- À quelle vitesse vont les sons ?
- Le calorique, une certaine idée de la chaleur
- La controverse autour des deux électricités
- Les grands succès de la chimie

Des découvertes, des mesures et des applications permettent d'explorer et de transformer des domaines traditionnels de la physique, comme l'optique et l'acoustique. Des phénomènes plus récemment étudiés, comme la chaleur ou l'électricité, alimentent de grandes controverses. La chimie est bouleversée par une nouveauté : tous les gaz ne sont pas de l'air.

Les succès de l'optique newtonienne

La mécanique newtonienne est un indiscutable triomphe au XVIIIe siècle. Le concept d'attraction universelle y fait merveille. Sans cela, le second grand chantier newtonien constitué par ses théories de la lumière n'aurait sans doute pas – par lui-même – connu le succès qu'il eut. C'est grâce à l'autorité acquise par son auteur en mécanique que l'optique newtonienne est aussi généralement acceptée. Pourtant, les problèmes et les anomalies de la théorie newtonienne de la lumière et des couleurs ne sont pas mineurs.

L'aberration chromatique

Derrière ce mot un peu barbare se cache un phénomène simple mais cause de beaucoup d'ennui pour les opticiens. La lumière naturelle, quand elle passe dans une lentille (ou dans les gouttes de l'arc-en-ciel) change de direction et se sépare en rayons de couleurs distinctes (rayons monochromatiques). Or, le changement de direction de ces rayons varie selon les couleurs. Le résultat peut être joli comme dans l'arc-en-ciel, mais aussi problématique dans le cas des appareils optiques comme les télescopes. En effet, la lumière passe par des lentilles, elle est réfractée, et cette aberration chromatique produit une image aux contours irisés. Si la mise au point est effectuée pour le rouge, le bleu est alors flou : l'image d'un objet en lumière blanche présente sur ses bords une irisation bleutée.

Selon la théorie newtonienne de la lumière et des couleurs, l'achromatisme était inévitable ; les possibilités de réaliser des progrès dans la réalisation des télescopes et des microscopes semblaient donc très limitées. Des opticiens, Chester Hall ou Bass, disaient avoir obtenu des objectifs achromatiques, mais comme il s'opposait à une thèse newtonienne, leur point de vue ne pesait pas lourd.

Le mathématicien Euler développe en 1747 un modèle mathématique selon lequel on peut vaincre l'aberration chromatique. En associant des lentilles distinctes, on permet à un rayon d'être dévié (sans quoi il n'y aurait pas d'agrandissement) sans être dispersé. Outre ses calculs précis, il met en avant un superbe appareil achromatique : l'œil !

Les opticiens parviennent finalement à produire un objectif achromatique en utilisant des verres d'indice très différents : le *flint-glass* et le *crown*. Le Français Dollond en fabrique un en 1757 mais – les affaires sont les affaires ! – garde un privilège commercial et l'exclusivité du procédé. Quoi qu'il en soit, à la fin du siècle, l'aberration chromatique est surmontable et les grands télescopes deviennent réalisables.

La théorie ondulatoire au purgatoire

C'est en newtonien convaincu que le père Boskovic (1711-1787) souligne certaines faiblesses de la doctrine de son maître. En bon scientifique, il sait que toute théorie a des failles ; ce n'est pas en les niant qu'on renforce ladite théorie. Son apport consiste à préciser le rôle des particules dans l'optique newtonienne. Ses particules lumineuses sont susceptibles, dans certaines conditions, soit d'être attirées par les milieux matériels, soit aussi repoussées par le milieu. Elles peuvent donc subir des alternances d'attraction et de répulsion. Boskovic remet aussi en cause un des points forts de l'optique de Newton : le fait que la lumière se propage en ligne droite. Il montre que ce n'est ni rigoureusement vérifié, ni une certitude théorique.

Grand voyageur, il se plaît en France, où il obtient de Louis XV le poste de « directeur de l'optique militaire de la marine royale » ; Boskovic fréquente les milieux savants de la capitale, ce qui ne le sauvera pas de son triste destin puisqu'il finit sa vie à Milan, ayant sombré dans la folie.

L'autre grande possibilité pour définir la nature de la lumière a été développée par Christiaan Huygens vers 1660 : la lumière serait une onde, la vibration d'un milieu spécial, l'éther lumineux. Cette théorie, dite ondulatoire, connaît un sévère purgatoire au XVIIIe siècle ; comme on le sait, purgatoire ne signifie pas mort et disparition. Un des plus formidables savants du Siècle des lumières se fait l'avocat de cette cause et en affûte les arguments ; c'est Leonhard Euler. Pour lui, les particules newtoniennes sont décidément trop invraisemblables, aussi peu admissibles que les tourbillons de Descartes… Restent les ondes ! Euler reconstruit la théorie de l'éther vibrant. Les vibrations causent la vision, comme les vibrations de l'air causent l'audition, quoiqu'elles soient, pour la lumière, beaucoup plus rapides. Il avoue ne pas savoir d'où vient la force qui entretient cette extrême agitation de l'éther mais note, à l'intention de la princesse d'Allemagne, pour laquelle il rédige un exposé général des sciences contemporaines (voir encadré Chapitre 23), que nous devons déjà être contents quand nos idées ne sont pas absurdes. Les anomalies et faiblesses de la théorie vibratoire ou ondulatoire sont pourtant aussi difficiles à ignorer que celles de sa concurrente ; elle explique par exemple avec peine une chose aussi évidente que le déplacement de la lumière en ligne droite.

Encore une fois, une théorie scientifique ne tire pas seulement sa force de ses propres qualités, mais tout autant des faiblesses de ses concurrentes : c'est à cause de faiblesses de la théorie des corpuscules lumineux de Newton que la théorie ondulatoire peut continuer d'exister et vice-versa.

Les théories de la chaleur, les thermomètres et le calorique

La chaleur constitue un domaine de la physique difficile à explorer. D'abord, les notions de base de cette science doivent être clairement distinguées l'une de l'autre, et ce n'est pas évident : la température est une chose, la quantité de chaleur en est une autre. Un litre d'eau à 90 degrés a une température supérieure à 100 litres d'eau à 30 degrés, mais la quantité de chaleur qu'il « contient » est moindre. Il faut d'ailleurs savoir bien mesurer la température pour espérer définir convenablement la quantité de chaleur. L'autre difficulté vient du fait que les phénomènes concernant la chaleur sont presque toujours associés, et même sérieusement emmêlés, avec des phénomènes de nature différente : en physique, les phénomènes thermiques sont liés à l'optique, à l'électricité, ou encore aux frottements et résistances. En chimie, en physiologie, les réactions, les échanges, le fonctionnement des organes, les fonctions vitales impliquent toujours des aspects où la chaleur a un grand rôle. Pour ces raisons, il est difficile d'isoler, de voir clairement les grandeurs et les propriétés relevant purement de cette partie de la physique.

À ceci, il faudrait encore ajouter la force symbolique du feu, source de chaleur. Le feu, c'est la vie, le soleil, l'amour, la destruction… Comment faire la science d'une chose si fortement chargée de sentiments et de passions ?

Toutes sortes de thermomètres

On a vu que le médecin italien Santorio pesait tout et vivait presque sur une balance (voir Chapitre 20). Il décide de mesurer les variations de chaleur avec la même rigueur et met au point un thermomètre à air assez fiable. Il découvre que le corps humain ne se refroidit pas la nuit, comme le pensent la plupart de ses contemporains. La dilatation des corps (des liquides notamment) est le phénomène naturel le plus évident pour mesurer la température. Après l'eau, divers candidats sont testés, comme l'esprit-de-vin (mélange eau-alcool), mais c'est un métal liquide qui s'impose, le *vif-argent,* c'est-à-dire le mercure. L'Allemand Daniel Fahrenheit (1686-1736) invente la première échelle des températures encore employée : pour le 0, il choisit la plus basse température qu'il peut mesurer dans l'hiver 1708 à Dantzig. Utilisant des multiples de 12, il choisit 96 degrés (soit 12 x 8) comme température du sang. Il observe que l'eau gèle et bout à des températures respectives de 32 et 212 degrés (dans des conditions normales de pression). À l'inverse de Fahrenheit, dont l'échelle est bien connue, deux inventeurs d'échelles de température ont été frustrés de leur invention : le Français Réaumur (1683-1757) a en effet donné son nom à une échelle inventée en fait par le physicien genevois Deluc, et le Lyonnais Jean-Pierre Christin (1683-1755) met au point l'échelle la plus célèbre du monde, celle qui mesure en *degrés Celsius* au lieu de *degré Christin.* Le Danois Anders Celsius (1701-1744) est en effet le physicien qui en répand l'usage : avec cette échelle, l'eau gèle à 0 et bout à 100 degrés.

Une idée décisive est introduite par Guillaume Amontons vers 1705 : quand on diminue la température d'un gaz, en maintenant le volume constant, la pression diminue aussi. En prolongeant (en esprit) la pression jusqu'à la pression nulle, on arrive à une température limite, ultime. Ainsi émergea la notion de *0 absolu,* qui correspond à – 273,15 ° dans l'échelle Celsius et dont personne, à l'époque, ne se préoccupe vraiment. Elle jouera un rôle essentiel en physique à partir de la seconde moitié du XIXe siècle.

Le règne controversé du calorique

Une chose est de savoir utiliser des grandeurs physiques (la masse, la charge électrique, l'énergie, la chaleur, etc.), une autre est de savoir ce qu'elles sont. On va voir qu'à l'époque que nous parcourons dans cette partie, la science de la chaleur fait des progrès considérables alors même que les théories sur sa nature sont sujettes à controverses et qu'au fond, nul ne sait ce qu'elle est.

ATTENTION !

Deux options apparaissent possibles. La première soutient que ce sont les chocs et l'agitation des particules de matière (certains disent des atomes) qui provoquent le feu ou la chaleur ; on reconnaîtra ici l'option mécaniste. La seconde possibilité est qu'il existe une substance spéciale qui est, elle-même, la chaleur ; il y aurait donc, dans la nature, un fluide « chaleur » que ses inventeurs baptisent *calorique*. Le choix que font les savants de l'une ou l'autre de ces options ne résulte pas d'expériences décisives, mais de considérations plus générales – ou métaphysiques – des uns et des autres.

La seconde option – celle du calorique – domine nettement la physique jusqu'au milieu du XIXe siècle. Un argument conforte ses partisans : certaines mesures semblent montrer que les corps calcinés pèsent plus lourd à la fin de l'opération qu'au début ; on peut en conclure qu'une substance supplémentaire – le *calorique* justement – se mélange au corps d'origine pendant qu'il chauffe et brûle. Des faits nouveaux et contradictoires viennent cependant semer le trouble et doter le calorique de propriétés paradoxales. Certains chimistes affirment que les atomes de calorique doivent être subtils mais pesants, et d'autres (Lavoisier au premier chef) estiment que le fluide en question est indestructible, sans poids et même immatériel.

Les partisans de la théorie mécaniste de la chaleur – assez nettement marginalisés – ne renoncent pas ; ils mettent en avant le fait que des frottements peuvent produire beaucoup de chaleur. Thompson imagine ainsi que c'est l'énergie mécanique (les frottements) qui se transforme en chaleur.

Malgré leur désaccord, Laplace et Lavoisier travaillent ensemble

Grâce à la précision nouvelle des thermomètres, la notion de quantité de chaleur peut être clarifiée. En certaines circonstances, on peut fournir de la chaleur sans modifier la température ; ainsi, la glace doit être chauffée pour fondre, et sa température ne change pas tant qu'elle n'a pas entièrement fondu. À Glasgow, Joseph Black (1728-1799) étudie ce qu'il faut apporter de chaleur à divers liquides gelés pour qu'ils fondent. Cette grandeur physique est la chaleur latente de fusion. Il met aussi en évidence (vers 1764) la chaleur latente d'évaporation et montre que ces grandeurs diffèrent selon les corps. Une nouvelle propriété thermique de la matière voit donc le jour, la *capacité thermique* ou *calorifique*. Les matériaux absorbent et conservent la chaleur différemment, de même qu'ils pèsent plus ou moins, ou qu'ils conduisent plus ou moins l'électricité.

À Paris aussi, on avance sur les mêmes terrains. Laplace, grand mathématicien, et Lavoisier, tout aussi grand chimiste, ne sont pas « de la même école », le premier soutient la conception mécaniste de la chaleur, le second est un adepte du calorique. Mettant leurs divergences théoriques entre parenthèses, ils publient ensemble en 1784 un *Mémoire sur la chaleur*.

Tous les aspects de l'action de la chaleur y sont traités et mesurés : la chaleur spécifique des solides, des liquides, des gaz, la chaleur de dissolution, des réactions chimiques, de la respiration des êtres vivants. Avec Black, Laplace et Lavoisier, un nouveau compartiment est ouvert dans les sciences physiques.

Électricité et magnétisme

Un excès de richesse peut être nuisible. La multiplication des phénomènes magnétiques et électriques prend, au XVIIIe siècle, des allures de labyrinthe. Certaines analogies suggèrent des rapprochements entre phénomènes bien distincts ; on se pose par exemple la question si le magnétisme et l'électricité sont de même nature. Par ailleurs, les expériences électriques révèlent l'existence de deux types différents d'électricité. Faut-il les séparer ? Le statut de ces manifestations naturelles électriques et magnétiques est vraiment source d'indécision. Il ne fait nul doute qu'elles amusent et distraient ; des expériences électriques mondaines ou dans les foires se multiplient ; on réalise des guérisons magnétiques ou électriques. Les savants prennent les choses très au sérieux et tâchent de voir clair dans ce brouillard. On s'aperçoit que, dès cette époque, la pensée scientifique a acquis un élan formidable et atteint une grande puissance ; en peu d'années, l'électricité, divertissement excitant, devient une science très sophistiquée, avec de vastes théories, des modèles mathématiques raffinés et efficaces et aussi de nombreuses expérimentations, tests, applications et développements technologiques.

La bonne conduite de l'électricité

Les faits d'origine électriques ne sont plus – comme ce fut le cas au tout début – des illusions plus ou moins fantastiques ou magiques cultivées par des médiums ou des charlatans. Les phénomènes sont bel et bien là, reproductibles, mesurables… mais tellement complexes ! Stephen Gray découvre que des matériaux conduisent l'électricité d'un endroit à un autre. C'est fort bien, mais comment comprendre et même rendre compte du phénomène ? Il faut inventer des notions, comme celle d'isolant, de conducteur, de charge électrique. Il faut trouver des moyens de les mesurer, de les comparer, de décrire leur rôle.

N'OUBLIEZ PAS !

Stephen Gray, vers 1729, observe une chose bien intéressante : il emploie un tube de verre d'un mètre de long frotté et donc capable d'attraction électrique (ce qui n'est pas nouveau). En revanche, lorsqu'il relie le tube à des objets tels qu'une boule d'ivoire, à l'aide de tiges et même de fils, la boule d'ivoire reçoit la capacité d'attraction électrique, elle attire les petits feuillets de cuivre. Cette «force» ou «vertu» électrique est donc conduite par le fil. Gray et son ami Thomas Wheler poussent les choses plus avant : Ils essaient des fils de fer, de cuivre, de soie, des obstacles de pierre, d'eau. Ils réussissent à conduire l'électricité sur 25 mètres. Au début, ils réalisent des trajets de haut en bas, estimant que l'électricité «tombe» sous l'effet de l'attraction, puis passent à l'horizontale (ce qui constitue un changement conceptuel important : cela signifie que l'électricité n'est pas un fluide pesant, sensible à la gravité). Ils atteignent 250 mètres. Ils comprennent que certains matériaux transmettent l'électricité et d'autres non. Les termes «conducteurs» et «isolants» correspondent à cette distinction.

Gray réussit à électriser un bloc de plomb sans le toucher, en approchant très près un tube de verre chargé électriquement. Il ne fait pas la théorie de cette charge induite, qui doit être de grande importance.

Résineuse ou ambrée, c'est toujours de l'électricité

Un corps électrisé attire un corps qui ne l'est pas et repousse un autre qui l'est déjà. Cela est assez clair et ressemble à l'action des aimants. Les travaux du français Charles Du Fay (publiés en 1733) compliquent la situation, ou plutôt, prouvent qu'elle est plus compliquée. Notons au passage que Charles Du Fay travaille en étroite association avec Stephen Gray, avec lequel il entretient une longue et précise correspondance scientifique.

Selon la nature des matériaux électrisés, les attirances et répulsions sont différentes : une feuille d'or électrisée est attirée par un morceau d'ambre, lui-même électrisé, ce qui est pour le moins inattendu. Dufay finit par distinguer deux classes de substances qui produisent des électricités différentes : les matériaux comme le verre donnent de l'électricité vitreuse, et les résines (comme l'ambre) donnent l'électricité ambrée. Bien plus tard, on reconnaîtra là les charges électriques positives et négatives ; à ce moment, ni Gray ni Du Fay ne sont capables de mesurer ces vertus électriques dont ils ignorent la nature.

Mettre l'électricité en bouteille !

Les machines électriques se font de plus en plus performantes et produisent un fluide électrique de plus en plus puissant qui, hélas, se dissipe quasi instantanément. L'idée de capturer ce fluide, de le stocker pourquoi pas, est séduisante. La bouteille de Leyde va être la première solution apportée à ce problème. Ewald Georg von Kleist, puis Petrus Van Musschenbroek, professeur de physique à Leyde, en ont l'idée. On remplit une bouteille d'eau ; son bouchon est traversé par un long clou. On décharge une machine électrique au clou. On peut alors obtenir une violente secousse, ou une forte étincelle en approchant du clou un objet non isolé. L'eau dans la bouteille semble bien avoir emmagasiné le fluide électrique, constituant de la sorte le premier condensateur de l'histoire. Nous voici sur la piste – encore lointaine – de la pile électrique.

Cette expérience devient le sujet général des conversations. Tous les électriciens d'Europe s'emploient à la répéter. Les « bouteilles » sont perfectionnées : on remplace l'eau par des feuilles de métal, on colle de l'étain sur la surface de la bouteille, on met des bouteilles en série… bref, on obtient des décharges et des étincelles très spectaculaires et dangereuses. Mais surtout, on ne comprend pas ce qui se passe, on ne sait pas ce qu'est l'électricité, et *L'Encyclopédie* reconnaît que diverses hypothèses sont possibles.

Un Américain à Paris

La controverse sera vive au milieu du siècle. Les camps en présence sont d'un côté l'abbé Jean Antoine Nollet, qui propose, dès 1739, la théorie des deux fluides électriques. La majorité des physiciens s'y rallient car elle colle bien aux expériences de Du Fay. De l'autre côté, un ingénu, l'Américain Benjamin Franklin, installé récemment à Paris entame ses travaux électriques vers 1747. Il n'y a, selon lui, qu'un seul fluide électrique, mais, il peut être en surplus ou en déficit dans les matériaux, en plus ou en moins. C'est comme une éponge qui peut être gorgée d'eau ou asséchée. La notion fondamentale de charge électrique positive et négative est en gestation. Les deux électricités de Du Fay et Gray s'expliquent alors aisément : en frottant un bâton d'ambre, on « arrache » du fluide électrique (des charges positives) du chiffon et on les dépose sur le bâton, dont la charge devient positive. Inversement, en frottant un bâton de verre, on en « extirpait » du fluide électrique ; ce dernier devient donc chargé négativement.

La thèse de Franklin est très forte. Elle conduit tout naturellement au principe de conservation de la charge électrique : la somme des charges négatives soustraite à la somme des charges positives est une constante.

En plus de sa grande perspicacité théorique, Franklin est un grand communicateur. Il organise de spectaculaires chaînes humaines où les participants transmettent le fluide en frémissant. Surtout, il devient célèbre en inventant, en 1752, le paratonnerre, capable de conduire le « feu électrique du ciel » jusqu'à la terre. Il prend des risques en employant un cerf-volant… Georg Richmann refait l'expérience à Saint-Pétersbourg un an plus tard et meurt foudroyé.

ANECDOTE

Électricité amusante

Les divertissements électriques connaissent un engouement général. Les plus spectaculaires sont l'œuvre de l'abbé Nollet qui, en 1750, organise en France une première chaîne de 180 gardes royaux qu'il fait sursauter tous ensemble sous l'effet d'une décharge électrique ; il réitéra avec 700 moines qui se tiennent la main et reçoivent la décharge d'une puissante *bouteille de Leyde*. Le « sabre et le goupillon » sont ainsi mis au courant des nouveaux phénomènes naturels.

Mesurer les forces en présence

N'OUBLIEZ PAS !

Un des acquis les plus essentiels de cette époque est qu'aucune notion physique (la force, la masse, le temps, la charge, etc.) n'a de sens tant qu'on ne dispose pas de moyens de la mesurer. Le fluide électrique de Franklin en est un bel exemple. Il n'entre vraiment dans le domaine de la science physique qu'avec les découvertes de Henry Cavendish (1731-1810) et Charles de Coulomb (1736-1806). Le premier quantifie la notion de charge électrique, qui est la quantité d'électricité d'un corps. Des corps électrisés s'attirent ou se repoussent, : on dit qu'ils *interagissent.* Cavendish montre en 1771 que cette interaction est inversement proportionnelle au carré de la distance qui les sépare : si cette distance est multipliée par 3, l'interaction est divisée par 9 ($9 = 3^2$). Il en déduit, à partir de considérations mathématiques, que les charges électriques se répartissent à la surface des corps. Charles de Coulomb confirme et précise ces découvertes en établissant (dans les années 1780) que ces forces d'interaction électriques sont aussi proportionnelles aux charges. Il invente une balance électrique à torsion incroyablement précise : elle permet de mesurer la force d'attraction ou de répulsion. Ce qui est vraiment frappant dans ces résultats est que la formule donnant la force d'attraction électrique est similaire à la célèbre formule de Newton, exprimant l'attraction gravitationnelle entre les corps. Le rôle joué par les masses dans la loi de Newton est dévolu aux charges électriques dans la loi de Coulomb.

Attraction gravitationnelle de Newton : $F = k.\frac{m.m'}{d^2}$

Attraction électrique de Coulomb : $F = k'.\frac{q.q'}{d^2}$

La chimie moderne

Il existe d'autres gaz que l'air ! Telle est une des principales découvertes du siècle. (Elle a bouleversé la chimie tout entière et assuré la gloire de son auteur, Lavoisier (1743-1794). Avant d'y venir, on doit mentionner quelques-unes des nouveautés dans la hotte du chimiste des Lumières : à côté des sels déjà connus (sulfate de soude et chlorure de potasse), on apprend à préparer des soudes. Le catalogue des métaux s'allonge avec le cobalt, le nickel et le très prestigieux platine dont les premiers échantillons arrivent de Jamaïque (où il n'y a pas que du rhum !). Il servira pour les miroirs de télescope et les étalons des unités de longueur. Le sulfate de fer et le bleu de Prusse (colorant puissant et précieux), et surtout le phosphore qui luit dans la pénombre entrent dans les laboratoires et aussi les ateliers.

L'époque des Lumières est très agitée pour la chimie et, avant que ne triomphe la chimie de Lavoisier, d'autres voies sont explorées, celle qu'avait ouvert le phlogistique de Georg Stahl ou encore celle qu'indique la méthode des *tables d'affinité* qui séduit pour ainsi dire tous les chimistes du siècle.

La découverte des gaz

N'OUBLIEZ PAS !

Les chimistes sont d'accord sur un point : l'air atmosphérique est le gaz par excellence, le seul devrait-on dire. Les expériences de toutes sortes sur la respiration animale ou végétale ou sur les fermentations produisent bien des gaz aux propriétés différentes de l'air atmosphérique (certains peuvent s'enflammer, d'autres sont plus légers, etc.), mais il s'agit à chaque fois de l'air atmosphérique modifié ou altéré, bref, c'est quand même de l'air. Il y a de véritables champions pour recueillir ces divers gaz, ou diverse formes d'air (comme Stephen Hales ou Joseph Priestley, dont les partisans disent que c'est lui, et non Lavoisier qui a vraiment découvert l'oxygène), mais seuls quelques avant-gardistes commencent, au cours du siècle, à soutenir que ces gaz sont d'une nature non aérienne : Joseph Black désigne le gaz carbonique comme air fixe mais insiste sur la distinction, Henry Cavendish identifie l'hydrogène en 1765. On commence à sortir de l'universalité de l'air dans le monde des gaz.

Ils sont plusieurs sur l'affaire de l'oxygène, Priestley en Angleterre, Scheele en Suède, Lavoisier en France. Leurs expériences montrent que, lors de certaines combustions ou autres manipulations, il se dégage un gaz aux propriétés particulières qui, notamment, entretient vivement la combustion ou la respiration ; en même temps, ils montrent qu'une autre partie de l'air se fixe sur le corps calciné. L'apport décisif de Lavoisier est celui-ci : alors que ses collègues pensent que l'air est un élément simple et que leurs expériences partagent cet air en diverses portions, avec modification, Lavoisier (vers 1775) soutient que l'air est un gaz composé et que les expériences séparent les gaz distincts qui entrent dans sa composition : il nomme *air vital* notre oxygène et baptise notre azote du nom charmant de *mofette résiduaire*. Il met au point des expériences très convaincantes au cours desquelles il réussit à décomposer de l'air atmosphérique, puis à le reconstituer.

Le phlogistique de Georg Stahl, une théorie au nom étrange

Les chimistes, brillants expérimentateurs, disposent, au XVIIIe siècle d'une théorie générale et unifiée pour interpréter leurs résultats. Georg Stahl (1660-1734) reprend, développe et rend cohérente une idée émise au siècle précédent par Johann Becher (voir Chapitre 18). Le feu (ou la chaleur) est un élément (une matière) premier qui est associé, combiné à tous les corps en proportion variable. La combustion est essentiellement le transfert de cet élément, le *phlogistique* d'un matériau qui brûle à un matériau qui est brûlé. Ce peut être vif et violent (avec des flammes) ou lent et discret (digestion). Les divers types d'air qui apparaissent lors des transformations chimiques sont de l'air « normal » qui a reçu ou au contraire donné du phlogistique. L'oxygène est décrit avant sa découverte comme de l'air *déphlogistiqué*. Cette substance est invisible et ne peut être isolée, car elle est toujours combinée aux autres éléments matériels. Cette théorie est largement acceptée jusqu'à la formidable controverse initiée par les découvertes de Lavoisier. Elle a des points faibles, et notamment celui-ci : comment expliquer que certaines calcinations de métaux entraînent une augmentation de poids des métaux calcinés alors qu'ils sont censés avoir perdu et transmis du phlogistique ? Certains supposent que le coupable a un poids négatif.

La « révolution chimique » de Lavoisier

Exit le phlogistique, place au *calorique*. D'abord prudent, Lavoisier sort une carte maîtresse de sa manche. Le principe de la chaleur est dans l'air ; il le nomme calorique. Lorsqu'il y a combustion, il se combine avec le corps combustible. Il demande à ses lecteurs de se débarrasser de tout préjugé et d'oublier « pour un moment que la théorie de Georg Stahl a existé ». L'essentiel est là : un élément constitutif de l'air, l'oxygène, est l'agent principal et nécessaire à la combustion.

Il réussit à décomposer, puis à recomposer de l'eau à partir d'oxygène et d'hydrogène. L'eau perd elle aussi, après l'air, son statut d'élément simple. La communauté des chimistes commence à basculer de son côté. Avec ses nouveaux alliés (Berthollet, Guyton de Morveau, Fourcroy…), il entreprend une tâche fondamentale : rebaptiser les éléments chimiques ; c'est une façon radicale de rompre avec le passé. Ainsi naît la *Méthode de nomenclature chimique* (1787). En une génération, « les chimistes oublient leur langue naturelle forgée par des siècles d'usage », écrit une historienne. Les notions modernes d'élément simple et d'analyse chimique se profilent, même si des aspects anciens demeurent : le rôle du calorique fait penser à un principe général et quelque peu mystérieux. Il est aussi frappant de constater que tous les lauriers de la « révolution chimique » sont tressés sur le front du seul Lavoisier alors qu'elle est bien sûr le fait d'une génération entière, des Hales, Black, Priestley, Cavendish, Scheele ou de ses collaborateurs français.

Les tables d'affinités, ou quand les éléments désirent s'unir

Alors que s'achève le XVIIe siècle, le secrétaire de l'Académie royale des sciences de Paris, Fontenelle, tente une définition de la chimie en expliquant en substance que cette science est une sorte de physique grossière. La chimie s'occupe des corps mêlés ou mélangés, la physique, des principes purs et essentiels des corps et corpuscules. On sait comme cette conception a changé jusqu'au XXe siècle, où les frontières entre physique et chimie sont devenues si poreuses que l'on a vu se constituer un vaste continent physico-chimique. Vers 1700, la physique semble avoir trouvé ses principes fondamentaux, et le concept d'attraction gravitationnelle entame un règne glorieux et prolongé sur les phénomènes naturels concernant les corps matériels. Cette notion ne peut rester sans conséquence sur la chimie, ce qu'exprime clairement le chimiste Berthollet : « Les puissances qui produisent les phénomènes chimiques sont toutes dérivées de l'attraction mutuelle des molécules à laquelle on a donné le nom d'affinité, pour la distinguer de l'attraction astronomique. Il est probable que l'une et l'autre ne sont qu'une même idée. » Le terme d'*affinité* existe déjà dans la tradition alchimiste pour désigner « une sorte de sympathie, par laquelle différents corps s'unissent plus ou moins facilement ». Le premier *tableau des affinités* n'emploie d'ailleurs pas le terme ; le « tableau » est publié en 1718 par un newtonien français, Claude Joseph Geoffroy.

Dans une réaction chimique, considérons trois corps, A, B et C. Supposons au début que B soit associé ou combiné avec C ; voici que, pendant la réaction, A prend la place de B dans la liaison avec C. On dira qu'A a déplacé B dans cette liaison. L'idée du tableau est alors la suivante : Geoffroy liste les corps « C », par colonnes et les fait suivre des corps qui peuvent se combiner avec lui ; l'ordre dans lequel il les range est important : un corps est rangé avant tous ceux qu'il déplace dans la liaison avec C et après ceux qui le déplacent. Dans notre exemple, dans la colonne C, A serait rangé avant B. Par exemple, dans leur liaison avec l'acide nitrique (l'eau-forte), le fer déplace le cuivre, qui déplace le plomb ; qui déplace le mercure ; qui déplace l'argent. Ces capacités, ces tendances, ces forces qui décrivaient les possibilités et facilités d'association entre corps chimiques prennent de plus en plus souvent ce « vieux » nom d'*affinité* ; peut-être pour ne pas donner trop ouvertement l'impression que l'on importe directement l'attraction newtonienne dans la chimie. En fait, tous les chimistes, les newtoniens aussi bien que les autres, adoptent bientôt ce terme pour désigner la nouvelle théorie. Cette unité n'est qu'apparente et la différence de perspective est, en réalité, énorme : pour un « chimiste newtonien », c'est l'affinité, la relation elle-même entre les particules, qui constitue l'essentiel, la vérité et la nature de la combinaison ; les particules, qui ne sont que des points matériels disposés de telle manière qu'ils engendrent des relations, des affinités, pour ne pas dire des attractions diverses, jouent les seconds rôles. Pour le chimiste non newtonien, un partisan de la théorie du phlogistique de Stahl par exemple, l'essentiel ou la nature de la combinaison est fourni par les corps, les particules, les substances ; le type de mise en relation, d'affinité est une conséquence de cette nature essentielle et caractéristique. Buffon épouse la version newtonienne des affinités chimiques en écrivant dans son *Histoire naturelle* que « nos petits-neveux seront à même de calculer les réactions chimiques comme Newton a calculé la marche des planètes ».

Les chimistes se mettent donc au travail, et les « tables d'affinité » se multiplient, d'abord assez lentement, puis rapidement à dater des années 1750. Le grand *Dictionnaire de chymie* du Français Pierre Joseph Macquer, publié en 1758, présente la théorie et un classement par affinités des éléments connus. Le monument de cette littérature est dû au chimiste suédois Torbern Bergman ; ses tables, constituées de 1775 à 1783, décrivent selon la méthode des affinités plusieurs milliers de réactions chimiques et proposaient 49 colonnes d'éléments générateurs d'affinité. Torbern n'est d'ailleurs pas si content de lui ; il estime qu'il reste plus de 30 000 réactions à examiner.

C'est avec Claude Berthollet que la théorie des affinités atteint son plus haut niveau théorique ; il énonce en 1795 que l'affinité d'un corps pour un autre n'est pas statique, mais qu'elle décroît proportionnellement au degré de combinaison déjà réalisé. Cela ouvre la voie à des études sur la dynamique des affinités durant les réactions chimiques. Berthollet défend de toute son autorité (qui est considérable) l'interprétation newtonienne, attractive, des affinités en intégrant ce qui fait toute leur complexité : une réaction chimique (et sa direction) dépend certes des affinités, mais encore de la température, des concentrations, de la pression, etc.

Entre 1799 à 1807, une célèbre controverse oppose Berthollet et Proust, le créateur de la *loi des proportions définies*. Chacun, au terme de cette bataille, s'estime vainqueur, mais l'histoire ultérieure de la chimie a indiscutablement remisé la théorie des affinités au rang de « théorie réfutée » voire même de théorie « complètement périmée ».

Chapitre 25

Biologie, physiologie et sciences de la Terre

Dans ce chapitre :

- Espèces ou individus ?
- La fixité des espèces prise en défaut
- Les girafes et les crocodiles au cœur des controverses
- La génération est-elle spontanée ?
- La chimie et l'anatomie stimulent la médecine
- Géologie : sur qui s'appuyer ?

Lorsqu'il établit son système de classification et le code qui permet de nommer les espèces végétales et animales, le baron Carl von Linné a nettement à l'esprit qu'il désigne de la sorte les éléments vivants fondamentaux et stables de la Création. Ces noms sont d'autant bienvenus qu'ils représentent des ensembles et des formes vivantes fixes. Cette nomenclature, enfin achevée, est publiée dans la sixième édition de son *Systema naturae* en 1758. Un siècle plus tard exactement, à la Linnean Society de Londres, un savant viendra expliquer le contraire : la nomenclature de Linné est magnifique, mais elle décrit des espèces dont une des principales caractéristiques est de n'être pas fixes, mais d'évoluer ; ce savant sera bien sûr Charles Darwin. Un siècle pour passer d'une conception fixiste dominante à une conception transformiste ou plutôt évolutionniste.

Linné contre Buffon

La classification des plantes et des animaux de Carl von Linné (1707-1778) est un chef-d'œuvre. Si elle a connu d'importantes modifications, elle demeure la référence et les noms actuels des êtres vivants en proviennent.

Le genre et l'espèce : Félix le chat !

N'OUBLIEZ PAS !

Comme l'explique Jean-Jacques Rousseau (lui-même fameux herborisateur), l'établissement d'une nomenclature rigoureuse est nécessaire. La botanique et la zoologie ne peuvent devenir une science que si les jardiniers, les éleveurs, les collectionneurs, les voyageurs adoptent un langage commun. Une multitude d'*espèces* doivent d'abord être réparties en des ensembles communs : le *genre*. Un genre réunit des espèces voisines : le genre *Felis* (les félins) accueille ainsi le lion ou le chat… ; le genre *Quercus* (le chêne) réunit le chêne-liège, le chêne vert, etc.

Selon des critères naturels (sexuels notamment), Linné établit les noms des genres (*Felis* ou *Quercus* par exemple), qu'il fait suivre d'un nom spécifique, celui de l'*espèce* : on a ainsi *Felis domesticus* (le chat domestique), *Felis catus* (le chat sauvage, et non pas Félix le chat !), *Felis leo* (le lion), etc. De même, *Phaseolus vulgaris* désigne l'espèce commune du genre haricot.

La classification de Linné n'est évidemment pas parfaite et elle est modifiée par ses successeurs : des genres supprimés, d'autres créés… mais, comme l'écrit un historien, « les conflits et les erreurs qui peuvent subsister ne sont rien en comparaison de la confusion qui régnerait sans cette nomenclature et on peut y voir une des étapes décisives dans l'histoire des sciences de la nature ».

ANECDOTE

« Tu es Linneaus ! »

En 1737, Linné arrive à Paris, et une de ses premières visites est au jardin du Roi, que dirige Bernard de Jussieu. Les deux hommes ne se connaissent pas ; or, Jussieu fait justement un cours à des élèves et, leur présentant une plante américaine, il demande qui pourrait lui en dire l'origine d'après son seul aspect. Silence… Linné s'écrie alors : « *Facies americana* ! — Tu es Linneaus », répond Jussieu, reconnaissant le naturaliste à l'exercice en direct de son art.

Buffon quitte les mathématiques pour l'histoire naturelle

Georges Louis Leclerc de Buffon (1707-1788) est le frère ennemi de Linné. Extraordinairement cultivé, il est d'abord un brillant mathématicien. Il abandonne cette discipline, qu'il estime au fond peu utile, et se consacre « au reste », physique, histoire, philosophie, géographie, géologie, mais surtout botanique et zoologie. L'opposition qui se fait jour entre lui et Linné révèle une profonde divergence de vues sur la réalité des classifications :

« Il n'y a dans la nature que des individus », et « les genres, classes et ordres n'existent que dans notre imagination », explique Buffon (en parfait partisan du *nominalisme*). Il se moque ainsi de Linné, qui « veut à toute force faire de l'âne un cheval ». En effet, selon la classification linnéenne, l'âne est une espèce du genre *Equus* (cheval) : « Il est plus simple, plus naturel et plus vrai de dire qu'un âne est un âne, que de vouloir, sans savoir pourquoi, qu'un âne soit un cheval. » Ce à quoi Linné répond qu'il « attend avec impatience les nouveaux volumes de M. Buffon, qui commence par faire se suivre le cheval et le chien dans sa classification. »

Sans doute Buffon a-t-il tort de ne pas admettre que les objets de « notre imagination », les objets abstraits et les conventions (comme les genres ou les ordres) puissent être utiles, voire nécessaires à la science. Quoi qu'il en soit, il est le plus habile en son temps pour décrire les animaux : il cherche les lois et relations entre divers aspects d'un animal : sa fécondité, sa taille, sa nourriture par exemple. Il essaie de nombreux croisements (entre chiens et loups, lièvres et lapins… pourquoi pas entre cheval et chien ?). Audacieusement, il suggère l'existence d'espèces disparues ou explique que l'orang-outan est tout aussi bien le premier des singes que le dernier des hommes.

Son immense *Histoire naturelle* en 36 volumes paraît entre 1749 à 1789. On y rencontre tout le savoir de l'époque dans le domaine des sciences naturelles. L'attention que Buffon accorde à l'anatomie interne le persuade que « l'intérieur, dans les êtres vivants, est le fond du dessin de la nature ». Il est l'un des précurseurs de l'anatomie comparée.

Les premiers pas du transformisme

L'idée selon laquelle les espèces sont fixes est une bonne idée qui a rendu de grands services aux sciences du vivant. Avant les découvertes des Linné, Ray ou Cuvier, il est courant de penser que les espèces peuvent se transformer… en à peu près n'importe quoi. Les comptes rendus et témoignages pullulent où l'on apprend qu'un lapin a pu naître d'une vache ou que de formidables modifications apparaissent soudainement sur des plantes ou des animaux. À Cordoue, on rapporte qu'abandonnée sur une île, une femme fut violentée par un singe et qu'elle en eut trois enfants en deux ans. Un ami de Georges Cuvier l'agace lorsqu'il s'entête à lui raconter les accouplements en Afrique d'hommes et de singes.

De ce point de vue, la construction de la notion d'espèce, avec des caractères propres que ses descendants reçoivent et reproduisent, qui les différencient des autres espèces et rendent les descendances entre espèces stériles, tout cela forge un outil essentiel pour la biologie. La plupart des savants pensent donc que jamais une espèce ne naît de la semence d'une autre, et Linné est sûr que la nature compte autant d'espèces qu'il y en a eu de créées.

Les naturalistes voyageurs

Les voyages ne forment pas que la jeunesse, mais aussi des savants. Le film de Peter Weir *Masters and Commanders* (sorti en 2003) offre un portrait remarquable et attachant du médecin de bord, sur un navire de guerre britannique qui a pris en chasse un vaisseau de la flotte napoléonienne. Ce médecin, fort savant, ouvert et plein d'énergie, saisit toutes les occasions pour observer, capturer, décrire, dessiner et comparer des représentants d'espèces de la flore et de la faune du Nouveau Monde, dont certaines sont inconnues en Europe. Difficile de ne pas songer au grand naturaliste allemand Alexander von Humboldt (Allemand et physicien, il est vrai), qui parcourt l'Amérique du Sud de 1799 à 1804. Joseph de Jussieu (frère de Bernard) l'y précède avec l'expédition de Charles de La Condamine… et reste trente-cinq ans au-delà des mers ! Avec d'autres, qui parcourent aussi bien l'Anatolie, la Sibérie, l'Afrique ou les îles du Pacifique, ces naturalistes créent une nouvelle discipline, la *biogéographie,* dont les résultats sont aussitôt spectaculaires : au XVIe siècle, on connaissait quelques milliers d'espèces végétales, au début du XIXe, on sait en décrire près de 50 000. Les voyageurs ne se contentent pas d'observer et décrire ; ils tentent des transplantations et adaptations aussi bien végétales qu'animales. Certaines espèces venues d'Europe ou d'Afrique, comme le café, s'adaptent admirablement en Amérique ; l'inverse est vrai aussi, comme l'atteste l'implantation réussie du tabac ou des cactus. Cette réussite adaptative est importante car elle montre que l'installation des espèces ne dépend pas seulement des facteurs physiques et géographiques : en effet, ces conditions sont bien réunies en Amérique pour le café, or, il ne s'y est pas établi. Cette remarque ouvrira la voie à d'autres explications de types évolutionnistes.

Un transformisme masqué ?

Toutefois, les détails troublants s'accumulent, et les maîtres du *fixisme* ne peuvent demeurer insensibles. Ray constate ainsi qu'un chou-fleur peut dériver vers le chou ordinaire. Linné est stupéfait mais lucide devant le surgissement – par hybridation, ou brusque variation – d'espèces modifiées… Et l'idée fait son chemin. Certains minimisent la chose : il s'agit d'exceptions assez comparables à l'apparition de monstres, d'hésitations de dame nature. D'autres botanistes et zoologistes s'engagent sur le sentier qui mènera aux thèses transformistes.

N'OUBLIEZ PAS !

Buffon est audacieux. Il reconnaît que « c'est là un mystère profond », mais il se demande : « Toutes les espèces d'animaux étaient-elles autrefois ce qu'elles sont aujourd'hui ? Les espèces faibles n'ont-elles pas été détruites ? » Il envisage que le climat, la nourriture et la domestication puissent les modifier. Buffon va loin : lui qui a décrit et comparé 200 espèces de quadrupèdes, il estime que des ressemblances sont telles qu'il convient de réduire à 38 les catégories (genres ou espèces) vraiment isolées et sans dérivation des unes aux autres. Et encore! C'est en tenant compte de la géographie car, dit-il, il y a des ressemblances entre certains animaux du Nouveau Monde et de l'Ancien qui indiquent « quelque chose de commun dans leur formation » : le tapir ressemble à l'éléphant, le pécari au cochon, le lama au chameau, etc.

Buffon avance pourtant ses théories sous forme de question, n'assurant pas que la transformation des espèces soit vraiment la règle générale. Il l'envisagea mais ne l'affirme pas. Est-ce par prudence ? Prudence scientifique sans doute, puisqu'il ne dispose pas de théorie explicative de ces phénomènes.

L'échelle des êtres

La vieille thèse d'Aristote de l'échelle des êtres (voir Chapitre 5) recueille de très nombreux suffrages au Siècle des lumières. On se pose encore et toujours la question : le corail est-il un animal ou un végétal ? Réaumur y voit « une pierre produite par les plantes », le médecin marseillais Jean André Peyssonnel (1694-1759) est formel pour assurer que les coraux sont des animaux. De nouveaux êtres problématiques font leur apparition ; en 1740, l'hydre d'eau douce (le polype) focalise l'attention des naturalistes, est-ce une plante ? un animal ? La question se prolonge et se lit clairement dans les noms donnés à ces organismes : « anémones de mer », « orties de mer », etc. Dans *L'Encyclopédie,* le point de vue avancé est radical puisqu'il revient à déclarer inopérante la notion d'une frontière nette entre les plantes et les animaux : de l'huître à la baleine (pour reprendre une ancienne opposition), du polype à l'homme, la variété est sans discontinuité ; on trouve plus de différence entre l'huître et l'homme qu'entre le polype et la mousse, et aucun des critères habituels ne permet de caractériser le végétal et l'animal : ni le cerveau, ni la locomotion, ni la reproduction car, à chaque fois, on trouve des contre-exemples nombreux. Bref, la thèse de Leibniz, « la nature ne procède pas par sauts », est très tendance au Siècle des lumières.

« Il faut deux parents pour évoluer ! »

Un radical compagnon de route des premiers partisans du changement des espèces est le Malouin Pierre Louis Moreau de Maupertuis (voir Chapitres 21 et 23). Dans son *Essai sur la formation des corps organisés,* de 1754, il propose une (ou des) explication de la variété et de l'évolution. Hostile aux théories de la préformation de l'individu dans les germes, il pense que la génération s'effectue par mélange des semences parentales. Or, la rencontre des molécules séminales et l'élaboration de l'embryon peuvent être irrégulières. « Ne pourrait-on par là expliquer que la multiplication des espèces les plus dissemblables aurait pu s'ensuivre ? » Il en appelle à des variations fortuites, des degrés d'erreur qui, répétés, auraient produit la diversité des animaux. La variation fortuite de Maupertuis fait bien penser à la mutation de la biologie moderne. Le savant malouin ajoute que les mutations et spéciations peuvent être obtenues artificiellement par les éleveurs et les botanistes qui opèrent des sélections, des croisements et des greffes. « Nous voyons paraître des races de pigeons, de chiens qui n'étaient point auparavant dans la nature. Ce n'ont été d'abord que des individus fortuits ; l'art et les générations répétées en ont fait des espèces. »

Les chèvre-pieds de Denis Diderot, d'excellents domestiques !

Denis Diderot (1713-1784), l'éditeur de *L'Encyclopédie* avec d'Alembert, est surtout homme de lettres. Cependant, il cultive les sciences de la vie, dans lesquelles il devient véritablement savant et expert. Un savoureux passage du *Rêve de d'Alembert,* de Diderot, laisse libre cours aux idées transformistes – et moralement étonnantes – du philosophe : « L'union des hommes et des chèvres donnerait des chèvre-pieds, une race vigoureuse, intelligente, infatigable et véloce dont nous ferions d'excellents domestiques. » Au beau milieu du Siècle des lumières, son collègue La Mettrie pense, lui, que les diverses races humaines proviennent de l'accouplement de l'homme blanc avec des animaux.

Les Darwin persistent et signent

Si la thèse « l'homme descend du singe » doit être pour le moins précisée, il est une vérité indéniable, c'est que Charles Darwin descend bien de son grand-père Erasmus Darwin. Vraie biologiquement, cette filiation l'est aussi du point de vue intellectuel. Erasmus est un grand naturaliste qui est convaincu de la modification des espèces. Les organes comme le groin du porc, la trompe de l'éléphant ont dû être acquis graduellement, par suite des efforts que font ces animaux pour se nourrir. Cette conception de l'évolution ressemble davantage à celle de Lamarck, selon laquelle « la fonction crée l'organe », qu'à celle que son petit-fils imposera contre le lamarckisme.

Cuvier contre Lamarck et Geoffroy

On a le choix : si l'on veut, on dira que dans leur opposition, Lamarck représente le savant cultivé et précurseur de l'évolution, un « Darwin français », et son adversaire Cuvier, un conservateur attaché à l'absolue fixité des espèces. Si l'on préfère, on fera remarquer que les mécanismes et les lois du transformisme de Lamarck sont démentis par les faits et les théories, alors que Cuvier a véritablement fondé la paléontologie.

Lamarck et le long cou des girafes

Jean-Baptiste de Lamarck (1744-1829) est chargé de reclasser les collections d'animaux du Muséum d'histoire naturelle de Paris, et les difficultés qu'il rencontre pour séparer certaines espèces ont un rôle important dans l'élaboration de sa théorie. Sans doute les espèces sont-elles stables, mais cette stabilité est seulement provisoire et peut se rompre sous l'effet de modifications extérieures, climatiques notamment : « À mesure que les circonstances d'habitation, de climat, de nourriture… viennent à changer, les caractères de taille, de forme, d'agilité, pour les animaux changent proportionnellement. »

Les choses se passeraient donc, selon Lamarck, de la manière suivante : un changement des circonstances de vie provoque un changement des habitudes animales ou végétales. Celles-ci provoquent un changement de forme et d'organe. La girafe, contrainte de brouter les feuilles d'arbre, doit adapter sa morphologie. Les jambes s'allongent, de même le cou. Les ruminants qui se battent provoquent des accès de fluide vers leur front ; ainsi, une sécrétion osseuse s'y dépose, d'où naîtront les cornes.

Une seconde thèse complète la première : les caractères acquis par l'habitude sont transmis aux descendants, ce qu'on nomme l'*hérédité des caractères acquis.* La théorie de Lamarck a donc deux versants : le premier apporte une foule d'arguments en faveur de la transformation des espèces, et ce versant va s'imposer au cours des XIXe et XXe siècles. Le second correspond à l'explication de cette évolution ; ce versant va être sévèrement critiqué et réfuté par la théorie de la *sélection naturelle* de Darwin. La transmission des *caractères acquis* ne correspond ni à l'histoire de l'évolution ni aux nombreuses tentatives expérimentales réalisées, ni aux progrès qui seront faits en génétique et – en général – dans les sciences qui étudient les mécanismes de l'hérédité.

Les découvertes d'un conservateur

Lamarck eut la malchance d'avoir pour adversaire le redoutable Georges Cuvier. Celui-ci, né en 1769 près de Montbéliard, possède une double culture, allemande et française. Il arrive à Paris après avoir été éducateur en Normandie et, louvoyant efficacement dans les tempêtes de la Révolution, de l'Empire et de la Restauration, fait une éblouissante carrière : membre de l'Institut à 26 ans, professeur au collège de France à 30, secrétaire perpétuel de l'Académie à 35, il est fait baron d'Empire par Napoléon, pair de France par Louis Philippe. Cuvier est un homme puissant et hautain envers ses « ennemis ».

Tout jeune, il lit Buffon et, à son contact, il contracte le virus des sciences de la nature ; toutefois, il n'épouse pas les idées évolutionnistes de l'auteur de l'*Histoire naturelle.* Il va s'opposer violemment à Lamarck, dont il dit aimablement que « personne ne croit ses idées assez dangereuses pour mériter d'être attaquées », puis à Geoffroy Saint-Hilaire (voir *infra*). Cuvier n'est pas un théoricien ; il se méfie des explications générales et répète « nous [les naturalistes valables], nous savons nous borner à décrire ». Cette phrase est lourde de sens : elle traduit bien l'idée qu'en sciences naturelles, les hypothèses, les spéculations explicatives sont fumeuses, inutiles, voire dangereuses : Lamarck avec ses adaptations et sa transmission des caractères modifiés, Geoffroy Saint-Hilaire avec ses espèces intermédiaires… tout cela est vain. À l'opposé, Cuvier est un naturaliste virtuose. Qu'est-ce qu'une espèce ? Mieux que quiconque, il le sait et le montre. Il connaît si bien les lois d'organisation d'un animal qu'il est capable, à partir d'un seul organe, de déduire la connaissance des autres. Il appelle cette correspondance la *loi de corrélation des formes.* Il peut reconstruire ainsi des animaux disparus dont il ne reste que des fragments. Georges Cuvier est donc le rempart d'une conception fixiste des espèces, un obstacle à la pensée évolutionniste en France ; ce qui n'empêche pas qu'il soit l'un de ceux qui améliorent grandement la classification. Il remet par exemple en cause la division des invertébrés entre insectes et vers pour inventer les groupes désormais acceptés des mollusques, crustacés, insectes, vers, échinodermes et zoophytes.

Étienne Geoffroy Saint-Hilaire en appelle aux crocodiles

Étienne Geoffroy Saint-Hilaire (1772-1844) vient d'une famille qui a déjà compté quelques savants. Membre de l'informelle « bande du Jardin des Plantes », il devient « professeur de mammifères et oiseaux » à 21 ans. Il apprend à bien connaître et bien aimer les crocodiles lors de l'expédition d'Égypte de Napoléon.

ANECDOTE

On ne s'étonne donc pas qu'un curieux travail de Cuvier, sur les crocodiles de Normandie, rendu public vers 1720, éveille son attention. Près de Caen, puis à Honfleur, on a trouvé des crocodiles, ou plutôt des fossiles de crocodiles. Cuvier, exceptionnel anatomiste, en fournit des descriptions comportant de bizarres imprécisions, surtout venant de lui. Il y a cette courbure du crâne atypique ou cet allongement du museau un peu étrange, mais qui ne doivent pas remettre en cause le fait que ces crocodiles soient du genre *Gavialis.* Les crocodiles de Normandie, malgré ces curieux détails, ne vont tout de même pas déranger la classification stable chez les reptiles ni faire penser que des espèces nouvelles auraient pu descendre d'autres précédentes. Cuvier avait sous les yeux un argument en faveur de l'évolution, mais son opposition catégorique à cette théorie brouille et rend confuse sa vision.

Geoffroy Saint-Hilaire se précipite au Muséum, où ont été rapatriés les ossements des reptiles normands. Bonne pêche ! Sur les gavials normands, il trouve des éléments anatomiques très particuliers (notamment le *hérisséal,* organe qu'il a précisément étudié et baptisé chez les crocodiles du Nil). Remarquable ! La forme de ces détails particuliers les sépare des reptiles et les fait nettement basculer du côté des mammifères ! Sur cette base, il lance une vigoureuse controverse dont Cuvier et son strict fixisme sont la cible : il entend prouver que les « crocodiles » de Normandie sont un « chaînon manquant dans l'évolution, entre reptiles et mammifères ». La polémique Cuvier-Geoffroy Saint-Hilaire se développe jusque dans les années 1730 et, par la qualité des arguments échangés de part et d'autre, elle fournit un bel exemple des épisodes au travers lesquels se prépare une révolution scientifique, en l'occurrence celle de l'évolution.

ANECDOTE

Balzac pour Geoffroy et contre Cuvier

Dans l'*Avant-propos* à la *Comédie humaine,* Balzac expose comment lui est venue l'idée de son immense fresque. « L'idée première vient d'une comparaison entre l'humanité et l'animalité. L'animal est un principe qui prend sa forme extérieure dans les milieux où il est appelé à se développer. Les espèces zoologiques résultent de ces différences. La proclamation et le soutien de ce système, en harmonie d'ailleurs avec les idées que nous nous faisons de la puissance divine, seront l'éternel honneur de Geoffroy Saint-Hilaire, le vainqueur de Cuvier sur ce point de la haute science… Je vis que, sous ce rapport, la société ressemble à la nature. La société ne fait-elle pas de l'homme, suivant les milieux où son action se déploie, autant d'hommes différents qu'il y a de variétés en zoologie ? Les différences entre un soldat, un ouvrier, un administrateur, un avocat, un oisif, un savant, un homme d'État, un commerçant, un marin, un poète, un pauvre, un prêtre, sont, quoique plus difficiles à saisir, aussi considérables que celles qui distinguent le loup, le lion, l'âne, le corbeau, le requin, le veau marin, la brebis, etc. Il a donc existé, il existera donc de tout temps des espèces sociales comme il y a des espèces zoologiques. »

Le mystère de la génération plane toujours

Les sciences de la vie connaissent, au Siècle des lumières, une situation difficile. Comment la vie est-elle transmise des parents aux descendants ? Des réponses existent, certaines anciennes, d'autres récentes… aucune vraiment satisfaisante. Première possibilité, le préformisme : l'individu préexiste complètement – minuscule, invisible même – soit dans l'œuf maternel (les *ovistes*), soit dans le sperme masculin (*animalculistes*). Voici donc deux écoles qui croient à cette première possibilité. Seconde possibilité : l'individu n'est pas préformé ; la fécondation est un mélange des deux semences qui vont donner naissance aux divers organes et caractères de l'individu au cours du développement embryonnaire. Cette conception est appelée *épigenèse.* Jean Rostand juge très bien en écrivant « les deux camps détenaient une portion de vérité ; les épigénétistes sont bien fondés à critiquer l'idée naïve de préformation, mais les préformistes reprennent quelque avantage quand ils affirment la nécessité de placer au début du développement un objet fortement organisé ». C'est donc la faiblesse de l'adversaire qui donne de la force à un camp et non la performance ou la crédibilité de la théorie en elle-même. Ces deux camps ferraillent sur tous les sujets liés à la génération : on observe des processus de régénération de certaines parties animales chez les anguilles et les vers de terre ou chez l'escargot, qui reproduit sa tête, le triton qui fait repousser ses pattes, de même que l'écrevisse. La génération spontanée va aussi opposer ces deux écoles.

Pour dépasser cette situation passablement bloquée, il faudra disposer de la notion de cellule (au XIXe siècle) ; cette unité organique possède en effet les propriétés requises pour séduire les uns et les autres puisqu'elle est un germe à la fois très organisé mais sans conformité avec l'être à venir.

Les six doigts de la famille Ruhe

Maupertuis a de bons amis à Berlin, la famille du chirurgien Jacob Ruhe. Or, une tradition familiale voulait qu'une bonne partie des membres de cette famille naissent avec six doigts à une main, ce que l'on a qualifié de *sexdigitisme.* Maupertuis se sert de cette expérience directement mise en place par la nature pour défendre sa position *épigénétiste.* Ayant dressé un arbre de cette malformation familiale, il montre que la transmission est également transmise par les pères et par les mères. Il en tire argument contre les préformistes (en effet, la malformation n'est pas entièrement dans l'œuf puisque le père pouvait la transmettre ni dans le sperme, puisque la mère pouvait la transmettre) et en faveur d'une coopération parentale, de type épigénétique.

L'œuf de poulet contre l'ovisme

Les préformistes subissent de rudes coups assénés par le biologiste allemand Caspar Wolff (1733-1794). Examinant au microscope le développement du poulet, celui-ci voit la formation progressive des vaisseaux sanguins, puis de la fermeture d'une petite lame qui se courbe puis se referme pour former l'intestin. Les organes, conclut-il, ne préexistent pas mais se forment bel et bien graduellement. Ce sont là les débuts de l'*embryologie descriptive*. La victoire n'est pas complète cependant, car la cause de ces transformations reste absolument mystérieuse. Wolff la nomme *force essentielle*, Maupertuis – séduit – reprend l'idée newtonienne et l'appelle *attraction*... Bref, nos savants ont mis en évidence un phénomène nouveau (l'*embryogénèse*), mais se trouvent bien en peine de l'interpréter.

De petits caleçons pour les grenouilles

Le biologiste italien Spallanzani (1729-1799) se range du côté des préformistes, tendance oviste, ce qui n'ôte rien à la qualité de ses expériences. Il réalise les premières inséminations artificielles en laboratoire. Voulant montrer le caractère déclenchant du sperme sur des œufs de grenouille (qui sont pour lui des têtards encore invisibles), il imagine de recueillir la semence des grenouilles mâles en les équipant de petits caleçons avant l'accouplement. Il obtient des gouttes transparentes qu'il dépose sur des œufs vierges de grenouille ; il fait ainsi naître des têtards identiques à leurs frères naturels. Il parvient à réaliser des inséminations en laboratoire de chiennes et tente, en vain, la même chose entre chats et chiens.

Voltaire fait de l'esprit avec des œufs

Dans *L'Homme aux quarante écus*, Voltaire, très attentif aux théories scientifiques et supporter inconditionnel des savants anglais, fait cet éloge – un peu narquois – de William Harvey : « Le célèbre Harvey, qui le premier démontra la circulation, et qui est digne de découvrir le secret de la nature, crut l'avoir trouvé dans les poules : elles pondent des œufs ; il jugea que les femmes pondaient aussi. Les mauvais plaisants dirent que c'est pour cela aussi que les bourgeois et même quelques gens de cour appellent leur femme ou leur maîtresse ma poule. Malgré ces railleries, Harvey ne changea point d'avis et il fut établi dans toute l'Europe que nous venons d'un œuf. »

Respiration, vaccination et chirurgie

L'étude des fonctions vitales marque des points avec les découvertes concernant la respiration. Dans deux domaines au moins, la médecine du XVIIIe siècle enregistre des progrès remarquables : la lutte contre les épidémies et la chirurgie. À quoi il faudrait ajouter les études sur les nerfs et la sensibilité.

Priestley apprend à respirer

Respirer, c'est vivre ! Sans doute, mais plus précisément, en quoi consiste la respiration ? La question est double pour les physiologistes : d'abord mécanique – comment l'air pénètre-t-il dans les poumons ? Ensuite chimique – quels sont les rapports entre l'air et le sang ? Les cartésiens avaient bien avancé sur le premier aspect des choses, en montrant les fonctions mécaniques des muscles intercostaux qui font varier le volume du thorax. Sur le second point, une belle étape est franchie par Joseph Priestley (1733-1804) : il explique à la Royal Society de Londres que l'oxygène (on dit alors l'*air déphlogistisé*) est l'agent décisif rendant possible la respiration animale. Poursuivant les travaux de Priestley, Lavoisier analyse les changements chimiques que le sang éprouve dans les poumons. Avec Laplace, il découvre que ces échanges chimiques sont une combustion lente avec production d'un autre gaz, le gaz carbonique. Au passage, il donne une explication de la chaleur animale : ce n'est pas la digestion, mais la respiration qui en est à l'origine.

Lavoisier, Réaumur, Spallanzani vont aussi s'attaquer à une autre fonction vitale : la digestion. Ils associent les deux explications concurrentes : la mécanique et la chimique. En introduisant des substances à digérer dans de petits tubes qu'ils font avaler à des animaux, ils analysent les pertes de poids, mais aussi les transformations chimiques subies par ces substances. L'Écossais Stevens prolonge (en 1777) les expérimentations sur la digestion humaine, avec la « collaboration » d'un pauvre saltimbanque, avaleur de pierres, qui sert de cobaye.

Lady Montagu donne l'exemple

La peste continue de faire des ravages – comme celle qui s'abat sur Marseille en 1720 –, le paludisme sévit en Italie, la diphtérie un peu partout mais particulièrement en Angleterre, le typhus, la rage, la coqueluche ont leur lot de victimes dans tous les pays. Il faut réserver un sort particulier à la variole, qui suscite les études et les traitements les plus spectaculaires. En Chine, on avait appris à combattre assez efficacement cette maladie en pulvérisant des croûtes de malades sous le nez des patients ; de telles méthodes ont été développées et améliorées en Turquie et en Grèce, où l'on injecte du pus varioleux en deux ou trois piqûres superficielles. Il n'est pas facile de convaincre les populations de la validité de ces inoculations. De retour de Turquie, où son mari est ambassadeur du Royaume-Uni, lady Montaigu donne un exemple qui aura un grand retentissement : elle fait inoculer son jeune fils avec succès. Il est vrai qu'il y a des risques et que le nombre des victimes de l'inoculation n'est pas insignifiant. De rudes controverses se développent auxquelles participent des mathématiciens qui modélisent les risques et les avantages du procédé. Entre 1760 et 1769, d'Alembert et Daniel

Bernoulli s'opposent sur la question. Quoi qu'il en soit, la méthode se répand en Europe avec une forte résistance en France, qui se montre plus réfractaire que ses voisins. La bataille est véritablement gagnée grâce aux travaux du médecin anglais Edward Jenner (1749-1823). Au bout de vingt années d'efforts, il découvre l'efficacité et l'innocuité de la *vaccine* de vache contre la variole ; le succès est total et indiscutable.

Mesmer magnétise à tout-va

Toutes les pistes sont légitimes à explorer. On chercha – rarement avec succès – à utiliser des procédés électriques en médecine, notamment à propos de maladies nerveuses. Pourquoi les phénomènes magnétiques ne pourraient-ils pas être mobilisés en médecine ? Un Allemand, Franz Anton Mesmer (1734-1815) connaît un foudroyant succès avec ses thérapies magnétiques. Il utilise d'abord un aimant, puis magnétise ses patients par imposition des mains. Le système le plus répandu est celui du baquet : on le remplit d'eau acidulée, les patients s'assoient autour et saisissent des barres métalliques plongées dans le baquet… et s'en trouvent mieux, voir guéris. Tout ceci en présence du maître magnétiseur et hypnotiseur. Le *mesmérisme* est très à la mode, particulièrement à Paris, où on trouve des « baquets » dans nombre de bonnes maisons. Mais tout cela est du vent, et la faculté de sciences comme la Royal Society de Londres condamnent ces pratiques. Mesmer s'enfuit de France et le mesmérisme avec lui.

La chirurgie sort de son anesthésie

Le renouveau le plus brillant en médecine, à cette époque, est celui de la chirurgie. D'abord, le statut des chirurgiens change : les anciens chirurgiens-barbiers d'autrefois deviennent des médecins avec leurs facultés et leurs ordres bientôt comparables à ceux de leurs collègues. Au Danemark, en Angleterre, en France, en Allemagne, en Irlande, etc., les collèges et académies de chirurgies connaissent un essor remarquable. Ce mouvement est bien compréhensible au vu des succès des méthodes nouvelles en chirurgie : on apprend à désarticuler les membres, à éviter les amputations abusives, à extirper des tumeurs ; on s'attaque même aux viscères, à l'estomac, à l'œsophage ; la chirurgie oculaire sait traiter les fistules lacrymales et les cataractes. La dentisterie, l'obstétrique ne sont pas en reste, cette dernière grâce aux progrès de l'anatomie féminine.

Les sciences de la Terre

Si le récit biblique de la création de la Terre demeure présent dans les esprits du XVIIIe siècle, les savants s'en libèrent nettement. À tout le moins, les datations du genre de celle de James Ussher, selon qui le monde a été créé le 23 octobre 4004 avant J.-C., ne sont plus sérieusement envisagées par les géologues et les minéralogistes du temps des Lumières. Buffon exprime le point de vue de beaucoup d'entre eux en écrivant que « tout, dans le récit de Moïse, est mis à la portée et à l'intelligence du peuple ; tout y est représenté relativement à l'homme vulgaire, auquel il ne s'agissait pas de démontrer le vrai système du monde ». Buffon ne craint pas d'évaluer à 75 000 ans au moins l'âge de la Terre, ce qui, alors, est considérable.

Les voyages, les appareils nouveaux, l'étude des fossiles, la liberté d'imaginer des hypothèses nouvelles permettent de multiplier les données concernant la formation et l'évolution du globe terrestre. La période est cependant intermédiaire et les théories performantes ne devaient mûrir qu'au siècle suivant.

Diderot fait entrer la géologie dans l'« Encyclopédie »

L'Encyclopédie de Diderot et d'Alembert fait officiellement entrer les mots de *géologie* et de *minéralogie* parmi les sciences puisque de riches articles leur sont consacrés. Le baron d'Holbach, auteur de l'article « géologie », ajoute à sa définition de cette discipline un avis selon lequel les spéculations tranquilles de cabinet et les connaissances livresques ne font pas le bon minéralogiste : « C'est dans le grand livre de la nature qu'il doit lire ; en descendant dans les profondeurs de la terre, en gravissant les sommets des montagnes, en parcourant différentes contrées, qu'il parviendra à arracher à la nature quelques-uns des secrets qu'elle dérobe à nos regards. » On croirait lire l'annonce des romans de Jules Verne.

Le jardin du Roi, à nouveau

Les botanistes, zoologistes ne sont pas insensibles aux charmes de la géologie naissante. Ils y sont invités par les impressionnantes collectes de fossiles qui emplissaient les cabinets, musées, laboratoires. Les fossiles parlent de l'âge des roches et de la Terre. Un remarquable représentant de ces naturalistes minéralogiste est l'abbé René Just Haüy (1743-1822). Les fleurs d'une même espèce, aussi variées soient-elles, ont toutes le même nombre de pétales. Il y a des « noyaux invariants » dans la nature vivante. La découverte sensationnelle que fait Haüy, amateur de cristaux, est de trouver un « noyau invariant » aux cristaux de même espèce si l'on veut bien admettre cette analogie de vocabulaire. Les cristaux sont ainsi des assemblages de polyèdres parfaits d'une régularité toute géométrique, présentant des symétries, des rotations, etc. qui donnent en effet des clés pour les décrire, les classer et expliquer leurs propriétés (optiques par exemple). La *cristallographie* est née, qui va s'avérer une voie royale et fortement mathématisée pour l'étude de la matière.

Par ailleurs une controverse se développe pour savoir si les formations terrestres, montagnes, volcans, gouffres, etc. viennent de l'action de l'eau ou de celle du feu. Ainsi pourrait-on simplifier (jusqu'à la caricature) les deux principales explications proposées au XVIIIe siècle. Contrairement à ce qu'on pourrait imaginer, les actions de l'eau viendraient du ciel (les pluies) et celles du feu, des profondeurs (le feu central) : c'est Neptune contre Pluton !

Le Neptunisme d'Abraham Gottlob Werner

On constate une volonté de tout expliquer par une cause unique, l'eau, chez Abraham Gottlob Werner (1749-1817), professeur en minéralogie de Freiberg. Que l'on imagine un immense océan primitif recouvrant tout et s'abaissant peu à peu en déterminant au passage le relief du monde. Neptune, dieu de la Mer, est un parrain tout trouvé pour une pareille doctrine.

L'écorce terrestre, dans sa diversité, proviendrait de la dissolution des roches qui, ensuite, se seraient déposées en couches superposées. C'est aussi vrai, pense Werner, des roches stratifiées que du granite et des roches cristallines. Les chaînes de montagne n'échappent pas à la génération marine : elles ont émergé lorsque la mer s'est (partiellement) retirée dans des cavités souterraines. On imagine facilement les objections qui peuvent être faites à cette théorie : où est passé l'océan primitif ? Comment expliquer les formations basaltiques ? Toutefois, Werner est plutôt convaincant et a de nombreux d'élèves. Comme souvent, son hypothèse – pas plus saugrenue qu'une autre – tourne parfois au dogme immuable. Se scléroser est un moyen presque infaillible de périr pour une théorie, et c'est ce qu'il advient du *neptunisme* au début du XIXe siècle.

Pluton contre-attaque avec James Hutton

C'est le feu central du globe terrestre qui est le facteur essentiel à l'origine de la formation de la croûte terrestre. L'idée n'est pas nouvelle, elle est défendue par Buffon et, avant lui, par Leibniz. Homme de terrain, James Hutton (1726-1797) explique la nature des roches sédimentaires, des roches éruptives comme le granite par leur situation et leur histoire vis-à-vis du feu central. La théorie de l'Écossais reçoit des soutiens de poids, celui d'Alexander von Humboldt notamment, et l'on peut estimer qu'elle domine les débats à la fin du siècle. *Doctrine du feu central,* elle est dite *plutonisme* en hommage à l'infernal forgeron.

Le point de départ de la critique du neptunisme a lieu en Auvergne en 1751 lorsque le géologue Guettard découvre des traces indiscutables d'activités volcaniques anciennes. Guettard est par ailleurs neptunien et soutint que les roches volcaniques sont d'origine aqueuse, ce qui est réfuté par le géographe Nicolas Desmarest (1725-1815) et le géologue Dieudonné Dolomieu (1750-1801), qui montrent que les phénomènes volcaniques relèvent au contraire de roches en fusion, qui plus est d'origine très profonde. Hutton tire de vastes conséquences de ces considérations et bâtit un système dans lequel la Terre, sous l'effet du feu souterrain, est en pleine activité et en constante transformation ; la chaleur souterraine peut ainsi modifier les reliefs en consolidant les sédiments ou en produisant de nouvelles strates géologiques.

Sixième partie

Les sciences modernes

La dernière partie de ce livre est aussi la plus longue. Elle pourrait l'être encore bien davantage puisque les sciences aux XIXe et XXe siècles se diversifient et s'étendent en mille directions. En outre, elles reçoivent des applications technologiques sans précédent et les distinctions entre sciences pures, sciences appliquées et techniques deviennent extrêmement difficiles à établir. On doit encore tenir compte du fait que les théories deviennent très complexes, du point de vue mathématique, conceptuel et expérimental (les appareils et les protocoles expérimentaux tendent à devenir formidablement sophistiqués).

Chapitre 26

Des théories par milliers

Dans ce chapitre :

- Des activités complexes et abstraites
- Les grandes orientations
- La confiance mesurée dans les sciences

La science contemporaine propose à l'esprit humain un exercice particulièrement délicat : il lui faut penser des choses qui dépassent son imagination, son expérience la plus commune, ses intuitions logiques. Il lui faut concevoir un espace-temps aux dimensions multiples, un Univers qui ne naît pas dans un lieu ou dans un temps donnés a priori, puisque le temps et l'espace naissent avec l'Univers ; il doit abandonner la distinction entre la matière et l'énergie. Il doit accepter que des objets aient une nature double qui semble se contredire elle-même (telles sont les particules quantiques). Il lui faut admettre la destruction de notions comme la localisation, selon laquelle toute chose a un lieu, la simultanéité, selon laquelle deux événements peuvent advenir en même temps, la distinction entre le corps et l'esprit, entre la matière et le vide, etc. Il y a peu de théories scientifiques vraiment stables de nos jours ; leur régime de croisière est extrêmement irrégulier et changeant.

Pour ces raisons, il ne sera pas possible d'exposer l'évolution des sciences aussi complètement que dans les parties précédentes. Le choix a été fait d'en considérer les tendances principales et aussi de s'arrêter sur quelques-unes des théories les plus connues et qui suscitent la plus grande curiosité : ce sera le cas pour la découverte des champs électromagnétiques, la théorie de la relativité de Einstein, la physique quantique, la théorie de la dérive des continents, celle de l'évolution de Darwin et pour certains aspects de la chimie (le tableau périodique de Mendeleïev) et des théories génétiques.

Tableau général

On peut dresser un bref tableau très résumé des principales orientations des sciences modernes.

Les mathématiques

L'algèbre prend une nouvelle direction avec l'invention de la théorie des groupes et des structures algébriques à partir de 1840. À la même époque, les géométries non euclidiennes sont systématiquement développées et bouleversent l'idée même de vérité en mathématique. À la fin du siècle, la théorie des fonctions généralise cette notion, qui désormais prend en compte des variables multiples. La théorie des nombres et la construction axiomatique des nombres réels transforment l'analyse. Avec Cantor notamment, la théorie des ensembles et les idées d'ensembles infinis prend son essor ; ces orientations renforcent, à partir du début du XXe siècle, le rôle de la logique comme fondement des mathématiques. À partir de la seconde moitié du XXe siècle, des mathématiciens inventent de nouveaux objets et nouvelles théories, en particulier les théories du chaos et les géométries fractales.

La physique

À partir de 1840, la notion d'énergie se dégage peu à peu des travaux de thermodynamiques. James Joule montre que du travail mécanique peut être converti en chaleur ; l'électricité de même, puis la lumière, le son, le magnétisme et le mouvement possèdent aussi de l'énergie. Cette énergie peut être transmise et circuler, mais elle n'est ni créée ni détruite : elle se conserve.

Au début du XXe siècle, Einstein, Lorentz et Poincaré inventent la théorie de la relativité restreinte, qui permet d'unifier les domaines de la mécanique et de l'électromagnétisme. Le temps et l'espace ne sont plus absolus.

Einstein, Planck, Bohr, Heisenberg, Schrödinger, etc. créent la physique quantique, valable à des échelles suffisamment petites pour que la lumière, les radiations, les électrons agissent à la fois comme des ondes et des particules.

À partir des années 1920, on distingue quatre interactions fondamentales à l'œuvre dans les phénomènes physiques : la gravitation, l'électromagnétisme, la force nucléaire forte et l'interaction nucléaire faible. Depuis, on cherche une théorie capable d'unifier ces quatre actions.

La chimie

Vers 1820, on découvre que les substances organiques (des êtres vivants) peuvent être produites à partir de substances inorganiques. La chimie (organique ou non) est en mesure d'unifier l'étude de la matière vivante ou inerte.

À la fin du siècle, on découvre le rôle de l'électricité dans les réactions chimiques, confortée par la découverte de l'*électron,* en 1897, l'*électrochimie* est née. La *classification périodique des éléments chimiques* reçoit une explication performante.

Au cours du XXe siècle, on élabore des modèles expliquant, à l'échelle atomique, les réactions chimiques : les *liaisons électroniques.* La *biochimie* se révèle capable de décrire les réactions complexes qui se déroulent au sein des cellules vivantes.

Les sciences de la vie

Au milieu du XIXe siècle, Charles Darwin (et Alfred Russel Wallace) élabore la *théorie de l'évolution des espèces par voie de sélection naturelle.* L'obstacle demeure celui de l'explication du processus évolutif. Les premiers pas vers sa résolution sont franchis lorsque Mendel pose les bases de la génétique. L'association de la biochimie à la génétique et à la théorie de l'évolution va assurer, au cours du siècle qui suit, le succès des théories modernes de l'évolution.

Les recherches sur les origines de la vie se poursuivent depuis, avec, notamment l'étude des circonstances « accidentelles » qui auraient permis que la vie émerge à partie de substances chimiques présentes sur la terre primitive.

Les théories de *classification des êtres vivants* se succèdent depuis le XIXe siècle : les deux règnes habituels (plantes et animaux), ont laissé la place à des théories plus complexes avec quatre, ou même cinq règnes animal, végétal, *protiste* (organismes unicellulaires), champignon et monère ou bactérie. Un sixième est à l'essai.

Les sciences de la Terre

Les idées concernant la structure interne du globe terrestre et des modifications de sa couche superficielle restent très spéculatives jusqu'au XXe siècle. Ce sont les progrès dans l'étude des ondes (appliquées aux ondes sismiques), des conditions de rotation d'un corps (appliquées à la Terre), du magnétisme et surtout de la propagation de la chaleur (radioactive notamment) qui débloquent la situation. Vers 1915, la *dérive des continents* est proposée par Wegener. Elle suggère qu'un immense continent unique originel, la Pangée, a pu être brisé en vastes plateaux continentaux qui dérivent les uns par rapport aux autres. Elle n'est adoptée qu'à partir du moment (vers 1950-1960) où la *théorie des courants de convection* (courant d'énergie chaude venant du noyau terrestre) est développée. La science de la Terre comme *machine thermique active* est, depuis, en plein essor. La *géologie,* la *volcanologie,* la *climatologie* connaissent elles aussi un rapide développement grâce aux modèles très complexes fournis par les mathématiciens et les physiciens.

L'astronomie et l'astrophysique

Avec la *radioastronomie,* née de la récupération des radars de la Seconde Guerre mondiale, avec les télescopes mis sur orbite, les galaxies et étoiles lointaines deviennent observables de façon bien plus étendue qu'auparavant : on « voit », avec ces appareils, dans toutes les longueurs d'ondes du rayonnement, alors que jusqu'à présent, on « voyait » seulement dans la bande des longueurs d'ondes optiques. Un auteur proposait récemment cette excellente image : « Nous sommes comme un enfant né avec des lunettes "vertes", qui n'aurait vu que des objets "verts" jusqu'au jour où il retire ses lunettes et s'aperçoit que le monde est beaucoup plus riche et varié que prévu. »

L'*astrophysique* du XXe siècle nous a enseigné la parfaite banalité de notre condition : la Terre est une planète moyenne (ni trop grosse, ni trop petite, ni trop chaude, ni trop froide...), autour d'une étoile de taille moyenne, le Soleil, qui a une masse de 2.10^{30} kilos. Comme les autres étoiles, ses compagnes, il fait partie d'un *amas d'étoiles* (les amas peuvent compter depuis quelques centaines jusqu'à quelques millions d'étoiles) ; ces amas s'assemblent en galaxies qui groupent des milliards d'étoiles ; notre *galaxie* est elle aussi très typique et ne semble pas offrir de particularité remarquable. Le jeu des « poupées russes » se poursuit au niveau des galaxies puisqu'elles sont regroupées en amas de galaxies (de plusieurs dizaines de galaxies à plusieurs milliers). Enfin, pour finir d'envisager notre modeste place, songeons qu'il existe des milliards de galaxies.

L'anatomie humaine et la médecine

La connaissance de la façon dont agissaient les nerfs est une des grandes voies de recherche au XIXe siècle qui aboutit à la notion d'*influx nerveux.* Les découvertes concernant les processus chimiques, thermiques et mécaniques à l'œuvre dans les cellules sont décisives tout au long de cette période. Au XXe siècle, on commence à comprendre l'importance du *système endocrinien* (production et distribution des hormones), du *système immunitaire* (grâce au microscope électronique) et encore le fonctionnement du cerveau grâce à des technologies nouvelles comme l'IRM et le scanner.

La médecine est révolutionnée par la découverte des *antibiotiques* (la pénicilline en 1928), les *groupes sanguins* (en 1900), la multiplication des *vaccins* (antipoliomyélitique en 1955) et, depuis les années 1980, les débuts des thérapies géniques.

Que penser de ces développements scientifiques ?

L'idée que l'on se fait des progrès scientifiques a subi, entre les XIXe et XXe siècles de très profondes transformations. Au cours du XIXe siècle, jusqu'au début du XXe, le courant appelé *scientisme* semble dominer. D'une part, il défend la thèse selon laquelle les sciences sont en voie de comprendre complètement la nature, ce qui fait dire à Marcellin Berthelot en 1895 que « le monde est aujourd'hui sans mystère : la conception rationnelle prétend tout éclairer et tout comprendre ; elle s'efforce de donner de toute chose une explication positive et logique… ». Lord Kelvin jugea, vers 1900, que la physique est achevée, à deux petits problèmes près, d'ailleurs en voie de résolution, le problème du *corps noir* et la détection du *vent d'éther.* Comme on le verra plus loin, ces deux « petits problèmes » allaient déstabiliser les principales théories physiques de l'époque. Le scientisme défend en outre que ces progrès décisifs et illimités des sciences seraient en mesure d'apporter à l'humanité la paix et la prospérité. Ernest Renan (1823-1892), l'un des plus remarquables de ses porte-drapeaux, explique comment la connaissance scientifique doit permettre d'organiser scientifiquement l'humanité. Une bible du scientisme est le célèbre *Grand Larousse universel* du XIXe siècle, dans lequel on peut lire que « la foi à la loi du progrès est la vraie foi de notre âge. C'est là une croyance qui trouve peu d'incrédules ». Cette confiance abusive dans la toute-puissance des sciences a un premier effet négatif : une réaction de rejet de la part de nombreux non-scientifiques. « Si c'est cela la science, nous nous en détournerons », proclament certains artistes, écrivains, intellectuels comme John Ruskin, Charles Baudelaire, Théophile Gautier ou Thomas Carlyle.

ATTENTION !

La situation est bien différente de nos jours. Dans tous les domaines – biologie, mathématiques, physique, cosmologie etc. –, on réalise des accumulations fantastiques de connaissances mais, presqu'au même rythme, on dévoile des incertitudes et des lacunes tout aussi fantastiques. Autrement dit, les progrès des sciences – bien réels – ne conduisent pas à l'achèvement d'un puzzle, mais à l'éclatement d'un questionnement sans bornes. Prenons un seul exemple : on soupçonne au XIXe siècle l'existence d'une unité de base de l'hérédité ; c'est d'abord une notion abstraite et théorique ; puis on pense l'avoir trouvée avec le gène moderne (au cours du XXe siècle). On croit l'avoir bien décrit, bien compris, bien localisé ; il est devenu un objet, une substance matérielle enfin découverte. Aujourd'hui, à nouveau, rien n'est simple à propos du gène : on réalise que plusieurs gènes doivent collaborer pour produire un certain effet héréditaire, on estime même que c'est au niveau des relations assez mal élucidées entre gènes que se jouent les lois de l'hérédité ; autrement dit, l'unité de base redevient une notion théorique et abstraite.

Le premier postulat du scientisme s'effondre donc partout. Quant au second, il est spectaculairement invalidé par l'histoire moderne : les sciences apportent autant de bienfaits que de désolations, d'espoir que de craintes. Il est entendu que ce ne sont pas les découvertes scientifiques en elles-mêmes qui sont mauvaises, mais l'usage qui en est fait. Albert Einstein ou Marie Curie ne sont pas responsables du surarmement nucléaire, Charles Darwin ou Gregor Mendel ne sont pas responsables des manipulations génétiques et Carnot ne l'est pas de la pollution. Quoi qu'il en soit, il est avéré que le progrès scientifique en lui-même n'apporte pas à l'humanité le bonheur et la justice.

Chapitre 27

Les mathématiques, le triomphe des objets étranges

Dans ce chapitre :

- L'algèbre n'est plus ce qu'elle était
- La géométrie exprime-t-elle la vérité ?
- Les mathématiques se diversifient encore
- Les ensembles ont-ils réponse à tout ?
- L'ordinateur, un nouveau mathématicien

Les temps modernes exacerbent deux tendances qui semblent contraires et qui président à l'histoire des mathématiques des XIXe et XXe siècles. D'un côté, l'imagination la plus abstraite pousse les mathématiciens à inventer des objets presque irréels (ou n'existant que dans leur esprit), des objets qui ne correspondent pas à notre monde, notre expérience et notre possibilité de représentation. D'un autre côté, la physique, la mécanique, l'informatique, l'économie fournissent des sujets d'étude riches et stimulent la création de théories mathématiques capables de résoudre les problèmes réels et concrets que posent ces sciences. Sans doute les formes d'esprit de ces deux tendances, de ces deux dynamiques de création semblent-elles assez opposées. En fait, elles vont puissamment collaborer et se stimuler l'une et l'autre : des inventions mathématiques complètement abstraites résolvent des questions réelles (comme en relativité générale, en théorie de la décision, en géographie…). Réciproquement, des questions concrètes favorisent l'invention d'objets mathématiques parfaitement exotiques et inaccessibles à notre intuition (les *fractales* dont nous parlerons plus loin par exemple).

Les activités mathématiques se développent dans de nombreux pays. Au début du XIXe siècle, la France est sans conteste la capitale des mathématiques mondiales puis, au cours du siècle, des foyers extrêmement actifs s'allument dans de nombreux pays du vieux continent, Allemagne,

Italie, Pays-Bas, Irlande, Grande-Bretagne, Russie. Les États-Unis commencent à fournir des travaux remarquables au cours du XIXe et on entrevoit l'ampleur de ce que sera leur production au siècle suivant. Les écoles mathématiques s'épanouissent en Inde, en Chine, en Amérique latine au cours du XXe siècle.

Un nouveau sens du mot algèbre

Les fondateurs de l'algèbre des siècles passés auraient bien du mal à reconnaître leur discipline dans ce qu'il est convenu d'appeler *algèbre* depuis le XIXe siècle. On ajoute souvent un qualificatif pour faire la distinction avec l'algèbre classique (celle des Anciens), et on parle aujourd'hui d'*algèbre moderne* ou d'*algèbre abstraite,* mais l'abîme est effectivement énorme entre ces domaines. On va voir comment on est passé de l'algèbre comme domaine de résolution des équations à l'algèbre comme étude des propriétés formelles des lois de composition.

Les racines des équations

Des résultats décisifs ont été établis au XIXe siècle concernant la possibilité de calculer ou non les racines des équations. L'un des héros de ces découvertes, le mathématicien norvégien Niels Henrik Abel (1802-1829), fait remarquer combien il importait de savoir – avant de se lancer dans l'aventure – si l'équation a ou n'a pas de solution que l'on puisse calculer. Il parvient à résoudre en 1826 une question ouverte depuis plusieurs siècles en démontrant qu'à partir du cinquième degré, l'équation générale n'a pas de solution. Poursuivant sur la lancée de ce résultat magnifique, Abel établit les critères généraux de *résolubilité* des équations. On peut savoir si oui ou non, l'équation à laquelle on s'attaque admet des racines exprimables par radicaux. L'histoire de l'algèbre classique – en tant que science des équations – s'achève avec les travaux du jeune Danois.

Les complexes envahissent l'algèbre et la géométrie

Les intrus que les algébristes italiens avaient invités lors de la résolution des équations du troisième degré (voir Chapitre 12), ces mêmes intrus que Descartes avait repérés en les baptisant « racines imaginaires », au lieu de se faire discrets, comme aurait dû les y inciter leur choquante caractéristique qui consiste à avoir un carré négatif, ces quantités bizarres prennent leurs aises en algèbre, en géométrie, en théorie des fonctions, en trigonométrie, en mathématiques appliquées… partout à vrai dire.

La représentation de ces nombres dans le plan, à la manière de vecteurs, est quasi parfaite : on peut en effet les additionner les soustraire et même – ce qui n'est pas possible pour des vecteurs – les multiplier, les diviser, etc. La correspondance de ces opérations algébriques avec des mouvements géométriques est immédiate (ainsi, multiplier deux complexes correspond à multiplier leur taille et à faire une rotation). On les note $x + iy$ avec $i^2 = -1$ et on les place sur le plan ainsi :

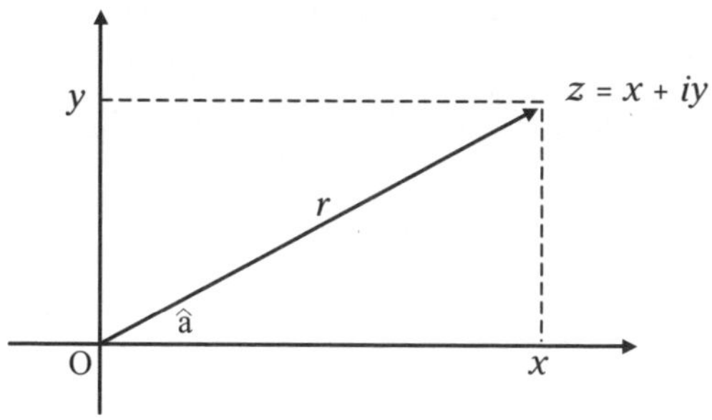

Figure 27-1 : Représentation d'un nombre complexe.

x est la partie « réelle » de z et y est la partie « imaginaire » de z.

Friedrich Gauss s'étant emparé du sujet, il lui donne une extension remarquable et, en 1850, tout le monde s'y rallie. Les notations et les interprétations *trigonométriques* puis *exponentielles* [en $r(\cos a + i\sin a)$ et en re^{ia}] permettent un développement prodigieux de la théorie des fonctions à variable complexe et bientôt une généralisation à des espaces de dimension supérieure à 2. Ce résultat est atteint par le mathématicien irlandais William Hamilton (1805-1865), qui invente les *quaternions,* sorte de nombres hypercomplexes qui emplissent l'espace à quatre dimensions. Une très remarquable propriété (ou plutôt non-propriété) des quaternions est que leur multiplication ne *commute* pas : pour deux quaternions q et q', $q.q' \neq q'.q$). Le corps des quaternions n'est pas commutatif ; c'est la première fois qu'une telle chose se produit.

Le testament d'Évariste Galois

Le tragique et bref destin d'Évariste Galois (1811-1832) a ému des générations. On ne peut qu'être saisi d'admiration par son génie et révolté par sa mort en un duel qui fut sans doute un piège. Deux fois, ce jeune républicain militant échoue à l'entrée de l'École polytechnique, où on lui pose des questions qu'il juge sans intérêt. L'École normale expulse le jeune rebelle en 1831 pour une violente diatribe contre la direction réactionnaire de l'institution. Ses premiers mémoires sont incompris et rejetés par certains mathématiciens examinateurs de l'Académie des sciences. À la suite d'une rupture amoureuse, il est contraint à un duel dont les conditions et les véritables raisons demeurent obscures. Résigné à son fatal destin, il rédige, dans la nuit précédant sa mort, son testament mathématique sous la forme d'une lettre à son ami Auguste Chevalier ; divers cahiers et études y sont joints. En 1843, les efforts de son frère et du mathématicien Liouville aboutissent à la publication des œuvres d'Évariste Gallois. Elles ne seront comprises et exploitées qu'à partir de la fin du XIXe siècle.

Comme Gauss et Abel, Galois cherche à obtenir une vue d'ensemble sur la résolution des équations. Il est pour beaucoup dans une invention révolutionnaire, celle de groupe que l'on peut associer à toute équation. Il s'agit d'un ensemble de transformations qui opère sur les racines possibles de l'équation. La théorie de Galois fixe les conditions que doit respecter ce groupe pour que l'équation soit résoluble. La théorie des équations se trouvait plongée dans un nouveau et immense domaine des mathématiques : la *théorie des groupes.*

L'essor de la théorie des groupes

La théorie des groupes (et des structures qui en découlent : les anneaux, les idéaux, les corps, les espaces vectoriels…) enregistre un fait d'une immense importance : l'algèbre (et bientôt les diverses branches des mathématiques) prend leurs distances avec les objets concrets, réels, déterminés. L'algèbre devient la théorie des *objets quelconques* (dont on ne sait pas ce qu'ils sont, ce qui n'a d'ailleurs aucune importance), auxquels on associe des règles de manipulation, des opérations tout à fait abstraites qu'on nomme *lois de composition.* Dès lors, l'algèbre va s'occuper des structures formelles de ces ensembles (même si, jusqu'au début du XXe siècle, on ne dispose pas encore de théorie des ensembles).

Arthur Cayley (1821-1895) est le premier à donner une définition abstraite d'un groupe. Elle est moins formalisée que celle que l'on apprend de nos jours, mais l'essentiel y est. Trois conditions sont indispensables pour qu'un ensemble de symboles et une loi de combinaison (ou de composition) entre ces symboles forment un groupe : il doit y avoir un élément neutre (souvent noté « 1 » : si on le combine avec un autre élément, il ne le change pas) ; tout élément doit avoir un symétrique (si on les compose entre eux des éléments symétriques, le résultat de leur combinaison ou composition est l'élément neutre) ; si on compose trois éléments, il revient au même de combiner le premier avec la combinaison des deux suivants ou de combiner la combinaison des deux premiers avec le troisième (on nomme ceci l'*associativité* ; par exemple, pour l'addition, cela donne, $a + (b + c) = (a + b) + c$). Si, en plus, le résultat de la combinaison de deux éléments ne dépend pas de l'ordre de cette combinaison, le groupe est dit *commutatif*). Camille Jordan (1838-1922) développe la théorie, l'applique aux transformations géométriques et invente des notions qui enrichissent la théorie (*groupe quotient, homomorphismes,* etc.). Une autre étape devait être franchie avec la considération de groupes ayant une infinité d'éléments.

De nouvelles structures ne tardent pas à naître d'une si belle invention : celle d'*anneau* (le mot a été inventé par David Hilbert), pour la constitution duquel on introduit une seconde opération ou *loi de composition* dans un groupe (par exemple, si la première loi est une addition, la seconde peut être une multiplication) ; celle d'*idéal* (où un sous-groupe opère sur le groupe de départ), qu'invente Richard Dedekind vers 1870 ; celle de *corps,* pour laquelle la seconde loi de composition est plus puissante que dans un anneau (les éléments – sauf le neutre – ont un symétrique pour la seconde loi). Les corps les plus fameux sont ceux des nombres *rationnels,* des *réels,* des *complexes,* des *polynômes.*

Ces structures dites algébriques sont nées, pour bonne part, de la résolution des équations, mais on voit à quel point elles se sont envolées loin de leur point de départ, qui n'est plus qu'une petite région de leur royaume.

UN PEU DE TECHNIQUE

Les « trois problèmes » des Anciens n'auront jamais de solution

On se souvient (voir Chapitre 2) que trois problèmes avaient beaucoup occupé les géomètres grecs de l'Antiquité : partager un angle quelconque en trois angles égaux, doubler le cube et quarrer le cercle. Nul ne parvint à les résoudre *à la règle et au compas,* mais l'espoir plus ou moins chimérique d'y parvenir n'était pas complètement éteint. Le mathématicien Pierre-Laurent Wantzel montre, en 1837, que les problèmes résolubles à la règle et au compas peuvent se ramener à une suite finie d'opérations algébriques simples (addition, soustraction, multiplication, division et racine carrée). Montrant que les deux premiers problèmes relèvent d'une équation de degré 3, il établit qu'ils échappent aux *opérations simples* et prouve qu'il n'en existe donc pas de construction à la règle et au compas. La théorie des groupes est très utile dans les démonstrations qui accompagnent ces discussions. Le troisième problème demeurait ! Il cède en 1882 quand Lindemann prouve que le nombre π ne pouvait être solution d'une équation algébrique. On ne peut pas réaliser la quadrature du cercle *à la règle et au compas.*

La notion de vérité change en mathématiques

Les mathématiques étaient vraies parce qu'elles étaient logiquement démontrées et aussi parce qu'elles correspondaient au monde réel et à nos intuitions. On va voir que le second critère est remis en cause.

Les géométries projectives

Si on regarde un tableau ou une photo représentant des rails parallèles, ils se projettent au loin et se rencontrent (dans le tableau ou dans le prolongement que notre esprit imagine facilement). Si on regarde un cercle dans un cône de lumière, il se déforme en une ellipse (ou même une parabole ou une hyperbole). Si on projette à partir de son centre les régions d'un globe terrestre sur une carte plane, les distances et les angles sont transformés.

Il existe donc une famille de transformations géométriques qui admet des droites parallèles se coupant à l'infini, des cercles qui ont une forme d'ellipse, des distances qui ne sont pas respectées. La géométrie qu'on appelle *projective* s'intéresse à ces situations et étudie ces transformations ; elle existe depuis l'Antiquité (timidement) mais fut vraiment relancée au XVIIe siècle ; son heure de gloire se prolonge presque tout au long du XIXe siècle. La géométrie projective est mise au goût du jour par Jean Victor Poncelet (1788-1867), qui médite la chose alors qu'il est prisonnier en Russie dans les années 1813-1814. Il est très remarquable qu'en géométrie projective, on puisse inverser les rôles des points et des droites : on fait jouer le rôle des droites par des points et réciproquement ; on parvient alors à transposer des propriétés des uns aux autres en faisant d'intéressantes découvertes sur les *ellipsoïdes*, les *surfaces du troisième ordre*, les *géodésiques*, etc. Ce que la géométrie projective adore, c'est l'alignement ; on dit que c'est la science des figures qui se tracent avec la règle seule.

Dans la Figure 27-2, A, B, C étant pris sur une droite ; A', B', C' étant pris sur une autre droite. Alors les points R, S, T obtenus par intersection sont alignés.

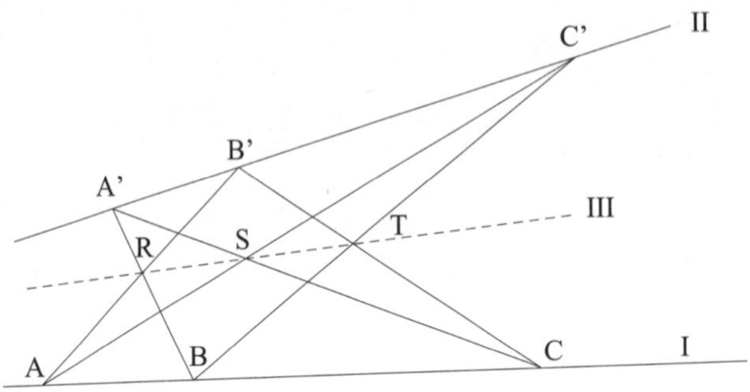

Figure 27-2 : Le théorème de Pappus transposé.

C'est un résultat superbe et qui n'a rien d'évident. Les analystes se montrent fort critiques à l'encontre de la géométrie projective, tant ils sont convaincus de la supériorité de leurs équations algébriques. Leur hostilité n'empêche pas cette géométrie pure, audacieuse et imaginative (voire imaginaire) d'occuper un vaste terrain jusqu'au milieu du XXe siècle. Ses succès ne sont pas uniquement liés à la beauté de ses méthodes mais aussi aux puissantes applications qu'elle trouve en physique.

Le Français Michel Chasles (1793-1880), le Suisse Jakob Steiner (1796-1863) et l'Allemand Christian von Staudt (1798-1867) en font une théorie générale et ordonnée, avec ses axiomes, ses définitions rigoureuses, etc. Les géométries projectives constituent désormais une catégorie ou une famille autonome et forte au sein des divers types de géométries existantes (géométries euclidiennes, affine, algébrique…).

Euclide, reviens, ils sont devenus fous !

Jusqu'en 1800, la géométrie d'Euclide associe deux qualités magnifiques : elle est logiquement irréprochable (à quelques mises au point de détail près) et elle correspond au monde de notre expérience, au vrai monde. On sait pourtant qu'un énoncé fait problème : le *cinquième postulat* (voir Chapitre 2). Au XIXe siècle, une révolution géométrique se met en branle lorsqu'on renonce à démontrer ce postulat, révolution qui prend l'ampleur d'un séisme lorsque l'on démontre que le fameux postulat est indémontrable. Autrement dit : on peut librement l'accepter ou le refuser et, dans les deux cas, la consistance logique de la géométrie qui découle de ce choix n'est pas mise en cause. Si on accepte le postulat, on « déroule » la géométrie euclidienne et on dispose d'une théorie qui semble correspondre à notre vrai monde : la somme des angles des triangles fait toujours 180 degrés, il existe des figures de même forme et de taille différente, etc. Et si on le refuse ? Dans ce cas, il convient de s'arrêter un instant pour remarquer qu'il existe deux façons de le refuser : en disant que, par un point extérieur à une droite, il ne passe aucune droite parallèle à celle-ci ou en disant qu'il en passe plusieurs.

ATTENTION !

La première vague d'audacieux qui se lancent dans ces étranges géométries comprend un officier hongrois, János Bolyai (1802-1860), un professeur de Kazan, Nikolaï Ivanovitch Lobatchevski (1792-1856) et le grand mathématicien allemand Carl Friedrich Gauss (1777-1855). Ils sont assez stupéfaits, voire effrayés de ce qu'ils découvrent : des géométries logiquement impeccables mais tout à fait farfelues : les angles des triangles font moins de 180 degrés, il n'existe pas de figures de même forme et de taille différente, etc. Bref, elles ne fournissent pas un modèle du vrai monde. Ces trois-là ont admis qu'il existait plusieurs parallèles passant par un point extérieur à une droite. Un élève de Gauss, Bernhard Riemann, explore l'autre possibilité en 1867 : pas de parallèle ! Il déroule une nouvelle catégorie de géométrie : la somme des angles de ses triangles fait plus de 180 degrés.

Le lien entre le monde réel et les objets mathématiques semble se dissoudre. Pour faire bonne mesure, le mathématicien allemand Felix Klein (1849-1925) réussit à mettre de l'ordre au sein de ce terrible chaos. Dans un discours devenu célèbre, prononcé en 1872 pour inaugurer son arrivée à l'université d'Erlangen, il classe rigoureusement les différentes géométries, il associe chacune à une conique fondamentale qui est un peu son mot de passe : celle d'Euclide s'appuie sur la parabole, celle de Lobatchevski et consorts s'appuie sur l'hyperbole et celle de Riemann, sur l'ellipse. Il montre qu'elles sont équivalentes du point de vue de la logique : il n'y en a pas une plus vraie logiquement que les autres. Tant pis pour le monde réel ! Sans pouvoir entrer dans les explications de son classement, on peut retenir qu'il utilise la théorie des groupes pour le réaliser et découvre que la plus générale des géométries est la projective : les autres en sont comme les géométries filles d'une aïeule commune.

Tout cela devait avoir de sérieuses conséquences philosophiques : la notion de *vérité,* qui avait trouvé un solide refuge dans la géométrie, est chassée de cette retraite qui semblait pourtant inexpugnable. Les géomètres de la fin du XIXe et du XXe siècle vont tout reprendre de zéro. La géométrie ne doit pas (ne peut pas) partir d'objets réels comme des points, des droites, des plans, etc. Elle doit devenir une théorie abstraite, imaginée à partir d'objets non définis, dont la nature importe peu (par commodité ou par habitude, on pourra les nommer *points, droites* ou *plan*) mais ils n'auront pas à ressembler à nos points, droites ou plans habituels. On fixera des règles du jeu, des relations entre ces objets et il en découlera des théorèmes qui seront eux aussi complètement abstraits. On pourrait dire que la géométrie est plongée dans la pure logique.

Un remarquable épisode de cette histoire des géométries non euclidiennes est advenu avec la théorie de la relativité générale d'Albert Einstein (voir Chapitre 29). Le monde physique, celui que Newton a mis en équation, est parfaitement représenté par l'espace de la géométrie euclidienne : les propriétés de cette géométrie sont respectées par les objets matériels et les forces qu'on y découvre. Or, ça ne fonctionne pas avec la relativité générale proposée en 1916 par Albert Einstein, pour laquelle les droites ne sont pas droites, les figures se déforment en changeant de taille, etc. Le vrai monde de la relativité générale, le monde de la physique moderne (en tout cas pour des objets et des phénomènes assez grands) n'est pas bien représenté par l'espace euclidien. On – c'est-à-dire Einstein, son ami Marcel Grossman et David Hilbert – découvre rapidement que ce nouveau monde physique admet comme modèle la géométrie non euclidienne de Bernhard Riemann. Voici qu'une géométrie, purement abstraite, se trouve en mesure de représenter le monde physique : la géométrie a changé, le monde physique aussi… du moins les connaissances que nous en avons.

Des modèles de géométries non euclidiennes

Il existe de nombreux modèles de géométries non euclidiennes. Le *disque de Poincaré* est un de ceux qu'invente en 1882 le génial savant. Le plan est donné par un disque, et les droites sont des arcs de cercles orthogonaux au bord du disque (la tangente à l'extrémité d'une telle droite est perpendiculaire à la tangente au cercle) ou des diamètres. Par un point hors d'une droite, on peut mener deux parallèles distinctes. Évidemment, pour que ça marche, il faut une autre définition de la distance que celle qui fonctionne dans la géométrie euclidienne ; elle est donnée par ce qu'on appelle le *rapport anharmonique*. De sorte qu'un point est à une distance infinie des bords du disque.

Une profusion de nouveaux domaines

L'expansion des mathématiques est véritablement fantastique : des domaines nouveaux sont créés, des branches poussent que l'on n'avait pas imaginées. Dès que deux domaines existent, des mathématiciens songent à les faire fonctionner ensemble et en inventent un nouveau.

Différentielle, infinitésimale, algébrique... la géométrie à toutes les sauces

Dans la géométrie *différentielle* et *infinitésimale* (Klein, Beltrami, Poincaré) on généralise les dimensions de l'espace. Ce n'est pas en soi une idée nouvelle, mais elle devient systématique et va au bout de ses conséquences. Voyons un exemple : si on songe à une ligne, on peut aisément concevoir sa courbure (elle est plus ou moins courbée), et les mathématiciens ont inventé des expressions algébriques infinitésimales pour caractériser la courbure en chaque point. Pensons à une surface ; déjà sa courbure est une notion moins évidente, mais un effort d'imagination en vient à bout : en chaque point de la surface, on peut concevoir deux plans perpendiculaires qui la coupent en produisant chacun une ligne ; ces deux lignes ont chacune une courbure ; on dira que ces deux courbures caractérisent ou décrivent la courbure de la surface. Ainsi, on dispose d'un « espace courbe » de dimension 2 (dans ce cas, l'« espace » est une surface, mais il n'y a là qu'une petite convention de vocabulaire, comme lorsque les géomètres ont parfois besoin de dire que la ligne droite fait partie des courbes). L'exemple le plus simple est un ballon sphérique : sa courbure est constante et dépend de son rayon. Si on songe à une carafe, c'est déjà plus délicat. On a aussi des formules pour mesurer cette courbure. Mais pour un volume (un objet de dimension 3), que signifie l'idée de courbure ? Pas grand-chose, avouons-le si on se contente des images ordinaires que nous pouvons nous représenter. Mais cela ne saurait arrêter les mathématiciens, qui généralisent « sans peine » les formules précédentes et définirent des courbures pour des espaces de dimensions 3, 4, 5, etc. Les *espaces courbes* sont des objets qui servent dans bien des domaines de la physique (la *relativité générale* par exemple, ou l'optique). Dans les années 1880, les travaux de Poincaré ou de l'italien Bianchi (entre autres) enregistrent et clarifient ces notions.

Chaleureuse trigonométrie

En 1822, Joseph Fourier (1768-1830) publie sa *Théorie analytique de la chaleur*. Il y montre que les formules décrivant la façon dont se propage la chaleur sont exprimables par des séries uniquement formées de combinaisons de fonctions trigonométriques (des cosinus et des sinus qu'il fallait soumettre à divers calculs et opérations). Non seulement cela est un des plus beaux exemples d'association de la physique et des mathématiques de l'époque, mais encore, ces séries de Fourier vont se propager plus vite que la chaleur qu'elles décrivent et se révéler applicables dans les domaines les plus divers (l'économie par exemple).

La théorie des fonctions

Le lecteur qui se souvient des braves fonctions d'une variable réelle étudiées au lycée pourrait être saisi de vertige en envisageant l'extraordinaire généralisation que connaît la notion de fonction. On commence par considérer des fonctions complexes (dans les nombres complexes) puis des fonctions plusieurs variables (autant qu'on veut, à vrai dire). On se met alors à creuser diverses notions associées aux comportements des fonctions : la *continuité*, l'*intégrabilité* (on voit s'épanouir plusieurs théories de l'intégration), etc. Les découvreurs ou les explorateurs de ces nouveaux territoires ouverts aux fonctions sont nombreux, mais on ne peut omettre Cauchy, Legendre, Liouville, au début du XIXe siècle, ou Jacobi un peu plus tard. L'Allemand Weierstrass contribue à donner la rigueur nécessaire à ces nouvelles spéculations et ces nouvelles pratiques en définissant précisément les concepts de limite et de continuité. Avant lui, on disait par exemple facilement qu'« une grandeur variable s'approche indéfiniment d'une valeur fixée » ; dans cette phrase, il y a des représentations concrètes ou intuitives (le temps, la proximité, le mouvement) qui peuvent cacher – sous leur apparente clarté – de fatales ambiguïtés. Les formules de Weierstrass excluent ces considérations de la définition de limite en ne faisant appel qu'à des inégalités et à des quantificateurs logiques.

UN PEU DE TECHNIQUE

Cauchy et Dedekind construisent enfin les nombres réels

On peut présenter les choses ainsi : sur une ligne droite, on fixe une origine et une unité. Il est facile de repérer les nombres entiers (0, 1, 2, 3, etc. et les négatifs). Depuis longtemps (voir Chapitre 2), on sait y placer les nombres rationnels (qui s'écrivent comme fractions de nombres entiers, du genre 1/3 ou 27/5). Depuis très longtemps, on sait que les nombres rationnels ne « remplissent pas la droite » ; ils en ont l'air car ils sont infiniment proches les uns des autres ; c'est un ensemble *dense*. Mais que dire de la mesure de la diagonale d'un carré de côté 1 ? Elle n'a pas sa place parmi ces nombres, elle correspond pourtant bien à un point de notre droite graduée. Dans un court traité magistral (en 1872), le mathématicien Dedekind entreprend de définir (construire) rigoureusement un ensemble de nombres (les nombres qu'on appellera *réels*) qui remplit toute la droite. Pour cela, il imagine des *coupures* dans l'ensemble des rationnels (des façons de partager l'ensemble des rationnels en deux classes) : certaines coupures sont *banales*, elles correspondent aux rationnels déjà connus ; d'autres ne sont pas banales : elles coupent la droite en un point où il n'y a pas de rationnel. Ces coupures *sont* les nouveaux nombres, les réels. Il ne *reste plus* qu'à définir les opérations habituelles sur ces *coupures* (ce qui n'est pas si simple). L'ensemble *R* est né. Cauchy a lui aussi inventé une méthode différente pour construire *R*, à l'aide des limites de suites rationnelles.

Poincaré et la topologie

Dans les siècles précédents (jusqu'au XVIIIe environ), il était possible à un esprit humain particulièrement remarquable de connaître l'ensemble des sciences de son temps. Les grands mathématiciens maîtrisaient l'ensemble des secteurs de cette discipline, et leurs applications en astronomie, mécanique, optique, etc. Le développement en mille directions des mathématiques et de leurs applications rend cela invraisemblable au XXe siècle, et il n'est pas rare qu'un remarquable chercheur dans un domaine particulier des mathématiques soit assez peu informé des découvertes ou théories récentes qui ne relèvent pas de sa spécialité. Beaucoup estiment qu'Henri Poincaré (1854-1912) est le dernier des esprits du genre précédent, un savant universel : les domaines où il est parmi les meilleurs couvrent l'ensemble des mathématiques, mais aussi de vastes secteurs de la physique (voir Chapitre 29). Un de ses thèmes de prédilection est la *topologie* (on peut estimer qu'il en est l'inventeur moderne). Cette partie de la géométrie ne s'occupe ni des distances ni des angles des objets qu'elle étudie. On peut considérer un tel objet, l'étirer, le tordre, l'aplatir, l'écarteler, on dira qu'il est topologiquement équivalent à ce qu'il était au départ. En revanche, il ne faut pas le couper, le percer, séparer ou coller des parties qui ne le sont pas au départ. Un carré est topologiquement équivalent à un cercle, ou un cube, à une sphère. On a parfois nommé cette science la *géométrie de la feuille de caoutchouc.*

Les ponts de Königsberg

La topologie a existé avant Poincaré – depuis Leibniz, dit-on parfois. Un célèbre problème topologique est celui des « ponts de Königsberg ». Sept ponts, situés comme sur ce schéma, relient les îles de Königsberg et le continent. Peut-on trouver, à partir d'un point de départ quelconque, un chemin permettant de passer une fois et une seule par chaque pont, et de revenir au point de départ ? Léonard Euler le premier, démontra en 1736 qu'il n'existait pas de tel chemin.

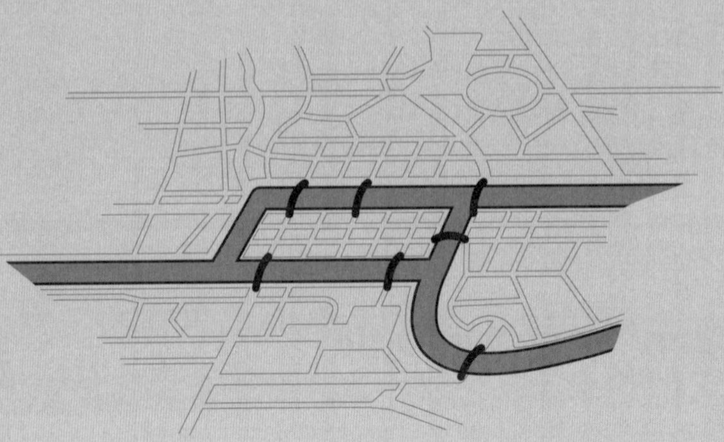

Le procédé vidéo de morphing au cours duquel un visage est progressivement déformé et caricaturé est tout à fait topologique. Les outils de base de cette branche des mathématiques sont les notions de *voisinage*, de *partie ouverte* (par exemple un disque sans sa circonférence est un *ouvert*; avec sa circonférence, c'est un *fermé*). Quatre nombres sont essentiels pour définir un objet de ce point de vue : le nombre de ses côtés, le nombre de ses bords, le nombre de coupures que l'on peut y faire d'un bord à l'autre sans le séparer en deux.

La rencontre de deux formidables domaines de mathématiques du XXe siècle, l'algèbre et la topologie, était inévitable… elle est grandiose. La topologie algébrique est un des aspects les plus féconds des mathématiques contemporaines et a permis d'aller plus loin encore dans l'abstraction, si bien que la topologie est, en fait, presque irreprésentable. La topologie tend à devenir un langage commode et puissant pour l'algèbre.

En 1904, Poincaré pose une *conjecture de topologie* (un résultat qui devait être démontré). Elle stimule les esprits au point qu'un prix d'un million de dollars est promis à quiconque la prouverait. Le Russe Grigori Perelman y parvint en 2003 (ce qui fut validé en 2006) – mais refusa le prix!

La topologie conforte la constatation qu'on a déjà pu faire en lisant ce chapitre : développée à partir d'idées très abstraites et formelles, elle rencontre un grand nombre d'applications : pour l'étude des particules fondamentales, en médecine (*tomographie, système vasculaire, imagerie*), en chimie, où l'on parle de *topologie moléculaire* par exemple.

Cantor : la théorie des ensembles jusqu'à la dépression

Alors qu'il travaille sur des séries de Fourier, Georg Cantor (1845-1918) se trouve en butte à des difficultés inattendues. Sur certaines collections de points de la droite des nombres réels, les séries ne se comportent pas toujours comme il s'y attend : elles peuvent ne pas converger ou converger vers une valeur étonnante.

Différents types d'infini

N'OUBLIEZ PAS !

Cantor fixe son attention sur ces collections ou ces ensembles et ses travaux aboutissent à des caractérisations précises des divers infinis que l'on doit associer à des ensembles. Il y a d'abord l'infini, que l'on peut numéroter; à chaque élément d'un ensemble de ce genre, on associe un numéro : on crée ainsi une *bijection* (une correspondance, « un à un », entre les éléments de l'ensemble et les entiers naturels, qui fournissent les numéros). On dira que les collections qu'on peut numéroter sont *infinies de la même façon* ou encore qu'elles ont *le même cardinal que N.* Déjà, les bizarreries existent : il y a « autant » de nombres pairs que de nombres, alors que seulement un nombre sur deux est pair. Discutant avec Dedekind, Cantor réussit à montrer une chose plus étonnante : on peut numéroter l'ensemble des *rationnels* (des fractions) ! C'est vraiment curieux car, entre deux entiers, il y a une infinité de nombres rationnels, et même, entre deux rationnels (aussi proches que l'on veut l'un de l'autre), il y en a une infinité d'autres. Quoi qu'il en soit de notre intuition, la démonstration est formelle, impeccable : le cardinal de l'ensemble des rationnels est le même que celui des entiers naturels. Pour atteindre un infini plus grand ou plus puissant, il faut prendre un intervalle de nombres réels (ou encore tous les réels) : en effet, Cantor démontre que les points d'un segment de droite ne peuvent pas être numérotés. Le cardinal de cet ensemble est supérieur à celui des entiers : on l'appelle *puissance du continu.* Comme un mathématicien a toujours le désir de généralisation, Cantor montre qu'à partir d'un ensemble infini quelconque, on peut créer un autre ensemble infini de manière que cet infini soit supérieur au précédent. Conséquence imparable : il existe une suite infinie et croissante des nombres infinis. Un inventeur peut être lui-même sidéré par ce qu'il a trouvé : lorsqu'il eut démontré qu'il y a même cardinal entre la droite et le plan, Cantor écrivit à Dedekind : « Je le vois, mais je ne le crois pas. »

L'ensemble, une idée claire qui se contredit

Les travaux de Dedekind, Cantor, Poincaré, etc. ont mis en avant une idée admirable de clarté, de netteté, de généralité, l'idée d'*ensemble.* À partir de cette source limpide et de quelques axiomes aussi satisfaisants, on va pouvoir rebâtir toutes les mathématiques. Hilbert dit que cette « théorie des ensembles était le paradis créé par Cantor pour les mathématiciens ». On peut redéfinir les nombres entiers comme des ensembles, qui se génèrent à la suite les uns des autres : on appelle *zéro* l'ensemble vide ; on appelle *un* l'ensemble ayant comme élément unique zéro, puis *deux* l'ensemble ayant comme seuls éléments zéro et un, et ainsi de suite.

Hélas, les mathématiciens sont chassés du paradis cantorien. Un des responsables de cette dégringolade est le philosophe, logicien, mathématicien et militant pacifiste Bertrand Russell (1872-1970, voir Chapitre 33). Il invente en 1901 le paradoxe suivant : on réalise qu'il y a des ensembles qui ne sont pas *éléments d'eux-mêmes* (l'ensemble des maisons d'une certaine ville n'est pas une maison de la ville) et il y en a qui sont *éléments d'eux-mêmes* (l'ensemble des idées abstraites est une idée abstraite). Cela étant posé, considérons l'ensemble des « ensembles du premier genre » (ceux qui ne sont pas éléments d'eux-mêmes). Cet ensemble est-il élément de lui-même ?

Si oui, alors il en a la propriété caractéristique et « il n'est pas élément de lui-même ».

Si non, alors il n'en a pas la propriété caractéristique et « il est élément de lui-même »

Il se passa quelque chose de comparable à ce qui était advenu lors de la *crise des irrationnelles* dans l'Antiquité (voir Chapitre 2) : au lieu de se laisser abattre et d'abandonner la théorie des ensembles, les mathématiciens (et les logiciens) précisent, améliorent l'édifice : ils analysent les « règles du jeu » pour qu'une collection puisse être considérée comme un ensemble ; n'importe quoi ne peut pas être un ensemble (par exemple l'ensemble de tous les ensembles), ou n'importe quoi qui est dans un ensemble ne peut pas en être un élément (par exemple, l'ensemble des nombres pairs n'est pas un élément de l'ensemble des nombres entiers).

Cependant, ces réorganisations déclenchent de rudes controverses parmi les spécialistes des fondements des mathématiques. La solution la plus largement adoptée est appelée *axiomatique ZFS* (du nom des trois mousquetaires de cette théorie : Ernst Zermelo, Abraham Fraenkel et Thoralf Skolem).

Nicolas Bourbaki, le mathématicien qui n'existait pas

Il est sans doute le mathématicien le plus célèbre du XXe siècle et, cependant, il n'existe pas ! Bourbaki est le pseudonyme collectif qu'un groupe de jeunes mathématiciens (une majorité de Français) qui entreprend, dans les années 1930, de réécrire toutes les mathématiques ! Du début à la fin ! D'ailleurs, leurs objets mathématiques, dans une certaine mesure, n'existent pas non plus : « en Bourbaki », on traite de la notion de parallèle sans tracer la moindre droite ou le moindre plan : tout, dans les mathématiques de Bourbaki, est *abstrait, axiomatique* et *ensembliste.* D'ailleurs, le traité de ce groupe est publié sous le titre d'*Éléments de mathématique* ; l'absence de « s » signifie qu'il n'y a pas une « géométrie » avec des figures, des rotations, etc., une algèbre avec des équations ou des matrices, une analyse avec des fonctions, etc. Il y a une mathématique avec des structures générales, abstraites et axiomatiques. Tout le reste peut en découler comme application particulière. On comprend bien le côté radical d'une pareille entreprise. Des critiques se sont fait jour contre cette école, et le programme de Bourbaki est jugé outrancier selon certains, dogmatique selon d'autres (ou les mêmes).

PORTRAIT

Les « Bourbaki » démasqués

L'impulsion est donnée par André Weil et Henri Cartan, rejoints par Claude Chevalley, Jean Coulomb, Jean Delsarte, Jean Dieudonné, Charles Ehresmann, René de Possel, Szolem Mandelbrojt. Ceux-ci constituent le noyau des fondateurs de *Bourbaki*. Un séminaire, une association et la publication des travaux assurent depuis, le renouvellement du groupe qui a attiré la fine fleur des mathématiciens français, mais pas tous !

Les beaux monstres de Benoît Mandelbrot

Un fabriquant de monstres est bien placé pour en repérer un autre. Benoît Mandelbrot (né en 1924) lui-même inventeur de fantastiques monstruosités géométriques, aime beaucoup les invraisemblables courbes de Giuseppe Peano, capables de « remplir un carré » ! Si l'on n'y réfléchit pas, on risque de passer à côté de l'extravagance de la chose : en effet, un enfant en coloriant fait des courbes à l'aide de son crayon de couleur, et « remplit » son carré. Ce n'est pas pour autant qu'un fauteuil lui est promis à l'Académie des sciences ! En revanche, si on réalise qu'une courbe mathématique (qui est une ligne) n'a pas d'épaisseur (donc de surface), on trouvera plutôt étrange qu'elle fasse office de crayon de couleur. Peano n'aurait pas pu deviner que ses « courbes approximantes » seraient un jour utilisées pour étudier le réseau fluvial ou les coupes du cerveau. Ces objets géométriques sont en effet étranges car ils n'ont pas de dimension habituelle. Normalement, on a des lignes de dimension 1, des surfaces de dimension 2, des volumes de dimension 3, l'espace-temps de dimension 4, etc. Depuis deux ou trois siècles, ça n'a rien d'étrange ! Mais les nouvelles venues, les courbes de Peano, sont « entre deux » : entre ligne et surface ou entre surface et volume… de dimension 1,5 par exemple. La notion de dimension semble vaciller. Cantor avait envisagé la chose dès 1877 avec inquiétude. On crut un moment que les mathématiciens perdaient ni plus ni moins l'esprit que les peintres abstraits ou les musiciens dodécaphonistes de la même époque !

ATTENTION !

Benoît Mandelbrot bouleverse l'idée que l'on se fait des objets géométriques. Traditionnellement, les sphères ou les triangles sont considérés comme des objets acceptables par les mathématiciens, mais pas les nuages ni les arbres. On croit que les mathématiques expliquent le monde et les phénomènes car nous ne reconnaissons comme scientifiques que ce qu'elles expliquent. En pensant ainsi, on tourne en rond. Il faut accepter des modèles mathématiques moins simples. L'exemple qui a rendu Mandelbrot célèbre est celui de la mesure des côtes de Bretagne, qui change constamment selon l'échelle de mesure. Cette côte possède une dimension qui est entre 1 et 2, c'est une grandeur qui est plus qu'une ligne et moins qu'une surface. Avec cette idée de dimension non entière, on peut s'attaquer à une foule d'objets qui avaient échappé à la mathématisation : les nuages, les réseaux fluviaux, etc. Ce sont des *objets fractals.*

L'invention de l'ordinateur

Blaise Pascal inventa une machine à calculer, la *pascaline,* dans les années 1650 ; en 1801, Joseph Marie Jacquard fit guider les métiers à tisser par des cartes perforées. Vers 1830, l'astronome anglais Charles Babbage inventa un *analytic engine* à vapeur pour réaliser automatiquement et à échelle industrielle des quantités énormes de calculs utiles en astronomie, des tables de sinus notamment. Il n'est pas sûr cependant que ces inventions puissent être considérées comme des précurseurs des ordinateurs que nous connaissons et qui voient le jour dans la première moitié du XXe siècle. En particulier, la notion de programme, d'intelligence artificielle en est complètement absente. Une démonstration – peu connue – produite par lord Kelvin en 1879 mérite un coup de chapeau particulier : il montre que les *équations différentielles* peuvent être résolues par une machine (qui restait à construire).

Qui a tué Alan Turing ?

En 1954, le mathématicien anglais Alan Turing mangea une pomme empoisonnée au curare. Peut-être s'agit-il d'un suicide ; peut-être pas. Dans ce cas, qui joua le rôle de la méchante marâtre de Blanche Neige ? On ne le sait pas de façon certaine. Ce que l'on n'ignore pas est que Turing a été condamné en 1952 par la justice anglaise pour homosexualité, et doit choisir entre la prison et des piqûres aux hormones ! Turing est détenteur de secrets qui peuvent avoir d'immenses applications militaires et stratégiques… et pour cause, puisqu'il en est l'inventeur. De là à penser que les Russes désirent avoir barre sur lui (en utilisant sa « faiblesse »), il n'y a qu'un pas ; or, il ne doit pas succomber aux Russes ! De là à supposer qu'Américains et Anglais font le nécessaire pour que jamais il ne puisse en être ainsi, il n'y a qu'un nouveau pas… que nombre d'auteurs ont franchi, à commencer par sa biographe Anne Hodges. En 1936, Turing publie un article théorique de logique mathématique dans lequel il décrit avec précision une machine universelle capable de réaliser tous les calculs imaginables. Cette machine est l'équivalent logique d'un ordinateur. Doit-on en conclure que la machine de Turing est à l'origine des ordinateurs ? D'une certaine façon, c'est indiscutable ; d'un autre côté, cette machine théorique n'a pas directement inspiré les constructeurs ; ceux-ci ont plutôt suivi les performances des calculatrices, plus limitées théoriquement mais de plus en plus rapides. On pourrait sans doute soutenir que, si la machine de Turing n'avait jamais été imaginée, les ordinateurs auraient cependant vu le jour.

ATTENTION !

Un simple ruban

La machine idéale (quoique concrètement réalisable) de Turing est constituée des cinq éléments suivants : *une bande* de cases ou ruban (éventuellement de longueur infinie, auquel cas elle cesse d'être concrètement réalisable) ; une *tête de lecture et d'écriture,* qui se déplace le long du ruban, lit ce qui y est inscrit et peut inscrire un nouveau symbole si l'ordre lui est donné ; un *registre d'état* (ou partie de contrôle), qui enregistre et garde en mémoire l'état actuel des cases du ruban (les symboles qui y sont inscrits) ; *une table d'action,* qui est comme un programme ordonnant à la tête de lecture ce qu'elle doit faire (quoi écrire et où aller) ; enfin, *un alphabet de symboles,* fréquemment réduit aux deux seuls éléments *0* et *1* : ce sont eux qui sont lus et écrits dans les cases.

Pour l'essentiel, tous les ordinateurs modernes sont conçus selon ce principe : la partie de contrôle correspond au microprocesseur ; la bande, à la mémoire ; la tête de lecture, au bus de liaison mémoire/microprocesseur ; l'alphabet, au langage de programmation.

Celui qui récolta la gloire et les honneurs

John von Neumann (1903-1957) est, au début des années 1940, un mathématicien et un théoricien de la *physique quantique* de renommée mondiale. Lorsqu'il s'associe à l'équipe des chercheurs de l'université de Pennsylvanie, qui vient de concevoir la première calculatrice électronique, il leur apporte son prestige et la promesse de gros budgets, mais, en contrepartie, s'approprie la paternité de l'invention qui va émerger de leurs travaux communs : l'ordinateur. À l'époque, von Neumann, Mauchly et Eckert signent ensembles l'article qui décrit l'architecture générale des appareils à venir. La suite est une longue succession d'épisodes infiniment complexes et enchevêtrés : on y rencontre des industriels, des théoriciens purs, des ingénieurs, des bricoleurs de génie, des militaires, des espions, des voleurs d'idées, des idéalistes qui, au cours de la seconde moitié du XXe siècle, contribuent à transformer l'ordinateur : le premier Mark 1 d'IBM exposé en 1944 mesure 16 mètres de long, 2,60 m de haut, et nécessite des centaines de kilos de glace pour son refroidissement. Il multiplie deux nombres d'une vingtaine de chiffres en trois secondes ; le résultat est fourni sous forme codée par une carte perforée.

Gödel fait déprimer ses collègues

Les mathématiciens sont souvent comme des enfants qui cassent leurs jouets. On a vu comment ils déstabilisent la géométrie euclidienne. Le logicien et mathématicien Kurt Gödel (1906-1978) fait pire : en 1931, il démontre un théorème qui peut plonger ses collègues dans une sévère dépression. Au terme d'un raisonnement complexe, il établit une propriété que l'on peut présenter ainsi : soit une théorie mathématique riche comme l'arithmétique (mais ça fonctionne pour les autres) ; il existe des faits arithmétiques vrais que l'on ne peut pas démontrer à l'aide des outils de la théorie arithmétique. Cette théorie est dite *incomplète.* On savait depuis toujours que certaines propriétés qui avaient toutes les raisons d'être vraies n'étaient pas démontrées (ainsi le grand théorème de Fermat) ; mais l'idée commune était qu'elles pouvaient l'être (à force de temps et d'inventivité). Ce que démontre Gödel est qu'il existe de telles vérités à jamais indémontrables.

Chapitre 28

La physique s'émancipe

Dans ce chapitre :

- La mécanique gagne la première manche
- L'aimant et le courant électrique s'associent
- La lumière rejoint l'association
- Les ondes gagnent la seconde manche
- Les principes de l'énergie
- Matière ou énergie : quel est le plus réel ?
- La connaissance du monde d'un point de vue statistique

Au XIXe siècle, il semble que l'on assiste à une avancée inexorable des sciences physiques et chimiques, qui accumulent succès et découvertes. La mécanique théorique ou appliquée est un superbe édifice auquel les mathématiques offrent toute la finesse et la précision désirable, l'astronomie étend les connaissances, depuis la découverte par prévision mathématique de nouvelles planètes jusqu'à celle des galaxies, l'optique physique, la *thermodynamique* (étude de la chaleur), l'électricité et l'électromagnétisme ouvrent d'immenses champs nouveaux aux sciences de la nature. C'est au point que l'un des grands acteurs de ces découvertes, James Clerk Maxwell, inaugure une série de conférences sur la physique donnée à Cambridge en 1871 en prévoyant que dorénavant, « les hommes de sciences passeront leur temps à ajouter quelques décimales aux grandes constantes de la physique ». On verra qu'il faut déchanter et que de formidables fissures mettent en danger l'édifice. Ce sera la tâche des savants du XXe siècle de poursuivre l'aventure en prenant acte que celle-ci ne se terminera probablement jamais tant il est vrai que les réponses qu'apportent les théories scientifiques s'accompagnent d'autant – sinon plus – de questions nouvelles.

L'apparent triomphe de la mécanique

La mécanique, étude des mouvements et des forces qui régissent les systèmes de corps matériels, a régné au XVIIIe siècle et elle semble encore accroître son pouvoir dans la première moitié du XIXe. L'étude des milieux continus, des fluides, de l'élasticité connaît des progrès remarquables grâce à la mobilisation de mathématiques puissantes et sophistiquées. On doit aussi mentionner la découverte et le calcul par Coriolis, vers 1835, de l'effet suivant : lorsqu'on étudie le mouvement d'un corps, c'est toujours en référence à un certain repère : quels sont les effets du mouvement (de rotation par exemple) du repère de référence sur le mouvement étudié dans ce repère ? Il faut ajouter des forces centrifuges complémentaires, dont Coriolis donne une théorie très satisfaisante.

Foucault « prouve enfin » le mouvement de la Terre

Une conséquence des découvertes récentes de la mécanique, et en particulier de la *force de Coriolis,* modifie la science des mouvements étudiés dans le repère Terre puisque celui-ci est en rotation par rapport à l'axe des pôles. C'est ainsi que Ferdinand Reich résout le vieux problème de la déviation vers l'est d'un corps grave en chute libre : celui-ci ne tombe pas exactement à la verticale, comme le montre Reich, qui confirme cette thèse en faisant tomber une bille au fond d'un puits de mine situé dans la ville de Freiberg et profond de 158 mètres. La déviation moyenne est de 28 millimètres ; elle est due au mouvement de la Terre.

La plus célèbre expérience fondée sur ce principe et due à Léon Foucault (1819-1868), qui est un expérimentateur exceptionnel : en 1851, il suspend en haut de la voûte du Panthéon un poids de 28 kilos au moyen d'un fil d'acier de 67 mètres. L'idée est la suivante : son pendule géant oscille dans un plan ; or, ce plan a toutes les raisons d'être fixe par rapport à l'espace au sein duquel la Terre tourne ; autrement dit, ce plan ne tourne pas alors que la Terre tourne ; il est donc possible de rendre visible le mouvement de rotation terrestre (grâce à un stylet qui vient effleurer un léger bourrelet de sable formant un vaste cercle sur le sol). La démonstration est spectaculaire, et des foules se pressent au Panthéon pour « voir tourner la Terre ». De nombreuses reprises de l'expérience du Panthéon sont organisées aux quatre coins du monde. C'est indiscutablement un beau succès de la mécanique.

Galilée l'avait manquée, Le Verrier l'a devinée !

Le plus éclatant triomphe de la mécanique va venir du ciel. En 1781, un peu par hasard, on découvre la planète Uranus : immédiatement, les mathématiciens astronomes sortent l'artillerie newtonienne et mettent en équation la nouvelle venue : ils calculent quelles doivent être sa masse, sa trajectoire, son foyer, etc. Or, Uranus ne se comporte pas très bien puisque sa trajectoire est bizarrement déviée et ne s'accorde pas bien aux prévisions des lois de Newton et de la mécanique céleste.

En 1845, un excellent jeune astronome du Bureau des longitudes à Paris, Urbain Le Verrier (1811-1877), reprend le dossier et se demande si c'est la théorie mécanique newtonienne qui est prise en défaut ou alors si d'autres influences existent, en plus de celles du Soleil, de Jupiter et de Saturne, les seules qui soient significatives et connues. Le Verrier fait alors une hypothèse hardie, sur la base d'une confiance totale dans la théorie mécanique : supposons qu'il existe un corps étranger circulant non loin d'Uranus et suffisamment massif pour dévier la planète. L'analyse de cette déviation et les mathématiques lui permettent – au prix de quelques simplifications – de prévoir les principales propriétés que devrait avoir ce corps étranger. Le 18 septembre 1846, il pense savoir où doit se trouver l'intrus. Il écrit à son collègue berlinois Johann Gottfried Galle et lui suggère de braquer son puissant télescope en un endroit précis du ciel… Le soir même du jour où il reçoit l'information, Galle obtempère et, à 52 minutes d'arc près, découvre une planète nouvelle qui sera bientôt baptisée Neptune.

Le Verrier a du talent ; il a aussi de la chance car, un an avant qu'il ait terminé ses calculs, le jeune Anglais John Couch Adams (1819-1892) avait transmis au directeur de l'observatoire de Londres, George Airy, un descriptif de la trajectoire de la nouvelle planète dont lui aussi supposait l'existence. Airy ne réagit pas et lorsque, enfin, les astronomes anglais réalisent qu'ils « tiennent » un coup formidable, il est trop tard, Le Verrier et Galle ont déjà découvert Neptune et en ont informé le monde. C'est bien sûr un triomphe personnel pour Le Verrier, mais plus généralement pour la mécanique qui a permis cette sensationnelle prévision.

PORTRAIT

Le « bon » perd, le « méchant » gagne

Ils sont deux engagés dans la chasse à la planète inconnue. Le Verrier, qui obtient la palme à Paris, et Couch Adams, qui est victime de la négligence de son supérieur à Londres. Cet épilogue est regrettable car Le Verrier est un savant odieux alors que Couch Adams est méritant et sympathique. Méritant car il est né dans une famille de paysans pauvres, et son d'éducation ne suit pas la « voie royale ». Sa mère, Tabitha, assure d'abord le minimum en ce qui concerne l'apprentissage de la lecture et de l'écriture. À l'école du village, le maître enseigne ce qu'il peut et John acquiert une bonne part de ses connaissances en autodidacte.

Les choses s'arrangent quand il intègre Cambridge, où il brille aussi bien en grec qu'en mathématiques. Plus tard, alors qu'il a bel et bien calculé et prévu Neptune, qu'il a essayé par trois fois de rencontrer son patron George Airy pour l'en convaincre, alors donc qu'il a tout fait pour gagner cette course – et qu'en un sens, il l'a effectivement remportée –, c'est lui qui subit les moqueries et accusations venues de France : « astronome incompétent, plagiaire et voleur »... Sa carrière est cependant brillante, et la mésaventure « neptunienne » ne stérilise pas ses capacités d'invention. À l'inverse, Urbain Le Verrier prouve à quel point son prénom est mal accordé à son tempérament. Il est nommé directeur de l'Observatoire de Paris, où son autoritarisme et sa suffisance dressent contre lui les astronomes et le personnel en général. Il déclare par exemple devant l'Académie qu'« on ne doit pas publier les noms des aides astronomes qui font des découvertes, dont tout le mérite revient exclusivement au directeur sous les ordres duquel ils sont placés » ! Il harcèle, puis licencie des astronomes de talent, doit affronter une véritable mutinerie au terme de laquelle il est relevé de ses fonctions en 1870. Trois ans plus tard, il reprend le pouvoir à l'Observatoire... pour quelques mois seulement, puisqu'il meurt en septembre de la même année.

Vertiges de l'astrophysique moderne

On a commencé à mesurer les distances entre les étoiles qu'au XIXe siècle. La première méthode s'appuie sur l'idée suivante : les étoiles doivent être du même genre que le Soleil ; donc, plus elles brillent, plus proches elles sont. On obtient une première idée des distances immenses des étoiles, quoique la méthode soit très grossière car la luminosité intrinsèque des étoiles peut être 50 fois plus puissante ou plus faible que celle du Soleil. Les distances sont si grandes que l'on ne voit pas les étoiles se déplacer les unes par rapport aux autres, comme on voit les objets proches défiler devant les plus éloignés, lorsqu'on voyage.

Au XXe siècle, on exploite une autre méthode : la mesure de la *parallaxe stellaire* : depuis 1838, grâce à Bessel, on peut repérer un écart d'angle d'observation d'une étoile, vue de la Terre, à six mois de distance (en effet, l'orbite terrestre est assez grande pour que des appareils très précis prennent cette variation en compte). Connaissant cet angle de parallaxe, et le diamètre de l'orbite terrestre, on en déduit la distance de l'étoile. Notre plus proche voisine, Proxima du Centaure, est à un peu plus de 3,26 années-lumière, soit $3{,}09.10^{13}$ kilomètres.

D'autres méthodes sont nécessaires pour évaluer la distance d'étoiles plus cachées, comme la méthode des *céphéides* (du nom de la constellation de Céphée) : elles brillent différemment au cours du temps, de façon périodique ; on sait calculer cette période et la quantité de lumière qu'émet l'étoile ; on mesure donc la quantité de lumière qui atteint la Terre. Sachant que la quantité de lumière décroît comme le carré de la distance, on peut en déduire cette dernière : la constellation d'Andromède peut être située grâce à cette méthode, à environ une dizaine d'années-lumière.

Pour les objets plus lointains et plus massifs, comme les galaxies ou les amas de galaxie, cette méthode délicate n'est plus applicable. Au fond, on reprend, en grand, l'idée des premières évaluations : on suppose que les étoiles les plus brillantes d'une même galaxie ont la même luminosité intrinsèque ; de même, on suppose que les galaxies les plus brillantes d'un amas de galaxie ont, elles aussi, la même luminosité intrinsèque. Il « suffit » alors de mesurer la lumière qui nous parvient, venant de là-bas, et le tour est joué ! En réalité, ces mesures sont terriblement délicates et reviennent à interroger puis interpréter les réponses fournies par les quelques photons ainsi obtenus.

Ce sont là des méthodes modernes et récentes ; en effet, ce n'est que dans les années 1920 que l'on comprend qu'il existe des galaxies distinctes de la nôtre. Jusqu'alors, on discutait pour savoir si les nébuleuses observées ne font pas partie de la Voie lactée, comme nous.

La matière noire

L'étude de ces ensembles de matière et d'énergie réservait (et réserve encore) bien des surprises. On emploie deux méthodes pour mesurer la masse d'une galaxie : la première consiste à étudier sa luminosité et la seconde, son mouvement de rotation. Les étoiles, les gaz émettent de la lumière qui, analysée, fournit une mesure de la masse émettrice, dite « masse lumineuse » ; par ailleurs, de même que l'on déduit la masse du Soleil de la rotation terrestre autour de lui, ainsi déduit-on la « masse dynamique » de la galaxie à partir des mouvements de rotation de ses composants. Or, les deux mesures diffèrent totalement. Les premières études menées en 1933 par le Suisse Fritz Zwicky dans l'amas du Coma sont sidérantes : la masse dynamique est 400 fois supérieure à la masse lumineuse ! Zwicky, réputé pour son caractère difficile, ne réussit pas à émouvoir ses collègues, mais en 1936, Sinclair Smith réitère la manœuvre dans l'amas de la Vierge en obtenant un facteur 200. Après amélioration des théories, de la connaissance des types d'étoiles, etc., les astronomes stabilisent l'affaire, qui reste extrêmement préoccupante. Depuis 1970, grâce notamment aux travaux de l'astronome américaine Vera Rubin, il est généralement admis que la matière visible d'une galaxie spirale est 10 fois inférieure à la matière invisible ! Or, le terme « invisible » doit être pris au sens fort : il n'exclut pas seulement la bande des longueurs d'ondes correspondant à notre vue, mais bel et bien toutes les longueurs d'ondes que les instruments humains savent explorer. Cette « matière noire » (*dark matter*), qui représente 90 % de l'Univers, est à ce jour l'objet de théories diverses, variées et magnifiques dont aucune ne s'est imposée. Nous ignorons la nature de la matière noire. Certains savants réfutent son existence et suggèrent qu'il serait plus raisonnable de modifier les lois générales de la physique actuellement admises.

L'électricité et l'électromagnétisme

Nous avions laissé l'électricité là où les travaux de Cavendish et Coulomb l'avaient menée, c'est-à-dire à la découverte de la loi d'attraction et de répulsion des corps chargés électriquement (voir Chapitre 24). Au cours du XIXe siècle, les développements de ce domaine de la physique sont immenses.

La pile électrique

Les bouteilles de Leyde, censées contenir du fluide électrique soudain déchargé, vont laisser la place à une invention remarquable, la pile électrique d'Alessandro Volta (1745-1827), professeur à l'université de Pavie. Cet appareil capable de stocker de l'électricité est créé vers 1800 : la pile se compose alors de couples de disques zinc-cuivre en contact direct et séparés par du carton humide. Les physiciens anglais Carlisle, Nicholson et surtout le très talentueux Humphry Davy réalisent que cette capacité de stockage est liée aux propriétés chimiques du liquide et des métaux employés. Ce sont les réactions chimiques se déroulant au sein de l'appareil qui libèrent de l'énergie que la pile restitue sous forme électrique. La pile de Volta est présentée à l'Institut de France. À partir de ce moment et grâce aussi à de nouvelles découvertes, les piles deviennent un des instruments les plus utiles des laboratoires de physique et de chimie.

L'aiguille de la boussole est déviée !

Il est de ces gestes simples dont la portée est immense. Ainsi de cette expérience que le physicien danois Hans Christian Œrsted (1777-1851) réalise en 1820 ; bien rares sont celles qui eurent un pareil retentissement. Il tend une portion rectiligne d'un fil où circule un courant produit par une pile électrique au-dessus d'une aiguille aimantée et parallèlement à sa direction. L'aiguille est déviée! L'influence du courant électrique sur le champ magnétique est manifeste. La première pierre de ce qui va devenir l'*électromagnétisme* est posée. Bien entendu, entre la première pierre et l'édifice développé, presque tout reste à faire. La fièvre électromagnétique s'empare des laboratoires en 1820 ; les plus grands physiciens se lancent dans l'aventure, Ampère, Arago, Biot, Faraday. L'enjeu est important : produire une théorie de la déviation de l'aiguille aimantée, ou plutôt une théorie des relations entre le courant électrique et le champ magnétique. Dès la fin de l'année, en octobre, Jean-Baptiste Biot (1774-1862) et Félix Savart (1791-1841) donnent les mesures des interactions entre aimants et courants ; la force exercée sur le pôle magnétique dépend de la distance entre l'élément de courant électrique et le pôle, elle dépend aussi de l'angle que font l'axe de l'aimant et le courant et aussi de l'intensité dudit courant électrique.

Le Newton de l'électricité

Il restait beaucoup à faire pour disposer d'une théorie complète des interactions électriques et magnétiques. Les travaux d'André Marie Ampère (1775-1836), commencés en 1820 et achevés en 1827, fournissent un cadre satisfaisant pendant le demi-siècle qui suit ; ce qui est considérable et remarquable si l'on songe aux innombrables idées, expériences, phénomènes nouveaux, appareillages et mesures sans cesse plus précis advenus dans cet intervalle. La théorie d'Ampère est vaste, mathématiquement très élégante et performante ; elle rassemble sous quelques notions générales de nombreux faits d'apparence fort différente, bref, c'est une magnifique théorie physique, si réussie que l'on ne tarde pas à surnommer Ampère le « Newton de l'électricité ». Il commence ses premiers exposés à l'Académie en 1820 en proposant d'abord la *loi d'interaction des éléments de courants électriques.* L'action mutuelle entre un courant électrique et un aimant, ainsi que celle de deux aimants se rangent sous la loi d'interaction des courants. Comment expliquer une si grande proximité entre l'électricité et le magnétisme ? Sous l'influence de Fresnel, Ampère élabore la théorie du magnétisme des aimants en imaginant qu'il résulte de l'action de microcourants circulant autour de chacune de leurs particules. Ampère donne en 1827 un traité magistral qui fait la synthèse de ses découvertes, la *Théorie mathématique des phénomènes électrodynamiques, uniquement déduite de l'expérience.* Des historiens des sciences ont sévèrement critiqué cet intitulé, récusant la possibilité même que les idées et les théories d'Ampère aient pu « découler comme naturellement ou nécessairement » de l'expérience. Ils ont montré que des idées abstraites et générales, que des choix souvent assez libres (notamment dans sa manière de mathématiser les choses) avaient guidé Ampère tout autant que ses expériences, aussi remarquables qu'eussent été ces dernières.

Un problème général posé à Ampère et à tous ses collègues est le suivant : presque tous aiment et admirent la théorie newtonienne de l'*attraction des corps* : deux corps exercent l'un sur l'autre une force agissant dans la direction déterminée par ces deux corps. Ils aimeraient que les « nouvelles » forces (produites par les courants et les aimants) se comportent de même, ce qui contribuerait à l'unité de la physique, but et horizon quasi permanent des savants. Or, il n'en est rien, les forces créées par un élément de courant sur un aimant ou par un aimant sur un élément de courant n'agissent pas selon cette direction, mais transversalement. Les faits demeurent têtus ! Il allait falloir inventer et développer la notion de *champ électrique*, de *champ magnétique* et finalement de *champ électromagnétique* pour rendre compte des lignes de forces qui représentent les directions d'action des forces, un peu comme des tourbillons créés autour du fil ou de l'aimant.

Le moteur électrique

Les applications de ces recherches sont gigantesques ; les moteurs électriques y trouvent leur origine, et c'est presque immédiatement, en 1820, qu'Arago, en réalisant et décrivant l'aimantation d'un morceau de fer par des courants électriques, invente l'électroaimant.

Cette association de l'électricité au champ magnétique se constate dès lors que l'on veut établir des mesures électriques : les appareils qui servent à mesurer l'intensité (les *ampèremètres*), ou la tension (les *voltmètres*) mesurent en fait la déviation d'une aiguille liée à une bobine électrique sous l'effet d'un aimant. Les premiers *galvanomètres* (c'est le nom général de ces divers appareils) sont inventés vers 1820 (décidément année cruciale), par Johann Schweigger et Wilhelm Weber ; plus tard (en 1851), William Thomson (lord Kelvin) met au point le très précis galvanomètre à aimant mobile.

La théorie du fluide électrique (ou des fluides), invisible mais réel, qui est censé s'écouler d'un corps à l'autre pour le charger ou le décharger en électricité ne survit pas à tous ces travaux. Pour les Œrsted, Ampère ou Arago, et pour tous leurs collègues, à partir des années 1820, on a affaire à des actions à distance (analogues quoique différentes à l'attraction gravitationnelle), et la nouvelle science de l'électricité se fixe comme programme de décrire mathématiquement ces actions.

Les grandeurs essentielles de l'électricité

Ampère, puis Ohm et Faraday notamment précisent les grandeurs physiques impliquées dans les phénomènes électriques. Pour qu'un courant s'établisse entre deux éléments d'un circuit, il faut que ceux-ci ne soient pas au même potentiel, de même que, pour qu'un courant d'eau s'établisse entre deux bassins, il faut que ceux-ci soient à des hauteurs différentes. La notion de *potentiel* ou mieux, de *différence de potentiel* est donc nécessaire pour comprendre ce qui se passe. L'unité de potentiel est baptisée *volt.* Un circuit électrique ne peut fonctionner que si un dispositif maintient cette différence de potentiel, un peu comme une pompe qui ferait remonter de l'eau pour qu'elle se retrouve plus haut et puisse recommencer à s'écouler. Tel est le rôle des piles par exemple. Une certaine quantité d'électricité (des charges positives ou négatives) circule donc dans le circuit : la quantité – mesurée en *coulombs* – qui s'écoule en une unité de temps peut varier pour une différence de potentiel donnée, cette charge électrique par unité de temps est l'intensité du courant, comme un flux d'eau qui peut être plus ou moins intense pour une différence d'altitude donnée (elle dépend de la taille du conduit par lequel elle s'écoule). L'intensité électrique est mesurée en *ampères.* Elle est d'autant plus forte que le conducteur (le fil électrique par exemple) laisse facilement circuler le courant ; le physicien Georg Simon Ohm (1789-1854) met en évidence la résistance d'une portion de circuit, grandeur dont dépend la relation entre le potentiel et l'intensité : si on note R la résistance d'une portion de circuit, I l'intensité du courant et U la différence de potentiel, alors, $U = R.I$; c'est la fameuse *loi d'Ohm,* qu'il découvre vers 1825, prolongeant des travaux entamés par Davy en 1821.

Les courants induits

Michael Faraday (1791-1867) commence sa carrière comme garçon de courses chez un libraire de Londres. Seul, il lit des ouvrages de chimie et d'électricité, assiste le soir à des conférences scientifiques ; il fait si bien qu'Humphry Davy lui offre un poste d'assistant à la Royal Society. Les deux hommes devaient plus tard se fâcher gravement, mais la carrière scientifique de Faraday est lancée. C'est lui qui découvre l'induction électromagnétique dans les années 1830 : soit un circuit électrique fermé placé au centre d'un champ magnétique (créé par exemple par un aimant) : lorsque le champ se modifie (comme lorsqu'il tourne), un courant se crée dans le circuit. C'est un peu le complément, la réciproque de l'électrodynamique. Des champs magnétiques créent des courants et Faraday note : « Tous ces résultats montrent que le pouvoir d'induire des courants électriques est exercé de manière circulaire par une résultante magnétique, ou axe de force, exactement comme les actions magnétiques circulaires sont produites par un courant électrique. »

En outre, lorsque Faraday fixe le champ magnétique et fait tourner le circuit, un courant électrique induit apparaît encore. Cette admirable découverte est à la base de l'invention des moteurs électriques puisqu'elle permet de transformer l'énergie électrique en mouvement – et donc en énergie mécanique.

De grandes controverses se développent pour comprendre la nature des phénomènes électromagnétiques désormais bien décrits et mesurés : les uns (Franz Neumann, Wilhelm Weber…), à la suite d'Ampère, en tiennent pour des actions à distance, immatérielles en quelque sorte (sur le modèle de l'attraction gravitationnelle) ; les autres, au premier rang desquels Faraday, imaginent que les effets électromagnétiques se propagent de proche en proche par l'intermédiaire d'un milieu subtil qu'ils nomment *éther électromagnétique.*

La quantité d'électricité se propage comme la chaleur

Les travaux de Fourier sur la propagation de la chaleur inspirent les électriciens et, en 1845, Gustav Kirchhoff étudie comment l'électricité « passe » dans des corps à trois dimensions (et pas seulement dans des fils) ; la voie qu'il a ouverte est parcourue par William Thomson (lord Kelvin, 1824-1907), qui démontre en 1845 l'analogie complète entre les équations de l'*électrocinétique* et la conduction thermique. Une fois encore, les mathématiques offrent une même expression à des phénomènes physiques pourtant différents. Kirchhoff et Thomson s'occupent d'application pratique des nouveautés scientifiques, notamment de la mise au point des câbles télégraphiques intercontinentaux.

L'électromagnétisme et la lumière

C'est à James Clerk Maxwell (1831-1879) qu'il revient de donner la plus vaste théorie générale des phénomènes magnétiques, électriques et électromagnétiques du XIXe siècle. Avant lui, Faraday avait déjà songé aux liaisons entre le magnétisme et la lumière ; l'*aimantation de la lumière,* comme il disait, « prouve que les forces magnétiques et la lumière ont des rapports mutuels ».

Le monde baigne dans l'éther

Dans la théorie de Maxwell, on a surtout affaire à des mathématiques ; ses quatre fameuses équations du champ électromagnétique sont capables de décrire, en tout point de l'espace, l'état des champs, des charges et des courants. L'évolution de la pensée de Maxwell s'étend de 1855 jusqu'à la publication de son *Treatise on Electricity and Magnetism,* qui devient la bible des électriciens. Il cherche à donner une explication mécaniste de tous ces faits et, pour cela, imagine un fluide partout présent, constitué de cellules en rotation capables de propager, de proche en proche, les propriétés des champs. Que fallait-il penser de cet *éther* électromagnétique et de cette théorie des tourbillons cellulaires ? Maxwell s'en explique en défendant « l'existence d'un milieu éthéré pénétrant tous les corps », mais en ajoutant presque immédiatement qu'il a « surtout pour but d'orienter l'esprit du lecteur vers des phénomènes mécaniques qui lui serviront à comprendre les phénomènes électriques » ; ces constructions « ont valeur d'illustration et non d'explication », insiste-t-il. Comme l'écrira Poincaré à la fin du siècle, « Maxwell ne donne pas une explication mécanique, mais se borne à démontrer que cette explication est possible ». Nous avons là un des plus beaux exemples d'une théorie de grande puissance et de grande généralité dont on ne sait pas – au fond – quelle est la véritable nature des objets dont elle parle. L'éther de Maxwell ne survivra pas aux théories du début du XXe siècle (la *relativité restreinte*), sans pour autant que les résultats qu'il en a tirés soient invalidés.

Des étincelles au fond du jardin

Thomson observe des décharges électriques d'un condensateur et montre que « le mouvement de l'électricité pendant cette décharge consiste en une série d'oscillations ». Il calcule les fréquences et l'amortissement de ces oscillations. Dans le modèle échafaudé par Maxwell, les actions électromagnétiques se propagent de proche en proche certes mais, à quelle vitesse ? La réponse est clairement suggérée lorsqu'il note qu'un signal électromagnétique peut se propager de proche en proche dans l'espace à une vitesse que la théorie prévoit identique à celle de la lumière. La lumière aurait-elle donc partie liée avec le magnétisme et l'électricité ? Heinrich Hertz (1857-1894), formidable physicien allemand professeur à Karlsruhe – mort extrêmement jeune – va fournir une réponse expérimentale convaincante.

Hertz réussit à provoquer des étincelles électriques secondaires dans un circuit, à partir de la production de fortes étincelles électriques primaires distantes les unes des autres. Il obtient des étincelles induites jusqu'au fond de son jardin, à partir de décharges électriques provoquées dans son laboratoire. Il montre que la transmission des unes aux autres met un certain temps et qu'elle obéit à un schéma oscillatoire : il semble bien qu'il puisse s'agir d'ondes et, qui plus est, d'ondes se déplaçant à la vitesse de la lumière. Mieux encore : lui-même ainsi que d'autres collègues produisent des « ondes électromagnétiques courtes » auxquelles ils font subir des traitements jusqu'alors réservés aux rayons lumineux : des réflexions sur des miroirs, des réfractions dans des prismes, etc. Si lui-même, quoique maxwellien, demeure assez prudent quant aux conclusions générales, les partisans de l'éther comme George Francis Fitzgerald, de Dublin, ou Oliver Lodge, de Liverpool, sont enthousiastes. Pour eux, Hertz a prouvé expérimentalement la théorie générale abstraite de Maxwell : l'électromagnétisme est de même nature que l'optique ; il s'agit d'ondes qui vibrent dans l'éther et se déplacent à la même vitesse. Les continentaux, surtout allemands comme Helmholtz et Clausius, mais aussi le Français Pierre Duhem expriment leur désaccord et affirment que les résultats de Hertz peuvent s'interpréter sans l'éther de Maxwell, par des actions à distance dépourvues de caractère ondulatoire.

Après une période de controverses sur les mesures de vitesse de ces ondes électromagnétiques, (difficultés débrouillées notamment par Henri Poincaré), l'analogie de ces phénomènes avec la lumière est reconnue par la communauté scientifique. La voie est ouverte à l'invention de la télégraphie sans fil : Hertz, en 1885, avait atteint la distance maximale de 20 mètres pour ses transmissions de signaux « sans fil » (de simples étincelles) et ne pensait pas que ses travaux pouvaient avoir des applications pratiques. Pourtant, c'est tout l'inverse qui advient : en 1896, l'Italien Marconi transmet des signaux à 10 kilomètres et, en 1901, on émet et reçoit depuis la Cornouaille jusqu'à Terre-Neuve les ondes hertziennes que l'on sait transformer à l'arrivée en ondes sonores !

L'irrésistible développement des phénomènes ondulatoires

Au XIXe siècle, la notion d'onde est présente dans les domaines de l'optique, de la chaleur, de la dynamique des fluides, de l'électricité, au point que la vague ondulatoire semble devoir recouvrir toute la physique et détrôner la notion de particule qui servait de base à la physique classique depuis Descartes, Galilée et Newton.

Newton avait tort : la lumière est une onde

ATTENTION !

Dès le XVIIe et au cours du XVIIIe siècle, des conceptions opposées à la thèse newtonienne de la *lumière-particule* avaient vu le jour, notamment celle qu'avait proposée Christiaan Huygens, décrivant la lumière comme une onde qui vibrait dans un éther omniprésent. Le géant britannique avait cependant la majorité des suffrages, en France particulièrement, jusqu'à ce qu'un autre Anglais, Thomas Young (1773-1829), réveille la thèse de Christiaan Huygens. Le dispositif qu'il invente en 1804 est le suivant : une source lumineuse émet des rayons qui passent par deux petites fentes percées dans un écran opaque ; sortant de ces deux sources secondaires, les deux faisceaux de lumière arrivent sur un nouvel écran, où elles forment des franges, des alternances de lignes sombres et brillantes, s'additionnant tout à fait comme des ondes, dont il sait calculer les longueurs. Il s'attaque, en 1817 à un vieux casse-tête optique : la double réfraction de la lumière par certains cristaux qui produit un rayon ordinaire et un rayon extraordinaire. En modifiant la théorie de Huygens et en supposant que la vibration de l'éther est transversale et non pas longitudinale, il réussit à expliquer cette double réfraction, ainsi que d'autres phénomènes optiques restés obscurs comme la *polarisation lumineuse.*

ANECDOTE

Un point lumineux au cœur de l'ombre

À Paris aussi, on devient insolent envers l'optique newtonienne, et Augustin Fresnel (1788-1827) entreprend avec succès de montrer que tous les phénomènes optiques connus s'expliquent fort bien sous hypothèse ondulatoire. Poisson, un membre éminent du jury de l'Académie auquel Fresnel a remis ses travaux, croit ruiner sa thèse en montrant qu'elle a une conséquence absurde : si on projette une lumière vers un écran et, qu'entre la source et l'écran, on place un disque opaque, la théorie de Fresnel aurait pour effet de faire apparaître un point lumineux, juste au centre de l'ombre portée du disque ! Voilà qui semble ridicule. Fresnel, ne se démontant pas, fait l'expérience et, ô surprise, fait apparaître le point lumineux, aussi clairement que si l'écran circulaire avait été absent. Le prix de l'Académie lui est attribué.

Comme toujours, des difficultés sont relevées par les partisans des diverses théories en présence, mais une expérience va faire pencher la balance du côté de la théorie ondulatoire : cette dernière prévoit que la lumière va plus vite dans l'air que dans l'eau, et la *théorie corpusculaire* annonce le résultat inverse : en 1848, Léon Foucault, à l'aide d'appareils optiques d'une formidable précision, les *spectroscopes,* peut comparer ces vitesses et apporter un argument de grand poids en faveur de l'onde lumineuse. Comme on le verra au chapitre suivant, la lumière-particule n'a cependant pas dit son dernier mot.

Rien n'échappe à Hermann von Helmholtz

À peu près n'importe quel paragraphe concernant la physique du XIXe siècle pourrait faire une place au physicien allemand Hermann von Helmholtz (1821-1894). Ce dernier énonce en 1847 le principe de conservation de l'énergie, et ses contributions à la physique statistique sont décisives (voir le paragraphe consacré à ce sujet dans la suite du chapitre). Son article présentant les domaines d'application de la conservation de l'énergie dans des domaines aussi variés que la contraction musculaire, l'électrostatique ou l'électrodynamique a tant d'impact qu'il se voit offrir la chaire de physiologie de l'université de Königsberg. Parmi ses étudiants le jeune Hertz est, grâce à lui, saisi par les énigmes de l'électromagnétisme.

Helmholtz est aussi très connu pour ses recherches parallèles sur la vision et les couleurs d'une part, l'audition et les sons de l'autre. Il propose trois caractères essentiels, toujours employés pour distinguer les couleurs : le *ton,* la *saturation* et la *clarté.* Il se laisse guider par une analogie entre les sensations oculaires et auditives, ce qui l'amène à définir trois paramètres pour l'analyse des sons : la *force,* la *hauteur* et le *coloris.* En 1862, il propose une théorie musicale de la perception en utilisant les séries mathématiques de Fourier.

Énergie et thermodynamique

Une nouvelle venue – ou presque – va se tailler une part de lion dans la physique du XIXe siècle, c'est l'*énergie.* Alors que le terme n'évoquait jusqu'alors qu'une notion très vague aux sens multiples, tout change à partir de découvertes majeures concernant la chaleur.

La conservation de l'énergie mécanique

Un corps ou un système de corps peut subir toute sorte de transformations : être déplacé, soulevé, déformé, chauffé, vaporisé, gelé, chargé électriquement ou déchargé, etc. Un premier terme général – le travail – recouvre beaucoup de ces effets ; sa manifestation la plus commune est le travail mécanique : par exemple, quand on élève une masse d'une certaine hauteur, on produit un travail. Un corps ou un système contient de l'énergie lorsqu'il est susceptible de fournir un travail. Ainsi, un ressort tendu, une masse d'eau à une certaine altitude, etc. sont des réservoirs d'énergie.

Lazare Carnot (1753-1823), dirigeant politique et militaire au temps de la Révolution française, accomplit en même temps une œuvre scientifique remarquable en clarifiant des aspects essentiels de l'énergie mécanique. Une pierre située à une certaine hauteur est capable de fournir du *travail mécanique,* c'est-à-dire de l'énergie qui est comme emmagasinée en elle, à proportion de sa masse et de la hauteur où elle a été placée ; on dit qu'elle a une *énergie potentielle.* Lorsqu'elle tombe en acquérant de la vitesse, elle consomme de l'énergie qui dépend notamment de cette vitesse, on parle alors de son *énergie cinétique.* L'exemple le plus simple est offert par un pendule qui, en se balançant, ne cesse de voir son énergie potentielle diminuer lorsqu'il descend et s'accroître lorsqu'il remonte ; inversement, son énergie cinétique s'accroît (avec sa vitesse) lorsqu'il descend et diminue à la remontée. Dans le langage de Carnot, cet échange s'exprime ainsi : « On perd toujours en temps ou en vitesse ce qu'on gagne en force. » Il montre ainsi que l'énergie d'un système mécanique est la somme de son énergie potentielle et de son énergie cinétique ; cette somme est constante. Évidemment, on sait qu'un pendule – et toute autre machine – s'arrête au bout d'un certain temps, car une partie de cette capacité de travail se disperse en raison des frottements. Avec Lazare Carnot, la notion d'énergie mécanique, exposée dans son *Essai sur les machines en général,* s'impose comme une des plus importantes de la physique moderne.

L'énergie calorifique est équivalente au travail mécanique

Le fils de Lazare, Sadi Carnot (1796-1832), polytechnicien à 15 ans, se passionne très tôt pour la physique, la dilatation des gaz en particulier. Il est bien établi que d'autres phénomènes mécaniques rendent les corps capables de fournir du travail ; le plus important de ceux-ci – à l'époque qui nous occupe ici – est la chaleur. Une machine à vapeur a pour fonction de transformer l'évaporation d'un liquide en mouvement mécanique. La chaleur serait donc une autre forme de l'énergie ; d'ailleurs, la transformation inverse est possible puisque, par exemple, une balle de plomb lancée très rapidement contre un obstacle peut, lors du choc, s'échauffer au point de fondre. De façon générale, tous les frottements des pièces d'un système mécanique provoquent des échauffements. La première idée fondamentale de Sadi Carnot est d'établir l'équivalence entre ces deux formes d'énergie : mécanique et calorifique.

Dans un court traité, rédigé en 1824, *Réflexions sur la puissance motrice du feu,* Carnot le jeune entrevoit ce qui allait devenir le *premier principe de la thermodynamique,* selon lequel un système isolé transforme l'énergie d'une forme à l'autre, sans que l'énergie totale augmente ni ne diminue. En réalité, il est à peu près impossible d'obtenir un système totalement isolé : des échanges de toutes sortes ont lieu avec l'extérieur (frottements, chaleur, rayonnement, modifications chimiques, électricité, etc.).

La découverte précise de l'équivalence entre le travail et la chaleur est complétée – ou vraiment réalisée – un peu plus tard par le physicien allemand Robert von Mayer (1814-1878) et le Britannique James Prescott Joule (1818-1889) : à partir de très nombreuses expériences et à l'aide de méthodes extrêmement variées (comme celle due à Joule en 1842 qui consistait à échauffer une cuve d'eau grâce à des pales d'hélice tournant dans le liquide), ils établissent qu'il existe un rapport constant entre le travail et la quantité de chaleur échangés dans un système fermé. Les résultats sont si probants que l'on a baptisé *joule* l'unité physique commune qui mesure aussi bien le travail, l'énergie, la quantité de chaleur. Comment mieux enregistrer l'équivalence de ces grandeurs physiques ?

Le second principe de la thermodynamique

Sadi Carnot avait donc vu que l'énergie obéit à un principe de conservation général ; il a surtout découvert un second principe tout différent : un principe d'*évolution des systèmes isolés.* Le travail mécanique peut fournir de la chaleur et réciproquement ; toutefois, cet échange n'est pas aussi aisé dans un sens que dans l'autre. Toute production de travail mécanique (la *puissance motrice,* écrit Carnot) s'accompagne d'un abaissement de température, et il ne peut y avoir de production de travail si l'on ne dispose pas de deux sources, une chaude et une froide. Autrement dit, la source chaude fournit bien du travail mécanique, mais une partie de son énergie est absorbée par la source froide. La conséquence en est que seule la différence entre la quantité de chaleur des deux sources est transformée en travail mécanique.

Un moteur thermique ne peut transformer qu'une part de son énergie calorifique en énergie mécanique, et le rendement d'une machine thermique est toujours inférieur à 1. Même dans le cas d'une machine idéale, comme celle que décrivit Carnot dans son mémoire, le rendement maximal indique cette impossibilité. On estime que ce rendement ne peut pas atteindre 50 %, même dans les conceptions les plus performantes.

Publié en 1824, le bref livre de Carnot reçoit un accueil honorable et sombre dans l'oubli. En 1834, Émile Clapeyron (1799-1864) exhume les travaux de Carnot, en améliore l'expression mathématique et les diagrammes. Le physicien anglais William Thomson et l'Allemand Rudolf Clausius en prennent connaissance en 1850 et 1851 et, sur ces premières fondations, créent véritablement la thermodynamique.

Au cours du XIXe siècle, d'autres formes d'énergie viennent renforcer ce domaine de la physique moderne : l'énergie électrique, chimique, nucléaire et de rayonnement.

Spéculations autour de l'entropie

Une conséquence importante de ces travaux est l'introduction – par Clausius à nouveau – du concept d'*entropie.* Quand un système passe d'une température élevée à une plus basse, l'évolution a une certaine valeur, nommée *entropie.* Elle est dite positive car, selon Clausius, elle correspond au comportement naturel de la chaleur ; à l'inverse, un passage de températures basses vers des plus élevées correspond à une entropie négative. L'entropie d'un système isolé a donc tendance à s'accroître jusqu'à ce qu'aucune énergie ne puisse plus être échangée. Des spéculations, assez hasardeuses, visent à appliquer ce concept à l'Univers entier qui irait, alors, vers un état stationnaire d'entropie maximale. Elles sont hasardeuses car elles sous-entendent l'existence d'une valeur maximale de l'entropie et aussi parce qu'il ne semble pas raisonnable de pouvoir considérer l'Univers comme un système isolé relevant du second principe de la thermodynamique.

Un jeune homme oublié

Le destin de Sadi Carnot est à bien des égards assez tragique ; il meurt jeune, sans descendance, de la scarlatine ; il semble que son état mental soit, depuis quelques années déjà, fort précaire. On s'est souvent demandé pourquoi Carnot a si peu cherché à diffuser ses découvertes et théories. Une explication assez convaincante serait qu'il doutait lui-même de leur cohérence et de leur validité. Longtemps, il demeure partisan de la théorie du *fluide calorique,* doctrine qui ne s'accorde pas bien avec les voies qu'il ouvre. Sans doute est-il mort croyant avoir échoué alors qu'il vient de fonder une des branches les plus essentielles et les plus étendues de la physique.

Conception énergétique et vision statistique du monde

La notion d'énergie a tant de succès qu'elle paraît capable de surclasser et même d'effacer d'autres notions qu'on n'aurait jamais cru devoir être menacées, au premier rang desquelles la matière elle-même. Comme l'écrit le savant français Marcel Brillouin en 1897, « il y a quinze ans, je mettais en garde mes étudiants contre les excès de représentations matérielles auxquelles on se livrait, en électricité surtout ; je crois qu'il est temps maintenant de prendre un peu la défense de cette pauvre matière ».

La matière et les atomes en déroute

Le chef de file des « énergétistes » est le physicien allemand Wilhelm Ostwald (1853-1932), de Leipzig. Le professeur Ostwald est une autorité internationale, et il reçoit le prix Nobel en 1909. Sa grande idée est de réinterpréter toute la chimie à partir du concept d'énergie, seule véritable réalité du monde naturel. Selon sa conception, exposée en 1895, la matière habituelle et les atomes n'ont pas d'utilité et peuvent être écartés des théories physiques et chimiques : le concept de matière est dépassé. Il essaie de montrer que la théorie atomique, ou mécanique, est insuffisante pour – voire incapable de – rendre compte de phénomènes nouveaux apparus en physique et en chimie. Au début du XXe siècle, la masse, qui était considérée comme l'invariant matériel par excellence, semble perdre ce caractère essentiel et subir des variations. Contre la vision mécanique de l'Univers,

Ostwald avance un autre argument : toutes les équations de la mécanique sont réversibles ; on peut tout aussi bien – avec elles – remonter le temps d'un processus que décrire l'évolution future, or, dit Ostwald, la nature et la vie ne sont pas ainsi. Il a beau jeu de brandir la nouveauté introduite par la thermodynamique, la science de l'énergie : elle n'est pas réversible et se conforme bien au passage du temps dans une seule direction. « On prétend que l'énergie est une idée abstraite et que la matière est une réalité… C'est tout le contraire, affirmait Ostwald, la matière est le véhicule de l'énergie. Si nous recevons un coup de bâton, que ressentons-nous, le bâton ou son énergie ? » Pour lui et ses partisans, l'énergie est, avec l'espace et le temps, la seule grandeur qui soit commune à tous les ordres de phénomènes.

Il convient de souligner que, à la fin du XIXe siècle, des domaines importants de la physique, comme la thermodynamique, l'optique de Fresnel, l'électromagnétisme même remportent de grands succès sans avoir recours à une quelconque vision atomiste de la nature. Aux côtés d'Ostwald, de grands physiciens comme Pierre Duhem (1861-1916) en France et Ernst Mach en Allemagne se rangent du côté de l'énergétisme. La contre-offensive ne va pas tarder.

La contre-offensive des atomistes

La discontinuité résiste et, au cours des années 1880-1890, l'étude de décharges électriques dans les gaz, les phénomènes radioactifs, les rayonnements de la matière laissent entrevoir que des unités discrètes de matière – des atomes en fait – jouent un rôle important. Lorentz reprend toute la théorie électromagnétique de Maxwell selon un modèle qui s'appuie sur une conception corpusculaire des charges électriques. Il obtient des prévisions remarquables concernant le comportement des raies émises par une source lumineuse à partir du mouvement des électrons dans les atomes. La majorité des chimistes, à partir de 1900, épousent la théorie atomiste. Un succès formidable est remporté par Jean Perrin lorsqu'il calcule le nombre d'Avogadro (pour ces deux épisodes, voir Chapitres 29 et 30).

Ostwald lui-même reconnaît en 1909, après les travaux de Perrin et de Thomson, la structure atomique de la matière et renonce à son combat contre l'atomisme. Vers 1910, les énergétistes les plus acharnés rendent les armes.

Les modèles d'atomes se succèdent, de plus en plus performants : Ernest Rutherford (1871-1937), de Cambridge, imagine d'abord, vers 1909, les atomes comme de petits systèmes solaires miniatures : le noyau au centre, comme le Soleil et les électrons, tournant autour comme des planètes. Dans son modèle, le rayon atomique est de l'ordre de 10^{-10} mètres et le rayon du noyau, de 10^{-15} mètres. Mais c'est Niels Bohr (1885-1962) qui conçoit le modèle atomique moderne. Il s'appuie sur la toute nouvelle *théorie des quantas d'énergie* et suggère que les électrons « sautent » d'une orbite à une autre, occupant une zone variable selon leur niveau d'énergie. À partir de là, l'histoire de l'atome est étroitement mêlée à l'histoire de la *physique quantique* (voir Chapitre 29).

Le mouvement brownien

Comment se comporte un corpuscule laissé à lui-même dans un fluide où n'interviennent que les chocs, nombreux et dirigés dans tous les sens, des petites molécules qui l'environnent ? Il va de-ci de-là, comme au hasard, en un mouvement aléatoire qui est étudié en 1827 par le botaniste écossais Robert Brown (1773-1858) alors qu'il s'intéresse aux grains de pollen dans une goutte d'eau ; depuis lors, le mouvement brownien a acquis droit de cité dans les sciences physiques et chimiques. Il a fallu du temps, puisque ce n'est qu'en 1877 que Joseph Delsaux (1828-1891) et Ignace Carbonnelle (1829-1889) suggèrent que ce mouvement devait être lié à l'agitation thermique des molécules environnantes.

C'est bien vu, et l'ambiance est favorable à ces idées puisque la thermodynamique de Carnot, Joule, Thomson, etc. est en plein essor. La chaleur ne serait rien d'autre que du transfert de l'énergie cinétique des petites molécules en mouvement brownien dans les corps. Les physiciens James Clerk Maxwell et Ludwig Boltzmann (1844-1906) appliquent cette conception à l'étude des gaz, de leur pression, de leurs propriétés électriques, thermiques, etc. C'est le début d'une admirable branche de la physique, la *théorie cinétique des gaz*. Dans un volume de gaz macroscopique (assez grand donc), il ne saurait être question de prendre en compte individuellement, séparément, le comportement de chacune des milliards de milliards de molécules qui entrent dans sa composition (il y a quelque 3.10^{22} molécules dans un litre d'air). La quasi-infinité de chocs mutuels provoquant leur mouvement brownien ne peut être décrite qu'à l'aide des statistiques et des probabilités. Ce point de vue introduit une immense nouveauté en physique : on peut en quelque sorte ignorer ce que font (et pourquoi pas, ce que sont) les particules ou les éléments de base de la substance dont on étudie une propriété, les statistiques nous fournissent tout de même de parfaites descriptions du phénomène. Ainsi, nous ne savons pas où va se diriger telle particule d'un volume de gaz dont la température est répartie irrégulièrement, mais nous savons qu'avec une probabilité pratiquement égale à 1 (dans la réalité et à l'échelle de l'âge de l'Univers, cette probabilité est effectivement 1), un équilibre thermique va se réaliser dans ce volume de gaz. On découvre ainsi que la température d'un gaz parfait est une mesure de l'énergie cinétique de ses particules. Dans un gaz parfait (modèle idéal et abstrait), les molécules n'interagissent pas entre elles.

Pour ne pas en rester à des généralités vagues, encore fallait-il connaître des lois de probabilité du comportement brownien. Einstein obtient d'importants résultats dans les années 1905, et Jean Perrin en fait un grand usage en

1908 pour son évaluation du nombre d'Avogadro. Perrin vérifie d'ailleurs expérimentalement (en examinant le comportement de 500 particules de gomme dont le diamètre est inférieur au millième de millimètre) une prévision théorique de Einstein : soit une particule en « mouvement brownien » ; elle parcourt donc une certaine distance en un certain temps : la distance moyenne parcourue par cette particule croît comme la racine carrée du temps !

Avec Maxwell et Boltzmann, un troisième physico-chimiste, l'américain Josiah Willard Gibbs (1839-1903) doit être considéré comme fondateur de la *mécanique statistique*. Il joue un grand rôle, grâce à cette approche statistique et probabiliste, pour étendre les résultats de la thermodynamique aux phénomènes chimiques. Les particules dont s'occupe la physique statistique deviennent de plus en plus variées : des atomes, des molécules, des ions, des électrons, des photons, bref, tout ce qui est très petit, très nombreux et qui ne se laisse pas examiner individuellement, mais seulement statistiquement.

Chapitre 29

Relativité et physique quantique

Dans ce chapitre :

- Deux théories peu compatibles : la mécanique et les ondes
- Les électrons sortent de leur cachette
- Le temps et l'espace ne sont pas invariables
- Les étonnants objets de la physique quantique

Dans ce chapitre, il va être essentiellement question de deux des principales théories physiques du XXe siècle : la *relativité* (ou plutôt les deux relativités) et la *physique quantique.* Ces deux théories naissent au début du siècle et changent si profondément la vision du monde des physiciens qu'il aurait été très difficile à un savant formé à la fin du XIXe de s'y retrouver vingt ans plus tard. Nous suivrons ici les débuts de ces théories sans présenter les aspects présents de leurs développements, qui n'appartiennent pas vraiment à l'histoire des sciences mais à leur plus brûlante actualité.

À la fin du XIXe siècle, les physiciens se posent des questions fondamentales sur ce qui existe vraiment dans les comportements des systèmes physiques. On doit à Henri Poincaré une des réflexions les plus profondes sur ces questions : il admet que les principes de la mécanique sont des conventions inventées par l'esprit humain et pas des données objectives absolues. Cependant, ces conventions ne sont pas arbitraires, et on ne peut se satisfaire de n'importe quel système de conventions logiquement valide. Il en existe de plus commodes que les autres qui sont le fruit d'expériences générales. La mécanique n'est ainsi ni une pure construction logique ni le simple résultat direct d'expérience : elle se situe entre les deux, elle tient aux « deux bouts ». D'autres physiciens (Boltzmann ou Duhem) estiment que le concept premier et fondamental est celui d'énergie : la matière, les forces, la masse sont des coefficients mathématiques qui permettent d'exprimer l'énergie d'un système.

La crise des deux édifices : la mécanique et les ondes

Aux environs des années 1900, la physique présente un aspect comparable à celui d'un ensemble architectural composé de deux édifices de style différents : chacun considéré séparément a fière allure mais, ensemble, ils manquent de cohérence et d'harmonie. En physique, on peut admirer, d'une part, la mécanique où l'on s'occupe des corps matériels avec leur masse, leur vitesse, les forces qui gèrent leurs mouvements, leurs équilibres, etc. et, d'autre part, un vaste domaine beaucoup plus récent, où l'on s'occupe des phénomènes électriques, magnétiques et optiques, tel est le domaine de l'électromagnétisme.

Les ondes électromagnétiques infirment le principe de Galilée

Depuis les travaux de Galilée, le principe de relativité domine la science des corps matériels : si vous êtes dans un navire dont vous ne savez pas s'il est à quai ou en mer (on suppose que, s'il est en mouvement, le navire va tout droit, à vitesse constante, et que les mouvements de vibration, de roulis, de tangage sont négligeables), alors nulle expérience de physique ne peut trahir ou témoigner que le navire soit au repos ou en mouvement (voir Chapitre 17). Le mouvement ou le repos sont des notions relatives au repère que l'on a choisi, ici le navire ou le quai. Ce principe fait merveille depuis le XVIIe siècle, et les physiciens ont les meilleures raisons de lui faire toute confiance ; la physique newtonienne en dépend fondamentalement.

Hélas, dans le second édifice érigé par les physiciens du XIXe siècle, des phénomènes ne respectent pas ce principe. On se souvient que les théories des ondes électromagnétiques s'accompagnent de l'idée selon laquelle notre monde baigne dans un fluide parfaitement subtil dans lequel vibrent la lumière et toutes les ondes récemment découvertes (voir Chapitre 28). Or, voici qu'une grave dissymétrie apparaît là où le principe de relativité exigerait une description unique : si un aimant s'approche d'un conducteur électrique immobile au sein de l'éther, il induit un courant ; si c'est le conducteur électrique qui s'approche de l'aimant au repos dans l'éther, le même courant est créé. Einstein insiste sur ce point : il y a là un phénomène unique, or la théorie électromagnétique de Maxwell donne deux explications et des équations différentes du phénomène selon que c'est l'un ou l'autre qui est au repos. Les causes diffèrent selon qu'on observe la scène du point de vue de l'aimant ou du point de vue du conducteur. L'état de mouvement ou de repos ne semblait pas relatif au repère considéré.

La lumière menace la relativité

Albert Einstein, en 1905, utilise une situation très simple pour exposer la loi d'addition des vitesses : un train passe devant un talus, il va tout droit et à vitesse constante, 100 kilomètres-heure. Dans le train, un homme se déplace vers le bar, dans le sens du train. Il marche à 3 kilomètres-heure. Pour un observateur-voyageur dans le train, la vitesse de l'homme est donc de 3 kilomètres-heure, mais pour un observateur adossé au talus et qui regarde passer le train, sa vitesse est 100 kilomètres-heure + 3 kilomètres-heure = 103 kilomètres-heure. L'addition des vitesses est une conséquence immédiate et nécessaire du principe de relativité : si ce principe est valide, la loi d'addition l'est aussi ; sinon, elle ne l'est pas. Or, différentes expériences optiques d'une admirable précision et d'une grande imagination théorique prouvent, à la fin du XIXe siècle, que la lumière ne respecte pas l'addition des vitesses sous la forme que nous venons de voir. Si on émet de la lumière dans un courant d'eau, sa vitesse ne s'additionne pas à celle du courant d'eau. Les physiciens Fizeau d'une part, puis Michelson et Morley d'autre part font et refont leurs expériences optiques : il semble bien que la lumière a une vitesse constante dans un milieu donné (air, eau, verre, vide, etc.) qui ne change pas selon l'observateur ou selon la situation de l'émetteur. Cette vitesse de la lumière dans le vide, notée *c*, devient à partir de cette période une des principales *constantes universelles*.

La dissymétrie des phénomènes électromagnétiques et la constance de la vitesse de la lumière constituent donc deux sérieuses menaces contre la validité générale du principe de relativité.

Arrivée des électrons

La théorie des électrons, qui naît au début du XXe siècle, s'inscrit dans une controverse très générale qui partage le monde des physiciens et des chimistes : doit-on adopter une vision continue de la matière ou une vision discontinue ? Autrement dit, les choses qui se modifient dans les phénomènes ressemblent-elles à des flux, à des écoulements comme celui d'un ruisseau ou ressemblent-elles à des rassemblements de grains, de points matériels séparés et distincts ?

Continuisme ou discontinuité ?

Certains pans de la physique militent pour le continuisme : la thermodynamique, l'optique de Fresnel, l'électromagnétisme de Maxwell, tout cela est parfaitement bien exprimé par des modèles continus et les outils mathématiques associés. D'un autre côté, les aspects discontinus offrent une belle résistance aux succès des modèles continus. Les chimistes ont réactualisé l'idée d'*atome de matière* ; ils vont être suivis par des physiciens qui, en peu d'années, vont faire triompher la notion que l'on croyait périmée, celle d'atomes physiques et de molécules.

Ça faisait bien longtemps que les électrons se manifestaient et sortaient de leurs cachettes, mais sans que l'on sache les reconnaître : lorsque Gilbert, Franklin ou Watson provoquaient des décharges électriques dans des gaz raréfiés, ils provoquaient parfois une « belle lumière verte énigmatique ». Julius Plücker, de Bonn, parvient, en 1858, à déplacer cette lumière à l'aide d'un aimant et après lui, Hittorf puis Goldstein, Varley et Crookes traquent les nouveaux venus, les *rayons cathodiques*. Les soupçons se font de plus en plus précis : les sortes de rayons qui ressemblent à des courants électriques infiniment minces seraient de la *matière radiante*.

Il se passe quelque chose de similaire à ce qui est advenu en chimie avec les lois des proportions multiples (voir Chapitre 30) : les atomes ne sont pas directement observés, on a donc de solides raisons de nier leur existence ; toutefois, on observe des choses (ici des phénomènes électriques) qui suggèrent la présence d'unités fondamentales de matière et de charge électrique : dans les gaz, les transports d'électricité sont toujours des multiples entiers d'une certaine unité ; cela ne correspond pas à un modèle continu dans lequel l'idée de multiple entier d'une quantité de référence n'est pas efficace. Les idées atomistes en électricité gagnent des esprits remarquables, même si elles restent minoritaires au début du siècle.

Les débuts de la théorie des électrons

Le physicien anglais Joseph John Thomson (1856-1940) est frappé par les expériences précédentes ; il adopte rapidement une conception particulièrement nette : ces lumières, rayons, courants sont des particules matérielles spéciales. Dans une première ébauche d'une *théorie des électrons*, il explique que ces particules de matières sont chargées électriquement et se déplacent à vitesse énorme. Il réussit à calculer la force magnétique qu'elles subissent. La suite appartient largement à Hendrik Antoon Lorentz (1853-1928). L'électricité, expose-t-il, est constituée de particules matérielles ayant une charge électrique et une masse déterminée ; ce sont les électrons. En soutenant cette position, il se range du côté des partisans du *discontinu*, des atomistes contre Maxwell, le grand théoricien de l'électricité et de l'électromagnétisme qui l'a précédé. Celui-ci a inventé une splendide *théorie générale ondulatoire* (c'est-à-dire *continue*) de l'électricité ; Lorentz cherche à remplacer cette théorie ondulatoire continuiste par une *théorie corpusculaire*, discontinue.

Il réussit à expliquer presque tous les phénomènes électriques, magnétiques et électriques, qu'il décrit en détail entre 1895 et 1905. Il établit le résultat très remarquable suivant : décrivons un phénomène électromagnétique dans un repère *R*, on a des équations pour cela; décrivons le même phénomène dans un autre repère *R'* en mouvement rectiligne par rapport au premier; on a aussi des équations pour ça. Si les équations sont de même type, le principe de relativité fonctionne, sinon, il est en danger. Lorentz montre que si on néglige les termes en v^2/c^2 (avec *c* vitesse de la lumière et *v* vitesse d'un repère par rapport à l'autre), alors, les équations qui expriment les lois de l'électromagnétisme sont bien de même type. Autrement dit, la relativité fonctionne, sous réserve de négliger les rapports en v^2/c^2. On voit que, si *v* est faible par rapport à *c*, le rapport est extrêmement petit; ce n'est que pour des phénomènes allant à des vitesses de l'ordre de *c* que la différence de comportement des équations se manifeste. Une des pistes essentielles de la *relativité restreinte* est dessinée, celle qui introduit ce rapport v^2/c^2 dans les formules de passage d'un repère à l'autre. Ces formules s'appelleront d'ailleurs *transformations de Lorentz.*

Pour sauver la relativité

Il est clair, au début du XXe siècle, que la vitesse énorme des électrons et des phénomènes électromagnétiques fragilise le grand principe de relativité de Galilée-Newton. À y regarder de plus près, une vitesse est le rapport d'une distance et d'un temps. Il est somme toute naturel de réexaminer de près ces deux notions : la distance (l'espace) et le temps. Depuis Newton, l'espace et le temps sont considérés comme des absolus : quels que soit la situation et le mouvement de l'observateur, la longueur des objets et l'écoulement du temps sont invariables : vous pouvez courir ou vous déplacer, être sur Terre ou sur la Lune, une règle d'un mètre mesurera toujours un mètre et une seconde sur votre chronomètre sera toujours une seconde. Cette histoire de la mesure du temps intéresse d'ailleurs beaucoup Poincaré et Einstein, car l'un et l'autre se sont occupés de mettre au point des systèmes de synchronisation précise des horloges qui garantissent qu'elles fonctionnent exactement de la même façon d'un bout à l'autre de l'Europe, ou même de part et d'autre de l'océan.

Einstein et les autres, le train de la simultanéité

N'OUBLIEZ PAS !

Albert Einstein, en 1905, frappe un grand coup! Il faut rejeter l'idée du temps absolu, qui n'est qu'une illusion, un préjugé. Le temps du physicien n'existe qu'à partir du moment où celui-ci peut le mesurer; il doit, pour commencer, avoir un moyen de décider si deux événements sont simultanés. Pour cela, il doit recevoir un signal témoignant de l'advenue des deux événements; le signal le plus rapide possible est un signal lumineux. Einstein fait alors remarquer que deux observateurs, l'un immobile par rapport aux deux événements, l'autre en mouvement, ne recevront pas le signal en même temps : pour l'un des observateurs, les deux événements sont simultanés, pas pour l'autre. La simultanéité n'est pas un absolu, la date ou l'instant d'un événement dépend de l'observateur. La suite est impressionnante : un intervalle de temps n'est rien d'autre que la différence entre deux instants ; en conséquence, l'intervalle de temps (le temps écoulé) dépend lui aussi de l'observateur. Le temps du physicien n'est pas absolu. Mais encore : la longueur d'un objet (une règle, un train, etc.) se mesure en multipliant le temps qu'il met à défiler devant l'observateur par sa vitesse de défilement ; comme ce temps est relatif, la longueur l'est aussi. Voici donc qu'une même règle, mesurée par un observateur au repos, n'aura pas la même longueur que si elle est mesurée par un observateur en mouvement !

Bien entendu, si les vitesses sont très faibles par rapport au signal (la vitesse de la lumière), ces différences sont négligeables, mais si elles sont très considérables (comme pour les électrons et d'autres particules), ces différences sont très significatives.

Einstein, partant de ces idées simples et géniales, retrouve les formules de Lorentz pour passer d'un repère à un autre en mouvement. Et tout s'explique admirablement : les équations différentes pour décrire l'approche d'un aimant et d'un conducteur électrique (et les phénomènes électromagnétiques en général) ne différaient que parce qu'on avait négligé la modification de la mesure du temps et des dimensions. Si on en tient compte, les équations deviennent identiques et le principe de relativité est sauvé.

ATTENTION !

La durée de vie des muons

Une mesure expérimentale du temps relatif est réalisée à l'aide de particules appelées *muons.* Ce sont des particules issues du bombardement cosmique de la Terre. Ils naissent dans les couches supérieures de l'atmosphère à plusieurs dizaines de milliers de mètres d'altitude. Un muon se désintègre selon une loi connue grâce à laquelle on sait qu'il a une *durée de vie propre* de $2{,}2.10^{-6}$ s. Sa vitesse étant proche de celle de la lumière *c*, son parcours moyen devrait donc être de 660 mètres. En conséquence, les muons ne devraient pas atteindre la Terre, où ils sont cependant observés. C'est un phénomène *relativiste.* Si leur *durée propre* est de $2{,}2.10^{-6}$ s, leur durée impropre, mesurée du référentiel Terre, est de $1{,}32.\ 10^{-4}$ s ; ils peuvent donc parcourir environ 40 000 mètres selon l'observateur terrestre. Du point de vue du muon, c'est la distance qu'il parcourt qui se contracte. Il est donc *normal* qu'ils nous arrivent.

L'espace-temps de Minkowski, un nouvel absolu

La théorie de la relativité restreinte de Einstein a donc disqualifié l'espace et le temps absolus et, du même coup, fait naître un nouvel absolu, l'*espace-temps.* En physique classique, dire que deux événements sont distincts signifie qu'ils ne se passent pas au même endroit et pas au même instant ; mais des observateurs différents mesurent comme égales leur distance et aussi le temps qui les sépare. En relativité, leur distance et l'intervalle de temps peuvent être mesurés inégaux par des observateurs différents ; cependant, un nouveau type d'intervalle ne change pas, c'est une association d'espace et de temps, un intervalle fait de temps et d'espace (si le temps est mesuré plus grand, l'espace sera mesuré plus petit et réciproquement). Les observateurs différents mesureront l'intervalle d'espace-temps et le trouveront égal. Ce sont Hermann Minkowski (1864-1909) et Poincaré qui ont clairement théorisé ce nouveau cadre physique des phénomènes.

Plus ultra, la « générale »

Albert Einstein, dans les dix années qui suivent la relativité restreinte, se montre insatisfait du résultat ! Sa théorie a sauvé l'idée selon laquelle deux repères en mouvement rectiligne et à vitesse constante l'un par rapport à l'autre sont équivalents pour décrire les événements physiques. Mais, se demande-t-il, pourquoi la nature accorderait-elle comme nous un privilège à ce genre de repère ? Et si on veut observer un phénomène à partir d'un repère qui tourne, ou qui accélère en ligne droite, pourquoi la relativité ne fonctionnerait-elle pas ? La réponse à cette question est apportée en 1916 par la *théorie de la relativité générale.* Celle-ci soutient que tous les repères sont équivalents pour décrire les événements physiques. La manifestation la plus nette de l'insuffisance de la relativité restreinte (ou *spéciale*) est l'impossibilité d'établir une relation entre l'inertie et le poids. Or, une telle relation doit exister puisque les deux concepts de masse utilisés en physique sont équivalents (à un coefficient près) : la *masse inertielle* indique l'effort nécessaire pour modifier un état de mouvement et la *masse gravitationnelle* correspond à la force exercée par l'attraction universelle. Comme ces masses sont équivalentes, il s'ensuit que l'inertie et la gravitation doivent aussi se correspondre, il doit s'agir d'un même phénomène, considéré de deux points de vue différents.

Pour parvenir à cette conclusion, il faut cependant bouleverser pas mal de choses. Einstein, qui a postulé l'*invariance* de la vitesse de la lumière, soutient qu'elle doit être déviée par la gravitation comme par une accélération. Il réussit à en exhiber un exemple réel : la lumière d'une étoile doit être courbée en passant près du Soleil, et on doit pouvoir l'observer même quand elle est « cachée » par celui-ci. Il faut choisir une bonne étoile et attendre une éclipse totale du Soleil, sans quoi les observateurs seraient éblouis par sa lumière. Il calcule la déviation attendue et, après un contretemps dû à la Première Guerre mondiale, l'astronome anglais Arthur Eddington organise deux expéditions, vers l'île de Principe, au large de la Guinée, et une seconde à Sobral, au Brésil : les mesures confirment parfaitement les prévisions de Einstein qui, du jour au lendemain, connaît une gloire mondiale.

Le 6 novembre 1919, la Royal Society de Londres, institution newtonienne par excellence, reconnaît solennellement la valeur de la théorie de Einstein, qui vient de réfuter la doctrine newtonienne de la gravitation universelle.

D'autres concepts physiques majeurs doivent être bouleversés par la théorie de Einstein. L'espace et le temps, et donc l'espace-temps sont eux aussi affectés par la gravitation, par la présence de la matière.

L'espace-temps ne saurait avoir une géométrie globale partout identique ; il n'est pas droit, ou, si l'on préfère, il ne relève pas de la géométrie euclidienne (celle des lignes droites, y compris dans l'espace-temps de dimension 4 de la relativité restreinte). Il relève d'une géométrie beaucoup plus générale (et complexe), une géométrie non euclidienne, dite *riemannienne.* Dans cette géométrie, l'espace est globalement courbé, courbé par la matière elle-même. On peut se faire une idée de cela en imaginant un filet sur lequel est posée une boule qui en déforme les fils ou lignes qui ne sont plus droites. Il faut cesser de considérer qu'il existe d'une part un espace-temps absolu et inerte, dans lequel sont disposés d'autre part des événements physiques (des astres, des champs de forces, etc.) ; à l'inverse, il faut considérer que l'espace et la matière, que l'espace et l'énergie sont intimement mêlés, que l'existence même de la matière et de l'énergie constitue l'espace-temps. Ce nouvel espace-temps-matière-énergie est organisé selon des lignes privilégiées (courbes) que suivent naturellement les objets en mouvement ; les géomètres nomment ces lignes des *géodésiques* ; elles sont, dans cet espace courbe, les lignes de plus courte distance spatio-temporelle. Désormais, la gravitation ne doit plus être considérée comme l'action d'une force mais comme l'expression d'une propriété géométrique

Ainsi, quand une pierre tombe en accélérant, on ne considérera plus qu'elle subit une certaine force d'attraction (la gravitation newtonienne), mais, simplement qu'elle suit naturellement une ligne géodésique de l'espace-temps local. Ou encore, si les planètes tournent autour du Soleil, ce n'est pas qu'elles sont attirées par lui selon un effet de gravitation, mais parce qu'elles suivent les géodésiques d'une sorte de puits creusé par la masse solaire.

L'arsenal mathématique de cette nouvelle théorie est difficile à mettre au point, et Einstein y travaille avec son ami le mathématicien Marcel Grossman. Outre la vérification spectaculaire réalisée par Eddington, la relativité générale reçoit des confirmations spectaculaires ; elle fournit une explication impeccable d'une anomalie insoluble de la trajectoire de la planète Mercure et elle prédit avec succès les phénomènes de ralentissement des horloges dus à l'influence de l'espace courbe sur le temps. Enfin, la relativité générale permet l'essor des théories cosmologiques modernes, et en particulier celle du *big bang.*

Les conférences de Solvay et la bande de Copenhague

Leibniz, en son temps, avait été très clair : « La nature ne procède pas par sauts. » Le temps, la masse, la vitesse, la force, la température, les ondes, l'énergie etc., c'est-à-dire les grandeurs physiques en général, semblaient pouvoir prendre toutes les valeurs possibles dans leur intervalle de définition.

Le discontinu triomphe

Vers 1910, les derniers partisans d'une vision continue et non atomiste de la matière déposent les armes devant l'avalanche d'arguments et d'expériences favorables à l'existence des atomes. Comme le note Louis de Broglie, le triomphe des atomistes est plus grand encore qu'ils ne s'y sont attendus : en effet, un domaine semblait solidement relever de la continuité, la lumière, dont les théories ondulatoires font merveille depuis un siècle ; or, voici que des idées nouvelles, les *quanta,* introduisent la discontinuité, y compris dans la lumière. Il y a plus ! La continuité régnait sans partage pour ce qui concerne l'espace et le temps (et tout aussi bien dans l'espace-temps de la relativité) : les intervalles de temps et d'espace sont tous reliées continûment les uns aux autres comme nous le représente la géométrie ; ils n'ont pas de trous et on ne passe pas d'un point à un autre ou d'un instant à un autre par un saut, comme d'une pierre à la suivante. Et précisément, la physique décrit des états de mouvement des choses auxquelles elle s'intéresse dans cet espace et ce temps continu. La physique quantique va s'en prendre à la continuité de l'espace et du temps eux-mêmes ! De la sorte, c'est non seulement la continuité de la structure de la matière qui est mise en cause (atomes contre substrat ou onde), mais celle des états de mouvement de la matière.

Ainsi, s'interroge Henri Poincaré dans *L'Hypothèse des quanta* : « [...] L'état de la matière pondérable pourrait varier d'une manière discontinue, avec un nombre fini d'états possibles seulement. [...] L'Univers sauterait donc brusquement d'un état à l'autre ; mais dans l'intervalle, il demeurerait immobile, les divers instants pendant lesquels il resterait dans le même état ne pourraient plus être discernés l'un de l'autre : nous arriverions ainsi à la variation discontinue du temps, à l'atome de temps. »

La catastrophe ultraviolette d'Ehrenfest ou le rayonnement du corps noir

Intéressons-nous à un métal chauffé, comme du fer qui rougit puis devient blanc quand monte la température. Changeant de couleur, il émet du rayonnement lumineux dépendant de cette température. On dispose d'un four qui est maintenu à température constante. Le rayonnement à l'intérieur de ce four est appelé *rayonnement du corps noir,* et c'est lui qui va plonger les physiciens dans des abîmes de perplexité : les lois de la *thermodynamique* et la récente *théorie des électrons* permettent de très bien décrire la répartition, le spectre de ce rayonnement. Deux problèmes surgissent : les calculs font apparaître un coefficient infini inacceptable et les méthodes expérimentales d'étude du spectre s'avèrent complètement incompatibles avec les résultats théoriques. Le physicien Max Planck s'attaque au problème en lui donnant, en 1900, une orientation révolutionnaire : l'énergie peut elle aussi être envisagée comme discontinue, à partir d'unités minimales d'énergie dont la valeur est exprimée par la célèbre formule de Planck « $h\nu$ », où h est la constante de Planck et ν est la fréquence. Planck en est lui-même profondément troublé et cherche à interpréter cela dans un cadre plus classique, en vain. Il note ainsi : « Mes vaines tentatives pour ajuster le quantum élémentaire d'action au cadre de la physique classique me coûtent beaucoup d'efforts. » En 1905, après avoir inventé la relativité, Albert Einstein revient sur l'hypothèse de Planck, la critique pour aller encore plus loin et poser les bases de la mécanique quantique : l'énergie est bel et bien constituée de grains ; ce sont des quanta de lumière, les *photons.* L'énergie de la lumière est distribuée de façon discontinue dans l'espace.

Un grand nombre de questions en suspens, notamment celle du corps noir, de l'*effet photoélectrique,* de la production des rayons cathodiques reçoivent une explication éblouissante. Une immense difficulté apparaît cependant : la lumière présente deux aspects, a priori incompatibles : elle est d'une certaine façon ondulatoire et continue et elle est aussi corpusculaire et discontinue.

Les atomistes ont donc été entraînés plus loin qu'ils ne l'avaient imaginé : non seulement la matière est discontinue et formée d'atomes, mais la lumière et toutes les radiations revendiquent une structure en grains, très difficile à interpréter. La physique dispose d'une théorie extraordinairement efficace qui s'apprête à voler de succès en succès mais qui présente un caractère très étrange puisqu'elle impose la discontinuité aux mouvements et à l'énergie ; bien des physiciens jugent la thèse choquante, voire absurde.

Bohr, le père fondateur

N'OUBLIEZ PAS !

Le jeune Niels Bohr (1885-1962), étudiant la structure des atomes auprès du célèbre physicien anglais Rutherford, applique ces idées nouvelles sur les grains d'énergie pour comprendre les émissions et réceptions d'énergie au niveau atomique. Le succès est remarquable, et les phénomènes jusqu'alors inexpliqués concernant la stabilité des atomes et la structure de leur spectre reçoivent les plus élégantes solutions. Des compléments de grandes conséquences sont apportés à cette première théorie des quanta, par Bohr lui-même et par une équipe de jeunes savants aussi géniaux qu'enthousiastes (voir encadré « La bande de Copenhague » ci-après).

En 1916, Bohr énonce le « principe de correspondance » pour tenter de faire cohabiter la physique des quanta avec les résultats acquis par les théories électromagnétiques classiques de Maxwell-Lorentz. L'idée est la suivante : d'un côté nous avons, à notre échelle, des phénomènes électromagnétiques bien interprétés par la théorie classique, et cette dernière fait une grande place à l'aspect ondulatoire et continu du mouvement. Par exemple, la notion de phase et de différence de phase est formidablement efficace pour étudier et comparer les phénomènes de diffusion et de dispersion ; or, elle n'a de sens que dans un modèle ondulatoire. D'un autre côté, à l'échelle atomique, ce sont les quanta, les grains d'énergie qui sont aux commandes. Les succès dans l'explication du rayonnement noir et des états d'énergie des atomes en sont un témoignage convaincant. Cependant, à partir du comportement individualisé des quanta, on est bien incapable de déduire une représentation et même une définition d'effets physiques comme l'intensité ou la polarisation d'un rayonnement.

Il y a donc un fossé entre l'une et l'autre des conceptions. Le pont entre les deux échelles, ou deux points de vue, sera statistique : la prise en compte des phénomènes à notre échelle doit être considérée comme le résultat statistique exact du comportement d'un très grand nombre de quanta. Autrement dit, le comportement individuel des quanta peut demeurer implicite, inconnu, ce qui compte est le résultat statistique de leur comportement, pris tous ensemble.

La bande de Copenhague

Les années 1920-1933 sont extraordinairement fastes pour la physique des particules et des ondes. Une génération de jeunes plus brillants les uns que les autres se lance avec passion dans l'aventure qui agite la communauté tout entière. Le choc des relativités avait déjà été considérable, celui de la physique quantique l'est plus encore tant ses concepts s'éloignent de notre intuition et de nos représentations habituelles. Le noyau du groupe est Niels Bohr ; il a dix ans de plus que ses jeunes collègues et disciples ; c'est lui qui a lancé les idées principales – à côté de Einstein, puis en opposition avec lui – ; bref, il est le patron bienveillant, admiré et même aimé par ces jeunes gens. Ce sont Werner Heisenberg, Paul Dirac, Hans Kramers, Arnold Sommerfeld, Wolfgang Pauli, Lev Landau, John Clark Slater, Ole Klein, entre autres.

Plusieurs sont allemands, mais c'est à Copenhague, à l'institut que dirige Bohr, qu'ils travaillent. Non seulement ils ne craignent pas la nouveauté en physique, mais ils n'ont pas peur de briser les icônes les plus respectées : la *causalité,* le *déterminisme,* la *nécessaire localisation,* ils acceptent de les mettre au placard sans approfondir les aspects philosophiques de leurs hypothèses nouvelles. D'une manière générale, ils acceptent bien volontiers d'ignorer la réalité et la nature de leurs objets physiques, pourvu qu'on les laisse explorer et prévoir le comportement de ces objets qui, par ailleurs, peuvent bien garder leur mystère ontologique.

Ernest Solvay est un riche chimiste et industriel belge qui finance une série de rencontres connues sous le nom de « conférences Solvay ». Depuis 1911, ces conférences ou congrès internationaux de physique rassemblent l'élite de la physique mondiale ; on y rencontre Max Planck, Albert Einstein, Henri Poincaré, Marie Curie... Lors du congrès de 1927, la plupart des savants impliqués s'y donnent rendez-vous. Bohr expose son principe de complémentarité avec cette conséquence abrupte : « Un électron est une onde dans un certain contexte, il est une particule dans un autre. » Einstein s'oppose vigoureusement à Bohr : réduire la connaissance à des probabilités et des statistiques, aussi performantes soient-elles, est insatisfaisant « Dieu ne joue pas aux dès », lance-t-il. La polémique se poursuit dans les revues et les laboratoires et rebondit au congrès Solvay suivant, en 1930.

Les « fonceurs » de l'école de Copenhague se trouvent satisfaits des succès de leur physique nouvelle, aussi philosophiquement choquante soit-elle. Contre eux, Einstein résiste et cherche à défendre les principes de causalité et de réalisme qui ont régné jusqu'alors. Il croit mettre au point des paradoxes insolubles selon la conception de Bohr et de ses émules mais, au terme d'une longue controverse, des arguments, puis des expériences (dus à John Bell en 1964 et Alain Aspect en 1978) réfutent l'argumentation de Einstein.

Hasard absolu ou causes cachées ?

Revenons aux atomes et aux quanta d'énergie. Les recherches de plus en plus efficaces des années 1920 décrivent comment chaque atome, à un instant donné, se trouve dans un certain état énergétique stationnaire ; quatre nombres quantiques caractérisent l'état d'un atome : un pour le *niveau d'énergie,* un autre pour le *moment cinétique,* un troisième pour le *moment magnétique* et un quatrième, mis au point par Wolfgang Pauli puis Paul Dirac, est appelé son *spin* (ce qui venait du mot anglais signifiant « tournoyer ») car il décrivait une sorte de rotation de la particule sur elle-même ; une sorte de moment angulaire qui ne peut prendre que deux valeurs. L'idée du spin a été suggérée en 1923 par les jeunes Hollandais George Uhlenbeck et Samuel Goudsmit.

On sait qu'un atome est susceptible de passer d'un état stationnaire à un autre. Nul n'a la moindre idée des causes et des mécanismes de cette transition d'un état à l'autre. Si l'on ignore les modes de transition de chaque particule prise individuellement, on sait en revanche très bien décrire le comportement statistique d'un grand nombre de particules, et c'est pourquoi la physique quantique apparaît à la fois bien mystérieuse et admirablement performante. Imaginez une armée dont vous ne savez pas ce que va faire chaque soldat mais dont vous savez parfaitement comment s'exercent la puissance et l'action d'ensemble.

En gros, deux conceptions philosophiques s'affrontent. Selon la première, les transitions d'état sont très rapides et leurs causes sont encore ignorées ; la découverte de ces paramètres cachés doit faire partie du programme de la physique de l'époque. Cette conception est au fond très classique et, comme le dit Louis de Broglie, « le caractère probabiliste de cette physique est un bon outil qui témoigne de notre ignorance d'une causalité cachée ». L'autre conception est beaucoup plus radicale, et c'est celle qu'adoptent le fondateur, Niels Bohr, et plusieurs de ses jeunes adeptes, au premier rang desquels Werner Heisenberg : les états stationnaires sont en quelque sorte « hors du temps », et les transitions d'un état à l'autre échappent à toute description temporelle et spatiale ; les « sauts » d'un état stationnaire à un autre sont des effets d'un hasard pur dont nous ne savons absolument rien, sinon le résultat statistique.

Beaucoup de physiciens, dont Einstein, de Broglie, Schrödinger, ne peuvent accepter cette interprétation de Copenhague, qui leur semble un renoncement au but séculaire de la science et de la physique : comprendre les causes des phénomènes naturels. À cette hostilité, les jeunes fondateurs de la physique quantique opposent un positivisme tranquille : il n'est pas nécessaire de connaître ou de comprendre les réalités ultimes de la nature pour savoir comment elle se manifeste à nous. Un argument en ce sens réside dans l'efficacité extraordinaire et la précision de la nouvelle physique, même si ses secrets restent bien cachés. Le formalisme mathématique, dit *matriciel,* mis au point par Heisenberg est une superbe expression de cette mécanique quantique qui revendique son ignorance des réalités microphysiques, mais parvient, mieux que toute théorie physique avant elle, à décrire et prévoir les phénomènes à l'échelle atomique.

Ni onde ni particules : les deux à la fois !

Une des étapes de l'évolution de cette physique nouvelle est la mise au point de la *mécanique ondulatoire.* Comme l'indique son premier promoteur, Louis de Broglie (1892-1987), il s'agit de réunir dans une même théorie les ondes et les corpuscules. Pour dépasser leur opposition, cette théorie propose de concevoir les particules quantiques comme des sortes d'accidents au sein de la structure de l'onde, qui accompagnent sa propagation ; autrement dit, les particules (non seulement les photons, sans masse, mais aussi les électrons massifs par exemple) peuvent être considérées comme images d'une onde qui les accompagne fidèlement. Bref, on a des choses qui ne sont ni vraiment des particules au sens habituel, ni des ondes, mais des ondes-corpuscules en même temps : des *quantons*!

Erwin Schrödinger, dès 1926 donne une très élégante formalisation mathématique à la mécanique ondulatoire et montre que le formalisme habituel dû à Werner Heisenberg (selon un modèle discontinu) est une transposition tout à fait conforme du sien. En outre, en 1927, on sait donner une réalité expérimentale à l'onde accompagnant l'électron (voir encadré « Les fentes de Young, deuxième ! », ci-dessous). Des explications remarquables de phénomènes divers et fondamentaux sont proposées dans les années 1920 et 1930, dans le cadre de la physique quantique ondulatoire : ces résultats concernent la *désintégration radioactive,* les comportements distincts des *fermions* et des *bosons,* l'analyse du *spectre de l'hélium,* la *stabilité des édifices moléculaires* (cette dernière voie devait donner naissance à la chimie quantique), l'*optique quantique* avec la mise au point du microscope électronique, etc. Les tenants de la mécanique ondulatoire croient qu'ils sont en passe de restituer une réalité (ondulatoire et plutôt continue) aux mystérieux objets atomiques. De rudes débats menés à Copenhague en 1926 entre Schrödinger et Bohr invalident cette illusion, au grand dam du premier.

Les fentes de Young, deuxième !

Nous avons laissé les « fentes de Young » assurer le succès de la théorie ondulatoire de la lumière (voir Chapitre 28). Un nouveau rebondissement a lieu dans le cadre de la physique quantique. Imaginons un dispositif du genre « fentes de Young » au travers duquel on tirerait des rafales de balles. La plupart seraient arrêtées par l'écran, mais celles qui passeraient par l'un ou l'autre des trous viendraient s'écraser sur l'écran du fond, en se concentrant autour de deux pics principaux (en face des deux trous). On sait, depuis le début du XXe siècle, envoyer des photons de lumière (ou même des atomes), « un par un », comme des balles matérielles (même si on en envoie des millions). Si ce sont des particules ils doivent se répartir comme les balles de fusil, or, il n'en est rien. Au début, on obtient des impacts, comme ceux des projectiles ordinaires, mais petit à petit, en observant l'écran, on constate que les quanta forment des franges d'interférence et se comportent comme des ondes ; pourtant, ils devraient être « passés un par un par tel ou tel trou ». Ce phénomène est inexplicable selon les lois de la physique classique. L'interprétation quantique raconte une autre histoire : chaque quantum prend un *état superposé* (« il passe par le trou 1 » et en même temps, « passe par le trou 2 ») et il interfère avec lui-même comme une onde. On peut prévoir avec une parfaite exactitude la densité d'impact de quanta en un point de l'écran. Voici pourquoi on associe une *fonction d'onde* à ces quanta. Il y a plus surprenant encore : le physicien peut être insatisfait et imaginer un dispositif de *mesure* qui lui fait détecter par quel trou est vraiment passé le photon individuel. C'est possible, on arrive à détecter le trou en question, mais alors, les franges disparaissent (il existe divers dispositifs ; ils donnent tous le même résultat) ; on dit que « la fonction d'onde s'est effondrée » du fait même de la mesure. On a détruit *l'état superposé*. Toute tentative de savoir de quel côté le quantum est passé ne permet plus d'obtenir des interférences. Voici pourquoi on dit parfois, de façon grossière, que « l'observation modifie le phénomène ». Ce problème est connu comme *problème de la mesure quantique* et est mis en forme pour la première fois par John von Neumann en 1932.

Le principe d'incertitude

Si l'élément de base de la physique atomique est une onde, alors, celle-ci a une fréquence, une trajectoire, etc. S'il est une particule, il a une vitesse, une position, etc. Selon qu'il est l'un ou l'autre, il ne s'additionne pas de la même façon avec un autre élément (les ondes s'additionnent d'une certaine façon, les particules, d'une autre). S'il est à la fois l'un et l'autre, comment faire ? La réponse des tenants de la conception de Copenhague est en gros celle-ci : l'*onde quantique* n'est pas vraiment une réalité, elle est la solution mathématique d'une équation, belle solution qui donne précisément la probabilité de mesures sur les phénomènes étudiés.
La *particule quantique* n'est pas non plus une vraie réalité ; elle est une sorte

de fantôme mathématique sans lieu, énergie ou quantité de mouvements absolument déterminés. On pourrait dire qu'elle est, avec une probabilité excellemment connue, dans une certaine région de l'espace et dans un état d'énergie et de masse dont on connaît les valeurs-frontières. La description de cette présence potentielle, dans une zone spatiale et énergétique, est donnée par les célèbres relations d'incertitude de Werner Heisenberg : si on localise précisément le « corpuscule », on ne peut, au même instant, attribuer une valeur exacte à sa quantité de mouvement et réciproquement. Si une particule a une position déterminée, alors son impulsion est dans une fourchette de valeurs et réciproquement.

Pour tenir ensemble les deux aspects sous lesquels la physique quantique rencontre la réalité, les ondes et les corpuscules, Niels Bohr suggéra d'adopter un autre principe, dit *de complémentarité,* selon lequel l'onde d'une part, le corpuscule de l'autre sont deux manifestations, ou deux apparences complémentaires d'une même réalité que l'on ne sait pas comprendre davantage. La plupart des physiciens, à l'exception de Einstein, Planck, Schrödinger et Broglie, se rangent, à partir des années 1930, derrière cette interprétation probabiliste de la nouvelle physique.

Encore plus abstrait

Il faut ajouter que les développements ultérieurs de la physique quantique semblent avoir accentué ce caractère « non réaliste » : la *théorie quantique des champs,* élaborée dans les années 1940, 1950 (notamment par l'Américain Richard Feynman, voir Chapitre 33) est au fond un ensemble de propositions mathématiques, très élégant et très abstrait : ce formalisme ne dit pas ce que sont les réalités de la microphysique ; cette théorie envisage toutes sortes de « particules » et calcule les probabilités de leurs variations. Cette théorie abstraite, si elle est muette sur la réalité ultime de la nature, si elle « ne sait pas de quoi elle parle », le fait particulièrement bien : ses capacités prédictives et ses succès multiples en font l'une des théories scientifiques les plus fiables jamais conçues. Pour autant, il n'y a pas de tableau sans revers, et la théorie quantique des champs connaît des déboires et de sérieuses limitations : ses calculs aboutissent à donner des valeurs infinies pour l'énergie propre de particules, ce qui est évidemment inacceptable ; d'habiles mathématiciens ont bien proposé des moyens – assez arbitraires – de couper les ailes à ces énergies infinies en interdisant des divergences à certaines intégrales, mais l'ensemble n'est guère satisfaisant et ressemble à un magnifique bricolage. Dans les années 1950 et 1960, le foisonnement de nouvelles particules suggérées par les théories et les phénomènes expérimentaux constitue à la fois des extensions de connaissance et des motifs de perplexité et d'incompréhension.

La physique quantique, par ses succès mêmes, a plongé la physique dans une période de grande incertitude et l'apparition de théories audacieuses et très spéculatives sur le vide, la matière et l'espace en témoigne depuis lors. L'Univers immense d'un côté, les particules infimes de l'autre ont conduit les physiciens à modifier leurs théories de la relativité générale et de la physique quantique en espérant pouvoir les associer ; force est de constater qu'ils ne sont pas au bout de leurs peines et que la recherche d'une théorie unifiée satisfaisante est toujours d'actualité.

Chapitre 30

La chimie, science quantitative

Dans ce chapitre :

- Les proportions simples gouvernent des combinaisons chimiques
- Le tableau de Mendeleïev
- Les premiers pas de la biochimie
- La version moderne de la transmutation
- Compter les ions et les molécules

Depuis que Lavoisier avait démantelé la conception ancienne de l'air ou de l'eau comme des éléments simples et purs, il est devenu impératif de comprendre comment se font les mélanges : dans quelles proportions, selon quel mode les vrais éléments simples se combinent-ils pour faire de l'air, de l'eau ? Une ère nouvelle s'ouvre à la chimie qui est caractérisée par la place considérable que les mathématiques vont y avoir. La chimie devient une *science quantitative.*

Atomes et proportions

N'OUBLIEZ PAS !

Joseph Louis Proust (1754-1826) découvre vers 1805 l'existence de proportions bien définies entre les poids des combinaisons d'éléments simples. Lorsque deux composants se combinent pour donner un *corps pur,* le rapport des masses des deux composants est constant, de même que le rapport des masses de chacun des composants et du composé.

Les atomes de Dalton au secours des proportions de Proust

Cette loi est contestée par le chimiste français Claude Berthollet (1748-1822), qui se méfie des hypothèses ou lois trop générales et considère que la loi de Proust n'est qu'une exception ou un cas particulier de sa propre théorie des mélanges. Un Anglais, John Dalton (1766-1844), ex-physicien devenu chimiste, va avoir une idée très favorable à la loi des proportions.

Les atomes sont cause de sa conversion. Spécialiste de météorologie, il s'occupe du comportement de l'air atmosphérique. À partir de 1801, il cherche à comprendre les forces qui agissent dans un gaz. En bon newtonien, il penche pour des attractions et des répulsions entre les particules du gaz. Ses efforts se concentrent donc sur ces particules de gaz, qu'il conçoit comme des atomes solides entourés d'un halo de chaleur. La notion de poids des particules gazeuse et de leur nombre dans un volume donné émerge dans ces conditions et prend de l'importance. Ses conclusions vont être décisives en faveur de la loi de Proust. Il faut dire que le modeste John Dalton avance, avec son hypothèse atomique, une thèse audacieuse. Ces particules élémentaires sont considérées comme une « vieille lune métaphysique », or, Dalton leur donne une nouvelle jeunesse. On sait l'avenir brillant qui leur était réservé dans la science moderne. Il soutient donc que les combinaisons chimiques se font atome par atome et de manière très simple. Le marqueur le plus pertinent est, selon lui, le *poids atomique* des éléments simples, et Dalton donne une table des poids atomiques de 20 éléments : 1 pour l'hydrogène, 5 pour l'azote, etc.

Les proportions en volume de Gay-Lussac

N'OUBLIEZ PAS !

Pendant ce temps, Louis Joseph Gay-Lussac (1778-1850), qui a travaillé avec Alexander von Humboldt sur la composition de l'eau, découvre, en 1808, une loi magnifique : les gaz se mélangent entre eux dans des proportions de volume très simples. L'oxygène, par exemple, se combine avec d'autre gaz, soit dans des proportions de volume de 1 à 1, soit de 1 à 2, soit de 2 à 1. L'azote et l'hydrogène se combinent dans des rapports de volume de 1 à 3. Il y a mieux : lors des réactions chimiques, il est fréquent que les modifications de volume respectent aussi des rapports très simples.

La nature semblait avoir élaboré une loi chimique fort claire et fort simple. La loi de Proust lui paraît dès lors inutilement compliquée. L'Italien Amedeo Avogadro en 1811 et le Français Ampère en tirent la conclusion qu'un même volume de gaz différents contient le même nombre de molécules (aux mêmes températures et pression). Douze grammes de carbone contiennent $6{,}022.10^{23}$ atomes ; c'est le *nombre d'Avogadro.* Berthollet n'apprécie pas davantage cette loi en volume que celle des proportions définies en masse.

Interpréter ensemble la loi des proportions en poids de Proust et celle en volume de Gay-Lussac est une belle découverte de Berzelius. Il fallait pour ça faire la distinction entre *atome* et *molécule* (voir *infra*).

Électricité + chimie = électrochimie !

Les savants ont toujours eu une tendance à combiner et associer les phénomènes et les méthodes. Pourquoi donc ne pas électriser des composés chimiques ? L'idée s'avère excellente, et l'on fait bien de la poursuivre, car l'*électrolyse* permet de dissocier des corps qu'on croyait simples et, en quelques années, de reconnaître beaucoup de nouveaux éléments simples : le potassium, le baryum, le sodium, le magnésium, le chlore, etc. Vers 1870, on connaît 63 éléments, soit le double de ceux de 1818.

Le succès est tel qu'une théorie unificatrice prend naissance chez certains des plus grands chimistes ou électriciens du temps (Œrsted, Avogadro, Berzelius) : les forces chimiques et électriques sont identiques, soutiennent ces savants. Ils font fausse route, et cette idée est assez rapidement ruinée sans pour cela remettre en cause l'efficacité de l'électrochimie.

ANECDOTE

Les atomes mis aux voix à Karlsruhe

Le premier congrès scientifique international de chimie rassemble des chimistes très désemparés devant les questions multiples posées par le développement de la chimie ; ils sont quasiment obligés de se réunir pour faire le point, trouver un accord minimal, sous peine de ruiner leur science. L'événement a lieu du 3 au 6 septembre 1860 à Karlsruhe. Faut-il distinguer les atomes des molécules ? Les atomes chimiques des atomes physiques ? Quel système de poids atomique doit-on suivre ? Le système français, celui de Berzelius, de Gerhardt, ou encore de Wollaston ? August Kékulé est à l'origine de l'initiative. En un sens, le bilan est décevant : les savants estiment nécessaire de respecter la liberté individuelle de chacun, et le seul vote auquel il est procédé porte sur une façon de noter les éléments qui est déjà bien répandue. Les actes du congrès ne sont même pas publiés ! Et pourtant, ce congrès de Karlsruhe a une grande importance, car les discussions et la qualité de l'argumentation de certains orateurs (comme l'Italien Cannizzaro) emportent l'adhésion de plusieurs participants sur des points essentiels : les formes structurales de Kékulé en chimie organique (voir ci-dessous), la régularité des poids atomiques (idée qui orientera les réflexions de Dmitri Mendeleïev), et enfin la distinction atome/molécule.

La classification périodique

Tout juste nommé professeur de chimie à l'université de Saint-Pétersbourg, Dmitri Mendeleïev réalise qu'il n'a pas de bon manuel pour ses étudiants. Il voudrait quelque chose de logique qui présentât les éléments simples de la chimie.

Le manuel de cours du professeur Mendeleïev

Comme, décidément, il ne trouve pas de bon livre pour ses cours, il décide de s'atteler lui-même à la tâche. Le fruit de ce travail trône depuis cent cinquante ans dans tous les livres de chimie du monde, dans tous les laboratoires et les salles de cours du monde : c'est le *tableau périodique des éléments* de Dmitri Mendeleïev. La situation était difficile : le nombre des éléments simples croissait de façon ahurissante depuis l'invention de l'*électrolyse* et de l'*analyse spectrale.* Comment classer ces éléments ? Quels principes, quels critères adopter pour cette nomenclature ? Les problèmes ressemblent un peu à ceux des naturalistes. Le bazar le plus complet règne dans la communauté des chimistes ; des dizaines de systèmes de classification sont élaborés, certains fumeux, d'autres prometteurs. La doctrine de l'Anglais William Prout (1758-1850) inspire une bonne part des travaux de cette époque : tout est constitué à partir d'un élément fondamental, l'*atome d'hydrogène.* Tout le reste s'explique par des combinaisons quasiment arithmétiques de cet élément. On imagine que la chimie pourrait se réduire à l'arithmétique !

À côté de cela, la loi d'Avogadro, un temps attaquée et vacillante, a été rénovée, défendue et adoptée par de jeunes chimistes enthousiastes : Charles Gerhardt et Stanislao Cannizzaro. Mendeleïev est convaincu : Dalton, Avogadro, Proust et Gay-Lussac, voilà les fondements solides ; à l'inverse, l'hypothèse de Prout est insoutenable.

Mendeleïev cherche et trouve une *loi de périodicité* (une propriété qui se répète avec régularité) dans les éléments chimiques. Il fait le point : d'une part, il y a les corps simples ou composés auxquels correspond l'idée de *molécule.* D'autre part, il y a les éléments auxquels correspond l'idée d'*atome.* Depuis Lavoisier, les corps (simples ou composés) et les molécules jouent le rôle principal en chimie. Il n'y a pas de distinction entre un corps simple (O_2) et l'élément dont il est composé.

À qui confier le premier rôle ?

Mendeleïev confie le premier rôle aux éléments c'est-à-dire aux atomes. Il s'en explique ainsi : le corps est matériel, il a des propriétés physiques, on le rencontre vraiment dans la nature, il est fait de molécules, mais il « n'explique rien ». Les éléments et donc les atomes sont des particules imaginées qui caractérisent les corps et déterminent leurs propriétés ; ce sont des constructions de l'esprit mais qui expliquent les propriétés chimiques.

Pour comprendre la nature des choses, il est nécessaire de faire un grand et puissant détour intellectuel et de créer l'idée abstraite d'*élément chimique* et d'*atome.*

Mendeleïev montre que les propriétés chimiques (capacité de s'associer avec tel ou tel autre élément par exemple) sont des fonctions périodiques de leur poids atomique. Il range par colonnes ceux qui ont des propriétés proches et met en évidence la régularité des poids atomiques correspondants. Confiant en sa loi périodique, il modifie les poids atomiques un peu incertains de certains éléments, et surtout, il réussit à prévoir l'existence d'éléments qui devraient « prendre place » pour remplir des cases encore vides du tableau. Les découvertes du gallium, du scandium, du germanium, du polonium, du radium et des gaz rares assurent le triomphe du tableau et la gloire de son inventeur.

La logique profonde du tableau, les lois physico-chimiques qui expliquent sa cohérence et que la science du XXe siècle devait élucider vont pourtant à l'encontre des vues du créateur de la classification périodique. En effet, il refuse l'idée de transmutation des éléments chimiques, or, son tableau sera réinterprété à partir des théories atomiques modernes qui, précisément, s'occupent de ce genre de modification.

La biologie relève-t-elle de la chimie ?

Avec les premiers pas de la chimie organique, la frontière entre les substances vivantes (biologiques) et inertes (chimico-physique) devient perméable ; la biochimie entre en scène.

Friedrich Wöhler, pionner de la chimie organique

Considéré comme un des pionniers de la chimie organique, Friedrich Wöhler (1800-1882) montre que des substances organiques peuvent être produites à partir de substances inorganiques. On dit que c'est accidentellement qu'une première synthèse de ce genre est réalisée en 1828 : celle de l'urée, à partir du cyanate d'ammonium. Une voie formidable est ouverte : des substances connues pour être seulement produites par des organismes biologiques peuvent en effet être obtenues en laboratoire à partir de *composés inorganiques.* Cette découverte ruine les conceptions *vitalistes* selon lesquelles un principe vital (au demeurant bien obscur) dresse une frontière infranchissable entre la matière inerte et la matière vivante. Les travaux se multiplient et, parmi eux, on pourra mentionner ceux de Marcellin Berthelot (1827-1907) : il consacre quinze années (1850-1865) à réaliser des synthèses organiques (celle du méthane, du méthanol, de l'éthyle, du benzène, etc.) à partir de leurs éléments. On sait aujourd'hui synthétiser environ un million de composés organiques, bien plus que nous en offre spontanément la nature.

Il est vite évident qu'un agent absolument central, le carbone, joue le tout premier rôle. La raison en est finalement fort simple : les atomes de carbone se lient facilement entre eux et peuvent ainsi générer des chaînes, éventuellement fort longues, ou des anneaux moléculaires. Pour cette raison, la chimie organique est plus communément appelée la *chimie du carbone et de ses composés.*

Le serpent de Kékulé

Au cours du XIXe siècle, les arrangements entre éléments simples semblent effrayants. Comment, à partir d'un nombre assez restreint de telles briques élémentaires, peut-on rendre compte de la variété presque infinie des substances complexes ? La situation est pire que tout en chimie organique. Des chimistes évoquent un chaos inextricable. On dispose de 19 « formules » différentes pour représenter l'arrangement d'un acide très simple, l'acide acétique, c'est-à-dire notre vinaigre.

La notion de structure chimique est dans tous les esprits. Comment rester indifférent à l'étrange découverte des deux jeunes chimistes Liebig et Wöhler, qui montrent que deux substances aux propriétés bien différentes ont la même composition : le fulminate d'argent et le cyanate d'argent correspondent tous deux à la formule AgOCN, or, l'un est très explosif, l'autre, pas du tout. Leur structure différente, malgré leur identité de composants, fournit l'explication.

Les conceptions philosophiques des savants autour de cette idée de structure sont d'ailleurs très différentes : pour les uns, la bonne structure que l'on cherche est une représentation symbolique, une convention commode représentant les propriétés connues ou théoriquement possibles des substances. Pour d'autres, la bonne structure doit être comme le dessin, ou la maquette du véritable agencement des atomes telle qu'il existe dans la nature. C'est un aspect d'un vieux débat de philosophie des sciences entre le réalisme et le conventionnalisme.

Le carbone est bien la clé de l'affaire : il peut établir quatre liaisons (la *tétravalence*) ; dans le benzène par exemple, il y a six atomes de carbone, associés les uns aux autres, et associés chacun avec un hydrogène.
Le chimiste allemand August Kékulé, qui trouve la solution de cet étonnant arrangement (en 1866), raconte que c'est alors qu'il rêvassait que la lumière se fit : « Les atomes s'agitèrent devant mes yeux [...]. De longues chaînes, souvent associées de façon plus serrée, étaient toutes en mouvement, s'entrelaçant et se tortillant comme des serpents. Mais attention, qu'était-ce que cela ? Un des serpents avait saisi sa propre queue, et cette forme tournoyait de façon moqueuse devant mes yeux. Je m'éveillai en un éclair [...]. » Le fameux hexagone du benzène est né et, avec lui, la méthode fondamentale de représentation des structures chimiques organiques.

ANECDOTE

Mendeleïev victime de l'éther

Ayant visité les jeunes Pierre et Marie Curie dans leur laboratoire parisien en 1902, Dmitri Ivanovitch Mendeleïev eut peur. Les rayonnements étudiés par les deux jeunes collègues seraient-ils atomiques ? En ce cas, le cœur de ce qui garantissait la solidité de la science chimique est en danger. Si l'atome peut se désintégrer, son noyau se modifier, alors la théorie des éléments chimiques simples, caractérisés par leur atome, perd ses fondations… les fondations qu'il a su, lui, Mendeleïev exposer dans un tableau d'une logique impeccable. Aussi, le vieux Dimitri va-t-il mobiliser un allié aussi commode qu'habituel, l'*éther*. L'éther sert déjà en électromagnétisme : c'est dans l'éther que vibrent les ondes, il a jadis été utilisé dans des théories de la gravitation (au XVIIe et au XVIIIe siècles)… Qu'il vienne au secours de la chimie ! Les rayons soit disant atomiques seraient dus à l'éther, qui s'approcherait des atomes lourds, tournerait autour et s'échapperait, comme une comète. Pour faire bonne mesure, Mendeleïev fait de l'éther un élément chimique simple, le numéro 1 ! Il calcule sa vitesse et son poids (d'une petitesse quasi infinie, mais il faut ce qu'il faut pour étayer l'idée salvatrice). Trois ans plus tard, la théorie de la relativité restreinte d'Albert Einstein remise l'éther des physiciens au placard, entraînant dans sa perte celui de Mendeleïev. Parmi les chassés-croisés autour du tableau de Mendeleïev, il y a aussi le fait que les partisans de Prout y verront une « confirmation de leur thèse », pilule amère pour le professeur de Saint-Pétersbourg, qui est un adversaire résolu de Prout.

Et le temps dans tout ça ?

Jusqu'ici, on a considéré la chimie comme étude des équilibres ; on dispose d'un certain état des substances avant la réaction chimique et un état des substances (modifiées) après : un état initial en équilibre, un état final en équilibre. Mais, que se passe-t-il pendant la transformation ? Cette question invite un nouvel acteur dans les processus chimiques : le temps. On entreprend donc l'étude des vitesses des réactions, et on recherche les moyens de les accélérer : la découverte des catalyseurs est un événement notable en chimie au cours du XIXe siècle. On nomme *catalyseur* une substance qui augmente la vitesse d'une réaction, qui participe à la réaction mais ne fait partie ni des produits ni des réactifs. Le catalyseur peut participer ou non à la réaction, mais sa présence facilite la rupture des liaisons de départ. On peut mentionner, parmi bien d'autres, Kuhlmann, qui fabrique ainsi de l'acide nitrique en 1839, F. M. Raoult, qui énonce entre 1878 et 1890 les lois capitales du comportement thermodynamique des réactions chimiques, et Svante Arrhenius, qui met en évidence, en 1887, le rôle des *ions* (atomes chargés électriquement) dans les *décompositions chimiques* (voir *infra*). On s'aperçoit que des phénomènes énergétiques jouent un rôle important dans les réactions chimiques et que les catalyseurs peuvent abaisser l'énergie nécessaire pour les activer ou baisser les températures.

On le voit, deux notions fondamentales de la physique, le *temps* et l'*énergie,* font leur entrée dans la chimie, qui se rapproche définitivement de la physique. Au passage, ces découvertes renforcent les théories atomistes en chimie et, du même coup, l'atome du chimiste (entité souvent théorique et abstraite) ressemble de plus en plus à l'atome du physicien.

La radioactivité

N'OUBLIEZ PAS !

D'étranges rayons sont repérés en 1895 par le physicien allemand Wilhelm Konrad Röntgen : invisibles, ils provoquent l'illumination de certaines surfaces, rendent l'air environnant conducteur d'électricité (on dit qu'ils *ionisent* l'air) et pénètrent assez profondément dans les matériaux dont le poids atomique est élevé. Les nouveaux inconnus sont baptisés *rayons X.* L'année suivante, le français Henri Becquerel, qui étudiait les rayons X, a la surprise de constater que le sel d'uranium émet spontanément, et sans apport lumineux, un rayonnement assez ressemblant. On découvrira vite que ce n'est pas la même chose : trois espèces de rayons participent au phénomène (rayons *alpha, bêta* et *gamma*). Le premier est constitué de noyaux d'hélium. Ce rayonnement est en passe de devenir un des grands sujets de physique… et de chimie. Marie Curie (1867-1934) entame une thèse sur les rayons uraniques. Avec son mari, Pierre, au cours des travaux qu'elle mène avec lui, ils parviennent à isoler deux nouveaux éléments rayonnant de manière analogue : le polonium (en l'honneur du pays natal de Marie) et le radium. Elle invente le terme de *radioactivité* pour désigner ce phénomène au cours duquel certains atomes se transforment spontanément. Il semble bien que tout se joue en deçà des éléments simples, à un niveau plus enfoui : celui des atomes.

Les éléments simples du tableau périodique ne sont donc pas stables, en tout cas, pas tous. La radioactivité désintègre certains noyaux atomiques ; voici que l'uranium 238 tend à se transformer en plomb 206 au bout, il est vrai, de pas mal de transmutations intermédiaires. Les chimistes sont donc contraints d'examiner les choses à l'échelle atomique, non seulement pour savoir comment se comportent les noyaux, mais encore le nuage électronique qui les entoure ; les électrons circulant autour du noyau sont eux aussi sensibles à la radioactivité puisque, au passage, les rayonnements arrachent certains d'entre eux à son atome d'origine.

Dans son discours à l'Académie Nobel, Pierre Curie insiste sur les impacts qu'aura cette découverte pour la chimie. Le *rayonnement radioactif* produit de l'énergie. De deux choses l'une : soit cette énergie est venue de l'extérieur et la substance radioactive ne fait que la redistribuer ; soit – et c'est l'hypothèse la plus féconde – les corps radioactifs puisent en eux-mêmes l'énergie qu'ils dégagent et alors, ces corps sont en voie d'évolution ; ils se transforment progressivement et lentement. Ces transformations mettent en jeu des quantités d'énergie qui peuvent être immenses et elles sont plus profondes que les transformations chimiques ordinaires. On est en présence d'une véritable théorie de la transmutation des corps simples.

ANECDOTE

Pas de femme à l'Académie !

Pierre et Marie Curie reçoivent le prix Nobel de physique en 1903 ; ils le partagent avec Henri Becquerel. Après la mort de Pierre, Marie continue ses travaux et reçoit un second prix Nobel, de chimie, en 1911. Il est troublant de songer que l'Académie des sciences de Paris n'a jamais accepté dans ses rangs le titulaire de deux prix Nobel, responsable de certaines des principales découvertes de la physico-chimie du siècle… c'est une femme !

Les molécules et les atomes

La frontière entre la physique et la chimie apparaît bien poreuse au cours du XXe siècle, dans certains secteurs de ces disciplines. Les physiciens se sont occupés – comme depuis toujours – de comprendre la structure de la matière et ont inventé ou découvert les notions essentielles à cette physique atomique ou moléculaire : les noyaux, les électrons, les masses atomiques, etc. En même temps, on s'aperçoit que le comportement des électrons joue un grand rôle dans les réactions chimiques, alors que ce qui se passe dans le noyau, en principe, n'a pas d'effet chimique.

Svante Arrhenius invente les ions

N'OUBLIEZ PAS !

Étudiant des mélanges chimiques conducteurs d'électricité (que l'on appelle *électrolytes*), Svante Arrhenius (1859-1927) imagine qu'ils sont composés d'atomes chargés électriquement qu'il baptise *ions.* C'est à la fin du siècle, avec la théorie des électrons que l'on comprend les ions d'Arrhenius : les atomes ont des *électrons* (négativement chargés) ; s'ils en perdent ou en gagnent un ou plusieurs, la neutralité électrique est violée et l'atome devient un *ion,* ce qui lui confère des propriétés chimiques nouvelles. Les ions et les électrons permettent d'expliquer les réactions d'*oxydoréduction* et les réactions *acide-base*.

D'une manière générale, au cours du premier tiers du XXe siècle, les chimistes réussissent à élucider les liaisons entre *atomes ionisés* (devenus des ions) ; ces liaisons peuvent être rendues manifestes par le système de *covalence* : des atomes distincts mettent en commun certains de leurs électrons et sont ainsi liés.

Acides et bases

Un bon exemple de l'apport des connaissances atomiques et moléculaires en chimie est fourni par les notions complémentaires d'acide et de base. Arrhenius suggère, à la fin du XIXe, de définir un acide comme un composé chimique pouvant libérer des ions d'hydrogène. Le chimiste Lewis élargit cette définition en 1923 en proposant qu'un acide soit un accepteur de *doublet* (une paire d'électrons), ce qui correspond à une place libre dans une *couche électronique* (ou une *orbitale*) ; en conséquence, une base est capable de donner un doublet. Un acide est donc amateur d'électrons (*électrophile*). Un grand nombre de réactions chimiques, comme celle qui a lieu entre le vinaigre et le bicarbonate de sodium, trouvent une excellente explication. En fait, chaque fois qu'un acide et une base se neutralisent, ils donnent un sel. C'est le chimiste danois Soren Sorensen qui introduit le concept de *pH* en 1909. Ce *potentiel hydrogène* est une échelle de mesure de l'acidité : s'il est inférieur à 7, la solution est *acide,* s'il est supérieur, elle est *basique* (ou *alcaline*).

Perrin au secours d'Avogadro

Jean Perrin est surtout un physicien. Il est un chaud partisan des atomes, pas seulement comme hypothèse commode, vue de l'esprit efficace, mais selon lui, comme véritable réalité ultime de la matière. Ces travaux d'atomiste le mènent sur les chemins habituellement parcourus par les chimistes. Quel meilleur moyen de prouver l'existence des atomes que de les compter ? Avogadro, en une hypothèse sensationnelle, a annoncé que le nombre d'atomes (et plus généralement de molécules) est fixe, à volume donné, dans des conditions de température et pression normales. Pour certains, cette grandeur, cet invariant est une vue de l'esprit, utile mais conventionnelle. Jean Perrin va traquer *N*, comme on appelle familièrement le nombre d'Avogadro. Il a recours à 13 méthodes différentes pour le déterminer : la *viscosité des gaz,* le *mouvement brownien* (dont il est un spécialiste), les *charges électriques,* la *radioactivité,* etc. Toutes ces méthodes donnent des résultats convergents, compris entre 60.10^{22} et 75.10^{22} molécules dans une unité de matière. Les mesures des chimistes comme celles des physiciens sont toujours obtenues à une incertitude près. Il s'agit toujours d'un intervalle d'erreur ou d'imprécision de mesure que le savant doit évaluer et intégrer dans ses raisonnements. Dans le cas présent, la différence entre les deux résultats extrêmes apparaît comme faible et donc la précision et la convergence des résultats, excellente.

« On est saisi d'admiration devant le miracle de concordances aussi précises à partir de phénomènes si différents ! s'exclame Perrin. Mais, ce ne peut pas être un miracle, pas plus qu'une coïncidence, et cette convergence de résultats s'explique tout simplement parce qu'ils résultent d'approches diverses d'une réalité unique et véritable. » Perrin, le savant réaliste, ne peut qu'être satisfait ; il estime avoir démontré la réalité moléculaire et atomique. On pourra seulement remarquer que, contrairement à une sorte de légende, Jean Perrin n'a en rien « montré » des atomes ou des molécules et qu'ils demeurent, aux yeux d'autres savants, des êtres de raison.

Chapitre 31

Les florissantes sciences du vivant

Dans ce chapitre :

- Les organismes vivants sont des ensembles des cellules
- Pasteur traque les microbes partout
- Darwin découvre la loi de l'évolution
- Les petits poids de Mendel et les débuts de la génétique
- Combien de règnes pour les êtres vivants ?

Ce qui s'est passé dans les sciences du vivant à partir du XIXe siècle est si considérable, si divers qu'il n'est pas possible d'en faire ici une présentation complète. On suivra quelques-uns des thèmes principaux de ce vaste domaine que constituent la biologie, la génétique, la théorie de l'évolution, la médecine et les théories de classification des êtres vivants.

La cellule au cœur des organismes vivants

Un point d'appui pour toutes les sciences du vivant est la découverte de la cellule, comme l'élément constitutif fondamental et commun de tous les organismes vivants. On sait qu'elle a été entraperçue par les premiers utilisateurs des microscopes du XVIIe siècle, Hooke et Van Leeuwenhoek en particulier, sans qu'ils puissent saisir la portée de ce qu'ils voyaient à cause de la grossièreté de leurs lunettes. Justement, les progrès de l'optique au XIXe permettent de fabriquer des appareils grossissant de 300 à 400 fois vers 1840 pour atteindre un facteur 2500 à la fin du siècle, jusqu'à la mise au point, dans les années 1940, du *microscope électronique,* qui analyse des images grossies 60000 fois.

L'unité de tous les organismes vivants

Vers 1825, des botanistes français découvrent une première propriété de la cellule, son *individualité* ; il ne s'agit pas seulement d'un très petit morceau des tissus, mais bien d'un micro-organisme différencié de son environnement. Ils la reconnaissent comme l'élément de base des végétaux. La *théorie cellulaire* s'épanouit alors dans les laboratoires allemands, et il est de coutume de lui attribuer pour fondateurs les deux naturalistes allemands Matthias Jakob Schleiden (1804-1881) et Theodor Schwann (1810-1882). Avec eux, nous avons un nouvel exemple de découverte concomitante et indépendante puisqu'ils travaillent séparément. Ils annoncent à quelques mois d'intervalle que la cellule est l'élément fondamental de tous les organismes vivants. Toutefois, ni l'un ni l'autre n'a de théorie concernant la formation, la naissance des cellules. La découverte de la division cellulaire sera l'un des deux grands chantiers de cette science nouvelle, la science des cellules, appelée *cytologie* ; le second étant l'étude de l'organisation complexe de cet élément de base.

Le botaniste polonais Edward Strasburger (en 1875 pour les plantes) et le biologiste allemand Walther Flemming (en 1882 pour les animaux) sont parmi les principaux auteurs de la première description du mécanisme de division qui, à partir d'une *cellule mère,* produit deux *cellules filles* et dont on eut une première compréhension globale à la fin du siècle. L'un des procédés les plus fréquents de division cellulaire est la *mitose,* dont le scénario est, dans ses grandes lignes, le suivant : à l'intérieur du noyau, de petits bâtonnets (les *chromosomes,* que Flemming a découverts en 1875) se fendent dans le sens de la longueur et se rassemblent vers l'équateur de la cellule, puis les moitiés se rassemblent, les unes vers un des pôles de la cellule, les autres vers le pôle opposé. Les deux groupes identiques forment alors deux nouveaux noyaux et, à l'équateur de la cellule mère, une membrane se forme qui finit par la séparer en deux. La propriété selon laquelle toutes les cellules des divers tissus d'une même espèce vivante ont le même nombre de chromosomes est trouvée par un embryologiste de Louvain, Edouard Van Beneden, en 1883. On s'aperçoit que le chromosome est au centre de la caractérisation des espèces et, en conséquence, de toute la science de l'hérédité et de la reproduction. La sauvegarde de l'individualité des chromosomes fait l'objet de travaux ininterrompus jusqu'à ce qu'elle soit bien établie vers 1950, par Émile Guyénot.

Ni tout à fait la même ni tout à fait une autre

Si la mitose rend compte de la génération des cellules, son schéma présente une difficulté sérieuse : les cellules filles étant identiques aux mères, comment peut-il y avoir diversité et dissemblance dans les rejetons ? Comment les êtres vivants ne sont-ils pas des clones de leurs antécédents ? La réponse est connue : les organes de reproduction (ovules, spermatozoïdes, œufs) connaissent une division cellulaire différente de la mitose : c'est la *méiose*. Disons qu'au cours du processus, plus complexe, les chromosomes issus de deux « parents » se recombinent en échangeant du matériel génétique (*via* les *gamètes* maternels et paternels) et ne font pas que se dupliquer à l'identique. Résultat, les cellules filles ressemblent aux antécédentes mais ne leur sont pas identiques. Le principe de cette reproduction sexuée a été mis au clair assez vite, à partir des années 1890, par Edouard Van Beneden, puis en 1905 par John Bretland Farmer (qui invente le terme de *méiose*) et par George Edward Moore. On se doute que les détails de cet échange de matériel génétique excitent l'imagination des savants du XXe siècle.

L'impressionnante multiplication des laboratoires

La multiplication du nombre des laboratoires de biologie est impressionnante dès la fin du XIXe siècle ; ils se reproduisent aussi vite que les cellules et il semble y en avoir partout, de Prague à Madrid, de Stockholm à Pavie, Londres, Paris, New York, Louvain ou Saint-Pétersbourg. Or, ces recherches réclament des fonds importants, des équipes étoffées de chercheurs et de techniciens. Les fonds réunis sont à la fois privés et publics, mais l'on voit bien que, dès ses débuts, cette science bénéficie de l'intérêt de secteurs influents et puissants de la société, que ce soit pour les perspectives agronomiques, thérapeutiques ou eugéniques qu'elles laissent entrevoir.

Qu'y a-t-il à l'intérieur d'une cellule ?

Les techniques de coloration des divers composants des cellules ont été cruciales pour leur analyse : à partir des années 1910, on sait introduire des colorants qui se fixent sur telle ou telle partie et rendent visibles leurs dispositions et leurs fonctions. Camillo Golgi (1843-1926), médecin italien et professeur d'anatomie à Turin et Padoue, est un champion de la coloration des neurones, ce qui lui permet d'effectuer des travaux remarquables sur l'histologie du système nerveux et lui vaut un prix Nobel en 1906.

La richesse de la notion de cellule donne le vertige : on comprend facilement à quel point les cellules diffèrent les unes des autres quand on sait que certains organismes sont monocellulaires alors que d'autres font collaborer des milliards de cellules. Cependant, elles ont bien toutes certaines caractéristiques communes. Les cellules animales sont entourées d'une membrane souple au travers laquelle elles prélèvent leur nourriture ; le noyau qui contrôle l'ensemble des activités, est entouré d'une sorte de gelée, le *cytoplasme*, dans lequel baigne aussi toute une machinerie diversifiée d'*organites*, ayant chacun une fonction spéciale : conversion des substances nutritives, stockage du glucose, transport des produits de sécrétion, lutte contre les particules étrangères… Les cellules végétales ont pour frontière une membrane rigide qui leur donne une forme stable ; nombre d'entre elles ont des capteurs d'énergie solaire permettant la *photosynthèse* ; enfin, elles ont une vaste *vacuole* assurant la rigidité de l'ensemble. Les mécanismes ou fonctions internes aux cellules sont peu à peu décrits au cours du XXe siècle, et des notions fondamentales comme celle de métabolisme cellulaire sont imaginées ; ce métabolisme n'est rien d'autre que l'ensemble des réactions chimiques se déroulant dans les cellules. Le rôle principal y est tenu par les célèbres enzymes chargés de *catalyser* (d'accélérer) les réactions : exploré dès le début du siècle par Arthur Harden, W. L. Jung, Leonor Michaelis, Hans von Euler ou Richard Willstätter entre autres, il aboutit à la compréhension des principales activités cellulaires nutrition, respiration, dégradation…

Germen contre Soma

August Weismann (1834-1914), de Francfort, est un darwiniste radical. Après avoir hésité, il devient totalement hostile à la thèse lamarckienne de l'hérédité des caractères acquis. On a souvent évoqué (trop légèrement) ses expériences au cours desquelles, dans les années 1880, il coupe la queue de 22 générations de souris, observant que les rejetons naissent pourtant avec une queue. Weismann sait bien que ce caractère acquis par mutilation ne vaut pas comme modèle pour d'éventuels caractères *naturellement acquis,* il fait cependant ce « petit travail » pour son côté spectaculaire et, dirait-on aujourd'hui, *médiatique.* August Weismann construit, vers 1883, une théorie très intéressante selon laquelle les organismes pluricellulaires sont constitués de deux types de cellules : d'une part, le *germen,* ou cellules germinales, contient l'information héréditaire et ne reçoit aucune information de l'organisme qui le contient et, d'autre part, le *soma,* ou cellules somatiques, chargé des fonctions vitales et *naturellement mortelles.* Les cellules germinales ne participent pas à la formation des organes et se divisent rarement, limitant ainsi les possibilités de mutation. Cette distinction rend compte en effet de l'inefficacité *héréditaire* des modifications organiques. Weismann baptise sa théorie *continuité du plasma germinatif,* dans laquelle certains historiens de la biologie voient une préfiguration du *génome.* Il est remarquable qu'August Weismann ait par ailleurs été d'accord avec l'hypothèse de la génération spontanée.

Un œnologue passe à côté des enzymes

Les chimistes ont de la chance : ils disposent de catalyseurs, c'est-à-dire de substances (souvent métalliques) capables d'accélérer et d'intensifier les réactions chimiques mais sans en faire partie (voir Chapitre 30). Les biologistes croyaient en être dépourvus, jusqu'à l'époque où l'on découvre les enzymes. Deux chimistes français Payen et Persoz, observent, puis isolent en 1833 une substance issue de l'orge, capable de dégrader de l'amidon ; ils la nomment *diastase.* Comme souvent quand une voie est ouverte, c'est la ruée : on découvre de nombreuses « diastases » ; en 1878, Willy Kühne invente le mot *enzyme,* et l'on réalise que chacune de ces enzymes, hautement spécialisée, fonctionne bien comme un catalyseur du vivant. C'est là un fort argument contre le vitalisme et en faveur du réductionnisme. En effet, une activité vitale complexe peut s'expliquer simplement en termes de chimie et ne nécessite en rien le recours à une mystérieuse « force vitale ». Un premier phénomène vital réellement complexe, la fermentation alcoolique, est réalisé *in vitro* en 1896 par Eduard Buchner grâce à une enzyme. Au cours d'un congrès de vignerons à Dijon, quarante ans plus tôt, un chimiste et œnologue français, Mollerat, a présenté une communication dans laquelle il décrit une expérience similaire, mais il ne s'occupe peut-être pas assez de recherche fondamentale et laisse passer la gloire de la découverte. On traque et on déniche les enzymes responsables (ou capables de provoquer *in vitro*) des fonctions biologiques fondamentales au sein des cellules. On découvre qu'il s'agissait toujours de protéines, c'est-à-dire de grosses molécules constituées d'acides aminés, toujours les mêmes, choisis dans une collection qui en comprend une vingtaine en tout et pour tout. Les découvertes d'enzymes et de leur fonctionnement s'échelonnent tout au long du XXe siècle et valent bon nombre de prix Nobel à leurs découvreurs. On estime, dans les années 1960, avoir complètement élucidé la composition chimique et la structure topologique des enzymes. L'association des enzymes et de la génétique est le chapitre suivant de cette histoire enzymatique, puisque l'on établit la correspondance étroite entre *enzyme* et *gène.* George Beadle et Edward Tatum (prix Nobel 1958) montrent que chaque enzyme est codée par un gène selon le principe « un gène, une enzyme » et, en 1965, trois chercheurs français, André Lwoff, Jacques Monod et François Jacob reçoivent le prix Nobel pour leurs recherches sur le même sujet. On parvient, en 1969 à créer un enzyme synthétique, réduisant encore de façon significative la distance entre la biologie et la chimie.

Une très fameuse double hélice

UN PEU DE TECHNIQUE

C'est dans le noyau cellulaire que se trouve le centre de commande : l'activité des enzymes est contrôlée par des *acides aminés* disposés dans un certain ordre. Cet ordre est instauré par des instructions présentes dans d'énormes molécules situées au sein du noyau, l'*ADN.* Bref, les messages de l'ADN décident de la manière dont les cellules fonctionnent (et notamment se reproduisent). D'autres molécules, des brins d'*ARN,* transportent ces codages et instructions à l'extérieur du noyau, dans le *cytoplasme,* où se réalisent les diverses tâches (synthèse des protéines) conformément aux instructions. La compréhension de ce codage est une réalisation magnifique des années 1950. Les modèles proposés par Dorothy Wrinch (1950) sont modifiés par

Linus Carl Pauling, Elias James Corey et surtout Rosalind Franklin, Maurice Wilkins, James Devrey Watson (1951) et Francis Harrison Compton Crick (1953). Ils présentent la macromolécule d'ADN comme une sorte d'échelle torsadée, ou de fermeture Éclair : les deux brins d'ADN se dégrafent en exhibant des segments réguliers, les *gènes* ; alors, les molécules d'ARN (ressemblantes aux ADN) s'organisent en prenant en charge le *codage* ; elles sont en mesure – contrairement à l'ADN – de traverser le noyau cellulaire et d'apporter le matériel codé qui est employé par les diverses substances de la cellule dans l'accomplissement de leurs fonctions.

Savant remarquable et citoyen lamentable

Depuis les années 1990, James Devrey Watson se fait connaître pour des raisons autres que scientifiques, mais hélas, en utilisant sa crédibilité de savant au service de ses prises de positions racistes, sexistes et homophobes : les Noirs seraient moins intelligents par nature et pour des raisons génétiques, un test d'homosexualité des fœtus devrait ouvrir la voie à une possibilité d'avortement, et autres fadaises qui prouvent à quel point la compétence scientifique ne s'étend pas à tous les domaines de connaissance et ne garantit pas l'intelligence morale.

Pasteur et les microbes

Louis Pasteur (1822-1895) est l'un des plus grands explorateurs du XIXe siècle… un explorateur des contrées microscopiques que découvre la biologie naissante, un explorateur du monde des microbes. On ne peut qu'être frappé par le balancement qui rythme ses travaux, balancement depuis les zones théoriques et abstraites de la science jusqu'aux domaines d'applications pratiques et où se résolvent des problèmes concrets. Il connaît la gloire et la reconnaissance pour ses découvertes biologiques et médicales, mais il est d'abord chimiste, spécialiste de cristallographie, ce qui attire son attention sur des questions essentiellement théoriques, notamment les dissymétries moléculaires.

Les fermentations

Ses premiers succès concernent la fermentation de la bière, qu'il s'agit de rationaliser en dépassant les méthodes empiriques utilisées jusqu'alors. Il mène une controverse contre les deux théories dominantes et proposées par deux barons : l'une, due au célèbre chimiste suédois Jöns Jacob Berzelius

(1779-1848), comprend la fermentation comme une action mécanique des particules en fermentation, l'autre, due à Justus von Liebig (1803-1873), soutient qu'il faut y voir un phénomène de décomposition. Pasteur montre très rigoureusement que la fermentation est le développement libre d'un ferment « bien nourri » et qu'elle édifie des cellules nouvelles. Il découvre encore que certaines fermentations se font à l'abri de l'oxygène libre : ainsi, il existe des processus vitaux *anaérobies* (sans air). D'importantes conséquences pratiques s'ensuivent qui améliorent la production de vinaigre et de bière et surtout, permettent de soigner les maladies du vin et du lait en chauffant suffisamment ces liquides pour détruire les germes de fermentation : tels sont les débuts de la pasteurisation.

Contre Archimède Pouchet

Une très ancienne controverse réveille, vers 1860, les milieux scientifiques : la *génération spontanée* existe-t-elle ? Un rude adversaire, Archimède Pouchet (1800-1872) en est le champion, et l'Académie des sciences organise un concours ; Pasteur relève le défi et montre que, là où il a génération vitale préexistent des germes de matière organique. Si on stérilise convenablement, les phénomènes spontanés disparaissent. Pasteur gagne le concours, mais les opposants ne baissent pas les armes, Pouchet et ses supporters mais aussi le savant anglais Henry Charlton Bastian, mènent la contre-offensive jusqu'en 1876 ; leurs dispositifs expérimentaux sont si solides qu'ils font un moment vaciller les certitudes et rendent l'issue de la controverse incertaine. Approfondissant ses arguments et améliorant les méthodes de stérilisation, Pasteur a le dernier mot, si toutefois une telle conclusion a un sens dans le développement des sciences. La conférence qu'il donne à la Sorbonne en 1864 est un beau spectacle de science mise en scène qui se termine sur ces mots trop définitifs : « Jamais la doctrine de la génération spontanée ne se relèvera du coup mortel que cette simple expérience lui porte. » Dans une certaine mesure, les découvertes réalisées par Stanley Miller en 1953, de la formation de substances organiques (donc potentiellement vivantes) à partir d'une soupe chimique de départ pourraient être interprétées dans le sens de la génération à partir de l'inerte.

Sauvez les vers à soie !

Lorsqu'une mystérieuse maladie commence à anéantir les élevages de vers à soie du sud de la France, Pasteur est à nouveau mobilisé pour soigner les précieux petits animaux. La stérilisation n'est évidemment plus le bon outil. Le coupable ne tarde pas à être démasqué, et la maladie surmontée, mais de rudes problèmes théoriques demeurent pour comprendre sa nature et son fonctionnement. Un corpuscule microscopique prolifère dans les vers contaminés ; on découvre quelque chose d'approchant dans le cas de deux autres maladies de ces mêmes bestioles, la flacherie et la muscardine. L'Italien Agostino Bassi (1773-1856) a déjà soigneusement repéré, en 1835, un parasite microscopique associé à la muscarine et émet l'hypothèse de micro-organismes responsables des maladies contagieuses. Pasteur ne manque pas de lui rendre l'hommage qui lui est dû. Avec d'autres, comme Jacob Henle, Ferdinand Cohn, Otto Obermeier, Pasteur est sur la piste des microbes.

Pasteur à l'hôpital et à la ferme

Les vers à soie ne sont pas les seules victimes des maladies contagieuses : les humains ont de quoi s'en plaindre, et Pasteur se rend à l'hôpital et au Collège de France pour étudier les choses de près ; il commence par acquérir une solide formation en physiologie auprès du plus grand des maîtres possibles, Claude Bernard. Le médecin et zoologiste Camille Davaine a découvert, en 1850, le pullulement de petits corpuscules filiformes dans le sang d'animaux malades du charbon, et le chirurgien écossais affronte ces infections chez les humains grâce à une technique nouvelle, l'*antisepsie*. L'enquête avance ! S'appuyant sur les travaux de Davaine et de Koch, l'équipe du modeste laboratoire de l'École normale supérieure débusque l'agent infectieux responsable du charbon du mouton ; ils montrent que l'infection survit dans les champs maudits grâce aux vers de terre et infecte les moutons. Après les moutons, les poules, atteintes de choléra, sont l'objet de leur attention. Là encore, une bactérie est à l'action.

Une circonstance plus ou moins accidentelle va aider à la découverte du vaccin (en 1880). Des poules qui ont survécu semblent quasiment indemnes face à une nouvelle attaque qui aurait dû être mortelle. Les chercheurs apprennent à affaiblir ou à intensifier la virulence de l'agent infectieux et appliquent la méthode au charbon du mouton. Une expérience sensationnelle à l'impact qu'on peut imaginer : le 31 mai 1881, en public, on vaccine 25 moutons, puis on inocule le virus à ces 25 et à 25 de leurs camarades non vaccinés. Rendez-vous est pris pour le 2 juin : les 25 premiers vivent, les 25 autres sont morts. Une longue série de chiens et de lapins sont sacrifiés sur l'autel de la recherche ; il faut vaincre la rage. Les cultures du germe sont difficiles, entre autres parce qu'elles doivent transiter par des tissus nerveux ; on teste la décroissance des effets jusqu'à obtenir des immunités de chien parfaitement satisfaisantes.

Il fallait franchir le pas… vers l'homme. C'est le jeune Alsacien Joseph Meister qui essuie les plâtres. Grand bien lui fit puisqu'il est sauvé et immunisé. Fort de ces succès, Pasteur et son équipe sont dès lors largement financés, et l'institut qui porte son nom voit le jour en 1888, en présence d'un Louis Pasteur déjà fort affaibli par l'hémiplégie qui l'a frappé quelques années auparavant.

ANECDOTE

Fleming découvre la pénicilline par accident

Une découverte majeure de la biologie du XXe siècle est connue comme ayant été *accidentelle*, ce qui est assez paradoxal quand on sait quel talent et quels efforts patients sont habituellement nécessaires en ce domaine. Les choses se seraient donc passées ainsi : en 1928, le professeur Alexander Fleming (1881-1955), chercheur en biologie à l'hôpital Sainte-Marie de Londres, étudie les propriétés des staphylocoques ; son laboratoire, comme à l'accoutumée, est dans un beau désordre. S'y trouvent notamment des boîtes de culture bactérienne qui, oubliées pendant les vacances, ont été contaminées par un champignon. Il constate que le développement des bactéries est stoppé autour de ce champignon. Analysant cette moisissure de champignon, il l'identifie comme membre de la famille du pénicillium. Fleming fait subir le test du pénicillium à d'autres bactéries et observe qu'il agit contre les staphylocoques, et les agents responsables de la scarlatine, de la pneumonie, de la gonorrhée, de la méningite et de la diphtérie.

Il faut avoir à l'esprit que Fleming cherche – dès avant cet incident – dans cette direction ; il est, en outre, théoriquement armé pour comprendre ce qui s'est peut-être passé. Ce n'est évidemment pas *par accident* qu'il engage l'examen systématique des effets du pénicillium sur un vaste spectre de bactéries. Sans cela, l'accident serait resté un banal incident de laboratoire, comme il s'en passe des milliers. De plus, Fleming n'est pas au bout de ses peines, et son étude est encore loin de fournir le médicament décisif qu'elle va permettre de développer. Son article de 1929 dans le *British Journal of Experimental Pathology* a peu d'impact. Fleming réalise que la culture de la pénicilline est difficile ; il a de bonnes raisons de penser que cet agent ne survivra pas assez longtemps dans le corps humain pour tuer les bactéries, et les premiers essais cliniques ne sont guère encourageants. L'industrie pharmaceutique ne s'intéresse pas au programme de recherche de Fleming. Il insiste et, en 1933, obtient la guérison complète du jeune Keith Rogers. Des années passent encore avant qu'une équipe de chercheurs d'Oxford (Henry Harris, Ernst Chain et Norman Heatley) s'en mêle. Enfin, en 1940, la méthode de production de la pénicilline est au point et les essais, absolument convaincants. La production à grande échelle peut commencer, ce qui est fait en 1945. Au-delà d'un incident de laboratoire, il a fallu la compétence extrême et l'entêtement d'un chercheur resté assez isolé pendant quinze ans, puis les efforts et les moyens d'un gros laboratoire de recherche dirigés par de remarquables biologistes pour inventer la pénicilline.

Darwin a vu l'essentiel de l'évolution

N'OUBLIEZ PAS !

Nous abordons là le thème essentiel des sciences de la vie au XIXe siècle. On peut relever, non pas une, mais cinq théories darwiniennes, plus ou moins dépendantes les unes des autres. Le grand naturaliste anglais Charles Darwin (1809-1882) a soutenu que les organismes changent au cours du temps, que chaque groupe d'organismes a un ancêtre commun, que les espèces se multiplient, soit par ramification, soit par isolement et évolution, que les modifications sont progressives et ne se font pas par de brusques mutations, et enfin qu'une abondance de variations génétiques cause le changement évolutif, au cours duquel un petit nombre de survivants transmet les caractères favorables. Depuis Buffon ou Maupertuis et bien sûr Lamarck, un bon nombre de savants ont imaginé et soutenu des scénarios de changement des espèces, de disparition de certaines d'entre elles (les mammouths par exemple) ou de leur transformation brusque, ou encore de leur recréation améliorée ou de leur perfectionnement, lignée par lignée, sans passage d'une à l'autre, sans *arborescence de la descendance,* comme dira Darwin.

À bord du « Beagle »

Lorsque, au lendemain de Noël 1831, le jeune Charles Darwin, 22 ans, s'embarque à bord du HMS *Beagle,* il croit à la fixité des espèces, comme la grande majorité de ses contemporains et comme son maître, le grand géologue Charles Lyell. On a voulu faire de lui un médecin, il n'apprécie pas ; puis un pasteur, il aime moins encore. Son enfance et sa jeunesse ont déjà déterminé sa passion : l'étude la nature. Il va être servi au cours des cinq ans qu'avec ses compagnons de voyage, il passe sur les côtes d'Amérique du Sud. Parmi la multitude d'observations et de lectures qu'il fait alors, on sait qu'une visite joue un rôle déterminant dans son changement de point de vue : celle qu'il fait aux îles Galápagos. Les oiseaux qu'il observe dans ces îles dispersées le conduisent à douter de la stabilité des espèces. Pourquoi ? D'une part, les pinsons des diverses îles présentent des caractères communs qui les rattachent sûrement à une espèce largement présente sur le continent ; d'autre part, ils présentent des caractères bien distincts d'une île à l'autre.

Longtemps, Darwin estime qu'il a devant lui des variétés d'une même espèce. À son retour, au cours d'une importante discussion avec l'ornithologue John Gould, celui-ci lui démontre qu'il s'agit de trois espèces différentes, et non pas de simples variétés d'une même espèce. Un premier mécanisme de spéciation (formation d'une espèce nouvelle) lui semble inévitable : isolée et séparée en des lieux distincts, une même espèce d'origine peut donner naissance à des espèces nouvelles. Telle est la situation pour les divers pinsons des Galápagos qu'il a examinés en détail : descendants communs de l'espèce continentale, les populations de pinsons ont évolué et, d'une île à l'autre, n'appartiennent pas – n'appartiennent plus – à une même espèce. Évolution à la fois verticale (dans le temps) et horizontale (dans l'espace).

Vingt ans de réflexion

Il faut réfléchir : que l'évolution soit un fait, Darwin s'en convainc de plus en plus, mais comment et pourquoi ce fait advient-il ? C'est une énigme. Les grandes lignes de la solution lui sont données par la lecture du livre de Malthus en 1838. Spontanément, une population dans un environnement favorable se multiplie au-delà des capacités de son écosystème : il est nécessaire qu'une proportion importante soit éliminée ; il y a donc en permanence un combat pour la survie. Les mieux adaptés demeurent et se reproduisent, les autres non.

Au lieu de se lancer aussitôt dans la publication de ses idées révolutionnaires, Charles étudie la géologie, la classification et, en détail, une classe particulière et problématique de crustacés, les *cirripèdes,* dont il devient un spécialiste. Il recule pour mieux sauter, accumule les arguments et les témoignages que peuvent lui fournir les fossiles, l'anatomie comparée, l'histoire de la Terre et de ses changements géographiques, géologiques ou climatiques. En 1856, il se lance dans l'écriture de *L'Origine des espèces.* L'idée centrale, qui commande les autres thèses, est celle de l'évolution à partir d'un ancêtre commun, du fait de la *sélection naturelle.* On comprend bien qu'il tourne ainsi le dos à d'autres théories transformistes comme celle de Lamarck ; ce n'est pas un caractère physique (un long cou, un bec large…) qui est transmis aux descendants ; ce sont les individus dont le cou est plutôt long ou le bec plutôt large qui survivent et donc se reproduisent le mieux. En un certain sens, le résultat est le même, mais le mécanisme, le principe en est complètement différent.

On ne dira jamais assez à quel point Darwin, en plus d'avoir été un observateur, un expérimentateur hors pair, est un théoricien profond, audacieux et imaginatif. Il conçoit la science comme un ensemble d'hypothèses souvent non prouvées au départ mais servant de boussole pour avancer dans les expériences et de cadre pour les interpréter : les faits, tous seuls, ne parlent pas.

Quel impact !

Le tonnerre que produit l'ouvrage est énorme. Les ventes, les traductions se multiplient, la célébrité arrive, foudroyante. Dès lors, il y a un avant et un après Darwin dans tous les secteurs des études naturalistes. Quant à Charles, homme affable et resté modeste, il poursuit posément et avec détermination l'approfondissement de son œuvre : la théorie pose autant de questions et de problèmes qu'elle ne résout d'énigmes. Il faut suivre des séries évolutives (phylum) d'après les fossiles, notamment pour repérer les indices signalant la *spéciation.* Il faut essayer de reconstituer les grands embranchements raisonnables de différenciation, remonter aux ancêtres communs, démontrer les cousinages entre espèces. Tout est chamboulé puisqu'un nouveau critère de classement du vivant se dresse : ne doit-on pas « mettre ensemble » des espèces de la même famille (avec des ancêtres communs assez proches) même si, morphologiquement, elles ne se ressemblent pas et séparer des animaux ou des plantes qui paraissent peu différents et qui, cependant, n'ont pour aïeux communs que de très lointains individus ?

Il y a, dès les débuts, un groupe remarquable d'amis savants et convaincus pour constituer la première phalange darwinienne : Charles Lyell, Alfred Russel Wallace qui a, à la même période, proposé une théorie identique, Thomas Henry Huxley, Joseph Dalton Hooker, Henri Bates, Fritz Müller. Ne parlons pas des cris d'orfraie poussés par les milieux conservateurs, religieux ou pas ; ils sont perçants et persistants. Il y a aussi, et c'est plus intéressant, de nombreuses objections et des faiblesses sont repérées dans la construction darwinienne : où sont les fossiles suffisants pour reconstituer le puzzle ? Comment les espèces peuvent-elles – en gros – être stables (puisque se reproduisant « en interne ») et instables puisque évolutives.

Comment ça marche ?

ATTENTION !

Assez rapidement, un versant du darwinisme est solidement établi et accepté par la majorité de la communauté scientifique : le fait de l'évolution et même la *thèse de l'ancêtre commun*. Les progrès de la paléontologie, de la biologie, les découvertes fossiles renforcent, depuis 1860 et tout au long du XXe siècle, la validité de la thèse selon laquelle les espèces ne sont pas créées et évoluent en *phylum* à partir d'ancêtres communs. Mais comment cela se fait-il ? Ce côté du darwinisme est bientôt un furieux champ de bataille où des combats se livrent encore. Des versions adaptées du lamarckisme marquent des points sous l'appellation de *transmission par usage et défaut d'usage* (de tel ou tel organe). L'auteur le plus marquant jusqu'en 1910 de cette controverse est August Weissmann, dont la pensée évolue radicalement : jusqu'en 1882, il accepte la transmission des caractères acquis comme mécanisme de l'évolution ; après une douzaine d'années de réflexion, il rompt complètement avec cette thèse pour se faire le plus brillant défenseur de la variation génétique comme support de la sélection naturelle. Le terme général avancé par Darwin de *sélection naturelle* donne bien une orientation générale, mais il faut comprendre comment s'opère le tri sélectif. Longtemps, de nombreux évolutionnistes admettent que la sélection obéit à un dessein : il y a un *agent planificateur* de la sélection (Dieu ou quelque loi générale de la nature). Tel n'est pas le point de vue de Darwin, qui n'est suivi, sur cet aspect essentiel de sa théorie, que par une minorité de chercheurs, au point que le darwinisme est bien près de succomber aux attaques des adversaires de la sélection. Un bel argument contre la transmission des caractères acquis est apporté par Weissmann lorsqu'il demande comment les nombreuses adaptations des ouvrières et des soldats chez les fourmis pourraient être un produit de l'usage et du défaut d'usage, alors que ces castes ne se reproduisent pas.

L'irruption de la génétique est décisive pour la suite des controverses sur la sélection naturelle. On découvre que les mutations génétiques sont infiniment nombreuses et spontanées. Vers 1940, une synthèse très performante est élaborée dans les camps presque opposés des généticiens et des naturalistes (Julian Huxley, Sergei Tchetverikov, Ernst Mayr, etc.). La modification affectant une espèce vise des individus particuliers de cette espèce et se fait en deux temps : d'abord, les multiples combinaisons génétiques sont spontanées et quasi aléatoires ; elles produisent des mutations individuelles. Ensuite, mais seulement ensuite, les conditions générales de vie retiennent et favorisent telle mutation dans ses capacités de survie et de reproduction, entraînant des différenciations spéciales (pouvant aboutir à une nouvelle espèce). Renouant avec Darwin, la *synthèse,* ou *seconde révolution darwinienne,* soutient que tout changement adaptatif est dû à une sélection naturelle qui s'exerce sur une variation génétique disponible en abondance. Autrement dit, l'évolution graduelle est due au filtrage de la variation génétique par la sélection naturelle et, comme l'écrit Ernst Mayr, « tous les phénomènes d'évolution peuvent s'expliquer en termes de mécanismes génétiques connus ».

La synthèse n'a pas clos les controverses sur l'évolution et de nombreux points sont en discussion et font l'objet de vives oppositions entre spécialistes, comme la question des rythmes évolutifs.

La génétique, Mendel et les premières lois de l'hérédité

Pour suivre les principales découvertes de la génétique, il est bon d'avoir à l'esprit la différence entre un *mélange* et une *combinaison.* Si l'on prend divers métaux – du cuivre, du plomb, du zinc –, on peut, par divers procédés (fusion par exemple) en faire des alliages dans lesquels les propriétés et les caractéristiques sont mélangées dans un nouveau métal homogène : chaque partie a les mêmes caractéristiques que les autres. En revanche, si vous considérez dans un jeu de cartes les trèfles, les carreaux, les cœurs, les piques et que vous battez et distribuez, vous avez des parties qui ont toutes les chances d'être différentes : plus ou moins de cœur par exemple. On a combiné quatre paramètres ou caractéristiques. Une découverte essentielle de la génétique est de cet ordre : les caractéristiques parentales, dans la reproduction sexuée, ne se mélangent pas, mais se combinent : les *combinaisons* peuvent être très nombreuses, elles n'en sont pas moins dénombrables et susceptibles d'études statistiques. Les supports de ces combinaisons sont les *gènes.*

Des travaux ignorés pendant cinquante ans

Le Français Charles Naudin (1815-1899) croise avec persévérance des variétés de plantes et étudie leurs descendances de première et seconde génération. Il obtient des résultats significatifs, mais beaucoup moins approfondis que ceux auxquels va parvenir Gregor Mendel (1822-1884), qui étudie la reproduction des variétés de pois dans son monastère de Moravie. Coup de chance, son matériel d'étude, le *Pisum sativum* (le pois comestible) est exceptionnellement favorable, et la formation mathématique de Georg Mendel convient parfaitement à l'analyse des phénomènes qu'il découvre.

D'abord, il prépare des lignées ou populations aux caractères très réguliers : graines striées ou graines lisses, fleurs blanches ou fleurs colorées, tiges courtes ou tiges longues, etc. Puis il réalise des croisements précis en combinant deux à deux ses populations « pures » : des graines lisses croisées à des graines ridées, etc. La première génération est, à chaque fois, homogène et recopie une caractéristique d'un des deux parents. Mais, à la génération suivante, trois quarts des pois présentent l'une des caractéristiques initiales et un quart, l'autre caractéristique, qui est cachée à la première génération. La notion de caractère dominant *D* (pour celui qui affectait les trois quarts) et récessif *R* (l'autre concernant le quart) est en germe. Aux générations suivantes, les caractères dominants se répartissent de telle façon que Mendel peut énoncer qu'en seconde génération, on a 25 % de combinaisons *DD*, 50 % de combinaisons *DR* et 25 % de *RR*. Poursuivant l'étude, Mendel associe des caractéristiques de nature différente (les rides/lisses avec les tiges courtes/tiges longues) et montre que les héritages de caractères sont indépendants les uns des autres (on a bien affaire à des combinaisons et non à des mélanges). Il y aurait donc des *unités héréditaires* dans les *gamètes* (les cellules reproductives). Superbe anticipation que la découverte des chromosomes devait confirmer ! C'est Mendel qui donne le nom de gène à cette unité d'hérédité dont on devait découvrir plus tard les caractéristiques chimiques et physiques. Il est à peine croyable que des résultats aussi importants et de telle conséquence soient tombés dans l'oubli (ils sont publiés par Mendel en 1866) ; c'est pourtant ce qu'il advint. Darwin, Weissmann et leurs collègues évolutionnistes ignorent totalement ces arguments qui auraient dû jouer (et qui, plus tard joueront) un rôle considérable dans les discussions sur les mécanismes de l'évolution.

En 1900, année au cours de laquelle trois botanistes, travaillant indépendamment, redécouvrent des lois de Mendel (l'Autrichien Erich Tschermak, l'Allemand K. Correns et le Hollandais Hugo De Vries), les statisticiens trouvent des lois empiriques par des moyens mathématiques sophistiqués. Ils s'opposent aux *lois de Mendel,* qui leur paraissent vraiment trop simples. Ils ont tort, car les mesures biométriques se trouvent en parfait accord avec les lois de Mendel, qui, de ce fait, fournissent une excellente explication à leurs découvertes empiriques et mathématiques.

La génétique, science de l'hérédité

William Bateson (1861-1926), zoologiste anglais, baptise *génétique* la science dont les premières lois ont été découvertes par Mendel, lesquelles sont systématiquement vérifiées pour un grand nombre d'animaux et de plantes. Un animal est particulièrement aimé des généticiens : la mouche drosophile, en raison de sa reproduction rapide et du gigantisme de ses chromosomes. L'immense richesse de cette science tout au long du XXe siècle va de pair avec une tout aussi grande complexité. Elle s'occupe des lois de transmission des caractères héréditaires, de l'action du milieu sur les actions des gènes et enfin des mutations que peuvent subir les gènes et, en conséquence, les caractères héréditaires.

Dans le premier domaine, la découverte du rôle décisif des chromosomes est essentielle : les Américains Edmund Beecher Wilson et Walter Sutton notamment établissent que les lois mendéliennes sont très fortement corrélées avec le comportement de ces macromolécules. L'étude de l'ordre des combinaisons et des successions des gènes le long des chromosomes constitue un beau programme de travail dans une multitude de laboratoires. Morgan Bridges ou Emerson entre autres entament l'établissement des cartes génétiques : d'abord celle de la drosophile, ensuite du maïs, puis des animaux supérieurs et, depuis quelques années, de l'homme.

La seconde direction d'étude montre que la notion même de gène est extrêmement complexe : l'ADN et l'ARN, les fameux *acides nucléiques* qui entrent dans la constitution des longs filaments des chromosomes, sont le lieu de la transmission héréditaire, des éventuelles mutations, des *recombinaisons* (et non pas mélanges) entre les informations génétiques des deux parents. L'unité héréditaire suggérée par les lois de Mendel prend forme : le gène est, depuis les années 1950, une séquence (un petit morceau, ou plutôt un certain ordre de succession) de l'ADN.

À partir des travaux de Cunéo (1928) sur la couleur des souris, on réalise qu'un même gène (c'est-à-dire une même séquence d'informations) peut être dans des états différents, qu'on nomme les *allèles,* qui justement sont soit *dominants* (alors ils s'expriment toujours dans la descendance) soit *récessifs* (dans ce cas, ils ne s'expriment que si l'allèle partenaire dans la reproduction est identique).

Les *caractères héréditaires* peuvent dépendre de groupe de gènes, ce qui conduit à penser que des processus décisifs de l'hérédité doivent se comprendre en considérant des interactions de plusieurs gènes (on peut avoir collaboration de gènes principaux, de gènes conditionnels, de gènes modificateurs, de gènes d'intensité ou encore de répartition). C'est décidément complexe : la base de la génétique est l'indépendance sans mélange des variables génétiques et la biochimie moderne nous enseigne leurs interactions. L'histoire de la biochimie et de la génétique en est seulement à ses débuts.

Les travaux concernant les relations entre les comportements génétiques et les conditions extérieures comme la chaleur, le climat, l'âge, des traumatismes physiques, etc. ont montré (par exemple Goldschmidt en 1935) que, si la structure du gène n'est pas modifiée, son efficacité, son caractère dominant en était affectés. Voilà donc comment les notions mendéliennes fondamentales comme le caractère dominant ou récessif doivent être relativisées et enrichies à la lumière d'interactions complexes entre la chimie des cellules et ce que l'on pourrait appeler l'écologie (ou plus simplement les conditions de vie) de l'organisme considéré.

Des controverses multiples se développent, depuis les premières années du XXIe siècle, pour proposer une théorie valable de la dominance génétique ; la question « qu'est-ce qu'un allèle dominant et pourquoi l'est-il ? » est toujours fortement débattue.

On pratique les premières manipulations génétiques dans les années 1970. Ce qu'on nomme plus décemment l'*ingénierie génétique* débute avec les travaux des Américains Seymour Cohen et Herbert Boyer, qui expliquent comment couper puis souder une molécule d'ADN à l'aide d'enzymes adéquats. On peut donc intervenir dans le *séquençage génétique* d'un organisme vivant : étant donné un gène, dans un certain état (un allèle), bien à sa place sur un chromosome ; on peut lui substituer un allèle différent (le même gène dans un autre état, donc avec une commande, un caractère physique ou physiologique différent). On a aussi appris (depuis 1981) à transférer les gènes d'un animal à un autre.

Les mutants

ATTENTION !

la seule évocation de ce terme, l'imagination déploie ses ailes. Les *mutants* et les *mutations* sont cependant très courants et en général peu spectaculaires mais toujours scientifiquement passionnants. Une mutation peut être *génétique* si elle concerne un gène donné ou *chromosomique* lorsque c'est la structure du chromosome qui est affectée, ou leur nombre. Vers 1920, Lewis Stadler calcule que les mutations spontanées chez la drosophile sont de 1 pour 1000000, ce qui est plutôt énorme ; en outre, on apprend très rapidement (Muller en 1927), à l'aide de rayons X, à provoquer des mutations génétiques en multipliant leur fréquence par 150. La bombe atomique de Bikini en 1947 provoque 50 % de mutations génétiques dans les grains de maïs exposés ! On connaît de nombreux cas de mutations dues à des produits chimiques divers (des sulfamides, l'uréthanne...). Les mutations chromosomiques sont étudiées soit comme des événements naturels (sur des plantes jusque chez des humains, avec le cas de la trisomie) soit, dès que les ingénieurs, techniciens et savants en ont eu les moyens matériels, comme des phénomènes artificiels et provoqués (mutations *polyploïdes* provoquées depuis 1937) ; c'est parfois assez simple ; Briggs, dans les années 1940, fabrique des grenouilles américaines triploïdes (c'est-à-dire que le nombre de leurs chromosomes est triple au lieu d'être double). Si les mutations sont souvent négatives (maladies, déficiences, malformations…), elles sont aussi les moyens de l'évolution et de l'apparition des espèces nouvelles. Les mutations provoquées peuvent créer et stabiliser de nouvelles espèces, les OGM (*organismes génétiquement modifiés*) ne sont pas si nouveaux puisque des espèces nouvelles de choux, d'iris, de maïs, de tabac, mais aussi de drosophiles ont été fabriquées avant 1960, souvent par *translocation* entre chromosomes : on prend un morceau de matériel génétique sur un chromosome et on le soude sur un autre et vice-versa. La translocation entre les chromosomes II et III de *Drosophila melanogaster* a donné naissance à *Drosophila artificialis* en 1936. Tout de même, les controverses, là encore, existent et les tenants de la définition morphologique de l'espèce sont en embuscade, faisant remarquer qu'il n'y a aucune différence morphologique entre les deux *Drosophila,* par exemple.

On s'aperçoit rapidement que les mutations peuvent être dirigées, ce qui, selon le généticien Beadle, dessine « la plus grande nouveauté du siècle en matière de génétique ». Il est vrai que les perspectives ouvertes par ces moyens scientifiques sont immenses : réparation de déficiences, insuffisances, malformations, etc. dues à des mutations défavorables. On peut imaginer de rendre inoffensifs des micro-organismes agressifs ou dangereux (des virus…) et de telles manœuvres débutent très tôt, Griffith ayant fait muter un pneumocoque en 1926. Mais on ne peut éviter de songer aux dangers et dérives tout aussi enivrantes que peut faire courir la science des gènes et des chromosomes.

La classification des êtres vivants

Les théories de l'évolution, de la génétique, de la biochimie devaient inévitablement transformer les critères mêmes de classification des êtres vivants. Dès lors que l'on connaît (ou que l'on croit connaître) l'arbre généalogique d'une certaine espèce, on va – et c'est bien normal – la classer au plus près de ses sœurs, de ses cousines, de ses tantes, etc. Dès lors qu'on connaît sa *carte d'identité génétique* (combien de chromosomes, quel codage ADN…), on va – et, à nouveau rien de plus normal – la classer au plus près des espèces qui ont une carte d'identité génétique proche. Si ces deux critères ont le bon goût de se recouper, alors, la décision est irrésistible. L'ennui est que l'on va rapprocher des plantes ou des animaux très dissemblables et séparer de très ressemblants.

Les crocodiles, proches cousins des oiseaux

Au milieu du XXe siècle, on estime connaître plus d'un million d'espèces animales. Pour ne donner qu'un exemple des difficultés de la zoologie moderne, mentionnons celui des crocodiles. Ils ont bien l'air de posséder une architecture commune avec les lézards et les tortues, qui forment, avec les serpents, la classe des reptiles ; ils possèdent en outre un ancêtre commun ; pourtant, on a montré que les serpents, les crocodiles et les oiseaux ont un ancêtre commun qui n'est pas ancêtre des tortues ; puis, grâce à la présence d'une « fenêtre mandibulaire » et d'un gésier, on découvre que les crocodiles et les oiseaux ont un ancêtre commun que n'ont pas les serpents et les lézards ; bref, les crocodiles, dans la classification moderne, sont plus proches des oiseaux que des lézards.

La super-classe des poissons gommée des classifications

Très fréquemment, des espèces d'animaux de toute petite taille sont découvertes, mais il est aussi arrivé que de gros animaux, jamais décrits, fassent irruption dans les arbres *phylogéniques* ; tel est le cas d'un « poisson » baptisé coalacanthe découvert en 1938 sur la côte d'Afrique du Sud, suivi en 1952 par un second spécimen dans l'archipel des Comores, ou encore de l'okapi, un girafidé découvert en 1900 au Congo, et aussi des pogonophores (en 1914, puis en 1932), animaux marins des fonds océaniques que l'on eut bien du mal à mettre à leur place pour finalement en faire un embranchement particulier.

Un individu très proche du cœlacanthe, le dipneuste, partage avec les mammifères un ancêtre commun qui n'est pas ancêtre des poissons. Du coup, le groupe taxonomique dipneuste + mammifères donne dans la classification phylogénétique du vivant le groupe des rhipidistiens. On observe ici une analogie avec la situation qui a conduit à reconnaître dans l'association « crocodiles + oiseaux + dinosaures » un groupe dit des *archosauriens.*

Si on observe l'évolution des classifications, en un siècle, on découvre quatre étapes principales, ne serait-ce que dans la définition des règnes du vivant. Au début du XXe siècle, on a trois règnes, *animal, végétal, protiste* (organismes unicellulaires) ; en 1969, en voici cinq avec en plus *champignon* et *monère,* ou *bactérie* (eux aussi monocellulaires mais distincts des protistes). En 1977, Woese en propose un nouveau, l'*archéobactérie,* ce qui en fait six et, récemment (en 1998), Cavalier-Smith suggère deux empires, *eucaryotes* et *procaryotes* (celui-ci ne comprenant que les bactéries).

N'OUBLIEZ PAS !

Les champignons ne sont pas des plantes

On a longtemps considéré les champignons comme des végétaux ; mais de nombreux caractères ont conduit à leur exclusion de ce règne et à leur promotion en un règne à part entière, les *Fungi* : ils n'ont pas de chlorophylle et ne peuvent pas synthétiser de sucre, ce que font les végétaux. Ils doivent se nourrir « comme des animaux ». Le naturaliste Whittaker est l'inventeur de ce règne en 1969.

Chapitre 32

Chaleur du noyau terrestre et bouleversements de surface

Dans ce chapitre :

- La chaleur centrale domine les débats
- Les nombreuses hypothèses sur la structure et la solidité terrestre
- Les mathématiciens donnent des outils modernes
- Comment expliquer la dérive des continents ?

L'étude du globe terrestre est une science jeune. Nous avons vu que sa forme a fait l'objet de débats passionnés (voir Chapitre 23). Que la Terre soit ronde est une affaire entendue depuis l'Antiquité, mais on découvrait au XVIIe siècle qu'elle est sensiblement aplatie aux pôles. Il fallut mesurer cet aplatissement et l'expliquer. Bien des questions restent en suspens : qu'y a-t-il à l'intérieur ? De l'eau, du feu ? Du vide ? Et encore : la Terre subit-elle des modifications ? Lesquelles et à cause de quoi ? Les théories qui ont permis des progrès formidables depuis le XIXe siècle font donc l'objet de ce chapitre.

La « Terre en fusion » gagne les esprits

Les sciences du globe terrestre n'échappent pas aux mathématiques, bien au contraire. En 1822, Joseph Fourier publie sa *Théorie analytique de la chaleur*; il démontre mathématiquement comment se propage la chaleur. Il peut calculer la distribution de la température dans un corps à partir d'un état initial connu.

Les équations décrivent la chaleur du globe

Appliquant ses fonctions à la Terre, Fourier étudie les deux sources possibles de chaleur de la surface : soit celle-ci vient de l'extérieur (Soleil et étoiles), soit d'une chaleur primitive située à l'intérieur. Des arguments mathématiques le persuadent que la première source est trop faible; la solution s'impose : une source chaude formidable doit exister à l'intérieur de la planète qui a dû atteindre de très hautes températures lors de ses origines et se refroidir lentement depuis.

Deux géologues français, Louis Cordier (1777-1861) et Léonce Élie de Beaumont (1798-1874), accréditent cette idée. Cordier s'appuie sur des centaines de mesures de température réalisées dans des mines aux quatre coins du monde pour élaborer un modèle de « Terre en fusion » : une grande masse malléable recouverte d'une mince écorce solide; l'épaisseur de la croûte ne doit pas dépasser 100 kilomètres. Celle-ci est sans doute partiellement déformable et peut se contracter en se refroidissant, ce qui est la cause des tremblements de terre, volcans et surgissement de chaînes montagneuses. Comme le proclame Cordier, « le règne de l'eau est révolu, c'est désormais la chaleur qui anime le centre de la Terre ».

S'il est aussi convaincu par la théorie de la chaleur centrale, Élie de Beaumont contredit Cordier en suggérant que le refroidissement affecte plus vite les parties internes que la croûte. Il repère des alignements de chaînes volcaniques et montre que les différents massifs montagneux n'ont pas le même âge. Il est de la sorte un des initiateurs des premières *théories tectoniques,* c'est-à-dire qui s'occupent des phénomènes géologiques à des échelles supérieures au kilomètre. La conception d'Élie de Beaumont est notamment intéressante pour son caractère catastrophiste; l'histoire terrestre est faite de longues périodes plutôt calmes entrecoupées de brefs moments paroxystiques de tremblements, de cassures et d'irruptions.

À côté – et parfois contre – ces théories à fondement physique (*théorie de la propagation thermique*), d'autres arguments sont développés pour décrire les relations entre l'intérieur et la surface de notre planète. Sir Humphry Davy (1778-1829) est un chimiste à qui l'on doit la découverte du gaz hilarant (protoxyde d'azote) qu'il expérimente sur lui-même. Outre ses travaux amusants, il s'efforce plus sérieusement d'appliquer les processus chimiques à la Terre. Les expansions et transformations gazeuses au centre de la Terre, combinées avec des phénomènes d'oxydation métallique par exemple, expliquent, selon lui, mieux que la mécanique et la physique, les phénomènes qui affectent la surface terrestre. La thèse de Davy – et de bon nombre de ses confrères – est que l'activité volcanique a une cause avant tout chimique. Toutefois, et sans que les études de géologie chimique ne diminuent, l'explication physique et thermique prend l'avantage, et Davy lui-même finit par rejoindre les partisans de la Terre en fusion. En 1847, lors du congrès de la Société géologique de France, un des intervenants, Ludovico

Frapolli, résume la situation de la communauté savante : « La découverte du parallélisme des chaînes de montagnes de même âge est à la fois une des conséquences les plus fécondes et la meilleure preuve de cette supposition. L'hypothèse de la chaleur centrale est désormais le lien de réunion de tous les faits observés… principe sublime sans lequel la géologie ne serait qu'un amas de faits incohérents et inexplicables. La presque totalité des géologues s'y est rangée. »

Il est vrai que cette théorie est unitaire, séduisante ; elle a réponse à tout et va dominer la géologie du XIXe siècle. Pour autant, Frapolli devrait être plus circonspect car des opposants à la Terre en fusion veillent, qui sont parfois de premier ordre.

Les controverses théoriques générales n'empêchent pas, au contraire, le développement des sciences particulières qui contribuent à la connaissance de la Terre, de la géologie proprement dite, qui étudie les roches, de la géodésie, qui mesure et représente la surface terrestre, de la mécanique, qui analyse et décrit les forces qui s'exercent sur le globe, sans oublier l'astronomie. Les progrès des mesures de *gravimétrie* (étude de la constante d'attraction selon les lieux) donnent des indications sur les densités internes de la Terre ; les marées terrestres prévues par Élie de Beaumont sont décrites ; on précise de même les mouvements de l'axe de rotation terrestre. Tout cela (marée, gravité, mouvement de l'axe, etc.) est affecté par la densité, la chaleur, la fluidité, etc. de l'intérieur terrestre. Autrement dit, mieux connaître ces effets devait permettre de faire des hypothèses raisonnables sur cet intérieur à tout jamais invisible.

Les contestataires du « feu central »

ATTENTION !

L'un est électricien, l'autre, mathématicien, et le troisième, géologue ; tous les trois s'opposent à la théorie de la Terre en fusion et leurs arguments sont loin d'être négligeables. André Marie Ampère, l'électricien, développe depuis 1833 une argumentation systématique contre la Terre en fusion ; l'axe principal de sa critique consiste en une réévaluation des explications chimiques de l'évolution terrestre. Il suppose que tous les corps qui constituent la Terre étaient initialement gazeux et très chauds ; les différences chimiques des éléments rendent comptent des différences d'époque des refroidissements et des constitutions de couches plus ou moins superposées. En résumé, pour Ampère, le moteur tectonique essentiel est chimique plutôt que physique. Toutefois, cette conception chimique ne s'oppose pas – dans l'esprit d'Ampère – à une vision catastrophiste de l'histoire géologique ; s'ils s'expliquent autrement que par le refroidissement, les brusques et violents changements de l'écorce terrestre n'en sont pas moins vraisemblables. Siméon Denis Poisson, le second, est un des meilleurs mathématiciens du siècle ; élève préféré de Laplace, il est particulièrement fort dans le domaine de la mécanique céleste et des équations de la chaleur. Ces deux domaines le qualifient pour juger des thèses débattues entre les géologues. Son verdict, rendu en 1837, est net : il est impossible que la chaleur du noyau central de la Terre explique l'état des températures actuelles : il faudrait admettre une température de quelque 200 000 degrés Celsius. Voilà qui paraît démesuré ! Il défend une explication par la pression croissante – et non par la chaleur – au fur et à mesure qu'on s'approche du centre. Pour Poisson, la consolidation a commencé à partir du centre pour progresser vers la surface ; il faut avouer qu'il n'explique pas bien la chaleur effective de la surface du globe, sinon par un bien improbable passage de la Terre dans une région très chaude de l'espace stellaire.

Le troisième opposant est un « sérieux client » puisqu'il s'agit de Charles Lyell (1797-1875), sans doute le plus grand géologue britannique de son temps, ami de Darwin et auteur des *Principes de géologie,* parus en 1830, qui auront une grande influence sur celui-ci. Lyell ne fait pas dans la demi-mesure ; à la théorie de la Terre en fusion comme à toute autre version catastrophiste de la géologie, il oppose un uniformitarisme sans faille : la Terre a toujours eu un aspect similaire à celui qu'elle présente actuellement. Les changements qui affectent sa surface sont régionaux et n'ont pas d'effets globaux, ils n'agissent pas sur la planète entière. Il peut y avoir des cycles géologiques et climatiques qui respectent une stabilité, un équilibre, une tranquillité générale de la Terre totalement opposée au catastrophisme ambiant. « Les spéculations de M. de Beaumont [...] nous semblent mystérieuses à l'extrême [...]. Au contraire, l'action intermittente de la chaleur volcanique est une cause capable d'abaisser et d'élever la croûte terrestre sans interrompre la tranquillité générale de la surface habitable. »

Lyell mobilise toutes les causes possibles au service de sa conception cyclique et calme de l'histoire de la Terre ; la chimie, l'électricité lui en fournissent, mais les développements de divers domaines (paléontologie, tectonique...) au cours de la seconde moitié du XIXe siècle rendent sa situation difficilement tenable, et il est bientôt conduit à modérer sa vision cyclique de l'histoire terrestre.

ANECDOTE

Jules Verne contre le feu central

Le professeur Lidenbrock et son neveu Axel doivent, pour les besoins du scénario du *Voyage au centre de la Terre,* de Jules Verne, se rendre au centre de notre planète. Il est donc indispensable qu'une effroyable chaleur n'y règne pas. Or, nous sommes en 1865, et la théorie majoritaire est justement celle qui carboniserait les héros. Ceci n'a pas échappé à l'écrivain nantais, qui prend un soin extrême à justifier la possibilité de leur voyage. En un dialogue très précis, il fait du professeur un adepte explicite des théories de Humphry Davy et de Poisson, qui combattent le modèle de la Terre en fusion. « Les véritables savants, Poisson entre autres, ont prouvé que si une chaleur de 200 000 degrés existait à l'intérieur du globe, les gaz incandescents acquerraient une élasticité telle que l'écorce terrestre ne pourrait y résister et éclaterait comme les parois d'une chaudière sous l'effort de la vapeur. »

Des grandes incertitudes

La géologie du XIXe siècle est donc dominée par le modèle Cordier-Élie de Beaumont de la chaleur centrale, sans que soient réduites au silence ou à l'impuissance les théories contestataires.

Le recours aux moyens indirects

De toute façon, cette théorie ne règle pas un certain nombre de débats presque aussi intéressants à propos de la façon dont est fabriquée notre planète : est-elle plutôt rigide ou plutôt fluide ? Est-elle en couches superposées assez régulières ou en zones globalement dissymétriques ? Le fondateur de la géophysique britannique, William Hopkins (1793-1866), le reconnaît lorsqu'il écrit que « les investigations directes sur le refroidissement terrestre nous laissent dans un état de parfaite incertitude quant aux conditions actuelles de ses parties centrales ». Hopkins est un mathématicien ; il repend avec beaucoup de rigueur les calculs astronomiques d'Euler et Laplace sur les vibrations de l'axe des pôles (on appelle cela *la nutation de l'axe*), sur l'aplatissement du sphéroïde, sur les effets que les marées peuvent avoir sur la rotation terrestre, etc. En somme, il emploie des moyens indirects, comme les mouvements astronomiques ou les calculs extrêmement précis de gravimétrie, pour en déduire des modèles possibles de l'intérieur ; il en trouve trois : la Terre a un intérieur fluide et une croûte solide très épaisse ; la Terre a un noyau et une croûte solide encadrant un milieu en fusion ; la Terre est entièrement solide. Un point commun à ces trois modèles est la réfutation de la minceur de la croûte : alors que Lyell et bien d'autres lui accordent 100 à 150 kilomètres, les calculs de Hopkins réclament une épaisseur de 1 500 kilomètres minimum. Lord Kelvin sera, avec Hopkins, le principal défenseur d'une couche extérieure rigide de grande épaisseur.

D'autres moyens indirects d'investigation sont déployés au cours du siècle. Encore une fois, les modèles mathématiques inspirent les géologues et les physiciens du globe ; la propagation des ondes fait d'immenses progrès théoriques grâce à Fresnel, Cauchy, Poisson, Stokes, etc. L'étude des ondes sismiques, bien mesurables lors des tremblements de terre, va fournir des renseignements précieux sur la forme, la densité, l'élasticité, etc. des couches qu'elles rencontrent et traversent. Les premiers sismographes précis sont inventés en 1855 par Palmieri (sismographe vertical) et en 1869 par Zöllner (sismographe horizontal).

L'attraction des montagnes

La masse immense des montagnes devrait augmenter la force attractive terrestre autour d'elles. Pierre Bouguer, en 1749 déjà (voir Chapitre 23), a signalé que l'attraction des Andes est bien plus faible que ce à quoi on pouvait s'attendre. La chose est confirmée par les fils à plomb et les gravimètres disposés dans les montagnes ; curieusement, celles-ci présentent un déficit d'attraction. Une contribution remarquable à la résolution du mystère est due à John Henry Pratt (1809-1871), qui envisage le concept d'*équilibre isostasique.* George Everest, mesurant les Himalayas, confirme l'anomalie gravitationnelle vers 1843. L'idée de Pratt consiste à supposer que des différences de densité souterraines de la croûte terrestre doivent compenser les masses montagneuses ; il y a sans doute une masse volumique moindre à cet endroit, ce qui compense la force d'attraction. Cette notion d'isostasie devient une des clés les plus employées pour découvrir les réalités souterraines. Le terme *isostasie* est inventé par l'Américain Clarence Dutton en 1889. On peut noter que les promoteurs de l'isostasie en tirent des arguments nettement en faveur d'une *lithosphère* (ou croûte) très mince appuyée sur un intérieur qu'ils croient fluide : les plateaux continentaux « flottent » sur ce fluide interne.

Terre fluide contre Terre solide

Au total, la fin du siècle est caractérisée par l'opposition de deux camps assez vivement opposés : la Terre est-elle globalement fluide (à part la mince croûte) ? Ou est-elle globalement solide (avec éventuellement une couche intermédiaire fluide) ? Pour simplifier, on reconnaît d'un côté les géologues agrippés à la preuve offerte par les éruptions volcaniques et les phénomènes isostatiques (on y trouve Lyell, Kelvin, Liais, Hamilton, Hopkins, Reclus…) et de l'autre, les mécaniciens confiants dans le phénomène des marées qui militent pour une grande rigidité de la Terre (en font partie Airy, Radau, Dana, Taylor, Pratt, Dutton…). Comme dans toute situation de ce genre, il existe évidemment des auteurs « entre les deux » qui tentent des conciliations de ces positions radicales : on peut mentionner Fisher ou Sainte-Claire Deville. Une synthèse (qui confirme plutôt que le vent tourne en faveur des partisans de la thèse *solidiste*) fait référence dans les milieux géologues de la fin du siècle et début du XXe, c'est celle qui est exposée par Eduard Suess en 1909 dans son traité *La Face de la Terre.* Selon ce modèle, la Terre comporte trois couches : au centre, occupant environ 40 % du volume, le noyau dit *de Nife* est constitué de fer et de nickel ; au-dessus, la couche de *sima* avec surtout du silicium et du magnésium, et enfin, la couche de *sal,* composée principalement de silicium et d'aluminium, faisant environ 1 500 kilomètres d'épaisseur.

Vers les modèles actuels

Que de turbulences durant le XXe siècle ! La Terre, objet de connaissance scientifique, est ballottée en tous sens selon les théories controversées qui se succèdent et se bousculent, selon aussi l'échelle à laquelle on se place : s'occupe-t-on de la surface terrestre, la mince couche occupée par la biosphère ? Ou est-il question de l'intérieur du globe, du noyau, des couches intermédiaires, là où personne n'est jamais allé ? Où encore s'agit-il de la Terre comme planète du système solaire, de sa formation, de son avenir ? Dans un cas ou dans l'autre, le développement des connaissances est impétueux au cours du siècle, c'est-à-dire énorme et tourmenté.

Qu'y a-t-il à l'intérieur ?

Nous avons laissé le professeur Lidenbrock au centre de la Terre, ce qui est possible puisque son créateur, Jules Verne, ne croit pas à la théorie de la chaleur centrale et pense aussi que d'immenses grottes existent sous la mince croûte superficielle. Ces points de vue sont minoritaires parmi les géologues et les physiciens au début du siècle, mais on ne peut pas dire que le consensus règne quant à savoir de quoi est fait l'intérieur du globe. Tout de même, l'auscultation systématique de la planète donne des résultats de plus en plus convaincants. Les moyens de cette auscultation sont principalement les études des ondes sismiques (et aussi les arguments tirés du magnétisme terrestre).

UN PEU DE TECHNIQUE

Les caractéristiques physiques des ondes sont de véritables révélateurs des couches internes : le sismologue cherche à identifier et à tracer le trajet des ondes à travers la Terre ; les ruptures de trajectoire qu'il découvre lui indiquent l'existence de discontinuités dans la structure interne du globe. Ce travail est en réalité extrêmement complexe car un grand nombre de facteurs entrent en ligne de compte dans le comportement des ondes (température, vitesse, élasticité, etc.). En outre, il faut un réseau très dense de sismographes et un traitement rigoureux des données provenant des quatre coins du monde. La vitesse de propagation constitue cependant le paramètre principal et des accélérations ou décélérations nettes sont repérées permettant la découverte de deux discontinuités majeures.
En 1909, Andrija Mohorovicic annonce l'existence d'une discontinuité nette peu profonde (vers 50 kilomètres) et de nombreuses confirmations de l'accélération des ondes confirment la désormais *discontinuité de « Moho »*.
Un point de grand intérêt réside dans la variabilité de profondeur de celle-ci : en particulier, il est de mieux en mieux établi que la discontinuité de Moho change de profondeur selon qu'elle est mesurée sous un continent ou sous un océan, ce qui aura de grandes conséquences.

À Göttingen, en 1912, Gutenberg annonce qu'il a découvert une autre discontinuité à 2 900 kilomètres de profondeur : une chute brutale de vitesse est mesurable en cette zone. Si elles ne sont pas les seules discontinuités, ces deux-là sont les principales. Sans clore les multiples controverses qui restent ouvertes, ces résultats semblent clairs et définitifs sur un aspect essentiel : la Terre est formée de couches sphériques homogènes et successives. Cette hypothèse, avancée par Descartes en 1640 dans ses *Principes de la philosophie,* se voit remarquablement confirmée.

Pour autant, les questions toujours sans réponse ne sont ni petites ni vraiment nouvelles : le noyau est-il fluide ou solide ? L'enveloppe est-elle épaisse ou non ? Sur le comportement du noyau, la thèse dominante est proposée par le géologue Jeffreys en 1926 ; il s'appuie non seulement sur les vitesses sismiques, mais encore sur l'étude des marées et des mouvements détaillés de rotation, bref, sur tout l'arsenal des méthodes indirectes… Sa conclusion, en faveur d'une planète dont une partie centrale importante serait partiellement fluide, est rapidement adoptée par les spécialistes. Comme rien n'est simple, Lehmann, Gutenberg, Jeffreys et Keith Bullen montrent (entre 1936 et 1940) qu'il existe dans le noyau fluide un centre solide qu'ils dénomment la *graine* et qui mesure 1 200 kilomètres de diamètre.

On s'en doute, les performances sans cesse améliorées des instruments de mesure (sismographes, gravimètres et bientôt mesure de radioactivité, mesures astronomiques…) enrichissent le schéma, ce qui veut aussi dire qu'ils le compliquent. On repère de nouvelles discontinuités, secondaires, mais significatives, par exemple les deux nouvelles repérées en 1939 à 400 et à 900 kilomètres, et le modèle terrestre de Bullen au milieu du siècle est finalement assez précis, avec sept couches principales concentriques plutôt bien caractérisées quant à leurs propriétés physiques, ce qui ne règle pas la question de leurs caractéristiques minérales, chimiques, magnétiques, etc.

On peut être frappé par la nature simplement représentative de la géologie telle que nous venons de la survoler. Elle se présente comme une science qui se contente de décrire statiquement les choses telles qu'elles sont, alors que le moteur général des sciences est de produire les causes, les lois, les mécanismes qui expliquent l'état des choses et en conséquence permet de prédire leur évolution. D'autres aspects des sciences de la Terre vont alimenter ce type de réflexion à propos de notre planète.

Il n'est plus possible de cacher l'âge de la Terre

N'OUBLIEZ PAS !

Dans les premières années du XXe siècle, on a droit à un double bouleversement dans les réflexions et les connaissances concernant l'âge de la Terre. Jusque vers 1900, les physiciens, s'appuyant sur des arguments de thermodynamiques, accordent au maximum 24 millions d'années d'âge à notre planète ; les géologues, à l'aide des témoignages fossiles et d'arguments minéralogiques et paléontologiques, exigent un minimum de 100 millions d'années.

L'arme fatale fait son apparition vers 1900 grâce à une propriété déduite de la radioactivité de certains éléments naturels. La *désintégration* obéit à une loi absolument précise et immuable qui donne la proportion d'atomes désintégrés dans un corps physique en fonction du temps écoulé depuis le début du processus. C'est une horloge d'une précision impressionnante : on mesure la radioactivité d'une roche ou d'un minéral (il existe divers procédés pour réaliser cette mesure) et on obtient le temps écoulé depuis le début de la désintégration. Des méthodes fiables sont mises au point entre 1905 et 1915 et encore améliorées en 1935… Les résultats inattendus ne tardent pas. Le départ est assez modéré : 40 millions d'années, annonce Rutherford en 1904 pour un échantillon qu'il ne tarde pas à vieillir puisqu'il passe à 140 millions d'années en 1905. L'Anglais John William Rayleigh fait beaucoup plus fort en 1905 puisqu'il brandit un spécimen de 2,4 milliards d'années… si bien qu'en 1947, on a des éléments terrestres de 3,35 milliards d'années. Après tout, pourquoi pas ? L'objection radicale vient encore du ciel ! Pas du ciel au sens religieux cette fois-ci, comme au siècle précédent, où c'est en raison des informations bibliques qu'il ne fallait pas vieillir la Terre ; c'est du ciel des astronomes que tombe l'impossibilité : les théories modernes de l'Univers permettent de mesurer l'âge de celui-ci, grâce notamment à Edwin Hubble et aux résultats concernant le rayonnement fossile obtenus en 1947. Il est formel : l'Univers a au plus 2 milliards d'années et ne peut donc pas avoir de morceaux vieux de 3 ou 4 milliards d'années. Mais un fait hostile n'a jamais suffi à arrêter des savants au travail ! Les géologues et physiciens du globe stabilisent leur datation de l'âge de la Terre à partir des travaux de Patterson en 1956 : ils le fixent à 4,55 milliards d'années.

ATTENTION !

Logiquement, l'Univers est plus vieux que la Terre

Au cours de la seconde moitié du XXe siècle, les astronomes et les cosmologistes ont révisé leurs théories et les résultats actuels – qui semblent faire consensus depuis quelques années – sont entièrement compatibles avec la thèse des géologues, puisque l'Univers aurait 13,4 milliards d'années, ce qui lui laisse largement le temps de produire une Terre de 4,55 milliards d'années.

Le plus compliqué se passe à la surface des choses

Tout cela est bien joli, mais incontestablement, les phénomènes qui nous concernent le plus se produisent à la surface : climats, tremblements de terre, évolution des reliefs, courants océaniques, etc. Comment se comporte la couche supérieure du globe ? Ce programme de travail fournit matière à spéculations, observations et vives controverses au cours du XXe siècle. On pourrait résumer les choses ainsi. Dès le début du siècle, en 1912, le géophysicien allemand Alfred Wegener (1880-1930) propose une théorie très audacieuse, la *dérive des continents,* sur laquelle nous allons revenir ; elle est longtemps critiquée et même moquée avant de s'imposer dans le cadre, bien établi à partir des années 1960, de la *tectonique des plaques.*

Tremblements de terre instructifs

En surface, les travaux menés par Harry Fielding Reid, sismologue américain (1859-1944) constituent un excellent exemple de la direction prise alors par la recherche géologique. Le terrible tremblement de terre qui, en 1906, dévaste la ville de San Francisco, en Californie, lui fournit le point de départ de sa *théorie du rebondissement élastique des tremblements de terre.* Ses observations, confirmées par la plupart des confrères, établissent la relation entre les tremblements de terre et le jeu de grandes failles repérées dans la couche superficielle de la terre. L'essentiel des séismes a lieu au contact des grandes plaques lithosphériques ; ce qui devra être interprété, à la fin du siècle, dans le cadre de la *théorie de la dérive continentale.* Entre 1920 et 1940, de nombreuses observations mettent en évidence des alignements impressionnants de l'activité volcanique et sismique (dans les régions montagneuses, mais aussi dans les océans) ; en outre, les *mesures gravifiques* soulignent les différences entre continents et océans. L'idée selon laquelle de grandes failles cisaillent la croûte terrestre fait son chemin. La découverte, à partir de 1920, de grandes fosses océaniques bordant des chaînes montagneuses (comme en bordure du Pacifique) est complétée dans les années 1940 et 1950 par celle des rides au milieu des océans. Vers 1956, il apparaît que ces rides forment un réseau continu qui entourait la Terre. Des indices confortent aussi l'idée de croissance des continents par les bords, comme si ceux-ci s'étaient relevés au cours du temps.

Tout cela converge pour donner une vision nouvelle de la surface terrestre : de vastes zones stables séparées par des lignes de failles, de rupture ou d'élévation.

Wegener isolé

Alfred Wegener présente sa théorie en janvier 1912, lors d'un exposé devant ses confrères, puis dans une série d'articles et surtout dans son livre essentiel *La Genèse des continents et des océans,* publié en Allemagne en 1915. Les continents, dit-il, reposent sur un substrat. Ils étaient autrefois réunis en une seule masse immense, la Pangée, qui s'est disloquée en quelques socles continentaux ayant dérivé jusqu'à leur position actuelle. Ce phénomène de dérive, appelé la *translation continentale,* a déjà été imaginé au XIXe siècle par des théoriciens du *mobilisme* comme Owen (1857), Snider-Pellegrini (1858), Pickering (1907) et Taylor (1910). Ce qui permet de voir en Wegener le père de la théorie est l'ensemble remarquable d'arguments variés et complémentaires qu'il apporte à l'appui de sa proposition. Ses preuves sont d'abord celles du puzzle : il y a une similitude de forme entre les côtes d'Amérique du Sud et de l'Afrique ; il avance ensuite les analogies de faunes et de flore existantes entre continents éloignés. Les paléontologues ont remarqué ces similitudes depuis longtemps sans les expliquer autrement que par l'existence de ponts ayant relié les continents avant de s'effondrer dans les océans. Wegener accumule les indices : géologiques, paléoclimatiques (traces de communauté de climats anciens), géodésiques. « C'est comme si nous cherchions à reconstituer un journal déchiré d'après les contours de ses fragments, pour vérifier ensuite que les lignes correspondent [...]. Qu'une seule ligne permette un pareil contrôle et il y aurait déjà une forte probabilité en faveur de la reconstitution. Si *n* lignes le confirment, la probabilité est obtenue à la puissance n^{e} », écrit-il. Pour faire bonne mesure, Wegener s'appuie sur des mesures très précises de longitude entre le Groenland et l'Europe pour en déduire la vitesse d'éloignement des deux plaques : 36 mètres par an.

Quelles sont les raisons qui poussent la majorité des scientifiques à rejeter une théorie aussi cohérente et solidement argumentée ? La correspondance des formes ? Les opposants en trouvent d'autres, inexplicables par la dérive et tout aussi spectaculaires. Les similitudes géologiques ou biologiques ? Elles sont trop vagues pour être convaincantes, comme l'explique George Gaylord Simpson (1902-1984), le principal spécialiste de la paléontologie évolutive. Ainsi tous les arguments sont retournés contre la dérive, bientôt jugée comme une hypothèse poétique.

Plus fondamentalement, la nouvelle théorie présente un point vraiment faible : elle ne s'explique pas ! Quelle peut bien être la cause, le moteur de l'éloignement continental ? Il faut se rendre à l'évidence : Wegener n'a pas de réponse à cette redoutable question. Il le reconnaît d'ailleurs avec une admirable sincérité : « La théorie des translations n'a pas encore son Newton. On ne doit pas s'inquiéter de sa venue : la théorie n'en est en effet qu'à ses débuts... Il ne faut pas en vouloir aux théoriciens lorsqu'ils hésitent à perdre leur temps et leurs efforts pour élucider une loi sur l'exactitude de laquelle on n'est encore d'accord », écrit-il dans *La Genèse.*

Un beau rêve

L'année de sa mort, en 1930, Alfred Wegener a quelques soutiens éminents (Argand, Daly, Gutenberg, Arthur Holmes, Du Toit ou Denizot) mais, dans l'ensemble, l'hostilité domine. Pierre Termier se fait condescendant : « C'est un beau rêve, le rêve d'un grand poète. Mais, essaye-t-on de l'étreindre, on s'aperçoit n'avoir dans les bras que de la vapeur, de la fumée. Elle attire, elle intéresse, elle amuse l'esprit, mais la solidité lui manque. »

Le triomphe des années 1960

Entre 1930 et 1960, on ne constate pas d'évolution importante dans la résolution de la controverse. Le pourquoi de la dérive reste sans réponse, et les arguments s'émoussent de part et d'autre.

La solution vient des profondeurs. Si les forces de gravitation sont incapables d'expliquer la dérive, il existe d'autres forces puissantes qui œuvrent plus profondément. Tels sont les courants de convection qui résultent des échanges thermiques entre le noyau très chaud de la Terre et son *manteau* (entre le noyau et la croûte). Les courants circulant sous la croûte sont assez puissants pour générer des mouvements et des déplacements qui affectent donc la surface du globe. Arthur Holmes fait preuve d'une formidable lucidité en soutenant, dès les années 1930, que la clé se trouvait bien là : « Les courants de convection peuvent s'établir en raison du chauffage par radioactivité. Un tel courant pourrait exercer une traînée puissante sur la surface intérieure dans deux sens opposés… Une masse continentale serait en mesure d'avancer en butant sur le plancher océanique dense situé en avant d'elle… » Trente ans avant la majorité de ses collègues, Holmes comprend le lien possible entre les mouvements internes et de surface. Il faut reconnaître que, si l'idée générale est séduisante, les modèles physiques et mathématiques sont moins évidents et de sérieuses objections ne manquent pas qui tendent à invalider cette piste.

Harry Hammond Hess emporte la partie en 1960 avec un article qu'il qualifie avec humour de *géopoétique* ! Il s'appuie sur les découvertes récentes de géophysique, notamment sur la bonne connaissance que l'on a désormais des fonds océaniques. Hess associe avec précision (pas seulement dans une vue générale) les dorsales océaniques aux courants ascendants de convection et la ceinture volcanique autour du Pacifique aux courants descendants. Il montre alors que la dorsale atlantique est précisément le lieu où se crée continuellement la croûte océanique ; les deux continents

(Europe-Afrique et Amériques) s'éloignant à même vitesse de cette ligne médiane. Il faut reconnaître que c'est assez différent de l'idée de Wegener, qui voyait flotter les continents à la dérive. À partir de ce moment, on assiste à une avalanche d'arguments et de notions favorables à la nouvelle tectonique. William Jason Morgan, Dan Peter McKenzie et Xavier Le Pichon synthétisent bientôt (en 1967) l'ensemble sous le nom de *théorie de la tectonique des plaques* : la couche externe rigide de la Terre est découpée en *plaques lithosphériques* qui sont en mouvement les unes par rapport aux autres. Comme toute grande théorie, celle-ci pose une foule de problèmes nouveaux ou en renouvelle d'anciens ; il faut par exemple comprendre comment les plaques ne correspondent pas aux océans et aux continents. Quoi qu'il en soit, on a désormais un modèle général de la Terre comme une immense machine thermique en pleine transformation puisqu'elle ne cesse de changer de l'énergie thermique en énergie mécanique ; c'est aussi une machine chimique qui mélange et transforme les composés chimiques qui en constituent les diverses couches.

Septième partie

La partie des Dix

Dans cette partie...

Vous voilà presque arrivés au terme de votre périple à travers la foisonnante histoire des sciences. Vous allez maintenant pouvoir mieux découvrir dix savants qui, par leur façon de vivre, leur caractère ou leurs actes, ont marqué leur époque. Enfin, vous découvrirez dix épisodes, cocasses ou dramatiques mais toujours significatifs, concernant les grandes découvertes.

Chapitre 33

Dix savants qui ont marqué la science

Dans ce chapitre :

- Spécialistes ou généralistes
- Isolés ou chefs d'École
- Anciens ou modernes
- Hommes ou femmes
- Théoriciens ou hommes de terrain

Ce ne sont pas forcément les plus célèbres des savants que nous allons rencontrer dans ce chapitre. Ceux-ci sont largement présentés dans les chapitres précédents ; on a sélectionné dix auteurs comme représentatifs d'une époque, d'un style, d'un genre scientifique. Bien entendu, il a déjà été question d'eux auparavant dans ce livre, mais on donne ici un point de vue différent et complémentaire sur leur œuvre ou leur vie.

Ibn Sina

Cheikh el-Raïs, le prince des savants, le plus grand des médecins ! De son vrai nom Abu Ali al-Husayn ibn Sina, dit Avicenne, est un Perse né en 980 dans la province de Khorasan (dans l'Ouzbékistan actuel).

Une vie digne des « Mille et Une Nuits »

Enfant, il se passionne pour les sciences naturelles et la médecine ; il étudie le calcul chez les marchands. Son étonnante mémoire lui permet d'emmagasiner sans plus de peine les règles et tables de calcul que le Coran.

Encore adolescent, il connaît la médecine de son temps et les classiques de philosophie naturelle comme la *Physique* d'Aristote.

Son art lui vaut un puissant protecteur : selon un récit peut-être véridique, alors que le prince de Boukhara est gravement malade, Ibn Sina le guérit. Le prince et son père lui ouvrent grandes les portes du palais et surtout de sa bibliothèque… dont on dit qu'il la dévora.

Un long intermède itinérant le mène dans le nord de la Perse, puis près de Téhéran, avant qu'il se fixe à Hamadan, où il devient vizir (ministre de la Justice) de l'émir Chams ad-Dawla. En cette période de sa vie, Avicenne connaît la double journée de travail : politique et administratif le jour, scientifique et philosophique la nuit. Les grâces et disgrâces de cour étant ce qu'elles sont, un changement de souverain advenu en 1021 lui est si néfaste qu'il se retrouve accusé et emprisonné. Comme dans un compte des *Mille et Une Nuits*, Ibn Sina, déguisé en derviche, réussit son évasion et trouve refuge auprès d'un autre émir, celui d'Ispahan.

La mort d'Ibn Sina est assez paradoxale : il est frappé par une crise intestinale dont on a dit qu'elle est due autant à l'excès de travail que de plaisirs ; finalement, ce médecin fameux succombe aux traitements qu'il s'autoadministre, se montrant en cette occasion moins efficace pour lui-même que pour autrui… ou tout simplement plus gravement atteint. Il meurt à 57 ans, en 1037.

Le « Canon » d'Avicenne

Son œuvre est impressionnante tant par sa profondeur que par son étendue : il a écrit des traités de logique, de linguistique et de poésie ; on lui doit encore des études décisives en physique, médecine et alchimie ; ses travaux de mathématiques, de musique et d'astronomie auront eux aussi de l'influence, comme bien entendu ses enseignements de théologie et ses commentaires du Coran. Avicenne, dans son grand traité de *Logique,* de philosophie et de science naturelle, le *Kitab al-Chifa* (souvent désigné sous le titre de *Livre de la guérison*) nie l'immortalité de l'âme, la création du monde dans le temps et l'intervention divine dans les événements mineurs ou ordinaires du monde ; cela lui valut l'hostilité des principaux théologiens de l'islam (surtout sunnites ; il est lui-même chiite).

L'ouvrage qui fait le plus pour sa réputation est certainement le *Al-Qanum fi l-Tibb,* connu en occident sous le nom de *Canon de la médecine.* C'est une encyclopédie médicale qui servira de base à l'enseignement de cette discipline, non seulement dans les pays de langue arabe, mais encore dans les pays latins après qu'il eut été traduit en 1150 par Gérard de Crémone. Une version hébraïque parut en 1491. Le *Canon* est l'un des premiers livres imprimés à Rome en 1593. Ibn Sina s'y montre extrêmement fidèle aux conceptions d'Hippocrate et de Galien et sera, pour cette raison, vivement critiqué, d'abord par Ibn Ruchd (Averroès) puis, à la Renaissance, par Léonard de Vinci, ensuite par Paracelse et, plus tard, par William Harvey. Ibn Sina insiste d'abord sur les traitements généraux comme les régimes alimentaires, l'exercice physique ; ensuite viennent les exposés de pharmacologie et les descriptions de plantes et d'animaux. Les pathologies sont classées selon les organes, ce qui est très conforme aux vues d'Aristote ; rien n'est omis quant aux symptômes, diagnostics, prescriptions chirurgicales, etc.

Avicenne réserve une place importante à l'influence de facteurs psychologiques sur la santé. Avant tout les autres, il découvre les infections contagieuses de la membrane cérébrale et donne le premier diagnostic de la méningite ; on lui doit encore la découverte de la nature contagieuse de la tuberculose et la description de maladies de la peau.

Avicenne est l'un de ceux qui incarnent l'apogée de la culture, de la science et de la philosophie dans les pays d'islam au Moyen Âge. Quoique persan, il écrit surtout en arabe classique, parfois aussi en persan.

Paracelse

Le nom de Paracelse est rarement mis au panthéon des grands savants, sans doute parce qu'il est plus ou moins associé à l'alchimie et, croit-on, aux seules sciences occultes. Une anecdote témoigne de l'ancienneté de cette méfiance : le chimiste Félix Archimède Pouchet, par dérision et pour se moquer de Louis Pasteur, qui est son adversaire scientifique et académique, le surnomme « Paracelse II ». Faisant de même, nous commettrions l'erreur qui consiste à juger de ce qui est de la « bonne et saine science » d'après des critères de notre époque et non d'après ceux qu'il convient de retenir, à savoir l'état des connaissances de l'époque et d'après l'originalité et la solidité des arguments et expériences proposés, tels qu'ils se présentent alors.

Un humaniste itinérant et provocateur

Theophrastus Bombastus von Hohenheim naît en 1493 près de Zurich. Son père, chimiste et médecin, lui enseigne ce qu'il sait, notamment sur l'alchimie et la science des plantes. Il fréquente le milieu des mines de fer, de plomb et de cuivre de la famille Fugger et y travaille à l'occasion avant d'entamer, à 16 ans, des études de médecine à l'université de Bâle. Suivant un parcours fréquent pour les jeunes intellectuels de l'époque, il poursuit sa formation à Ferrare, en Italie, et prend le nom de Paracelse, en une sorte d'hommage au très célèbre médecin romain du IIe siècle Celse. En bon humaniste qu'il est,

Paracelse visite l'Europe, Paris, Montpellier, Lisbonne, Oxford, puis, « fait ses armes » comme chirurgien et barbier aux armées, hollandaise d'abord, danoise et vénitienne ensuite. A-t-il été en Turquie ? Une légende coriace l'affirme, mais elle est assez improbable. Quoi qu'il en soit, il est mêlé, dans les années 1520, aux troubles de l'époque, associé aux révoltes des paysans et des mineurs de Salzbourg. Entre 1525 et 1537, il s'établit successivement en Slovaquie, à Smolnik et à Bratislava.

Déjà réputé, il a pour ami Érasme, mais, pour ennemis, nombre de ses confrères qui le jugent souvent arrogant. Il ne les ménage pas, proclamant par exemple que « nul n'ignore que la plupart des médecins de notre temps ont failli de la manière la plus honteuse, s'attachant avec pédantisme aux doctrines de Galien, d'Hippocrate et d'Avicenne. Ce sont l'expérience et la raison qui me guideront et non les autorités ».

Paracelse n'est pas très académique dans ses manières : en 1527, il brûle le *Canon* d'Avicenne et – selon certaines sources fiables – les œuvres de Galien en place publique ; le professeur se distrait bruyamment dans les tavernes et ne manque que rarement une occasion de querelle ou d'ébriété. Son enseignement est agressif et véhément ; il attire nombre d'étudiants et d'élèves et déplaît à nombre de ses confrères et collègues.

Un alchimiste plutôt pratique et concret

Ses nombreuses œuvres sont déconcertantes (voir Chapitre 14). Ainsi, il donne un grand rôle à la fois à l'expérience et à la magie, qui est pour lui la clé du savoir et qui s'oppose à la raison ; il faut sans doute entendre ici par raison les arguments d'autorité, prétendument bien fondés en raison. « La magie est une grande sagesse secrète alors que la raison est une grande folie publique », dit-il. Déconcertante aussi son attitude face à l'alchimie : on attendrait une vision très magicienne de cette pratique, et c'est l'inverse qui domine ; Paracelse est bien plus intéressé à en développer les aspects médicaux comme les préparations de mélanges en laissant de côté la recherche de la transmutation.

Quant à l'objectif central de l'alchimie, le *grand œuvre,* qui consiste à mener les métaux jusqu'à la perfection (en particulier la transmutation en or), Paracelse n'en nie pas la validité à un important détail près : ce ne sont pas les hommes, les artisans – fussent-ils de savants alchimistes – qui peuvent rendre les métaux purs ou parfaits, c'est la nature elle-même, en ses entrailles, au cours de longues périodes et sous de mystérieuses influences cosmiques. En attendant cet âge lointain où les métaux seraient dorés, le chimiste (ou l'alchimiste) doit se faire mineur et savoir extraire des minerais, les portions parfois très petites de métal purifié, mais imparfait, comme le sont l'argent, l'étain, le fer, le plomb, le cuivre et le fameux antimoine si prisé des alchimistes (c'est un élément chimique de type métalloïde, présent dans de nombreux alliages, connu depuis les Babyloniens, et par ailleurs très toxique). L'alchimiste paracelsien doit aussi se faire métallurgiste, savoir étudier les fusions, les alliages, les distillations, etc.

L'enseignement de Paracelse est extrêmement influent tout au long des XVIe et XVIIe siècles, et sa postérité est curieuse : lui-même a plutôt orienté l'alchimie dans des voies qui renforcent sa proximité avec la chimie ; en ce sens, les esprits souvent les plus innovants ou les moins traditionalistes sont peu ou prou paracelsiens au XVIe siècle. Mais, au fur et à mesure que se développe la chimie, la version mystique de Paracelse est, peu à peu mais irrémédiablement, abandonnée par les chimistes. Résultat : ce sont les « alchimistes attardés » qui récupèrent en quelque sorte l'héritage ou s'inscrivent dans la postérité de Paracelse.

Décidément médecin, Paracelse publie un traité de grande chirurgie qui connaît un vif succès et contribue à sa réputation. Au printemps 1541, il est invité à la cour du duc de Bavière, à Salzbourg ; il ne survit pas longtemps à cet ultime déménagement puisqu'il meurt au mois de septembre dans des conditions demeurées incertaines : cancer du foie, empoisonnement, atteinte des émanations de mercure ?

René Descartes

Peu d'œuvres génèrent autant de caricatures et d'exagérations que celle de René Descartes, philosophe et savant français né en 1596 et mort en 1650. L'expression « être cartésien » est employée à tort et à travers soit pour désigner n'importe quelle attitude rationnelle, logique ou raisonnable, soit pour stigmatiser toute attitude qui semble manquer de sensibilité ou d'imagination ; en ce dernier sens, « être cartésien », c'est manquer de fantaisie ; en un autre sens encore, la science cartésienne n'est qu'un tissu de fables, de rêveries et d'affirmations dogmatiques infondées. Il n'est pas possible ici de faire complète justice de ces opinions presque toujours produites par l'ignorance, et on se contentera de renvoyer aux chapitres dans lesquels les apports cartésiens aux développements des sciences sont évoqués et décrits.

Voyager… mais préserver sa tranquillité

La vie de René Descartes mérite qu'on s'y arrête un moment. Son père, Joachim, est un magistrat rennais en pleine ascension sociale (sur la voie de l'anoblissement, dont le fils se soucie comme d'une guigne). Une épidémie menaçant la ville, sa mère s'en va accoucher en Touraine, dans le village de La Haye, d'où est issue sa famille ; elle meurt alors qu'il a 1 an et sa grand-mère assure son éducation durant sa prime enfance, qui est somme toute heureuse.

À 11 ans, il rejoint son frère aîné Pierre au très renommé collège que les Jésuites ont ouvert à La Flèche, près du Mans. Extraordinairement brillant, en mathématiques notamment, il surpasse souvent ses maîtres ; il y apprend les langues anciennes, la physique, les humanités, mais il est profondément déçu par ce qu'on lui enseigne : ces connaissances manquent, à ses yeux, de fondements solides et d'ordre. Il fait son droit à Poitiers mais n'envisage pas un instant d'embrasser cette carrière, au grand dam du père, avec qui les relations resteront tendues. Oisif et indécis quant à son avenir, il vit à Paris et se distrait beaucoup – escrime, cheval, jeux, aventures… Il opte pour l'armée et rejoint en 1618 celle du prince de Nassau en Hollande. Comme militaire, il ne lui arrive rien de bien intéressant ; en revanche, il rencontre Isaac Beeckman, un jeune savant hollandais qui lui redonne le goût de la réflexion scientifique. Au gré des campagnes, il se trouve en Allemagne au Danemark. L'épisode célèbre des « trois rêves » se situe le 10 novembre 1619 : Descartes aurait perçu la possibilité d'élaborer une science générale et nouvelle et, enfermé près de son poêle, il aurait conçu les lignes directrices de sa méthode. Quittant l'armée, il voyage encore au travers l'Europe durant un an ou deux et rentre à Paris en 1622. Jusqu'en 1627, il est soit en voyage, soit en Bretagne, soit à Paris, où il rencontre le père Marin Mersenne, qui anime l'un des plus remarquables cercles scientifiques d'Europe, souvent appelé l'« académie Mersenne ». De tout ce qu'il a écrit à ce moment, on ne dispose pas des manuscrits, ou alors de morceaux plus ou moins complets et reconstitués. Descartes est cependant d'ores et déjà connu et admiré pour ses productions de mathématiques, de physique, de théorie musicale. Sa vie demeure assez agitée (duel, aventures diverses…) et mondaine. Il se fait remarquer dans le monde lors d'une grande soirée où la profondeur et la clarté de son esprit impressionnent le cardinal Bérulle, nonce du pape, qui le persuade de mettre son génie au service de la philosophie et de la métaphysique.

Une œuvre totale

René change et se décide : il va consacrer sa vie à l'édification d'un vaste système de philosophie et de sciences, lequel devra être nouveau, cohérent, méthodique et complet. Pour ce faire, une condition est absolument nécessaire : la tranquillité. C'est pourquoi, en 1629, quittant Paris, la France, ses amis et ses relations, il s'exile dans les Provinces-Unies (la Hollande actuelle). Il change plusieurs fois de domicile et de ville. Ses centres d'intérêt sont nombreux : les mathématiques bien sûr (les grandes découvertes publiées en 1637 mûrissent) ; le système du monde et la cosmologie ; l'anatomie, pour laquelle il multiplie les dissections et les expériences ; l'optique géométrique et le fonctionnement de la vision ; la mécanique et la chimie. Il entreprend la rédaction d'un grand traité de philosophie naturelle, *Le Monde* ou *Le Traité de la lumière,* qui contient le *Traité de l'homme.* Il l'a terminé en 1633, quand il apprend la condamnation de Galilée et décide de ranger son traité (qui contient le mouvement interdit) dans ses tiroirs.

Sa correspondance régulière, notamment avec son ami Mersenne, place Descartes – fût-ce à distance – au centre de la circulation des idées dans l'Europe savante.

Il s'installe à Sanpoort en 1637 et publie le *Discours de la méthode,* suivi de trois essais, la *Dioptrique,* les *Météores* et la *Géométrie.* Le retentissement est considérable ; Descartes est un des savants les plus reconnus de son temps. Il vit quelques années avec Hélène Jans, dont il a une fille, Francine, que René aime tant que la mort de l'enfant, en 1640, lui brise le cœur.

Il fréquente les milieux savants de Hollande et se lie d'amitié avec Constantin Huygens, homme d'esprit, père du grand Christiaan Huygens.

La métaphysique prend alors le dessus sur les autres travaux et il rédige les *Méditations métaphysiques* en latin (elles sont bientôt traduites et publiées en français). C'est, dit-il, le fondement et la racine de toutes les autres sciences, qui en sont comme le tronc et les branches. De vives controverses, à la fois scientifiques, métaphysiques et théologiques, prennent de l'ampleur ; il constate, déçu, que les Jésuites se détournent de sa philosophie nouvelle. Il a rédigé son œuvre la plus longue, *Les Principes de la philosophie,* où l'ensemble est exposé (à part les mathématiques), depuis les fondations métaphysiques jusqu'à l'explication des phénomènes les plus détaillés (les marées, l'effet du sel, la forme des flocons de neige, etc.), en passant par l'organisation du cosmos, la formation des planètes et une doctrine de la matière et des éléments.

Trois voyages assez brefs le ramènent à Paris, où chacun s'empresse pour le rencontrer et finalement, il rentre en Hollande. Son admiratrice la plus insistante est puissante : c'est la reine Christine de Suède, qui finit par lui envoyer son navire amiral pour le convaincre de la rejoindre à Stockholm. Le philosophe solitaire cède… Il a tort car, après quelques semaines où, lui qui aimait tant les grasses matinées, il doit se lever dans l'aube glaciale du Grand Nord pour des entretiens savants avec Christine ; Descartes contracte une pneumonie qui l'emporte en quelques jours. Le plus grand philosophe de son temps meurt le 11 février 1650.

Isaac Newton

Isaac Newton (1642-1727) est un personnage difficile à comprendre. Les mathématiques qu'il invente ou qu'il utilise sont complexes, les théories mécaniques et optiques qu'il établit sont elles aussi pleines de difficultés, mais encore, les autres domaines de réflexion qu'il cultive présentent de redoutables aspérités, ainsi l'alchimie, la théologie et l'étude des textes bibliques, auxquels il consacre plus de temps et de pages qu'aux premiers. On a souvent été tenté de le couper en deux : le Newton héros de la science rationnelle d'une part et le Newton perdu dans des spéculations oiseuses sur l'antéchrist, la pierre philosophale ou la science mosaïque d'autre part. Les historiens des sciences s'empressent souvent d'oublier le second versant pour ne retenir que le premier. Une troisième personnalité peut encore être évoquée, le Newton officiel, représentant à la Convention puis au Parlement après la déposition de Jacques II, le gardien de la Monnaie et président de la Royal Society. Cette troisième version d'Isaac Newton pose moins de problèmes dans la mesure où elle ne concerne pas directement le domaine des idées, de la science et de la philosophie.

Pas de femme et peu d'amis

Il naît dans une famille campagnarde aisée, propriétaire d'un manoir et de fermes, dans le village de Woolsthorpe, dans le Lincolnshire ; son père meurt avant sa naissance et sa mère, remariée avec un ministre du culte, confie l'enfant de 3 ans à sa grand-mère Margery Ayscough, sans toutefois l'abandonner puisqu'elle revient vivre à Woolsthorpe à la mort de son mari, en 1653.

Sa carrière est bien connue : étudiant à Cambridge à partir de 1661, il en gravira tous les échelons jusqu'à l'obtention de la chaire lucasienne de mathématiques de Trinity College en 1669. Un intermède décisif advient en 1665-1667, lorsque l'université est fermée à cause de l'épidémie de peste qui sévit à Londres. Replié à Woolsthorpe, Newton met à profit cette tranquille retraite pour concevoir une bonne partie des plus profondes idées qu'il développera dans les années ultérieures, en mathématiques, mécanique, astronomie et optique. Sa théorie des couleurs est rendue publique en 1672 ; en revanche, ses découvertes mathématiques essentielles circulent en privé sans qu'il veuille les publier.

Les années 1672-1684, soit douze ans, il les consacre dans la solitude à ce qui l'intéresse encore plus passionnément : l'alchimie et la théologie. Heureusement, en 1684, l'astronome Edmund Halley convainc Newton de publier ses thèses de mécanique sur les forces centrales et leurs conséquences concernant le mouvement des planètes. Trois ans plus tard, la première édition du chef-d'œuvre ses *Principes mathématiques de philosophie* est publiée.

Au sortir d'une sérieuse crise dépressive, Newton est nommé *warden* (« gardien ») de la Monnaie et s'établit définitivement à Londres. En 1704, il devient président de la Royal Society, publie l'*Optique* et des traités de mathématiques. Il est alors au faîte de la renommée, du pouvoir sur les institutions scientifiques du pays. Lorsqu'il meurt, le 20 mars 1727, il est inhumé dans la cathédrale de Westminster, au côté des grands personnages du royaume.

Sa vie n'a rien d'un roman ; Newton a vécu seul, on ne lui connaît aucune aventure amoureuse et finalement bien peu d'amis.

Un théologien extrémiste

Comment comprendre le Newton théologien intolérant, voire extrémiste que nous révèlent ses manuscrits ? Reconnaissons d'abord que, comme beaucoup d'autres savants, il reconnaît et défend l'indépendance de la religion et de la philosophie (il faut entendre par là aussi bien les sciences) : « Nous ne devons pas introduire la révélation divine dans la philosophie », note-t-il. Comme ses collègues, il pense aussi que Dieu nous a présenté deux livres, l'un est le *livre de la nature,* l'autre, le *livre des écritures.* Chacun d'eux a son langage et ne peut être lu et interprété que par ceux qui auront eu assez de talent et de force pour les apprendre. Lire ces livres est au fond une tâche d'initiés. Le livre des écritures nous raconte l'état de corruption absolue dans lequel se traîne l'humanité depuis la chute du paradis terrestre ; il y a plus, l'Église de Rome, loin de préparer le retour justicier du Christ, s'est retournée contre Dieu et ses prophéties ; elle est passée du côté de l'antéchrist. Voici qui justifie l'anticatholicisme le plus virulent.

Newton sait combien difficile est la lecture correcte de la parole divine : il faut savoir décoder les enseignements bibliques, déchiffrer les avertissements du passé, les périodes, les dates même des événements annonciateurs du projet divin, comme le déluge. À ces recherches, Newton consacre des milliers de pages manuscrites que la Royal Society refusera de racheter à ses héritiers. Il s'intéresse en particulier à l'Apocalypse de Jean, cherchant des règles rigoureuses à son interprétation ; il veut reconstituer un langage archaïque caché, témoignage direct de la science de Moïse ; il établit un dictionnaire des figures prophétiques. Ses calculs de chronologie biblique lui font entrevoir que l'année 1642 correspond à l'advenue de la seconde grande apostasie (trahison générale du message sublime) ; n'est-ce pas l'année de sa naissance ? De là à penser qu'il est sur Terre comme un envoyé, il n'y a qu'un pas qu'il franchit sans doute. Tel est Newton théologien.

La passion alchimiste de Newton pose des problèmes différents. On conviendra que cette discipline a statut de science naturelle, encore au XVIIe siècle ; le plus éminent représentant anglais en est Robert Boyle, grand savant très bien inséré dans le réseau scientifique européen. Newton reprend les expériences de Boyle visant la transmutation et la confection de l'élixir. Il cherche notamment avec constance à produire l'étoile d'antimoine (élément chimique sous forme de corps blanc solide, semblable à l'arsenic). S'il n'a pas laissé d'œuvre alchimique particulièrement originale, il fait partie de cercles d'initiés, de confréries, il emploie le langage hermétique et symbolique de l'alchimie et respecte la tradition de secret caractéristique de ses adeptes. N'oublions pas que l'alchimie est étroitement associée à la chimie naissante et qu'elle est une des voies de recherche des lois de la nature. La frontière entre ce domaine et la science classique que Newton contribue si fortement à bâtir n'est donc pas du tout de même nature que celle qui sépare la religion des sciences. En cultivant l'alchimie et son horizon d'une substance parfaite et universelle, Newton cherche sans doute une voie pour combattre la philosophie mécaniste promue par Descartes et les cartésiens.

Tout cela – théologie et alchimie – est un temps délaissé par Newton ; c'est lorsqu'il jette toutes ses forces dans la rédaction des *Principes*. Cela fait, il y revient pour ne plus jamais les abandonner.

Émilie du Châtelet

Aujourd'hui encore, lorsqu'on lit les *Principes mathématiques de philosophie* de Newton dans une version française, c'est généralement dans la traduction qu'en fit la marquise Émilie Le Tonnelier de Breteuil. Elle a toutes les qualités requises pour mener à bien une pareille entreprise. Née en 1706, elle a la chance d'avoir un père cultivé et soucieux de donner une véritable éducation à sa fille : latin, grec, allemand, musique, théâtre. Elle s'initie aux mathématiques, à la philosophie, à l'astronomie, l'alchimie. Seconde chance pour Émilie : son mari ! Certes, elle a trois enfants du marquis mais celui-ci, militaire souvent en campagne, la laisse on ne peut plus libre de ses faits et gestes, ainsi que de ses fréquentations. Elle use à plein de cette heureuse condition, ainsi que de sa propre fortune et de ses relations.

Ses amis, parfois ses amants, elle les choisit parmi les plus remarquables esprits de ce temps des lumières, le mathématicien Clairaut, Maupertuis, Bernoulli, Euler, Réaumur et, le plus important sans doute, Voltaire, avec qui elle vit de 1734 à 1746 dans son château de Cirey. Quoi qu'elle l'ait délaissé pour le poète Saint-Lambert, ils restent amis jusqu'à la mort de la marquise, en 1749, des suites d'un accouchement.

Émilie du Châtelet contribue à la fortune du newtonianisme en France, quoi qu'elle ne soit pas particulièrement proche des thèses philosophiques du génial Anglais. Elle semble plus convaincue par la philosophie de Leibniz, dont elle donne un commentaire dans son *Analyse de la philosophie de Leibniz*. Elle contribue aussi aux recherches et aux théories sur d'importants sujets de physique, et de *philosophie naturelle*, comme on dit alors : sa *Dissertation sur la nature et la propagation du feu* ou sa *Réponse à la lettre de Mairan sur la question des forces vives* en portent témoignage.

Elle aborde encore les redoutables problèmes théologiques et religieux dans un esprit bien représentatif des Lumières. Très probablement est-elle agnostique, et possiblement athée.

On s'en doute, elle suscite bien des malveillances ; des dames de la cour, comme la baronne de Staal et la marquise du Deffand, s'en moquent comme d'une de ces *ridicules femmes savantes*. Jalousie sans doute, dont Émilie ne se soucie pas outre mesure. Elle « laisse dire » et poursuit son chemin entre savoir et recherche du bonheur.

Claude Bernard

Parmi les idées reçues, celle selon laquelle les grands scientifiques doivent être des enfants prodiges, ou du moins doivent manifester très précocement leur talent, est des plus répandues. Avec Claude Bernard (1813-1878), nous disposons d'un contre-exemple frappant. Issu d'un milieu modeste, il est employé dans une pharmacie lyonnaise avant d'entreprendre, sur le tard, des études de médecine qu'il achève à 30 ans. Entre-temps, il a tenté de mener une carrière d'auteur dramatique, sans grand succès.

Il va se rattraper puisque, dix ans plus tard, ses découvertes lui valent un fauteuil à l'Académie des sciences, suivi d'une chaire de physiologie comparée au Collège de France et d'un poste au Muséum d'histoire naturelle.

Il est aussi bien théoricien que praticien ; en chimiste, il examine les réactions qui se passent lors de la digestion et découvre la sécrétion pancréatique dans la digestion des graisses, la fameuse fonction *glycogénique* du foie qui explique la production de glucose dans le sang ; il élabore une théorie pathogénique du diabète, etc. Anatomiste exceptionnel, il s'intéresse au système nerveux sympathique et découvre les nerfs vasomoteurs, d'arrêt et d'inhibition. Étendant ses domaines d'investigation ce la physiologie humaine, il contribue de façon décisive à l'étude des poisons et des anesthésiques.

Tout cela suffirait à faire de Claude Bernard l'un des plus grands médecins de son temps ; il fait davantage en proposant une véritable théorie de la pratique médicale, considérée comme une science expérimentale. Son principe unique tient en quelques mots : « L'expérimentateur doit douter, fuir les idées fixes et garder toujours sa liberté d'esprit. » En même temps, il est un farouche défenseur de la nécessité des théories et des hypothèses ; celles-ci sont nécessaires pour grouper les idées, les observations et leur donner du sens. Comment concilier la nécessité de conceptions théoriques générales et l'arbitrage absolu confié aux faits d'observation ? Bernard répond de la manière suivante : la théorie, c'est-à-dire l'hypothèse, joue à plein pour imaginer telle ou telle expérimentation ; dans l'exemple de sa théorie du rôle des racines antérieures de la moelle épinière, l'hypothèse peut lui suggérer de couper telle racine antérieure de la moelle. Alors débute l'expérimentation et, dit fortement Claude Bernard, « à partir de cet instant, le savant doit laisser toute la théorie à la porte ». Il doit lui fermer non seulement la porte du laboratoire, mais aussi celle de son esprit. Il lui faut l'oublier, sous peine qu'elle intervienne dans l'observation et la mesure des faits qui résulte de ses manipulations. « Les hommes qui ont une foi excessive dans leurs théories sont non seulement mal disposés pour faire des découvertes, mais ils font encore de très mauvaises observations. Ils observent avec une idée préconçue et ne veulent voir dans les résultats de l'expérience qu'une confirmation de leur théorie et l'invalidation des théories adverses. » Ce credo de la physiologie expérimentale a cependant ses limites et ne saurait être étendu aux autres sciences, comme la physique, la chimie par exemple. En effet, les expérimentations y sont menées à l'aide d'appareils de plus en plus complexes qui en quelque sorte « contiennent en eux-mêmes de la théorie » puisqu'ils sont imaginés et construits selon ces théories. Aussi, quand le clinicien peut se permettre de laisser « la théorie à la porte durant l'expérience », ce n'est pas la situation du physicien ou du chimiste… ni même du physiologiste lorsqu'il emploie lui-même des instruments sophistiqués de physique ou de chimie en pratiquant son art.

Marie Curie

Seule femme à détenir deux prix Nobel, un en physique décerné en 1903, l'autre en chimie obtenu en 1911, Marie Sklodowska naît à Varsovie en 1867, elle meurt en France, près de Sallanches, en 1934. Plusieurs raisons expliquent que Marie Curie soit vraisemblablement la femme de science la plus connue au monde. D'abord l'importance et l'originalité de ses travaux, ses prix Nobel, médailles, chaires académiques, etc., ensuite le fait qu'elle soit un symbole d'une Pologne disloquée et brutalement soumise à la domination russe. En outre, la vie de Marie Curie témoigne du prestige et de l'attirance qu'exerça longtemps la France, aussi bien sur le plan culturel que sur celui de la défense des libertés et du droit d'asile ; enfin, à son nom sont associés ceux de Pierre, son mari, Irène, sa fille, Frédéric Joliot, son gendre, Hélène Langevin-Joliot, sa petite-fille, qui tous sont d'éminents savants.

Ses parents sont enseignants à Varsovie ; elle perd sa sœur puis sa mère, emportée par la maladie alors qu'elle est encore une enfant. Elle se plonge dans les études, où elle excelle en toutes disciplines ; elle parle quatre langues en plus du polonais : le russe, l'allemand, le français et l'anglais. Première expérience de l'injustice faite aux femmes : les portes de l'université sont fermées aux jeunes Polonaises ; Marie prend donc le train pour Paris, suivant les traces de sa sœur aînée. Pour tout bagage, elle a 24 ans, son intelligence et ses rêves. Elle s'inscrit à la faculté des sciences, où elle passe rapidement sa licence de physique à la Sorbonne et intègre le laboratoire de physique de Gabriel Lippmann. Très vite, elle travaille sur les rayons uraniques (le phénomène de radioactivité) découverts par Henri Becquerel.

Elle épouse en 1895 Pierre Curie, un jeune physicien déjà confirmé. Ensemble, ils cherchent et trouvent d'autres éléments radioactifs que l'uranium ; en 1898, le radium et le polonium sont au rendez-vous. Il a fallu manipuler – de leurs mains – d'énormes quantités de pechblende (minerai grossier riche en uranium mais dont il faut traiter plusieurs tonnes pour obtenir un seul gramme de radium). Le grand chimiste allemand Wilhelm Ostwald, ayant visité leur « laboratoire » de l'École de physique, raconte que l'endroit « tenait à la fois de l'étable et du hangar à pommes de terre ». La découverte est sensationnelle parce que Pierre et Marie Curie montrent que la radioactivité n'est pas un phénomène de nature chimique (c'est-à-dire qu'il ne concerne pas les liaisons entre éléments divers ni leurs modifications), mais bien une propriété de l'atome lui-même. On est face à une version moderne de la transmutation, thèse qui va profondément choquer le chimiste Dmitri Mendeleïev.

En 1900, Marie Curie est nommée professeur à l'École normale supérieure de jeunes filles de Sèvres ; trois ans plus tard, elle soutient sa thèse sur la radioactivité. Le prix Nobel de 1903 récompense Pierre et Marie ; ils le partagent avec Henri Becquerel. Marie Curie reçoit encore la médaille Davy. Le 19 avril 1906, Pierre meurt, renversé par une voiture à cheval, et c'est Marie qui lui succède à la chaire de physique qu'il occupait, devenant la première femme professeur en Sorbonne. Un second prix Nobel, reçu en 1911 la consacre comme l'une des plus grandes physiciennes de son temps. L'Institut du radium (futur Institut Curie) est créé en 1911 ; elle en dirige le laboratoire de physique et chimie alors que le laboratoire de radiothérapie est confié à Claudius Regaud. Il est piquant – et choquant – de noter que l'Académie des sciences ne la reçut jamais bien qu'elle ait fait acte de candidature (elle entre en 1922 à l'Académie de médecine).

La célébrité a ses revers, et sa liaison avec le physicien Paul Langevin est révélée par presse… la peopolisation déjà !

Sa reconnaissance internationale est attestée par sa participation au premier congrès Solvay de 1911, où elle côtoie Max Planck, Ernest Rutherford, Albert Einstein… le gratin mondial de la physique qui ne compte – dirait-on – qu'une femme, Marie Curie. Durant la guerre, accompagnée sur le front de sa fille, Irène, elle participe activement à l'organisation des services de santé et de radiographie des blessés. Lors de voyages aux États-Unis (en 1921 et 1929), elle bénéficie de la mobilisation des réseaux féministes américains, qui collectent de grosses sommes d'argent pour acheter deux fois un gramme de radium.

Atteinte par la leucémie, en raison de sa surexposition aux rayonnements, elle est traitée au sanatorium de Sancellemoz, où elle meurt le 4 juillet 1934.

Albert Einstein

Albert Einstein est le plus célèbre et le plus populaire des savants modernes et pourtant, ses théories sont réputées incompréhensibles, déroutantes et inaccessibles au grand public. La relativité restreinte est mise au point en 1905 et la relativité générale, en 1916. Albert Einstein a personnellement rédigé un court livre de présentation de ces théories destiné précisément au plus large public, et il l'a magistralement réussi. Il est rare qu'un savant fasse lui-même œuvre de vulgarisation de ses travaux.

Pourquoi alors, la (ou les) relativité semblent-elles hors de portée de la culture générale ? La raison est sans doute simple ; ces théories heurtent notre expérience universelle et permanente de l'espace, du temps et de la matière. Elles ne sont pas plus compliquées (en tout cas la restreinte) que la thermodynamique, l'électromagnétisme ou la tectonique des plaques, mais elles soulignent l'abyme existant entre les informations que nous fournissent nos sens et celles que nous permettent d'atteindre notre esprit et notre raison.

Une science d'une immense liberté

Dans son petit livre destiné au grand public, Einstein met en scène un train et deux observateurs ; le premier est dans le train, le second sur un talus le long de la voie ferrée. À l'aide d'équations simples et de remarques assez élémentaires concernant des éclairs observés par ces deux personnages, il nous démontre que le temps, pour l'observateur du train, ne s'écoule pas de la même façon que pour l'observateur juché sur le talus. Or, tout conspire à nous dire que le temps, c'est le temps, qu'une minute ici reste une minute ailleurs et en toutes circonstances ou encore qu'une ligne droite dans telle zone de l'espace reste une ligne droite de même allure en toute autre région de l'espace. Cela, c'est l'expérience sensible qui nous le dit.

La science, avec Einstein, réclame une immense liberté. Elle affirme que ses lois, ses règles peuvent être très éloignées des lois, des règles et des usages que notre corps matériel nous impose. Ce n'est pas absolument nouveau : l'optique nous a appris qu'une bonne partie de la lumière n'éveille pas notre vision ; de même nous n'entendons pas certains sons trop aigus, nous ne « touchons » pas certains corps trop fluides, etc. Mais enfin, avec l'espace, le temps et la matière, la pilule est dure à avaler. Si dure qu'un siècle s'est écoulé depuis la naissance des théories de la relativité et que leur diffusion parmi le public est demeurée extrêmement faible.

Le quasi-inconnu qui bouleverse la physique

Albert a vu le jour en 1879 à Ulm. Entré à l'institut polytechnique de Zurich en 1896, il devient citoyen suisse et trouve un travail au Bureau des brevets de Berne. Jusque-là, rien de particulièrement brillant ni de précocité notable. Avec Maurice Solovine et Conrad Habicht, il fonde l'Académie Olympia, à la fois cercle de discussion et de loisir entre amis. C'est à Zurich qu'il rencontre Mileva Maric, sa première femme.

Le coup de théâtre est la publication, en 1905, de cinq mémoires sur divers sujets très actuels de physique. Le troisième est décisif… Dans un style particulièrement concis, il expose la théorie de la relativité restreinte, qui permet de surmonter l'incompatibilité de la mécanique et de l'électromagnétisme. En peu de mois, Einstein devient une personnalité de la physique contemporaine ; il est invité aux congrès Solvay, gagne une place indiscutée au sein de l'élite scientifique mondiale et entre à l'Académie de Prusse. Dix ans passent et Einstein généralise sa théorie de 1905 ; il publie la théorie de la relativité générale en 1916. C'est encore plus énorme que la première fois ! Il ne s'agit plus seulement d'abolir la distinction entre la matière et l'énergie, mais c'est l'indépendance – « qui a toujours existé en physique » – entre l'espace-temps et la matière-énergie qui est niée. Dans le fond et à leur façon, Aristote puis Descartes ont soutenu cette conception des choses. Quelques spécialistes sont enthousiasmés, mais la grande majorité de la communauté reste assez indifférente à cette construction théorique aussi spéculative qu'inutile (sans retombées technologiques prévisibles), d'autant que les mathématiques mobilisées sont redoutables. Pour faire bonne mesure, Einstein apporte une première pierre essentielle à la naissance de la physique quantique, même si de profonds désaccords existent entre lui-même et les grands développeurs et promoteurs de cette nouvelle physique (Bohr, Heisenberg, Pauli, etc.). Il reçoit le prix Nobel de physique en 1921 pour sa théorie photoélectrique et pas pour la relativité. En 1914, Mileva et Albert, qui a pas mal d'aventures, se séparent, et celui-ci engage une liaison durable avec sa cousine Elsa.

Un militant antimilitariste

Einstein est longtemps professeur à l'institut Kaiser-Wilhelm de Berlin, voyageant beaucoup à travers le monde. À la fin des années 1920, juif et pacifiste, il est de plus en plus malmené par les nazis, en pleine ascension. L'accession de Hitler au pouvoir en 1933 l'oblige à quitter l'Allemagne. Il accepte un poste à l'Institut for Advanced Studies de Princeton, aux États-Unis. Einstein s'occupe aussi beaucoup des affaires publiques, pas en tant que politicien, mais comme militant : contre l'usage des armes atomiques (il réclame la mise en route du Manhattan Project sans y participer, puis déconseille l'emploi de la bombe) et en faveur de l'État israélien. Le noyau de ses convictions est son pacifisme et son antimilitarisme ; il écrit notamment ceci : « Si un homme peut éprouver quelque plaisir à défiler en rang aux sons d'une musique, je méprise cet homme… Il ne mérite pas un cerveau humain puisqu'une moelle épinière le satisfait. » De conviction socialiste, il affronte avec détermination la machine maccarthyste.

L'œuvre de Einstein comme philosophe des sciences est considérable, et il cherche systématiquement à joindre à ses travaux de pur physicien des réflexions sur la nature des connaissances produites, la possibilité ou non de percer les secrets de la nature. Il est utile de signaler que l'approbation qu'on lui prête parfois de l'astrologie comme science illuminatrice est un faux, forgé cinq ans après sa mort. Il développe explicitement et clairement un point de vue opposé. Il meurt en 1955 d'une rupture d'anévrisme, à l'âge de 76 ans.

Bertrand Russell

Qui est l'auteur des *Principia mathematica,* mathématicien philosophe du Trinity College de Cambridge ? Deux réponses sont possibles, deux candidats se présentent. Nous avons déjà rencontré le premier, Isaac Newton ; il reste à faire connaissance avec Bertrand Russell, troisième comte du nom, enfant prodige, logicien, mathématicien, philosophe, militant politique, antimilitariste, socialiste libertaire.

Une jeunesse mélancolique

Bertrand Russell est un Gallois né en 1872 dans une famille très influente de l'aristocratie et de l'establishment politique ; on dit qu'il est un jeune homme mélancolique qui n'aime pas trop la vie. Elle est dure envers lui dans son enfance puisqu'il perd sa mère et sa sœur à 3 ans, puis son père l'année suivante. Son frère aîné est élevé avec lui par une très victorienne grand-mère, religieuse et répressive… le bonheur en somme !

Instruits par des précepteurs, les frères – Bertrand surtout – hantent la bibliothèque de leur père, lord Russell.

Bertrand entre à Trinity en 1890. Il semble qu'il s'y soit bien trouvé puisqu'il y devient professeur quelques années plus tard. À Cambridge, il est recruté dans l'étrange et extrêmement élitiste cercle des Cambridge Apostles. Ce groupe autocoopté de 12 étudiants (renouvelés au fur et mesure des départs) est fondé en 1820 ; un lien extrêmement fort est noué entre ses membres qui, une fois leurs études terminées, troquent le titre d'*apostles* pour celui d'*angels,* ce qui n'affaiblit pas les complicités établies, bien au contraire.

Une vie agitée

En 1894, il épouse Alys Pearsall Smith, une Américaine, et entame une carrière scientifique internationale (rencontres ou correspondance avec Peano et Frege). Le paradoxe de Russell est formulé en 1901, et les *Principles of Mathematics,* rédigés en 1903. La théorie des ensembles est déjà largement élaborée.

Sa vie est fortement bousculée à cette époque par diverses expériences personnelles, par exemple par son amour impossible pour Evelyn, la femme de son ami Whitehead. Il entre à la Royal Society en 1908 et, en 1911, rencontre Ludwig Wittgenstein, étrange et tumultueux génie qui aura sur lui une grande influence. Bertrand Russell est entre-temps devenu un militant, pacifiste et antimilitariste ; or, la guerre mondiale fait rage… Le professeur de Cambridge est condamné et emprisonné six mois à Brixton pour ses activités antiguerre en 1916, puis chassé de Cambridge. Après la révolution russe, les Soviétiques organisent des voyages où ils invitent des intellectuels étrangers susceptibles d'être convaincus par leur programme et leurs réalisations. Russell est du voyage en 1920 avec la femme qui partage sa vie, Dora Black. Il revient déçu et lucide : la bureaucratie et l'obscurantisme l'emportent. Le socialisme dont se réclame toujours Russell n'est pas en cours de réalisation en Russie.

Sa vie personnelle est assez compliquée : il divorce une première fois pour se marier avec Dora Black, avec qui il a deux enfants (Dora en aura deux autres avec un journaliste américain); ils divorceront en 1931. Il épouse alors Patricia Spence, mais divorce à nouveau en 1952 pour se marier avec Edith Finch, qui vit avec lui jusqu'à sa mort. La vie sentimentale de Bertrand Russell le place à des années-lumière de son illustre et si tristement chaste prédécesseur Isaac Newton. Mais, en cela, Russell se montre fort cohérent puisqu'il défend, dans ses écrits de morale, l'utilité du mariage, à condition qu'il soit purgé de toute jalousie et tolère l'adultère dans le respect mutuel des partenaires et des enfants.

Le tribunal Russell-Sartre

Son activité d'enseignement aux États-Unis est interrompue dans les années 1940 à cause de ses opinions politiques anti-impérialistes et socialistes. Il est déclaré moralement inadapté à enseigner. Un génie de réputation mondiale n'est toutefois pas chose négligeable : les Britanniques lui ouvrent à nouveau les portes de Trinity College en 1944 et lui remettent l'Order of Merite en 1949 et, comme un honneur en appelle un autre, il reçoit le prix Nobel de littérature l'année suivante. Il est vrai qu'à côté de ses travaux scientifiques, Russell écrit dans un langage simple des ouvrages de philosophie, ainsi que des romans et nouvelles.

Les plus importantes actions militantes restent à venir : Russell est un farouche et très influent militant antinucléaire; avec la guerre du Vietnam, son engagement prend une dimension supplémentaire. Il s'associe au philosophe Jean-Paul Sartre pour créer le « tribunal Russell-Sartre », qui a pour fonction de dénoncer et condamner les « crimes de guerre de l'armée américaine » dans ce pays; le retentissement de cette initiative est énorme. Une seconde session du tribunal Russell-Sartre se tient dans les années 1960, avec pour cible les crimes politiques en Amérique latine. Son athéisme, affirmé mais nuancé, s'accompagne d'une vive hostilité aux religions (il publie *Religion et Science* en 1935 et *Pourquoi je ne suis pas chrétien* en 1957).

Son œuvre scientifique est immense et complexe. On dira seulement ici qu'elle comporte deux directions essentielles. La première concerne la logique, dont il est – avec Frege – un des refondateurs principaux. Il applique ses conceptions et découvertes logiques à la réorganisation générale des mathématiques, réduisant au fond ces dernières à la logique elle-même. La seconde consiste en un élargissement du précédent programme : ce ne sont pas seulement les mathématiques qui, pour avoir du sens, doivent être sous la dépendance de la logique, mais la science en général et la philosophie. La logique est ainsi un excellent critère, ou même un tribunal, pour expulser enfin hors de la philosophie les questions oiseuses et monstrueuses qui l'encombrent et dont la logique montre qu'elles n'ont pas réellement de sens.

La philosophie morale de Bertrand Russell est une sorte d'humanisme radical qui tient en l'association de deux choses : l'amour et le savoir ; la *libido* et la *libido sciendi,* auraient dit les Anciens.

Richard Feynman

Le grand type, là, près de la fenêtre, est un habitué des bars *topless* de Pasadena en Californie. C'est dans cet improbable lieu qu'il donne parfois ses rendez-vous professionnels, au grand étonnement des interlocuteurs. En réalité, plus qu'au physique des jeunes serveuses, c'est à la physique des particules qu'il consacre toute son attention. Cet homme, peu connu du grand public, est une légende vivante dans le monde des physiciens : Richard Feynman, né en 1918, est l'un des esprits les plus originaux et créatifs de la seconde moitié du XXe siècle, du moins en physique. Signalons en passant que sa vie privée n'est pas non plus celle d'un débauché ; son grand amour, Arlene Greenbaum, qu'il épouse à Princeton, meurt de tuberculose en 1945 ; il se remarie deux fois.

Un spécialiste mondialement reconnu

Sa thèse porte sur l'application du principe de moindre action en mécanique quantique ; il devient un spécialiste mondialement reconnu de cette théorie, qu'il reformule quasi entièrement. Jeune chercheur à Princeton, vers 1940, il rencontre Albert Einstein en une circonstance bien particulière : il doit donner son premier séminaire et le bruit court selon lequel Einstein va y être présent. Richard, un peu nerveux, prépare son tableau avant le début de la séance – c'est-à-dire qu'il le couvre d'équations. Il entend un léger bruit, se retourne et, découvre, dans l'encadrement de la porte, Albert Einstein, qui l'observe puis s'adresse à lui en ces termes : « Jeune homme, pourriez-vous m'indiquer où se trouve la salle à café ? »

Feynman participe au Manhattan Project à Los Alamos où, dans le plus grand secret et avec des moyens illimités, les Américains préparent la bombe atomique. On découvre à cette occasion qu'il est de taille à jouter et collaborer avec les géants comme Fermi, von Neumann ou Bethe.

À l'université de Cornel, où il travaille après la guerre, ses découvertes sur les interactions entre lumière et matière lui valent le prix Nobel, qu'il obtient en 1965 (avec Schwinger et Tomonaga). C'est dans ce contexte qu'il met au point les fameux *diagrammes de Feynman,* qui sont des figurations par petites flèches des calculs complexes réclamés par ses théories. Les diagrammes de Feynman sont depuis, utilisés dans pas mal de secteurs de la physique théorique.

Superfluidité et supraconductivité

À partir de 1950, Feynman retourne en Californie, au très prestigieux Caltech (California Institute of Technology) dont sont issus plus de 30 prix Nobel. Il s'attaque à deux redoutables problèmes théoriques : la suprafluidité et la supraconductivité. Le premier de ces phénomènes assure, dans des conditions extrêmement basses de température, des écoulements de fluide sans viscosité, et le second, là encore dans des conditions particulières de température et pour des matériaux spécifiques, des transports d'électricité sans aucune perte d'énergie. Sur cette question, Feynman connaît un échec dans la mesure où il ne peut résoudre la question qui fait l'objet, depuis, de recherches acharnées et d'avancées spectaculaires (on obtient des effets de supraconductivité à « seulement » – 120 degrés Celsius).

Un épisode très significatif de sa manière de faire associe à Feynman un autre physicien de génie, son ami Murray Gell-Mann : tous deux rédigent en 1958 un papier sur l'*interaction faible* (une force gouvernant la désintégration de certaines particules nucléaires) ; leur théorie est contredite par les faits expérimentaux et ils le savent… Qu'importe, très sûrs d'eux, ils publient l'article ; un peu plus tard, on apprend que les expériences avaient tort et qu'ils ont vu juste.

Un professeur sensationnel

Il s'engage, par la suite, dans des études étonnamment variées, la biologie expérimentale, la physique des grands ordinateurs, les hiéroglyphes mayas, etc.

À la suite de son prix Nobel, Feynman traverse une sorte de dépression scientifique, provoquée par une impression lui suggérant qu'il ne peut plus apporter grand-chose de neuf en physique fondamentale. Deux ans plus tard, il est pourtant de retour au premier plan de la recherche. Il focalise son attention, à la fin des années 60, sur les collisions à haute énergie entre particules lourdes, comme les neutrons et les protons, participant activement à l'élaboration de la théorie des *quarks* et des *gluons.* Un portrait de Richard Feynman serait incomplet si on ne mentionnait pas son talent sensationnel pour l'enseignement. Il soutient qu'il lui est possible d'expliquer les idées les plus difficiles aux étudiants débutants ; entre 1961 et 1963, c'est lui qui assure les cours aux étudiants de Caltech de première année! (Il faut reconnaître que ce sont déjà d'excellents sujets.) Il arrive avec quelques notes gribouillées portant sur les sujets les plus divers de physique. Heureusement, ses assistants ou étudiants réussissent à rédiger et organiser cette matière considérable, et les cours de Feynman sont devenus des classiques mondialement utilisés.

Durant les dernières années de sa vie, Richard Feynman devient extrêmement célèbre; ses ouvrages « grand public », comme *Surely You're Joking, Mr Feynman!* sont des best-sellers. Il est membre de la commission d'enquête sur l'explosion de la navette Challenger en 1986 et dénonce, en direct à la télévision, la mauvaise qualité de joints d'étanchéité, largement responsables de la catastrophe. Ayant plongé un morceau de joint dans de l'eau glacée, il montre très simplement que celui-ci a perdu son élasticité. Il meurt le 15 février 1988.

Chapitre 34

Dix épisodes de l'histoire des sciences

Dans ce chapitre :

- Une histoire de manuscrit perdu
- La dramatique affaire Michel Servet
- Un théorème résiste trois cent cinquante ans
- Les expériences n'ont pas toujours raison
- La biologie aux ordres de l'idéologie

Il y a autant de différentes manières de produire des connaissances scientifiques que des œuvres d'art. La manière peut être parfaitement abstraite ou, à l'inverse, très pratique et concrète. Les sciences se déroulent aussi bien en prolongeant et en adaptant ce qui s'est fait avant ou, au contraire, en le rejetant et en rompant avec lui. Les savants peuvent être libres et désintéressés, ils peuvent aussi être dépendants et pleins d'ambition ; ils peuvent être prudents et conservateurs ou encore audacieux et iconoclastes. Les théories peuvent générer de brillants et durables héritages ; elles peuvent aussi être abandonnées et réfutées rapidement. On a choisi ici, dix épisodes qui peuvent donner une idée de cette diversité qu'on aura déjà rencontrée tout au long de ce livre.

La méthode d'Archimède : perdue pendant dix-huit siècles

Dans le chapitre sur les mathématiques de l'Antiquité grecque, on a vu qu'Archimède a démontré d'importants résultats concernant les calculs de surfaces délimitées par des courbes coniques (la parabole notamment).

Or, comme un leitmotiv, on rencontre chez les géomètres de l'âge classique, Pascal, Wallis, Cavalieri, Descartes entre autres, un même reproche : « Les Anciens disposaient de méthodes d'analyse qu'ils ont gardées secrètes ; ils ne nous ont donné que leurs méthodes de synthèse. » Ce que veulent dire ces auteurs est que les Anciens – et Archimède est un des principaux visés – n'ont pas voulu révéler comment ils parvenaient à certains résultats, se contentant de démontrer ceux-ci. Pour reprendre l'exemple de la parabole, les mathématiciens connaissent la manière dont Archimède démontre en toute rigueur que l'aire sous la courbe vaut quatre tiers de l'aire du triangle associé ; mais ils ne savent pas comment le Syracusain a découvert ces quatre tiers.

Cela est important car le style des mathématiques grecques s'en trouve nettement fixé : rigoureux, logique, assez lourd et peu ouvert à la variété des méthodes.

Un épisode curieux va modifier cette vision de l'histoire de la géométrie grecque. En 1907, un grand spécialiste des textes scientifiques grecs, le Danois Johan Heiberg, est alerté par un de ses correspondants à Constantinople. Ce dernier a déniché un manuscrit religieux du XIIe siècle qui lui paraît digne d'intérêt car, soupçonne-t-il, des graphismes géométriques paraissent entremêlés au texte sacré. Le livre provient du monastère de Mar sala, près de Bethléem.

Heiberg, examinant à la loupe le gros manuscrit dû à un moine orthodoxe, découvre un trésor caché : il a sous les yeux un palimpseste, c'est-à-dire un manuscrit écrit sur un autre, plus ancien, datant du Xe siècle byzantin, que l'on a effacé ou gratté pour le réutiliser. Peu à peu, tant à cause du style que du contenu, il peut l'attribuer avec certitude à Archimède, ou plutôt à un copiste qui y a retranscrit des textes du savant grec. Heureusement, les matériaux d'origine sont excellents : des peaux tannées et une encre indélébile. L'érudit danois, avec une patience et une compétence admirable, parvient à retranscrire les 174 feuillets du parchemin. Surprise ! Dans une longue partie de ces traités, Archimède explique ses méthodes de découvertes (voir Chapitre 2) et établit une soigneuse distinction entre celles-ci, qui peuvent emprunter des arguments à la physique et à des procédés qui ne sont pas de pure géométrie, et les méthodes strictement démonstratives. Il ajoute qu'il est important d'exposer aussi les premières de façon que ses successeurs puissent en bénéficier et les faire fructifier. Bref, c'est tout le contraire de ce que pensaient les mathématiciens et les historiens des sciences avant cette découverte : les Anciens, et d'abord Archimède, n'ont pas voulu cacher leur cheminement pour paraître plus « forts » aux yeux de la postérité ; c'est seulement à l'un de ces multiples accidents de l'histoire des textes et des manuscrits qu'Archimède doit cette réputation dogmatique pendant plus de deux mille ans. Les aventures du palimpseste ne sont pas terminées puisqu'il disparaît en 1920 pour réapparaître en 1998 – abîmé – lors d'une vente chez Christie's, où un collectionneur anonyme l'achète pour 2 millions de dollars.

Grâce à de récents travaux d'imagerie numérique menés au Rochester Institute of Technology, à New York, le vieux palimpseste a commencé de dévoiler certains textes et plusieurs figures qui ont échappé à Heiberg… Ils semblent être de grande importance, et de nouvelles révélations ont été annoncées par le conservateur du manuscrit en avril 2007.

La dramatique affaire Michel Servet

Jean Calvin ne plaisante pas avec les idées qu'il juge hérétiques. Lors d'une épidémie de peste à Genève, il envoie au bûcher 14 personnes accusées d'avoir attiré le fléau sur la ville par sorcellerie. Michel Servet (1511-1553) connaît le même sort en 1553.

Michel Servet naît en Aragon, en Espagne. Formé à l'université de Saragosse (à moins que ce ne fût celle de Lérida), il y apprend le latin, le grec et l'hébreu puis poursuit ses études à Toulouse, où il étudie le droit. La théologie l'intéresse et il y exerce son esprit critique, par exemple à l'encontre de la théorie de la Trinité qui ne le convainc pas ; la médecine et l'anatomie lui plaisent autant. Comme tout intellectuel de la Renaissance qui se respecte, il voyage, en Italie, en Allemagne, en France ; on le trouve enseignant à Paris, avec Sylvius et Vésale. Il s'installe à Vienne (dans le Dauphiné) et entre en conflit épistolaire avec le célèbre voisin Jean Calvin, le chef protestant de Genève, au point que celui-ci écrit : « Si j'ai de l'autorité dans cette ville, je veillerai à ce qu'il ne la quitte pas vivant. » Les deux hommes se combattent par livres interposés (Servet publie sous le nom de Michel de Villeneuve un gros traité, *La Restitution de la religion chrétienne,* clairement hostile à *L'Institution de la religion chrétienne* de Calvin) ; ils entament, à partir de 1546, une correspondance privée dans laquelle le médecin prend de haut le réformateur protestant et manie l'invective sans ménagement.

Servet a beaucoup étudié l'anatomie et a même découvert le décisif principe de la « petite circulation » sanguine : le sang passe dans les poumons, où il est purifié. Il anticipe de la sorte les découvertes du XVIIe siècle (celles de Harvey par exemple). Servet présente cette purification du sang « comme le souffle de Dieu au cœur de l'homme ». Mais, soutenir cela, c'est soutenir que l'homme et Dieu sont assez proches, assez liés pour que Dieu, par son souffle, s'associe à l'homme. Or, cette idée répugne absolument à Jean Calvin, théoricien d'une conception méprisable de la condition humaine. Dieu, dit-il, est « un souverain seigneur devant qui l'homme chétif et misérable ne peut que se prosterner dans la cendre, adorer et obéir ». Comment supposer qu'un être si vil puisse être associé à Dieu ?

La fin ressemble à un roman aux tragiques rebondissements : Servet, médecin ayant pignon sur rue et belle situation, s'est installé à Vienne, où il a notamment la clientèle de l'archevêque. Dénoncé en 1553 par des catholiques, qui lui reprochent ses thèses hérétiques et, ironie de l'histoire, ses accointances et sa correspondance avec Calvin, il est arrêté à Vienne. La surveillance doit être assez lâche et les complicités efficaces, puisqu'il s'évade avec l'aide de la fille du gouverneur de la prison. Il semble qu'il ait voulu se rendre en Italie, mais, bien imprudemment, Servet fait halte à Genève. Il est reconnu et arrêté à la sortie du temple, celui-là même où prêchait son ennemi Calvin. Le maître des lieux tient sa promesse : Servet est mis en procès ; sa défense est solide et les Suisses hésitent ; aucun canton ne propose la peine de mort. Hélas, Calvin finit par obtenir ce qu'il veut : Servet est condamné et brûlé vif dans l'actuel jardin de la Colline, le 27 octobre 1553. Pour faire bon poids, l'Inquisition catholique de France, quelques mois plus tard, exécute à son tour Michel Servet, mais seulement en effigie.

Une forte objection contre Galilée : la Terre ne tourne pas

Galilée, dans son *Dialogue sur les deux principaux systèmes du monde,* publié en 1632, se moque sévèrement d'un argument lancé contre lui par un jeune auteur allemand, Johannes Locher. Celui-ci a soutenu que si on lâchait un boulet depuis la Lune, il mettrait six jours à tomber sur la Terre. On sait, depuis Newton, que ce boulet ne tomberait pas vers la Terre, mais tournerait autour d'elle comme un satellite ; mais là n'est pas la question car, ni Galilée ni son contradicteur n'envisagent la gravitation universelle. La querelle porte sur autre chose : pour Galilée, elle concerne l'accélération du mouvement de chute libre : compte tenu de cette accélération, dit Galilée, le boulet mettrait 3 h 22 (admirons la précision !) pour accomplir son voyage de la Lune à la Terre. Certes, le jeune Locher n'a pas tenu compte de cette loi galiléenne et l'on peut dire, en ce sens qu'il a tort. Pourtant, ce n'est pas non plus sur ce point qu'il veut contrer le grand savant, et ce dernier n'a au fond pas repéré le point essentiel de l'objection… heureusement car, s'il l'avait bien vu, il eût été bien en peine de le réfuter. L'argument de Locher n'a pas embarrassé les coperniciens-galiléens, non pas qu'il fût faible, mais parce qu'il est resté incompris.

L'ingéniosité de Johannes Locher

Johannes Locher, dans sa thèse soutenue à Ingolstadt en 1614 veut démontrer que la Terre ne tourne pas sur elle-même (ni autour du Soleil), et le dispositif qu'il imagine est très ingénieux. Pour mieux les combattre, Johannes Locher se place du point de vue des coperniciens et admet donc deux choses : la première est que la Terre tourne autour de son axe ; la seconde, que les corps lourds tombent à la verticale de l'observateur. Sur le premier point, les coperniciens s'opposent aux partisans de Ptolémée et à ceux de Tycho Brahe, mais sur le second, tout le monde s'accorde : la chute libre apparente est verticale, dirigée vers le centre de la Terre. À partir de là, l'auteur s'intéresse à la « trajectoire absolue » de cette boule, c'est-à-dire la trajectoire que verrait un observateur placé dans l'espace, ni sur la Lune ni sur la Terre. Pour comprendre les conclusions de Johannes Locher, on peut se représenter les choses ainsi : la boule en chute libre glisse le long de la verticale de son point de départ, comme une perle enfilée sur une immense aiguille à tricoter (c'est exact puisque la chute apparente est verticale); mais en même temps, cette ligne ou aiguille verticale est entraînée par la rotation de la Terre, qui tourne sur elle-même. On a alors trois situations, de la plus simple à la plus complexe :

- **Dans le premier cas, la boule est lâchée juste à la verticale du pôle,** donc dans le prolongement de l'axe de rotation de la Terre. Là, tout est simple : elle tombe le long de cet axe qui ne fait que tourner sur lui-même. Sa trajectoire absolue est une droite.
- **Dans le deuxième cas, la boule est lâchée dans le plan de l'équateur.** Elle subit alors deux mouvements : l'un le long de l'« aiguille à tricoter », et l'autre résultant de la rotation de cette « aiguille », qui décrit un disque. Le résultat est une trajectoire absolue en spirale plane qui s'approche de la Terre.
- **Enfin, dans le cas général, l'axe de chute apparente (l'aiguille) a un mouvement plus étonnant;** elle décrit un cône dont l'axe est celui des pôles et dont l'angle dépend de la longitude. La trajectoire absolue est alors une belle spirale ou hélice conique plutôt complexe. Si la Terre tourne et si les corps chutent à la verticale de l'observateur, telles sont les trajectoires et peu importe, dans le raisonnement de Locher, le temps de chute (voir Figure 34-1).

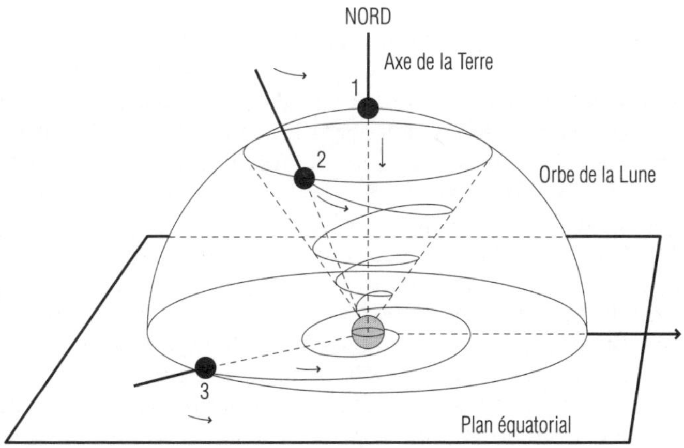

Figure 34-1 : Les « trajectoires absolues ».

Des trajectoires absurdes

« Ces trajectoires sont absurdes », constate alors Johannes Locher, qui s'étonne ainsi « que la balle ait en quelque sorte l'intelligence de suivre des trajectoires aussi insolites, à seule fin de se maintenir constamment et miraculeusement à la verticale du point au sol qu'elle surplombait au départ ». En effet, quelles pourraient bien être des lois du mouvement, les principes de cinématique et de mécanique qui produiraient de telles hélices ? Le grand principe de simplicité des lois de la nature serait violé. Johann en déduit que les hypothèses de départ sont fausses (au moins l'une d'entre elles) puisqu'elles conduisent à un résultat absurde. Pas question de nier la chute verticale des corps – tout le monde est d'accord sur ce point. La conclusion s'impose : l'autre hypothèse de départ est mauvaise : la Terre ne peut être en rotation.

La contre-offensive galiléenne ne porte pas du tout sur ces trajectoires et fait fausse route. Le plus curieux est que Galilée est particulièrement bien placé pour refuser les trajectoires spirales et coniques. Il a étudié le mouvement de la pierre lâchée à partir d'une fronde et soutient pratiquement le principe d'inertie ; mieux qu'aucun de ses contemporains, il sait donc que le mouvement de la balle se fait dans un plan et ne peut se tourner ou se « tordre » en hélice. Il devrait donc être atteint au plus profond par l'argument de son adversaire et contraint de mettre en cause les hypothèses de départ. Il ne le fait pas et affirme que « pour donner librement mon avis, dans toutes ces questions, je ne vois rien de solide contre le mouvement de la Terre » ; il ne peut être question pour lui de mettre en doute la rotation de la Terre, ni la chute verticale.

Où se cache la vérité ?

Locher a pourtant raison ! Les hypothèses de départ sont fausses ; l'une des deux au moins. Mais ce n'est pas celle qu'on croit. Le « faux » point de départ du raisonnement de l'habile jeune Allemand est précisément celui sur lequel « tous s'accordent » : les corps lourds ne tombent pas exactement selon la verticale. La réfutation de la seconde hypothèse, la plus innocente, sera due à Newton et Hooke qui, vers 1679, mettent en évidence une dérive vers l'est dans la chute des corps. Le calcul newtonien – qui devra lui aussi être profondément modifié – donne une dérive de 3,8 mm pour une chute de 30 mètres à une latitude de 45 degrés. C'est bien une théorie du mouvement terrestre qui va briser la déduction de Locher, mais une théorie entièrement renouvelée, bien plus complexe que celle, seulement cinématique, de Galilée, une théorie dans laquelle la dynamique du mouvement terrestre n'est pas sans effet sur les trajectoires. Les calculs « complets » seront fournis par Laplace et Gauss, au XIXe siècle.

Le grand théorème de Fermat : trois cent cinquante ans de résistance

Il est bien rare que les mathématiques fassent la une des journaux ; c'est pourtant ce qui advient en 1993 lorsque le mathématicien Andrew Wiles, au terme d'une série de trois exposés mis en scène de façon presque théâtrale, dévoile la stupéfiante conséquence de ses démonstrations des jours précédents : le grand théorème de Fermat est résolu. Cela fait huit ans qu'il y travaille. Cela est d'autant plus remarquable que ce théorème « ne sert à rien », ou plutôt, qu'il n'a pas d'application connue en physique ou en informatique ou en tout autre domaine. C'est une pure réussite intellectuelle.

Des dizaines de milliers de théorèmes sont démontrés chaque année par les mathématiciens. Pourquoi celui-ci a-t-il un pareil écho ? D'abord parce que tout le monde sait qu'il est vrai ; depuis que le mathématicien Pierre de Fermat l'a énoncé en 1642, aucun contre-exemple n'a été fourni ; il a été démontré pour des catégories importantes de nombres. Ensuite parce que Fermat est l'un des plus remarquables mathématiciens de son époque et il a noté, en marge de son cahier de travail : « J'ai trouvé une merveilleuse démonstration de cette proposition, mais la marge est trop étroite pour la contenir. » Enfin, parce que son énoncé est extrêmement simple ; dans la langue de Fermat, cela donne : « Il n'est pas possible de partager un cube en deux cubes, une puissance quatrième en deux puissances quatrièmes et en général une puissance d'exposant supérieur au deuxième en puissances de même exposant » ; en notation moderne, on dira que l'équation $a^n + b^n = c^n$, où les nombres sont des entiers naturels n'a pas de solution quand $n \geq 3$.

Une proposition mathématique dont on sait qu'elle est vraie mais que l'on n'a pas démontrée est une conjecture et ne devient vraiment théorème que lorsqu'elle est démontrée. Le trouble vient de l'annonce, par Fermat, qu'il a une démonstration qui s'est perdue depuis lors, chose assez fréquente en histoire des mathématiques. En l'occurrence et quel que fût le génie du mathématicien toulousain, personne ou presque ne croit à cette possibilité.

La démonstration de Wiles n'est pas tombée du ciel ; elle a été préparée par divers résultats au cours des XIXe et XXe siècles : certaines autres conjectures ont été annoncées dont on sait qu'elles ont pour conséquence (pour corollaire) le théorème de Fermat. Autrement dit, si l'on établit la vérité de ces conjectures, le grand théorème tombe ! C'est ce que fait Wiles avec la conjecture de Shimura-Taniyama-Weil (de 1968) dont le mathématicien Ken Ribet montre en 1985 qu'elle satisfait cette condition. Cela fait suite à d'énormes travaux de théorie des nombres, de théories des courbes elliptiques, etc. Bref, la démonstration mobilise des notions et des théories mathématiques qui n'existaient pas au XVIIe siècle. On peut toujours imaginer qu'il existe une autre démonstration, beaucoup plus simple ; mais comment croire que les bataillons, les régiments de mathématiciens qui, depuis trois cent cinquante ans, se sont lancés à l'assaut de la forteresse, ne l'ont pas réduite à merci ? Des milliers de démonstrations fausses ont été produites, des prix considérables ont été offerts par des académies ou des mécènes à qui trouverait une solution. Enfin, dans les semaines qui suivent l'exploit de Wiles, des critiques et contestations se font jour : elles portent toutes sur des détails, sauf une qui remet en cause un moment démonstratif incontournable. Il faut plusieurs mois de labeur à Wiles pour surmonter cette faiblesse et, après un énorme travail de vérification, réalisé par les quelques dizaines (ou centaines) de personnes capables de comprendre et de juger son travail, la démonstration est validée, publiée et définitivement reconnue pour vraie.

Les lecteurs du best-seller *Millenium* auront d'ailleurs rencontré le théorème de Fermat puisque l'héroïne, Lisbeth Salander, « hackeuse » de grand talent, pense avoir réussi à le démontrer… Mais ses notes se sont, elles aussi, égarées au cours de ses aventures. Étaient-elles aussi volumineuses que celles de Wiles, dont la démonstration occupe plus de 150 pages ?

Le vitalisme veut « sauver l'essentiel »

L'histoire du *vitalisme* ressemble fortement à ces campagnes militaires au cours desquelles une armée se replie en bon ordre sur une ligne de défense solide et inexpugnable avant d'effectuer un autre « repli stratégique » protégeant l'essentiel du territoire dont elle assure la sécurité. On aurait tort cependant de croire que les stratégies de ce genre finissent toujours par la défaite totale des armées en repli ; il est arrivé qu'elles sauvent ainsi l'essentiel, ménageant de la sorte la possibilité d'une contre-offensive.

Le vitalisme, à ses débuts (dans l'Antiquité jusqu'à son apogée chez un Paracelse), insiste sur la discontinuité entre le vivant et l'inerte. Selon cette doctrine, le souffle vital, le pneuma, l'âme, l'élan vital, ou l'*archè* (autant de noms pour la cause et le principe de vie) obéit à des déterminations qui n'ont pas ou presque pas de rapport avec la physique, la mécanique, puis la chimie, sciences de la matière inerte. « Un vitaliste, écrivait Georges Canguilhem en 1946, c'est un homme qui est induit à méditer sur les problèmes de la vie davantage par la contemplation d'un œuf que par le maniement d'un treuil ou d'un soufflet de forge. »

Les anatomistes et les médecins vitalistes cherchent longtemps la localisation du « siège de la vie » qui, pour les uns se situe dans la moelle, pour d'autres dans le nœud vital, ou dans le cœur, dans le foie, le cerveau, etc. Mais il faut bien reculer ; les développements de la physique et de la chimie, surtout à partir du XVIIIe siècle, font plier le « front » vitaliste. Dès la fin du XIXe siècle, il est impossible de nier que la circulation sanguine est comme une pompe aspirante et refoulante, que l'énergie de l'organisme est issue des échanges mécaniques et thermiques avec l'extérieur, etc. Bref, les êtres vivants sont, par bien des côtés, des machines. Il y a des esprits chagrins pour s'en désoler ; « Césalpin a succombé, la science de Galilée a triomphé », proteste le biologiste allemand Radl (1873-1942), dénonçant de façon véhémente les divers acteurs de ce succès du mécanisme : Van Leeuwenhoek, Réaumur, von Haller, Descartes, Leibniz…

Pour autant, les découvertes chimico-physiques de la biologie et de la génétique moderne laissent toujours des possibilités de survie à des arguments vitalistes. Un exemple tout récent a été fourni par la mise au point du génotype humain. D'après le nombre des protéines connues et selon les principes d'un mécanisme basique, on s'attendait à découvrir quelque 100 000 gènes, or, on n'en a décelé que 30 000. Des biologistes (l'Américain Barry Commoner par exemple) en tirent des arguments vitalistes, niant la relation mécaniste « simple » entre une séquence d'ADN (un gène) et une protéine déterminée.

Il est possible de tenir une position intermédiaire, modérée ; l'œuvre du médecin et physiologiste Marie François Xavier Bichat (1771-1802) en témoigne puisqu'elle autorise une double lecture. On trouve en effet des louanges appuyées à ses travaux chez des auteurs fermement antivitalistes comme Claude Bernard, qui soutient que « les propriétés vitales ne sont autre chose que des complexes de propriétés physiques » ; cela n'empêche pas la mobilisation de Bichat dans les rangs du vitalisme par nombre des adeptes de cette vision du monde vivant. Quoique sa carrière eût été dramatiquement courte (en fait quatre années de professorat, de recherche et de publication avant une mort accidentelle, suite à une chute stupide dans un escalier de l'hôtel-Dieu), son rôle dans l'histoire de la médecine est fondamental. Grâce à ses travaux sur les divers tissus organiques et leur rôle dans les modifications pathologiques humaines, il est le père de l'histologie moderne.

Son vitalisme est de la même eau que celui des médecins de *L'Encyclopédie,* les amis de Diderot, Bordeu et Barthez, quoi qu'il en ait donné une version très atténuée puisqu'il réfute le principe vital auquel tenait Barthez. Bichat expose fermement sa conception du vitalisme dans ses *Recherches physiologiques sur la vie et la mort,* en imaginant ce qu'eût été l'histoire des sciences, en supposant que la physiologie eût été développée avant la physique et non l'inverse, comme ce fut effectivement le cas : « La science des corps organisés doit être traitée d'une manière toute différente de celles qui ont les corps inorganiques pour objets. Il faudrait, pour ainsi dire, y employer un langage différent ; car la plupart des mots que nous transportons des sciences physiques dans celles de l'économie animale ou végétale nous y rappellent sans cesse des idées qui ne s'allient nullement avec les phénomènes de cette science. Si la physiologie eût été cultivée par les hommes avant la physique, comme celle-ci l'a été avant elle, je suis persuadé qu'ils auraient fait de nombreuses applications de la première à la seconde, qu'ils auraient vu des fleuves coulant par l'excitation tonique de leurs rivages, les cristaux se réunissant par l'excitation qu'ils exercent sur leur sensibilité réciproque, les plantes se mouvant parce qu'elles s'irritent réciproquement à de grandes distances, etc. [...]. La physique, la chimie, etc., se touchent, parce que les mêmes lois président à leurs phénomènes ; mais un immense intervalle les sépare de la science des corps organiques, parce qu'une énorme différence existe entre ces lois et celles de la vie. Dire que la physiologie est la physique des animaux, c'est en donner une idée extrêmement inexacte ; j'aimerais autant dire que l'astronomie est la physiologie des astres. »

Le très ancien débat « vitalisme *versus* réductionnisme » est né avec la science du vivant, il semble que rien, aucune découverte, aucune théorie ne puisse assurer la victoire totale de l'un des camps : le vitalisme, avons-nous vu, ne cesse de reculer ; c'est juste mais, en même temps, il semble renforcer un noyau central que ses partisans estiment irréductible.

La variation de masse des électrons

Une belle expérience sur les électrons, menée vers 1906 par le physicien allemand Walter Kaufmann, provoque des réactions très différentes de la part des savants confrontés à un résultat qui contrarie leurs prévisions.

Quatre théories, deux prévisions

Dans le contexte de la physique des années 1900, les discussions sur la nature de la matière sont intenses et les succès des théories électromagnétiques de Maxwell font penser que la masse peut être plus complexe que celle, classique, proposée par la théorie newtonienne. La découverte des rayonnements de Becquerel, immédiatement suivie par les travaux des Curie, focalise l'intérêt sur des particules, qui sont alors généralement nommées *électrons.* On sait qu'elles sont électriquement chargées, et l'étude de leur déviation dans des champs électromagnétiques permet à Lorentz, Thomson et Millikan de calculer leur masse ($m = 0{,}9.10^{-27}$ g). Les vitesses extrêmement élevées atteintes par ces particules produisent un résultat étrange en physique classique : cette masse n'est pas constante, ce qu'établit Walter Kaufmann en 1901. Cependant, les mesures de Kaufmann ne montrent pas comment évolue cet accroissement de masse. Les théoriciens entrent en piste pour justifier, prévoir et décrire la loi de variation de la masse en fonction de la vitesse.

Quatre principales théories entrent en compétition. D'abord, celle de l'électron rigide de Max Abraham et Walter Kaufmann, de facture classique. La charge de l'électron est distribuée de façon immuable sur un corps qui garde sa forme lors du mouvement. Les deux physiciens calculent des prévisions théoriques de variation de la masse en fonction de la vitesse. Selon la seconde théorie, l'électron déformable d'Abraham Bücherer et Paul Langevin admet une déformation à volume constant. Toutefois, la courbe de variation déduite de leur théorie coïncide avec celle des précédents. La troisième théorie, dite *électrodynamique,* s'appuie sur la grande hypothèse de Lorentz-Fitzgerald. C'est une première ébauche d'un principe de relativité; elle prévoit une variation de masse de l'électron du type $m = \frac{m_0}{\sqrt{1 - \frac{v^2}{c^2}}}$ qui est différente de celle prévue par Abraham, Kaufmann et Bücherer. Enfin vient l'électron relativiste. L'article fondamental de Einstein de 1905 sur la relativité restreinte a des conséquences nécessaires concernant la variation de masse de l'électron. Einstein défend l'idée d'une contraction générale du temps et la constance de *c* (la vitesse de la lumière). Il prévoit des variations de masse formellement identiques à celles de Lorentz et Poincaré. Au total, nous avons donc deux prévisions et deux seulement : Abraham-Kaufmann-Bücherer et Langevin, qui n'entrent pas dans le cadre relativiste, *versus* Einstein-Lorenz-Poincaré, qui évidemment le respectent, tout ou partie.

Dans cette situation, en 1906, Kaufmann met au point un dispositif expérimental s'appuyant sur des mesures d'intensité de champ électrostatique. Poincaré décrit la situation avec netteté : « Nous voilà en présence de deux théories… Dans les deux cas, la masse des électrons croît avec la vitesse, pour devenir infinie quand cette vitesse devient égale à celle de la lumière; mais la loi de variation n'est pas la même. La méthode de Kaufmann doit mettre en évidence la loi de variation de masse et semble nous donner un moyen expérimental de décider entre les deux théories. » Il ajoute d'ailleurs que « toutes les précautions ont été convenablement prises et l'on ne voit pas bien quelle objection on pourrait faire ». Or, les résultats de Kaufmann donnent une courbe nettement plus conforme à celle que prévoient Abraham et Bücherer qu'à celle qu'ont annoncée Lorentz, Poincaré et Einstein (l'écart avec la première est de 3 %, contre 10 % avec la seconde).

Plier ou ne pas plier devant l'expérience ?

Les réactions des physiciens impliqués dans l'affaire sont très différentes. Abraham reçoit bien sûr les résultats expérimentaux très favorablement et n'a aucun doute sur leur validité. Poincaré, qui vient de donner une formulation améliorée de la théorie de Lorentz, est plus ou moins ébranlé, comme le montrent les dernières lignes de son article « La fin de la matière », de 1906 : « Les expériences récentes ne confirment pas nos prévisions (a fortiori la relativité). Tout s'écroulerait alors et la matière reprendrait ses droits à l'existence. Mais les expériences sont délicates, et une conclusion définitive serait aujourd'hui prématurée. » Il y revient en 1908 dans *La Mécanique et l'Optique* : « Les expériences récentes ont donné raison à la théorie d'Abraham. Le principe de relativité n'aurait donc pas la valeur rigoureuse qu'on était tenté de lui attribuer… » Lorentz est plus ébranlé encore et, dans la première édition de sa *Théorie des électrons,* publiée en 1909, il écrit qu'il faudrait sans doute renoncer à l'hypothèse de la contraction.

Einstein reste de marbre : cette expérience n'a pas assez de force pour remettre en cause la théorie de la relativité ! Sa théorie a à ses yeux plus de force que les nouveaux faits d'observation : « À mon avis, les deux théories [d'Abraham et de Bücherer] ont une probabilité plutôt faible, parce que leurs hypothèses fondamentales sur la masse des électrons en mouvement, ne sont pas explicables en termes de systèmes théoriques qui puissent embrasser un complexe plus grand de phénomènes. » Ainsi, la conclusion de l'expérience ne s'impose pas identiquement à la communauté des physiciens. Une expérience comme celle de Kaufmann constitue certainement un argument de poids dans la vaste discussion pour l'une ou l'autre des théories. Pour certains, il est assez probant pour que l'on doive raisonnablement virer de bord ; pour d'autres (Einstein), il reste discutable en tant que résultat, et le pari est pris que d'autres expérimentations viendront l'invalider ; pour d'autres savants encore, l'argument suggère ou impose une adaptation théorique.

Poincaré puis Planck entreprennent une analyse critique du dispositif expérimental ; cette critique ne porte pas sur la précision et la fiabilité des appareils et des mesures, elle met en cause des hypothèses secondaires qui permettent le déroulement, la mesure et l'interprétation des faits expérimentaux. Dans l'exemple proposé ici, de telles objections sont développées à propos de l'hypothèse du champ uniforme, incluse dans le dispositif de Kaufmann.

Épilogue : tout est en ordre

L'épilogue de cet épisode est connu : entre 1908 et 1916, plusieurs physiciens (Bücherer lui-même, puis Hupka, Neumann et surtout Gaye et Lavanchy) reprennent les expérimentations en tenant compte des objections de Poincaré et Planck et établissent leur conformité avec les théories relativistes. Une note de bas de page de Poincaré, à la fin de *La Mécanique et l'Optique,* signale ainsi : « Au moment de mettre sous presse, nous apprenons que M. Bücherer a repris l'expérience en s'entourant de précautions nouvelles et qu'il a obtenu, contrairement à M. Kaufmann, des résultats confirmant les vues de Lorentz. » Celui-ci, dans la seconde édition de sa *Théorie des électrons,* note – soulagé – que « selon toute probabilité, disparaît la seule objection contre l'hypothèse de l'électron déformable et le principe de relativité ». Bücherer est beau joueur et écrit à Einstein en septembre 1908 : « Je voudrais tout d'abord vous informer du fait qu'à l'aide d'expériences méticuleuses, j'ai prouvé sans le moindre doute possible, la validité du principe de relativité. »

L'entretien de Copenhague : que faisaient les physiciens du Reich ?

Le théâtre, c'est assez rare, a su parfois prendre pour sujet des thèmes scientifiques. Jean-Claude Brisville a ainsi imaginé, en 1997, le dialogue qu'eurent Descartes et Pascal en 1647 au sujet du vide et de la matière du monde, son *Entretien de M. Descartes avec M. Pascal le jeune* est une réussite exemplaire. C'est dans la même veine qu'a puisé l'Américain Michael Frayn qui, en 1998, présente, à Londres son *Copenhague*, un entretien, imaginé lui aussi, entre deux anciens amis très proches, Niels Bohr et Werner Heisenberg.

La rencontre eut bien lieu en 1941 mais nul ne connaît réellement la teneur de leur discussion… Dieu sait si les sujets brûlants existaient, qui lient et opposent ces deux génies de la physique du XXe siècle ! Dans les années 1920, ils furent deux des principaux architectes de la physique quantique, de la physique des particules, des atomes ! Bohr est comme un père pour le jeune surdoué venu d'Allemagne travailler avec lui.

En 1941, le Danemark est occupé par l'armée du Reich, Bohr est isolé et sans moyens. Heisenberg, à l'opposé, est quasiment le chef de la physique allemande, en tout cas de la physique atomique. Alors qu'il est en visite officielle à Copenhague il rompt avec le protocole, et décide d'aller voir son vieux maître ainsi que sa femme, Margrethe. Comment ne pas voir l'enjeu possible de la conversation ? Heisenberg et ses maîtres sont-ils engagés dans la course de vitesse avec les alliés anglo-américains, dont l'issue est la mise au point de l'arme atomique ? Certains des anciens amis du groupe Bohr y travaillent à Los Alamos.

Les deux protagonistes ont donné, après guerre, des versions divergentes de l'après-midi à Copenhague. Selon Bohr, Heisenberg a en tête de le convaincre de travailler avec lui… La fin de l'entretien est brusque et inamicale. Heisenberg, prisonnier des Anglais après la guerre, soutient presque le contraire : il a livré à Bohr – dit-il – des informations sur l'état d'avancement du programme nazi afin que celui-ci les transmette aux Alliés. Selon une version un peu différente, il aurait expliqué à quel point les Allemands sont en retard et bien loin du but. C'est pourquoi il convient de persuader les Alliés de l'inutilité de poursuivre la fabrication de leur propre bombe, à coup sûr monstrueuse. On sait qu'en 1943, Bohr s'est évadé du Danemark (il a même travaillé pour les Alliés au projet atomique) et il est suggéré, dans la pièce, qu'Heisenberg l'y a aidé.

L'auteur joue admirablement de ces différentes possibilités et, avec un grand talent, met au service de son scénario deux des concepts essentiels de la physique quantique : la *complémentarité de nature des particules,* qui trouve un écho dans la complémentarité des dialogues et des pistes possibles, mais aussi le *principe d'incertitude,* dû à Heisenberg, selon lequel on ne peut connaître avec certitude à la fois, la position et l'impulsion d'une particule; cette incertitude règne aussi dans l'histoire que nous raconte Michael Frayn. Le travail accompli par l'auteur est remarquable par la précision et la rigueur des informations et des explications scientifiques sur lequel il s'appuie, parvenant à faire de la science vivante un authentique objet culturel.

L'affaire Lyssenko : quand l'idéologie dicte sa loi en biologie

Trofim Denissovitch Lyssenko est ukrainien, né en 1898 dans une famille de paysans. Il est un technicien agricole de talent et acquiert une certaine réputation en promouvant en Union soviétique une méthode de transformation des blés d'hiver en blés de printemps, déjà connue aux États-Unis depuis 1857. Lors d'un congrès, en 1929 à Leningrad, sa méthode est critiquée par des généticiens et biologistes universitaires soviétiques : elle est peu rigoureuse et plagie une méthode déjà examinée. Paradoxalement, voilà qui tombe bien et va faire la fortune de Lyssenko. La direction stalinienne du pays voit là une occasion favorable pour mener une offensive contre les intellectuels bourgeois, trop critiques; elle entend favoriser les authentiques praticiens, issus du peuple : Lyssenko, soutenu par la *Pravda,* s'attaque donc aux généticiens « académiques ». La montée en puissance du lyssenkisme commence; elle va durer plus de vingt ans.

Entre le 31 juillet et le 7 août 1948 a lieu à Moscou une session de l'Académie des sciences; elle est annoncée comme historique puisqu'une science nouvelle en est issue. Qui plus est, cette science nouvelle de l'hérédité combat et, selon ses promoteurs, ruine la génétique et les théories mendéliennes de l'hérédité. Que se passe-t-il lors de cette dramatique session? Trofim Lyssenko, pleinement soutenu par la direction stalinienne, triomphe totalement de la brillante école génétique et biologique russe.

Du point de vue scientifique, quel est l'enjeu? Lyssenko s'appuie sur les réalisations performantes d'un botaniste russe, Mitchourine qui, depuis la fin du siècle précédent, réalisait des sélections remarquables de variétés de blé. Mitchourine n'est pas un théoricien et sans doute pourrait-on le qualifier de « lamarckien spontané », c'est-à-dire qu'il croit en l'hérédité des caractères acquis. Lyssenko, scientifiquement très incompétent, enfourche le cheval de l'hérédité des caractères : de même que, dans la vie, un individu est déterminé par son environnement social et économique, ainsi, un être vivant, plante ou animal, est-il déterminé par « ce qui l'environne et par ce qui lui advient ». Cette vision sommaire et grossière du lamarckisme aussi bien que de la philosophie de Karl Marx nourrit la croisade de Lyssenko.

Du point de vue politique, ceci devient une effroyable machine de guerre. En URSS d'abord, où les meilleurs généticiens, avec à leur tête l'excellent Vavilov sont arrêtés, déportés (la plupart mourront au goulag) ; la doctrine « prolétarienne » de Lyssenko devient la vérité, et les programmes agronomiques soviétiques en découlent qui, en peu d'années, consomment le désastre de la production agricole russe.

À l'extérieur, la situation est navrante : les généticiens des pays occidentaux, dont beaucoup sont membres des partis communistes ou sympathisants, sont sommés d'abandonner la « science capitaliste » pour soutenir le brouet théorico-idéologique concocté au Kremlin. Quelques-uns, comme le Français Jacques Monod et le Britannique John Burdon Sanderson Haldane refusent ; beaucoup d'autres courbent l'échine et se déshonorent scientifiquement.

Lyssenko reste en grâce jusqu'en 1963, héros de l'Union soviétique. Il est mort en 1976, désavoué certes, mais tranquille et jamais inquiété.

Ce lamentable épisode de l'histoire des sciences n'est qu'un exemple des dérives et des drames qui résultent de l'emprise d'une idéologie sur la recherche scientifique. Que le darwinisme et la génétique mendélienne soient objets de critiques et de controverses, rien de plus normal, et ces théories ont leurs faiblesses. Mais que la discussion scientifique ait pour arbitre un point de vue idéologique et politique est lamentable ; cela rappelle l'arbitrage théologique de l'Inquisition contre Galilée et présente quelques ressemblances avec les commandements des fondamentalistes (chrétiens, musulmans, sikhs, etc.) sur les doctrines de l'évolution et de la Création.

Le big bang, la singularité initiale

Avec le *big bang*, nous abordons unes des plus célèbres théories scientifiques du XXe siècle. Son nom, si évocateur – et plutôt mal choisi – contribue à sa popularité ; mais surtout, chacun sait qu'elle traite du plus grand sujet possible, la naissance de l'Univers. La relativité générale inventée par Albert Einstein, en 1916 donne une impulsion très vive aux travaux de cosmologie. Einstein réalise que les équations de sa théorie décrivent un Univers en péril : les tendances gravitationnelles (celles qui font que la matière est attirée par la matière) semblent devoir l'emporter sur les tendances à l'expansion et annoncer un effondrement de l'Univers puisque la matière est appelée à se rassembler, se concentrer sur elle-même. Il introduit donc un terme nouveau dans la théorie, appelé *constante cosmologique,* une sorte de substance assurant une contre-pression qui permet à la matière et aux forces gravitationnelles d'être équilibrées avec les autres forces à l'œuvre dans l'Univers. Il en résulte l'idée d'un Univers clos, éternel et stable. Pourtant, des informations venues du cosmos ne tardent pas à invalider cette conception.

En 1920, l'astronome Edwin Hubble annonce que les galaxies lointaines s'éloignent les unes des autres ! Sale affaire pour un Univers stable !

Hubble exploite l'effet Doppler-Fizeau dans les cieux. Ce phénomène a été mis en évidence par ces deux savants du XIXe siècle pour les ondes sonores : lorsqu'une voiture s'éloigne ou se rapproche, la hauteur du son change : lorsque la voiture s'approche, les ondes sonores sont comprimées, si elle s'éloigne, à l'inverse, la longueur d'ondes est allongée et la fréquence, réduite. La nature ondulatoire de la lumière permet de lui appliquer cet effet : si un objet émettant de la lumière s'approche, la longueur d'ondes est plus courte et la couleur tend vers le bleu ; s'il s'éloigne, il rougit. On sait produire le spectre lumineux d'un objet céleste, et les raies spectrales des galaxies interprétées par Hubble établissent qu'elles s'éloignent et même, s'éloignent d'autant plus rapidement qu'elles sont éloignées, ce que Hubble établit en 1929. Einstein, toujours beau joueur, reconnaît en 1932 que « la découverte de l'expansion des nébuleuses extragalactiques justifie le passage de la théorie de la relativité générale à des solutions dynamiques de la structure de l'espace ».

Quel est l'âge de l'Univers ?

La conséquence de cette découverte est en effet inévitable. Les galaxies s'éloignent selon un scénario que l'on apprend de mieux en mieux à décrire, au cours du XXe siècle : l'Univers est en expansion, il grandit et les galaxies les plus éloignées sont plus proches de ses bords.

Mais ce phénomène peut aussi bien être examiné dans le passé : on peut reconstituer le film à l'envers, ce qui suggère fortement l'idée d'un Univers de plus en plus petit et de plus en plus dense à mesure qu'on remonte dans le temps c'est-à-dire à mesure qu'il est plus jeune. Ainsi se déploie la conception aujourd'hui dominante selon laquelle l'Univers est un objet qui fut très petit, fantastiquement dense et chaud et qui – depuis ses origines – devient de plus en plus grand, froid et raréfié en matière et en énergie. Les polémiques durent jusqu'à la fin du siècle pour établir cette vitesse d'expansion et en déduire l'âge de l'Univers. On cherche activement la constante de Hubble, grandeur chargée d'exprimer l'âge de l'Univers. Au milieu du XXe siècle, les réponses varient de 8 à 22 milliards d'années ! C'est très récemment (en 2003) que de nouvelles mesures et théories semblent avoir mis la majorité des astrophysiciens d'accord sur le chiffre de 13,7 milliards d'années.

Cette théorie fait référence à un « point origine », une « explosion » originelle pour employer un mot plus naïf que physiquement approprié ; ce qui est exprimé par la malencontreuse expression de *big bang.* Les physiciens et les mathématiciens préfèrent souvent le terme de *singularité,* l'Univers est une singularité au sein d'un certain continu absolument inconnu. En 1949, le physicien Gamow contribue fortement à l'établissement de ce que l'on nomme le modèle standard en attirant l'attention sur le rayonnement fossile : si la singularité initiale (le big bang) a bien eu lieu, il doit y avoir, aux frontières de l'Univers, un écho, un résidu de l'explosion. Or, en 1965, deux radioélectriciens, Penzias et Wilson, découvrent un rayonnement à sept centimètres de longueur d'ondes qu'eux-mêmes et leurs collègues astronomes identifient comme un parfait candidat au rôle de rayonnement fossile. La théorie du big bang reçoit un argument extrêmement favorable.

Les scénarios des débuts ont été soigneusement mis au point, et le récit de l'histoire de l'Univers est assez précis. Extrêmement chaud et dense, la température de quelques milliards de degrés s'abaisse et permet la formation des premières particules élémentaires ; au cours de son refroidissement, les structures complexes s'organisent, étoiles, galaxies, etc.

Ceci ne résout pas les questions qui dépassent notre capacité conceptuelle : n'est-il pas tentant de se demander où et quand eut lieu cette singularité, ce big bang ? C'est une question vaine puisque les cosmologistes nous disent que le temps et l'espace naissent avec l'Univers, comme la matière et l'énergie. Il n'y a donc ni lieu ni date pour le big bang.

L'Univers garde ses secrets

Un passionnant aspect de la théorie consista à deviner si l'Univers est appelé à s'effondrer, à exploser ou à se stabiliser : la relativité générale permet de voir les choses comme une compétition entre la force gravitationnelle, qui tend à rassembler la matière, et les forces d'expansion, qui tendent à la disperser. Qui va gagner ? La réponse dépend de la mesure de la densité de l'Univers : si elle est supérieure à 10^{-26} kg/m^3, c'est l'implosion qui menace, si elle est supérieure, c'est l'explosion. On sait aussi, depuis la relativité générale, que la géométrie même de l'espace-temps dépend de la matière et de l'énergie qui s'y trouve et de leur répartition. Ainsi, la géométrie de notre Univers dépend-elle de cette mesure : dans le premier cas, il est elliptique, dans le second, hyperbolique ; éventuellement il peut aussi être plat, ni fermé, ni ouvert.

Les années 1990 ont apporté une autre information saisissante : des galaxies lointaines ont été repérées plus loin qu'on ne le prévoyait, ce qui signifie que l'expansion est plus rapide que prévue et qu'elle s'accélère. Quoi qu'il en soit, que ce soit vers les origines ou vers le futur, l'objet Univers, s'il est de mieux en mieux connu, garde ses secrets, anciens ou nouveaux.

Les théories scientifiques contre les « faits » ?

Un enseignement que nous délivre l'histoire des sciences est la liberté de choix qu'elles offrent aux savants. Le scientifique n'est pas un observateur de la nature dont le rôle serait de retranscrire et de formuler ce que celle-ci lui présente. Les faits, les expériences n'imposent pas les solutions et les théories de manière simple, directe et indiscutable.

À propos de la physique d'Aristote, le grand historien des sciences Alexandre Koyré (1882-1964) exposait cette thèse avec humour et un sens certain de la caricature : « La physique aristotélicienne forme, on le voit bien, une théorie admirable, admirablement cohérente, et qui n'a, à vrai dire (outre celui d'être fausse), qu'un seul et unique défaut : celui d'être contredite par la pratique journalière. Mais un théoricien digne de ce nom ne se laisse pas arrêter par une objection du sens commun (ou par une expérience). Lorsqu'il trouve un fait qui ne s'accorde pas avec sa théorie, il le nie, et lorsqu'il ne peut pas le nier, il l'explique. »

Le philosophe des sciences américain Imre Lakatos a inventé un scénario de ce genre, inspiré par la découverte de Neptune par l'astronome Le Verrier.

« L'histoire est celle, imaginaire, d'un écart de conduite planétaire. Un physicien d'avant Einstein calcule, à l'aide de la mécanique de Newton et de sa loi de gravitation *N*, et des conditions initiales *I*, la trajectoire d'une petite planète *p* que l'on vient de découvrir. Mais la planète dévie de sa trajectoire calculée. Notre physicien newtonien va-t-il considérer que cette déviation est proscrite par la théorie de Newton et, par conséquent, qu'une fois bien établie, elle réfute *N* ? Non. Il émet l'idée qu'il doit y avoir une planète *p'* encore inconnue qui perturbe la trajectoire de *p*. Il calcule la masse, l'orbite, etc. de cette planète hypothétique, puis demande à un astronome de mettre à l'épreuve expérimentalement son hypothèse. La planète *p'* est si petite qu'aucun télescope, même le plus puissant, n'a aucune chance de l'observer : l'astronome demande des crédits pour construire un télescope plus grand. Il faut trois ans pour construire le nouveau télescope. Si l'on découvrait la nouvelle planète *p'*, ce serait salué comme une nouvelle victoire de la science newtonienne. Mais ce n'est pas le cas. Notre homme de science abandonne-t-il pour autant la théorie de Newton et son idée de planète perturbatrice ? Non, il avance l'idée qu'un nuage de poussière cosmique nous cache la planète. Il calcule l'emplacement et les propriétés de ce nuage et demande des crédits pour envoyer un satellite mettre ses calculs à l'épreuve. Si les instruments du satellite (ce sont peut-être des instruments nouveaux, fondés sur une théorie encore peu mise à l'épreuve) enregistraient l'existence du nuage conjecturé, ce résultat serait salué comme une victoire éclatante de la science newtonienne. Mais on ne découvre pas le nuage en question.

Notre homme abandonne-t-il la théorie de Newton, en même temps que l'idée de la planète perturbatrice et celle du nuage qui la dissimule ? Pas du tout, il suggère l'existence dans cette région de l'Univers d'un champ magnétique qui perturbe le fonctionnement des instruments du satellite. Un satellite nouveau est envoyé. Si on découvrait le champ magnétique, les newtoniens fêteraient une victoire sensationnelle. Mais ce n'est pas le cas. Est-ce considéré comme une réfutation de la science newtonienne ? Non. Ou bien une autre hypothèse auxiliaire ingénieuse est avancée…, ou bien toute l'histoire est enterrée sous la poussière des revues scientifiques et on n'en entend plus parler. »

Huitième partie

Annexes

Dans cette partie :

Grâce au tableau des grandes découvertes et de leurs inventeurs, vous parcourrez d'un seul coup d'œil vingt-six siècles d'événements marquants du monde des inventions. Enfin, si vous souhaitez aller plus loin dans le passionnant domaine des sciences, vous bénéficierez de quelques conseils de lecture bienvenus. À vous de découvrir !

Annexe A

Chronologie des théories et des découvertes scientifiques

Date	*Scientifiques*	*Découvertes*
– 600	École de Milet, Thalès, Anaximandre, Anaximène	La nature serait compréhensible
	École pythagoricienne	Tout est nombre dans l'Univers La Terre est une sphère
– 500	Héraclite d'Ephèse	L'être est toujours en devenir
	École d'Élée. Parménide, Zénon	Penser le mouvement est contradictoire
– 500-– 400	Anaxagore. Empédocle	Théorie des éléments : un seul ou quatre ?
	Hippocrate de Chio	Médecine, théorie des quatre humeurs
– 460-– 370	Leucippe, Démocrite	Atomes et vide constituent le monde
	Hippias d'Élis	La courbe quadratrice
– 400-– 320	Archytas de Tarente	Les moyennes proportionnelles, le problème de Délos
	Théodore, Théétète	Découverte des rapports irrationnels
	Platon	Théorie des proportions
	Eudoxe	Astronomie géométrique
	Aristote	La physique est possible, classification des animaux, traité du ciel (les sphères emboîtées)
	Héraclite d'Éphèse	L'astronomie des sphères
– 300-– 200	Euclide d'Alexandrie	Les éléments de géométrie Optique géométrique
	Aristarque de Samos	Hypothèse héliocentrique
	Archimède	Quadratures géométriques, principe du levier, hydrostatique…

Date	*Scientifiques*	*Découvertes*
	Ératosthène	Mesure de la circonférence de la Terre
	Apollonios	Traité des coniques
– 200-– 100	Hipparque	Astronomie mathématique. Épicycles et excentriques. Précession des équinoxes
	Asclépios	Médecine
– 100-100	Lucrèce	Défense de l'atomisme
	Pline l'Ancien	Histoire naturelle, une grande description
	Dioscoride	Botanique et médecine
	Ménélaüs	Géométrie sphérique et projection
100-200	Ptolémée	Mise au point du grand modèle de l'astronomie géocentrique
	Héron d'Alexandrie	Mécanique, mathématiques appliquées, machines
	Galien	Les fondements de l'anatomie, de la médecine, de l'hygiène de vie et de la pharmacopée
200-300	Diophante d'Alexandrie	Arithmétique et mise en équation de problèmes
	Pappus	Synthèse des mathématiques grecques, classification des problèmes.
	Zosime de Panapolis	Alchimie, recherche du grand œuvre
300-400	Théon d'Alexandrie	Commentaires d'Euclide, d'Archimède et de Ptolémée
	Héliodore de Larisse	Travaux d'optique géométrique
	Hypatie	Commentaires platoniciens et sur les mathématiques
400-500	Proclus	Grand commentaire d'Euclide et de Platon
	Boèce	Logique, classement des sciences
	Martianus Capella	Hypothèses astronomiques du mouvement de la Terre
500-800	Philopon	Critique de la physique d'Aristote
	Isidore de Séville	Sciences et religion
	Bède le Vénérable	Astronomie et histoire naturelle
	Al-Farazi, Jabir ibn Hayyan	Astronomie, alchimie, théorie des nombres

Date	***Scientifiques***	***Découvertes***
800-900	Al-Hajjâj, Hunayn ibn Ishaq	Euclide traduit en arabe, fondation de la Maison de la sagesse
	al-Kharezmi	Traité d'al-jabr, tables astronomiques Tangentes Sinus
	Thabit ibn Qurra	Mathématiques, médecine, mécanique
	Ishaq ibn Hunayn	Traductions des traités scientifiques
	al-Razi	Alchimie, médecine, pharmacopée
900-1000	Gerbert d'Aurillac	Début de la science arabe en Occident
	Ibn al-Haytham	Optique géométrique, astronomie
	Al-Biruni	Chimie
	Ali ibn Isa	Anatomie de l'œil
	Ibn Sina (Avicenne)	Livre de la Guérison
1000-1100	Michel Psellos	Érudition à Byzance
	Omar Khayyam	Mathématiques, astronomie
	Adélard de Bath	Mathématiques, traductions
1100-1200	Gérard de Crémone	Grandes traductions en latin (Euclide, Ptolémée, Aristote, al-Kharezmi)
	Ibn Rushd (Averroès)	Astronomie
1200-1300		Fondation des premières universités
	Fibonacci	Nouveaux calculs, séries, notations
	Grosseteste	Optique, représentations géométriques
	Nasir al-Din al-Tusi	Mathématiques, quadratures
	Sacrobosco	La sphère astronomique
	Albert le Grand	Botanique, géologie, anatomie, chimie
	Bacon, Vitellion	Astronomie, optique
	Campanus de Novare	Géométrie, critiques d'Aristote
	Dietrich de Freiberg	Arc-en-ciel
1300-1400	Levi ben Gerson	Catalogue d'étoiles
	Al-Farizi	Astronomie, géométrie et trigonométrie

Date	*Scientifiques*	*Découvertes*
	Bradwardine, Buridan, Oresme	Théorie du mouvement des corps, l'impetus
	Franciscains et Dominicains	Travaux d'astronomie
1400-1500	Regiomontanus, Peurbach	Réforme de l'astronomie, trigonométrie
	Pacioli	Géométrie et peinture
	Gutenberg	Imprimerie
	Copernic	Hypothèse héliocentrique
	Paracelse	Transformation de l'alchimie, pharmacopée, chirurgie
	Paré, Vésale	Réforme de l'anatomie et de la médecine ; critiques de Galien
1500 1600	Del Ferro, Tartaglia, Bombelli, Cardan	Résolution des équations du 3e degré
	Belon, Césalpin, Aldrovandi, Olivier de Serres	Nouvelles classifications et description des plantes et des animaux
	Clavius et le collège jésuite	Mathématiques, astronomie, réforme du calendrier
	Gilbert	Théorie du magnétisme terrestre
	Gesner, Bauer	Début de la géologie, zoologie
	Tycho Brahé	Nature des comètes, système semi-héliocentrique
	Viète	Algèbre géométrique, notation des équations avec des lettres
	Commandino	Mathématiques
	Rondelet, Fabricio	Anatomie et chirurgie, embryologie
	Stevin	Composition des forces, statique, nombres décimaux.
1600-1650	Galilée	Télescope, satellites de Jupiter, Voie lactée, taches solaires, loi de la chute des corps.
	Kepler	Trois lois de l'astronomie planétaire, indivisibles en géométrie, optique
	Gassendi, Beeckmann	Renouveau de l'atomisme
	Desargues, Pascal	Géométrie projective

Date	*Scientifiques*	*Découvertes*
	Cavalieri, Torricelli, Roberval, Pascal, Wallis	Méthode des indivisibles en géométrie
	Descartes, Fermat	Géométrie algébrique, équation des courbes, racines des polynômes
	Torricelli, Pascal, Roberval, von Guericke, Boyle, Stevin	Le vide et la pression atmosphérique
	Halley, Van Helmont, Descartes	Circulation sanguine
	Descartes, Malphigi, Stenon, Bartholin	Anatomie
	Kepler, Galilée, Descartes, Gassendi	Étude de la gravitation
	Snellius, Descartes, Mersenne, Fermat	Lois de la réfraction
	Descartes	Lois du choc et lois de conservation
1650-1700	Huygens, Bernoulli, Newton, Leibniz, Malebranche, Varignon	Nouveaux concepts de la cinématique
	Mariotte, Huygens, Wallis	Lois du choc des corps
	Halley, Mersenne, Newton, Huygens, Römer	Théories de la lumière : onde ou corpuscules
	Pascal, Fermat, puis Bernoulli	Calcul des probabilités
	Tournefort	Classifications botaniques
	Halley, Hevelius, Gassendi, Cassini	Mesures astronomiques, tables lunaires
	Boyle, Papin	Pression et volume des gaz, machine à vapeur
	Leibniz, Newton, puis L'Hospital, Bernoulli	Invention du calcul infinitésimal

Date	*Scientifiques*	*Découvertes*
	Malpighi, Swammerdam, Van Leeuwenhoek	Observations microscopiques du vivant : bactéries, globules rouges
	Redi	Génération des animaux
	Mariotte, Ray, Camerarius	Nutrition, fonctions et sexe des plantes
	Leibniz	Principe de conservation des forces vives
	Newton	Théorie de l'attraction universelle
	Lémery, Brandt, Stahl	Chimie, nouveaux éléments, phlogistique
1700-1725	Cassini	Mesure du méridien terrestre
	Newton	Optique corpusculaire
	Halley, Flamsteed	Trajectoire des comètes, catalogue d'étoiles
	Moivre	probabilités, trigonométrie
	Fahrenheit, Réaumur	Thermomètre à mercure
	Bernoulli, Taylor	calcul différentiel
	Bradley	Aberration des étoiles
1725-1750	Gray,	Répartition des charges électriques
	Linné, Buffon, Réaumur	Classification des espèces, anatomie comparée, nomenclature
	Saccheri	Négation du 5e postulat d'Euclide
	Expéditions de Laponie et du Pérou	La Terre est aplatie aux pôles
	Euler, Clairault, Bradley, d'Alembert	Mouvements célestes, inégalités des trajectoires, nutation
	Euler, d'Alembert, Clairault, Bernoulli	Développement de la mécanique rationnelle et de la mécanique des fluides
	Maclaurin, Euler	Analyse mathématique, théorie des fonctions
	Bernoulli	Théorie cinétique des gaz
	Celsius	Échelles des températures
	Buffon	Géologie, théories sur la structure de la Terre
1750-1775	Maupertuis	Débuts du transformisme
	Réaumur	Réactions chimiques au cours de la digestion

Date	***Scientifiques***	***Découvertes***
	Black, Cavendish, Priestley	Les gaz sont distincts de l'air, gaz carbonique, hydrogène
	Lavoisier	L'hydrogène dans la combustion
	Wolff	Débuts de l'embryologie moderne
	Lambert, Monge	Géométries générales et descriptives
	Vandermonde, Lagrange	Théorie des équations, invariants algébriques
	Jenner	Premières vaccinations
1775-1800	Spallanzani	Théories sur la reproduction animale
	Lavoisier	Composition de l'air
	Laplace, Lavoisier	Théories sur la chaleur
	Haüy	Chimie des cristaux
	Herschel	Le mouvement du Soleil, étoiles doubles
	Lagrange	La mécanique analytique
	Scheele, Berthollet, Lavoisier, Guyton de Morveau, Fourcroy	Nouveaux éléments chimiques, acides, propriétés du chlore, soude. Nouvelle nomenclature chimique
	Jussieu	Classification « naturelle » des plantes
	Wessel	Représentation des nombres complexes
1800-1825	Cuvier	Anatomie comparée, ossements fossiles
	Lamarck, Geoffroy Saint-Hilaire	Transformisme par hérédité
	Bichat	Caractérisation de la vie
	Volta	Électricité, la pile
	Lalande	50 000 étoiles cataloguées
	Young	Théorie de la lumière et des couleurs
	Proust, Gay-Lussac, Dalton, Berzelius	Chimie, loi des proportions, loi des volumes, hypothèse atomique
	Avogadro, Davy	Loi sur la densité des gaz
	Fourier	Séries trigonométriques, équations aux dérivées partielles
	Laplace	Théorie des probabilités

Date	*Scientifiques*	*Découvertes*
	Abel	Théorie algébrique des équations
	Fresnel	Théorie ondulatoire de la lumière
	Faraday, Œrsted, Ampère	Rapports de l'électricité et du magnétisme
	Fourier	Théorie de la propagation de la chaleur
	Carnot	Début de la thermodynamique
1825-1850	Ampère, Ohm	Électrodynamique, loi d'Ohm
	Faraday	Induction électrique, nature électromagnétique de la lumière
	Foucault et Fizeau	Vitesse de la lumière dans l'eau
	Lobatchevski, Bolyai, Gauss, Riemann	Géométries non euclidiennes
	Wöhler, Liebig	Première synthèse organique (urée), fermentation
	Galois	Structures algébriques
	Clapeyron, Joule, Mayer, Kelvin, Clausius	Développement de la thermodynamique, conservation de l'énergie, second principe
	Schleiden, Schwann	Théorie cellulaire du vivant
	Bessel	Mesure de distance d'une étoile
	Le Verrier-Adam, Galle	Découverte de Neptune
	Weierstrass,	Fonctions et continuité
	Ampère, Poisson, Frapolli, Lyell, Davy	Controverse sur le noyau terrestre, la « Terre en fusion »
1850-1875	Riemann	Fonctions de variables complexes
	Klein	Synthèse générale des géométries
	Dedekind	Construction axiomatique des réels
	Gerhardt, Berthelot, Wöhler	Chimie organique, méthane, méthanol, benzène
	Kékulé	Théorie de la valence chimique
	Mendeleïev	Tableau périodique des éléments
	Bernard	Physiologie expérimentale
	Darwin, Wallace	Théorie de l'évolution

Date	*Scientifiques*	*Découvertes*
	Pasteur	Fermentation lactique, organismes microscopiques, controverse sur la génération spontanée
	Kirchhoff	Spectrographie des astres
	Lyell, Cordier, de Beaumont	Géologie et âge de la Terre
	Pratt, Everest, Dutton	L'équilibre isostatique
	Maxwell	Théorie des champs électromagnétiques
	Mendel	Début de l'hérédité génétique
	Flemming	Découverte des chromosomes
1875-1900	Hertwig	Lien entre noyau cellulaire et fécondation
	Weismann	Distinction entre soma et germen
	Pasteur, Koch	Les microbes, vaccins ; bacille de la tuberculose, du choléra
	Kühne, Buchner	Découverte des enzymes
	Ramsay	Mouvement brownien des molécules
	Boltzmann	Théorie cinétique des gaz
	Michelson et Morley	Expérience du « vent d'Éther »
	Hertz	Les premières ondes électromagnétiques
	Lorentz, Thomson, Wien	Les électrons et leur déformation, rapport charge/masse
	Lindemann	Transcendance de π
	Cantor, Dedekind, Peano, Russell	Théorie des ensembles, axiomatisation de l'arithmétique, puis de l'analyse
	Poincaré	Travaux sur la stabilité du système solaire, débuts des mathématiques « du chaos » et de la topologie
	Pasteur	Guérison de la rage
	Van Beneden, Weismann	Nombre et propriétés des chromosomes
	Behring, Kitasato, Roux, Yersin	Mise au point de sérums
	Becquerel	Découverte de la radioactivité
	Van't Hoff	Théorie des équilibres chimiques

Date	Scientifiques	Découvertes
	Arrhenius	Invention des ions, électrolytes
1900-1925	Planck	Les quanta d'énergie
	Rutherford, puis Bohr	Propriétés de la radioactivité, modèle de l'atome
	Perrin	Arguments et expériences « atomistes »
	Einstein	La relativité restreinte, puis la générale
	M. Curie	Le radium est isolé
	Rutherford	Désintégration artificielle
	Heisenberg, de Broglie	La mécanique quantique, puis ondulatoire
	De Vries, Tschermak, Correns	Lois de l'hybridation redécouvertes et développées
	De Vries, Wilson, Sutton, Stadler	Notion de mutation génétique, rôle des chromosomes dans l'hérédité
	Hilbert	20 problèmes posés aux mathématiciens
	Frege, Russell, Whitehead, Zermelo	Développement de la logique mathématique
	Mandelbrot	Les objets fractals en mathématique
	Hopkins, Funk	Premières vitamines
	Hess	Observation du rayonnement cosmique
	Mohorovicic, Gutenberg	Géologie, les discontinuités du globe terrestre
	Jeffreys, Bullen	Noyau solide contre noyau fluide
	Rayleigh	Radioactivité du carbone 14, âge de la Terre
	Wegener, Jeffreys	Hypothèse de la dérive des continents, contestée
1925-1950	Morgan, Cunéo, Goldschmidt, Müller, Griffith, Briggs	Génétique et hérédité chez les animaux, première mutation expérimentale
	Pincus	Parthénogénèse d'un mammifère
	Beadle, Tatum, Lwoff, Monod, Jacob	Codage des enzymes par les gènes
	Wrinch, Pauling, Corey, Franklin, Wilkins, Watson, Crick	Codage de l'ARN, structure de l'ADN

Date	*Scientifiques*	*Découvertes*
	Huxley, Tchetverikov, Mayr	Théorie synthétique de l'évolution
	Schrödinger	Synthèse des quanta et des ondes
	Pauli, Anderson, Chadwick, Yukawa	Hypothèses de particules élémentaires, neutrino, positron, méson
	I. et F. Joliot-Curie, Hahn	Radioactivité artificielle, fission de l'uranium
	Hubble, Trumper	Rayonnement des galaxies et effet Doppler, les amas d'étoiles
	Gamow	Théorie du big bang
	Reid, Pickering, Taylor, Argand, Du Toit	Géologie, les failles et l'orientation des chaînes montagneuses
	Flemming	Découverte de la pénicilline
	Cori & Cori, Kendall	Synthèses en chimie organique, glycogène, cortisone
	Gödel, Turing, Aiken	Théorème d'incomplétude, concept de machine universelle, premier ordinateur
	Bourbaki	Axiomatisation de la mathématique

Annexe B

Conseils de lecture

Françoise Balibar, *Galilée, Newton lus par Einstein,* PUF, 2007.

Michel Blay et Robert Halleux, *Dictionnaire de la science classique,* Flammarion, 1998.

Jacques Brunschwig et Geoffrey Lloyd, *Le Savoir grec,* Flammarion, 1996.

Amy Dahan et Jeanne Peiffer, *Une histoire des mathématiques,* Seuil, « Points », 1986.

Ahmed Djebbar, *Une histoire de la science arabe,* Seuil, « Points Sciences », 2001.

Jacques Gapaillard, *Et pourtant elle tourne,* Seuil, 1993.

Stephen Jay Gould, *Un hérisson dans la tempête,* Grasset, 1987.

Vincent Jullien, *Sciences agents doubles,* Stock, 2002.

Thomas Kuhn, *La Structure des révolutions scientifiques,* Flammarion, 1972.

Alain de Libera, *La Philosophie médiévale,* PUF, 1993.

Ernst Mayr, *Histoire de la biologie,* Fayard, 1989.

Arthur I. Miller, *Intuitions de génie,* Flammarion, 2000.

Vincent de Paris et Hilaire Legros, *Voyage à l'intérieur de la Terre,* CNRS éditions, 2000.

Michel Serres (sous la direction de), *Éléments d'histoire des sciences,* Larousse, « In Extenso », 1997.

René Taton (sous la direction de), *Histoire générale des sciences,* quatre volumes, PUF, « Quadrige », 1981.

Index des noms

A

Abel, Niels Henrik (1802-1829), *334*
Abou Bakr ar-Razi (mort en 864), *124*
Abraham, Max (1875-1922), *468*
Abu Kamil (v. 850-v. 930), *89*
Achillini, Alessandro (1463-1512), *186*
Acosta, José de, *184*
Acquapendente, Fabrizio d' (1533-1619), *186*
Adélard de Bath (1070-1150), *91*
Agrippa von Nettesheim (Heinrich Cornelius) (1486-1535), *137*
Ahmad ibn Hanbal (780-855), *127*
Airy, George (1801-1892), *355*
Albert de Saxe (1316-1390), *93*
Albert le Grand (1200-1280), *80, 105, 106, 119, 182*
Alcuin (735-804), *80*
Aldrovandi, Ulisse (1522-1605), *182, 246*
Alembert, Jean Le Rond d' (1717-1783), *261, 263, 273, 281*
Alhazen (Ibn al-Haytham) (965-1039), *79, 88, 90, 112*
Ali ibn Isa (IXe siècle), *114*
Alphonse X de Castille (1221-1284), *108*
Ampère, André Marie (1775-1836), *280, 359, 425*
Anaxagore (500-428 av. J.-C.), *38*
Anaximandre (v. 610-v. 547 av. J.-C.), *36, 52*
Anaximène (v. 585-v. 525 av. J.-C.), *36, 52*
Apollonios de Perge (fin IIIe-début IIe av. J.-C.), *30*
Arago, François (1786-1853), *359*
Archimède (287-212 av. J.-C.), *30, 32, 46, 59, 460*
Archytas (v. 430-v. 350 av. J.-C.), *24*
Argand, Jean Robert (1768-1822), *274*
Aristarque de Samos (310-230 av. J.-C.), *46*
Aristote (384-322 av. J.-C.), *15, 17, 18, 27, 56, 128, 173, 181*
Arrhenius, Svante (1859-1927), *397, 399*
Aspect, Alain (né en 1947), *384*
Auzout, Adrien (1622-1691), *195*
Averroès (Ibn Ruchd) (1126-1198), *78, 104, 121*
Avicenne (Ibn Sina) (980-1037), *78, 90, 120, 123, 439*
Avogadro, Amedeo (1776-1856), *392, 400*

B

Babylone, *12*
Bacon, Roger (1220-1292), *105, 114, 129*
Baglivi, Giorgio (1668-1706), *254*
Bakhtishu (famille) (VIIIe-XIe siècles), *120*
Banu Musa (frères) (IXe siècle), *79*
Basile, saint (329-379), *84*
Bassi, Agostino (1773-1856), *410*
Bastian, Henry Charlton (1837-1915), *409*
Bates, Henry (1825-1892), *414*
Bateson, William (1861-1926), *417*
Battani, al- (v. 858-v. 929), *100*
Battista Alberti, Léon (1404-1472), *140*
Bauer, Georg, dit Agricola (1490-1555), *173*
Bayes, Thomas (1702-1761), *275*
Beadle, George Welles (1903-1989), *407, 419*
Beaumont, Léonce Élie de (1798-1874), *424*
Becher, Johann Joachim (1635-1682), *230*
Becquerel, Henri (1852-1908), *398*
Bède le Vénérable (673-735), *80*
Bell, John Stewart (1928-1990), *384*
Belon, Pierre (1517-1564), *181*
Benedetti, Giovanni Battista (1530-1590), *162, 170*
Berengario, Jacopo (v. 1460-1530), *185*
Bergman, Torbern (1735-1784), *307*
Berkeley, George (1685-1753), *271*
Bernard de Verdun, *105, 107*

Bernard, Claude (1813-1878), *410, 449*
Bernoulli, Daniel (1700-1782), *270*
Bernoulli, Jacques (1654-1705), *241, 268*
Bernoulli, Jean (1667-1748), *241, 268*
Berthelot, Marcellin (1827-1907), *331, 395*
Berthollet, Claude Louis (1748-1822), *305, 307, 391, 392*
Berzelius, Jöns Jacob (1779-1848), *392, 408*
Bessel, Friedrich Wilhelm (1784-1846), *356*
Besson, Jacques (1540-1576), *150*
Bianchi, Luigi (1856-1928), *342*
Bichat, Marie François Xavier (1771-1802), *467*
Biot, Jean-Baptiste (1774-1862), *359*
Biruni, al- (973-apr. 1050), *89, 118*
Bitruji, al- (Alpetragius) (mort en 1204), *104, 106*
Black, Joseph (1728-1799), *299*
Blaise de Parme (mort en 1416), *93*
Blemmidès, Nicéphore (1197-1272), *85*
Bobart, Jacob (1598-1680), *247*
Bock Jérôme (1498-1554), *180*
Boèce (Anicius Manlius Severinus Boetius) (v. 480-524), *80*
Bohr, Niels (1885-1962), *383, 388*
Boltzmann, Ludwig (1844-1906), *371*
Bolyai, János (1802-1860), *339*
Bombelli, Raffaele (1526-1572), *145*
Bonaventure, saint (1221-1274), *105, 129*
Bonfils, Immanuel (XIVe siècle), *146*
Boskovic Rudjer Josip (1711-1787), *296*
Bouguer, Pierre (1698-1758), *272, 278*
Bourbaki, Nicolas (pseudonyme collectif du XXe siècle), *347*
Bourne, William (1535-1582), *149*
Boyer, Herbert (né en 1936), *418*
Bradley, James (1693-1762), *290*
Bradwardine, Thomas (1290-1349), *93*
Brahe, Tycho (1546-1601), *40, 137, 164*
Briggs, Henry (1561-1630), *243*
Brillouin, Marcel (1854-1948), *369*
Broglie, Louis de (1892-1987), *381, 386*
Brown, Robert (1773-1858), *371*
Brunelleschi, Filippo (1377-1446), *140*
Bruno, Giordano (1548-1600), *137, 154*
Buchner, Eduard (1860-1917), *407*
Buffon, Georges Louis Leclerc de (1707-1788), *263, 291, 310*
Buonanni, Philippo (1638-1725), *247*
Buridan, Jean (v. 1300-apr. 1358), *105, 116*

C

Calippe (v. 370-v. 300 av. J.-C.), *39, 103*
Camerarius, Rudolf Jakob (1665-1721), *247*
Cannizzaro, Stanislao (1826-1910), *393*
Cantor, Georg (1845-1918), *328, 345*
Carbonnelle, Ignace (1829-1889), *371*
Carcavy, Pierre de (1600-1684), *239*
Cardan, Jérôme (Cardano) (1501-1576), *137, 144*
Carlisle, Anthony (1768-1840), *358*
Carnot, Lazare (1753-1823), *366*
Carnot, Sadi (1796-1832), *367*
Carré, Louis (1663-1711), *271*
Cartan, Henri (1904-2008), *348*
Cassini, César François (1714-1784), *283*
Cassini, Dominique (1748-1845), *283*
Cassini, Jacques (1677-1756), *283*
Cassini, Jean Dominique (1625-1712), *283*
Cauchy, Augustin Louis (1789-1857), *343*
Cavalieri, Bonaventura (1598-1647), *236*
Cavalier-Smith, Thomas (né en 1942), *420*
Cavendish, Henry (1731-1810), *289, 303*
Cavendish, Margareth (1623-1673), *250*
Cayley, Arthur (1821-1895), *336*
Celsius, Anders (1701-1744), *298*

Césalpin, André de (1519-1603), *180*
Charles Quint (1500-1558), *186*
Chasles, Michel (1793-1880), *339*
Châtelet, Émilie du (1706-1749), *448*
Chatton, Gauthier (XIVe siècle), *115*
Chevalley, Claude (1909-1984), *348*
Chioniadès, Grégoire (v. 1240-v. 1320), *86*
Choumnos, Nicéphore (v. 1250-1327), *86*
Christin, Jean-Pierre (1683-1755), *298*
Clairaut, Alexis (1713-1765), *273*
Clapeyron, Émile (1799-1864), *368*
Clausius, Rudolf (1822-1888), *368*
Clavius, Christophorus (1537-1612), *109, 147, 163*
Cléanthe (330-232 av. J.-C.), *46*
Clément d'Alexandrie (v. 150-v. 123), *127*
Cohen, Seymour (1938-1990), *418*
Cohn, Ferdinand (1828-1898), *410*
Colomb, Christophe (1451-1506), *136*
Condamine, Charles Marie de la (1701-1774), *283*
Condorcet, Nicolas de (1743-1794), *14, 275*
Copernic, Nicolas (1473-1543), *40, 136, 151, 205*
Cordier, Louis (1777-1861), *424*
Cordus, Valerius (1515-1544), *183*
Corey, Elias James (né en 1928), *408*
Coriolis, Gaspard (1792-1843), *354*
Correns, Carl (1864-1933), *416*
Cotes, Roger (1682-1716), *268*
Couch Adams, John (1819-1892), *355*
Coulomb, Charles de (1736-1806), *289, 303*
Coulomb, Jean (1904-1999), *348*
Crick, Francis Harry Compton (1916-2004), *408*
Crookes, William (1832-1919), *376*
Curie, Marie (1867-1934), *398, 450*
Curie, Pierre (1859-1906), *398, 450*
Cusa, Nicolas de (1401-1464), *153*
Cuvier, Georges (1769-1832), *311, 315*

D

Dalton, John (1766-1844), *392*
Damascène, Jean (v. 650-v. 749), *127*
Darwin, Charles (1809-1882), *329, 411*
Davaine, Casimir Joseph (1812-1882), *410*
Davy, Humphry (1778-1829), *358, 424*
De Vries, Hugo (1848-1935), *416*
Dedekind, Richard (1831-1916), *337, 343*
Dee, John (1527-1608), *162*
Della Porta, Giambattista (1535-1615), *177*
Delsarte, Jean (1903-1968), *348*
Delsaux, Joseph (1828-1891), *371*
Deluc, Jean André (1727-1817), *298*
Démocrite d'Abdère (v. 460-370 av. J.-C), *55*
Desargues, Girard (1591-1661), *195*
Descartes, René (1596-1650), *15, 195, 196, 217, 220, 232, 443*
Desmarest, Nicolas (1725-1815), *324*
Diderot, Denis (1713-1784), *261, 263, 314*
Dietrich de Freiberg (1193-1280), *114*
Dieudonné, Jean (1906-1992), *348*
Digges, Thomas (1546-1595), *153*
Dinawari, al- (828-896), *117*
Dinostrate (v. 390-v. 320 av. J.-C.), *24*
Diophante (entre milieu IIe-milieu IVe siècle), *30*
Dioscoride d'Anazarbe (Ier siècle), *67*
Dirac, Paul (1902-1984), *384*
Djalâl al-Din Rumi (1207-1273), *102*
Dollond, John (1706-1761), *296*
Dolomieu, Dieudonné (1750-1801), *324*
Du Fay, Charles François (1698-1739), *301*
Dubois, Jacques (dit Sylvius) (1478-1555), *187*
Duhem, Pierre (1861-1916), *363, 370*
Dürer, Albert (1471-1528), *142*
Dutton, Clarence Edward (1841-1912), *428*

E

Eckert, John A. (1919-1995), *350*
Eddington, Arthur (1882-1944), *380*
Ehresmann, Charles (1905-1979), *348*
Einstein, Albert (1879-1955), *340, 375, 377, 451*
Empédocle d'Agrigente (v. 490-v. 435 av. J.-C.), *54*
Érasistrate de Cnide (v. 300-v. 240 av. J.-C.), *64, 70*
Ératosthène (v. 284-v. 192 av. J.-C.), *43*
Euclide d'Alexandrie (IIIe siècle av. J.-C.), *16, 27*
Eudoxe de Cnide (v. 406-v.355 av. J.-C.), *24, 39, 103*
Euler, Leonhard (1707-1783), *264, 272, 274, 290*
Euler-Chelpin, Hans von (1873-1964), *406*
Everest, George (1790-1866), *428*

F

Fahrenheit, Daniel (1686-1736), *298*
Falloppio, Gabriele (1523-1562), *186*
Fao Mun-Ji (XIIIe siècle), *102*
Farabi, al-(1260-1320), *118*
Faraday, Michael (1791-1867), *359, 361*
Farmer, John Bretland (1865-1944), *405*
Fazari, al- (VIIIe siècle), *100*
Fermat, Pierre de (1601-1665), *195, 227, 234*
Fernel, Jean (1497-1558), *135*
Ferrari, Ludovico (1522-1565), *144, 145*
Ferro, Scipione del (1465-1526), *144*
Feynman, Richard P. (1918-1988), *456*
Fibonacci, Léonardo (v. 1175-apr. 1240), *92*
Ficin, Marsile (1433-1499), *174*
Fine, Oronce (1494-1555), *149*
Fitzgerald, George Francis (1851-1901), *363*
Fizeau, Armand Hippolyte Louis (1819-1896), *375*
Flamel, Nicolas (1330-1418), *124, 175*
Fleming, Alexander (1881-1955), *411*
Flemming, Walther (1843-1905), *404*
Foncenex, Daviet de (1734-1798), *274*
Fontenelle, Bernard Le Bovier de (1657-1757), *306*
Foucault, Léon (1819-1868), *354, 365*
Fourcroy, Antoine François (1755-1809), *305*
Fourier, Joseph (1768-1830), *342, 423*
Fraenkel, Adolf Abraham (1891-1965), *347*
Franklin, Benjamin (1706-1790), *302*
Franklin, Rosalind (1920-1958), *408*
Frédéric II (empereur) (1194-1250), *119*
Fresnel, Augustin (1788-1827), *359, 365*
Fuchs, Leonhard (1501-1566), *183*
Fulbert, saint (960-1028), *128*

G

Galien, Claude (v. 131-v. 201), *64, 71, 120, 185*
Galilée (1564-1642), *40, 194, 202, 462*
Galle, Johann Gottfried (1812-1910), *355*
Galois, Évariste (1811-1832), *335*
Gassendi, Pierre (1592-1655), *194, 220, 247*
Gauhari, Al- (933-1010), *88*
Gauss, Carl Friedrich (1777-1855), *273, 335, 339*
Gay-Lussac, Louis Joseph (1778-1850), *392*
Gell-Mann, Murray (né en 1929), *457*
Geminos (Ier siècle av. J.-C.), *30*
Gémiste Pléton, Georges (v. 1355-v. 1450), *86*
Geoffroy Saint-Hilaire, Étienne (1772-1844), *316*
Geoffroy, Claude Joseph (1685-1754), *306*
Gérard d'Odon (XIVe siècle), *115*
Gérard de Crémone (1114-1187), *83, 106*
Gerbert d'Aurillac (Sylvestre II) (v. 938-1003), *91, 100*
Gerhardt, Charles Frédéric (1816-1856), *394*
Gersonides (Levi ben Gerson) (1288-1344), *142*
Gesner, Conrad (1516-1565), *136, 179*
Gibbs, Josiah Willard (1839-1903), *372*
Gilbert, William (1544-1603), *172*
Giovio, Paolo (1483-1552), *182*
Glauber, Johann (1604-1670), *175*
Gödel, Kurt (1906-1978), *351*
Goethe, Johann W. (1749-1832), *266*
Goldstein, Eugen (1850-1930), *376*

Golgi, Camillo (1843-1926), *405*
Goudsmit, Samuel Abraham (1902-1978), *385*
Gould, John (1804-1881), *412*
Gray, Stephen (1670-1736), *300*
Grégoire de Nysse (335-394), *127*
Gregory, James (1638-1675), *238*
Gregory, David (1659-1708), *268*
Griffith, Fred (1877-1941), *419*
Grosseteste, Robert (v. 1175-1253), *94, 114*
Grossman, Marcel (1878-1936), *380*
Guettard, Jean Étienne (1715-1786), *324*
Guillaume d'Occam (1285-1349), *116*
Guillaume de Saint-Cloud (fin XIIIe siècle), *108*
Gutenberg, Beno (1889-1960), *430*
Gutenberg, Johannes (v. 1400-1468), *136*
Guyénot, Émile (1885-1963), *404*
Guyton de Morveau, Louis Bernard (1737-1816), *305*

H

Habicht, Conrad (1876-1958), *452*
Hales, Stephen (1677-1761), *304*
Halley, Edmund (1656-1742), *214, 286*
Hamilton, William (1805-1865), *335*
Harden, Arthur (1865-1940), *406*
Harriot, Thomas (1560-1621), *195, 235*
Harrison, John (1693-1776), *292*
Harvey, William (1578-1657), *196, 251, 254*
Haüy, René Just (1743-1822), *322*
Heiberg, Johan Ludvig (1854-1928), *460*
Heisenberg, Werner Karl (1901-1976), *384, 386*
Helmholtz, Hermann Ludwig Ferdinand von (1821-1894), *363, 365*
Henle, Fiedrich Gustav Jacob (1809-1885), *410*
Henry de Harclay (v. 1270-1317), *115*
Héraclite d'Éphèse (v. 550-v. 480 av. J.-C), *52*
Héraclite du Pont (IIIe siècle avant J.-C.), *46*
Hérophile de Cos (v. 325-v. 255 av. J.-C.), *70*
Herschel, William (1738-1822), *288*
Hertz, Heinrich (1857-1894), *363*
Hess, Harry Hammond (1906-1969), *434*
Heytesbury, William (1313-1373), *94*
Hilbert, David (1862-1943), *337*
Hipparque (v. 190-v. 120 av. J.-C.), *42*
Hippase de Métaponte (Ve siècle av. J.-C.), *23*
Hippocrate de Chio (v. 460 370 av. J.-C.), *68*
Hittorf, Johann Wilhelm (1824-1914), *376*
Hobbes, Thomas (1588-1679), *220*
Hohenheim, Theophrast Bombast von, *voir Paracelse*
Holbach, Paul Heinrich Dietrich von (1723-1789), *322*
Holmes, Arthur (1890-1965), *434*
Hooke, Robert (1635-1703), *215, 250*
Hooker, Joseph Dalton (1817-1911), *414*
Hopkins, William (1793-1866), *427*
Horrocks, Jeremiah (1617-1641), *287*
Hubaych (IXe siècle), *78*
Hubble, Edwin Powell (1889-1953), *431*
Humboldt, Alexander von (1769-1859), *312*
Hunayn ibn Ishaq (808-873), *78*
Hutton, James (1726-1797), *323*
Huxley, Thomas Henry (1825-1895), *414*
Huygens, Christiaan (1629-1695), *195, 215, 269*
Hypatie d'Alexandrie (v. 370-415 av. J.-C.), *33*

I

Ibn abi Mansur (IXe siècle), *99*
Ibn al-Haytham, *voir Alhazen*
Ibn Khaldun (1332-1406), *121, 123*
Ibn Ruchd, *voir Averroès*
Ibn Sahl (Xe siècle), *112*
Ibn Sina, *voir Avicenne*
Ibn Yunus (mort en 1009), *101*
Isaac ben Sid (XIIIe siècle), *108*
Ishaq ibn Hunayn (mort en 910), *78*
Ivanovitch Lobatchevski, Nikolaï (1792-1856), *339*

J

Jabir ibn Hayyan (v. 721-v. 815), *123*
Jacob, François (né en 1920), *407*
Jacobi, Abraham (1830-1919), *343*
Jahiz, al- (IXe siècle), *118*
Jean de Gênes (mort en 1298), *108*
Jean de Lignères (XIVe siècle), *108*
Jean de Monfort (XIVe siècle), *108*
Jean de Murs (1300-1345), *105, 108*
Jean de Saxe (XIVe siècle), *108*
Jean de Sicile (1283-1308), *108*
Jean de Vimond (XIVe siècle), *108*
Jean Scot Érigène (v. 810-876), *80, 105*
Jeffreys, Harold (1891-1989), *430*
Jenner, Edward (1749-1823), *321*
Jildaki, al- (XIVe siècle), *123*
Joliot-Curie, Jean Frédéric (1900-1958), *450*
Jordan, Camille (1838-1922), *336*
Joule, James Prescott (1818-1889), *328, 367*
Judah ben Moses ha-Cohen (1605-1678), *108*
Jung, Joachim (1587-1657), *246, 247*

K

Kant, Emmanuel (1724-1804), *265*
Karagi, al- (fin Xe-début XIe), *89*
Kashi, al- (v. 1380-1429), *91, 102, 146*
Kaufmann, Walter (1921-1980), *468*
Kékulé von Stradonitz, August (1829-1896), *393*
Kepler, Johannes (1571-1630), *26, 40, 194, 202, 210*
Kharezmi, al- (v. 783-v. 850), *88, 100*
Khayyam, Omar (v. 1047-v. 1122), *88, 89, 102*
Kilwardby, Robert (v. 1215-1279), *131*
Kindi, al- (mort v. 873), *123*
Kirchhoff, Gustav Robert (1824-1887), *362*
Klein, Felix (1849-1925), *340*
Kleist, Ewald Georg von (1700-1748), *301*
König, Samuel (1712-1757), *281*
Koyré, Alexandre (1882-1964), *15, 476*
Kuhlmann, Charles Frédéric (1803-1881), *397*
Kühne, Willy (1837-1900), *407*

L

L'Hospital, Guillaume de (1661-1704), *241, 268*
La Caille, Nicolas Louis (1713-1762), *287*
La Mettrie, Julien Offray de (1709-1751), *314*
Lagrange, Joseph Louis de (1736-1813), *274, 284*
Lalande, Joseph Jérôme Lefrançois de (1732-1807), *287, 291*
Lamarck, Jean-Baptiste de (1744-1829), *263, 315*
Landau, Lev (1908-1968), *384*
Langevin-Joliot, Hélène (née en 1927), *450*
Laplace, Pierre Simon (1749-1827), *276, 286, 299*
Lavoisier, Antoine Laurent de (1743-1794), *299, 304*
Le Gentil, Guillaume (1725-1792), *288*
Le Pailleur, Jacques (mort en 1654), *222*
Le Pichon, Xavier (né en 1937), *435*
Le Verrier, Urbain (1811-1877), *355*
Lécluse, Charles de (1526-1609), *183*
Legendre, Adrien Marie (1752-1833), *343*
Leibniz, Gottfried Wilhelm (1646-1716), *196, 216, 240, 244*
Léon le Mathématicien (v. 790-apr. 869), *85*
Léonard de Vinci (1452-1519), *137, 168, 174*
Leucippe (v. 460-370 av. J.-C.), *55*
Levi ben Gerson, *voir Gersonides*
Lewis, Gilbert Newton (1875-1946), *400*
Liebig, Justus von (1803-1873), *396, 409*
Lindemann, Ferdinand von (1852-1939), *337*
Linné, Carl von (1707-1778), *309*
Liouville, Joseph (1809-1882), *343*
Locher, Johannes Georgius (XVIIe siècle), *462*
Lodge, Oliver Joseph (1851-1940), *363*
Lonicer, Adam (1528-1586), *182*
Lorentz, Hendrik Antoon (1853-1928), *370, 376*
Louvain, Rembert Dodoens de (1517-1585), *183*
Luther, Martin (1483-1546), *152*
Lwoff, André (1902-1994), *407*

Lyell, Charles (1797-1875), *412, 426*
Lyssenko, Trofim Denissovitch (1898-1976), *472*

M

Mach, Ernst (1838-1916), *370*
Macquer, Pierre Joseph (1718-1784), *307*
Maestlin, Michael (1550-1631), *162, 204*
Maimonide, Moïse (1135-1204), *118*
Malebranche, Nicolas (1638-1715), *271*
Malpighi, Marcello (1628-1694), *196, 249, 255*
Mandelbrojt, Szolem (1899-1983), *348*
Mandelbrot, Benoît (né en 1924), *348*
Mantegna, Andrea (1431-1506), *187*
Maria Fior, Antonio (XVIe siècle), *144*
Mariano, Jacopo (1381-v. 1458), *174*
Mariotte, Edme (1620-1684), *246*
Marwazi, al- (v.770-v. 870), *99*
Mascheroni, Lorenzo (1750-1800), *277*
Mauchly, John William (1907-1980), *350*
Maupertuis, Pierre Louis Moreau de (1698-1759), *260, 280, 313*
Maxwell, James Clerk (1831-1879), *353, 362*
Mayer, Johann Tobias (1723-1762), *293*
Mayer, Robert von (1814-1878), *367*
Mayr, Ernst (1904-2005), *64, 415*
McKenzie, Dan Peter (né en 1930), *435*
Melanchthon (Philipp Schwarzerd) (1497-1560), *162, 163*
Mendel, Gregor (1822-1884), *329, 416*
Mendeleïev, Dmitri Ivanovitch (1834-1907), *393, 397*
Ménechme, *24*
Ménélaüs (fin Ier siècle), *30*
Mercator, Gerard (1512-1594), *150*
Mersenne, Marin (1588-1648), *221, 246*
Mesmer, Franz Anton (1734-1815), *321*
Métochite, Théodore (1260-1332), *86*
Méton d'Athènes, *39*
Michaelis, Leonor (1875-1949), *406*
Michelson, Albert Abraham (1852-1931), *375*
Miller, Stanley (1930-2007), *409*
Minkowski, Hermann (1864-1909), *379*
Mitchourine, Ivan Vladimirovitch (1855-1935), *472*
Mohorovicic, Andrija (1857-1936), *429*
Moivre, Abraham de (1667-1754), *268, 274*
Mollerat, Jean-Baptiste (1772-1855), *407*
Mondino dei Liucci (v. 1270-1326), *119*
Monod, Jacques (1910-1976), *407*
Montaigne, Michel de (1533-1592), *162*
Moore, George Edward (1873-1958), *405*
Morgan, William Jason (né en 1935), *435*
Morley, Edward William (1838-1923), *375*
Müller, Fritz (1821-1897), *414*
Müller, Johann, *voir Regiomontanus*

N

Napier (ou Neper), John (1550-1617), *242*
Nasir al-Din al-Tusi (1201-1274), *88, 101*
Naudin, Charles (1815-1899), *416*
Neumann, John von (1903-1957), *350, 387*
Newton, Isaac (1642-1727), *194, 212, 241, 445*
Nicholson, William (1753-1815), *358*
Nicolas d'Autrécourt (v. 1300-apr. 1350), *115*
Nicole Oresme (v. 1325-1382), *105*
Noël, Étienne (début XVIIe siècle), *222*
Nollet, Jean Antoine (1700-1770), *302*
Nostradamus (1503-1566), *137*
Nunez, Pedro (1492-1577), *150*

O

Œrsted, Hans Christian (1777-1851), *358*
Obermeier, Otto (1843-1873), *410*
Ohm, Georg Simon (1789-1854), *361*
Oresme, Nicole (v. 1325-1382), *93*
Osiander, Andreas (1498-1552), *161*
Ostwald, Wilhelm (1853-1932), *369*

P

Pacioli, Luca (1445-v. 1510), *141*
Palissy, Bernard (1510-1590), *174, 180*
Palmieri, Luigi (1807-1896), *427*
Papin, Denis (1647-1712), *224*
Paracelse (Theophrastus Bombastus von Hohenheim, dit) (1493-1541), *137, 441*
Paré, Ambroise (1509-1590), *188*
Parménide (v. 515-v. 440 av. J.-C.), *53*
Pascal, Blaise (1623-1662), *195, 221*
Pascal, Étienne (1588-1651), *220*
Pasteur, Louis (1822-1895), *408*
Patin, Gui (1602-1672), *253*
Patterson, Clair (1922-1995), *431*
Pauli, Wolfgang (1900-1958), *384*
Pauling, Linus Carl (1901-1994), *408*
Payen, Anselme (1795-1871), *407*
Peano, Giuseppe (1858-1932), *348*
Peckham, John (v. 1230-v. 1292), *114*
Peiresc, Nicolas Claude Fabri de (1580-1637), *220*
Pelletier du Mans, Jacques (1517-1582), *162*
Péna, Jean (1528-1558), *162*
Penzias, Arno (né en 1933), *475*
Perelman, Grigori (né en 1966), *345*
Perrin, Jean (1870-1942), *370, 400*
Persoz, Jean-François (1805-1868), *407*
Peucer, Kaspar (1525-1602), *162*
Peyssonnel, Jean André (1694-1759), *313*
Philippe II d'Espagne (1527-1598), *186*
Philolaos de Tarente (Ve siècle av. J.-C.), *37*
Philopon, Jean (mort v. 660), *84*
Pic de La Mirandole, Jean (1463-1494), *174*
Piccolomini, Alessandro (1508-1578), *147*
Pickering, William Henry (1858-1938), *433*
Piero della Francesca (1416-1492), *140*
Pierre de Dacie (XIIIe siècle), *108*
Pierre de Saint-Omer (XIIIe siècle), *108*
Pitton de Tournefort, Joseph (1656-1708), *248*
Planck, Max (1858-1947), *382, 470*
Platon (v. 427-v. 348 av. J.-C), *15, 17, 25, 97, 127*
Pline l'Ancien (23-79), *67, 180*
Plücker, Julius (1801-1868), *376*
Poincaré, Henri (1854-1912), *341, 344, 373, 379*
Poisson, Siméon Denis (1781-1840), *286, 425*
Poncelet, Jean Victor (1788-1867), *338*
Pontus de Thyard, *voir Thyard, Pontus de*
Possel, René de (1905-1974), *348*
Pouchet, Archimède (1800-1872), *409*
Pratt, John Henry (1809-1871), *428*
Priestley, Joseph (1733-1804), *304, 320*
Proclus, *36*
Proust, Joseph Louis (1754-1826), *391*
Psellos, Michel (1018-1078), *85*
Ptolémée III Évergète, *43*
Ptolémée, Claude (v. 90-170), *33, 35, 47, 99, 107, 154*
Purbach, Georg von (1423-1461), *143*
Pythagore (v. 570-v. 480 av. J.-C.), *13, 19*

Q-R

Qutb al-Din al-Chirazi (1236-1311), *102*
Ramus (Pierre de La Ramée, dit) (1515-1572), *145, 162*
Raoult, François-Marie (1830-1901), *397*
Ray, John (1627-1705), *247, 248*
Rayleigh, John William (1842-1919), *431*
Razi, al- (v. 860-925), *123*
Réaumur, René Antoine de (1683-1757), *298*
Recorde, Robert (1510-1598), *145, 162*
Redi, Francesco (1626-1697), *252*
Regiomontanus (Johann Müller, dit) (1436-1476), *136, 143, 163*
Reich, Ferdinand (1799-1882), *354*
Reid, Harry Fielding (1859-1944), *432*
Reinhold, Erasmus (1511-1553), *162*
Renan, Ernest (1823-1892), *15, 331*

Rheticus (Joachim von Lauchen, dit) (1514-1576), *152, 161*
Ribet, Ken (né en 1948), *465*
Riccati, Jacopo Francesco (1676-1754), *272*
Ricci, Matteo (1552-1610), *148*
Riemann, Bernhard (1826-1866), *340*
Robert de Sorbon (1201-1274), *120*
Roberval, Gilles Personne de (1602-1675), *195, 220, 223, 244*
Rolle, Michel (1652-1719), *271*
Römer, Ole (1644-1710), *113, 227*
Rondelet, Guillaume (1507-1566), *186*
Röntgen, Wilhelm Konrad (1845-1923), *398*
Rostand, Jean (1894-1977), *318*
Rothmann, Christoph (v. 1550-v. 1600), *162*
Rousseau, Jean-Jacques (1712-1778), *310*
Rubin, Vera (née en 1928), *358*
Russell, Bertrand (1872-1970), *346, 454*
Rutherford of Nelson, Ernest (1871-1937), *370, 431*

S

Saccheri, Giovanni Girolamo (1667-1733), *88, 277*
Sacrobosco, Johannes de (fin XIIe siècle-v. 1250), *109*
Samawal, al- (1130-1180), *89*
Sanad ibn Ali (IXe siècle), *99*
Santorio, Santorio (1561-1636), *256*
Sarabiyun (famille du IXe siècle), *120*
Saurin, Joseph (1659-1737), *271*
Savart, Félix (1791-1841), *359*
Scaliger, Jules César (1484-1558), *174*
Schleiden, Matthias Jakob (1804-1881), *404*
Schreckenfuchs, Erasmus Oswald (1511-1579), *162*
Schrödinger, Erwin (1887-1961), *386*
Schwann, Theodor (1810-1882), *404*
Schwarzerd, Philipp, *voir Melanchthon*
Schweigger, Johann (1779-1857), *360*
Scot, Michel (v. 1175-v.1234), *106*
Serres, Olivier de (1539-1619), *183*
Servet, Michel (1511-1553), *461*
Séverino, Marc Aurèle (1580-1656), *250*
Siger de Brabant (v. 1235-v. 1284), *129*
Simpson, George Gaylord (1902-1984), *433*
Skolem, Albert Thoralf (1887-1963), *347*
Slater, John Clark (1900-1976), *384*
Smith, Sinclair, *357*
Snell van Royen, Willebrord (Villebrordus Snellius) (1580-1626), *225*
Snider-Pellegrini, Antonio (1802-1885), *433*
Solovine, Maurice (1875-1958), *452*
Solvay, Ernest (1838-1922), *384*
Sommerfeld, Arnold (1868-1951), *384*
Sorensen, Soren (1868-1939), *400*
Spallanzani, Lazzaro (1729-1799), *319*
Stadler, Henry Lewis (1923-2008), *418*
Stahl, Georg Ernst (1660-1734), *230, 305*
Staudt, Christian von (1798-1867), *339*
Steiner, Jakob (1796-1863), *339*
Stenon, Nicolas (1638-1686), *196, 252*
Stéphane d'Alexandrie (VIIe siècle), *85*
Stevens, Edward (1755-1834), *320*
Stevin, Simon (1548-1620), *146, 162, 171*
Strasburger, Edward (1844-1912), *404*
Straton de Lampsaque (mort en 268 av. J.-C.), *60*
Suess, Eduard (1831-1914), *428*
Sutton, Walter (1877-1916), *417*
Swammerdam, Jan (1637-1680), *249, 251*
Sylvestre II, *voir Gerbert d'Aurillac*
Sylvius, *voir Dubois, Jacques*

T

Tartaglia, Niccolo (1499-1557), *144, 169*
Tatum, Edward (1909-1975), *407*
Taylor, Brook (1685-1731), *268*
Taylor, Griffith (1880-1963), *433*
Tchetverikov, Sergei Sergeevich (1880-1959), *415*
Tempier, Étienne (v. 1210-1279), *130*

Tertullien (v. 155-v. 222), *127*
Thabit ibn Qurra (836-901), *79, 88*
Thalès de Milet (v. 625-v. 547 av. J.-C.), *16, 19, 52*
Théétète, *24*
Théophile d'Édesse (mort en 785), *85*
Thierry de Freiberg (1250-1320), *105*
Thom, René, *18*
Thomas d'Aquin, saint (1225-1274), *80, 105, 131*
Thomson, Joseph John (1856-1940), *376*
Thomson, William (lord Kelvin) (1824-1907), *360, 368*
Thyard, Pontus de (1521-1605), *162*
Torricelli, Evangelista (1608-1647), *195, 222*
Tschermak von Seysenegg, Erich (1871-1962), *416*
Turing, Alan Mathison (1912-1954), *349*

U

Uhlenbeck, George Eugene (1900-1988), *385*
Umar al-Katibi (mort en 1277), *102*
Urbain VIII (1568-1644), *205*
Urdi, al- (mort en 1266), *102*
Ursus (Nicolas Raimarus, dit) (1551-1600), *165*

V

Valdés, Oviedo y (1478-1557), *184*
Van Beneden, Édouard (1846-1910), *404*
Van Helmont, Jan Baptist (1579-1644), *247, 252*
Van Leeuwenhoek, Antony (1632-1723), *249, 252*
Van Musschenbroek, Petrus (1692-1761), *301*
Van Roomen, Adriaan (1561-1615), *146*
Varignon, Pierre (1654-1722), *271*
Varley, Cromwell Fleetwood (1828-1883), *376*
Venel, Gabriel François (1723-1775), *273*
Verrocchio (Andrea di Francesco di Cione, dit il) (1435-1488), *187*
Verulam, Francis Bacon, baron de (1561-1626), *162*
Vésale, André (1514-1564), *137, 179, 184, 186*
Viète, François (1540-1603), *146, 195, 231*
Villebressieu, Étienne de (1626-1690), *229*
Villebrordus Snellius, *voir Snell van Royen, Willebrord*
Volta, Alessandro (1745-1827), *358*
Voltaire (François Marie Arouet, dit) (1694-1778), *260, 281*

W

Wallace, Alfred Russell (1823-1913), *329, 414*
Wallis, John (1616-1703), *238*
Wantzel, Pierre-Laurent (1814-1848), *337*
Watson, James Devrey (né en 1928), *408*
Weber, Wilhelm Eduard (1804-1891), *360*
Wegener, Alfred (1880-1930), *330, 432*
Weierstrass, Karl (1815-1897), *343*
Weil, André (1906-1998), *348*
Weismann, August (1834-1914), *406, 414*
Werner, Abraham Gottlob (1749-1817), *323*
Wessel, Caspar (1745-1818), *274*
Whittaker, Robert Harding (1920-1980), *421*
Wiles, Andrew (né en 1953), *465*
Wilkins, Maurice (1916-2004), *408*
Willis, Thomas (1621-1675), *254*
Willstätter, Richard (1872-1942), *406*
Wilson, Edmund Beecher (1856-1939), *417*
Wilson, Robert Woodrow (né en 1936), *475*
Wittgenstein, Ludwig (1889-1951), *454*
Woese, Carl Richard (né en 1928), *420*
Wöhler, Friedrich (1800-1882), *395, 396*
Wolff, Caspar (1733-1794), *318*
Wrinch, Dorothy (1894-1976), *407*

X-Y-Z

Xénophane de Colophon (Ve-IVe siècle av. J.-C.), *53*
Xu Guangqi (1562-1633), *148*
Young, Thomas (1773-1829), *364*
Zénon d'Elée (né v. 490 av. J.-C.), *17, 54*
Zermelo, Ernst (1871-1953), *347*
Zöllner, Johann Karl Fiedrich (1834-1882), *427*
Zúñiga, Diego de (v. 1536-1598), *162*
Zwicky, Fritz (1898-1974), *357*

Index des thèmes

0 absolu, *298*

A

aberration
  chromatique, *296*
  des étoiles, *290*
acoustique, *295*
ADN, *408*
air
  archè, *52*
alambic, *123*
alcali, *123*
alchimie, *122, 174*
alcool, *123*
Alexandrie, période hellénistique, *18*
algèbre
  moderne, *334*
  multiplication, *141*
al-iksir, pierre philosophale, *122*
ambix, alchimie, *123*
anatomie, *179, 185*
  comparée, *249*
  de l'œil, *114*
  des oiseaux, *119*
angle, trisecteur, *29*
animaux, classification, *118*
année
  sidérale, *43*
  tropique, *43*
antibiotiques, découverte, *331*
antipéristase, *116*
apeiron, *52*
application des sciences, *137*
arc-en-ciel
  mystère, *228*
  théorie, *114*
archè
  air, *52*
  principe premier, *52*
arithmétique, *128*
  proportion, *22*
arts libéraux, *81*
astrolabe, *100*
astronomie, *128, 136, 143*
  alphonsine, *86*
  aristotélicienne, *103*
  circulaire, *42*
  clepsydre, *13*
  d'observation, *42*
  des sphères, *103*
  des sphères, *40*
  et mathématiques, *285*
  figures géométriques, *37*
  géométrique, *106*
  gnomon, *13*
  Grèce antique, *16*
  hippopède, *39*
  point équant, *48*
  polos, *13*
  progressions, *38*
  quintessence, *40*
  région sublunaire, *40*
  région supralunaire, *40*
  rétrogradations, *38*
  sept planètes, *35*
  système épicycle, *41*
  système excentrique, *41*
  théologique, *98*
  théorique, *42*
  traité d'Aristote, *40*
astrophysique, *330*
Athènes, période hellène, *17*
atome et molécule, distinguer, *392*
atomisme, *221*
attraction
  des montagnes, *428*
  force, *215*

B

balance
  de torsion, *289*
  invention, *223*
balistique, *170, 210*
bâton brisé, optique, *224*
bibliothèque d'Assourbanipal, *12*
big bang, *473*
billard circulaire, problème du, *113*
biochimie, *395*
botanique, *136, 179, 310*
  classification, *117*
bouteille de Leyde, électricité, *301*

C

cadran
  mural, *102*
  solaires, *149*
calcul
  des longitudes, *291*
  différentiel, *268*
  intégral, *196, 268*
  intégral, naissance, *240*
calendrier
  grégorien, *148*
  invention, *39*
  lunaire, *40*
  solaire, *40*
camera obscura, *112, 177*
Canon de la médecine, Avicenne, *440*
caractère
  dominant, *416*
  récessif, *416*
carrés
  magique, *142*

négatifs, *274*
catalogue d'étoiles fixes, *100*
causes
efficientes, *227*
finales, *227*
cellule, découverte, *403*
centre de gravité, *141*
cercle, quadrature, *29*
cerveau, fonctionnement, *331*
champ
électromagnétique, *362*
magnétique, *172*
chiffres arabes, origine, *91*
chimie, *123, 295, 304*
ère nouvelle, *391*
médicale, *174*
synthèses organiques, *395*
théorie des affinités, *307*
chirurgie, *321*
chromosomes, *404, 417*
cieux
fluides, *164*
solides, *164*
cinquième élément, *58*
circonférence de la Terre, *45*
civilisation
assyrienne, *12*
babylonienne, *12*
classement
des espèces, *120*
des sciences, *79*
classification, *310*
animale, *118*
anthropocentriste, *67*
botanique, *117*
critères, *182*
des êtres vivants, *419*
des plantes, *180*
des roches, *173*
zoologique, Aristote, *65*
clepsydre, astronomie, *13*
comète de Halley, *105*
comprendre le mouvement, *167*
concept d'entropie, *368*
connaissances
astronomiques, *12*
mathématiques, *12*
médicales, *12*
constantes universelles, *375*
continents, dérive, *432*
cornue, *123*
corps premier, éther, *58*
cosinus, *143*
cosmologie, *193*
héliocentriste, *46*
cosmos, *35*
héliocentrique, *159*
courbes
coniques, *31*
loxodromes, *150*
cristallographie, naissance, *323*
cube, dupliquer, *29*
cytologie, *404*

D

débat de Choumnos et de Métochite, *86*
découvertes techniques, *136*
degré moyen, théorème, *95*
démonstration mathématique, *20*
déplacement, *281*
dérive des continents, *330, 432*
dérivées partielles, *272*
déviations magnétiques, *172*
diagrammes des fleurs, *118*
dialogues de Platon, *37*
dimensions du cosmos, *159*
dissection, *185, 186*
distances planétaires, déterminer, *287*
divination, *137*
divine proportion, *141*
doctrine
platonicienne, *64*
plutonisme, *324*
double réduction à l'absurde, *32*
duplication du cube, *29*
dynamique, *193*
dynasties du monde arabo-musulman, *78*

E

eau, élément primordial, *52*
éclipses, *38*
école théologique
d'Alexandrie, *84*
d'Antioche, *84*
écriture
invention, *12*
eidos, principe vital, *64*
électricité, *295*
bouteille de Leyde, *301*
électroaimant, invention, *360*
électrochimie, naissance, *329*
électrolyse, *393*
électromagnétisme, *328, 359, 374*
électron, découverte, *329*
élément primordial, eau, *52*
éléments, conceptions, *193*
Éléments, Euclide d'Alexandrie, *27*
énergie, *328*
calorifique, *367*
cinétique, *366*
mécanique, *366, 367*
potentielle, *366*
enzymes
découverte, *407*
et gènes,
correspondance, *407*
épicycles, *106*
épigenèse, *66, 251, 318*
théorie d'Aristote, *66*
équations
de Riccati, *272*
développement, *89*
du quatrième degré, *145*
du second degré, *88*
du troisième degré, *143*
étude, *141*
résolubilité, *334*
résolution, *90*
équilibre isostasique, concept, *428*
équinoxe de printemps, déterminer, *108*

espèces
classement, *120*
genre, *310*
stabilité, *315*
transformation, *313*
éther, corps premier, *58*
étoiles, mesure de la distance, *356*
expansion de l'Univers, *474*

F

figures
géométriques, astronomie, *37*
solides, *28*
foi chrétienne, condamnation des thèses contraires, *130*
force nucléaire forte, *328*
formule
de Cardan, *144*
de Moivre, *274*
mesure du mouvement, *92*
fossiles, *180*
composés, *173*
simples, *173*
fractions décimales, *146*

G

galaxie, mesure de la masse, *357*
gaz, *304*
gène et enzyme, correspondance, *407*
génétique, *417*
principales découvertes, *415*
genre, espèces, *310*
géocentrique, système, *35*
géologie, *322, 425*
géométrie, *128*
algébrique, *195, 232*
astronomique, *42*
cinq solides de Platon, *25*
compas, *29*
euclidienne, *339*
fractales, *328*
Grèce antique, *16*
non euclidiennes, *30, 328, 341*
organisation axiomatique, *27*
plane, *28*
projective, *338*
proportion, *22*
règle, *29*
topologie, *344*
géophysique, *427*
gnomon, astronomie, *13*
grandeurs
qualitatives, *94*
quantitatives, *94*
gravitation, *328*
Grèce antique
astronomie, *16*
connaissance et compréhension du monde, *15*
géométrie, *16*
mathématiques, *16*
médecine, *16*
musique, *16*
optique, *16*
sciences du vivant, *16*
sources des sciences, *14*
groupes sanguins, découverte, *331*

H

hanbalites, *127*
harmonie des humeurs, *71*
harmonique, proportion, *22*
héliocentrisme, *152, 205*
héliocentriste, cosmologie, *46*
herbiers, *183*
hermétisme, *122*
hippopède, courbe, *39*
horloge astronomique, *108, 291*
hydrostatique, Archimède, *60*

I

iatrochimie, *254*
iatromécanique, *254*
icônes, polémique, *85*
impetus, *169*
théorie, *116*
imprimerie, *136*
impulsion cardiaque, *255*
influx nerveux, *330*
infrarouge, découverte, *289*
ingénierie génétique, *418*
interaction nucléaire faible, *328*
invention
de l'écriture, *12*
trigonométrie sphérique, *47*
ions, *399*

J

Jésuites, *147*

L

latitude, calcul, *149*
lentilles, science optique, *112*
liaisons électroniques, *329*
littérature alchimique, *122*
loch, *149*
logarithmes, découverte, *242*
logistique spécieuse, *231*
logos, *21*
loi
d'addition des vitesses, *375*
d'interaction des éléments de courants électriques, *359*
de composition dans un groupe, *337*
de corrélation des formes, *316*
de Kepler, *212*
de la chute des corps, *209*
de la dynamique, *280*
de la nature, trois, *218*

de la réflexion, *112*
de la réfraction, *226*
de Mendel, *416*
de périodicité, *394*
de Snellius-Descartes, *225*
des proportions, *392*
mathématiques, *209*
longitude, calcul, *149, 291*
lunette astronomique, *202*

M

masse, *281*
mathématiques, *193*
arabes, *87*
démontrer, *20*
dérivée, *196*
direction pratique, *139*
direction théorique, *139*
et astronomie, *285*
et navigation, *149*
expansion, *341*
Grèce antique, *16*
histoire, *333*
lois, *209*
nombres, *20*
philosophie platonicienne, *26*
solutions impossibles, *144*
matière, conceptions, *193*
mécanique, *193, 208, 354, 374*
céleste, *213*
ondulatoire, *386*
quantique, *386*
statistique, *372*
médecine, *179*
chirurgie, *321*
circulation en circuit fermé, *255*
digestion, *320*
Grèce antique, *16*
histoire de la, *70*
innocuité, *321*
respiration, *320*
mesure du mouvement, formule, *92*
métabolisme cellulaire, *406*
métaphysique et science, *197*
méthode
de résolution, *272*
des indivisibles, *236*
microscope, *249*
invention, *200*
minéralogie, *173, 322*
modèle géocentrique, *155*
molécule et atome, distinguer, *392*
mouvement
astronomiques, *39*
comprendre, *167*
de mathématisation, *265*
des corps, *193, 213*
des projectiles, *116*
formule de la mesure, *92*
naturels, *57, 207*
simples, le circulaire, *57*
simples, le rectiligne, *57*
violents, *57, 207*
Moyen Âge
arabe, *76*
byzantin, *76*
dates, *75*
latin, *76*
scientifique, *76*
multiplication, algèbre, *141*
musique, *128*
et arithmétique, *22*
Grèce antique, *16*
nombres, *37*
mutations
chromosomiques, *418*
dirigées, *419*

N

naturales, *129*
navigation, *136*
courbe loxodrome, *150*
et mathémathiques, *149*
Neptune, découverte, *355*
nombres
à virgule, *146*
complexes, *274*
décimaux, *146*
entiers, rapports de comparaison, *21*
hypercomplexes, *335*
imaginaires, *196, 274*
mathématiques, *20*
négatifs, *145*
proportions, *22*
quantiques, *385*
théorie musicale, *21*

O

observatoire
astronomiques, *99*
de Maragha, *102*
de Samarkand, *102*
œil, anatomie, *114*
OGM, organismes génétiquement modifiés, *419*
oiseaux, anatomie, *119*
ondes, *364*
sismiques, étude, *427*
optique, *295*
géométrique, *226*
Grèce antique, *16*
Moyen Âge, *111*
ordinateur, *350*
organisation de l'Univers, *152*
ovisme, *252*

P

papier, *124*
parallaxe, *160*
paratonnerre, invention, *302*
pasteurisation, débuts, *409*
peinture italienne, *139*
pénicilline, découverte, *411*
perspective
méthodes, *139*
tavoletta, 140
philologie, Renaissance, *138*
philosophie mathématique, Platon, *26*
physiologie, *194*
végétale, *246*
physique

atomiste antique, *55*
continuisme, *375*
discontinuité, *375*
mécaniste, *217*
quantique, *328, 373*
science du changement, *56*
statistique, *365*
pierre philosophale, *al-iksir*, *122*
pile électrique, invention, *358*
planètes, *35, 124*
auscultation, *429*
plantes, classification, *180*
pneuma, *71*
souffle vital, *64*
point
de distance, *140*
de fuite, repérer, *140*
équant, *48*
polémique sur les icônes, *85*
polos, astronomie, *13*
postulat d'Euclide, *277*
préformationnisme, *251*
préformisme, *318*
principe
actifs, *176*
d'induction complète, *244*
d'inertie, *170, 195, 218*
de classification, *246*
de moindre action, *281*
de récurrence, *244*
de relativité, *208*
premier, archè, *52*
purs, *176*
vital, *eidos*, *64*
probabilités, *275*
problème
billard circulaire, *113*
d'Alhazen, *141, 168*
de la mesure quantique, *387*
des n corps, *285*
proportion
arithmétique, *22*
géométrique, *22*
harmonique, *22*
théorie, *28*
pyrocentrique, système, *37*

Q

quadrature du cercle, *29*
quadrilatère de Saccheri, *88*
quadrivium mathématique, *81*
quatre qualités premières, *124*
quintessence, *40*

R

radioactivité, découverte, *398*
radioastronomie, *330*
rayon
lumineux, *112*
X, *398*
réactions chimiques, *329*
réalisme
prudent, *161*
strict, *161*
réductionnisme, *194, 256*
réfraction, *113*
lumineuse, *224*
règles de parallaxe, *102*
relation
d'incertitude, *388*
de Pythagore, *13*
relativisme appuyé, *161*
relativité, *373*
générale, *379*
restreinte, *377*
religions et sciences, *126*
Renaissance, science, *137*
résolution des équations, *90*
révolution
copernicienne, *193*
scientifique, *152, 193*
roches, classification, *173*

S

savants scolastiques, *106*
sciences
algébrique, naissance, *88*
applications, *137*
chimiques, avancées, *353*
classer, *79*
de la chaleur, *298*
de la Renaissance, *137*
divorce, *27*
du vivant, Grèce antique, *16*
et métaphysique, *197*
et religions, *126*
grecques, *14*
modernes, principales orientations, *328*
naturelles, *126, 179*
optique, lentilles, *112*
optique, Moyen Âge, *111*
physiques, avancée, *353*
sources grecques, *14*
scientisme, *331*
sept esprits, *124*
sept ss métaux principaux, *124*
sept métaux principaux, *124*
sexualité des plantes, *248*
signe
+, *145*
–, *145*
=, *145*
sismographes, invention, *427*
souffle vital, pneuma, *64*
sphère
armillaire, *100*
célestes, *39*
statistiques, *275*
suite de Fibonacci, *92*
système
atomistes, *115*
de Copernic, *46*
du monde, *193*
endocrinien, *330*
épicycle, astronomie, *41*
excentrique, astronomie, *41*
géocentrique, *35, 156*
héliocentrique, *153*
immunitaire, *331*
pyrocentrique, *37*
semi-héliocentrique, *165*

T

tables
- alphonsines, *108*
- astronomiques vérifiées, *zij*, *99*
- des sinus, *143*

tangente, *143*
tavoletta, perspective, *140*
télescope, invention, *200*
température, mesurer, *297*
Terre
- âge, *430*
- circonférence, *45*
- ronde, théorie de Pythagore, *36*

terrella, *172*
théorème
- d'Euclide, *28*
- de al-Kashi, *91*
- de Bernoulli, *275*
- de Fermat, *465*
- de Pythagore, *19*
- de Thalès, *232*
- du degré moyen, *95*
- fondamental de l'algèbre, *273*

théorie
- aristotélicienne des éléments, *58*
- atomiste, *194, 370*
- big bang, *381*
- cartésienne, *194*
- cellulaire, *404*
- cinétique des gaz, *371*
- darwiniennes, *411*
- de classification des êtres vivants, *329*
- de l'arc-en-ciel, *112, 114*
- de l'épigenèse, *66*
- de la chaleur centrale, *424*
- de la lumière, *195*
- de la nutation, *290*
- de la pratique médicale, *449*
- de la relativité, *328*
- de la relativité générale, *340, 379, 453*
- de la relativité restreinte, *452*
- de la tectonique des plaques, *435*
- des affinités, *307*
- des courants de convection, *330*
- des deux fluides électriques, *302*
- des électrons, *375*
- des éléments constitutifs de la matière, *219*
- des ensembles, *328, 346*
- des fonctions, *342*
- des groupes, *336*
- des groupes et des structures algébriques, *328*
- des proportions, *28*
- des quanta, *383*
- des quatre éléments, *124, 175*
- des quatre humeurs, *120*
- des sphères, *106*
- dite de l'impetus, *116*
- du chaos, *328*
- du fluide électrique, *360*
- du phlogistique, *230*
- géométrique, *140*
- modernes de l'évolution, *329*
- musicale, nombres, *21*
- neptunisme, *323*
- ondulatoire, *168, 226, 365*
- quantique des champs, *388*
- tectoniques, *424*

thérapie
- géniques, découverte, *331*
- magnétiques, *321*

thermodynamique, *367*
thèse
- contraires à la foi chrétienne, condamnation, *130*
- de l'ancêtre commun, *414*
- des quatre éléments, *54*
- transformistes, *312*

topologie algébrique, *345*
toxicologie, *175*
traductions des textes scientifiques grecs vers l'arabe, *78*
traité
- d'Apollonios, géométrie, *31*
- d'astronomie, La Sphère, *109*

triangle arithmétique, *244*
trigonométrie, *274*
- sphérique, invention, *47*

trisection de l'angle, *29*
trivium, *81*

U

unité de base, notion théorique et abstraite, *332*
universités, naissance, *82*
Uranus, découverte, *355*

V-Z

vaccin, découverte, *331, 410*
variole, *121*
vérité théologique, *129*
vide, conceptions, *193*
virgule, nombres à, *146*
vitalisme, *194*
- doctrine, *466*

vitesse, *281*
zij, tables astronomiques vérifiées, *99*
zoologie, *136, 179*

Disponibles dans la collection « Pour les Nuls »

Culture générale

Histoire

Titre	*Auteur*	*Prix*	*ISBN*
La Culture générale, 2e édition	Florence Braunstein, Jean-François Pépin	22,90 €	978-2-7540-1628-5
La Culture générale illustrée, 2e édition	Florence Braunstein, Jean-François Pépin	29,90 €	978-2-7540-1275-1
La Révolution française	Alain-Jacques Czouz-Tornare	22,90 €	978-2-7540-0811-2
Les Années 60	Stéphane Benhamou	22,90 €	978-2-7540-0610-1
La Mythologie illustrée	Collectif	29,90 €	978-2-7540-0989-8
Les Grandes Civilisations	Florence Braunstein, Jean-François Pépin	22,90 €	978-2-7540-0605-7
La Première Guerre mondiale	Jean-Yves Le Naour	22,90 €	978-2-7540-0616-3
La Ve République	Nicolas Charbonneau, Laurent Guimier	24,90 €	978-2-7540-0620-0
Le Moyen Âge	Pierre Langevin	22,90 €	978-2-7540-0563-0
L'Histoire de la Suisse	Georges Andrey	22,90 €	978-2-7540-0489-3
Paris	Danielle Chadych, Dominique Leborgne	22,90 €	978-2-7540-0168-7
L'Égypte ancienne	Florence Maruéjol	22,90 €	978-2-7540-0256-1
La Mythologie	Christopher W. Blackwell, Amy Hackney Blackwell	22,90 €	978-2-7540-0257-8
L'Histoire de France illustrée	Jean-Joseph Julaud	29,90 €	978-2-7540-0110-6
Léonard de Vinci	Jessica Teisch, Tracy Barr	22,90 €	978-2-7540-0037-6
L'Histoire de France	Jean-Joseph Julaud	22,90 €	978-2-8769-1941-9

Religion

Titre	*Auteur*	*Prix*	*ISBN*
Le Coran	Malek Chebel, Sohaib Sultan	22,90 €	978-2-7540-0982-9
La Torah	Arthur Kurzweil, Victor Malka	22,90 €	978-2-7540-0978-2
Le Christianisme	Richard Wagner, Père Denis Metzinger	22,90 €	978-2-7540-0991-1
L'Islam	Malcolm Clark, Malek Chebel	22,90 €	978-2-7540-0531-9
Le Judaïsme	Josy Eisenberg	22,90 €	978-2-7540-0596-8

Titre	*Auteur*	*Prix*	*ISBN*
La Bible illustrée	Éric Denimal	29,90 €	978-2-7540-0274-5
Le Catholicisme	John Trigilio, Père Pierre Lartigue	22,90 €	978-2-7540-0182-3
La Franc-Maçonnerie	Christopher Hodapp, Philippe Benhamou	22,90 €	978-2-7540-0150-2
Le Bouddhisme	Jonathan Landaw, Stephan Bodian	22,90 €	978-2-7540-0062-8
La Bible	Éric Denimal	21,90 €	978-2-8769-1800-9
Sagesse et Spiritualité	Sharon Janis	21,90 €	978-2-8769-1769-9

Société

Titre	*Auteur*	*Prix*	*ISBN*
L'Instruction civique	Guillaume Bernard, Frédéric Monera	22,90 €	978-2-7540-0979-9
La Chine	Angélina Boulesteix	22,90 €	978-2-7540-1145-7
L'Europe, 2e édition	Sylvie Goulard	22,90 €	978-2-7540-1213-3
L'Écologie	Franck Courchamp	22,90 €	978-2-7540-0554-8
Le Socialisme	Alain Bergounioux, Denis Lefebvre	22,90 €	978-2-7540-0817-4
La Géopolitique	Philippe Moreau Defarges	22,90 €	978-2-7540-0623-1
La Justice	Emmanuel Pierrat	22,90 €	978-2-7540-0553-1
La Philosophie, 2e édition	Christian Godin	22,90 €	978-2-7540-0460-2
L'Économie	Michel Musolino	22,90 €	978-2-7540-0351-3
La Politique	Philippe Reinhard	22,90 €	978-2-7540-0335-3
La Géographie française	Jean-Joseph Julaud	22,90 €	978-2-7540-0245-5

Sciences et techniques

Titre	*Auteur*	*Prix*	*ISBN*
L'Histoire des sciences	Vincent Jullien	22,90 €	978-2-7540-0977-5
La Physique	Dominique Meier	22,90 €	978-2-7540-0915-7
La Conquête spatiale	Michel Polacco	22,90 €	978-2-7540-1143-3
Les Maths	Jean-Louis Boursin	22,90 €	978-2-7540-0093-2
L'Astronomie	Stephen Maran, Pascal Bordé	21,90 €	978-2-8769-1634-0

Beaux-arts

Titre	*Auteur*	*Prix*	*ISBN*
Le Louvre	Daniel Soulié	22,90 €	978-2-7540-1404-5

Titre	*Auteur*	*Prix*	*ISBN*
La Télévision	Marie Lherault, François Tron	22,90 €	978-2-7540-0976-8
Les Séries télé	Marjolaine Boutet	22,90 €	978-2-7540-0912-6
Le Rock	Nicolas Dupuy	22,90 €	978-2-7540-0819-8
L'Histoire de la peinture	Jean-Jacques Breton, Dominique Williatte	22,90 €	978-2-7540-0812-9
La Danse classique	Evelyne Cisneros, Scott Speck, Florence Balique	22,90 €	978-2-7540-1045-0
L'Histoire du cinéma	Vincent Mirabel	22,90 €	978-2-7540-0609-5
Le Jazz	Dirk Sutro, Stéphane Koechlin	22,90 €	978-2-7540-0779-5
L'Histoire de l'art illustrée	Jean-Jacques Breton, Philippe Cachau, Dominique Williatte	29,90 €	978-2-7540-0493-0
L'Histoire de l'art	Jean-Jacques Breton, Philippe Cachau, Dominique Williatte	22,90 €	978-2-7540-0229-5
L'Opéra	David Pogue, Claire Delamarche	22,90 €	978-2-7540-0244-8
La Musique classique	David Pogue, Claire Delamarche	22,90 €	978-2-7540-0151-9

Langue française

Titre	*Auteur*	*Prix*	*ISBN*
La Littérature française	Jean-Joseph Julaud	22,90 €	978-2-7540-0061-1
Le Français correct	Jean-Joseph Julaud	21,90 €	978-2-8769-1640-1

… en Poche

Titre	*Auteur*	*Prix*	*ISBN*
Sagesse et Spiritualité	Sharon Janis	11,90 €	978-2-7540-1758-9
L'Égypte ancienne	Florence Maruéjol	11,90 €	978-2-7540-1739-8
L'Histoire de France – tome 1 Des origines à 1789	Jean-Joseph Julaud	11,90 €	978-2-7540-0180-9
L'Histoire de France – tome 2 De 1789 à nos jours	Jean-Joseph Julaud	11,90 €	978-2-7540-0181-6
Paris Rive droite	Danielle Chadych, Dominique Leborgne	11,90 €	978-2-7540-0694-1
Paris Rive gauche	Danielle Chadych, Dominique Leborgne	11,90 €	978-2-7540-0695-8
La Culture générale – tome 1 Histoire, géographie, art et littérature	Florence Braunstein, Jean-François Pépin	11,90 €	978-2-7540-0798-6
La Culture générale – tome 2 Sciences, sports, loisirs et spiritualité	Florence Braunstein, Jean-François Pépin	11,90 €	978-2-7540-0799-3

Titre	*Auteur*	*Prix*	*ISBN*
La Franc-Maçonnerie	Philippe Benhamou	11,90 €	978-2-7540-0696-5
Le Bouddhisme	Jonathan Landraw, Stephan Bodian	11,90 €	978-2-7540-03148
La Philosophie – tome 1 Antiquité, Moyen Âge et Renaissance	Christian Godin	11,90 €	978-2-7540-0796-2
La Philosophie – tome 2 Du XVIIe siècle à nos jours	Christian Godin	11,90 €	978-2-7540-0797-9
L'Astrologie	Rae Orion	11,90 €	978-2-8769-1999-0
La Littérature française – tome 1 Du Moyen Âge au XVIIIe siècle	Jean-Joseph Julaud	11,90 €	978-2-7540-0611-8
La Littérature française – tome 2 Du XVIIIe siècle à nos jours	Jean-Joseph Julaud	11,90 €	978-2-7540-0612-5
Le Français correct	Jean-Joseph Julaud	11,90 €	978-2-8769-1924-2

Vie pratique

Cuisine

Titre	*Auteur*	*Prix*	*ISBN*
Les Cuisines du monde	Philippe Chavanne	22,90 €	978-2-7540-0103-8
Le Vin, 4e édition	Laure Liger, Ivan-Paul Cassetari	22,90 €	978-2-7540-0961-4
La Cuisine	Bryan Miller	21,90 €	978-2-8769-1683-8

Santé

Titre	*Auteur*	*Prix*	*ISBN*
Les Maladies cardiovasculaires	Dr Philippe Abastado	22,90 €	978-2-7540-1591-2
Le Sexe, 2e édition	Dr Ruth K. Westheimer, Dr Marianne Pauti	22,90 €	978-2-7540-1497-7
Maigrir avec la méthode Montignac	Michel Montignac	22,90 €	978-2-7540-1586-8
Le Corps humain	Dr Patrick Gepner	22,90 €	978-2-7540-1121-1
La Maladie d'Alzheimer	Christian Derouesne, Jacques Selmes	22,90 €	978-2-7540-1058-0
Améliorer sa mémoire	John B. Arden	22,90 €	978-2-7540-0323-0
Maigrir	Jane Kirby, Dr Jocelyne Raison	22,90 €	978-2-7540-0005-5
Bien s'alimenter	Carol Ann Rinzler	21,90 €	978-2-8769-1897-9

Bien-être

Titre	*Auteur*	*Prix*	*ISBN*
Les Huiles essentielles	Elske Miles	22,90 €	978-2-7540-1596-7
Shiatsu et Réflexologie	Synthia Andrews, Bobbi Dempsey, Michel Odoul	22,90 €	978-2-7540-0981-2
Le Développement personnel	Collectif	29,90 €	978-2-7540-0865-5
Zen ! La Méditation, 2e édition	Stephan Bodian	22,90 €	978-2-7540-0322-3
Le Tai-Chi	Therèse Iknoian	22,90 €	978-2-7540-0137-3
Les Massages	Steve Capellini, Michel Van Welden	22,90 €	978-2-7540-0060-4
La Méthode Pilates	Ellie Herman	21,90 €	978-2-8769-1767-5
Le Yoga	Georg Feuerstein	21,90 €	978-2-8769-1752-1
Le Feng Shui	David Kennedy	21,90 €	978-2-8769-1687-6

Psychologie

Titre	*Auteur*	*Prix*	*ISBN*
L'Adolescence	Michel Fize	22,90 €	978-2-7540-1412-0
Exercices de programmation neuro-linguistique	Romilla Ready, Kate Burton, Béatrice Millêtre	19,90 €	978-2-7540-1593-6
Exercices de thérapies comportementales et cognitives	Rhena Branch, Rob Willson, Béatrice Millêtre	19,90 €	978-2-7540-1592-9
Les Relations amoureuses	Florence Escaravage, Kate M. Wachs	22,90 €	978-2-7540-1499-1
Apprendre mieux	Marie Joseph Chalvin	22,90 €	978-2-7540-1261-4
Le Langage des gestes	Joseph Messinger	22,90 €	978-2-7540-0597-5
La Confiance en soi	Kate Burton	22,90 €	978-2-7540-0647-7
Le Coaching	Jeni Mumford	22,90 €	978-2-7540-0353-7
La PNL	Romilla Ready, Kate Burton	22,90 €	978-2-7540-0169-4
L'Hypnothérapie	Mike Bryant, Peter Mabbutt	22,90 €	978-2-7540-0504-3
Les Thérapies comportementales et cognitives	Rob Willson, Rhena Branch	22,90 €	978-2-7540-0246-2
La Psychologie	Dr Adam Cash	21,90 €	978-2-8769-1802-3

Puériculture

Titre	*Auteur*	*Prix*	*ISBN*
La Grossesse, 2e édition	Dr Joëlle Bensimhon, Dr Eddleman, Dr J. Stone	22,90 €	978-2-7540-1429-8

Droit pratique

Titre	*Auteur*	*Prix*	*ISBN*
L'Assurance	Laurence de Percin	22,90 €	978-2-7540-1073-3
Le Divorce	Martine Valot-Forest	22,90 €	978-2-7540-1479-3
Préparer sa retraite	Laurence de Percin	22,90 €	978-2-7540-0792-4
L'Immobilier, 2e édition	Laurence Boccara, Catherine Sabbah	22,90 €	978-2-7540-0530-2

Finances personnelles

Titre	*Auteur*	*Prix*	*ISBN*
Payer moins d'impôts, 3e édition	Robert Matthieu	22,90 €	978-2-7540-1630-8
La Bourse	Gérard Horny	22,90 €	978-2-7540-0637-8
Les Finances personnelles	Collectif	22,90 €	978-2-7540-0630-9

Maison

Titre	*Auteur*	*Prix*	*ISBN*
Un potager	Charlie Nardozzi	22,90 €	978-2-7540-1675-9
Le Bricolage, 2e édition	G. et K. Hamilton, Frank Lecor	24,90 €	978-2-7540-1426-7
Vivre écolo	Liz Barclay, Michael Grosvenor, Franck Laval	22,90 €	978-2-7540-0707-8

... En Poche

Titre	*Auteur*	*Prix*	*ISBN*
La Cuisine pas chère	Héloïse Martel, André Le Letty	11,90 €	978-2-7540-1772-5
Le Code de la route, édition 2010	DFC Production	14,90 €	978-2-7540-1563-9
L'Armagnac	Chantal Armagnac	11,90 €	978-2-7540-1613-1
Le Diabète	Dr Alan Rubin, Dr Marc Levy	11,90 €	978-2-7540-1436-6
Les Massages	Steve Capellini, Jocelyne Rolland, Michel Van Welden	11,90 €	978-2-7540-1330-7
S'arrêter de fumer	Pr B. Dautzenberg, Dr D. Brizer	11,90 €	978-2-7540-1293-5
Les Tests du Code de la route	DFC Production	14,90 €	978-2-7540-0751-1
Le Vin	Laure Liger, Yvan-Paul Cassetari	11,90 €	978-2-7540-0087-1
La Cuisine	Brian Miller, Alain Le Courtois	11,90 €	978-2-8769-1872-6
Le Sexe	Dr Ruth	11,90 €	978-2-8769-1956-3

Titre	*Auteur*	*Prix*	*ISBN*
Maigrir	Jane Kirby	11,90 €	978-2-8769-1870-2
Zen ! La Méditation	Stephan Bodian	11,90 €	978-2-7540-0000-0
Le Feng Shui	David D. Kennedy	11,90 €	978-2-8769-1871-9
Un bureau feng shui	Holly Ziegler, Jennifer Lawler	11,90 €	978-2-8769-1949-5
La Méthode Pilates	Ellie Herman	11,90 €	978-2-7540-0223-3
Le Yoga	Georg Feuerstein, Larry Pane	11,90 €	978-2-7540-0063-5
Guérir l'anxiété	Dr Martine André, Dr Charles Eliott, Dr Laura Smith	11,90 €	978-2-7540-1195-2
Les Thérapies comportementales et cognitives	Rob Willson, Rhena Branch	11,90 €	978-2-7540-1074-0
La PNL	Romilla Ready, Kate Burton	11,90 €	978-2-7540-0879-2
La Psychologie	Dr Adam Cash	11,90 €	978-2-8769-1957-0
Le Bricolage	Gene Hamilton, Katie Hamilton	11,90 €	978-2-7540-0373-5

Business

Titre	*Auteur*	*Prix*	*ISBN*
Trouver un job	Joyce Lain Kennedy, Nicolas Barrier	22,90 €	978-2-7540-1092-4
Le Marketing, 2e édition	Alexander Hiam	22,90 €	978-2-7540-0688-0
La Comptabilité	Laurence Le Gallo	22,90 €	978-2-7540-0617-0
Créer sa boîte	Laurence de Percin	22,90 €	978-2-7540-0492-3
Le Management	Bob Nelson	21,90 €	978-2-8769-1952-5
Business Plans	Paul Tifany, Steven D. Peterson	21,90 €	978-2-8769-1712-5
La Vente	Tom Hopkins	21,90 €	978-2-8769-1670-8

… en Poche

Titre	*Auteur*	*Prix*	*ISBN*
Le Marketing	Alexander Hiam	11,90 €	978-2-7540-1598-1
Le Management	Bob Nelson	11,90 €	978-2-7540-0454-1
Business Plans	Paul Tiffany, Steven D. Peterson	11,90 €	978-2-7540-0094-9
La Vente	Tom Hopkins	11,90 €	978-2-8769-1950-1

Loisirs

Sports

Titre	*Auteur*	*Prix*	*ISBN*
Le Tennis	Patrick McEnroe, Peter Bodo, Guy Tambon	22,90 €	978-2-7540-1757-2
Les Arts martiaux	Jennifer Lawler, Nicolas Dupuy, Éric Le Cam	22,90 €	978-2-7540-1052-8
Courir	Tere Stouffer Drenth, Philippe Maquat	22,90 €	978-2-7540-1044-3
Gym et Musculation	Cyndi Targosz, Jean-Pierre Clémenceau	22,90 €	978-2-7540-1059-7
L'Équitation	Audrey Pavia, Marie Martin	22,90 €	978-2-7540-0732-0
Le Golf	Gary McCord	22,90 €	978-2-7540-0078-9
La Voile	J.-J. Isler, Peter Isler	22,90 €	978-2-7540-0059-8

Musique

Titre	*Auteur*	*Prix*	*ISBN*
Exercices de piano	David Pearl, Marc Rozenbaum	19,90 €	978-2-7540-1337-6
Exercices de guitare	John Chappell, Mark Phillips, Antoine Polin	19,90 €	978-2-7540-1336-9
L'Harmonica	Winslow Yerxa, Jean-Jacques Milteau	22,90 €	978-2-7540-1210-2
DJ	John Steventon, Nicolas Dambre	22,90 €	978-2-7540-1198-3
La Batterie	Jeff Strong, Laurent Bataille	22,90 €	978-2-7540-0352-0
Le Chant	Pamela S. Phillips, Mariette Jost	22,90 €	978-2-7540-0462-6
Le Solfège	Michael Pilhofer, Jean-Clément Jollet	22,90 €	978-2-7540-0586-9
La Guitare basse	Patrick Pfeiffer	22,90 €	978-2-7540-0288-2
Claviers et Synthétiseurs	Christophe Martin de Montagu	22,90 €	978-2-7540-0118-2
La Guitare, 2e édition	Mark Phillips, Jon Chappel	22,90 €	978-2-7540-0124-3
Le Piano	Blake Neely, Marc Rozenbaum	22,90 €	978-2-7540-0102-1
La Guitare électrique	John Chappell	22,90 €	978-2-8769-1983-9

Loisirs créatifs

Titre	*Auteur*	*Prix*	*ISBN*
Dessiner des personnages	Kensuke Okabayashi	22,90 €	978-2-7540-1322-2
L'Aquarelle	Colette Pitcher	24,90 €	978-2-7540-0934-8
La Peinture à l'huile	Anita Giddings, Cherry Stone Clifton	24,90 €	978-2-7540-0935-5
Dessiner des mangas	Kensuke Okabayashi, Nobuyuki Anzai	22,90 €	978-2-7540-0494-7

Titre	*Auteur*	*Prix*	*ISBN*
La Couture	Janice Saunders Maresh	22,90 €	978-2-7540-0193-9
Le Dessin	Brenda Hoddinott	22,90 €	978-2-7540-0185-4
Le Tricot	Pam Allen	21,90 €	978-2-8769-1705-7

Nature

Titre	*Auteur*	*Prix*	*ISBN*
Un aquarium	Maddy Hargrove, Mic Hargrove	22,90 €	978-2-7540-0917-1
Le Cheval	Audray Pavia, Marie Martin	22,90 €	978-2-7540-0367-4
Éduquer son chiot	Sarah Hodgson	22,90 €	978-2-7540-0372-8
Éduquer son chien	Jack Volahrd, Wendy Volahrd	22,90 €	978-2-7540-0152-6

Jeux

Titre	*Auteur*	*Prix*	*ISBN*
Dungeons & Dragons®	Richard Baker, Bill Slavicsek	22,90 €	978-2-7540-1390-1
Le Casino	Kevin Blackwood, François Montmirel	22,90 €	978-2-7540-0447-3
Le Poker Texas Hold'em	Mark Harlan, François Montmirel	22,90 €	978-2-7540-0448-0
La Magie	David Pogue, Bernard Bilis	22,90 €	978-2-7540-0453-4
Le Bridge	Eddie Kantar, Dominique Portal, Patrice Marmion	22,90 €	978-2-7540-0276-9
Le Poker	Richard D. Harroch, Lou Krieger, François Montmirel	22,90 €	978-2-7540-0123-6

… en Poche

Titre	*Auteur*	*Prix*	*ISBN*
Le Chant	Mariette Jost, Pamelia S. Philips	11,90 €	978-2-7540-1597-4
Le Poker	François Montmirel	11,90 €	978-2-7540-1548-6
La Couture	Janice Saunders Maresh	11,90 €	978-2-7540-1600-1
Un chien	Gina Spadafori, Catherine Collignon	11,90 €	978-2-7540-1320-8
Un chat	Gina Spadafori, Monique Bourdin	11,90 €	978-2-7540-1321-5
Accords de guitare	Antoine Polin	11,90 €	978-2-7540-1009-2
Le Tricot	Pam Allen	11,90 €	978-2-7540-0135-9
Le Dessin	Brenda Hoddinott	11,90 €	978-2-7540-0889-1
La Généalogie	Francis Christian	11,90 €	978-2-7540-0565-4

Langues

Méthodes de langues

Titre	*Auteur*	*Prix*	*ISBN*
Le latin	Clifford Hull, Steven Perkins, Tracy Barr, Danièle Robert	22,90 €	978-2-7540-0881-5
La Grammaire anglaise	Géraldine Woods, Claude Raimond	22,90 €	978-2-7540-0564-7
Le russe	Vincent Bénet, Oleg Chinkarouk, Serafima Gettys, Andrew Kaufman	22,90 €	978-2-7540-0813-6
Le portugais	Karen Keller, Ricardo Rodrigues	22,90 €	978-2-7540-0831-0
L'arabe	Amine Bouchentouf, Sylvie Chraibi, Aboubakar Chraibi	22,90 €	978-2-7540-0312-4
Le japonais	Eriko Sato, Vincent Grépinet	22,90 €	978-2-7540-0495-4
Le néerlandais	Margreet Kwakernaak, Michael Hofland, Annick Christiaens	22,90 €	978-2-7540-0313-1
Le chinois	Wendy Abraham, Joël Bellassen	22,90 €	978-2-7540-0212-7
L'allemand	Paulina Christensen, Claude Raimond	22,90 €	978-2-7540-0038-3
L'anglais	Gail Brenner, Claude Raimond	22,90 €	978-2-8769-1973-0
L'espagnol	Suzanna Wald, Anne-Carole Grillot	22,90 €	978-2-8769-1974-7
L'italien	Francesca Onufri, Sylvie Le Bras	22,90 €	978-2-7540-0039-0

Guides de conversation

Titre	*Auteur*	*Prix*	*ISBN*
L'espagnol du voyageur	David Tarradas	5,90 €	978-2-7540-1709-1
L'anglais des affaires	Claude Raimond	5,90 €	978-2-7540-1519-6
L'anglais du voyageur	Claude Raimond	5,90 €	978-2-7540-1520-2
Le Parler québécois	Marie-Pierre Gazaille, Marie-Lou Guévin, Yannick Resch	5,90 €	978-2-7540-1476-2
Le chti	Pierre-Marie Gryson	5,90 €	978-2-7540-1475-5
Le basque	Jean-Baptiste Coyos, Jasone Salaberria	5,90 €	978-2-7540-1239-3
Le breton	Hervé Le Bihan, Gwendal Denis, Martial Ménard	5,90 €	978-2-7540-1240-9
Le japonais	Eriko Sato, Vincent Grépinet	5,90 €	978-2-7540-0653-8
L'arabe	Amine Bouchentouf, Sylvie Chraïbi, Aboubakr Chraïbi	5,90 €	978-2-7540-0839-6
Le portugais	Karen Keller, Ricardo Rodrigues	5,90 €	978-2-7540-1016-0

Titre	*Auteur*	*Prix*	*ISBN*
Le russe	Vincent Bénet, Oleg Chinkarouk, Serafima Gettys, Andrew Kaufman	5,90 €	978-2-7540-1010-8
L'allemand	Paulina Christensen, Claude Raimond	5,90 €	978-2-7540-0324-7
L'italien	Francesca Onofri, Sylvie Le Bras	5,90 €	978-2-7540-0325-4
Le chinois	Wendy Abraham, Joël Bellassen	5,90 €	978-2-7540-0485-5
Le néerlandais	Margreet Kwakernaak, Michael Hofland, Annick Christiaens	5,90 €	978-2-7540-0484-8
L'espagnol	Suzanna Wald, Anne-Carole Grillot	5,90 €	978-2-7540-0178-6
L'anglais	Gail Brenner, Claude Raimond	5,90 €	978-2-7540-0177-9

Kits audio

Titre	*Auteur*	*Prix*	*ISBN*
Le japonais	Eriko Sato, Vincent Grépinet	17,90 €	978-2-7540-1624-7
Le néerlandais	Michaël Hofland	17,90 €	978-2-7540-1623-0
L'italien	Teresa L. Picarazzi	17,90 €	978-2-7540-1328-4
Le chinois	Mengjun Liu, Mike Packevics	17,90 €	978-2-7540-1329-1
L'anglais	Gail Brenner	17,90 €	978-2-7540-0963-8
L'espagnol	Jessica Langemeier	17,90 €	978-2-7540-0964-5

… en Poche

Titre	*Auteur*	*Prix*	*ISBN*
L'anglais correct	Claude Raimond	11,90 €	978-2-8769-1923-5

Parascolaire

Collège

Titre	*Auteur*	*Prix*	*ISBN*
Maths 6e	Cédric Bertone	7,95 €	978-2-7540-1176-1
Maths 5e	Yann Gélébart	7,95 €	978-2-7540-1178-5
Maths 4e	Jean-Charles Alvado	7,95 €	978-2-7540-1180-8
Maths 3e	Yann Gélébart	7,95 €	978-2-7540-1182-2
Français 6e	Dominique Rat, Anne Lavielle	7,95 €	978-2-7540-1175-4

Titre	*Auteur*	*Prix*	*ISBN*
Français 5e	Nathalie Soihet	7,95 €	978-2-7540-1177-8
Français 4e	Hélène Papiernick	7,95 €	978-2-7540-1179-2
Français 3e	Hélène Papiernick	7,95 €	978-2-7540-1181-5

Lycée

Titre	*Auteur*	*Prix*	*ISBN*
Le Bac Philosophie, édition 2010	Christian Godin	12,90 €	978-2-7540-1633-9
Le Bac Français, édition 2010	Gilles Guilleron	12,90 €	978-2-7540-1631-5
Le Bac Histoire-Géo, édition 2010	Nicolas Arnaud, Hugues Vessemont	12,90 €	978-2-7540-1632-2
Le Bac Philosophie	Christian Godin	12,90 €	978-2-7540-1098-6
Le Bac Français	Gilles Guilleron	12,90 €	978-2-7540-1099-3
Le Bac Histoire-Géo	Nicolas Arnaud, Hugues Vessemont	12,90 €	978-2-7540-1100-6

Cahiers pour adultes

Titre	*Auteur*	*Prix*	*ISBN*
Cahier de français	Gilles Guilleron	6,90 €	978-2-7540-1303-1
Cahier d'Histoire du monde	Jean-Joseph Julaud, Hélène Gest	6,90 €	978-2-7540-1309-3
Cahier de Culture générale	Jean-Joseph Julaud	6,90 €	978-2-7540-1305-5
Cahier de Jeux d'esprit et de logique	Nicolas Conti	6,90 €	978-2-7540-1304-8
Cahier d'Histoire de France	Jean-Joseph Julaud	6,90 €	978-2-7540-1011-5